Verlustverrechnung bei ertragsteuerlicher Konzernbesteuerung

Europäische Hochschulschriften
Publications Universitaires Européennes
European University Studies

Reihe V
Volks- und Betriebswirtschaft

Série V Series V
Sciences économiques, gestion d'entreprise
Economics and Management

Bd./Vol. 3273

PETER LANG
Frankfurt am Main · Berlin · Bern · Bruxelles · New York · Oxford · Wien

Philipp Braband

Verlustverrechnung bei ertragsteuerlicher Konzernbesteuerung

Deutschland, Österreich und die USA im Vergleich

PETER LANG
Internationaler Verlag der Wissenschaften

Bibliografische Information der Deutschen Nationalbibliothek
Die Deutsche Nationalbibliothek verzeichnet diese Publikation in der Deutschen Nationalbibliografie; detaillierte bibliografische Daten sind im Internet über <http://www.d-nb.de> abrufbar.

Zugl.: Düsseldorf, Univ., Diss., 2007

D 61
ISSN 0531-7339
ISBN 978-3-631-56516-2

www.peterlang.de

Vorwort

Die vorliegende Arbeit lag der Wirtschaftswissenschaftlichen Fakultät der Heinrich-Heine-Universität Düsseldorf im Wintersemester 2007 vor und wurde als Dissertation angenommen. Die Disputation als Abschluß des Promotionsverfahrens fand am 09. Februar 2007 in Düsseldorf statt. Die berücksichtigte Literatur und Rechtsprechung entspricht dem Stand 1. Oktober 2006.

Meinem verehrten Doktorvater Herrn Prof. Dr. Guido Förster danke ich sehr herzlich für die Betreuung meiner Promotion. Er erstellte auch das Erstgutachten zu dieser Dissertation. Danken möchte ich weiterhin Herrn Prof. Dr. Bernd Günter für die Übernahme und zügige Erstellung des Zweitgutachtens.

Zudem danke ich der Johanna und Fritz Buch Gedächtnis-Stiftung, Hamburg, für den mir gewährten großzügigen Druckkostenzuschuss im Rahmen der Veröffentlichung dieser Arbeit.

Mein Dank gilt auch allen meinen Freunden, die mich beim Zustandekommen dieser Arbeit in persönlicher Hinsicht unterstützt haben. Besonders bedanken möchte ich mich bei Herrn Dipl.-Ök. Rewert Beekmann nicht nur für wichtige Anregungen und wertvolle Diskussionen, sondern auch für seine Hilfe in technichen und gestalterischen Fragen. Mein größter Dank gilt schließlich meinen Eltern und meiner Großmutter, ohne deren Unterstützung die Fertigstellung dieser Arbeit nicht möglich gewesen wäre. Ihnen ist diese Arbeit gewidmet.

Berlin, im April 2007

Philipp Braband

Inhaltsverzeichnis

Abbildungsverzeichnis

Abkürzungsverzeichnis

a. A. .... anderer Ansicht
a. F. .... alte Fassung
Abb. .... Abildung
Abs. .... Absatz
ACE .... *adjusted current earnings*
AG .... Aktiengesellschaft
AktG .... Aktiengesetz
AMT .... *alternative minimum tax*
AMTI .... *alternative minimum taxable income*
Art. .... Artikel
ATNOL .... *alternative tax net operating loss*
AO .... Abgabenordnung

BB .... Betriebs-Berater (Zeitschrift)
BFH .... Bundesfinanzhof
BGBl. .... Bundesgesetzblatt
BMF .... Bundesministerium der Finanzen
BR-Drs. .... Bundesrats-Drucksache
BStBl. .... Bundessteuerblatt
BS-VWG .... Betriebsstätten-Verwaltungsgrundsätze
BT-Drs. .... Bundestags-Drucksache
BVerfG .... Bundesverfassungsgericht
BWG .... Bankwesengesetz
bzw. .... beziehungsweise

ca. .... circa
CCH .... Commerce Clearing House
CDFI .... Cahiers de Droit Fiscal International
CNOL .... *consolidated net operating loss*
Co. .... *company*
COFL .... *consolidated overall foreign loss*
CSLL .... *consolidated separate limitation loss*
CTI .... *consolidated taxable income*

d. h. .... das heißt
DB .... Der Betrieb (Zeitschrift)
DBA .... Doppelbesteuerungsabkommen
DBW .... Die Betriebswirtschaft (Zeitschrift)
DCL .... *dual consolidated loss*

DISC .... *domestic international sales corporation*
DK .... Der Konzern (Zeitschrift)
DRC .... *dual resident corporation*
DStR .... Deutsches Steuerrecht (Zeitschrift)
DStZ .... Deutsche Steuerzeitung (Zeitschrift)

E .... Einkommen
EFG .... Entscheidungen der Finanzgerichte (Zeitschrift)
EG .... Europäische Gemeinschaft
EL .... Ergänzungslieferung
ELA .... *excess loss account*
EStG .... Einkommensteuergesetz
EStR .... Einkommensteuer-Richtlinien
EU .... Europäische Union
EuGH .... Europäischer Gerichtshof
EWR .... Europäischer Wirtschaftsraum
EWS .... Europäisches Wirtschafts- und Steuerrecht (Zeitschrift)

f. .... folgende
ff. .... fortfolgende
FG .... Finanzgericht
Fn. .... Fußnote
FR .... Finanzrundschau (Zeitschrift)
FS .... Festschrift
FSC .... *foreign sales corporation*
FTC .... *foreign tax credit(s)*
GE .... Geldeinheiten
GewStÄG .... Gewerbesteueränderungsgesetz
GewStG .... Gewerbesteuergesetz
GewStl. .... Gewerbesteuerliche
GewStR .... Gewerbesteuer-Richtlinien
GG .... Grundgesetz
GM .... Gruppenmitglied
GmbH .... Gesellschaft mit beschränkter Haftung
GmbHG .... Gesetz betreffend die Gesellschaften mit beschränkter Haftung
GmbHR .... GmbH-Rundschau (Zeitschrift)
GT .... Gruppenträger

HGB .... Handelsgesetzbuch
Hrsg. .... Herausgeber
hrgs. .... herausgegeben

IBA .... *investment basis adjustments*

IFB	Investitionsfreibetrag
INF	Die Information über Steuer und Wirtschaft (Zeitschrift)
IRC	Internal Revenue Code
i. d. R.	in der Regel
Inc.	Incorporated
Intertax	International Taxation (Zeitschrift)
i. S. d.	im Sinne der/des
IStR	Internationales Steuerrecht (Zeitschrift)
IWB	Internationale Wirtschaftsbriefe (Zeitschrift)
i. V. m.	in Verbindung mit
J. Corp. Tax´n	Journal of Corporate Taxation (Zeitschrift)
J. Tax´n	The Journal of Taxation (Zeitschrift)
KGaA	Kommanditgesellschaft auf Aktien
KSt	Körperschaftsteuer
KStG	Körperschaftsteuergesetz
KStl.	Körperschaftsteuerliche
KStR	Körperschaftsteuer-Richtlinien
MA	Musterabkommen
m.E.	meines Erachtens
m.w.N.	mit weiteren Nachweisen
MSIStR	Münchener Schriften zum Internationalen Steuerrecht
n. F.	neue Fassung
NOL	*net operating loss*
Nr.	Nummer
NUBIG	*net unrealized built-in gain*
NUBIL	*net unrealized built-in loss*
NWB	Neue Wirtschafts-Briefe (Zeitschrift)
OECD	Organization for Economic Cooperation and Development
OFD	Oberfinanzdirektion
OFL	*overall foreign loss*
öBAO	österreichische Bundesabgabenordnung
öBGBl.	österreichisches Bundesgesetzblatt
öEStG	österreichisches Einkommensteuergesetz
öEStR	österreichische Einkommensteuer-Richtlinien
öKStG	österreichisches Körperschaftsteuergesetz
öKStR	österreichische Körperschaftsteuer-Richtlinien
ÖStZ	Österreichische Steuerzeitung (Zeitschrift)

öVwGH .... österreichischer Verwaltungsgerichtshof
ÖZW .... Österreichische Zeitschrift für Wirtschaftsrecht (Zeitschrift)

PIStB .... Praxis Internationale Steuerberatung (Zeitschrift)
plc .... *public limited company*
Prop. .... Proposed
ProtErklG .... Protokollerklärungsgesetz

R .... Richtlinie
RdW .... Recht der Wirtschaft (Zeitschrift)
Reg(s). .... Regulation(s)
RIW .... Recht der Internationalen Wirtschaft (Zeitschrift)
Rn. .... Randnummer
Rz. .... Randziffer

SE .... Societas Europeas
Sec. .... Section
SLL .... *separate limitation loss*
SRLY .... *seperate return limitation year*
StB .... Der Steuerberater (Zeitschrift)
StEntlG .... Steuerentlastungsgesetz
StReformG .... Steuerreformgesetz
StSenkG .... Steuersenkungsgesetz
Stbg .... Die Steuerberatung (Zeitschrift)
StbJb .... Steuerberater-Jahrbuch
StuB .... Steuern und Bilanzen (Zeitschrift)
StVBG .... Steuerverkürzungsbekämpfungsgesetz
SWI .... Steuer und Wirtschaft International (Zeitschrift)
SWK .... Steuer- und Wirtschaftskartei (Zeitschrift)

Tax Mgmt. Int'l J. .... Tax Management International Journal (Zeitschrift)
TMT .... *tentative minimum tax*
TS .... Teilstrich
Tz. .... Textziffer

u. a. .... unter anderem
UntStFG .... Unternehmenssteuerfortentwicklungsgesetz
US-GAAP .... United States General Accepted Accounting Principles
US .... United States
USA .... United States of America
UmwStG .... Umwandlungssteuergesetz

VAG .... Versicherungsaufsichtsgesetz

vgl. .... vergleiche
Vol. .... Volume

WPg .... Die Wirtschaftsprüfung (Zeitschrift)

z. B. .... zum Beispiel

Kapitel A: Einleitung

1. Themeneinführung

In allen gängigen Körperschaftsteuerrechtsordnungen wird bei der ertragsteuerrechtlichen Besteuerung von Kapitalgesellschaften an deren rechtliche Selbstständigkeit angeknüpft.[1] Bei Mutter/Tochter-Strukturen hat dies zur Folge, dass die wirtschaftliche Einheit der Konzernunternehmung steuerlich grundsätzlich unbeachtet bleibt, so dass vielmehr die einzelnen Konzerngesellschaften besteuert werden. Dies hat wiederum zur Folge, dass die steuerliche Verrechnung von positiven und negativen Ergebnissen der Konzerngesellschaften behindert wird, was mit Zins- und Liquiditätsnachteilen sowie mit dem Untergang von Verlustverrechnungspotential verbunden sein kann.[2] Um derartige aus der rechtlichen Verselbständigung resultierende steuerbedingte Nachteile zu vermindern, hat man in Deutschland und im Ausland spezielle Konzernbesteuerungssysteme geschaffen, die eine steuerliche Ergebnisverrechnung im Konzern, jeweils in unterschiedlichem Umfang, zulassen.[3]

Sowohl in Deutschland als auch weltweit ist die Konzernbesteuerung und hier insbesondere die Verlustverrechnung in jüngster Zeit in Bewegung geraten.[4] Durch den Wechsel vom körperschaftlichen Anrechnungsverfahren zum Halbeinkünfteverfahren hat sich in Deutschland die Bedeutung der körperschaft- und gewerbesteuerlichen Organschaft, d. h. der deutschen Konzernbesteuerung, grundlegend erhöht.[5] Hinzu kommen zahlreiche geänderte ertragsteuerliche Vorschriften, die für die Verlustverrechnung bei deutschen Organschaften unmittelbar oder mittelbar von Bedeutung sind. Zu den wichtigsten gehören die zeitliche und betragsmäßige Verringerung des körperschaftsteuerlichen Verlustrücktrags, der Wegfall der Berücksichtigungsmöglichkeit von freigestellten ausländischen

---

[1] Vgl. SCHUCH, in: Lehner, Verluste, 71.
[2] Vgl. FÖRSTER, Verlustverrechnung, WPg 2004, 1259.
[3] Vgl. WATRIN/SIEVERT/STROHM, Reform, FR 2004, 1.
[4] Vgl. WATRIN/SIEVERT/STROHM, Reform, FR 2004, 1; GASSNER, Organschaftsbesteuerung, DB 2004, 843.
[5] Während unter dem Anrechnungsverfahren Verluste einer Mutterkapitalgesellschaft mit Gewinnen ihrer Tochterkapitalgesellschaften mittels Gewinnausschüttungen im Bereich der Körperschaftsteuer verrechnet werden konnten und dazu keine körperschaftsteuerliche Organschaft erforderlich war, ist eine derartige gesellschaftsübergreifende Verlustverrechnung unter dem Halbeinkünfteverfahren nur noch mittels körperschaftsteuerlicher Organschaft möglich. Im Bereich der Gewerbesteuer haben sich durch den Systemwechsel bei der Körperschaftsteuer keine Änderungen bei der gesellschaftsübergreifenden Verlustverrechnung ergeben; diese erfolgte unter dem Anrechnungsverfahren und erfolgt unter dem Halbeinkünfteverfahren nur mittels gewerbesteuerlicher Organschaft, vgl. z. B. KREBÜHL, Reform, DStR 2001, 1732; ORTH, Verlustnutzung, WPg-Sonderheft 2003, 18; ORTH, Reformstufe, DB 2002, 811.

Betriebsstättenverlusten durch die Streichung des § 2a Abs. 3 und 4 EStG,[6] der Wegfall der Voraussetzung der wirtschaftlichen und organisatorischen Eingliederung bei der körperschaft- bzw. gewerbesteuerlichen Organschaft,[7] die Einschränkung der Geltendmachung körperschaft- und gewerbesteuerlicher Verlustvorträge[8] und die Angleichung der Behandlung vororganschaftlicher gewerbesteuerlicher Verluste an die korrespondierende körperschaftsteuerliche Regelung.[9]

In Österreich sind die jüngsten steuerrechtlichen Änderungen hinsichtlich der Verlustverrechnungsregelungen bei der österreichischen Gruppenbesteuerung im Steuerreformgesetz 2005[10] enthalten, wobei inbesondere die Schaffung des § 2 Abs. 8 öEStG,[11] der die Berücksichtigung von ausländischen Betriebsstättenverlusten auch im DBA-Fall mit Freistellungsmethode zulässt und die Abschaffung der österreichischen Organschaft sowie deren Ersatz durch eine moderne Gruppenbesteuerung von Bedeutung sind. Die Besonderheit dieser ab dem Veranlagungszeitraum 2005 geltenden Gruppenbesteuerung ist, dass auch Verluste ausländischer Kapitalgesellschaften bei der Einkommensermittlung der Unternehmensgruppe zu berücksichtigen sind, sofern die ausländischen Gesellschaften Gruppenmitglieder sind.[12]

In den USA werden verbundene Unternehmen als Gruppe besteuert, indem sie eine konsolidierte Steuererklärung, einen sogenannten *consolidated tax return*, einreichen. Auch bei den steuerlichen Verlustverrechnungsregelungen, die für die US-amerikanische Konzernbesteuerung unmittelbar und mittelbar von Bedeutung sind, hat es in der jüngeren Zeit verschiedene Änderungen gegeben. Hierzu zählen beispielsweise die Folgenden: Im Rahmen des *Taxpayer Relief Act* von 1997 ist für Betriebsverluste der Rücktragszeitraum verringert und der

---

6 Vgl. STEUERENTLASTUNGSGESETZ (StEntlG) 1999/2000/2002 vom 24.03.1999, BGBl. I 1999, 402.

7 Vgl. STEUERSENKUNGSGESETZ (StSenkG) vom 23.10.2000, BGBl. I 2000, 1453 bzw. UNTERNEHMENSSTEUERFORTENTWICKLUNGSGESETZ (UntStFG) vom 20.12. 2001, BGBl. I 2001, 3873.

8 Vgl. GESETZ ZUR UMSETZUNG DER PROTOKOLLERKLÄRUNG DER BUNDESREGIERUNG ZUR VERMITTLUNGSEMPFEHLUNG ZUM STEUERVERGÜNSTIGUNGSABBAUGESETZ (ProtErklG) vom 22.12.2003, BGBl. I 2003, 2840, und GESETZ ZUR ÄNDERUNG DES GEWERBESTEUERGESETZES UND ANDERER GESETZE (GewStÄndG) vom 23.12.2003, BGBl. I 2003, 2922.

9 Vgl. GESETZ ZUR ÄNDERUNG DES GEWERBESTEUERGESETZES UND ANDERER GESETZE (GewStÄndG) vom 23.12.2003, BGBl. I 2003, 2922.

10 STEUERREFORMGESETZ 2005 (StReformG 2005), öBGBl. I 2004, 7 ff.

11 Durch den § 2 Abs. 8 öEStG wird die Rechtsprechung des österreichischen Verwaltungsgerichtshofes vom 25.09.2001, 99/14/0217, IStR 2001, 754, gesetzlich verankert, vgl. auch WÖRNDL/KORNBERGER, Österreich, IStR 2004, 579, Fn. 22.

12 Vgl. z. B. HIRSCHLER/SCHINDLER, Gruppenbesteuerung, IStR 2004, 510; WÖRNDL/ KORNBERGER, Österreich, IStR 2004, 579.

Vortragszeitraum erweitert worden.[13] Mit den *Final Regulations* vom 25.06. 1999 ist die Verlustbehandlung bei einem schädlichen Eigentümerwechsel bei der US-amerikanischen Konzernbesteuerung endgültig neu geregelt worden;[14] die zuvor gültigen *consolidated change of ownership rules* sind in diesem Bereich grundsätzlich nicht mehr anzuwenden.[15] Mit den *Final Regulations* vom 25.06.1999 ist zudem die sogenannte *overlap rule* eingeführt worden, die bei dem Beitritt einer Kapitalgesellschaft zu einer US-amerikanischen Gruppe die Verrechnung der ihr anhaftenden Verluste (z. B. Verlustvorträge) in dem Sinne regelt, dass im Regelfall entweder die SRLY-Beschränkung oder die Beschränkung gemäß Secs. 382, 383 IRC zur Anwendung kommt.[16]

Festzuhalten ist, dass sich die Verlustverrechnungsregelungen bei der Konzernbesteuerung in Deutschland, Österreich und den USA in den letzten Jahren erheblich verändert haben. Dies ist nicht zuletzt deshalb geschehen, weil die Wirtschaft globaler und mobiler geworden ist, so dass die steuerlichen Rahmenbedingungen für die Investitionstätigkeit in- und ausländischer Unternehmen von einer nicht zu unterschätzenden Bedeutung sind. Grundsätzlich spielt eine angemessene und internationalen Standards genügende Konzernbesteuerung für die Sicherung und Stärkung des Wirtschaftsstandorts Deutschland eine wichtige Rolle.[17] Dies führt zu der Frage, wie die gegenwärtigen Verlustverrechnungsregelungen bei der deutschen ertragsteuerlichen Organschaft im länderübergreifenden Vergleich zu beurteilen sind. Österreich bietet sich als Vergleichspartner an, weil die Rechtsentwicklung zur Organschaft in Österreich und Deutschland ähnlich verlaufen ist und sich Österreich nun vom Organschaftskonzept verabschiedet hat, um unter anderem das inländische Wirtschaftspotential zu stärken, die Standortattraktivität zu verbessern und die mit der Organschaft verbundenen europarechtlichen Probleme zu beseitigen.[18] Die USA bieten sich als Vergleichspartner an, weil sie allgemein als attraktiver Investitionsstandort gelten, schon seit Jahren Wachstumsraten oberhalb derjenigen Deutschlands aufweisen und ein Konzernbesteuerungskonzept anwenden.

---

[13] Der Rücktragszeitraum wurde von 3 auf 2 Jahre verringert, der Vortragszeitraum von 15 auf 20 Jahre erweitert, vgl. KROSCHEL/WELLISCH, Umverteilung, IStR 1998, 499.

[14] Regs. §§ 1.1502-90 bis -99; vgl. dazu BITTKER/EUSTICE, Taxation, Chapter 13, 220-230; DOERNBERG/ABRAHMS, Corporations, 530 f.

[15] Vgl. BITTKER/EUSTICE, Taxation, Chapter 13, 193.

[16] Regs. § 1.1502-15(g), -21(g) und -22(g); vgl. u. a. BITTKER/EUSTICE, Taxation, Chapter 13, 194, 199; YATES u. a., Limitation, J. Tax'n, Vol. 91 (1999), 325, 337-340; KAHN/LEHMANN, Taxation, 1112-1116. Außerdem wurde mit den *Final Regulations* vom 10.08.1999 endgültig festgelegt, dass die Mitglieder einer US-Gruppe keinen eigenen separaten gedachten *overall foreign loss account* mehr einrichten und fortführen müssen, der die Nachversteuerungsverpflichtung des jeweiligen Mitglieds aufgrund verrechneter ausländischer Verluste angab, vgl. YODER, Principles, Taxes, Vol. 78 (2000), 206 ff.

[17] Vgl. LÜDICKE/RÖDEL, Gruppenbesteuerung, IStR 2004, 554.

[18] Vgl. GASSNER, Organschaftsbesteuerung, DB 2004, 841; WÖRNDL/KORNBERGER, Österreich, IStR 2004, 577.

2. Untersuchungsgegenstand

Aus dem komplexen Bereich der deutschen, österreichischen und US-amerikanischen Konzernbesteuerung wird im Rahmen der vorliegenden Untersuchung nur ein Teilaspekt betrachtet und zwar die ertragsteuerliche Verlustbehandlung. Gegenstand dieser Untersuchung ist die Frage, inwieweit die einzelnen Verlustverrechnungsregelungen bei der Konzernbesteuerung im deutschen, österreichischen und US-amerikanischen Steuerrecht als Stärken und Schwächen zu beurteilen sind. Im Rahmen dieser Beurteilung wird zudem analysiert, welche Stärken und Schwächen sich aus konzernsteuerlichen Vorschriften ergeben und welche bereits aus den allgemeinen einzelsteuerlichen Regelungen resultieren. Grundlage dieser Stärken/Schwächen-Bewertung ist eine vorherige Darstellung der für die Konzernbesteuerung relevanten einzel- und konzernsteuerlichen länderspezifischen Regelungen, wobei eine Systematisierung unter bestimmten Sachgesichtspunkten vorgenommen wird.

Um eine Vergleichbarkeit der Verlustverrechnungsregelungen bei einer Konzerngruppe herzustellen, beschränkt sich die vorliegende Untersuchung auf vereinfachte Sachverhalte, wobei die damit verbundene Vernachlässigung anderer möglicher Gruppenstrukturen für das Untersuchungsziel zweckdienlich und vertretbar ist. Ausgegangen wird zunächst von einer in ihrer Tätigkeit auf das jeweilige Inland beschränkten Konzerngruppe, die die Struktur eines Mutter/Tochtergesellschaftskonzerns hat und die diese Struktur im Zeitablauf beibehält. Die einzelnen Mitglieder des steuerlichen Konsolidierungskreises haben dabei die Rechtsform der Kapitalgesellschaft und unterhalten untereinander Leistungsbeziehungen. Bei den Mitgliedern der Konzerngruppe findet zudem keine Unterbrechung der wirtschaftlichen Identität statt. Im Verlauf der vorliegenden Untersuchung wird dieser Ausgangssachverhalt verändert, was dem Vergleich der hierbei zu berücksichtigenden Verlustverrechnungsregelungen dient. Diese Veränderungen umfassen zum einen Unterbrechungen der wirtschaftlichen Identität der Konzerngesellschaften. Zum anderen findet eine Ausdehnung der zunächst auf das Inland beschränkten Gruppenstruktur (bzw. ihrer Tätigkeit) auf das Ausland statt und zwar in Form des Einbezugs von zu der wirtschaftlichen Einheit der Konzerngruppe gehörenden ausländischen Tochterkapitalgesellschaften und doppelt ansässigen Kapitalgesellschaften sowie von ausländischen Betriebsstätten. Derartige grenzüberschreitende Sachverhalte werden dabei unter den Begriff der „grenzüberschreitenden" Konzernbesteuerung gefaßt.

Hinsichtlich der Verlustverrechnung wird in der vorliegenden Untersuchung insbesondere zwischen dem Verlustausgleich, d. h. der Verrechnung von Verlusten mit Gewinnen desselben Veranlagungszeitraums,[19] und dem Verlustabzug, d. h. der Verrechnung von Verlusten eines Veranlagungszeitraums mit Gewinnen ei-

[19] Vgl. z. B. WOLLSEIFFEN, Steuerplanung, 27; SCHUCH, in: Lehner, Verluste, 64.

nes anderen Veranlagungszeitraums mittels Verlustrücktrag oder -vortrag, unterschieden. Weiterhin wird zwischen Verlusten, die in Zeiten der Konzernbesteuerung, die in Zeiten vor Beginn der Konzernbesteuerung und die in Zeiten nach Ende der Konzernbesteuerung entstehen, differenziert. Während bei der auf das Inland beschränkten Konzernbesteuerung die Verrechnung inländischer Verluste betrachtet wird, wird im Rahmen der „grenzüberschreitenden" Konzernbesteuerung vor allem die Verrechnung ausländischer Verluste untersucht.

Im Bereich des deutschen Steuerrechts betrachtet die vorliegende Untersuchung nur Regelungen des Körperschaft- und Gewerbesteuergesetzes; im Bereich des österreichischen Steuerrechts wird auf körperschaftsteuerliche Regelungen eingegangen. Im Bereich des US-amerikanischen Steuerrechts beschränkt sie sich auf die Bundeskörperschaftsteuer (*Federal Corporate Income Tax*). Ertragsteuerliche Regelungen der US-Bundesstaaten sowie der lokalen US-Gebietskörperschaften bleiben unberücksichtigt; das Konzept der *Unitary Taxation*[20] wird nicht untersucht. Ebenfalls bleiben Substanz-, Verkehr- und Umsatzsteueraspekte grundsätzlich außer Betracht. Auch werden umwandlungssteuerrechtliche Aspekte nicht berücksichtigt.

3. Gegenwärtiger Diskussionsstand

Zu dem Themenbereich der deutschen Organschaft sind im Laufe der Jahre eine Vielzahl von Beiträgen veröffentlicht worden. Unter anderem stellen diverse Handbücher die Organschaftsregelungen im Körperschaft-, Gewerbe- und Umsatzsteuerrecht umfassend und detailliert dar;[21] im Rahmen ihrer Darstellungen wird auf die Behandlung von Verlusten bei der ertragsteuerlichen Organschaft jedoch nur zum Teil umfassend eingegangen.[22] Anderes Schrifttum beschäftigt sich nur teilweise mit der deutschen Organschaftsbesteuerung, wobei die ertragsteuerlichen Verlustverrechnungsregelungen in diesem Bereich in unterschiedlichem Umfang erläutert werden.[23] Beiträge in den einschlägigen steuerrechtlichen Fachzeitschriften behandeln die Verlustverrechnung im Organkreis nur

[20] Bei dem Konzept der *Unitary Taxation* handelt es sich um ein bestimmtes bundesstaatliches Besteuerungskonzept, vgl. dazu ZSCHIEGNER, Einkommensteuerrecht, IWB 2003, Fach 8, Gruppe 2, 1239 f.; MÜLLER-DOTT, Unitary Tax Concept, RIW 1980, 109-116; DREISSIG, Tax Allocation, RIW 1984, 115-127.

[21] So z. B. HERZIG, Organschaft; WITT, Ertragsteuerrecht; SCHUHMANN, Organschaft; SCHMIDT/MÜLLER/STÖCKER, Organschaft; auch KESSLER/KRÖNER/KÖHLER, Konzernsteuerrecht.

[22] So wird die Anwendung von § 8 Abs. 4 KStG auf Organschaften bei den in der vorherigen Fn. genannten Handbüchern z. B. nur bei HERZIG, Organschaft, behandelt. Auf die Behandlung von Betriebsstättenverlusten bei Organschaften geht z. B. SCHUHMANN, Organschaft, nicht ein.

[23] So z. B. THEISEN, Der Konzern; FUßBROICH, Verlustverrechnung; ECKSTEIN, Deutschland, CDFI 2004, Band 89b, 293-323; ORTH, Deutschland, CDFI 1998, Band 83a, 475-500; KOMAREK, Verlustberücksichtigung; LEHNER, Verluste.

am Rande[24] oder haben diese nahezu ausschließlich zum Thema, wobei sie sich oftmals auf wichtige Einzelprobleme beschränken.[25] Zu diesen Einzelproblemen zählte in jüngster Zeit beispielsweise die Frage, welche Bedeutung das EuGH-Urteil in der Rechtssache *Marks & Spencer*[26] für die Geltendmachung von Verlusten ausländischer Tochtergesellschaften einer deutschen Organschaft haben könnte.[27] Verschiedene veröffentlichte Beiträge behandeln zudem die Verlustverrechnung bei einzelnen Kapitalgesellschaften, ohne bzw. ohne umfassend auf deren Bedeutung für Organschaftssachverhalte einzugehen.[28] In den einschlägigen Kommentaren werden vor allem in den Kommentierungen zu §§ 2a, 10d EStG, §§ 8, 14, 15 KStG und §§ 2, 10a GewStG die für die Verlustverrechnung bei der ertragsteuerlichen Organschaft wesentlichen Regelungen behandelt.[29]

Zu dem Themenbereich der ab 2005 geltenden österreichischen Gruppenbesteuerung sind ebenfalls bereits diverse Beiträge veröffentlich worden, zu denen im wesentlichen Handbücher[30] sowie Beiträge in den einschlägigen steuerlichen Fachzeitschriften[31] gehören. Auf die bei der Gruppenbesteuerung geltenden Verlustverrechnungsregelungen wird dabei in unterschiedlichem Umfang eingegangen. Die bei der körperschaftsteuerlichen Besteuerung von einzelnen Kapitalgesellschaften anzuwendenden Verlustverrechnungsregelungen werden unter anderem in Standardwerken zum österreichischen Steuerrecht[32] und in Beiträgen verschiedener steuerrechtlicher Fachzeitschriften[33] dargestellt. In den einschlä-

---

[24] So z. B. DÖTSCH, Entwicklungen, DK 2003, 21-38; DANNECKER, Unternehmensbesteuerung, DStZ 2004, 67-73; KREBS, Organschaft, BB 2001, 2029-2036; RÖDDER/SCHUMACHER, Änderungen, DStR 2004, 207-210; DÖTSCH, Verlustabzug, DB-Beilage 8/1999; STRUNK/KAMINSKI, Steuerrechtsänderungen, Stbg 2004, 2-5.

[25] So z. B. ORTH, Identität, Teil I und II, DK 2003, 378-393 und 441-457; KÜSTER/KÖHLER, Verlustvorträge, BB 1998, 2401-2404; WITT/KAHL, Mantelkauf, GmbHR 1999, 511-515; GRÜTZNER, Ergebnisse, GmbHR 1995, 502-506; RÖDDER, Organkreis, DStR 2001, 780-782; URBAHNS, Verlustverrechnung, INF 2001, 581-586; FUßBROICH, Verlustverwertung, DStR 2002, 697-705.

[26] Vgl. EuGH-Urteil vom 13.12.2005, C-446/03, BB 2006, 23 ff.

[27] Vgl. z. B. HEY, Organschaft, GmbHR 2006, 113-123; BALMES/BRÜCK/RIBBROCK, Verlustnutzung, BB 2006, 186-189.

[28] So z. B. HERZIG/WAGNER, Verlustberücksichtigung, DStR 2003, 225-233; NEUMANN, Mantelkauf, FR 1999, 682-693; STAHLSCHMIDT, Identität, BB 2006, 913-917.

[29] So z. B. bei SCHMIDT, EStG; BLÜMICH, EStG/KStG/GewStG; DÖTSCH/JOST/PUNG/WITT, KSt; FROTSCHER/MAAS, KStG; LENSKI/STEINBERG, GewStG; GLANEGGER/GÜROFF, GewStG.

[30] Vgl. u. a. WIESNER/KIRCHMAYR/MAYR, Gruppenbesteuerung; MÜHLEHNER/ZÖCHLING, Gruppenbesteuerung.

[31] Vgl. z. B. HIRSCHLER/SCHINDLER, Gruppenbesteuerung, IStR 2004, 505-512; WÖRNDL/KORNBERGER, Österreich, IStR 2004, 577-580; GASSNER, Organschaftsbesteuerung, DB 2004, 841-843; GASSNER, Reform, FR 2004, 517-520; EICKER/DROSCHA, Einführung, IStR-Länderbericht 7/2004, 1-3.

[32] So z. B. DORALT/RUPPE, Grundriss; BEISER, Steuern.

[33] Vgl. z. B. QUANTSCHNIGG, Verlustabzug, ÖStZ 1989, 40-44; LOUKOTA, Neuerung, SWI 2001, 466-472.

gigen österreichischen Kommentaren werden vor allem in den Kommentierungen zu §§ 2, 10, 18 öEStG und §§ 7, 8 öKStG die für die Verlustverrechnung bei der österreichischen Gruppenbesteuerung wesentlichen Regelungen behandelt.[34]

Bei einigen der deutschsprachigen Veröffentlichungen zum Themenbereich der US-amerikanischen Konzernbesteuerung werden die Verlustverrechnungsregelungen als Teil der allgemeinen ertragsteuerlichen Vorschriften der US-amerikanischen Koonzernbesteuerung dargestellt, wobei diese Erläuterungen zum Teil vergleichsweise ausführlich sind.[35] Die überwiegende Mehrheit der in diesem Bereich veröffentlichten Beiträge beschränkt sich jedoch auf eine kurzgehaltene und überblicksartige Darstellung der US-amerikanischen Konzernbesteuerung; eine umfassende Schilderung der hier geltenden Verlustverrechnungsregelungen erfolgt bei diesen Veröffentlichungen nicht.[36] Neben den Veröffentlichungen zur US-amerikanischen Konzernbesteuerung finden sich zudem einige deutschsprachige Beiträge, die die Besteuerung einer US-amerikanischen Kapitalgesellschaft erläutern, wobei auch auf die hier anzuwendenden Verlustverrechnungsregelungen eingegangen wird.[37]

Insgesamt ist festzustellen, dass die Ausführungen hinsichtlich der Verlustverrechnung bei der deutschen, österreichischen und US-amerikanischen Konzernbesteuerung und den jeweils zugehörigen Kapitalgesellschaften bei einer Vielzahl der Veröffentlichungen aufgrund ihres Erscheinungsdatums zum Teil nicht mehr aktuell und damit unzutreffend sind.[38]

---

[34] So z. B. bei DORALT, EStG; WIESNER/SCHNEIDER/SPANBAUER/KOHLER, KStG.

[35] Vgl. MÜHLSCHLEGEL, Konzerne; KESSEL, Konzernbesteuerung; DREISSIG, USA; MÜLLER, Reform; WUDERNITZ, Konzernbesteuerung; PRÜSCHENK, Ertragsbesteuerung.

[36] Vgl. z. B. MÜHLSCHLEGEL, Konzerne, DB 1972, 1349-1353; BEUSCH, Konzerne, in: FS für Werner Flume, 21-42; WEBER, USA, DStZ 1979, 146-151; GRÖHS, USA, SWI 1991, 19-24; ZSCHIEGNER, in: Kramer, Grundzüge, 133; ZSCHIEGNER, Einkommensteuerrecht, IWB 2002, Fach 8, Gruppe 2, 1220 f.; AMERICAN CHAMBER OF COMMERCE/PRICEWATERHOUSECOOPERS, Steuern, 82 f.; HEINSEN, Verlustpolitik, 144 f.; ENDRES, in: Herzig, Organschaft, 476 f.; ENDRES u. a., Verlustberücksichtigung; KROSCHEL, Amerika, 428-464; KOMAREK, Verlustberücksichtigung, 150-154; LEE/KOWALLIK, USA, IWB 2001, Fach 8, Gruppe 2, 1097 f.

[37] So z. B. MOUSSALLEM, Corporation; KROSCHEL, Amerika, 317-467; ZSCHIEGNER, Einkommensteuerrecht, IWB 2002, Fach 8, Gruppe 2, 1196-1224; AMERICAN CHAMBER OF COMMERCE/PRICEWATERHOUSECOOPERS, Steuern, 71-100.

[38] Beispielsweise können in Deutschland die durch das Protokollerklärungsgesetz vom 22.12.2003, BGBl. I 2003, 2840 ff., neu eingeführte Mindestbesteuerung für Zwecke der Einkommen- und Körperschaftsteuer bzw. der Gewerbesteuer sowie die Übernahme der Verrechnungsbeschränkung der körperschaftsteuerlichen vororganschaftlichen Verlustvorträge für Zwecke der Gewerbesteuer, in vorher veröffentlichten Beiträgen nicht berücksichtigt sein, wie bei HERZIG, Organschaft; ORTH, Verlustnutzung, WPg-Sonderheft 2003, 13-32; FUßBROICH, Verlustverrechnung. Im Bereich der Veröffentlichungen zum

Im Rahmen von Ländervergleichen wird die deutsche Konzernbesteuerung unter anderem auch der österreichischen und/oder US-amerikanischen Konzernbesteuerung gegenübergestellt. Da diese Gegenüberstellung überwiegend in Tabellenform erfolgt, die mit kurzgehaltenen Erläuterungen und Bewertungen verbunden wird, finden die hierbei geltenden Verlustverrechnungsvorschriften kaum bzw. keine umfassende Berücksichtigung und/oder entsprechen zum Teil nicht der aktuellen Rechtslage.[39] Soweit ersichtlich existiert bislang keine Untersuchung, die die Verlustverrechnungsregelungen bei der ertragsteuerlichen Konzernbesteuerung in Deutschland, Österreich und den USA umfassend betrachtet, gegenüberstellt und die mit ihnen verbundenen Stärken und Schwächen identifiziert.

4. Begriffsbestimmungen und Folgen von Verlustverrechnungsbeschränkungen

4.1. Verluste als negative Teilerfolge eines Unternehmens

Da die vorliegende Untersuchung die Verlustverrechnungsregelungen bei ertragsteuerlichen Organschaften behandelt, ist es zunächst erforderlich, den Begriff „Verlust" zu definieren bzw. näher einzugrenzen. Ungeachtet verschiedener Erfolgsdefinitionen und Erfolgsermittlungskonzeptionen wird im deutschen, österreichischen und im US-amerikanischen Ertragsteuerrecht der Totalerfolg eines Unternehmens für Besteuerungszwecke in verschiedene Teilerfolge aufgeteilt, wobei sich folgende fünf Teilerfolgskategorien unterscheiden lassen:[40]

Erstens findet sich eine Aufteilung in einkunftsquellenbezogene Teilerfolge, wobei Einkünfte aus verschiedenen Einkunftsquellen steuerlich unterschiedlich behandelt werden. Auch wenn sich das deutsche und österreichische Ertragsteuerrecht an dem Konzept einer synthetischen Besteuerung orientieren, nach der auch aus unterschiedlichen Einkunftsquellen stammende Teilerfolge steuerlich

---

österreichischen Steuerrecht verlieren beispielsweise durch die infolge des Steuerreformgesetzes 2005, öBGBl. I 2004, 7 ff., neu eingeführte Gruppenbesteuerung die vorherigen Veröffentlichungen zur österreichischen Organschaft wie ACHATZ, Österreich, CDFI 1998, Band 83a, 293 ff. ihre Bedeutung. Im Bereich der Veröffentlichung zum US-Steuerrecht können beispielsweise die durch den *Taxpayer Relief Act* von 1997 geänderten Abzugszeiträume für Betriebsverluste (vgl. Fn. 13) noch nicht bei WUDERNITZ, Konzernbesteuerung, oder KESSEL, Konzernbesteuerung, berücksichtigt sein.

[39] Vgl. ENDRES, in: Herzig, Organschaft, 461-482; ENDRES, Group Taxation, Intertax 2003, 349-352; ENDRES, Verlustberücksichtigung; auch HEINSEN, Verlustpolitik, 301-308; JACOBS, Unternehmensbesteuerung, 825-829, letzterer jedoch ohne Berücksichtigung Österreichs. Verlustverrechnungsregelungen von u. a. Deutschland, Österreich und den USA werden allgemein verglichen z. B. bei SAATHOFF, Besteuerung, FR 1998, 917-934; ROSER/TESCH, Vergleich, IStR 1999, 385-392; ENDRES u. a., Verlustberücksichtigung.

[40] In Anlehnung an HEINSEN, Verlustpolitik, 12-17.

gleichbehandelt werden sollen,[41] erfahren einige Einkünfte dennoch eine besondere Behandlung. Hierzu zählen beispielsweise bestimmte ausländische Einkünfte,[42] Verluste aus Kommanditbeteiligungen[43] oder Verluste aus einer Beteiligung an einer Personengesellschaft oder als stiller Gesellschafter, wenn hierbei das Erzielen steuerlicher Vorteile im Vordergrund steht.[44] Im US-amerikanischen Ertragsteuerrecht erfolgt generell eine Unterscheidung zwischen gewöhnlichem Einkommen (*ordinary income*) und Veräußerungsgewinnen (*capital gains*), wobei das Einkommen dieser beiden Kategorien jeweils unterschiedlich ermittelt und besteuert wird.[45]

Zweitens findet sich eine Aufteilung in periodische Teilerfolge, wobei der Zeitraum der Tätigkeit eines Unternehmens aus technischen und fiskalischen Gründen in gleichmäßige Zeitabschnitte, d. h. Besteuerungsperioden, zerlegt wird. Im deutschen, österreichischen und auch im US-amerikanischen Ertragsteuerrecht erfolgt eine periodische Besteuerung, wobei einjährige Besteuerungsperioden gebildet werden.[46]

Drittens findet sich eine Aufteilung in subjektive Teilerfolge, wobei rechtlich selbständige Unternehmen jeweils eine eigene Steuerpflicht begründen und jeweils ein eigenes Einkommen zu ermitteln und zu versteuern haben. Im deutschen und österreichischen Körperschaftsteuerrecht ist die Steuerpflicht für Körperschaften in §§ 1, 2 KStG bzw. in § 1 öKStG kodifiziert, im US-amerikanischen Ertragsteuerrecht für Kapitalgesellschaften dagegen in Sec. 7701(a) IRC. Diese juristische Sichtweise der Besteuerung steht dann in Diskrepanz zu der wirtschaftlichen Sichtweise, wenn mehrere separate Steuersubjekte wirtschaftlich eine Einheit bilden; dieser Diskrepanz wird durch die Konzernbesteuerung in unterschiedlichem Umfang jedoch Rechnung getragen.

Viertens findet sich eine Unterscheidung von territorialen Teilerfolgen, wobei hierunter eine Unterscheidung zwischenstaatlicher Art verstanden werden kann, d. h. eine Aufteilung in Teilerfolge aus deutschen, österreichischen bzw. US-amerikanischen Quellen und ausländischen Quellen. Eine solche Aufteilung äußert sich in diversen steuerrechtlichen Vorschriften, beispielsweise in der Regelung des deutschen § 2a EStG, des österreichischen § 2 Abs. 8 öEStG oder der US-amerikanischen Sec. 861 IRC bzw. Sec. 904(f) IRC.

---

[41] Vgl. HEINSEN, Verlustpolitik, 13, m. w. N.
[42] Vgl. z. B. § 2a EStG.
[43] Vgl. z. B. § 15a EStG.
[44] Vgl. § 2 Abs. 2a TS 1öEStG; Abschnitt B 1.2.2.4.1.
[45] Vgl. THIELE, Einführung, 80 f.; SAATHOFF, Besteuerung, FR 1998, 933.
[46] Vgl. dazu § 4a EStG, § 7 Abs. 3 und 4 KSTG, § 2 Abs. 1 öEStG, § 7 Abs. 1 öKStG; Sec. 441(d) IRC.

Fünftens findet sich eine Aufteilung in steuerartenbezogene Teilerfolge, wenn der Totalerfolg eines Unternehmens unterschiedlichen Ertragsteuern unterliegt. Während beispielsweise in Deutschland der Erfolg einer Kapitalgesellschaft der Körperschaft- und Gewerbesteuer sowie dem Solidaritätszuschlag unterliegt, wird er in Österreich nur mit Körperschaftsteuer belastet. In den USA wird dagegen im Regelfall Körperschaftsteuer auf Bundesebene, Bundesstaatenebene und Gemeindeebene erhoben.[47]

Festzuhalten bleibt, dass ein Unternehmen mit einem Totalerfolg steuerlich auch Teilverluste erleiden kann, wenn negative Teilerfolge entstehen. Ein derartiger Verlust läßt sich ganz allgemein als nicht durch Betriebseinnahmen kompensierte Ausgaben definieren.[48] Im deutschen, österreichischen und US-amerikanischen Steuerrecht sind folgende Teilverluste denkbar: Verluste aus bestimmten Einkunftsquellen, Verluste in bestimmten Besteuerungsperioden, Verluste bei einzelnen Steuersubjekten, Verluste in verschiedenen Staaten und Verluste verschiedener Steuerarten. Diese Segmentierung führt zu folgenden vier, nach Steuerarten getrennten und einander nicht ausschließenden Formen der Verlustverrechnung, und zwar zu einer einkunftsquellenübergreifenden, interperiodischen, interpersonellen und grenzüberschreitenden Verlustverrechnung. Sofern eine dieser Verlustverrechnungsmöglichkeiten eingeschränkt wird, wird in der vorliegenden Untersuchung von Verlustverrechnungsbeschränkungen gesprochen. Zwar ist die konkrete Ausgestaltung der Verlustverrechnungsregelungen bzw. Verlustverrechnungsbeschränkungen im deutschen, österreichischen und US-amerikanischen Ertragsteuerrecht im Detail unterschiedlich; es lassen sich aber dennoch verschiedene einzel- und gesamtwirtschaftliche Folgen identifizieren, die allgemein mit ertragssteuerlichen Verlustverrechnungsbeschränkungen verbunden sind.

4.2. Einzelwirtschaftliche Folgen von Verlustverrechnungsbeschränkungen

Aus einzelwirtschaftlicher Sicht, d. h. aus Sicht eines einzelnen Unternehmens, können die zuvor genannten Verlustverrechnungsbeschränkungen zu erheblichen steuerlichen Mehrbelastungen führen: Zum einen können diese Verlustverrechnungsbeschränkungen zu negativen Zins- und Liquiditätseffekten führen, wenn durch sie – bei anderweitig vorhandenem Verrechnungspotential – eine sofortige Verlustverrechnung untersagt und erst zu einem späteren Zeitpunkt zugelassen wird, da dies zur Folge hat, dass die mit dem Verlust verbundene

---

[47] Vgl. beispielsweise AMERICAN CHAMBER OF COMMERCE/PRICEWATERHOUSECOOPERS, Steuern, 71. Wie im Untersuchungsgegenstand abgegrenzt, wird in vorliegender Untersuchung nur auf deutsche körperschaft- und gewerbesteuerliche Vorschriften, auf österreichische körperschaftsteuerliche Vorschriften und auf US-amerikanische körperschaftsteuerliche Vorschriften des Bundes eingegangen.

[48] Vgl. ENDRES u. a., Verlustberücksichtigung, 13.

Steuerminderzahlung bzw. Steuererstattung erst zeitlich später gewährt wird.[49] Die Zinsnachteile ergeben sich in Abhängigkeit vom Kalkulationszinssatz und der Zeitdauer des Aufschubs. Je weiter die Verlustverrechnung in die Zukunft verschoben wird, desto größer werden die Zinsnachteile, was gleichbedeutend ist mit einer – gemessen an Barwerten – zunehmenden Entwertung der mit den Verlusten verbundene Steuerentlastung.[50] Eine derartige Entwertung und der beschriebene Zins- und Liquiditätseffekt können dagegen nicht eintreten, wenn die Verlustverrechnungsvorschriften bei entsprechendem Verrechungspotential einen unbeschränkten sofortigen Verlustausgleich bzw. einen diesem in seiner Wirkung entsprechenden unbeschränkten Verlustrücktrag zulassen.[51] Zur Veranschaulichung des Entstehens von negativen Zins- und Liquiditätseffekten bei einem durch eine Verlustverrechnungsbeschränkung verursachten Aufschub der Verlustverrechung dient nachfolgendes, dreiperiodiges Beispiel mit zwei Fallunterscheidungen und einer einkunftsquellenübergreifenden Verlustverrechnungsbeschränkung:

Sachverhalt: Ein Unternehmen erzielt in der Periode t_1 in der Einkunftskategorie A einen Gewinn von 1000 GE und in der Einkunftskategorie B einen Verlust von 1000 GE. In der Periode t_2 wird in der Kategorie A ein Gewinn von 1000 GE erwirtschaftet, während in Kategorie B weder ein Gewinn noch ein Verlust entsteht. In der Periode t_3 wird dagegen in beiden Kategorien ein Gewinn von jeweils 1000 GE erzielt. Ferner wird angenommen, dass der Steuersatz 25 % beträgt und dass die Steuerzahlungen und -erstattungen zum Ende der Periode ihrer wirtschaftlichen Verursachung zahlungswirksam werden. Die Steuerzahlungen werden mit einem Kalkulationszinsfuß nach Steuern von 10 % auf den Beginn der Periode t_1 diskontiert. Im Zeitablauf gleichbleibende Steuersätze werden vorausgesetzt.

Fall 1: Wenn ein Steuerrecht für erlittenene Verluste keine Verrechnungsbeschränkungen vorsieht, dann kann ein Unternehmen den Verlust der Einkommenskategorie B sofort mit dem Gewinn der Einkommenskategorie A in Periode t_1 verrechnen (vgl. Abb. 1).[52]

Fall 2: Wenn ein Steuerrecht die Verlustverrechnung dagegen derart beschränkt, dass Verluste nur mit Gewinnen derselben Kategorie verrechnet werden dürfen, wobei jedoch ein zeitlich und betragsmäßig unbegrenzter Verlustvortrag gewährt wird, dann kann der Verlust der Kategorie B nicht mit dem Gewinn der Einkommenskategorie A in Periode t_1, sondern erst mit dem Gewinn der Einkommenskategorie B in Periode t_3 verrechnet werden (vgl. Abb. 2):

---

[49] Vgl. dazu WÖHE/BIEG, Grundzüge, 313 f.; HERZIG/WAGNER, Begrenzung, WPg 2004, 58; FÖRSTER, Verlustabzug, WPg 2004, 1259; HEINSEN, Verlustpolitik, 18. Kommt es innerhalb des Aufschubzeitraums darüber hinaus zu einem Absinken bzw. Ansteigen der Steuersätze, ist dies zusätzlich mit einem Steuersatznachteil bzw. -vorteil verbunden, vgl. FÖRSTER, Verlustverrechnung, WPg 2004, 1259.

[50] Vgl. FÖRSTER, Verlustverrechnung, WPg 2004, 1259; WAGNER/DIRRIGL, Steuerplanung, 55.

[51] Vgl. KÖNIG/WOSNITZA, Steuerwirkungslehre, 91.

[52] Unter „sofortiger" Verlustverrechnung wird in diesem Beispiel die Verrechnung eines Verlustes nicht am Beginn der Periode t_1, sondern am Ende dieser Periode verstanden.

	t_1	t_2	t_3	Σ
Gewinn/Verlust Kategorie A	1000	1000	1000	
Gewinn/Verlust Kategorie B	- 1000	0	1000	
Auf Kategorie A entfallende Steuerzahlung	- 250	-250	- 250	
Auf Kategorie B entfallende Steuerzahlung	+ 250	0	- 250	
Steuerlicher Gewinn aus Kategorie A und B	0	1000	2000	3000
Steuerzahlung	0	-250	- 500	- 750
Barwert (gerundet) der Steuerzahlung:				$-250 : 1{,}1^2 - 500 : 1{,}1^3 = -582$
Barwert (gerundet) der mit dem Verlust verbundenen Steuererstattung:				$250 : 1{,}1 = 227$

Abb. 1: Sofortige Verlustverrechnung ohne Verlustverrechnungsbeschränkung

	t_1	t_2	t_3	Σ
Gewinn/Verlust Einkommenskategorie A	1000	1000	1000	
Gewinn/Verlust Einkommenskategorie B	- 1000	0	1000	
Auf Kategorie A entfallende Steuerzahlung	- 250	- 250	- 250	
Auf Kategorie B entfallende Steuerzahlung	0	0	0	
Steuerlicher Gewinn aus Kategorie A und B	1000	1000	1000	3000
Steuerzahlung	- 250	- 250	- 250	- 750
Barwert (gerundet) der Steuerzahlung:				$-250 : 1{,}1 - 250 : 1{,}1^2 - 500 : 1{,}1^3 = -622$
Barwert (gerundet) der mit dem Verlust verbundenen Steuererstattung:				$250 : 1{,}1^3 = 188$

Abb. 2: Aufgeschobene Verlustverrechnung mit Verlustverrechnungsbeschränkung und Verlustvortrag

Das Beispiel zeigt, dass über die Totalperiode sowohl bei sofortiger Verlustverrechnung als auch bei aufgeschobener Verlustverrechnung Steuerzahlungen von insgesamt jeweils 750 GE anfallen. Der Zeitpunkt der Verlustverrechnung hat damit keinen Einfluß auf die Höhe der Steuerzahlung, womit die sofortige Verlustverrechnung in diesem Beispiel nicht zu einer endgültigen Steuerersparnis führt. Allerdings entsteht dem Unternehmen im Fall der aufgeschobenen Verlustverrechnung ein Liquiditätsnachteil, da die Steuerzahlung in Periode t_1 von 250 GE nicht durch eine entsprechende Steuererstattung kompensiert wird. Der damit verbundene negative Zinseffekt schlägt sich in einem absolut höheren Barwert der Steuerzahlung (622 GE) nieder im Vergleich zum Barwert der Steuerzahlung bei sofortiger Verlustverrechnung (582 GE).[53] Anhand des Beispiels wird auch deutlich, dass es aufgrund des Aufschubs der Verlustverrechnung zu einer Entwertung der mit einem Verlust verbundenen Steuererstattung kommt. Der Barwert der Steuererstattung bei sofortiger Verlustverrechnung von 227 GE sinkt auf 188 GE; er wird damit aufgrund der Verlustverrechnungsbeschränkung um 17,2 % , d. h. um fast ein Fünftel, entwertet.

Aus einzelwirtschaftlicher Sicht können Verlustverrechnungsbeschränkungen ein Unternehmen zudem in die Situation bringen, dass eine in die Zukunft verschobene Verlustverrechnung nicht mehr bzw. nicht mehr vollständig möglich ist, was im Vergleich zur sofortigen Verlustverrechnung den Verlust einer endgültigen Steuerersparnis bedeutet.[54] Dies ist beispielsweise dann der Fall, wenn

---

[53] Vgl. FUßBROICH, Verlustverrechnung, 11.

[54] Vgl. HERZIG/WAGNER, Begrenzung, WPg 2004, 63; FÖRSTER, Verlustverrechnung, WPg 2004, 1259; HEINSEN, Verlustpolitik, 18.

es einem Unternehmen zukünftig nicht gelingt, Gewinne bzw. ausreichende Gewinne zu erzielen oder wenn Verlustvorträge aufgrund zeitlich eingeschränkter Vortragszeiträume oder schädlicher Identitätswechsel verfallen. Da in derartigen Fällen das mit den aufgeschobenen Verlusten verbundene Steuerminderungspotential bzw. die Steuererstattung verloren geht, führt dies dann zu einer Überbesteuerung, wenn in derselben Gesellschaft oder in anderen Konzerngesellschaften Gewinne versteuert wurden oder werden, die nicht mit den untergegangenen Verlusten verrechnet werden konnten; die Höhe der Überbesteuerung ergibt sich als Produkt von Steuersatz und der Höhe der untergegangenen vorgetragenen Verluste.[55] Zu einem Untergang von vorgetragenen Verlusten und der hiermit verbundenen Überbesteuerung eines Unternehmens kommt es hingegen nicht, sofern die Verlustverrechnungsvorschriften bei entsprechendem Verrechnungspotential einen unbeschränkten sofortigen Verlustausgleich bzw. einen diesem in seiner Wirkung entsprechenden unbeschränkten Verlustrücktrag zugelassen hätten.

4.3. Gesamtwirtschaftliche Folgen von Verlustverrechnungsbeschränkungen

Wenn Verlustverrechnungsbeschränkungen eine sofortige Verlustverrechnung verhindern und/oder (zunehmend) zu einer Verlustverrechnung in der Zukunft führen, dann beeinflußt der hiermit verbundene negative Zinseffekt auch die Investitionsentscheidungen von Investoren. Bei jeder Investition bzw. Unternehmensgründung stellt sich die Frage, ob sie vorteilhaft ist oder nicht. Um eine vorteilhafte von einer unvorteilhaften Investition abzugrenzen, kann der Barwert herangezogen werden. Eine Investition bzw. Unternehmung mit einem positiven Barwert gilt als vorteilhaft und wird realisiert, bei einem negativen Barwert gilt sie als unvorteilhaft und wird nicht durchgeführt.[56] Da sich der negative Zinseffekt, der aus der (zunehmend) aufgeschobenen Geltendmachung von Verlusten aufgrund von Verrechnungsbeschränkungen resultiert, in einem niedrigeren Barwert im Vergleich zur Situation ohne bzw. weniger restriktiver Verlustverrechnungsbeschränkung niederschlägt, führen derartige Beschränkungen dazu, dass durch Verlustgefahren belastete Investionen lediglich aufgrund derartiger Verrechnungsbeschränkungen nicht mehr durchgeführt werden, wenn ihr Barwert durch sie negativ wird.[57] Folgendes mehrperiodige Beispiel[58] mit zwei Fallunterscheidungen verdeutlicht wie eine Beschränkung des Verlustvortrags sich auf den Barwert einer Investition in eine Kapitalgesellschaft auswirkt:

---

[55] Vgl. FÖRSTER, Verlustverrechnung, WPg 2004, 1259.

[56] Vgl. HERZIG/WAGNER, Begrenzung, WPg 2004, 58. Gemäß den Annahmen, die der *Fisher*-Separation zugrunde liegen, bewirkt ein positiver Barwert stets einen Nutzenzuwachs, während ein negativer Barwert stets zu einem Nutzenverlust für den Investor führt, vgl. z. B. DRUKARCZYK, Finanzierung, 27 ff.

[57] Vgl. dazu HERZIG/WAGNER, Begrenzung, WPg 2004, 58.

[58] Vgl. HERZIG/WAGNER, Begrenzung, WPg 2004, 58.

Im ersten Jahr nach Neugründung einer Kapitalgesellschaft wird ein Verlust von 45 Mio. Euro, im zweiten Jahr dagegen ein Verlust von 20 Mio. Euro erwirtschaftet. Im dritten Jahr wird ein ausgeglichenes Ergebnis erzielt und in den nachfolgenden Jahren ein nachhaltiger Gewinn von 10 Mio. Euro jährlich. Zudem wird ein Zinssatz von 10 %, zu dem ein Investor risikolos Geld anlegen bzw. ausleihen kann, und ein Steuersatz von 40 % unterstellt. Im Fall 1 (siehe Abb. 3) existiert annahmegemäß keine betragsmäßige Beschränkung des Verlustvortrags; im Fall 2 (siehe Abb. 4) dagegen ist der Verlustvortrag bis 1 Mio. Euro unbeschränkt, darüber hinaus beschränkt bis zu 60 % des 1 Mio. Euro übersteigenden Jahreserfolgs des Unternehmens vorzunehmen, was der deutschen Verlustvortragsbeschränkung gemäß § 10d Abs. 2 Satz 1 EStG entspricht. Desweiteren wird angenommen, dass das handelsrechtliche Ergebnis (vor Steuern) mit dem nach steuerrechtlichen Grundsätzen ermittelten Ergebnis der Kapitalgesellschaft übereinstimmt und dass die Zuführungen und Rückflüsse liquider Mittel dem Ergebnis (nach Steuern) entsprechen.

	Periode							
	1	2	3	4 – 9	10	11 – 13	14	15 ff.
1. Gewinn/Verlust vor Steuern	- 45,00	- 20,00	0,00	10,00	10,00	10,00	10,00	10,00
2. Minderung durch Verlustvortrag	0,00	0,00	0,00	10,00	5,00	0,00	0,00	0,00
3. Gewinn/Verlust nach Verlustverrechnung	- 45,00	- 20,00	0,00	0,00	5,00	10,00	10,00	10,00
4. Steuern, falls Gewinn: (3. x 40 %))	0,00	0,00	0,00	0,00	2,00	4,00	4,00	4,00
5. Gewinn/Verlust nach Steuern (1. – 4.)	- 45,00	- 20,00	0,00	10,00	8,00	6,00	6,00	6,00
Barwert (gerundet) des Investitionsprojekts zum Ende der Periode 1: 1,65								

Abb. 3: Positiver Barwert einer Investition infolge nicht bestehender Verlustabzugsbegrenzung

	Periode							
	1	2	3	4 – 9	10	11 – 13	14	15 ff.
1. Gewinn/Verlust vor Steuern	- 45,00	- 20,00	0,00	10,00	10,00	10,00	10,00	10,00
2. Minderung durch Verlustvortrag	0,00	0,00	0,00	6,40	6,40	6,40	1,00	0,00
3. Gewinn/Verlust nach Verlustverrechnung	- 45,00	- 20,00	0,00	3,60	3,60	3,60	9,00	10,00
4. Steuern, falls Gewinn: (3. x 40 %))	0,00	0,00	0,00	1,44	1,44	1,44	3,60	4,00
5. Gewinn/Verlust nach Steuern (1. – 4.)	- 45,00	- 20,00	0,00	8,56	8,56	8,56	6,40	6,00
Barwert (gerundet) des Investitionsprojekts zum Ende der Periode 1: – 0,48								

Abb. 4: Negativer Barwert einer Investition infolge einer bestehenden Verlustabzugsbegrenzung

Das Beispiel zeigt, dass die betragsmäßige Beschränkung beim Vortrag von (Anlauf-) Verlusten zu einem verminderten Barwert der Investition in die Kapitalgesellschaft (– 0,48 Mio. Euro) führt im Vergleich zur Situation ohne Verlustabzugsbeschränkung (1,65 Mio. Euro). Da der Barwert aufgrund des durch die spätere Geltendmachung der vorgetragenen Verluste verursachten negativen Zinseffekts sogar negativ wird, wird das Investitionsprojekt im Fall 2 nicht mehr durchgeführt, während es im Fall 1 ohne Verlustabzugsbeschränkung realisiert worden wäre.

Sofern Verlustverrechnungsbeschränkungen (vermehrt) zu einer verzögerten Verlustverrechnung und den hiermit verbundenen negativen Zinseffekten führen bzw. diese vergrößern und sie damit einen negativen Einfluß auf die Durchführung bzw. Vorteilhaftigkeit von mit Verlustgefahren behafteten Investitionen – im Gegensatz zu risikolosen Investitionen – haben, werden durch sie Risikoinvestitionen gegenüber risikolosen Investitionen folglich steuerlich schlechter gestellt.[59] Gesamtwirtschaftlich führt eine derartige Diskriminierung dazu, dass Risikoinvestitionen vermieden bzw. gehemmt werden.[60] Da diese aber für das wirtschaftliche Wachstum einer Volkswirtschaft von entscheidender Bedeutung sind, ist eine der wesentlichen gesamtwirtschaftlichen Folgen von Verlustverrechnungsbeschränkungen die Behinderung des inländischen Wirtschaftswachstums.[61] Demzufolge ist es auch aus gesamtwirtschaftlicher Sicht ideal, wenn Verrechnungsbeschränkungen Verluste möglichst nicht von einer sofortigen Verlustverrechnung ausschließen und/oder (vermehrt) zu einer späteren Geltendmachung von vorgetragenen Verlusten führen.

4.4. Stärken und Schwächen von Verlustverrechnungsregelungen

In den vorherigen beiden Abschnitten ist deutlich geworden, dass es aus einzelwirtschaftlicher und gesamtwirtschaftlicher Sicht für ein Unternehmen ideal ist, Verluste sofort zu verrechnen und dass ein zunehmendes Aufschieben der Verlustverrechnung aufgrund von Verrechnungsbeschränkungen zu immer größeren negativen Zins- und Liquiditätseffekten führt und unter Umständen sogar ein Untergang des Verlustvortrags bewirkt wird. Daher wird es in der vorliegenden Untersuchung als Stärke von Verlustverrechnungsregelungen gewertet, wenn diese dem Ideal der sofortigen Verlustverrechnung entsprechen bzw. diesem möglichst nahe kommen. Umgekehrt wird es demzufolge als Schwäche angesehen, wenn sich Verlustverrechnungsregelungen zunehmend von diesem Ideal

---

[59] Vgl. dazu HERZIG/WAGNER, Begrenzung, WPg 2004, 63. Dazu auch SCHREIBER, Besteuerung, 559, und SCHNEIDER, Steuerlast, 153, die die steuerliche Diskriminierung von Risikoinvestitionen gegenüber risikolosen Investitionen infolge eines fehlenden sofortigen Verlustausgleichs beschreiben.

[60] Vgl. HERZIG/WAGNER, Begrenzung, WPg 2004, 58, 63; HERZIG/BRIESEMEISTER, Einschränkung, DStR 1999, 1381; HERZIG, in: Lehner, Verluste, 38; FÖRSTER, Verlustverrechnung, WPg 2004, 1259 f.; ähnlich auch SCHREIBER, Besteuerung, 559; SCHNEIDER, Steuerlast, 153.

[61] So auch HERZIG, in: Lehner, Verluste, 38.

entfernen. Inwieweit einkunftsquellenübergreifende, interpersonelle, interperiodische und/oder grenzüberschreitende Verlustverrechnungsbeschränkungen zu Zins- und Liquiditätsnachteilen, einem erhöhten Risiko des Untergangs von Verlustverrechnungspotential sowie zum unmittelbaren Untergang von Verlustverrechnungspotential führen können, wird in späteren Abschnitten im Rahmen der Stärken/Schwächen-Bewertung der Verlustverrechnungsvorschriften bei einer einzelnen Kapitalgesellschaft sowie einer Konzerngruppe „vor Ort" konkreter erläutert. Wie die länderspezifischen Verlustverrechnungsvorschriften mit ihren jeweiligen Stärken und Schwächen zueinander zu bewerten sind, ergibt sich dabei aus der Gegenüberstellung der jeweiligen korrespondierenden und als Stärke bzw. Schwäche bewerteten Verrechnungsregelungen.

5. Gang der Untersuchung

Zunächst werden in Kapitel B in zwei Unterkapiteln die Grundlagen der Besteuerung, Verlustverrechnung und Mindestbesteuerung bei einzelnen Kapitalgesellschaften in Deutschland, Österreich und den USA einerseits sowie die Grundlagen der Konzernbesteuerungen in diesen drei Ländern andererseits dargestellt, wobei jeweils länderbezogene Unterabschnitte gebildet werden. Am Ende der jeweiligen länderbezogenen Unterabschnitte des ersten Unterkapitels findet sich eine zusammenfassende Übersicht zur Verlustverrechnung bei einer einzelnen deutschen, österreichischen bzw. US-amerikanischen Kapitalgesellschaft. Zudem schließt das gesamte erste Unterkapitel mit einer Stärken/Schwächen-Bewertung der Verlustverrechnung bei einer einzelnen Kapitalgesellschaft, damit bei späteren Stärken/Schwächen-Bewertungen von Verlustverrechnungen im Rahmen der Konzernbesteuerung deutlich wird, welche Stärken und Schwächen der Rechtskreise sich aus konzernsteuerlichen Regelungen ergeben und welche bereits aus den allgemeinen einzelsteuerlichen Regelungen resultieren. Um diese Differenzierung zu erleichtern, wird bei der Stärken/Schwächen-Bewertung der einzelsteuerlichen Verlustverrechnungsregelungen bereits eine Gliederung nach den Sachgesichtspunkten vorgenommen, nach denen sich später auch die Verlustverrechnung bei der Konzernbesteuerung richtet. In den länderbezogenen Unterabschnitten des zweiten Unterkapitels sind für die Stärken/Schwächen-Bewertung der Verlustverrechnung innerhalb einer Konzerngruppe insbesondere die Vorschriften zur Ermittlung des Gruppeneinkommens von Bedeutung, dem bei den Ausführungen entsprechend Rechnung getragen wird.

Die Kapitel C und D wenden sich dann konkret der Verlustverrechnung im Rahmen der deutschen, österreichischen und US-amerikanischen Konzernbesteuerung zu. Während Kapitel C auf das Inland beschränkte Gruppenstrukturen betrachten, beschäftigt sich Kapitel D mit „grenzüberschreitenden" Konzernbesteuerungssachverhalten. Sowohl Kapitel C als auch Kapitel D werden nach Sachgesichtspunkten in einzelne Unterkapitel bzw. Unterabschnitte gegliedert, innerhalb derer die korrespondierenden Regelungen der betrachteten Rechtskreise zunächst länderbezogen dargestellt werden und anschließend vor dem Ideal der sofortigen Verlustverrechnung einer vergleichenden Stärken/Schwächen-Bewertung unterzogen werden. Hierbei dient die Gliederung nach Sachgesichtspunkten der differenzierteren Stärken/Schwächen-Bewertung von Verlustverrechnungsvorschriften bei den Konzernbesteuerungen.

Das Kapitel C beschäftigt sich mit der Verlustverrechnung bei einer auf das Inland beschränkten unveränderten Gruppenstruktur, wobei zwei Unterkapitel gebildet werden. Unterkapitel C 1. behandelt die Verlustverrechnungsregelungen des Verlustausgleichs bei der deutschen, österreichischen und US-amerikanischen Konzernbesteuerung. In vier Unterabschnitten werden hier die Grundsätze des Verlustausgleichs einschließlich der Separierung von Verlusten bestimmter Einkunftsquellen, die Behandlung von Verlusten aus konzerninternen Transaktionen im Rahmen des Verlustausgleichs, der Einfluß einer Unterbrechung der wirtschaftlichen Identität von Konzerngesellschaften auf den Verlustausgleich und die Zulässigkeit von Beteiligungsbuchwertabschreibungen als eine Möglichkeit zur indirekten interpersonellen Verlustverwertung jeweils länderbezogen erläutert. Im Unterkapitel C 2. werden anschließend die Verlustverrechnungsregelungen des Verlustabzugs bei der deutschen, österreichischen und US-amerikanischen Konzernbesteuerung betrachtet, wobei fünf Unterabschnitte gebildet werden. Im ersten Unterabschnitt werden die Grundsätze des Abzugs von Verlusten dargestellt, die in Gruppenbesteuerungsjahren entstanden und in anderen Gruppenbesteuerungsjahren abzuziehen sind; in diesem Rahmen wird insbesondere auf zeitliche Abzugsbegrenzungen, aber auch auf etwaige separat abzuziehende Verluste bestimmter Einkunftsquellen eingegangen. Im zweiten Unterabschnitt wird erläutert, inwieweit der Verlustabzug bei der deutschen, österreichischen und US-amerikanischen Konzernbesteuerung durch etwaige Mindestbesteuerungsregelungen eingeschränkt wird. Anschließend wird im dritten Unterabschnitt betrachtet, inwieweit in Gruppenbesteuerungsjahren entstandene Verluste in Zeiten vor Beginn einer Konzernbesteuerung rückgetragen und in Zeiten nach Ende der Konzernbesteuerung vorgetragen werden können. Im vierten Unterabschnitt wird dann untersucht, inwieweit Verluste, die vor dem Beginn der Konzernbesteuerung entstanden sind bzw. nach Ende der Konzernbesteuerung entstehen, in Zeiten der Konzernbesteuerung vor- bzw. rückgetragen werden können. Im fünften Unterabschnitt des Unterkapitels C 2. wird erläutert, auf welche Weise der Verlustabzug bei einer Konzerngruppe durch eine Unterbrechung der wirtschaftlichen Identität der Konzerngesellschaften infolge der jeweiligen nationalen Mantelkaufvorschriften beeinflußt wird.

Das in drei Unterkapitel unterteilte Kapitel D beschäftigt sich mit der Verlustverrechnung bei „grenzüberschreitenden“ Konzernbesteuerungen, die aus ausländischen Tochterkapitalgesellschaften, doppelt ansässigen Kapitalgesellschaften und ausländischen Betriebsstätten resultieren. Im Unterkapitel D 1. wird dargestellt, ob eine zur wirtschaftlichen Einheit der Konzerngruppe gehörende ausländische Tochterkapitalgesellschaft ohne Sitz und Geschäftsleitung im jeweiligen Inland als Mitglied in die jeweilige Konzernbesteuerung einbezogen werden kann und inwiefern ihre Verluste in einem solchen Fall zu verrechnen sind. In diesem Zusammenhang wird auch auf den Einfluß der EuGH-Entscheidung in der Rechtssache *Marks & Spencer*[62] eingegangen, allerdings nur im Rahmen der Ausführungen zur deutschen Organschaft. Da der Einbezug ausländischer Tochterkapitalgesellschaften als Mitgliedskapitalgesellschaft der österreichischen Gruppenbesteuerung – verbunden mit einer entsprechenden grenzüberschreitenden Verlustverrechnung - möglich ist und da die USA kein EU-Mitglied sind, hat diese EuGH-Entscheidung für Österreich und die USA insofern keine Bedeutung. Im Unterkapitel D 2. wird untersucht, inwieweit eine zur wirtschaftlichen Einheit der Konzerngruppe gehörende doppelt ansässige Kapitalgesellschaft Mitglied der jeweiligen Konzernbesteuerung sein kann und wie ihre Verluste in einem solchen Fall zu behandelt sind. In diesem Zusammenhang ist von vorrangigem Interesse, auf welche Weise Vorschriften gegen doppelte Verlustnutzung die Verrechnung von Verlusten einer doppelt ansässigen Mitgliedskapitalgesellschaft einer Konzerngruppe beeinflussen können. Unterkapitel D 3. erläutert abschließend die Verrechnung von Verlusten ausländischer Betriebsstätten von Mitgliedskapitalgesellschaften im Rahmen der jeweiligen Konzernbesteuerungen, wobei die zugehörige Stärken/Schwächen-Bewertung nur auf gewerblich tätige Betriebsstätten Bezug nimmt, da Unternehmen im Regelfall über derartige aktiv tätige Betriebsstätten im Ausland tätig werden.

Das Kapitel E fasst schließlich die in den vorherigen Kapiteln erfolgte Stärken/ Schwächen-Bewertung der Verlustverrechnungsregelungen bei der US-amerikanischen, der deutschen und der österreichischen Konzernbesteuerung zusammen.

---

[62] EuGH-Urteil vom 13.12.2005, C-446/03, BB 2006, 23 ff.

Kapitel B: Grundlagen

1. Grundlagen der Besteuerung, Verlustverrechnung und Mindestbesteuerung bei einzelnen Kapitalgesellschaften

1.1. Deutschland

1.1.1. Grundsätze der Besteuerung der deutschen Kapitalgesellschaft

1.1.1.1. Körperschaftsteuer

1.1.1.1.1. Persönliche unbeschränkte Steuerpflicht

Juristische Personen, die ihren Sitz oder ihre Geschäftsführung in der Bundesrepublik Deutschland haben, sind nach § 1 Abs. 1 KStG unbeschränkt körperschaftsteuerpflichtig, d. h., sie unterliegen jeweils als selbständiges Steuersubjekt mit ihrem gesamten weltweit erzielten Einkommen der Körperschaftsteuer.[63] Zu den juristischen Personen im Sinne des § 1 Abs. 1 KStG zählen sämtliche Kapitalgesellschaften deutschen Rechts wie die Aktiengesellschaft (AG), die Kommanditgesellschaft auf Aktien (KGaA) und die Gesellschaft mit beschränkter Haftung (GmbH).[64]

1.1.1.1.2. Ermittlung des zu versteuernden Einkommens

Bemessungsgrundlage der Körperschaftsteuer ist nach § 7 Abs. 1 KStG das zu versteuernde Einkommen, bei dessen Ermittlung nach § 8 Abs. 1 Satz 1 KStG grundsätzlich die allgemeinen körperschaftsteuerlichen Vorschriften und die Vorschriften des EStG anzuwenden sind.[65] Da Kapitalgesellschaften aufgrund gesetzlicher Vorschriften handels- und steuerrechtlich zur Führung von Büchern verpflichtet sind,[66] erzielen sie ausschließlich Einkünfte aus Gewerbebetrieb,[67] die durch den Gewinn gebildet werden.[68] Ausgangspunkt der Bestimmung des Gewinns aus Gewerbebetrieb ist die Gewinnermittlung durch Betriebsvermögensvergleich nach § 4 Abs. 1, § 5 Abs. 1 EStG, wobei die Handelsbilanz hinsichtlich Ansatz und Bewertung von Bilanzposten maßgeblich für die Steuerbilanz ist. Dieser Grundsatz der Maßgeblichkeit kommt allerdings dann nicht zur Anwendung, wenn das EStG vorrangig vor den handelsrechtlichen Vorschriften zu beachtende Sonderregelungen vorsieht, so dass das Handelsbilanzergebnis

[63] Vgl. § 1 Abs. 1 und Abs. 2 KStG.
[64] Vgl. § 1 Abs. 1 Nr. 1 KStG.
[65] Vgl. § 8 Abs. 1 Satz 1 KStG i. V. m. § 7 Abs. 1 und Abs. 2 KStG. Zur Berechnung des zu versteuernden Einkommens bei einer Kapitalgesellschaft vgl. auch FROTSCHER, in: Frotscher/Maas, KStG, § 7 KStG, Rn. 3 bis 9; § 8 KStG, Rn. 28 bis 41, 53 bis 63.
[66] Vgl. § 238 Abs. 1, § 6 Abs. 1 HGB, § 3 AktG, § 13 Abs. 3 GmbHG.
[67] Vgl. § 8 Abs. 2 KStG.
[68] Vgl. § 2 Abs. 2 EStG.

unter Berücksichtigung derartiger abweichender steuerrechtlicher Vorschriften zum Steuerbilanzergebnis zu entwickeln ist.[69] Die Ermittlung des Gewinns aus Gewerbebetrieb aus dem Steuerbilanzergebnis erfordert weitergehende Korrekturen, wozu insbesondere die Hinzurechnung nicht abzugsfähiger Betriebsausgaben[70] und Vermögensminderungen durch Gewinnausschüttungen[71] sowie die Minderung um steuerfreie Vermögensmehrungen (z. B. Einlagen) und um steuerfreie Dividendenausschüttungen und Gewinne[72] zählen.[73] Der Gewinn aus Gewerbebetrieb einer Kapitalgesellschaft entspricht im wesentlichen ihrem Gesamtbetrag der Einkünfte,[74] aus dem sich anschließend unter Berücksichtigung eines etwaigen Verlustabzugs[75] das Einkommen ergibt,[76] welches wiederum dem zu versteuernden Einkommen entspricht. Folgendes Schema verdeutlicht vereinfacht die Ermittlung des zu versteuernden Einkommens einer Kapitalgesellschaft:[77]

	Handelsbilanzergebnis
+ / –	Korrekturen aufgrund abweichender steuerlicher Vorschriften
=	Steuerbilanzergebnis
+	nicht abzugsfähige Betriebsausgaben (§ 10 KStG, § 8 Abs. 1 KStG i. V. m. § 4 Abs. 5 EStG)
+	Vermögensminderungen durch Gewinnausschüttungen (§ 8 Abs. 3 KStG)
–	steuerfreie Vermögensmehrungen (z. B. Einlagen, Investitionszulagen)
–	steuerfreie Ausschüttungen bzw. Gewinne (§ 8b Abs. 1 KStG bzw. § 8b Abs. 2 KStG)
+	nicht ausgleichsfähige Verluste nach §§ 15 Abs. 4, 15a Abs. 1, 15b EStG
+ / –	sonstige Korrekturen zur Ermittlung des Gewinns aus Gewerbebetrieb
=	Gewinn aus Gewerbebetrieb (§ 8 Abs. 1 KStG i. V. m. § 4 Abs. 1 Satz 1, § 5 Abs. 1 EStG)
=	Gesamtbetrag der Einkünfte (§ 8 Abs. 1 KStG i. V. m. § 2 Abs. 3 Satz 1 EStG)

[69] Zum Grundsatz der Maßgeblichkeit vgl. WEBER-GRELLET, in: Schmidt, EStG, § 5 EStG, Rn. 26 ff.

[70] Vgl. § 10 KStG, § 8 Abs. 1 KStG i. V. m. § 4 Abs. 5 EStG.

[71] Vgl. § 8 Abs. 3 Satz 1 KStG.

[72] Vgl. § 8b Abs. 1 und Abs. 2 KStG. Da das deutsche Körperschaftsteuerrecht einem klassischen Körperschaftsteuersystem folgt, werden die Gewinne einer Kapitalgesellschaft nicht nur auf Gesellschaftsebene definitiv besteuert, sondern unterliegen zudem im Fall der Ausschüttung auf Anteilseignerebene einer weiteren Besteuerung mit Einkommensteuer. Handelt es sich bei einem Anteilseigner um eine Kapitalgesellschaft, so sind bei ihr vereinnahmte Gewinnausschüttungen – unabhängig von der Beteiligungshöhe und -dauer – vollständig steuerfrei, um eine körperschaftsteuerliche Mehrfachbelastung zu verhindern, vgl. § 8b Abs. 1 KStG.

[73] Vgl. FROTSCHER, in: Frotscher/Maas, KStG, § 7 KStG, Rn. 9.

[74] Vgl. R 29 Abs. 1 Satz 2 KStR; FROTSCHER, in: Frotscher/Maas, KStG, § 7 KStG, Rn. 9.

[75] Vgl. § 8 Abs. 4 KStG i. V. m. § 10d EStG; R 29 Abs. 1 Satz 2 KStR.

[76] Vgl. § 8 Abs. 1 KStG i. V. m. § 2 Abs. 4 EStG; FROTSCHER, in: Frotscher/Maas, KStG, § 8 KStG, Rn. 61.

[77] Vgl. dazu R 29 Abs. 1 Satz 2 KStR. Ein ausführlicheres Schema findet sich bei FROTSCHER, in: Frotscher/Maas, KStG, § 7 KStG, Rn. 9.

–	Verlustabzug (§ 8 Abs. 4 KStG i. V. m. § 10d EStG)	
=	Einkommen (§ 8 Abs. 1 KStG i. V. m. § 2 Abs. 4 EStG)	
=	zu versteuerndes Einkommen (§ 7 Abs. 1 und 2 KStG)	

Gewinnermittlungszeitraum ist grundsätzlich das Wirtschaftsjahr, welches dem handelsrechtlichen Geschäftsjahr entspricht. Weicht das Wirtschaftsjahr vom Kalenderjahr ab, so gilt der Gewinn als in dem Kalenderjahr bezogen, in dem das Wirtschaftsjahr endet.[78] Da der Veranlagungszeitraum bei der Körperschaftsteuer das Kalenderjahr ist, müssen Wirtschaftsjahr und Veranlagungszeitraum bei einer Kapitalgesellschaft nicht übereinstimmen.[79]

1.1.1.1.3. Ermittlung der festzusetzenden Körperschaftsteuer

Zur Ermittlung der festzusetzenden Körperschaftsteuer einer Kapitalgesellschaft ist auf ihr zu versteuerndes Einkommen nach § 23 Abs. 1 KStG der einheitliche Körperschaftsteuersatz von 25 % anzuwenden; auf die sich ergebende tarifliche Körperschaftsteuer können etwaige ausländische Steuern angerechnet werden.[80]

1.1.1.1.4. Vermeidung von Doppelbesteuerungen

1.1.1.1.4.1. Unilaterale Methoden zur Vermeidung von Doppelbesteuerungen

Ist eine deutsche Kapitalgesellschaft unbeschränkt steuerpflichtig, unterliegt sie nicht nur mit ihren im Inland erzielten Einkünften, sondern grundsätzlich auch mit ihren ausländischen Einkünften der deutschen Körperschaftsteuer (Welteinkommensprinzip).[81] Sofern der ausländische Staat, aus dem die jeweiligen ausländischen Einkünfte stammen (Quellenstaat), selbst Steueransprüche geltend macht, beispielsweise aufgrund einer dort bestehenden beschränkten Steuerpflicht, kommt es zu einer Doppelbesteuerung dieser Einkünfte. Zur Vermeidung bzw. Verminderung von derartigen Doppelbesteuerungen sieht das deutsche Körperschaftsteuerrecht als unilaterale Maßnahmen zwei Methoden vor, und zwar die beschränkte Anrechnungsmethode und die Abzugsmethode: Erzielt eine unbeschränkt körperschaftsteuerpflichtige Körperschaft in einem Quellenstaat ausländische Einkünfte im Sinne des § 34d EStG – wie beispielsweise Einkünfte aus einer gewerblichen ausländischen Betriebsstätte nach § 34d Nr. 2 EStG – und unterliegen diese ausländischen Einkünfte im Quellenstaat einer der deutschen Körperschaftsteuer entsprechenden Steuer, dann kann die Körperschaft derartige ausländische Steuern auf ihre deutsche Körperschaftsteuer an-

[78] Vgl. § 7 Abs. 4 Satz 1 und 2 KStG.
[79] Vgl. dazu FROTSCHER, in: Frotscher/Maas, KStG, § 7 KStG, Rn. 10.
[80] Vgl. § 26 Abs. 1 KStG; dazu auch R 30 Satz 1 KStR; FROTSCHER, in: Frotscher/Maas, KStG, § 8 KStG, Rn. 173.
[81] Vgl. Abschnitt B 1.1.1.1.1.

rechnen (§ 26 Abs. 1 KStG).[82] Da dabei die Anrechnung von ausländischen Steuern eines jeden Quellenstaates begrenzt ist auf die Höhe des Teils der deutschen Körperschaftsteuer, die auf die ausländischen Einkünfte dieses Quellenstaates entfällt, ist die Anrechnungsmethode nach § 26 Abs. 1 KStG als *per-country limitation* ausgestaltet.[83] Ein derartiger länderbezogener Anrechnungshöchstbetrag ergibt sich nach folgender Formel:

$$\frac{\text{sämtliche ausländische Einkünfte aus einem Staat}}{\text{Summe der positiven weltweiten Einkünfte}} \quad \text{x} \quad \text{deutsche Körperschaftsteuer}$$

Übersteigen in einem Veranlagungszeitraum die anrechenbaren ausländischen Steuern eines Staates den jeweiligen Anrechnungshöchstbetrag, kann ein derartiger Anrechnungsüberhang nach geltendem deutschen Recht nicht verwertet werden; ein Vor- oder Rücktrag eines solchen Anrechnungsüberhangs ist gesetzlich nicht vorgesehen.[84] Gemäß § 26 Abs. 6 KStG i. V. m. § 34c Abs. 2 EStG kann die unbeschränkt steuerpflichtige Körperschaft alternativ zur Anrechnung ausländischer Steuern den Abzug dieser Steuern bei der Ermittlung des steuerlichen Gewinns auf Antrag vornehmen.[85] Dieses Wahlrecht kann dabei jedes Jahr neu und für jeden ausländischen Staat gesondert ausgeübt werden; allerdings muß es einheitlich für die gesamten Einkünfte und Steuern aus demselben Staat ausgeübt werden.[86]

1.1.1.1.4.2. Vermeidung von Doppelbesteuerungen im deutschen Abkommensrecht

Deutschland unterhält ein dichtes Netz von Doppelbesteuerungsabkommen zur Vermeidung von Doppelbesteuerungen im bilateralen Verhältnis; dabei bestehen Abkommen mit allen wichtigen Industriestaaten.[87] Liegt ein Doppelbesteuerungsabkommen vor, wird seitens Deutschlands eine Doppelbesteuerung im Allgemeinen mit der Freistellungsmethode unter Progressionsvorbehalt im Sinne von Art. 23A Abs. 1 und 3 OECD-MA, ansonsten mit der Anrechnungsme-

---

[82] Vgl. dazu auch JACOBS, Unternehmensbesteuerung, 36 ff., 57.

[83] Vgl. dazu auch JACOBS, Unternehmensbesteuerung, 42 f., 57.

[84] Vgl. JACOBS, Unternehmensbesteuerung, 44. Auch verwehrt die länderbezogene Anrechnungsweise dem Steuerpflichtigen die Möglichkeit, den Anrechnungsüberhang eines Staates mit einem unausgenutzen Anrechnungshöchstbetrag eines anderen Staates, der sich aufgrund von unterhalb des zugehörigen Anrechnungshöchstbetrags liegenden Steuern ergibt, zu verrechnen.

[85] Vgl. auch R 29 Abs. 1 Satz 1 KStR. Sind bestimmte Voraussetzungen für die Anwendbarkeit der Anrechnungsmethode nicht gegeben, ist die Abzugsmethode ausschließlich anwendbar, vgl. § 26 Abs. 6 KStG i. V. m. § 34c Abs. 3 EStG.

[86] Vgl. JACOBS, Unternehmensbesteuerung, 52 m. w. N.

[87] Siehe zum Stand am 01.01.2006 aller geltenden und künftigen deutschen DBA das BMF-Schreiben vom 11.01.2006, IV B 5 – S 1301 – 1/06, BStBl. I 2006, 85-91.

thode im Sinne von Art. 23B OECD-MA vermieden.[88] Bei der Freistellungsmethode unter Progressionsvorbehalt werden die jeweiligen ausländischen Einkünfte von der inländischen Besteuerung freigestellt, womit sie aus dem zu versteuernden Einkommen der Körperschaft auszuscheiden sind.[89] Kommt die Anrechnungsmethode zur Anwendung, sind die Grundsätze zur beschränkten Anrechnungsmethode des vorherigen Abschnitts einschließlich der *per-country limitation* zu beachten.[90]

1.1.1.2. Gewerbesteuer

Steuergegenstand der Gewerbesteuer ist der im Inland betriebene Gewerbebetrieb,[91] wobei die Tätigkeit einer Kapitalgesellschaft stets und in vollem Umfang als Gewerbebetrieb gilt.[92] Steuerschuldner ist der Unternehmer, der diesen Gewerbebetrieb betreibt;[93] eine Kapitalgesellschaft ist damit selbst Steuerschuldner. Bemessungsgrundlage der Gewerbesteuer ist der Gewerbeertrag,[94] der sich ergibt, indem der nach einkommensteuerlichen und körperschaftsteuerlichen Vorschriften ermittelte Gewinn (bzw. Verlust) aus Gewerbebetrieb um die in § 8 GewStG enthaltenen Hinzurechnungen erhöht und um die in § 9 GewStG enthaltenen Kürzungen gemindert wird.[95] Hinzuzurechnen sind beispielsweise die Hälfte der Zinsen für langfristige Schulden, sogenannte Dauerschuldzinsen,[96] und die Gewinnanteile eines (typisch) stillen Gesellschafters, wenn sie bei diesem nicht der Gewerbesteuer unterliegen,[97] sowie Verlustanteile aus der Beteiligung einer Mitunternehmerschaft.[98] Zu den wichtigsten Kürzungen zählen Gewinnanteile aus der Beteiligung einer Mitunternehmerschaft[99] und Gewinnausschüttungen von Kapitalgesellschaften, wenn zu Beginn des Erhebungszeitraums eine 10 %-ige oder höhere Beteiligung bestand.[100] Nach Berücksichtung der Hinzurechungen und Kürzungen nach § 8, § 9 GewStG ist auf den sich ergebenden – und gegebenenfalls zusätzlich um einen etwaigen Gewerbeverlust-

---

88 Vgl. dazu JACOBS Unternehmensbesteuerung, 76, 85.

89 Freistellung unter Progressionsvorbehalt bedeutet dabei, dass die jeweiligen freigestellten ausländischen Einkünfte zwar nicht mehr Bestandteil der Bemessungsgrundlage sind, sie allerdings bei der Ermittlung des Steuersatzes für die übrigen Einkünfte berücksichtigt werden. Der Progressionsvorbehalt hat für deutsche Körperschaften keine Bedeutung, da diese einem einheitlichen Körperschaftsteuertarif von 25 % unterliegen.

90 Vgl. JACOBS, Unternehmensbesteuerung, 85. Das ergibt sich vor allem aufgrund des Verweises von § 26 Abs. 6 Satz 1 KStG auf § 34c Abs. 6 EStG.

91 Vgl. § 2 Abs. 1 Satz 1 GewStG.

92 Vgl. § 2 Abs. 2 Satz 1 GewStG.

93 Vgl. § 5 Abs. 1 GewStG.

94 Vgl. § 6 GewStG.

95 Vgl. § 7 Satz 1 GewStG.

96 Vgl. § 8 Nr. 1 GewStG.

97 Vgl. § 8 Nr. 3 GewStG.

98 Vgl. § 8 Nr. 8 GewStG.

99 Vgl. § 9 Nr. 2 GewStG.

100 Vgl. § 9 Nr. 2a GewStG.

vortrag nach § 10a GewStG geminderten – Gewerbeertrag einer Kapitalgesellschaft die Steuermeßzahl von 5 % anzuwenden,[101] woraus ihr Steuermeßbetrag resultiert.[102] Wird der Steuermeßbetrag mit dem Gewerbesteuer-Hebesatz der Gemeinde, in der der Gewerbebetrieb belegen ist, multipliziert, ergibt sich schließlich die Gewerbesteuer.[103]

1.1.2. Grundsätze der Verlustverrechnung und Mindestbesteuerungsaspekte

1.1.2.1. Grundsätze des Verlustausgleichs und Verlustabzugs

Im Bereich der Körperschaftsteuer gelten aufgrund von § 8 Abs. 1 KStG die allgemeinen Verlustverrechnungsvorschriften des EStG auch für Kapitalgesellschaften, so dass die Verlustverrechnung innerhalb eines Veranlagungszeitraums durch Verlustausgleich gemäß § 2 Abs. 3 EStG und veranlagungszeitraumübergreifend durch Verlustabzug gemäß § 10d EStG erfolgt. Vor dem Hintergrund dieser Vorschriften und dem ausschließlichen Erzielen von Gewinnen aus Gewerbebetrieb ist bei Kapitalgesellschaften nur ein sogenannter horizontaler Verlustausgleich innerhalb der Einkunftsart „Gewinn aus Gewerbebetrieb" möglich.[104] Die hierbei erfolgende Verrechnung der einzelnen positiven und negativen Ergebnisse ist nicht das Ergebnis einer besonderen rechnerischen Aktion, sondern sie findet bereits bei der Einkunftsermittlung „automatisch", wie beispielsweise im Buchführungswerk, statt.[105] Dieser Verlustausgleich kann allerdings durch verschiedene einkommensteuerliche Sonderregelungen für Verluste aus bestimmten Einkunftsquellen eingeschränkt werden, und zwar für ausländische Verluste gemäß § 2a Abs. 1 EStG, für Verluste aus gewerblicher Tierzucht und Tierhaltung sowie aus Differenzgeschäften nach § 15 Abs. 4 Satz 1 bis 5 EStG, für Verluste bei beschränkter Haftung nach § 15a EStG, für Verluste aus stillen Beteiligungen, Unterbeteiligungen und anderen Innengesellschaften gemäß § 15 Abs. 4 Satz 6 und 7, § 20 Abs. 1 Nr. 4 Satz 2 EStG sowie für Verluste aus Steuerstundungsmodellen nach § 15b EStG.[106] Sofern derartige Verluste in den körperschaftsteuerlichen Verlustausgleich nicht einbezogen werden dürfen, ist der Steuerbilanzgewinn bei der Ermittlung des Gewinns aus Gewerbebetrieb

---

[101] Vgl. § 11 Abs. 2 Nr. 2 GewStG.

[102] Vgl. § 11 Abs. 1 Satz 1 und 2 GewStG.

[103] Vgl. § 16 GewStG.

[104] Vgl. z. B. ORTH, Verlustnutzung, WPg-Sonderheft 2003, 15.

[105] Vgl. FROTSCHER, in: Frotscher/Maas, KStG, § 8 KStG, Rn. 54, der zudem anmerkt, dass es bei Kapitalgesellschaften einen vertikalen Verlustausgleich nicht geben kann, da sie ausschließlich Einkünfte aus Gewerbebetrieb erzielen.

[106] Vgl. LÜDICKE/NAUJOK, Beschränkung, DB 2006, 747; FROTSCHER, in: Frotscher/Maas, KStG, § 8 KStG, Rn. 159, der zudem in Rn. 158 anmerkt, dass sich die Frage des Ausgleichs von Verlusten eines Liebhabereibetriebs mit Gewinnen aus der geschäftlichen Tätigkeit der Kapitalgesellschaft nicht stellt, da in diesem Fall das Institut der verdeckten Gewinnausschüttung an die Stelle der Liebhaberei tritt. Zu den genannten Sonderregelungen vgl. auch Abschnitt B 1.1.2.4.

durch entsprechende Hinzurechnungen zu erhöhen.[107] Gewerbesteuerlich kommt es ebenfalls zu dem beschriebenen „automatischen“ horizontalen Verlustausgleich, weil der Gewerbeertrag der Kapitalgesellschaft auf Basis ihres Gewinns aus Gewerbebetrieb ermittelt wird.[108] Da die genannten einkommensteuerlichen Sonderregelungen für Verluste bestimmter Einkunftsquellen für Zwecke der Gewerbesteuer nicht anzuwenden sind,[109] ist ein zuvor um derartige Verluste korrigierter Gewinn aus Gewerbebetrieb bei der Ermittlung des Gewerbeertrags entsprechend zu kürzen.

Ergibt sich im Bereich der Körperschaftsteuer bei der Ermittlung des Gesamtbetrags der Einkünfte in einem Veranlagungszeitraum nach Durchführung des Verlustausgleichs ein negativer Betrag, kann dieser gemäß § 10d EStG in anderen Veranlagungszeiträumen mittels Verlustrücktrag und Verlustvortrag abgezogen werden.[110] Dieser Verlustabzug ist dabei in der Weise vorzunehmen, dass der abziehbare Verlust zunächst in dem dem Verlustjahr vorangehenden Veranlagungszeitraum vom jeweiligen Gesamtbetrag der Einkünfte abzuziehen ist,[111] wobei auf diesen zeitlich begrenzten Verlustrücktrag jedoch auf Antrag vollständig oder auch nur zum Teil verzichtet werden kann.[112] Soweit ein abziehbarer Verlust nicht rückgetragen wird, ist er zeitlich unbegrenzt vortragsfähig.[113] Die beim Verlustabzug nach § 10d EStG zu beachtenden betragsmäßigen Beschränkungen werden gemäß der Systematik dieses Abschnitts B 1.1.2. erst im nachfolgenden Abschnitt behandelt, da sie zu einer Mindestbesteuerung der Kapitalgesellschaft führen können. Sind Verluste bestimmter Einkunftsquellen aufgrund einkommensteuerlicher Sonderregelungen (§§ 15 Abs. 4, 15a, 15b EStG) vom allgemeinen körperschaftsteuerlichen Verlustausgleich in einem bestimmten Veranlagungszeitraum ausgeschlossen und in anderen Veranlagungszeiträumen einkunftsquellen- bzw. beteiligungsbezogen abzuziehen,[114] so hat ein derar-

---

[107] Vgl. FROTSCHER, in: Frotscher/Maas, KStG, § 7 KStG, Rn. 9. Werden derartige in Vorjahren nicht ausgleichsfähige Verluste in späteren Jahren abziehbar, sind entsprechende Kürzungen des Steuerbilanzergebnisses vorzunehmen.

[108] Vgl. Abschnitt B 1.1.1.2.

[109] Vgl. ORTH, in: Kessler/Kröner/Köhler, Konzernsteuerrecht, § 14, Rn. 327; VON TWICKEL, in: Blümich, EStG/KStG/GewStG, § 10a GewStG, Rn. 37 f.; ORTH, in: Herzig, Organschaft, 170; R 39 Abs. 1 Nr. 4 und Nr. 5 GewStR (für Verluste gemäß § 15 Abs. 4 EStG bzw. § 15a EStG); FÖRSTER, Änderungen, DB 2003, 900 (für Verluste gemäß § 20 Abs. 1 Nr. 4 Satz 2, § 15 Abs. 4 Satz 6 und 7 EStG). Führt die Berücksichtigung derartiger Verluste im Rahmen des körperschaftsteuerlichen Verlustabzug zu einem dadurch geminderten Gewinn aus Gewerbebetrieb, sind gewerbesteuerlich umgekehrt entsprechende Hinzurechnungen vorzunehmen.

[110] Vgl. FROTSCHER, in: Frotscher/Maas, KStG, § 8 KStG, Rn. 164, 169 und 171.

[111] Vgl. § 10d Abs. 1 Satz 1 EStG; FROTSCHER, in: Frotscher/Maas, KStG, § 8 KStG, Rn. 165.

[112] Vgl. § 10d Abs. 1 Satz 4 f. EStG.

[113] Vgl. § 10d Abs. 2 Satz 1 EStG; FROTSCHER, in Frotscher/Maas, KStG, § 8 KStG, Rn. 166.

[114] Zu Einzelheiten vgl. Abschnitt B 1.1.2.4.1 bis B 1.1.2.4.4.

tiger Abzug vorrangig vor dem allgemeinen Ver-lustabzug nach § 10d EStG zu erfolgen.[115] Ergibt sich im Bereich der Gewerbesteuer in einem Veranlagungszeitraum ein negativer Gewerbeertrag, kann dieser Gewerbeverlust gemäß § 10a GewStG zwar nicht rückgetragen, jedoch zeitlich unbeschränkt in nachfolgende Jahre vorgetragen werden;[116] die hierbei zu beachtende betragsmäßige Beschränkung wird ebenfalls erst im nachfolgenden Abschnitt betrachtet.

Einschränkungen des Verlustausgleichs und -abzugs bei einer Kapitalgesellschaft können sich ferner aufgrund einer Unterbrechung ihrer wirtschaftlichen Identität gemäß der deutschen Mantelkaufvorschrift des § 8 Abs. 4 KStG ergeben, die unmittelbar im körperschaftsteuerlichen Bereich, aber aufgrund von § 10a Satz 6 GewStG auch im gewerbesteuerlichen Bereich Anwendung findet. Hiermit beschäftigt sich der nachfolgende Abschnitt B 1.1.2.3.

1.1.2.2. Mindestbesteuerungsaspekte

Eine Mindestbesteuerung kann bei einer deutschen Kapitalgesellschaft im Bereich der Körperschaftsteuer bzw. der Gewerbesteuer aus den betragsmäßigen Beschränkungen des § 10d EStG bzw. § 10a GewStG resultieren: Wird ein körperschaftsteuerlicher Verlust von der Kapitalgesellschaft in den vorangehenden Veranlagungszeitraum rückgetragen, kann der Gesamtbetrag der Einkünfte dieses Veranlagungszeitraums höchstens um 511.500 Euro gemindert werden.[117] Wird dagegen ein körperschaftsteuerlicher oder gewerbesteuerlicher Verlust vorgetragen, kann der Gesamtbetrag der Einkünfte bzw. der Gewerbeertrag eines späteren Veranlagungszeitraums durch derartige vorgetragene Verluste nur bis zu 1 Million Euro unbeschränkt und darüber hinaus nur in Höhe von 60 % des 1 Million übersteigenden Gesamtbetrags der Einkünfte bzw. Gewerbeertrags gemindert werden.[118] Zu einer Mindestbesteuerung einer Kapitalgesellschaft kommt es aufgrund dieser betragsmäßigen Beschränkungen dann, wenn diese den Abzug von ansonsten abziehbaren Verlustrückträgen bzw. -vorträgen untersagen und auf diese Weise zu einer (höheren) Besteuerung der Kapitalgesellschaft führen.[119]

---

[115] Vgl. ORTH, in: Kessler/Kröner/Köhler, Konzernsteuerrecht, § 14, Rn. 321.
[116] Vgl. auch R 66 Satz 1 und 2 GewStR; VON TWICKEL, in: Blümich, EStG/KStG/GewStG, § 10a GewStG, Rn. 27.
[117] Vgl. § 10d Abs. 1 Satz 1 EStG.
[118] Vgl. § 10d Abs. 2 Satz 1 EStG bzw. § 10a Satz 1 und 2 GewStG; dazu auch VON TWICKEL, in: Blümich, EStG/KStG/GewStG, § 10a GewStG, Rn. 27; RÖDDER/SCHUMACHER, Änderungen, DStR 2004, 207.
[119] Vgl. dazu FROTSCHER, in: Frotscher/Maas, KStG, § 8 KStG, Rn. 166.

1.1.2.3. Verrechnungsbeschränkung des § 8 Abs. 4 KStG

1.1.2.3.1. Vorbemerkung

Gemäß § 8 Abs. 4 Satz 1 KStG ist bei einer Körperschaft für den Verlustabzug nach § 10d EStG neben ihrer rechtlichen Identität zusätzlich auch ihre wirtschaftliche Identität Voraussetzung, wobei der Begriff der wirtschaftlichen Identität gesetzlich jedoch nicht definiert wird.[120] In § 8 Abs. 4 Satz 2 KStG wird lediglich anhand des sogenannten Hauptanwendungsfalls beispielhaft dargestellt, wann diese bei einer Kapitalgesellschaft nicht mehr gegeben ist; vor dem Hintergrund von § 8 Abs. 4 Satz 1 KStG führen wirtschaftlich vergleichbare Fälle bei Kapitalgesellschaften ebenfalls zum Verlust der wirtschaftlichen Identität.[121] Nach § 8 Abs. 4 Satz 2 KStG kommt es zum Untergang der wirtschaftlichen Identität, wenn kumulativ die folgenden beiden Tatbestandsmerkmale erfüllt sind:

(1) Übertragung von mehr als 50 % der Anteile an einer Verlustkapitalgesellschaft[122] und

(2) Fortführung oder Wiederaufnahme ihres Geschäftsbetriebs mit überwiegend neuem Betriebsvermögen.

Rechtsfolge des Untergangs der wirtschaftlichen Identität ist, dass der Verlustabzug der Kapitalgesellschaft nicht mehr zulässig ist. Damit verfallen sämtliche Verluste, die die Kapitalgesellschaft zum Zeitpunkt des Untergangs der wirtschaftlichen Identität vorträgt,[123] was damit auch die einkunftsquellenbezogen vorzutragenden Verluste nach §§ 15 Abs. 4, 15a, 15b EStG betrifft.[124] Trotz des Untergangs der wirtschaftlichen Identität ist nach der Sanierungsklausel des § 8 Abs. 4 Satz 3 KStG die Geltendmachung von Verlustvorträgen uneingeschränkt möglich, wenn die Zuführung neuen Betriebsvermögens allein der Sanierung des Geschäftsbetriebs dient und wenn die Kapitalgesellschaft den verlustverursachenden Geschäftsbetrieb in einem nach dem Gesamtbild der wirtschaftlichen Verhältnisse vergleichbaren Umfang in den folgenden fünf Jahren fortführt. Nach § 8 Abs. 4 Satz 4 KStG gelten die Sätze 1 bis 3 des § 8 Abs. 4 KStG zu-

[120] Vgl. WACKE, Mantelkauf, 96.
[121] Vgl. DÖTSCH, in: Dötsch/Jost/Pung/Witt, KStG n. F., § 8 Abs. 4, Rn. 24; dazu auch FROTSCHER, in: Frotscher/Maas, KStG, § 8 KStG, Rn. 184a und 184b; WACKE, Mantelkauf, 133 ff. m. w. N., der zudem das umstrittene Verhältnis von § 8 Abs. 4 Satz 1 KStG zu Satz 2 dieser Vorschrift diskutiert.
[122] Von einer „Verlustkapitalgesellschaft" kann nach ORTH, Identität, DK 2003, 442, deshalb gesprochen werden, weil die Kapitalgesellschaft im Sinne des Satz 1 gemeint sein dürfte, d. h. die Kapitalgesellschaft, „die den Verlust erlitten hat".
[123] Vgl. FROTSCHER, in: Frotscher/Maas, KStG, § 8 KStG, Rn. 193; dazu auch das BMF-Schreiben vom 16.04.1999, IV C 6 – S 2745 – 12/99, BStBl. I 1999, 458, Rz. 33.
[124] Vgl. FROTSCHER, in: Frotscher/Maas, KStG, § 8 KStG, Rn. 193.

dem entsprechend für den Ausgleich eines etwaigen unterjährigen Verlusts, der auf die Zeit vom Beginn des Wirtschaftsjahres bis zum Zeitpunkt der schädlichen Anteilsübertragung entfällt. Wird also im Laufe eines Wirtschaftsjahres die 50 %-Grenze der Anteilsübertragung überschritten und ist zudem die zweite schädliche Tatbestandsvoraussetzung ohne Eingreifen der Sanierungsklausel gegeben, kann ein etwaiger in dem Wirtschaftsjahr vor der schädlichen Anteilsübertragung entstandener Teilverlust nicht mit einem etwaigen nach der schädlichen Anteilsübertragung entstandenen Teilgewinn ausgeglichen werden;[125] ein solcher Teilverlust kann auch nicht in späteren Veranlagungszeiträumen abgezogen werden.[126] Die Anwendung des § 8 Abs. 4 Satz 4 KStG bzw. die hiermit verbundene Ermittlung von Teilerfolgen erfordert es, dass die einzelnen Ergebnisse der Kapitalgesellschaft den beiden Zeitabschnitten vor und nach der schädlichen Anteilsübertragung zugeordnet werden.[127] Zu beachten ist ferner, dass die Verlustverrechnungsvorschrift des § 8 Abs. 4 KStG trotz ihrer unmittelbaren Bedeutung für den körperschaftsteuerlichen Verlustausgleich und -abzug im gewerbesteuerlichen Bereich entsprechende Anwendung findet (§ 10a Satz 6 GewStG).

Während das Körperschaftsteuergesetz bei der Sanierungsklausel einen fünfjährigen Beurteilungszeitraum vorsieht, enthält es keinerlei Äußerungen, in welchem Zusammenhang bzw. Zeitraum die Tatbestandsmerkmale (1) und (2) vorliegen müssen. Nach Auffassung der Finanzverwaltung sind sie im Regelfall ebenfalls auf einen fünfjährigen Zeitraum zu beziehen, so dass ausschließlich auf einen zeitlichen Zusammenhang abgestellt wird.[128] Der BFH weicht von dieser Auffassung ab, da seiner Ansicht nach sowohl ein sachlicher als auch ein zeitlicher Zusammenhang zwischen den Tatbestandsmerkmalen (1) und (2) erforderlich ist.[129] In seinem Beschluss vom 15.12.2005[130] hält er es für ernstlich

---

[125] Vgl. DÖTSCH, Verlustabzug, DB-Beilage 8/1999, 14; NEUMANN, Mantelkauf, FR 1999, 691, der hier zudem darauf hinweist, dass § 8 Abs. 4 Satz 4 KStG nicht zur Anwendung kommt, wenn in den Zeiträumen vor und nach der schädlichen Anteilsübertragung jeweils ein Teilverlust erzielt wird.

[126] Vgl. DÖTSCH, Verlustabzug, DB-Beilage 8/1999, 14; NEUMANN, Mantelkauf, FR 1999, 690 f. Die Finanzverwaltung ist der Ansicht, dass es nicht auf den Zeitpunkt der schädlichen Anteilsübertragung, sondern auf den Zeitpunkt des Untergangs der wirtschaftlichen Identität ankommt, vgl. BMF-Schreiben vom 16.04.1999, IV C 6 – S 2745 – 12/99, BStBl. I 1999, 458, Rz. 33. Dieser Ansicht ist allerdings aufgrund des eindeutigen Gesetzeswortlauts nicht zu folgen, vgl. nur FROTSCHER, in: Frotscher/Maas, KStG, § 8 KStG, Rn. 193b; DÖTSCH, Verlustabzug, DB-Beilage 8/1999, 14.

[127] Vgl. FROTSCHER, in: Frotscher/Maas, KStG, § 8 KStG, Rn. 193b.

[128] Vgl. BMF-Schreiben vom 16.04.1999, IV C 6 – S 2745 – 12/99, BStBl. I 1999, 456, Rz. 12.

[129] Vgl. BFH-Urteil vom 26.05.2004, I R 112/03, BStBl. II 2004, 1087; vom 14.03.2006, I R 8/05, GmbHR 2006, 770; BFH-Beschluss vom 15.12.2004, I B 115/04, BB 2005, 700. Zu dem erforderlichen Zusammenhang der Tatbestandsmerkmale (1) und (2) vgl. auch Abschnitt B 1.1.2.3.3.4

[130] Vgl. BFH-Beschluss vom 15.12.2004, I B 115/04, BB 2005, 700.

zweifelhaft, dass ein derartiger zeitlicher Zusammenhang bei einem Zeitraum von mehr als drei Jahren noch gegeben ist. Wie an den beiden Tatbestandsmerkmalen des § 8 Abs. 4 Satz 2 KStG zudem deutlich wird, knüpft das deutsche Steuerrecht den Verlust der wirtschaftlichen Identität einer Kapitalgesellschaft an wesentliche Veränderungen ihres personalen Substrats (schädliche Anteilsübertragung) und ihres sachlichen Substrats (überwiegende Betriebsvermögenszuführung).[131]

Der Sinn und Zweck des § 8 Abs. 4 KStG wird darin gesehen, zu verhindern, dass von dem Verlustabzug einer Kapitalgesellschaft zu über 50 % Personen profitieren, die zum Zeitpunkt der Verlustentstehung nicht bzw. nicht in entsprechender Höhe an der Gesellschaft beteiligt waren. Insbesondere sollen vermutlich mißbräuchliche Übertragungen von Verlustabzügen im Wege des Mantelkaufs effektiver unterbunden werden als dies zuvor der § 8 Abs. 4 KStG a. F. ermöglichte.[132]

1.1.2.3.2. Schädliche Anteilsübertragung

Als erstes Tatbestandsmerkmal setzt der Wegfall der wirtschaftlichen Identität nach § 8 Abs. 4 Satz 2 KStG voraus, dass mehr als die Hälfte der Anteile an der jeweiligen Verlustkapitalgesellschaft übertragen werden.[133] Unter dem Begriff der Übertragung ist hier jede entgeltliche und unentgeltliche rechtsgeschäftliche Anteilsübertragung unter Lebenden zu verstehen.[134] Übertragungen im Zuge eines Erbfalls und einer Erbauseinandersetzung werden nicht berücksichtigt.[135]

---

[131] Vgl. FROTSCHER, in: Frotscher/Maas, KStG, § 8 KStG, Rn. 184.

[132] Vgl. FROTSCHER, in: Frotscher/Maas, KStG, § 8 KStG, Rn. 191d; FUßBROICH, Verlustverrechnung, 67. Der Charakter der Vorschrift ist umstritten. Im Schrifttum wird sie auf der einen Seite als spezielle Ausprägung des § 42 AO, so z. B. HÖRGER/ENDRES, Verlustabzug, GmbHR 1999, 569, und auf der anderen Seite als zusätzliches Tatbestandsmerkmal für den Verlustabzug, so z. B. FROTSCHER, in: Frotscher/Maas, KStG, § 8 KStG, Rn. 182a, interpretiert.

[133] Besitzt die Kapitalgesellschaft eigene Anteile, ergibt sich der Umfang der übertragenen Anteile nach dem Verhältnis dieser Anteile zu dem Betrag des um die eigenen Anteile geminderten Nennkapitals der Kapitalgesellschaft, vgl. BMF-Schreiben vom 16.04.1999, IV C 6 – S 2745 – 12/99, BStBl. I 1999, 455, Rz. 03. In einem solchen Fall führt daher die Übertragung von 50 % des Nennkapitals oder weniger zum Vorliegen einer schädlichen Anteilsübertragung nach § 8 Abs. 4 KStG, vgl. auch FROTSCHER, in: Frotscher/Maas, KStG, § 8 KStG, Rn. 185.

[134] Vgl. nur FROTSCHER, in: Frotscher/Maas, KStG, § 8 KStG, Rn. 186; DÖTSCH, in: Dötsch/Jost/Pung/Witt, KStG n. F., § 8 Abs. 4, Rn. 32; HÖRGER/KEMPER, Mantelkauf, DStR 1989, 16; BMF-Schreiben vom 16.04.1999, IV C 6 – S 2745 – 12/99, BStBl. I 1999, 455, Rz. 04; a. A. für unentgeltliche Übertragungen vgl. u. a. STRECK/SCHWEDHELM, Mantelkauf, FR 1989, 156.

[135] Vgl. BMF-Schreiben vom 16.04.1999, IV C 6 – S 2745 – 12/99, BStBl. I 1999, 455, Rz. 04. Nur in Ausnahmefällen kann auch die Übertragung von mehr als der Hälfte der Stimmrechte ohne entsprechende Anteilsübertragung zu einem Verlust der wirtschaftlichen Iden-

Nach Ansicht der Finanzverwaltung sind bei der Prüfung der schädlichen Anteilsübertragung bzw. des Anteilseignerwechsels gemäß § 8 Abs. 4 Satz 2 KStG folgende Grundsätze zu beachten: Zunächst bezieht sich die 50 %-Grenze grundsätzlich auf die Anteile am Nennkapital einer Kapitalgesellschaft.[136] Zudem ist es bei der Anteilsübertragung unerheblich, ob diese Übertragung in einem oder mehreren Schritten erfolgt, ob die Anteile auf einen oder mehrere Erwerber übertragen werden oder ob es sich bei einem Erwerber um einen Alt- oder Neugesellschafter handelt. Entscheidend ist allein, dass insgesamt ein Volumen von mehr als 50 % der Anteile übertragen wird, wobei mehrfache Übertragungen ein und desselben Anteils nur einfach zu zählen sind.[137] Anteilsübertragungen im Sinne des § 8 Abs. 4 Satz 2 KStG sind grundsätzlich unmittelbare Anteilsübertragungen; Anteilseignerwechsel auf mittelbarer Ebene sind diesbezüglich unschädlich, unabhängig davon, ob die jeweilige Beteiligung durch eine Kapital- oder Personengesellschaft gehalten wird.[138] Werden Anteile in mehreren Schritten übertragen, sind alle diejenigen Anteilsübertragungen zusammenzufassen, die in einem zeitlichen Zusammenhang stehen, was nach Ansicht der Finanzverwaltung regelmäßig der Fall ist, wenn die jeweiligen Übertragungen innerhalb eines Fünfjahreszeitraums stattfinden.[139]

---

tität führen, vgl. BMF-Schreiben vom 16.04.1999, IV C 6 – S 2745 – 12/99, BStBl. I 1999, 458, Rz. 30. Diese Fälle sind dann unter § 8 Abs. 4 Satz 1 KStG zu subsumieren, vgl. z. B. BREUNINGER/FREY, Entwurf, GmbHR 1998, 867. Durch das Abstellen auf die Anteile des Nennkapitals sind Genussrechte, verdecktes Eigenkapital, Bezugsrechte und eigenkapitalersetzende Gesellschafterdarlehen nicht zu berücksichtigen, im Gegensatz zu übertragenen stimmrechtslosen Anteilen, vgl. FROTSCHER, in: Frotscher/Maas, KStG, § 8 KStG, Rn. 185.

[136] Vgl. BMF-Schreiben vom 16.04.1999, IV C 6 – S 2745 – 12/99, BStBl. I 1999, 455, Rz. 03.

[137] Vgl. BMF-Schreiben vom 16.04.1999, IV C 6 – S 2745 – 12/99, BStBl. I 1999, 455, Rz. 05. Es kann sich beim Erwerber um eine natürliche Person, eine Kapitalgesellschaft oder Personengesellschaft handeln, vgl. BFH-Urteil vom 20.08.2003, I R 81/02, BStBl. II 2004, 616.

[138] Dies hat der BFH in seinem Urteil vom 20.08.2003, I R 61/01, BStBl. II 2004, 616 ff., klargestellt. Die Finanzverwaltung hat auf dieses Urteil bei seiner Veröffentlichung im Bundesteuerblatt nicht mit einem Nichtanwendungserlaß, sondern anschließend mit einem Anwendungserlaß reagiert, vgl. OFD Frankfurt am Main vom 05.10.2004, S 2745 A – 22 – St II 1.10, GmbHR 2004, 1488. Folglich hat sie sich der Ansicht des BFH angeschlossen, womit ihre im BMF-Schreiben vom 16.04.1999, IV C 6 – S 2745 – 12/99, BStBl I 1999, 457, Rz. 28, anderslautende Ansicht überholt ist.

[139] Vgl. BMF-Schreiben vom 16.04.1999, IV C 6 – S 2745 – 12/99, BStBl. I 1999, 455, Rz. 06. Im Schrifttum wird das alleinige Abstellen der Finanzverwaltung auf einen rein zeitlichen Zusammenhang von Anteilsübertragungen, d. h. auf einen Zeitrahmen, in dem die einzelnen Übertragungen noch als zusammengehörig betrachtet werden können, kritisiert und abgelehnt, vgl. FROTSCHER, in: Frotscher/Maas, KStG, § 8 KStG, Rn. 185b; FUHRMANN, Einzelfragen, DB 2001, 1690; BREUNINGER/FREY, Entwurf, GmbHR 1998, 866, 868; WACKE, Mantelkauf, 103 m. w. N. Der Sinn und Zweck des § 8 Abs. 4 KStG, d. h. das Verhindern einer Verlustübertragung in die Nutzungssphäre anderer Gesellschafter, erfordert es vielmehr, dass die innerhalb einer bestimmten Frist zusammenge-

Desweiteren sind auch andere Sachverhalte im Sinne von § 8 Abs. 4 Satz 1 KStG dem Hauptanwendungsfall des zuvor beschriebenen schädlichen Anteilseignerwechsels nach § 8 Abs. 4 Satz 2 KStG gleichzusetzen, wozu nach Ansicht der Finanzverwaltung unter anderem die folgenden drei Sachverhalte zählen: (1) Eine Kapitalerhöhung, bei der die Neugesellschafter die Einlage leisten und anschließend zu mehr als 50 % beteiligt sind. (2) Eine Verschmelzung auf die Verlustgesellschaft, wenn anschließend die bisher nicht beteiligten Gesellschafter zu mehr als 50 % beteiligt sind. (3) Die Einbringung eines Betriebs, Teilbetriebs oder Mitunternehmeranteils, wenn anschließend die Neugesellschafter zu mehr als 50 % beteiligt sind.[140] Entsprechendes gilt, wenn anstelle von Neugesellschaftern – bzw. neben diesen – Altgesellschafter ihre Beteiligung am Nennkapital infolge der vorgenannten Maßnahmen um mehr als 50 Prozentpunkte erhöhen.[141]

1.1.2.3.3. Schädliche Betriebsvermögenszuführung

1.1.2.3.3.1. Begriff des Betriebsvermögens

Als zweites Tatbestandsmerkmal setzt der Wegfall der wirtschaftlichen Identität nach § 8 Abs. 4 Satz 2 KStG voraus, dass die Verlustkapitalgesellschaft ihren Geschäftsbetrieb mit überwiegend neuem Betriebsvermögen fortführt oder wiederaufnimmt, was erfordert, dass ihr überwiegend neues, d. h. vorher nicht vorhandenes, Betriebsvermögen zugeführt worden sein muß.[142] Nach Ansicht der Finanzverwaltung bezieht sich der Begriff des Betriebsvermögens auf das gesamte Aktivvermögen der Kapitalgesellschaft und nicht auf ihr Reinvermögen. Etwaige immaterielle Wirtschaftsgüter sind dabei zu berücksichtigen, auch

---

faßten Übertragungen auch als sachliche Einheit wirtschaftlich Sinn ergeben bzw. auf einem einheitlichen Konzept der Beteiligten beruhen müssen, so dass neben einem zeitlichen Zusammenhang zusätzlich ein derartiger sachlicher Zusammenhang gegeben sein muß. Desweiteren erscheint der von der Finanzverwaltung gewählte Zeitraum von fünf Jahren zu lang, da zielgerichtete Mehrheitsübernahmen regelmäßig in kürzeren Zeiträumen stattfinden, vgl. dazu FROTSCHER, in: Frotscher/ Maas, KStG, § 8 KStG, Rn. 185b, der einen Zeitraum von maximal zwei Jahren befürwortet, und WACKE, Mantelkauf, 103, der gegen die Betrachtung eines Fünfjahreszeitraums keine Einwände erhebt, wenn als Korrektiv der sachliche Zusammenhang berücksichtigt wird. Folgt man der Auffassung der Finanzverwaltung, dann wird im Schrifttum die Ansicht vertreten, dass es sich bei der Fünfjahresfrist um eine „fließende" Frist handelt, die mit jeder Anteilsübertragung neu beginnt, so dass alle in den jeweils nachfolgenden fünf Zeitjahren stattfindenden Anteilsübertragungen zusammenzurechnen sind, vgl. DÖTSCH, Verlustabzug, DB-Beilage 8/1999, 5.

[140] Vgl. BMF-Schreiben vom 16.04.1999, IV C 6 – S 2745 –12/99, BStBl. I 1999, 457, Rz. 26. Zu weiteren Einzelheiten und Unklarheiten in diesem Bereich vgl. z. B. FROTSCHER, in: Frotscher/Maas, KStG, § 8 KStG, Rn. 191d f.; 191i; FUßBROICH, Verlustverrechnung, 71 f.

[141] Vgl. BMF-Schreiben vom 16.04.1999, IV C 6 – S 2745 –12/99, BStBl. I 1999, 457, Rz. 27.

[142] Vgl. FROTSCHER, in: Frotscher/Maas, KStG, § 8 KStG, Rn. 187 und Rn. 187a.

wenn sie bei der steuerlichen Gewinnermittlung nicht angesetzt werden dürfen.[143] Rechtsunsicherheit ist allerdings durch die jüngste BFH-Rechtsprechung[144] entstanden, da nach dieser im Bereich des Aktivvermögens zwischen Anlage- und Umlaufvermögen zu differenzieren ist und sich der Begriff des Betriebsvermögens im Sinne des § 8 Abs. 4 KStG lediglich auf das Anlagevermögen beziehen soll.[145] Die Finanzverwaltung ist nicht dieser Ansicht und hat auf das BFH-Urteil insofern mit einem Nichtanwendungserlaß reagiert.[146]

---

[143] Vgl. BMF-Schreiben vom 16.04.1999, IV C 6 – S 2745 –12/99, BStBl. I 1999, 456, Rz. 09. Das BMF hat sich auf das Aktivvermögen unter Berufung auf das BFH-Urteil vom 13.08.1997, I R 89/96, BStBl. II 1997, 829, festgelegt, wobei der BFH seine damalige Rechtsprechung durch das Urteil vom 08.08.2001, I R 29/00, BStBl. II 2002, 329, bestätigt hat. Das Schrifttum folgt überwiegend dieser Betriebsvermögensdefinition der Finanzverwaltung, vgl. FROTSCHER, in: Frotscher/Maas, KStG, § 8 KStG, Rn. 188; STRECK/ SCHWEDHELM, Verlustabzug, FR 1989, 153, 157; HERZBERG, Verlustnutzung, DStR 2001, 553, 556 f.; DÖTSCH, in: Dötsch/Jost/Pung/Witt, KStG n. F., § 8 Abs. 4, Rn. 48 (mit Bedenken). HERZIG, in: Lehner, Verluste, 46 f., weist darauf hin, dass die Abgrenzung des Betriebsvermögens als Aktivvermögen dazu führt, dass der fremdfinanzierte Kauf von Aktivvermögen damit grundsätzlich einen schädlichen Vorgang im Sinne von § 8 Abs. 4 KStG darstellt. Eine solche seiner Ansicht nach möglicherweise nicht durch den § 8 Abs. 4 KStG beabsichtigte Folge würde sich nicht einstellen, wenn das Betriebsvermögen als Reinvermögen definiert würde, da dann die reine Bilanzverlängerung keine Wirkung hätte; vgl. dazu auch FROTSCHER, in: Frotscher/Maas, KStG, § 8 KStG, Rn. 188d; FUßBROICH, Verlustverrechnung, 73.

[144] Vgl. BFH-Urteil vom 08.08.2001, I R 29/00, BStBl. II 2002, 394.

[145] Vgl. dazu z. B. ORTH, in: Herzig, Organschaft, 183; ORTH, Verlustnutzung, WPg-Sonderheft 2003, 27. Der BFH wollte seine Rechtsauffassung überprüfen, vgl. BFH-Urteil vom 19.12.2001, I R 58/01, BStBl. II 2002, 395; allerdings wurde das Verfahren durch Rücknahme der Revision beendet. In einem aktuellen Urteil läßt der BFH nun ausdrücklich offen, ob neben Veränderungen des Anlagevermögens auch Veränderungen des Umlaufvermögens von Bedeutung sind, vgl. BFH-Urteil vom 26.05.2004, I R 112/03, BStBl. II 2004, 1085.

[146] Vgl. BMF-Schreiben vom 17.06.2002, IV A 2 – S 2745 – 8/02, BStBl. I 2002, 629 = GmbHR 2002, 663; dazu auch LANG, Mantelkauf, NWB 2005, Fach 4, 4937. WACKE, Mantelkauf, 109, und GRUBE/ALTRICHTER-HERZBERG, Aktuelles, GmbHR 2005, 285 m. w. N., kritisieren, dass sich aus dem Gesetzeswortlaut keine Unterscheidung in Anlage- und Umlaufvermögen entnehmen und sich eine grundsätzliche Beschränkung auf das Anlagevermögen mit dem Sinn und Zweck des § 8 Abs. 4 KStG nicht vereinbaren läßt. Anlagevermögen wie Umlaufvermögen können die wirtschaftliche Identität einer Kapitalgesellschaft prägen, wobei es jeweils von der Struktur und dem Unternehmensgegenstand abhängt, welche Bedeutung jeweils das Anlage- und Umlaufvermögen für die wirtschaftliche Identität einer Gesellschaft haben. Folglich ist bei der Zuführung von Betriebsvermögen nicht grundsätzlich nur auf das zugeführte Anlagevermögen, sondern auf das gesamte Aktivvermögen abzustellen, vgl. auch LANG, Mantelkauf, NWB 2005, Fach 4, 4937; HERZIG, in: Lehner, Verluste, 46, FROTSCHER, in: Frotscher/Maas, KStG, § 8 KStG, Rn. 188a.

1.1.2.3.3.2. Überwiegen des neuen Betriebsvermögens

Bei der Prüfung, ob überwiegend neues Betriebsvermögen zugeführt worden ist, läßt das Gesetz verschiedene Berechnungsmethoden zu, wobei die Saldierungsmethode und die Methode der gegenständlichen Betrachtungsweise vertreten werden:

Nach der Saldierungsmethode kommt es zu einer überwiegenden Betriebsvermögenszuführung, wenn der Wert des zugeführten Aktivvermögens, unter Verrechnung von Zu- und Abgängen der einzelnen Aktivposten, den Wert des ursprünglichen Aktivvermögens übersteigt.[147] Ein Aktivtausch führt nach dieser Methode nicht zu einer schädlichen Betriebsvermögenszuführung, da sich aufgrund der Saldierung keine wertmäßige Veränderung des Aktivvermögens ergibt. Nach Ansicht der Finanzverwaltung[148] ist die Saldierungsmethode im Regelfall anzuwenden. Sofern allerdings ein Branchenwechsel gegeben ist, kommt die nachfolgend dargestellte Methode der gegenständlichen Betrachtungsweise zur Anwendung.

Nach der Methode der gegenständlichen Betrachtungsweise überwiegt das zugeführte Betriebsvermögen, wenn die Summe der Zugänge zum Aktivvermögen den Bestand des vor der Zuführung vorhandenen Restaktivvermögens übersteigt. Vermögensabgänge werden bei dieser Methode lediglich insoweit berücksichtigt, als dass Abgänge des Restaktivvermögens den Wert des ursprünglichen Aktivvermögens vermindern. Maßgebend ist nach der gegenständlichen Betrachtungsweise, ob genau das Wirtschaftsgut, das nach dem schädlichen Anteilseignerwechsel in dem Geschäftsbetrieb genutzt wird, schon vor dem schädlichen Anteilseignerwechsel vorhanden war oder nicht.[149] Nach dem BFH-Urteil vom 08.08.2001[150] ist bei der Prüfung einer überwiegenden Betriebsvermögens-

---

[147] Vgl. LANG, Mantelkauf, NWB 2005, Fach 4, 4938; WACKE, Mantelkauf, 110. Nach allgemeiner Ansicht ist hierbei auf die jeweiligen Teilwerte abzustellen, vgl. BMF-Schreiben vom 16.04.1999, IV C 6 – S 2745 –12/99, BStBl. I 1999, 456, Rz. 09; WACKE, Mantelkauf, 110 m. w. N. Im Text wird vorausgesetzt, dass Betriebsvermögen als Aktivvermögen abgegrenzt wird; bei einer davon abweichenden Definition ergeben sich Änderungen, vgl. HERZIG, in: Lehner, Verluste, 46 f.

[148] Vgl. BMF-Schreiben vom 16.04.1999, IV C 6 – S 2745 –12/99, BStBl. I 1999, 456, Rz. 09 f.; dazu auch LANG, Mantelkauf, NWB 2005, Fach 4, 4939. Diese Ansicht der Finanzverwaltung wird vom überwiegenden Teil des Schrifttums geteilt, vgl. u. a. DÖTSCH, in: Dötsch/Jost/Pung/Witt, KStG n. F., § 8 Abs. 4, Rn. 58 und Rn. 60 ff.; LANG, in: Arthur Andersen, § 8, Rn. 1273.3; FROTSCHER, in: Frotscher/Maas, § 8 KStG, Rn. 187a und Rn. 188c; KRÖNER, Überlegungen, DStR 1998, 1498 f.; WACKE, Mantelkauf, 110 ff., FROTSCHER, Zuführung, DStR 2002, 13 m. w. N.

[149] Vgl. dazu LANG, Mantelkauf, NWB 2005, Fach 4, 4938; WACKE, Mantelkauf, 110 f.

[150] Vgl. BFH-Urteil vom 08.08.2001, I R 29/00, BStBl. II 2002, 394. Im Urteil vom 26.05.2004, I R 112/03, BStBl. II 2004, 1085, hat der BFH seine gegenständliche Betrachtungsweise insofern relativiert, als Umschichtungen der Finanzanlagen unschädlich sein

zuführung – jedenfalls im Bereich des Anlagevermögens – grundsätzlich auf die gegenständliche Betrachtungsweise abzustellen.[151] Die Finanzverwaltung hat auf dieses BFH-Urteil mit einem Nichtanwendungserlaß reagiert.[152]

1.1.2.3.3.3. Zuführungstatbestand

Die Zuführung von Betriebsvermögen impliziert, dass Vermögen von außen in die Gesellschaft hinein gebracht wird, wobei nach Ansicht der Finanzverwaltung jede außenfinanzierte, d. h. über Einlagen der Gesellschafter oder durch die Aufnahme von Fremdmitteln finanzierte Vermehrung des Aktivvermögens zu berücksichtigen ist. Bei der Fremdfinanzierung ist es insofern unbedeutend, ob die Fremdmittel von einem Gesellschafter, einer diesem nahestehenden Person oder einem Dritten gewährt werden.[153] Als nicht zugeführt gilt das von der Gesellschaft selbst erwirtschaftete, d. h. eigenfinanzierte Vermögen, womit im Rahmen des Vermögensvergleichs erwirtschaftete Gewinne und stille Reserven unberücksichtigt bleiben.[154] Unsicherheit ist in diesem Bereich durch die jüngste BFH-Rechtsprechung[155] entstanden, die so verstanden wurde, als ob auch eine

---

sollen, vgl. dazu FROTSCHER, in: Frotscher/Maas, KStG, § 8 KStG, Rn. 188c; LANG, Mantelkauf, NWB 2005, Fach 4, 4939.

[151] Diese Ansicht wird im Schrifttum stark kritisiert, da auf diese Weise und im Widerspruch zu den tatsächlichen wirtschaftlichen Gegebenheiten unterstellt wird, dass bereits der Austausch von wert- und funktionsgleichen Wirtschaftsgütern im Wege einer Ersatzbeschaffung bzw. eines Aktivtausches zum Vorliegen einer „wirtschaftlich neuen" Kapitalgesellschaft führt, vgl. FROTSCHER, Zuführung, DStR 2002, 13 f.; FROTSCHER, in Frotscher/Maas, KStG, § 8 KStG, Rn. 188c. Auch das Gesetz spricht nicht von Wirtschaftsgütern des Betriebsvermögens, sondern nur von Betriebsvermögen, vgl. FROTSCHER, Zuführung, DStR 2002, 13 f.

[152] Vgl. BMF-Schreiben vom 17.06.2002, IV A 2 – S 2745 – 8/02, BStBl. I 2002, 629 = GmbHR 2002, 663.

[153] Vgl. BMF-Schreiben vom 16.04.1999, IV C 6 – S 2745 – 12/99, BStBl. I 1999, 456, Rz. 09. Im Schrifttum werden in diesem Bereich verschiedene Meinungen vertreten: Zunächst wird die Ansicht der Finanzverwaltung geteilt, vgl. z. B. DÖTSCH, in: Dötsch/Jost/Pung/Witt, KStG n. F., § 8 Abs. 4, Rn. 68. Desweiteren wird bei der Fremdfinanzierung eine Zuführung im Sinne von § 8 Abs. 4 KStG nur dann angenommen, wenn die Fremdmittel von Neugesellschaftern zugeführt werden, vgl. KRÖNER, Überlegungen, DStR 1998, 1498; HÖRGER/ENDRES, Verlustabzug, GmbHR 1999, 576. Außerdem wird vorgeschlagen, dass das auf dem Kreditwege zugeführte Betriebsvermögen grundsätzlich unberücksichtigt bleiben sollte, vgl. FROTSCHER, in: Frotscher/Maas, KStG, § 8 KStG, Rn. 188d. Zu beachten ist zudem, dass auch außerbilanzielle Maßnahmen einer Zuführung von Betriebsvermögen gleichstehen können, vgl. hierzu LANG, Mantelkauf, NWB 2005, Fach 4, 4940; FROTSCHER, in: Frotscher/Maas, KStG, § 8 KStG, Rn. 189 f. m. w. N.

[154] Vgl. LANG, Mantelkauf, NWB 2005, Fach 4, 4939 f.

[155] Vgl. BFH-Urteil vom 08.08.2001, I R 29/00, BStBl. II 2002, 392; vom 26.05.2004, I R 112/03, BStBl. II 2004, 1085.

Betriebsvermögenszuführung durch reine Innenfinanzierung, d. h. durch Stehenlassen von Gewinnen, möglich wäre.[156]

1.1.2.3.3.4. Zusammenhang zwischen Anteilsübertragung und Betriebsvermögenszuführung

Dem Wortlaut des Gesetzes ist nicht zu entnehmen, in welchem Zusammenhang ein schädlicher Anteilseignerwechsel und die Zuführung von überwiegend neuem Betriebsvermögen stehen müssen. Da nach Ansicht der Finanzverwaltung im Regelfall nur innerhalb von fünf Jahren nach dem schädlichen Anteilseignerwechsel zugeführtes Betriebsvermögen zu berücksichtigen ist, stellt sie ausschließlich auf einen zeitlichen Zusammenhang ab.[157] Nach Auffassung des BFH ist dagegen sowohl ein sachlicher als auch ein zeitlicher Zusammenhang erforderlich,[158] wobei sich der erforderliche sachliche Zusammenhang in der Regel bei Vorliegen eines zeitlichen Zusammenhangs vermuten läßt. Davon ist umso mehr auszugehen, je kürzer der Zeitraum zwischen der schädlichen Anteilsübertragung und der schädlichen Betriebsvermögenszuführung ist. Die Indizwirkung, die sich aus dem zeitlichen Zusammenhang ergibt, kann aber von der Kapitalgesellschaft entkräftet werden, wenn sie Umstände und Tatsachen belegt, aus denen hervorgeht, dass die Fortführung oder Wiederaufnahme des

---

[156] Vgl. LANG, Mantelkauf, NWB 2005, Fach 4, 4940, die diese Auffassung allerdings ablehnt, da ein Wegfall der wirtschaftlichen Identität nicht unterstellt werden kann, wenn es einer Gesellschaft gelingt, durch ihre Tätigkeit Gewinne zu erwirtschaften.

[157] Vgl. BMF-Schreiben vom 16.04.1999, IV C 6 – S 2745 – 12/99, BStBl. I 1999, 456, Rz. 12. Im Einzelfall können auch Zuführungen neuen Betriebsvermögens vor einer schädlichen Anteilsübertragung zu berücksichtigen sein, vgl. dazu BMF-Schreiben vom 16.04.1999, IV C 6 – S 2745 – 12/99, BStBl. I 1999, 458, Rz. 31. Dieses Vorgehen der Finanzverwaltung wird im Schrifttum aus folgenden Gründen kritisch beurteilt: Da es sich beim Wegfall der wirtschaftlichen Identität um einen wirtschaftlichen Vorgang handelt, der nicht nach zufälligen Ereignissen innerhalb eines bestimmten Zeitraums gewürdigt werden kann, ist ein pauschales Abstellen auf ausschließlich einen zeitlichen Zusammenhang abzulehnen. Erforderlich ist zusätzlich ein sachlicher Zusammenhang, der gegeben ist, wenn die Anteilsübertragung ohne die Betriebsvermögenszuführung oder die Betriebsvermögenszuführung ohne die Anteilsübertragung wirtschaftlich keinen Sinn macht, vgl. dazu WACKE, Mantelkauf, 116; FROTSCHER, in: Frotscher/Maas, KStG, § 8 KStG, Rn. 187; SCHLOßMACHER, in: Herrmann/Heuer/Raupach, KStG, § 8 KStG, K 362 f., Rn. 461; HÖRGER/ENDRES, Mantelkauf, DB 1998, 336 f. m. w. N.; FREY/WEIßGERBER, Verlustnutzung, GmbHR 1999, 139. Zudem hat der pauschal festgelegte Zeitraum nach Ansicht von BREUNINGER/FREY, Entwurf, GmbHR 1998, 871, keine Rechtsgrundlage und erscheint vor dem Hintergrund der im Wirtschaftsleben üblichen Planungshorizonte als viel zu lang. Investitionspläne, die die Ausweitung von Betriebsvermögen festlegen, überschreiten im Allgemeinen nicht einen Zeitraum von zwei Jahren, vgl. dazu WACKE, Mantelkauf, 116.

[158] Vgl. BFH-Urteil vom 26.05.2004, I R 112/03, BStBl. II 2004, 1087; BFH-Beschluss vom 15.12.2004, I B 115/04, BB 2005, 700 f.; BFH-Urteil vom 14.03.2006, I R 8/05, GmbHR 2006, 770. Der sachliche Zusammenhang wird im Schrifttum in der in Fn. 139 dargestellten Weise definiert.

Geschäftsbetriebs nicht mit der Anteilsübertragung zusammenhängt.[159] Hinsichtlich des notwendigen zeitlichen Zusammenhangs äußerst sich der BFH dahingehend, dass er das Vorliegen eines solchen ernstlich anzweifelt, wenn zwischen der schädlichen Anteilsübertragung und der Zuführung neuen Betriebsvermögens mehr als drei Jahre liegen.[160]

1.1.2.3.4. Sanierungsklausel

Nach § 8 Abs. 4 Satz 3 KStG ist die Zuführung neuen Betriebsvermögens unschädlich, wenn sie allein der Sanierung des Geschäftsbetriebs dient, der den verbliebenen Verlustvortrag verursacht hat, und dieser von der Körperschaft in den folgenden fünf Jahren im nach dem Gesamtbild der wirtschaftlichen Verhältnisse vergleichbaren Umfang fortgeführt wird (Sanierungsklausel).[161]

Nach Ansicht der Finanzverwaltung dient eine Betriebsvermögenszuführung allein der Sanierung, „wenn die Kapitalgesellschaft sanierungsbedürftig ist und das zugeführte Betriebsvermögen den für das Fortbestehen des Geschäftsbetriebs notwendigen Umfang nicht wesentlich überschreitet“.[162] Zur Feststellung der Sanierungsbedürftigkeit einer Kapitalgesellschaft kann größtenteils auf die BFH-Rechtsprechung zu § 3 Nr. 66 EStG a. F. zurückgegriffen werden.[163] Hiernach ist eine Kapitalgesellschaft als sanierungsbedürftig zu beurteilen, wenn sie ohne die Sanierungsmaßnahme nicht auf Dauer nach kaufmännischen Gesichtpunkten rentabel und ertragsfähig hätte fortgeführt werden können. Dies ist anhand zahlreicher Kriterien zu beurteilen wie u. a. anhand der Ertragslage, der Höhe des Betriebsvermögens vor und nach der Sanierung, der Kapitalverzinsung, dem Verhältnis der liquiden Mittel zur Schuldenlast sowie die Gesamtleistungsfähigkeit der Kapitalgesellschaft.[164] Die Betriebsvermögenszuführung muß als geeignet beurteilt werden können, das Unternehmen vor dem Zusammenbruch zu bewahren und die Ertragsfähigkeit wieder herzustellen, um das Unter-

---

[159] Vgl. BFH-Urteil vom 14.03.2006, I R 8/05, GmbHR 2006, 771.

[160] Vgl. BFH-Beschluss vom 15.12.2004, I B 115/04, BB 2005, 700 f.; dazu auch FROTSCHER, in: Frotscher/ Maas, KStG, § 8 KStG, Rn. 187; dazu auch STAHLSCHMIDT, Identität, BB 2006, 916 f.

[161] Die Sanierungsklausel wird u. a. umfänglich behandelt bei FROTSCHER, in: Frotscher/Maas, KStG, § 8 KStG, Rn. 190 ff.

[162] BMF-Schreiben vom 16.04.1999, IV C 6 – S 2745 – 12/99, BStBl. I 1999, 456, Rz. 14. In Rz. 18 dieses BMF-Schreibens weist die Finanzverwaltung darauf hin, dass ein einmal eingestellter Geschäftsbetrieb nicht mehr saniert werden kann und dass ein Branchenwechsel zur Einstellung des ursprünglichen Geschäftsbetriebs führen kann, vgl. hierzu auch das BFH-Urteil vom 13.08.1997, I R 89/96, BStBl. II 1997, 829.

[163] Vgl. DÖTSCH, in: Dötsch/Jost/Pung/Witt, KStG n. F., § 8 Abs. 4, Rn. 110; DÖTSCH, Verlustabzug, DB-Beilage 1999, 10.

[164] Vgl. BFH-Urteil vom 22.11.1983, VIII R 14/81, BStBl. II 1984, 474; vom 14.03.1990, I R 129/85, BStBl. II 1990, 957.

nehmen als Wirtschaftsfaktor zu erhalten.[165] Die Grenze, wann eine Betriebsvermögenszuführung den für die Fortführung des Geschäftsbetriebs notwendigen Umfang wesentlich überschreitet, wird von der Finanzverwaltung nicht näher konkretisiert. Der Sinn und Zweck des § 8 Abs. 4 KStG läßt aber vermuten, dass eine derartige schädliche Übersanierung dann vorliegt, wenn eine Betriebsvermögenszuführung in erster Linie auf die schnellere Verwertung der Verlustvorträge gerichtet ist.[166]

Neben der Übersanierung ist zudem auch das übermäßige Abschmelzen schädlich, da nach § 8 Abs. 4 Satz 3 KStG der verlustverursachende Geschäftsbetrieb in einem nach dem Gesamtbild der wirtschaftlichen Verhältnisse vergleichbaren Umfang in den folgenden fünf Jahren fortgeführt werden muß. Nach Verwaltungsansicht ist ein übermäßiges Abschmelzen gegeben, wenn der verlustverursachende Geschäftsbetrieb bis zum Ablauf des Fortführungszeitraums um mehr als die Hälfte seines durchschnittlichen Umfangs während der Verlustphase reduziert wird.[167] Hierbei endet die Verlustphase des Geschäftsbetriebs spätestens mit dem Verlust der wirtschaftlichen Identität, während der Fortführungszeitraum zu diesem Zeitpunkt beginnt und die fünf nachfolgenden Zeitjahre umfaßt.[168] Als Beurteilungskriterien für das schädliche Abschmelzen des Geschäftsbetriebs gelten nach der Finanzverwaltung im Rahmen einer auf den Einzelfall bezogenen Gesamtwürdigung u. a. der Umsatz, das Auftragsvolumen, das Aktivvermögen und die Anzahl der Arbeitnehmer.[169] Diese Kriterien sind auf das gesamte Unternehmen zu beziehen, da eine Kapitalgesellschaft nur einen einheitlichen Geschäftsbetrieb hat, der ihre sämtlichen Tätigkeiten umfaßt.[170] Zur Feststellung eines Abschmelzens nach obigen Grundsätzen sind also die sich während der Verlustphase ergebenen Durchschnittsgrößen der unterschied-

---

[165] Vgl. BFH-Urteil vom 12.03.1970, IV R 39/69, BStBl. II 1970, 519; vom 22.01.1985, VIII R 37/84, BStBl. II 1985, 503; vom 07.02.1985, IV R 177/83, BStBl. II 1985, 505.

[166] Vgl. HEURUNG, Sicherung, StuB 2000, 661; DÖTSCH, Verlustabzug, DB-Beilage 1999, 11; DÖTSCH, in: Dötsch/Jost/Pung/Witt, KStG n. F., § 8 Abs. 4, Rn. 122; dazu auch das Beispiel im BMF-Schreiben vom 16.04.1999, IV C 6 – S 2745 – 12/99, BStBl. I 1999, 456, Rz. 14. Da eine Kapitalgesellschaft daher stets darauf bedacht sein muß, dass eine Betriebsvermögenszuführung nicht in diesem Sinne qualifiziert wird, unterbleiben unter Umständen für den Erfolg der Sanierung erforderliche Maßnahmen, womit aus betriebswirtschaftlichem Blickwinkel das Übersanierungsverbot nicht überzeugt, FUßBROICH, Verlustverrechnung, 78; HÖRGER/ENDRES, Verlustabzug, GmbHR 1999, 579; ähnlich auch HERZIG, in: Lehner, Verluste, 48; RÖDDER, Änderungen, StbJb 2002/03, 315.

[167] Vgl. BMF-Schreiben vom 16.04.1999, IV C 6 – S 2745 – 12/99, BStBl. I 1999, 456, Rz. 15 und 16; dazu auch FROTSCHER, in: Frotscher/Maas, KStG, § 8 KStG, Rn. 190f.

[168] Vgl. BMF-Schreiben vom 16.04.1999, IV C 6 – S 2745 – 12/99, BStBl. I 1999, 456 f., Rz. 15 bzw. Rz. 21.

[169] Vgl. BMF-Schreiben vom 16.04.1999, IV C 6 – S 2745 – 12/99, BStBl. I 1999, 456, Rz. 17.

[170] Vgl. BMF-Schreiben vom 16.04.1999, IV C 6 – S 2745 – 12/99, BStBl. I 1999, 455, Rz. 08; auch DÖTSCH, Verlustabzug, DB-Beilage 1999, 12. Zum Begriff des Geschäftsbetriebs vgl. auch FROTSCHER, in: Frotscher/Maas, KStG, § 8 KStG, Rn. 190a.

lichen Beurteilungskriterien (Vergleichsgrößen I) ihren jeweiligen Größen fünf Jahre nach dem Verlust der wirtschaftlichen Identität (Vergleichsgrößen II) gegenüberzustellen.[171] Der Verlustvortrag verfällt allerdings nicht bereits durch das steuerschädliche Abschmelzen des Umfangs eines Vergleichskriteriums, da der konkrete Einzelfall in einer Gesamtbetrachtung zu würdigen ist.[172] Wird der Geschäftsbetrieb einer Kapitalgesellschaft nicht in vergleichbarem Umfang für fünf Jahre fortgeführt, d. h. schädlich abgeschmolzen, entfällt die Abzugsfähigkeit der vor dem Untergang der wirtschaftlichen Identität entstandenen Verluste rückwirkend auf diesen Zeitpunkt.[173]

1.1.2.4. Sonderregelungen für Verluste aus bestimmten Einkunftsquellen

1.1.2.4.1. Verluste aus der Beteiligung an einer Personengesellschaft

Wenn eine Kapitalgesellschaft an einer Personengesellschaft als beschränkt haftender Kommanditist beteiligt ist und einen anteiligen Verlust aus dieser Beteiligung erleidet, unterliegt dieser Verlustanteil der Verrechnungsbeschränkung nach § 15a Abs. 1 Satz 1 EStG, sofern und soweit er zu einem negativen Kapitalkonto der Kapitalgesellschaft geführt bzw. ein solches erhöht hat. Diese Verrechnungsbeschränkung sieht vor, dass ein derartiger Verlustanteil nicht mit anderen positiven Einkünften der Kapitalgesellschaft ausgeglichen werden bzw. im Rahmen von § 10d EStG abgezogen werden darf. Er kann nur mit Gewinnen nachfolgender Wirtschaftjahre aus derselben Beteiligung verrechnet werden, wobei er allerdings zeitlich unbegrenzt und unter Berücksichtigung von § 8 Abs. 4 KStG vortragsfähig ist.[174]

1.1.2.4.2. Verluste aus stillen Gesellschaften und Innengesellschaften

Wenn eine Kapitalgesellschaft an einer anderen Kapitalgesellschaft über eine typisch oder atypisch ausgestaltete stille Beteiligung, Unterbeteiligung oder an-

---

[171] Vgl. dazu DÖTSCH, Verlustabzug, DB-Beilage 1999, 12; DÖTSCH, in: Dötsch/Jost/Pung/Witt, KStG n. F., § 8 Abs. 4, Rn. 127, der zudem darauf hinweist, dass im Zeitpunkt des Verlusts der wirtschaftlichen Identität vorläufige Vergleichsgrößen II zu bestimmen sein könnten. WACKE, Mantelkauf, 131, befürwortet dagegen die Ermittlung der Vergleichsgrößen II mittels der Durchschnittsmethode. Hinsichtlich der Berechnung der Durchschnittswerte der Vergleichsgrößen I werden im Schrifttum zwei Alternativen diskutiert, vgl. dazu z. B. WACKE, Mantelkauf, 129 ff.; das BMF-Schreiben vom 16.04.1999, IV C 6 – S 2745 – 12/99, BStBl. I 1999, 455 ff., enthält diesbezüglich keine konkreten Aussagen.

[172] Vgl. DÖTSCH, Verlustabzug, DB-Beilage 1999, 13.

[173] Vgl. FROTSCHER, in: Frotscher/Maas, KStG, § 8 KStG, Rn. 190g, 193. Die Steuerbescheide sind nach § 175 Abs. 1 Nr. 2 AO zu ändern.

[174] Vgl. FROTSCHER, in: Frotscher/Maas, KStG, § 8 KStG, Rn. 193; Abschnitt B 1.1.2.3. Ausführlich wird § 15a EStG bei WACKER, in: Schmidt, EStG, § 15a EStG, Rn. 30 ff., behandelt.

dere Innengesellschaft beteiligt ist, unterliegt ihr etwaiger Verlustanteil aus einer solchen Beteiligung grundsätzlich der Verrechnungsbeschränkung nach § 15 Abs. 4 Satz 6 und 7, § 20 Abs. 1 Nr. 4 Satz 2 EStG. Hiernach kann eine Kapitalgesellschaft einen derartigen Verlustanteil für Zwecke der Körperschaftsteuer nicht mit anderen eigenen positiven Einkünften ausgleichen, sondern ihn nur mit Gewinnen verrechnen, die sie im unmittelbar vorangegangenen Veranlagungszeitraum oder in den folgenden Veranlagungszeiträumen aus derselben Beteiligung bezieht. Da hierbei die Verlustverrechnung nach Maßgabe des § 10d EStG zu erfolgen hat, kann auf den maximal auf 511.500 Euro begrenzten Rücktrag vollständig oder zum Teil verzichtet werden. Diese dargestellte Verlustverrechnungsbeschränkung gilt unabhängig davon, ob der Verlust die Einlage der jeweiligen still beteiligten Kapitalgesellschaft übersteigt oder nicht. Sofern allerdings der Verlustanteil die Einlage der jeweiligen Kapitalgesellschaft übersteigt, unterliegt er zusätzlich der Verrechnungsbeschränkung des § 15a EStG, wonach aufgrund ausgeschlossenem Verlustrücktrag ausschließlich ein Verlustvortrag möglich ist.[175] Im Rahmen des Abzugs eines Verlusts aus einer der genannten Beteiligungen kann § 8 Abs. 4 KStG den Untergang eines derartigen Verlusts bewirken.[176]

1.1.2.4.3. Verluste aus Steuerstundungsmodellen

Erzielt eine Kapitalgesellschaft Verluste aus einem sogenannten Steuerstundungsmodell, kann § 15b EStG die Verrechung dieser Verluste mit anderen Einkünften der Kapitalgesellschaft untersagen.[177] Ein Steuerstundungsmodell ist gegeben, wenn aufgrund einer modellhaften Gestaltung steuerlicher Vorteile in Form negativer Einkünfte erzielt werden sollen. Eine solche modellhafte Gestaltung soll wiederum dann vorliegen, wenn einem Steuerpflichtigen aufgrund eines vorgefertigten Konzepts die Möglichkeit geboten werden soll, zumindest in der Anfangsphase der Investition Verluste mit übrigen Einkünften zu verrechnen.[178] Als Steuerstundungsmodell können inbesondere Medienfonds und Videogamefonds in Betracht kommen.[179] Nur wenn innerhalb der Anfangsphase der Investition das Verhältnis der Summe der prognostizierten Verluste zur Höhe des gezeichneten und nach dem Konzept auch aufzubringenden Kapitals oder bei Einzelinvestitionen des eingesetzten Kapitals 10 % übersteigt,[180] untersagt § 15b EStG den Ausgleich des Verlustes aus dem Steuerstundungsmodell mit anderen Einkünften des jeweiligen Jahres; er kann auch nicht nach § 10d EStG

---

[175] Vgl. dazu z. B. FÖRSTER, Änderungen, DB 2003, 899 f.; WEBER-GRELLET, in: Schmidt, EStG, § 20 EStG, Rn. 130 ff.

[176] Vgl. FROTSCHER, in: Frotscher/Maas, KStG, § 8 KStG, Rn. 193; Abschnitt B 1.1.2.3.

[177] Zur Anwendbarkeit des § 15b EStG bei einer Kapitalgesellschaft vgl. LÜDICKE/NAUJOK, Beschränkung, DB 2006, 747.

[178] Vgl. § 15b Abs. 2 Satz 1 und 2 EStG.

[179] Vgl. LÜDICKE/NAUJOK, Beschränkung, DB 2006, 745.

[180] Vgl. § 15b Abs. 3 EStG; dazu auch BRANDTNER/RAFFEL, Regelung, BB 2006, 643 f.

abgezogen werden. Ein solcher Verlust kann nur noch die zukünftigen Gewinne aus derselben Einkünftsquelle in voller Höhe mindern.[181] Im Rahmen des Vortrags eines nach § 15b EStG ausgleichsbeschränkten Verlusts kann § 8 Abs. 4 KStG zum Untergang eines derartigen Verlusts führen.[182]

1.1.2.4.4. Verluste aus gewerblicher Tierhaltung und Tierzucht sowie Differenzgeschäften

Erzielt eine Kapitalgesellschaft Verluste aus gewerblicher Tierhaltung oder gewerblicher Tierzucht, so können diese Verluste nach § 15 Abs. 4 Satz 1 EStG nicht mit anderen positiven Einkünften der Kapitalgesellschaft ausgeglichen bzw. im Rahmen von § 10d EStG abgezogen werden. Sie können allerdings nach Maßgabe des § 10d EStG im unmittelbar vorangegangenen und in den folgenden Wirtschaftsjahren unter Berücksichtigung von § 8 Abs. 4 KStG mit etwaigen Gewinnen aus gewerblicher Tierhaltung und Tierzucht mittels Verlustrücktrag bzw. Verlustvortrag verrechnet werden.[183] Diese Verlustverrechnungsbeschränkung ist entsprechend für Verluste aus Termingeschäften anzuwenden, durch die die Kapitalgesellschaft einen Differenzausgleich oder einen durch den Wert einer veränderlichen Bezugsgröße bestimmten Geldbetrag oder Vorteil erlangt.[184]

1.1.2.4.5. Verluste ausländischer Betriebsstätten

1.1.2.4.5.1. Begriff und Erfolgsermittlung von ausländischen Betriebsstätten

Eine in Deutschland unbeschränkt körperschaftsteuerpflichtige Kapitalgesellschaft unterhält eine ausländische Betriebsstätte gemäß § 12 AO, wenn im jeweiligen ausländischen Staat eine feste Geschäftseinrichtung oder Anlage vorhanden ist, die der Tätigkeit des Unternehmens dient.[185] Diese muss örtlich fixiert und auf eine gewisse Dauer, d. h. für länger als sechs Monate, angelegt sein.[186]Als Betriebsstätten gelten insbesondere Zweigniederlassungen, Geschäftsstellen, Fabrikations- oder Werkstätten, Warenlager, Ein- und Verkaufsstellen, Bauausführungen oder Montagen, die mehr als sechs Monate dauern,

---

[181] Vgl. § 15b Abs. 1 und 3 EStG. Die Mindestbesteuerungsrestriktionen im Sinne des § 10d Abs. 2 EStG sind nicht anzuwenden. Sofern eine Überschneidung mit der Verlustverrechnungsbeschränkung nach § 15a EStG gegeben ist, ist § 15b EStG vorrangig anzuwenden, vgl. § 15b Abs. 1 Satz 3 EStG.

[182] Vgl. FROTSCHER, in: Frotscher/Maas, KStG, § 8 KStG, Rn. 193; Abschnitt B 1.1.2.3.

[183] Vgl. § 15 Abs. 4 Satz 2 EStG; FROTSCHER, in: Frotscher/Maas, KStG, § 8 KStG, Rn. 193; Abschnitt B 1.1.2.3.; WACKER, in: Schmidt, EStG, § 15 EStG, Rn. 895 ff.

[184] Vgl. § 15 Abs. 4 Satz 3 EStG.

[185] Vgl. § 12 Satz 1 AO.

[186] Vgl. BS-VWG, BMF-Schreiben vom 24.12.1999, IV B 4 – S 1300 – 111/99, BStBl. I 1999, Tz. 1.1.1.1.

sowie bestimmte Vertretungsverhältnisse.[187] In den von Deutschland abgeschlossenen DBAs ist der Betriebsstättenbegriff eigenständig geregelt, wobei eine Orientierung an der Betriebsstättendefinition des Art. 5 OECD-MA erfolgt. Nach Art. 5 OECD-MA bezieht sich der Begriff „Betriebsstätte" auf eine feste Geschäftseinrichtung, durch die die Tätigkeit eines Unternehmens ganz oder teilweise ausgeübt wird. Hierbei gilt als Betriebsstätte insbesondere eine Zweigniederlassung, eine Geschäftsstelle, eine Fabrikationsstelle und eine Werkstätte. Neben diesen festen, auf Dauer ausgerichteten Formen der Geschäftstätigkeit zählen zu Betriebsstätten nach Art. 5 OECD-MA auch Bauausführungen bzw. Montagen bei Überschreiten einer Dauer von mehr als 12 Monaten sowie bestimmte Vertretungsverhältnisse.[188] Eine Betriebsstätte im Sinne des OECD-MA bzw. eines von Deutschland abgeschlossenen DBAs ist nicht immer auch als Betriebsstätte nach § 12 AO zu qualifizieren und umgekehrt, da die jeweiligen Begriffsdefinitionen nicht deckungsgleich sind.[189] Maßgebend für die Anwendung eines DBAs auf eine ausländische Betriebsstätte ist immer der in dem jeweiligen DBA enthaltene Betriebsstättenbegriff.[190] Unabhängig von möglichen Begriffsunterschieden gilt eine Betriebsstätte nicht als selbständiges Rechtssubjekt, sondern ist grundsätzlich Teil der rechtlichen Einheit des inländischen Stammhauses.[191]

Die Erfolgsermittlung einer ausländischen Betriebsstätte einer deutschen unbeschränkt steuerpflichtigen Kapitalgesellschaft richtet sich nach den für die Kapitalgesellschaft relevanten Gewinnermittlungsvorschriften des deutschen Handels- und Steuerrechts.[192] Da dabei die Einkünfte einer ausländischen Betriebsstätte grundsätzlich Bestandteil des Jahresergebnisses der Kapitalgesellschaft sind, hat zur Ermittlung ihrer separaten Einkünfte eine Erfolgsabgren-zung zwischen dem Stammhaus und der Betriebsstätte selbst zu erfolgen. Hierbei ist wiederum das „*Dealing at arm's length*"-Prinzip zu beachten, wonach der Betriebsstätte diejenigen Gewinnanteile zuzurechnen sind, die sie hätte erzielen können, wenn sie eine gleiche oder ähnliche Tätigkeit unter gleichen oder ähnlichen Bedingungen ausgeübt hätte und im Verhältnis zum Stammhaus unabhängig gewesen wäre (Selbständigkeitsfiktion).[193] Mit dem „*Dealing at arm's length*"-Prinzip ist sowohl die direkte Methode als auch die indirekte Methode zur Er-

[187] Vgl. § 12 Satz 2 AO.

[188] Vgl. zu Einzelheiten Art. 5 Abs. 1 bis 7 OECD-MA.

[189] Vgl. dazu z. B. HEINSEN, Verlustpolitik, 177 f.

[190] Vgl. z. B. REIS, Checkliste, PIStB 2000, 114.

[191] Vgl. z. B. BS-VWG, BMF-Schreiben vom 24.12.1999, IV B 4 – S 1300 – 111/99, BStBl. I 1999, Tz. 2.3.

[192] Vgl. BAUMHOFF/LEITNER/DIGERONIMO, Vergleich, IWB 2000, Fach 10, Gruppe 2, 1434.

[193] Vgl. BS-VWG, BMF-Schreiben vom 24.12.1999, IV B 4 – S 1300 – 111/99, BStBl. I 1999, Tz. 2.2 f.; BAUMHOFF/LEITNER/DIGERONIMO, Betriebsstättengewinnermittlung, IWB 2000, Fach 10, Gruppe 2, 1435. Dieses Prinzip ist unabhängig davon zu beachten, ob mit dem Betriebsstättenstaat ein DBA besteht oder nicht.

folgsabgrenzung vereinbar.[194] Während bei der direkten Methode einer Betriebsstätte die von ihr erwirtschafteten Einkünfte mit Hilfe einer gesonderten Betriebsstättenbuchführung zugeordnet werden, wird bei der indirekten Methode der Gesamtgewinn der Kapitalgesellschaft mittels eines sachgerechten Aufteilungsschlüssels wie eines einnahmenbezogenen Schlüssels (z. B. Umsätze) zwischen dem Stammhaus und der Betriebsstätte aufgeteilt.[195] Sowohl nach Ansicht der Rechtsprechung[196] als auch der Finanzverwaltung[197] ist die direkte Methode vorrangig anzuwenden, da sie zu einer höheren Genauigkeit führt als die indirekte Methode. Da sich bestimmte Erträge bzw. Aufwendungen nicht immer nur der Betriebsstätte oder dem Stammhaus zuordnen lassen wie beispielsweise Kosten der Geschäftsführung, ist die direkte Methode in derartigen Fällen um Elemente der indirekte Methode zu ergänzen. Diese sogenannte gemischte Methode ist die in der Praxis am häufigsten angewendete Erfolgsabgrenzungsmethode.[198]

1.1.2.4.5.2. Behandlung von Verlusten ausländischer Betriebsstätten

1.1.2.4.5.2.1. Nicht-DBA-Fall

Aufgrund ihrer unbeschränkten Steuerpflicht unterliegt eine deutsche Kapitalgesellschaft mit ihren weltweit erzielten Einkünften der deutschen Körperschaftsteuer, womit auch Gewinne und Verluste aus ausländischen Betriebsstätten im Sinne von § 12 AO grundsätzlich Bestandteil ihres Einkommens sind. Besteht kein DBA mit dem jeweiligen Betriebsstättenstaat, kann sich eine davon abweichende Behandlung ausländischer Betriebsstättenverluste aufgrund der Verlustverrechnungsvorschrift nach § 2a Abs. 1 und 2 EStG ergeben.

Nach § 2a Abs. 1 und 2 EStG dürfen Verluste passiver Betriebsstätten nur mit Gewinnen derselben Art, d. h. mit Betriebsstättengewinnen, aus demselben ausländischen Staat ausgeglichen werden. Soweit ein Verlustausgleich nicht möglich ist, mindern derartige Verluste die Betriebsstättengewinne, die in den folgenden Veranlagungszeiträumen in demselben ausländischen Staat erwirtschaftet werden.[199] Nach Ansicht der Finanzverwaltung ist hierbei ausschließlich eine Verrechnung von Verlusten und Gewinnen passiver Betriebsstätten desselben Staates zulässig; eine Verlustverrechnung mit Gewinnen aktiver Betriebsstätten

---

[194] Vgl. KRAWITZ/HICK, Betriebsstätte, RIW 2001, 748.
[195] Vgl. hierzu z. B. BAUMHOFF/LEITNER/DIGERONIMO, Vergleich, IWB 2000, Fach 10, Gruppe 2, 1439 m. w. N.
[196] Vgl. BFH-Urteil vom 28.03.1985, IV R 80/82, BStBl. II 1985, 405; vom 25.06.1986, II R 213/83, BStBl. II 1986, 785; vom 29.07.1992, II R 39/89, BStBl. II 1993, 63.
[197] Vgl. BS-VWG, BMF-Schreiben vom 24.12.1999, IV B 4 – S 1300 – 111/99, BStBl. I 1999, Tz. 2.3.
[198] Vgl. BAUMHOFF/LEITNER/DIGERONIMO, Vergleich, IWB 2000, Fach 10, Gruppe 2, 1439 m. w. N.
[199] Vgl. HEINSEN, Verlustpolitik, 84 f.

des jeweiligen Staates soll hingegen nicht möglich sein.[200] Ob die Tätigkeit einer Betriebsstätte als aktiv oder passiv zu werten ist, richtet sich nach dem Aktivitätskatalog des § 2a Abs. 2 EStG:[201] Als aktiv tätig gilt danach eine gewerbliche Betriebsstätte, sofern sie ausschließlich oder fast ausschließlich folgende als aktiv bewerteten Tätigkeiten ausübt: Die Herstellung oder Lieferung von Waren (außer Waffen), die Gewinnung von Bodenschätzen, die Bewirkung gewerblicher Leistungen (soweit diese nicht die Errichtung oder den Betrieb von Anlagen, die dem Fremdenverkehr dienen, oder die Vemietung und Verpachtung von Wirtschaftsgütern zum Gegenstand hat) sowie das unmittelbare Halten und die Finanzierung einer mindestens 25 %-igen Beteiligung an einer ausländischen Kapitalgesellschaft, die ihrerseits wiederum ausschließlich oder fast ausschließlich die vorgenannten Tätigkeiten zum Gegenstand hat. Nach Ansicht der Finanzverwaltung übt eine Betriebsstätte fast ausschließlich derartige aktive Tätigkeiten aus, wenn mindestens 90 % ihrer Bruttoerträge hieraus resultieren.[202] Entsteht ein nach § 2a Abs. 1 und 2 EStG ausgleichsfähiger Verlust einer ausländischen aktiv tätigen Betriebsstätte in einem Veranlagungszeitraum, in dem er nicht oder nicht vollständig mit positiven inländischen und ausländischen Einkünften ausgeglichen werden kann, ist er im Rahmen des Verlustabzugs der Kapitalgesellschaft nach § 10d EStG in Verbindung mit § 8 Abs. 4 KStG in früheren bzw. späteren Veranlagungszeiträumen abziehbar.[203]

In der jüngsten Vergangenheit ist die Vereinbarkeit der Beschränkung des § 2a Abs. 1 EStG mit den Grundrechten des EG-Vertrags zunehmend in die steuerliche Diskussion gerückt,[204] wobei der BFH eine solche Vereinbarkeit angezweifelt hat.[205] Zudem hat auch der EuGH mit seinem Urteil vom 21.02.2006 in der Rechtssache *Ritter-Coulais*[206] die weithin vertretene Auffassung untermauert, dass § 2a Abs. 1 EStG mit den gemeinschaftsrechtlichen Vorgaben nicht vereinbar ist. Aufgrund der speziellen Umständen dieses Einzelfalls kann das Urteil aber nicht als Grundsatzentscheidung zur grenzüberschreitenden Verlustverrechnung bei Auslandsbetriebsstätten interpretiert werden, weshalb auf weitere Einzelheiten nicht eingegangen wird.[207] Wie die konkrete Rechtsprechung und Gesetzeslage sich in diesem Bereich entwickeln wird, bleibt indes abzuwarten.

---

[200] Vgl. R 2a Abs. 2 Satz 2 EStR. A. A. sind PROBST, in: Piltz/Schaumburg, Verluste, 27; HEINICKE, in: Schmidt, EStG, § 2a EStG, Rn. 41.

[201] Dies ist für jedes Wirtschaftsjahr gesondert zu prüfen, vgl. R 2a Abs. 3 Satz 1 EStR.

[202] So zumindest noch in R 76 Abs. 9 KStR 1995, EL April 2003.

[203] Vgl. z. B. GRÜTZNER, Ergebnisse, GmbHR 1995, 502; ORTH, Organschaft, GmbHR 1996, 39; RÖHRBEIN/EICKER, Grenze, BB 2005, 466. Zum Verlustabzug nach § 10d EStG bzw. § 8 Abs. 4 KStG vgl. Abschnitt B 1.1.2.1., B 1.1.2.2. bzw. B 1.1.2.3.

[204] Vgl. REICHL/WITTKOSKI, Verlustverrechnung, Stbg 2006, 214 m. w. N.

[205] Vgl. BFH-Beschluss 13.11.2002, I R 13/02, BStBl. II 2003, 795 ff.

[206] Vgl. EuGH-Urteil vom 21.02.2006, C-152/03, DStR 2006, 362 ff.

[207] Vgl. REICHL/WITTKOWSKI, Verlustverrechnung, Stbg 2006, 215, in deren Beitrag auch weitere Einzelheiten der Rechtssache *Ritter-Coulais* erläutert werden. Sie heben zudem

Gemäß dem Territorialprinzip nach § 2 Abs. 1 GewStG bezieht sich die Gewerbesteuer nur auf Gewerbebetriebe im Inland, so dass die Gewinne und Verluste ausländischer Betriebsstätten grundsätzlich nicht der Gewerbesteuer unterliegen.[208] Damit sind derartige Erfolge bei der Ermittlung des Gewerbeertrags aus dem körperschaftsteuerlichen Gewinn der Kapitalgesellschaft zu eliminieren, sofern sie zuvor zu berücksichtigen waren.[209]

1.1.2.4.5.2.2. DBA-Fall

Besteht mit dem Betriebsstättenstaat ein Doppelbesteuerungsabkommen, vermag dies an der unbeschränkten körperschaftsteuerlichen Steuerpflicht einer deutschen Kapitalgesellschaft nichts zu ändern. Allerdings wirkt ein derartiges Doppelbesteuerungsabkommen wie eine sachliche Steuerbefreiung oder Steuerermäßigung, da aufgrund eines derartigen Abkommens der eine Staat auf sein Besteuerungsrecht zugunsten des anderen Staates verzichtet bzw. dieses einschränkt.[210] Hinsichtlich der Behandlung von Einkünften aus ausländischen Betriebsstätten sehen die von Deutschland abgeschlossenen Doppelbesteuerungsabkommen grundsätzlich die Freistellungsmethode unter Progressionsvorbehalt vor.[211] Dabei geht die bisherige Rechtsprechung des BFH[212] davon aus, dass nicht nur die Gewinne, sondern auch die Verluste einer Betriebsstätte freizustellen und damit aus dem Einkommen der Kapitalgesellschaft auszuscheiden sind. Voraussetzung für die Freistellung von Betriebsstätteneinkünften ist in der Mehrzahl der deutschen Doppelbesteuerungsabkommen allerdings, dass die jeweilige Betriebsstätte aktiv im Sinne der Aktivitätsklausel eines derartigen Doppelbesteuerungsabkommens tätig ist.[213] Dabei werden in einer Aktivitätsklausel abschließend diejenigen Tätigkeiten aufgezählt, die als begünstigt gemäß des jeweiligen Abkommens anzusehen sind. Geht eine Betriebsstätte keiner derartigen aktiven Tätigkeit nach, kommt statt der Freistellungsmethode die Anrechnungsmethode zur Anwendung, so dass ein etwaiger Gewinn der jeweiligen Betriebsstätte nicht aus dem Einkommen der Kapitalgesellschaft auszuscheiden ist. Für einen etwaigen Verlust der Betriebsstätte gilt dies nur dann, wenn sie aktiv im Sinne des § 2a Abs. 2 EStG tätig ist; ansonsten gilt die Verrechnungsbe-

---

hervor, dass das *Ritter-Coulais*-Urteil für ausländische Betriebsstätten inländischer Kapitalgesellschaften keine Anwendung finden dürfte.

[208] Vgl. HEINSEN, Verlustpolitik, 76.

[209] Vgl. § 9 Nr. 3 Satz 1 GewStG. Im Freistellungsfall ergibt sich die Freistellung unmittelbar aus Art. 2 Abs. 2 OECD-MA, vgl. KRAWITZ/HICK, Betriebsstätte, RIW 2001, 751.

[210] Vgl. VOGEL, in: Vogel/Lehner, DBA, 4. Auflage 2003, Einleitung, Rn. 43; KESSLER, in: Lehner, Verluste, 85.

[211] Zur Anwendung der Freistellungsmethode ist es erforderlich, dass eine Betriebsstätte im Sinne des jeweiligen Abkommens gegeben ist.

[212] Vgl. BFH-Urteil vom 17.10.1990, I R 182/87, BStBl. II 1991, 136 m. w. N.

[213] Vgl. dazu die Übersicht über die in den deutschen DBA geltenden Aktivitätsklauseln von SCHIEBER/WASSERMEYER, in: Debatin/Wassermeyer, DBA, Band 1, Anlage 1 zu Art. 23 A/B MA.

schränkung nach § 2a Abs. 1 EStG analog dem zuvor beschriebenen Nicht-DBA-Fall.[214]

Die unterschiedliche Behandlung von anzusetzenden Verlusten inländischer Betriebsstätten und „freigestellter" Verluste ausländischer Betriebsstätten im DBA-Fall bei einer im Inland unbeschränkt steuerpflichtigen Person deutet vor dem Hintergrund der Grundfreiheiten des EG-Vetrags auf einen Verstoß gegen die Niederlassungsfreiheit und Kapitalverkehrsfreiheit hin.[215] Auch wenn der EuGH zu dieser konkreten Fragestellung (noch) kein Urteil gefällt hat, lassen sich vor dem Hintergrund des im nachfolgenden Abschnitt D 1.1.2.1. näher erläuterten Urteils des EuGH in der Rechtssache *Marks & Spencer* vom 13.12.2005[216] folgende Vermutungen äußern: In diesem Urteil sieht es der EuGH als einen Verstoß gegen die Niederlassungsfreiheit an, dass Verluste EU-ausländischer Tochterkapitalgesellschaften – sofern sie definitiv werden – im Rahmen nationaler Konzernbesteuerungssysteme unberücksichtigt bleiben. Insofern sollte der EuGH ein Außerachtlassen definitiv gewordener EU-ausländischer Betriebsstättenverluste auch nur als einen derartigen Grundfreiheitsverstoß bewerten können. Dies gilt vor allem vor dem Hintergrund, dass eine Betriebsstätte ihrem Stammhaus näher steht als eine Tochtergesellschaft ihrer Muttergesellschaft (rechtliche Unselbständigkeit versus rechtliche Selbständigkeit der Auslandstätigkeit).[217] Folglich sollte die Berücksichtigung von Verlusten EU-ausländischer Betriebsstätten im DBA-Freistellungsfall nach den vom EuGH in der Rechtssache *Marks & Spencer* aufgestellten Grundsätzen jedenfalls in den Fällen möglich sein, in denen die Verluste im EU-Ausland endgültig nicht mehr berücksichtigt werden können.[218] Wie die konkrete Rechtsprechung und Gesetzeslage sich in diesem Bereich entwickeln wird, bleibt indes abzuwarten.

Um das Problem der Vereinbarkeit der Behandlung der Verluste ausländischer Betriebsstätten im DBA-Freistellungsfall mit den einzuhaltenden Grundfreiheiten des EG-Vertrags zu beseitigen, könnte eine Vorschrift zur temporären Verlustberücksichtigung gemäß des früheren im Rahmen des Steuerentlastungsge-

---

[214] Vgl. HEINSEN, Verlustpolitik, 64; GRÜTZNER, Ergebnisse, GmbHR 1995, 503.

[215] Vgl. REICHL/WITTKOWSKI, Verlustverrechnung, Stbg 2006, 216. Der BFH hat mit Beschluss vom 13.11.2002, I R 13/02, BStBl. II 2003, 795 ff. dem EuGH unter anderem eben diese Frage vorgelegt. Der EuGH ließ sie in seinem nachfolgenden Urteil (Rechtssache *Ritter-Coulais*) vom 21.02.2006, C-152/03, DStR 2006, 362 ff., allerdings unbeantwortet, vgl. auch REICHL/WITTKOWSKI, Verlustverrechnung, Stbg 2006, 214.

[216] EuGH-Urteil vom 13.12.2005, C-446/03, StB 2006, 69 ff.

[217] So auch REICHL/WITTKOWSKI, Verlustverrechnung, Stbg 2006, 216.

[218] Vgl. ENDRES u. a., Verlustberücksichtigung, 34; BALMES/GRAMMEL/SEDEMUND, Freistellungsmethode, BB 2006, 1477 f.; auch SEDEMUND/STERNER, Folgen, DStZ 2006, 35. Dies könnte nicht nur für einen EU-DBA-Staat gelten, sondern auch für einen Nicht-EU-DBA-Staat, wenn nicht nur ein Verstoß gegen die Niederlassungsfreiheit, sondern auch gegen die Kapitalverkehrsfreiheit festgestellt werden sollte, da die Kapitalverkehrsfreiheit auch im Verhältnis zu Drittstaaten gilt.

setzes von 1999/2000/2002[219] abgeschafften § 2a Abs. 3 EStG (wieder-)eingeführt werden. Nach § 2a Abs. 3 EStG a. F. konnte bis 1998 ein ausländischer Betriebsstättenverlust im DBA-Freistellungsfall auf Antrag von den im Inland steuerpflichtigen Einkünften abgezogen werden. Dieser Verlustabzug war deshalb nur temporär, da – sofern in der ausländischen Betriebsstätte nachfolgend Gewinne entstanden – in der Höhe des zuvor abgezogenen Verlustes bei dem inländischen Stammhaus eine Gewinnhinzurechnung im Sinne einer Nachversteuerung vorzunehmen war.[220]

1.1.2.4.5.3. Verluste ausländischer Betriebsstätten und Anrechnung ausländischer Steuern

Sofern der Verlust einer ausländischen Betriebsstätte einer deutschen Kapitalgesellschaft im Rahmen ihrer körperschaftsteuerlichen Gewinnermittlung anzusetzen ist und sofern im jeweiligen Betriebsstättenstaat noch anderweitige positive Einkünfte entstehen, deren Doppelbesteuerung mittels der Anrechnungsmethode vermieden wird, vermindert sich durch einen derartigen Betriebsstättenverlust der jeweilige länderbezogene Anrechnungshöchstbetrag, so dass die jeweiligen anrechenbaren ausländischen Steuern nicht vollständig oder gar nicht angerechnet werden können;[221] in einem solchen Fall kommt es zu einem Anrechnungsüberhang, d. h. zu Auslandssteuern, die den Anrechnungshöchstbetrag übersteigen und damit im Inland nicht zu einer Steuerermäßigung beitragen können.[222] Zu der beschriebenen Situation kommt es insbesondere im Nicht-DBA-Fall bei Verlusten einer aktiv tätigen Betriebsstätte, da in einer derartigen Situation der Betriebsstättenverlust nicht nach § 2a Abs. 1 und 2 EStG verrechnungsbeschränkt ist[223] und die Doppelbesteuerung ausländischer Einkünfte des Be-

---

[219] STEUERENTLASTUNGSGESETZ 1999/2000/2002 (StEntlG) vom 24.03.1999, BGBl. I 1999, 402 ff. Im Schrifttum wird vor dem Hintergrund des Leistungsfähigkeitsprinzips und der europäischen Grundfreiheiten die Rechtmäßigkeit der Abschaffung des § 2a Abs. 3 EStG a. F. bezweifelt. Mittlerweile sind diesbezüglich zwei Finanzgerichtsentscheidungen ergangen (FG Baden-Württemberg vom 30.06.2004, I K 312/03, DStRE 2004, 958, und FG Düsseldorf vom 14.09.2004, 6 K 3796/01, EFG 2005, 538 ff.), gegen die Revision beim BFH eingelegt worden ist, vgl. dazu auch REICHL/WITTKOWSKI, Verlustverrechnung, Stbg 2006, 216 f. Da der BFH es für nicht zweifelsfrei hält, dass die unterschiedliche Behandlung von negativen in- und ausländischen Einkünften mit den europäischen Grundfreiheiten (hier: Niederlassungs- und Kapitalverkehrsfreiheit) vereinbar ist (vgl. die BFH-Beschlüsse vom 28.06.2006, I R 84/04, und vom 22.08.2006, I R 116/04), hat er die jeweiligen Revisionsverfahren ausgesetzt und den EuGH zur Vorabentscheidung angerufen.

[220] Vgl. zu weiteren Einzelheiten der Verlustverrechnungsvorschrift des § 2a Abs. 3 (und Abs. 4) EStG a. F. z. B. HEINSEN, Verlustpolitik, 78 ff.; HEINICKE, in: Schmidt, EStG, § 2a EStG, Rn. 50 ff.; KESSLER, in: Lehner, Verluste, 86 f.

[221] Vgl. zur Vorgehensweise der Berechnung eines länderbezogenen Anrechnungshöchstbetrags die Ausführungen in Abschnitt B 1.1.1.1.4.1.

[222] Vgl. z. B. METZNER, Export, 23.

[223] Vgl. Abschnitt B 1.1.2.4.5.2.1.

triebsstättenstaates mittels der Anrechnungsmethode vermieden wird;[224] im DBA-Fall kommt dagegen in Anlehnung an das OECD-MA regelmäßig die Freistellungsmethode zur Vermeidung der Doppelbesteuerung von ausländischen Einkünften zur Anwendung[225] und auch die Berücksichtigung eines Betriebsstättenverlustes ist allenfalls bei nicht-aktiver Tätigkeit der Betriebsstätte im Sinne des DBA, aber aktiver Tätigkeit im Sinne von § 2a Abs. 1 und 2 EStG möglich.[226]

---

224 Vgl. Abschnitt B 1.1.1.1.4.1.

225 Vgl. Art. 23A OECD-MA. Eine Doppelbesteuerung wird hiernach beipielsweise bei Zinsen oder Lizenzgebühren aus dem Betriebsstättenstaat nicht mittels der Freistellungsmethode, sondern der Anrechnungsmethode vermieden.

226 Vgl. Abschnitt B 1.1.2.4.5.2.2.

1.1.2.5. Zusammenfassende Übersicht zur deutschen Verlustverrechnung

Verlustverrechnung einer deutschen Kapitalgesellschaft
Verlustausgleich ohne Unterbrechung der wirtschaftlichen Identität
- KSt/GewSt: Grundsätzlich unbeschränkter Ausgleich von Gewinnen und Verlusten bzw. positiven und negativen Gewerbeerträgen unterschiedlicher Einkunftsquellen, vorbehaltlich folgender Sonderregelungen: - KSt: Verluste aus Personengesellschaftsbeteiligungen, Verluste aus stillen Gesellschaften und Innengesellschaften, Verluste aus gewerblicher Tierhaltung sowie Differenzgeschäften und bestimmte Verluste aus Steuerstundungsmodellen sind vom allgemeinen Verlustausgleich ausgeschlossen; sie können nur einkunftsquellenbezogen bzw. beteiligungsbezogen ausgeglichen bzw. in anderen Jahren abgezogen werden, vorrangig des allgemeinen Verlustausgleichs und Verlustabzugs. - KSt: Nicht-DBA-Fall: Betriebsstättenverluste sind bei aktiver Tätigkeit der Betriebsstätte in den allgemeinen Verlustausgleich einzubeziehen, bei passiver Tätigkeit dagegen hiervon ausgeschlossen; sie können dann nur mit Gewinnen aus passiven Betriebsstätten aus demselben Staat ausgeglichen bzw. in zukünftigen Jahren abgezogen werden. DBA-Fall: Freistellungsmethode: Keine Berücksichtigung möglich; Anrechnungsmethode: Siehe Nicht-DBA-Fall. - GewSt: Keine Berücksichtigung von ausländischen Betriebsstättenverlusten möglich.
Verlustabzug ohne Unterbrechung der wirtschaftlichen Identität
- Rücktrag: KSt: 1 Jahr, beschränkt auf 511.500 Euro; GewSt: nicht möglich. - Vortrag: KSt/GewSt: zeitlich unbeschränkt; bis zu 1 Mio. Euro unbeschränkt, darüber hinaus beschränkt bis zu 60 % des 1 Mio. Euro übersteigenden Betrags.
Verlustausgleich/-abzug und Unterbrechung der wirtschaftlichen Identität
- Untergang der wirtschaftlichen Identität, wenn mehr als 50 % der Anteile übertragen werden und zugleich die Kapitalgesellschaft ihren Geschäftsbetrieb mit überwiegend neuem Betriebsvermögen fortführt oder wiederaufnimmt (§ 8 Abs. 4 KStG). - KStl./GewStl. Rechtsfolge bei Nichterfüllung der Sanierungsklausel nach § 8 Abs. 4 Satz 3 KStG: Ab dem Untergang der wirtschaftlichen Identität können aus vorherigen Steuerjahren vorgetragene Verluste nicht mehr geltend gemacht werden. Ein bis zur schädlichen Anteilsübertragung entstandener Teilverlust eines Wirtschaftsjahres kann nicht einen etwaigen nachfolgend entstandenen Teilgewinn dieses Wirtschaftsjahres ausgleichen.

1.2. Österreich

1.2.1. Grundsätze der Besteuerung der österreichischen Kapitalgesellschaft

1.2.1.1. Persönliche unbeschränkte Steuerpflicht

Juristische Personen des privaten Rechts, die ihren Sitz oder ihre Geschäftsleitung in Österreich haben, sind gemäß § 1 Abs. 2 Nr. 1 öKStG in Österreich unbeschränkt körperschaftsteuerpflichtig, d. h., sie unterliegen jeweils als selbständiges Steuersubjekt mit ihrem gesamten weltweit erzielten Einkommen der Körperschaftsteuer.[227] Österreichische juristische Personen des privaten Rechts umfassen die Kapitalgesellschaften nach österreichischem Recht, wozu Aktiengesellschaften (AGs) und Gesellschaften mit beschränkter Haftung (GmbHs) zählen.[228]

1.2.1.2. Ermittlung des Einkommens

Bemessungsgrundlage der Körperschaftsteuer ist nach § 7 Abs. 1 öKStG das Einkommen, dessen Ermittlung den gleichen Grundsätzen folgt wie die Ermittlung des zu versteuernden Einkommens einer deutschen Kapitalgesellschaft: Sie richtet sich gemäß § 7 Abs. 2 öKStG nach den Vorschriften des Einkommensteuergesetzes, soweit körperschaftsteuerliche Vorschriften nicht abweichende Regelungen vorschreiben. Auch österreichische Kapitalgesellschaften sind kraft Rechtsform handelsrechtlich zur Führung von Büchern verpflichtet und erzielen damit ausschließlich Einkünfte aus Gewerbebetrieb, die durch den Gewinn gebildet werden.[229] Ihr Gewinn aus Gewerbebetrieb ist durch Betriebsvermögensvergleich nach § 5 öEStG zu ermitteln, wobei die grundsätzlich zu beachtende Maßgeblichkeit der Handelsbilanz durch abweichende einkommensteuerliche Vorschriften durchbrochen werden kann.[230] Die Ermittlung des Gewinns aus Gewerbebetrieb erfordert weitergehende Korrekturen, die sich insbesondere aufgrund folgender Sonderregelungen ergeben:[231]

- Da Einlagen und andere Beiträge der Anteilseigner nicht das steuerbare Einkommen erhöhen dürfen, sind die entsprechenden Beträge auszuscheiden.[232] Umgekehrt dürfen Gewinnausschüttungen der Kapitalgesellschaft ihr Ein-

---

[227] Vgl. BEISER, Steuern, 172. In § 27 öBAO werden die Begriffe „Sitz" (Abs. 1) und „Geschäftsleitung" (Abs. 2) definiert.

[228] Vgl. BEISER, Steuern, 172. Zu den juristischen Personen privaten Rechts zählen ferner Genossenschaften und Vereine.

[229] Vgl. § 7 Abs. 3 öKStG; BEISER, Steuern, 180 f.

[230] Vgl. § 5 Abs. 1 Satz 1 öEStG; BEISER, Steuern, 93 ff.

[231] Zudem dürfen beispielsweise die in § 12 öKStG genannten Betriebsausgaben nicht abgezogen werden.

[232] Vgl. § 8 Abs. 1 öKStG; BEISER, Steuern, 181 f.

kommen nicht vermindern, womit entsprechende Hinzurechnungen vorzunehmen sind.[233]

- Wenn eine Kapitalgesellschaft Dividenden von einer österreichischen Kapitalgesellschaft bezieht, sind diese steuerfrei und damit aus dem Einkommen auszuscheiden. Dieses nationale Schachtelprivileg wird dabei unabhängig von dem Umfang und der Dauer der Beteiligung gewährt.[234] Im Gegensatz hierzu sieht das internationale Schachtelprivileg vor, dass Dividenden, die eine Kapitalgesellschaft von einer ausländischen Kapitalgesellschaft erhält, nur dann steuerfrei sind, wenn eine Mindestbeteiligung von 10 % seit mindestens einem Jahr besteht (internationale Schachtelbeteiligung).[235]

- Entstehen Gewinne und Verluste bei der Veräußerung von Kapitalgesellschaftsanteilen, ist zu unterscheiden: Ein Gewinn aus der Veräußerung von Anteilen an einer österreichischen Kapitalgesellschaft ist grundsätzlich steuerpflichtig.[236] Ein Veräußerungsverlust ist dagegen nur insoweit steuerpflichtig, als die Wertminderung der Beteiligung nicht durch Ausschüttungen verursacht worden ist; wenn ein derartiger Veräußerungsverlust aus einer zum Anlagevermögen gehörenden Beteiligung resultiert, ist er über sieben Wirtschaftsjahre verteilt geltend zu machen. Beruht ein Veräußerungsverlust auf ausschüttungsbedingten Wertminderungen, ist er insoweit als nicht abzugsfähige Betriebsausgabe zu behandeln.[237] Gewinne und Verluste aus der Veräußerung von internationalen Schachtelbeteiligungen sind grundsätzlich steuerneutral. Diesbezüglich kann eine Kapitalgesellschaft allerdings zur Steuerpflicht optieren, wobei dann hinsichtlich der Geltendmachung von Veräußerungsverlusten die vorherigen Ausführungen hinsichtlich der Behandlung von Veräußerungsverlusten aus inländischen Beteiligungen entsprechend gelten.[238]

- Eine Abschreibung einer Beteiligung an einer Kapitalgesellschaft auf ihren niedrigeren Teilwert ist gemäß § 6 Nr. 2 Buchstabe a öEStG zulässig; sie ist jedoch dann über sieben Wirtschaftsjahre zu verteilen, wenn die jeweilige

---

233 Vgl. § 8 Abs. 2 öKStG; BEISER, Steuern, 183 f.

234 Vgl. § 10 Abs. 1 öKStG; BEISER, Steuern, 188.

235 Vgl. § 10 Abs. 2 öKStG; BEISER, Steuern, 189 f.

236 Vgl. MAYER, in: Mühlehner/Zöchling, Gruppenbesteuerung, 23; BEISER, Steuern, 190.

237 Vgl. § 12 Abs. 3 Nr. 1 und 2 öKStG; MAYER, in: Mühlehner/Zöchling, Gruppenbesteuerung, 23 f.; BEISER, Steuern, 206.

238 Vgl. § 10 Abs. 3 öKStG i. V. m. § 12 Abs. 3 öKStG; MAYER, in: Mühlehner/Zöchling Gruppenbesteuerung, 27 f.; BEISER, Steuern, 190. Gewinne und Verluste aus der Veräußerung von Anteilen an einer ausländischen Kapitalgesellschaft, die keine internationale Schachtelbeteiligung darstellen, sind wie Veräußerungsgewinne und -verluste aus einer inländischen Beteiligung zu behandeln.

Beteiligung zum Anlagevermögen gehört.[239] Ist die Wertminderung der Beteiligung durch Ausschüttungen verursacht worden, gilt die Teilwertabschreibung insoweit von vornherein als nicht abzugsfähige Betriebsausgabe.[240] Teilwertabschreibungen im Zusammenhang mit einer internationalen Schachtelbeteiligung sind steuerneutral, sofern nicht zur Steuerpflicht optiert worden ist; ist letzteres der Fall, gelten entsprechend die vorherigen Ausführungen hinsichtlich der Teilwertabschreibungen bei einer inländischen Beteiligung.[241]

Der ermittelte Gewinn aus Gewerbebetrieb einer österreichischen Kapitalgesellschaft entspricht im wesentlichen ihrem Gesamtbetrag der Einkünfte, der wiederum um die Sonderausgaben nach § 8 Abs. 4 öKStG wie um vortragsfähige Verluste zu vermindern ist, um das Einkommen einer Kapitalgesellschaft zu erhalten.[242] Gewinnermittlungszeitraum ist das Wirtschaftsjahr, das grundsätzlich dem Kalenderjahr entspricht. Hat eine Kapitalgesellschaft ein vom Kalenderjahr abweichendes Wirtschaftsjahr gewählt, so gilt der Gewinn als in dem Kalenderjahr bezogen, in dem das Wirtschaftsjahr endet.[243]

1.2.1.3. Ermittlung der Körperschaftsteuer

Wird auf das ermittelte Einkommen einer Kapitalgesellschaft der konstante Körperschaftsteuertarif von 25 % angewendet, ergibt sich ihre jeweilige Körperschaftsteuer;[244] eine Anrechnung ausländischer Steuern hierauf ist möglich.[245]

1.2.1.4. Vermeidung von Doppelbesteuerungen

1.2.1.4.1. Unilaterale Maßnahmen zur Vermeidung von Doppelbesteuerungen

Das österreichische Einkommen- bzw. Körperschaftsteuerrecht enthält selbst keine Vorschriften, um Doppelbesteuerungen von ausländischen Einkünften zu vermeiden. Allerdings hat die Finanzverwaltung eine Doppelbesteuerungsverordnung[246] erlassen, nach der Doppelbesteuerungen von aus Nicht-DBA-Staaten

---

[239] Vgl. § 12 Abs. 3 Nr. 1 und 2 öKStG; MAYER, in: Mühlehner/Zöchling, Gruppenbesteuerung, 23 f.

[240] Vgl. § 12 Abs. 3 Nr. 1 öKStG; dazu auch BEISER, Steuern, 206.

[241] Vgl. § 10 Abs. 3 öKStG i. V. m. § 12 Abs. 3 öKStG;

[242] Vgl. § 7 Abs. 2 Satz 1 öKStG.

[243] Vgl. § 7 Abs. 5 und 6 öKStG.

[244] Vgl. § 22 Abs. 1 öKStG.

[245] Vgl. dazu nachfolgender Abschnitt B 1.2.4.1.

[246] VERORDNUNG DES BUNDESMINISTERS FÜR FINANZEN BETREFFEND DIE VERMEIDUNG VON DOPPELBESTEUERUNGEN (Doppelbesteuerungsverordnung) vom 17.12.2002, öBGBl. 2002/474, 3969 f. Diese Verordnung gewährt einen Anspruch auf Steuerentlastung gemäß § 2 Doppelbesteuerungsverordnung nur dann, wenn ein Verzeichnis mit folgenden Angaben und Beweisbelegen vorgelegt wird: Staat der Einkünfte

stammenden positiven ausländischen Einkünften mittels der Freistellungs- oder der beschränkten Anrechnungsmethode vermieden bzw. vermindert werden können.[247] Bei der im Regelfall anzuwendenden Freistellungsmethode werden die ausländischen Einkünfte von der inländischen Besteuerung ausgenommen, während bei der Anrechnungsmethode die ausländischen Einkünfte zwar Bestandteil des weltweiten Einkommens sind, die auf sie entfallenden ausländischen Einkommensteuern aber von der österreichische Einkommen- bzw. Körperschaftsteuer unter Berücksichtigung von Anrechnungshöchstbeträgen abgezogen werden können. Konkret ist die Anrechnungsmethode der Doppelbesteuerungsverordnung als *per-country limitation* ausgestaltet,[248] womit die ausländischen Steuern eines jeden Staates nur bis zur Höhe des Teils der österreichischen Einkommen- bzw. Körperschaftsteuer anrechenbar sind, der auf die ausländischen Einkünfte dieses Staates entfällt.[249] Ein derartiger länderbezogene Anrechnungshöchstbetrag ergibt sich nach folgender Formel:

$$\frac{\text{sämtliche ausländische Einkünfte eines Staates}}{\text{weltweit erzieltes Einkommen gem. § 2 Abs. 2 öEStG}} \text{ x österreichische Körperschaftsteuer}$$

Übersteigen in einem Veranlagungszeitraum die ausländischen Steuern eines Staates den Anrechnungshöchstbetrag, kann ein derartiger Anrechnungsüberhang nach geltendem Recht nicht weiter verwertet werden.[250]

1.2.1.4.2. Vermeidung von Doppelbesteuerungen im österreichischen Abkommensrecht

Österreich hat eine Vielzahl von bilateralen Doppelbesteuerungsabkommen mit den wichtigsten Industriestaaten zur Vermeidung von Doppelbesteuerungen abgeschlossen. Ist ein Doppelbesteuerungsabkommen gegeben, wird seitens Österreichs eine Doppelbesteuerung in Anlehnung an das OECD-MA im Regelfall durch Freistellung der ausländischen Einkünfte (Freistellungsmethode) und ansonsten durch Anrechnung ausländischer Steuern (Anrechnungsmethode) ver-

(Quellenstaat), Art der Einkünfte, Höhe der Einkünfte (Darstellung der Einnahmen und Betriebsausgaben/Werbungskosten), durchschnittliche Auslandsteuer in Prozent, Höhe der anrechenbaren ausländischen Steuern und Darstellung der Berechnung des Anrechnungshöchstbetrags und Angaben über die zeitliche Zuordnung.

[247] Vgl. § 1 Abs. 1 und 2 Doppelbesteuerungsverordnung.

[248] Vgl. § 1 Abs. 2 Satz 3 Doppelbesteuerungsverordnung.

[249] Vgl. dazu auch JACOBS, Unternehmensbesteuerung, 42 f.

[250] So verwehrt die länderbezogene Anrechnungsweise einem Steuerpflichtigen die Möglichkeit, einen Anrechnungsüberhang eines Staates mit einem unausgenutztem Anrechnungshöchstbetrag eines anderen Staates, der sich aufgrund von unterhalb des zugehörigen Anrechnungshöchstbetrags liegenden Steuern ergibt, zu verrechnen. Zudem ist ein Vor- oder Rücktrag von Anrechnungsüberhängen nicht vorgesehen, vgl. zum ganzen SCHUCH/HASLINGER, in: Debatin/Wassermeyer, DBA, Band 4, Art. 23 DBA Österreich, Rn. 40.

mieden.[251] Da die Anrechnung ausländischer Steuern in jedem DBA eigenständig geregelt ist, sind die mit ihnen verbundenen Anrechnungshöchstbeträge für jeden Staat gesondert zu berechnen, so dass auch bei Anwendung der Anrechnungsmethode im DBA-Fall – wie im dargestellten Nicht-DBA-Fall – eine *per-country limitation* gilt.[252]

1.2.1.5. Mindestkörperschaftsteuer

Nach § 24 Abs. 4 öKStG unterliegen unbeschränkt körperschaftsteuerpflichtige Kapitalgesellschaften einer Mindestkörperschaftsteuer, die unabhängig von ihrer tatsächlichen Erfolgslage als Fixbetrag erhoben wird. Sie beträgt 5 % der gesetzlichen Mindesthöhe des jeweiligen Nennkapitals, d. h. für eine GmbH 1.750 Euro, für eine AG 3.500 Euro, für eine Europäische Aktiengesellschaft (SE) 6000 Euro.[253] Im Jahr der Neugründung gilt in allen Fällen eine ermäßigte Mindestkörperschaftsteuer von 1.902 Euro jährlich.[254] Die Mindestkörperschaftsteuer kann im Veranlagungsjahr bzw. den folgenden Veranlagungszeiträumen auf die tatsächlich anfallende Körperschaftsteuer angerechnet werden. Die Anrechnung ist allerdings nur soweit möglich, als dadurch die Mindestkörperschaftsteuer für diesen Veranlagungszeitraum nicht unterschritten wird.[255] Vor diesem Hintergrund und bei dem regulären Körperschaftsteuersatz von 25 % fällt bei einer unbeschränkt steuerpflichtigen Kapitalgesellschaft im Ergebnis erst bei einem bestimmten jährlichen „Grenzwert-Einkommen" statt einer Mindestkörperschaftsteuer eine „Erfolgskörperschaftsteuer" an. Ein derartiges jährliches „Grenzwert-Einkommen" beträgt beispielsweise bei einer GmbH 7000 Euro (= 1.750 Euro x 4) und bei einer AG 14.000 Euro (= 3.500 Euro x 4).[256]

1.2.2. Grundsätze der Verlustverrechnung und Mindestbesteuerungsaspekte

1.2.2.1. Grundsätze des Verlustausgleichs und Verlustabzugs

Sowohl der Verlustausgleich als auch der Verlustabzug richten sich bei einer österreichischen Kapitalgesellschaft grundsätzlich nach den allgemeinen einkommensteuerlichen Verlustverrechnungsvorschriften (§ 7 Abs. 2 und 3 öKStG, § 8 Abs. 4 öKStG): Da österreichische Kapitalgesellschaften nur Einkünfte aus Gewerbebetrieb erzielen, ist bei ihnen nur ein horizontaler Verlustausgleich in-

---

[251] Vgl. Art. 23A OECD-MA.

[252] Vgl. hierzu z. B. ACHATZ, Österreich, CDFI 1998, Band 83a, 313.

[253] Vgl. § 24 Abs. 4 Nr. 1 öKStG. Für Kreditinstitute sowie Versicherungsunternehmen in Form einer Kapitalgesellschaft beträgt die Mindeststeuer 5.452 Euro für jedes volle Kalenderjahr (§ 24 Abs. 4 Nr. 2 öKStG); § 24 Abs. 4 Nr. 3 öKStG ist ebenfalls anzuwenden.

[254] Vgl. § 24 Abs. 4 Nr. 3 öKStG.

[255] Vgl. § 24 Abs. 4 Nr. 4 öKStG.

[256] Vgl. WIESNER/KIRCHMAYR/MAYR, Gruppenbesteuerung, 198. Der Faktor 4 ergibt sich aus dem regulären Körperschaftsteuersatz von 25 %.

nerhalb dieser Einkunftsart möglich, so dass die Gewinne und Verluste einzelner Einkunftsquellen vom Grundsatz unbeschränkt verrechnet werden. Dieser Verlustausgleich findet bei der Gewinnermittlung „automatisch“ statt und ist nicht das Ergebnis einer besonderen rechnerischen Aktion. Einschränkungen können sich hierbei allerdings durch einkommensteuerliche Sonderregelungen für Verluste bestimmter Einkunftsquellen ergeben, und zwar für sogenannte Wartetastenverluste nach § 2 Abs. 2a TS 1 öEStG und für bestimmte ausländische (Betriebsstätten-)Verluste.[257] Sind derartige Verluste vom allgemeinen Verlustausgleich ausgeschlossen, sind entsprechende Hinzurechnungen bei der Ermittlung des Gewinns aus Gewerbebetrieb vorzunehmen.

Ergibt sich bei einer österreichischen Kapitalgesellschaft in einem Veranlagungszeitraum nach der Durchführung des horizontalen Verlustausgleichs ein negatives Einkommen, kann ein solcher Verlust gemäß § 18 Abs. 6 öEStG und unter Berücksichtigung von § 2 Abs. 2b öEStG in anderen Veranlagungszeiträumen als Sonderausgabe abgezogen werden (§ 7 Abs. 2 Satz 3, § 8 Abs. 4 Nr. 2 Satz 1 öKStG): Gemäß § 18 Abs. 6 öEStG kann ein in einem Veranlagungszeitraum erlittener Verlust nur auf dem Wege eines zeitlich unbeschränkten Verlustvortrags geltend gemacht werden;[258] ein Verlustrücktrag ist dem österreichischen Steuerrecht fremd. Der Verlustvortrag nach § 18 Abs. 6 öEStG setzt allgemein die Vortragsfähigkeit des jeweiligen Verlustes voraus, was seine Ermittlung durch ordnungsgemäße Buchführung sowie seine Zuordnung zu einer betrieblichen Einkunftsart wie den Einkünften aus Gewerbebetrieb erfordert.[259] Diese Voraussetzungen sind allerdings bei Kapitalgesellschaften generell erfüllt.[260] Die beim Verlustvortrag einzuhaltenden betragsmäßigen Beschränkungen gemäß § 2 Abs. 2b Nr. 2 öEStG werden gemäß der Systematik dieses Abschnitts B 1.2.2. erst im nachfolgenden Abschnitt erläutert, da sie zu einer Mindestbesteuerung der österreichischen Kapitalgesellschaft führen. Sind War-

---

[257] Vgl. hierzu ausführlicher Abschnitt B 1.2.2.4. Die Verrechnungsbeschränkung für Wartetastenverluste nach § 2 Abs. 2a TS 2 öEStG gilt nicht für Körperschaften, vgl. WIESNER/ KIRCHMAYR/MAYR, Gruppenbesteuerung, 100. Die für Wartetastenverluste nach § 2 Abs. 2a TS 1 öEStG geltende und in Abschnitt B 1.2.2.4.1. dargestellte Verrechnungsbeschränkung gilt in gleicher Weise auch für Wartetastenverluste nach § 10 Abs. 8 öEStG, die aus der Inanspruchnahme eines Investitionsfreibetrags (IFB) resultieren können. Da jedoch ab dem 01.01.2001 kein Investitionsfreibetrag mehr geltend gemacht werden kann (§ 10b öEStG) und da damit nur noch aus vorangehenden Zeiträumen IFB-Wartetastenverluste vorliegen können, wird aufgrund der damit verbundenen geringen Relevanz für den Verlustausgleich und -abzug bei einer österreichischen Kapitalgesellschaft im Rahmen dieser Arbeit nicht ausführlicher darauf eingegangen.

[258] § 18 Abs. 7 öEStG weist darauf hin, dass auch Anlaufverluste, d. h. Verluste, die in den ersten drei Veranlagungszeiträumen ab Eröffnung eines Betriebs entstehen, gemäß § 18 Abs. 6 öEStG zu berücksichtigen sind; darauf wird im Folgenden nicht weiter eingegangen.

[259] Vgl. BEISER, Steuern, 58; ACHATZ, Österreich, CDFI 1998, Band 83a, 299 f.

[260] Vgl. Abschnitt B 1.2.1.2.

tetastenverluste nach § 2 Abs. 2a TS 1 öEStG vom allgemeinen Verlustausgleich in einem früheren Veranlagungszeitraum ausgeschlossen worden und in späteren Veranlagungszeiträumen einkunftsquellenbezogen abzuziehen, dann hat ein derartiger Abzug vorrangig vor dem allgemeinen Verlustabzug nach § 18 Abs. 6 öEStG zu erfolgen.[261]

Inwiefern sich Einschränkungen des Verlustausgleichs und -abzugs bei einer österreichischen Kapitalgesellschaft aufgrund einer Unterbrechung ihrer wirtschaftlichen Identität gemäß der österreichischen Mantelkaufvorschrift des § 8 Abs. 4 Nr. 2 Satz 2 ff. öKStG ergeben können, betrachtet der nachfolgende Abschnitt B 1.2.2.3.

1.2.2.2. Mindestbesteuerungsaspekte

Für eine österreichische Kapitalgesellschaft kann sich eine Mindestbesteuerung zum einen aus der beim Verlustvortrag nach § 18 Abs. 6 EStG zu beachtenden betragsmäßigen Beschränkung gemäß § 2 Abs. 2b Nr. 2 öEStG ergeben, wonach vortragsfähige Verluste aus früheren Veranlagungszeiträumen in den Folgejahren nur in Höhe von maximal 75 % des (positiven) Gesamtbetrags der Einkünfte des jeweiligen Jahres abgezogen werden können,[262] so dass mindestens 25 % des Gesamtbetrags der Einkünfte versteuert werden müssen. Sofern in dem Gesamtbetrag der Einkünfte allerdings Sanierungsgewinne, Liquidationsgewinne, Veräußerungs- und Aufgabegewinne enthalten sind, ist die 75 %-Grenze insoweit nicht anzuwenden. Unter Veräußerungs- und Aufgabegewinne sind Gewinne aus der Veräußerung sowie der Aufgabe von Betrieben, Teilbetrieben und Mitunternehmeranteilen zu verstehen.[263]

Zum anderen kann eine Mindestbesteuerung bei einer österreichischen Kapitalgesellschaft auch aus der expliziten Mindestkörperschaftsteuerregelung des § 24 Abs. 4 öKStG resultieren. Wie in Abschnitt B 1.2.1.5. erläutert, führt diese als Fixbetrag ausgestaltete Mindestkörperschaftsteuer in Verbindung mit ihrer Anrechnungsmöglichkeit auf die reguläre Körperschaftsteuer im Ergebnis erst unterhalb eines bestimmten jährlichen „Grenzwert-Einkommens" zu einer Mindestbesteuerung einer Kapitalgesellschaft. Zu einer derartigen Mindestbesteuerung kann es beispielsweise dann kommen, wenn die Gesellschaft in einem Veranlagungszeitraum einen Verlust erwirtschaftet oder wenn aufgrund von Verlustvorträgen ihr Jahreseinkommen auf ein Niveau reduziert wird, das unterhalb ihres jeweiligen jährlichen „Grenzwert-Einkommens" liegt.[264] Letzterer Fall

---

[261] Zu Einzelheiten vgl. Abschnitt B 1.2.2.4.1.

[262] Vgl. dazu auch DJANANI, Mindestbesteuerung, Fach 10, Gruppe 2, IWB 2002, 1606.

[263] Vgl. § 2 Abs. 2b Nr. 3 öEStG.

[264] DJANANI, Mindestbesteuerung, IWB 2002, Fach 10, Gruppe 2, 1607, merkt in diesem Zusammenhang an, dass die Mindestkörperschaftsteuer dann aus der „Vermögenssub-

setzt jedoch wiederum voraus, dass das Einkommen eines Jahres nicht übermäßig hoch ausfällt, da ansonsten Verlustvorträge aufgrund der Verlustverrechnungsbeschränkung nach § 2 Abs. 2b Nr. 2 öEStG das Einkommen eines Jahres nicht auf ein Niveau reduzieren könnten, das unterhalb des „Grenzwert-Einkommens" liegt. Beispielsweise könnten Verlustvorträge bei einer österreichischen AG grundsätzlich erst ab einem Einkommen von weniger als 56.000 Euro dieses auf ein Niveau senken, das unterhalb des zugehörigen „Grenzwert-Einkommens" von 14.000 Euro liegt.[265] Wenn die Mindestkörperschaftsteuer aufgrund von Verlustvorträgen zur Anwendung kommt, wird im Ergebnis eine geringere Verlustvortragsgrenze als die 75 %-ige Verlustvortragsgrenze des § 2 Abs. 2b Nr. 2 EStG verwirklicht.[266]

1.2.2.3. Verrechnungsbeschränkung des § 8 Abs. 4 Nr. 2 Satz 2 ff. öKStG

1.2.2.3.1. Vorbemerkung

Nach § 8 Abs. 4 Nr. 2 Satz 2 öKStG steht einer Körperschaft der Verlustabzug ab dem Zeitpunkt nicht mehr zu, ab dem bei unveränderter rechtlicher Identität ihre wirtschaftliche Identität nicht mehr gegeben ist (Mantelkauftatbestand). Der Verlust der wirtschaftlichen Identität ist wiederum dann gegeben, wenn kumulativ folgende drei Strukturänderungen bei der Körperschaft nach dem Gesamtbild der Verhältnisse vorliegen:

(1) eine wesentliche entgeltliche Änderung der Gesellschafterstruktur

(2) eine wesentliche Änderung der organisatorischen Struktur

(3) eine wesentliche Änderung der wirtschaftlichen Struktur

Werden diese Tatbestandsvoraussetzungen des österreichischen Mantelkaufs innerhalb eines Wirtschaftsjahres verwirklicht, können als Rechtsfolge sämtliche Verluste, die aus früheren Wirtschaftsjahren vorgetragen werden, nicht mehr abgezogen werden; sie verfallen. Verteilen sich die Tatbestandsvoraussetzungen dagegen über mehr als ein Wirtschaftsjahr, ist das Wirtschaftsjahr der Verwirklichung der ersten schädlichen Strukturänderung entscheidend, da in einem solchen Fall die aus vorherigen Wirtschaftsjahren vorgetragenen Verluste untergehen.[267] Wird im Wirtschaftsjahr des Untergangs der wirtschaftlichen Identität insgesamt ein Verlust erzielt, ist die Finanzverwaltung der Ansicht, dass auch

---

stanz" gezahlt wird, wenn das Jahreseinkommen unterhalb des jeweiligen jährlichen „Grenzwert-Einkommens" liegt.

[265] Ein solches Einkommen (E) ergibt sich aus folgender Gleichung: E – 0,75 x E = „Grenzwert-Einkommen" bzw. E = „Grenzwert-Einkommen" : 0,25.

[266] Vgl. auch das Beispiel in Abschnitt C 2.2.2.

[267] Vgl. R 1184 öKStR sowie zum des im zweitgenannten Fall erforderlichen planmäßigen Zusammenhang der einzelnen schädlichen Strukturänderungen Abschnitt B 1.2.2.3.6.

ein solcher Verlust in vollem Umfang nicht mehr genutzt werden kann.[268] Diesbezüglich hat der österreichische Verwaltungsgerichtshof jedoch klargestellt, dass § 8 Abs. 4 öKStG nur solche Verluste versagt, die bereits vor der Periode angefallen sind, in der der Mantelkauf verwirklicht wird. Für den Verwaltungsgerichtshof gibt es keinen Hinweis dafür, dass § 8 Abs. 4 öKStG sich auf (auch nicht teilweise) laufende Verluste dieser Periode bezieht.[269] Vor diesem Hintergrund und dem Gesetzeswortlaut führt die österreichische Mantelkaufvorschrift des § 8 Abs. 4 Nr. 2 Satz 2 öKStG zu keinerlei Einschränkungen des Verlustausgleichs bei einer Kapitalgesellschaft. Zudem kommt es nach der Sanierungsklausel des § 8 Abs. 4 Nr. 2 Satz 3 öKStG infolge der genannten schädlichen Strukturänderungen immer dann nicht zu einem Untergang von Verlustvorträgen, wenn sie zum Zwecke der Sanierung der Körperschaft mit dem Ziel der Erhaltung eines wesentlichen Teils betrieblicher Arbeitsplätze erfolgen. Auch wenn die Sanierungsklausel nicht anwendbar ist, bleiben vorgetragene Verluste auf jeden Fall insoweit abzugsfähig, als stille Reserven bis zum Ende des Wirtschaftsjahres der Verwirklichung des Tatbestandsmerkmals der schädlichen wirtschaftlichen Strukturänderung aufgedeckt werden.[270]

1.2.2.3.2. Schädliche Anteilsübertragung

Eine schädliche Anteilsübertragung im Sinne einer wesentlichen Änderung der Gesellschafterstruktur ist bei einer Körperschaft nach Ansicht der Finanzverwaltung gegeben, wenn 75 % der Anteile am Gesellschaftskapital von anderen Personen repräsentiert werden als vor einer Strukturänderung. Hierbei sind nur entgeltlich erfolgende Anteilsübertragungen zu berücksichtigen, was sich zunächst auf die Veräußerung und den Tausch von Anteilen bezieht.[271] Unbeachtlich ist grundsätzlich, ob der Erwerber dadurch Neugesellschafter wird oder er als Altgesellschafter zusätzliche Anteile erwirbt. Als entgeltliche Anteilserwerbe gelten zudem Anteilserwerbe im Rahmen einer Kapitalerhöhung außerhalb des gesetzlichen Bezugsrechts und im Rahmen einer Einbringung sowie Beteiligungszugänge im Rahmen eines fusionsbedingten Anteilstauschs.[272] Werden Anteile schrittweise entgeltlich übertragen, so sind sie zusammenzufassen, sofern die einzelnen Anteilserwerbe untereinander und zugleich mit den anderen Tatbe-

[268] Vgl. R 1184 öKStR i. V. m. R 1185 öKStR.

[269] Vgl. öVwGH vom 22.12.2005, 2002/15/0079, RdW 2006, 107. Hier stellt sich die Judikatur nicht nur gegen die Auffassung der Finanzverwaltung, sondern ebenfalls gegen die in Teilen des Schrifttums vertretene Auffassung, vgl. nur PETRITZ/RESSLER, Handel, ÖStZ 2006, 197.

[270] Vgl. § 8 Abs. 4 Nr. 4 Satz 4 öKStG; auch PETRITZ/RESSLER, Handel, ÖStZ 2006, 192.

[271] Vgl. R 1182 öKStR. Darunter fällt auch der Erwerb von Anteilen für einen symbolischen Betrag.

[272] Vgl. R 1182 öKStR. Unschädlich sind aufgrund der erforderlichen Entgeltlichkeit Anteilserwerbe von Todes wegen oder im Wege von Schenkungen.

standsmerkmalen der Mantelkaufregelung in einem inneren Zusammenhang stehen.[273]

1.2.2.3.3. Schädliche Änderung der organisatorischen Struktur

Eine Änderung der organisatorischen Struktur einer Körperschaft ist dann gegeben, wenn sich ihre Leitungs- und Verwaltungsfunktionen (gesetzliche Vertreter) ändern. Nach Ansicht der Finanzverwaltung ist dabei eine schädliche wesentliche Änderung gegeben, wenn alle oder die überwiegende Mehrheit der geschäftsleitenden Funktionäre in einem Schritt ersetzt werden. Geschieht dies in mehreren Schritten, sind sie zusammenzufassen, sofern sie – in Verbindung mit den sonstigen Strukturänderungen – in einem inneren Zusammhang stehen.[274]

1.2.2.3.4. Schädliche Änderung der wirtschaftlichen Struktur

Wie auch bei den anderen beiden Tatbestandsvoraussetzungen des § 8 Abs. 4 Nr. 2 Satz 2 öKStG enthält das österreichische Steuergesetz hinsichtlich der schädlichen wesentlichen Änderung der wirtschaftlichen Struktur einer Körperschaft keine näheren Angaben, wann dieses dritte Tatbestandsmerkmal bei einer Körperschaft gegeben ist. Nach Ansicht des österreichischen Verwaltungsgerichtshofs ist es jedenfalls immer dann erfüllt, wenn sich der Unternehmensgegenstand einer Körperschaft vollständig ändert, beispielsweise wenn aus einem Verlag ein Möbelhandel wird.[275]

Nach Auffassung der österreichischen Finanzverwaltung liegt eine wesentliche Änderung der wirtschaftlichen Struktur immer dann vor, wenn die aus dem Vermögen und der Tätigkeit gebildete wirtschaftliche Einheit der Körperschaft (bezogen auf sämtliche Tätigkeitsbereiche) verloren geht.[276] Insofern können diesbezüglich neben qualitativen Änderungen (Änderungen des Unternehmensgegenstands) auch quantitative Änderungen (Änderungen des Betriebsvermögens) von Bedeutung sein, da sowohl eine kurzfristige qualitative Veränderung wie von einem Kleinstbetrieb zu einem Handwerksbetrieb als auch eine kurzfristige quantitative Erweiterung um mindestens das Dreifache des vorherigen Betriebsvermögens eine schädliche Änderung der wirtschaftlichen Struktur darstellen;[277] unter einer kurzen Frist ist z. B. ein Zeitraum von ungefähr einem Jahr zu verstehen.[278] Dementsprechend ist eine – auch wesentliche – quantitative Erweiterung über einen langen Zeitraum als unschädlich zu beurteilen.[279] Unterhält

[273] Vgl. R 1182 öKStR; dazu auch QUANTSCHNIGG, Verlustabzug, ÖStZ 1989, 43.
[274] Vgl. R 1180 öKStR.
[275] Vgl. öVwGH vom 04.06.1986, 84/13/0251.
[276] Vgl. R 1181 öKStR.
[277] Vgl. R 1181 öKStR; WOLF, Strategien, SWK 2003, 338.
[278] Vgl. R 1183 öKStR.
[279] Vgl. R 1181 öKStR; WOLF, Strategien, SWK 2003, 338.

eine Körperschaft eine Mehrheit von Betrieben, sind die qualitativen bzw. quantitativen Änderungen immer an der Gesamtheit der Betriebe bzw. des Betriebsvermögens zu messen. Eine fraktionierte Betrachtungsweise kommt nicht in Frage, weil die Identität der Körperschaft nur ganzheitlich beurteilt werden kann.[280]

Keine schädliche Änderung der wirtschaftlichen Strukur ist nach Ansicht der Finanzverwaltung gegeben, wenn die bisherige wirtschaftliche Einheit im Bereich der Altgesellschafter oder der Folgeeigentümer beendet wird; erst eine durch die Folgeeigentümer vorgenommene Schaffung einer neuen wirtschaftlichen Einheit stellt eine wesentliche Änderung dar. Ebenfalls liegt keine schädliche wirtschaftliche Strukturänderung bei einer Verminderung bzw. Schrumpfung der wirtschaftlichen Einheit vor; sofern allerdings im Herrschaftsbereich der Folgeeigentümer eine zusätzliche neue Einheit geschaffen wird, die die bisherige Einheit erheblich (um mindestens 75 %) übersteigt, ist dies schädlich.[281]

1.2.2.3.5. Gesamtbild der Verhältnisse

Alle drei erwähnten schädlichen Strukturänderungen müssen den Verlust der wirtschaftlichen Identität einer Körperschaft nach dem Gesamtbild der Verhältnisse anzeigen. Daher erfordert das Vorliegen eines Mantelkauftatbestands grundsätzlich zunächst ihr kumulatives Vorliegen, wobei die einzelnen Tatbestandsmerkmale durchaus unterschiedlich stark ausgeprägt sein können.[282] Desweiteren verbieten sich bei der Beurteilung des Vorliegens einzelner schädlicher Strukturänderungen aufgrund dieser ganzheitlichen Betrachtungsweise fraktionierte Betrachtungen,[283] was – wie im vorherigen Kapitel bereits erwähnt – insbesondere bei der Feststellung einer schädlichen wirtschaftlichen Strukturänderung von Bedeutung ist.

1.2.2.3.6. Zusammenhang der schädlichen Strukturänderungen

Aus der Formulierung des § 8 Abs. 4 Nr. 2 Satz 2 öKStG ergibt sich, dass es generell unbedeutend ist, in welcher Reihenfolge und in welchem zeitlichen Abstand die drei erwähnten schädlichen Strukturänderungen verwirklicht werden. Vor dem Hintergrund der Äußerungen des österreichischen Verwaltungsgerichtshofs[284] ist dem Faktor Zeit lediglich Indizwirkung beizumessen, und es vielmehr darauf ankomme, dass die genannten schädlichen Strukturänderungen

---

[280] Vgl. R 1187 öKStR; QUANTSCHNIGG, Verlustabzug, ÖStZ 1989, 43; PETRITZ/RESSLER, Handel, ÖStZ 2006, 194.
[281] Vgl. R 1181 öKStR.
[282] Vgl. dazu QUANTSCHNIGG, Verlustabzug, ÖStZ 1989, 41 f.
[283] Vgl. QUANTSCHNIGG, Verlustabzug, ÖStZ 1989, 42 f.
[284] Vgl. öVwGH vom 26.07.2005, 2001/14/0135.

in einem planmäßigen Zusammenhang zueinander stehen.[285] Ein solcher kann beispielsweise dann angenommen werden, wenn Neugesellschafter in wesentlichem Umfang Anteile an einer Körperschaft von den Altgesellschaftern erwerben und anschließend wesentliche organisatorische und wirtschaftliche Strukturänderungen vorgenommen werden. Erfolgen die Strukturveränderungen in umgekehrter Reihenfolge, d. h. nehmen die Altgesellschafter – mit dem Ziel einer besseren Verwertbarkeit der Körperschaft – Veränderungen der wirtschaftlichen Struktur vor und machen sie sich erst anschließend auf die Suche nach Käufern ihrer Gesellschaftsanteile, soll kein planmäßiger Zusammenhang und damit kein Mantelkauftatbestand vorliegen. Dies gilt allerdings einschränkend nur, wenn die Strukturveränderungen vor der Anteilsübertragung nachweislich nicht in Willensübereinstimmung mit den Käufern bzw. Neugesellschaftern stehen. Ist dies nicht der Fall, kann ein Mantelkauftatbestand angenommen werden.[286] Die Finanzverwaltung teilt offensichtlich die zuvor geschilderten Erkenntnisse, die sich aus den Äußerungen der Rechtsprechung ergeben: Sofern die schädlichen Strukturänderungen innerhalb eines kurzen Zeitraums (ungefähr ein Jahr) stattfinden, gilt dies als starkes Indiz für das Vorliegen eines Mantelkaufs;[287] vermutlich weil dann ein innerer Zusammenhang zwischen den schädlichen Strukturänderungen mit dem Ziel des Mantelkaufs leicht hergestellt werden kann.[288] Erstrecken sich die Strukturveränderungen über einen längeren Zeitraum, ist ein Mantelkauf nur bei dem Vorliegen eines sachlichen bzw. planmäßigen Zusammenhangs gegeben.[289]

1.2.2.3.7. Sanierung

Die genannten schädlichen Strukturänderungen und der damit verbundene Verlust der wirtschaftlichen Identität führen allerdings dann nicht zu einem Untergang des Verlustabzugs, wenn die Strukturänderungen zum Zwecke der Sanierung der Körperschaft mit dem Ziel der Erhaltung eines wesentlichen Teils betrieblicher Arbeitsplätze erfolgen (§ 8 Abs. 4 Nr. 2 Satz 3 öKStG). Die Anwendung dieser österreichischen Sanierungsklausel setzt nach Ansicht der österrei-

[285] Vgl. auch PETRITZ/RESSLER, Handel, ÖStZ 2006, 197. Dieser Auffassung waren bereits QUANTSCHNIGG, Verlustabzug, ÖStZ 1989, 43; BAUER/QUANTSCHNIGG, Körperschaftsteuer, § 8 Tz. 68.4.5; WOLF, Mantelkauf, ÖZW 2002, 41 f.; WOLF, Strategien, SWK 2003, 338, 258.

[286] Vgl. PETRITZ/RESSLER, Handel, ÖStZ 2006, 197. Offensichtlich ist es für das Vorliegen eines planmäßigen Zusammenhangs der Strukturänderungen entscheidend, dass die Neugesellschafter die Strukturveränderungen planmäßig vornehmen bzw. zumindest (mit-) planen, vgl. dazu auch WOLF, Mantelkauf, ÖZW 2002, 42.

[287] Vgl. R 1183 öKStR; WOLF, Strategien, ÖZW 2002, 42. SCHNEIDER, Fusionstatbestand, SWK 1992, 269, spricht von einem Beobachtungszeitraum von ein bis zwei Jahren; er ist Referent der Einkommensteuerabteilung des öBMF.

[288] Vgl. auch WOLF, Strategien, ÖZW 2002, 42.

[289] Vgl. R 1184 öKStR.

chischen Finanzverwaltung im Einzelnen folgendes voraus:[290] Zunächst sind hierzu Sanierungsmaßnahmen notwendig, die dem Tatbestand des seinerzeitigen § 36 öEStG 1988 entsprechen.[291] Außerdem muß gemäß der Zielsetzung der österreichischen Sanierungsklausel vor den Strukturänderungen noch ein Betrieb mit Arbeitsplätzen existieren. Von diesen Arbeitsplätzen müssen desweiteren durch die Sanierungsmaßnahmen mindestens 25 % als erhaltungsfähig gelten, da die Erhaltung eines wesentlichen Teils der Arbeitsplätze anzustreben ist.[292] Das Ziel der Arbeitsplatzerhaltung wird dann nicht erreicht, wenn die Arbeitsplätze nur kurzfristig, d. h. ein bis zwei Jahre, weiterbestehen. Die Übernahme der konkreten Arbeitnehmer ist jedoch nicht erforderlich. Hervorzuheben ist diesbezüglich allerdings, dass die Anwendung der Sanierungsklausel aufgrund ihrer gesetzlichen Formulierung nicht davon abhängt, ob das Sanierungsziel tatsächlich erreicht wird; ein Fehlschlagen der Sanierungsmaßnahmen führt damit nicht zum Untergang des Verlustabzugs. Entscheidend ist, dass die zielorientierte Sanierungsabsicht im Zeitpunkt der Planung der strukturellen Maßnahmen gegeben war, was durch geeignete Dokumentationen nachzuweisen ist.[293]

1.2.2.4. Sonderregelungen für Verluste aus bestimmten Einkunftsquellen

1.2.2.4.1. Wartetastenverluste nach § 2 Abs. 2a TS 1 öEStG

Bei Wartetastenverlusten nach § 2 Abs. 2a TS 1 öEStG handelt es sich um Verluste, die einer Kapitalgesellschaft aus einer Beteiligung an einer Gesellschaft oder Gemeinschaft entstehen, bei denen das Erzielen steuerlicher Vorteile im Vordergrund steht. Derartige Verluste können von der Kapitalgesellschaft nicht mit anderen Einkünften ausgeglichen werden, sondern ausschließlich auf dem Wege eines zeitlich unbeschränkten separaten Verlustvortrags mit zukünftigen Gewinnen aus dieser Beteiligung frühmöglichst verrechnet werden (§ 2 Abs. 2a öEStG). Dabei ist allerdings zu beachten, dass sie den Gewinn aus der zugehörigen Beteiligung eines bestimmten Wirtschaftsjahres maximal um 75 % mindern können (§ 2 Abs. 2b Nr. 1 öEStG). Der Abzug von Wartetastenverlusten nach § 2 Abs. 2a TS 1 öEStG gilt als eine Art nachgeholter Verlustausgleich und geht dem regulären Verlustabzug nach § 18 Abs. 6 öEStG grundsätzlich vor.[294] Die Mantelkaufvorschrift ist beim Vortrag von Wartetastenverlusten nicht zu beachten.[295]

---

[290] Vgl. R 1188 öKStR.

[291] Zu diesen Maßnahmen gehört der gänzliche oder teilweise Erlass von Schulden zum Zwecke der Sanierung, wodurch sich das Betriebsvermögen erhöht, vgl. § 36 öEStG 1988.

[292] Vgl. auch WOLF, Mantelkauf, ÖZW 2002, 42.

[293] Vgl. WOLF, Mantelkauf, ÖZW, 2002, 42 f.; WOLF, Strategien, SWK 2003, 338 f.

[294] Vgl. R 4506 öEStR.

[295] Vgl. R 1179 öKStR.

Damit § 2 Abs. 2a TS 1 öEStG zur Anwendung kommen kann, muß zunächst eine Beteiligung an einer Gesellschaft oder Gemeinschaft bestehen, wozu insbesondere sämtliche Beteiligungen an Personengesellschaften einschließlich der Beteiligungen als echter oder unechter Gesellschafter sowie auch die Gesellschaften bürgerlichen Rechts zählen.[296] Desweiteren muß das Erzielen steuerlicher Vorteile im Vordergrund stehen. Dies ist immer dann der Fall, wenn das Eingehen einer Beteiligung mit Steuervorteilen aus einem zu erwartenden Beteiligungsverlust beworben wird.[297] Kann dies allerdings nicht nachgewiesen werden, wird ein im Vordergrund stehendes Interesse an der Erzielung von Steuervorteilen unwiderlegbar vermutet, wenn der Erwerb oder das Eingehen dieser Beteiligung allgemein angeboten wird[298] und wenn auf Grundlage des jeweiligen angebotenen Gesamtkonzepts die „Rendite nach Steuern" die „Rendite vor Steuern" um mehr als das Doppelte übersteigt.[299] Dabei bezeichnet die „Rendite nach Steuern" diejenige Rendite, die sich bei gedachtem Verlustausgleich ohne die Verlustverrechnungsbeschränkung nach § 2 Abs. 2a öEStG ergeben würde, während sich die „Rendite vor Steuern" auf diejenige Rendite bezieht, die sich unter gedachter Anwendung von § 2 Abs. 2a öEStG ergibt.[300] Anzumerken ist, dass es für die Anwendung von § 2 Abs. 2a öEStG unbeachtlich ist, ob der Kapitalgeber beschränkt oder unbeschränkt haftet oder ob auf das Ausmaß des zur Verfügung gestellten Kapitals (z. B. geleistete Einlage) abgestellt wird.[301]

1.2.2.4.2. Verluste ausländischer Betriebsstätten

1.2.2.4.2.1. Begriff und Erfolgsermittlung von Betriebsstätten

Eine in Österreich ansässige und damit unbeschränkt steuerpflichtige Kapitalgesellschaft kann nach § 29 öBAO eine ausländische Betriebsstätte begründen, wenn sie in dem ausländischen Staat eine feste örtliche Anlage oder Einrichtung betreibt, die der Ausübung eines Betriebs oder eines wirtschaftlichen Geschäftsbetriebs dient.[302] Dabei gelten als Betriebsstätten vor allem Zweigniederlassungen, Fabrikationsstellen, Warenlager, Ein- und Verkaufsstellen, Geschäftsstellen und sonstige Geschäftseinrichtungen, die dem Unternehmen oder seinem ständigen Vertreter zur Ausübung des Betriebs dienen.[303] Nicht jede Betriebsstätte im Sinne des § 29 öBAO entspricht allerdings der Betriebsstättendefinition des Art. 5 OECD-MA, an der sich die Betriebsstättendefinition der von Österreich

---

296 Vgl. R 163 öEStR; PRECHTL, Verlustausgleichsbeschränkungen, 104.

297 Vgl. R 164 f. öEStR.

298 Ein allgemeines Angebot liegt dann vor, wenn es für derartige Beteiligungen typischerweise einen allgemeinen Anlegermarkt gibt, vgl. R 168 öEStR.

299 Vgl. § 2 Abs. 2a TS 1 öEStG.

300 Vgl. R 176 öEStG.

301 Vgl. R 164 öEStR.

302 Vgl. § 29 Abs. 1 öBAO.

303 Vgl. § 29 Abs. 2 öBAO.

abgeschlossenen DBAs orientiert.[304] Unabhängig davon, gilt eine ausländische Betriebsstätte einer österreichischen Kapitalgesellschaft nicht als selbständiges Rechtssubjekt, sondern als Teil der rechtlichen Einheit ihres Stammhauses.[305]

Die Erfolgsermittlung einer ausländischen Betriebsstätte einer österreichischen unbeschränkt steuerpflichtigen Kapitalgesellschaft richtet sich – wie bei der deutschen Kapitalgesellschaft – nach den für die Kapitalgesellschaft relevanten Gewinnermittlungsvorschriften des österreichischen Handels- und Steuerrechts.[306] Da dabei die Einkünfte einer ausländischen Betriebsstätte grundsätzlich Bestandteil des Jahresergebnisses der Kapitalgesellschaft sind, hat zur Ermittlung ihrer separaten Einkünfte eine Erfolgsabgrenzung zwischen dem Stammhaus und der Betriebsstätte zu erfolgen, wobei das „*Dealing at arm's length*"-Prinzip zu beachten ist. Die österreichische Finanzverwaltung geht in diesem Zusammenhang von einer eingeschränkten (hypothetischen) Selbständigkeit der Betriebsstätte aus und ist insofern der Ansicht, dass eine gesonderte Betriebsstättenbuchführung zu erfolgen hat. Demzufolge ist davon auszugehen, dass sich die Erfolgsermittlung einer ausländischen Betriebsstätte im Regelfall nach der direkten Methode zu richten hat. Möglich ist aber auch eine Erfolgsermittlung anhand der indirekten bzw. gemischten Methode, und zwar insbesondere dann, wenn die direkte Methode nicht bzw. nicht ausschließlich angewendet werden kann.[307] Auf welche Weise ein ermittelter Betriebsstättengewinn bzw. -verlust bei der Besteuerung einer österreichischen Kapitalgesellschaft zu behandeln ist, zeigt der nachfolgende Abschnitt.

1.2.2.4.2.2. Behandlung von Verlusten ausländischer Betriebsstätten

1.2.2.4.2.2.1. Nicht-DBA-Fall

Aufgrund ihrer unbeschränkten Steuerpflicht unterliegt eine österreichische Kapitalgesellschaft mit ihren weltweit erzielten Einkünften der österreichischen Körperschaftsteuer, womit auch Gewinne und Verluste ausländischer Betriebsstätten grundsätzlich zu den Bestandteilen ihres Einkommens zählen. Besteht kein DBA mit dem jeweiligen Betriebsstättenstaat, kann sich eine davon abweichende Behandlung ausländischer Betriebsstättenerfolge ergeben:

---

[304] Vgl. dazu auch die Ausführungen für die vergleichbare Situation in Deutschland in Abschnitt B 1.1.2.4.5.1.

[305] Vgl. BAUMHOFF/LEITNER/DIGERONIMO, Vergleich, IWB 2000, Fach 10, Gruppe 2, 1435.

[306] Vgl. dazu § 2 Abs. 8 Nr. 2 öEStG; R 196 öEStG; BAUMHOFF/LEITNER/DIGERONIMO, Vergleich, IWB 2000, Fach 10, Gruppe 2, 1435; dazu auch die Ausführungen in Abschnitt B 1.2.1.2.

[307] Vgl. BAUMHOFF/LEITNER/DIGERONIMO, Vergleich, IWB 2000, Fach 10, Gruppe 2, 1439 f. m. w. N. Hinsichtlich der direkten, indirekten und gemischten Methode sei auf die Ausführungen in Abschnitt B 1.1.2.4.5.1. verwiesen.

Nach § 1 Abs. 1 Doppelbesteuerungsverordnung ist der Gewinn aus Gewerbebetrieb einer ausländischen Betriebsstätte grundsätzlich freizustellen; diese Freistellung setzt allerdings voraus, dass die jeweilige Durchschnittssteuerbelastung im Ausland mehr als 15 % betragen muß. In anderen Fällen ist die Anrechnungsmethode subsidiär anzuwenden (§ 1 Abs. 2 Doppelbesteuerungsverordnung),[308] womit der Betriebsstättengewinn im Einkommen weiterhin enthalten wäre. Erwirtschaftet die Betriebsstätte dagegen einen Verlust, ist dieser grundsätzlich nicht aus dem Einkommen der Kapitalgesellschaft auszuscheiden, da sich die Freistellung nach § 1 Abs. 1 Doppelbesteuerungsverordnung nur auf Gewinne aus Betriebsstätten bezieht. Desweiteren ergibt sich die sofortige Berücksichtigung ausländischer Betriebsstättenverluste aus § 2 Abs. 8 Nr. 3 Satz 1 öEStG, nach der ausländische Verluste in Österreich grundsätzlich zwingend anzusetzen sind; diese Vorschrift ist unabhängig davon anzuwenden, ob ein DBA mit dem ausländischen Staat besteht oder nicht und ob die Anrechnungsmethode oder die Freistellungsmethode zur Anwendung kommt. Sie wird im nachfolgenden Abschnitt ausführlich erläutert, da sie insbesondere für die Behandlung ausländischer Verluste im DBA-Fall mit Freistellungsmethode Bedeutung hat. Sofern die generell in Österreich ansetzbaren ausländischen Betriebsstättenverluste in einem Veranlagungszeitraum nicht oder nicht vollständig mit positiven inländischen und ausländischen Einkünften der Kapitalgesellschaft ausgeglichen werden können, sind sie im Rahmen des Verlustvortrags nach § 18 Abs. 6 öEStG in andere Veranlagungszeiträume vorzutragen.[309]

1.2.2.4.2.2.2. DBA-Fall

Besteht mit dem Betriebsstättenstaat ein Doppelbesteuerungsabkommen, ändert dies nichts an der unbeschränkten körperschaftsteuerlichen Steuerpflicht einer österreichischen Kapitalgesellschaft; es kommt insoweit aber zu sachlichen Steuerbefreiungen bzw. Steuerermäßigungen.[310] Hinsichtlich der Behandlung von Einkünften ausländischer Betriebsstätten sehen die von Österreich abgeschlossenen Doppelbesteuerungsabkommen regelmäßig die Freistellungsmethode vor; ansonsten die Anrechnungsmethode.[311] Ist in dem DBA die Freistellungsmethode vereinbart worden, ist ein etwaiger Betriebsstättengewinn aus dem Einkommen der Kapitalgesellschaft auszuscheiden; ein etwaiger Betriebsstättenverlust ist dagegen im Regelfall nicht auszuscheiden und damit im Inland zu berücksichtigen. Nach Ansicht des österreichischen Verwaltungsgerichts-

---

[308] Vgl. dazu auch JIROUSEK, Verordnung, ÖStZ 2003, 31.

[309] Vgl. R 204 öEStR. Zu beachten ist, dass der ausländische Betriebsstättenverlust grundsätzlich vortragsfähig im Sinne von § 18 Abs. 6 öEStG sein muß. Dies ist bei einem ausländischen Betriebsstättenverlust einer Kapitalgesellschaft allerdings der Fall, vgl. dazu die Ausführungen in Abschnitt B 1.2.2.1.

[310] Vgl. die Ausführungen in Abschnitt B 1.1.2.4.5.2.2.

[311] Vgl. dazu R 188 öEStR.

hofs[312] und der österreichischen Finanzverwaltung[313] kann ein DBA die inländische Steuerpflicht lediglich weiter einschränken, nicht jedoch ausweiten, was wiederum der Fall wäre, wenn ausländische Verluste von dem zwingend vorzunehmenden Verlustausgleich aufgrund eines DBAs ausgeschlossen wären. Folglich wird ein nach innerstaatlichem Recht vorzunehmender Verlustausgleich mit negativen ausländischen (Betriebsstätten-)Einkünften durch die Anwendung eines DBA mit Freistellungsmethode nicht beeinträchtigt. Diese Grundsätze der Verrechnung ausländischer Verluste sind in § 2 Abs. 8 Nr. 3 öEStG gesetzlich verankert worden:

Nach § 2 Abs. 8 Nr. 3 Satz 1 öEStG sind im Ausland nicht berücksichtigte Verluste – auch im Falle der Anwendung eines DBAs mit Freistellungsmethode – bei der Ermittlung des Einkommens im Verlustentstehungsjahr zwingend anzusetzen. Dabei ist zu beachten, dass für die österreichische Besteuerung nur der nach österreichischem Recht ermittelte (umgerechnete) Betriebsstättenverlust relevant ist und dieser durchaus von dem nach ausländischem Recht des Quellenstaaten berechneten (nicht umgerechneten) Betriebsstättenverlust abweichen kann: Ergibt sich nach dem Steuerrecht des Quellenstaates ein höherer Verlust als nach österreichischem Recht, bleibt dieser in Österreich insoweit unberücksichtigt; ergibt sich umgekehrt im Quellenstaat ein niedrigerer Verlust, ist der nach österreichischem Recht ermittelte höhere Verlust zu berücksichtigen.[314] Entsteht der ausländische Betriebsstättenverlust in einem Jahr, in dem er nicht oder nicht vollständig mit anderen positiven Einkünften ausgeglichen werden kann, kann er im Rahmen des inländischen Verlustvortrags nach § 18 Abs. 6 öEStG und § 8 Abs. 4 Nr. 2 öKStG vorgetragen werden.[315] Wenn ein Betriebsstättenverlust im Ausland bereits im Verlustentstehungsjahr, beispielsweise auf dem Wege des Verlustrücktrags, verwertet wird, liegt eine im Sinne des § 2 Abs. 8 Nr. 3 Satz 1 öEStG schädliche Berücksichtigung im Ausland vor, so dass ein solcher Betriebsstättenverlust nicht mehr in Österreich berücksichtigt werden kann.[316]

Sofern ausländische Betriebsstättenverluste nach § 2 Abs. 8 Nr. 3 Satz 1 öEStG bei der Kapitalgesellschaft angesetzt werden, ist zugleich die Nachversteuerungsregelung des § 2 Abs. 8 Nr. 3 Satz 2 öEStG zu beachten. Nach dieser Vorschrift hat eine Nachversteuerung des im Inland berücksichtigten ausländischen Verlusts in dem Jahr zu erfolgen, in dem dieser doppelt verwertet wird. Als doppelt verwertet gilt er dann, wenn im Ausland eine teilweise oder vollständige Verwertung erfolgt bzw. erfolgen hätte können. Kann bzw. könnte folglich der

---

[312] Vgl. öVwGH vom 25.09.2001, 99/14/0217.
[313] Vgl. R 316 ff. öKStG.
[314] Vgl. hierzu WIESNER/KIRCHMAYR/MAYR, Gruppenbesteuerung, 122.
[315] Vgl. hierzu WIESNER/KIRCHMAYR/MAYR, Gruppenbesteuerung, 122; dazu auch Abschnitt B 1.2.2.1.; B 1.2.2.2. und B 1.2.2.3.
[316] Vgl. R 204 öEStR; auch R 317 öKStR.

ausländische Verlust im Ausland vorgetragen werden und dabei (ganz oder teilweise) verrechnet werden, kommt es in Österreich zu einer Erhöhung des Gesamtbetrags der Einkünfte in Höhe des Nachversteuerungsbetrags.[317] Dieser Nachversteuerungsbetrag ist dabei grundsätzlich auf den Umfang der Doppelverlustberücksichtigung beschränkt, der durch den niedrigeren der beiden folgenden Beträge abgebildet wird: Der in Österreich berücksichtigte (berücksichtigungsfähige) umgerechnete ausländische Verlust und der im Ausland verwertete (verwertungsfähige) nicht umgerechnete ausländische Verlust. Ein derart doppelt verwerteter Verlust ist allerdings nur insofern nachzuversteuern, als in dem betreffenden Jahr umgerechnete positive (eigentlich befreite) ausländischen Einkünfte vorhanden sind.[318] Folgende Abbildung verdeutlicht die Ermittlung des Nachversteuerungsbetrags:

(1)	Höhe des im Inland berücksichtigten (berücksichtigungsfähigen) umgerechneten ausländischen Verlusts	(1) zu (2): Der niedrigere Betrag zeigt den Umfang der Doppelverlustberücksichtigung (= (2a))
(2)	Höhe des im Ausland verwerteten (verwertungsfähigen) nicht umgerechneten Verlusts	
(3)	Höhe der im Ausland erzielten umgerechneten positiven Einkünfte	(2a) zu (3): Der niedrigere Betrag bestimmt den Umfang der Nachversteuerung

Abb. 5: Ermittlung des Nachversteuerungsbetrags bei angesetzten ausländischen Verlusten

Beispiel: Eine AG erzielt in den Jahren 01 und 02 die in der Tabelle angebenen Ergebnisse; ihre Betriebsstätte liegt in einem DBA-Staat, mit dem hinsichtlich der Betriebsstättenerfolge die Freistellungsmethode vereinbart worden ist. Alle Beträge sind in Euro angegeben.

	Jahr 01	Jahr 02
Ausländisches Betriebsstättenergebnis (nicht umgerechnet)	- 80	90
Ausländisches Betriebsstättenergebnis (umgerechnet)	- 70	80
Im Inland berücksichtigtes Betriebsstättenergebnis gemäß § 2 Abs. 8 Nr. 3 Satz 1 bzw. Satz 2 öEStG	- 70	70
Inländisches Betriebsergebnis	100	100
Bemessungsgrundlage Österreich	30	170

317 Vgl. R 201 f. öEStR.

318 Vgl. R 203 öEStR; WIESNER/KIRCHMAYR/MAYR, Gruppenbesteuerung, 120. Geht der ausländische Verlust aufgrund fehlender positiver inländischer Einkünfte in den inländischen Verlustvortrag ein und führen in einem späteren Jahr ausländische Gewinne zu einer Nachversteuerung, so erfolgt diese Nachversteuerung unabhängig davon, ob die zuvor zugerechneten ausländischen Verluste im Inland bereits berücksichtigt wurden oder sich noch im Verlustvortrag befinden. Sind die ausländischen Verluste noch Bestandteil des Verlustvortrags, erhöht der Nachversteuerungsbetrag den Gesamtbetrag der Einkünfte und es kann unter Berücksichtigung des § 2 Abs. 2b öEStG ein Verlustabzug stattfinden, vgl. R 204 öEStR.

Der ausländische Betriebsstättenverlust von 80 des Jahres 01 wird im Ausland auf dem Wege des Verlustvortrags mit dem Betriebsstättengewinn des Jahres 02 vollständig verrechnet. Da in Österreich im Jahr 01 der umgerechnete Betriebsstättenverlust in Höhe von 70 angesetzt worden ist, liegt in diesem Umfang eine Doppelverlustberücksichtigung vor. Aufgrund der Höhe des umgerechneten Betriebsstättengewinns ergeben sich keine weiteren Einschränkungen bei der Nachversteuerung: Der im Inland berücksichtigte Betriebsstättenverlust ist im Jahr 02 in voller Höhe nachzuversteuern, wobei sich der Gesamtbetrag der Einkünfte bzw. das Einkommen der AG um 70 erhöht.

Abwandlung 1: Beträgt im obigen Beispiel im Jahr 02 der umgerechnete ausländische Betriebsstättengewinn lediglich 65, sind in 02 nur 65 des im Jahr 01 berücksichtigten ausländischen Betriebsstättenverlusts nachzuversteuern; der übrige doppelt verwertete Verlust von 5 bleibt weiter nachversteuerungsanhängig.

Abwandlung 2: Beträgt im obigen Beispiel im Jahr 02 der umgerechnete wie nicht umgerechnete ausländische Betriebsstättengewinn 30, dann ist lediglich in diesem Umfang eine doppelte Verlustverwertung eingetreten, so dass eine Nachversteuerung in 03 in Höhe von 30 zu erfolgen hat. Der Rest des im Jahr 01 berücksichtigten Betriebsstättenverlusts kann ab dem Jahr 03 nachzuversteuern sein.

Ist in dem DBA mit dem Betriebsstättenstaat die Anrechnungsmethode vereinbart worden, sind die Gewinne und Verluste der ausländischen Betriebsstätte aufgrund der Systematik dieser Methode generell nicht aus dem Einkommen auszuscheiden. Ob der Ansatz eines Betriebsstättenverlustes bei einer Berücksichtigung im Ausland in Österreich durch § 2 Abs. 8 Nr. 3 Satz 1 öEStG im DBA-Fall mit Anrechnungsmethode untersagt wird, ist nicht eindeutig. Da das Gesetz nicht differenziert und die österreichische Finanzverwaltung offenbar von ihrer Anwendbarkeit auch bei der Anrechnungsmethode ausgeht,[319] muß meines Erachtens davon ausgegangen werden, dass dieses Verrechnungsverbot auch im DBA-Fall mit Anrechnungsmethode zu beachten ist. Hinsichtlich der Nachversteuerungsregelung des § 2 Abs. 8 Nr. 3 Satz 2 öEStG ist anzumerken, dass diese nur für den DBA-Fall mit Freistellungsmethode Sinn ergibt, da es im DBA-Fall mit Anrechnungsmethode ohnehin zum Ansatz späterer Gewinne und damit zu einer Nachversteuerung kommt. Die vorherigen Überlegungen dieses Absatzes gelten entsprechend hinsichtlich der Berücksichtigung ausländischer Betriebsstättenverluste im Nicht-DBA-Fall.

1.2.2.4.2.3. Verluste ausländischer Betriebsstätten und Anrechnung ausländischer Steuern

Sofern der Verlust einer ausländischen Betriebsstätte einer österreichischen Kapitalgesellschaft im Rahmen ihrer Einkommensermittlung anzusetzen ist und sofern im jeweiligen Betriebsstättenstaat noch anderweitige positive Einkünfte entstehen, deren Doppelbesteuerung mittels der Anrechnungsmethode vermieden wird, mindert sich durch den Betriebsstättenverlust der jeweilige länderbe-

---

[319] Vgl. § 2 Abs. 8 Nr. 3 öEStG; R 201 ff. öEStR.

zogene Anrechnungshöchstbetrag, so dass die jeweiligen ausländischen Steuern nicht vollständig oder gar nicht angerechnet werden können;[320] es kommt insofern zu einem Anrechnungsüberhang. Zu der beschriebenen Situation kann es sowohl im Nicht-DBA-Fall als auch im DBA-Fall kommen, sofern hierbei zur Vermeidung der Doppelbesteuerung der ausländischen Einkünfte die Anrechnungsmethode anzuwenden ist;[321] in diesen Fällen kommt es grundsätzlich zum Ansatz eines ausländischen Betriebsstättenverlustes.[322]

---

[320] Vgl. zur Berechnung des länderbezogenen Anrechnungshöchstbetrags Abschnitt B 1.2.1.4.1.

[321] Vgl. Abschnitt B 1.2.4.1.

[322] Vgl. die beiden vorherigen Abschnitte.

1.2.2.5. Zusammenfassende Übersicht zur österreichischen Verlustverrechnung

Verlustverrechnung einer österreichischen Kapitalgesellschaft
Verlustausgleich ohne Unterbrechung der wirtschaftlichen Identität
- Grundsätzlich unbeschränkter Ausgleich von Gewinnen und Verlusten unterschiedlicher Einkunftsquellen, vorbehaltlich folgender Sonderregelungen: - Verluste aus einer Beteiligung an einer Gesellschaft oder Gemeinschaft, bei der das Erzielen steuerlicher Vorteile im Vordergrund steht, sind vom allgemeinen Verlustausgleich ausgeschlossen; sie sind beteiligungsbezogen in späteren Jahren abzuziehen, vorrangig des allgemeinen Verlustausgleichs und -abzugs. - Nicht-DBA-Fall und DBA-Fall: Betriebsstättenverluste sind unabhängig von Anwendung der Freistellungs- oder Anrechnungsmethode in den allgemeinen Verlustausgleich nur dann einzubeziehen, sofern keine Berücksichtigung dieses Betriebsstättenverlustes im Ausland erfolgt; diese Berücksichtigung ist durch den späteren Ansatz von Betriebsstättengewinnen temporär, sowohl bei der Anwendung der Anrechnungsmethode (Systematik) als auch der Freistellungsmethode (Nachversteuerungsregelungen).
Verlustabzug ohne Unterbrechung der wirtschaftlichen Identität
- Rücktrag: Nicht möglich. - Vortrag: Zeitlich unbeschränkt; betragsmäßig beschränkt auf 75 % des Gesamtbetrags der Einkünfte eines Jahres; kommt die erfolgsunabhängige Mindestkörperschaftsteuer aufgrund vorgetragener Verluste zum Tragen, resultiert hieraus im Ergebnis eine geringere Grenze für vorgetragene Verluste.
Verlustabzug und Unterbrechung der wirtschaftlichen Identität
- Untergang der wirtschaftlichen Identität, wenn kumulativ eine wesentliche Änderung der wirtschaftlichen und organisatorischen Struktur sowie der Gesellschafterstruktur nach dem Gesamtbild der Verhältnisse vorliegen (§ 8 Abs. 4 Nr. 2 Satz 2 öKStG). - Rechtsfolge: Ab diesem Zeitpunkt können vorgetragene Verluste nicht mehr geltend gemacht werden, sofern die Sanierungsklausel nach § 8 Abs. 4 Nr. 2 Satz 3 öKStG nicht erfüllt ist. Die Unterbrechung der wirtschaftlichen Identität hat keinen Einfluß auf den Verlustausgleich.

1.3. USA

1.3.1. Grundsätze der Besteuerung der US-amerikanischen Kapitalgesellschaft[323]

1.3.1.1. Persönliche unbeschränkte Steuerpflicht

Nach den zivilrechtlichen Gesetzen des Bundes, des Bundesdistrikts (*District of Columbia*) oder der Einzelstaaten in den USA gegründete Kapitalgesellschaften gelten steuerlich als *C-corporations.*[324] Derartige *domestic corporations* sind in den USA unbeschränkt körperschaftsteuerpflichtig, womit sie als eigenständige Steuersubjekte mit ihrem jeweiligen gesamten weltweit erzielten Einkommen der Bundeskörperschaftsteuer (*federal corporate income tax*) unterliegen;[325] eine nach ihrer Gründung vorgenommene Verlegung der Geschäftsführung ins Ausland ändert an der fortbestehenden unbeschränkten Steuerpflicht in den USA nichts.[326]

1.3.1.2. Ermittlung des zu versteuernden Einkommens

1.3.1.2.1. Bemessungsgrundlage

Bei einer *corporation* gilt als Bemessungsgrundlage der Bundeskörperschaftsteuer ihr zu versteuerndes Einkommen (*taxable income*), welches sich ergibt, indem die Summe der steuerbaren Bruttoeinnahmen (*gross income*) um die zulässigen Abzugsbeträge (*deductions*) gemindert wird.[327] Zu den steuerpflichtigen Bruttoeinnahmen gehören alle Einnahmen der *corporation*, sofern sie das Gesetz nicht explizit ausnimmt. Sec. 61(a) IRC nennt beispielhaft und nicht abschließend 15 mögliche Einnahmequellen, zu denen die Umsatzerlöse aus der eigentlichen betrieblichen Tätigkeit (*gross receipts*) abzüglich der Kosten für die abgesetzten Güter (*costs of goods sold*), aber auch Zinseinnahmen, Miet- und Pachteinnahmen, Dividenden und der Anteil am *gross income* von Personengesellschaften gehören. Zu den zulässigen Abzugsbeträgen gehören nach Sec. 162(a) IRC grundsätzlich alle Ausgaben, die durch die Erwerbstätigkeit veranlasst sind, soweit sie üblich und im Normalfall notwendig sind. Das sind insbesondere Erwerbsaufwendungen wie Löhne, Gehälter, Mieten, Zinsen und Abschreibungen sowie die nach Sec. 170 IRC abzugsfähigen Spenden für gemeinnützige Zwecke.[328] Spezielle Abzüge stellen die *NOL deduction* und die

---

[323] Zur Besteuerung der Kapitalgesellschaft in den USA vgl. u. a. BITTKER/EUSTICE, Taxation; KAHN/LEHMANN, Taxation; DOERNBERG/ABRAHMS, Corporations.

[324] Vgl. PRÜSCHENK, Ertragsbesteuerung, 75.

[325] Vgl. Sec. 11(a) IRC i. V. m. Sec. 7701(a)(4) IRC; auch Reg. § 303.7701-2(b)(1); PRÜSCHENK, Ertragsbesteuerung, 75.

[326] Vgl. SCHÄNZLE, Gestaltung, 85.

[327] Vgl. Sec. 63(a) IRC.

[328] Vgl. dazu KROSCHEL, Amerika, 328; PRÜSCHENK, Ertragsbesteuerung, 76 f.

dividends-received deduction dar. Über die *NOL deduction* werden vorgetragene und rückgetragene Betriebsverluste der *corporation* (*net operating losses* (NOLs)) berücksichtigt.[329] Die *dividends-received deduction* gibt dagegen den abzuziehenden Anteil an der von einer anderen *corporation* empfangenen Dividende an, der in Abhängigkeit von der Beteiligungshöhe 70 %, 80 % oder 100 % der Dividende betragen kann. Sie dient damit der Verminderung bzw. Vermeidung einer mehrfachen Besteuerung von in einem Kapitalgesellschaftskonzern durchgeleiteten Dividenden, die sich ansonsten aufgrund des klassischen Körperschaftsteuersystems der USA ergeben würde.[330]

Gemäß der dualen Struktur des US-amerikanischen Einkommensteuerrechts sind bei der Ermittlung des zu versteuernden Einkommens einer *corporation* grundsätzlich die Bestandteile ihres gewöhnlichen Betriebseinkommens (*ordinary income*) von denjenigen ihrer Einkünfte aus Veräußerungsgeschäften (*capital income*) zu unterscheiden, was – wie nachfolgend deutlich wird[331] – insbesondere für die Verlustverrechnung der *corporation* von Bedeutung ist.

1.3.1.2.2. Gewinnermittlungsmethoden

Eine *corporation* hat ihren steuerlichen Gewinn grundsätzlich nach den im IRC festgelegten Grundsätzen zu ermitteln, so dass *C-corporations* vom Grundsatz dazu verpflichtet sind, ihren Gewinn nach der *accrual method* zu bestimmen.[332] Diese Methode entspricht prinzipiell der deutschen Gewinnermittlung durch Betriebsvermögensvergleich nach § 4 Abs. 1 EStG, wobei ebenfalls einer periodengerechten Abgrenzung von Erträgen und Aufwendungen gefolgt wird.[333] Die

---

[329] Vgl. Sec. 172(a) IRC; dazu ausführlich nachfolgend Abschnitt B 1.3.2.2.1.

[330] Die *dividends-received deduction* ist in den Secs. 243 bis 246 IRC geregelt, vgl. dazu KROSCHEL, Amerika, 365, 328; ZSCHIEGNER, Einkommensteuerrecht, IWB 2002, Fach 8, Gruppe 2, 1201 f. Aufgrund des klassischen Körperschaftsteuersystems der USA werden die von einer *corporation* erzielten Gewinne nicht nur auf Gesellschaftsebene besteuert, sondern im Ausschüttungszeitpunkt grundsätzlich auch auf Gesellschafterebene, vgl. AMERICAN CHAMBER OF COMMERCE/PRICEWATERHOUSECOOPERS, Steuern, 71.

[331] Vgl. Abschnitt B 1.3.2.

[332] Vgl. Sec. 446(c) IRC i. V. m. Sec. 448(a) IRC; BAUEN, Einführung, 40.

[333] Vgl. Sec. 446 IRC; AMERICAN CHAMBER OF COMMERCE/PRICEWATERHOUSE-COOPERS, Steuern, 89. Zwar dient die handelsrechtliche US-GAAP-Bilanz in der Regel als Grundlage für die Aufstellung der Steuerbilanz, vgl. AMERICAN CHAMBER OF COMMERCE/PRICEWATERHOUSECOOPERS, Steuern, 88. Eine Maßgeblichkeit des Handelsrechts für die steuerliche Gewinnermittlung wie im deutschen Steuerrecht existiert allerdings nicht, weil das US-Recht keine grundsätzliche handelsrechtliche Buchführungspflicht für *corporations* kennt. Aus gesellschafts- sowie kapitalmarktrechtlichen Vorschriften kann sich allerdings eine handelsrechtliche Bilanzierungspflicht ergeben, vgl. KROSCHEL, Amerika, 67. Das Verhältnis von handels- und steuerrechtlicher Rechnungslegung wird ausführlich behandelt bei KAHLE, US-GAAP, StuB 1999, 1146; HALLER, Rechnungslegung, DBW 1988, 726; PRÜSCHENK, Ertragsbesteuerung, 69 bis 74.

Anwendung der *accrual method* erfordert das Aufstellen einer Steuerbilanz und einer Gewinn- und Verlustrechnung (*statement of income*).[334] Neben der *accrual method* können *corporations* in Ausnahmefällen auch die *cash method* anwenden, die im Prinzip der deutschen Einnahmen-Überschußrechnung nach § 4 Abs. 3 EStG entspricht, wobei grundsätzlich dem Zu- und Abflußprinzip gefolgt wird.[335]

1.3.1.2.3. Ermittlungszeitraum

Das zu versteuernde Einkommen einer *corporation* ist nach Sec. 441(a) IRC jeweils für ein Steuerjahr (*taxable year*) zu ermitteln, wobei es sich um ein Kalenderjahr (*calendar year*), ein vom Kalenderjahr abweichendes Wirtschaftsjahr (*fiscal year*) oder ein Rumpfwirtschaftsjahr handeln kann. Wird der Einkommensermittlung ein *fiscal year* zugrundegelegt, kann die Sonderform des 52-53-Wochenjahrs (*52-53-week year*) gewählt werden. Bei einem 52-53-Wochenjahr handelt es sich um ein zwischen 52 und 53 Wochen variierendes *fiscal year*, das immer mit einem bestimmten Wochentag endet, wobei sich dieser in der letzten Woche eines bestimmten Monats oder vor dem Ende eines bestimmten Monats befindet;[336] das *fiscal year* endet hier somit nicht mit dem letzten Tag des Monats.[337]

1.3.1.3. Ermittlung der Körperschaftsteuer

Zur Berechnung der regulären Bundeskörperschaftsteuerschuld der *corporation*, ihrer *regular tax liability*, sind auf das zu versteuernde Einkommen folgende gestaffelte Körperschaftsteuersätze zu erheben:[338]

---

[334] Vgl. QUASSOWSKI/MAACK, Investitionsmodelle, PIStB 2002, 53.

[335] Vgl. BAUEN, Einführung, 40; AMERICAN CHAMBER OF COMMERCE/PRICE-WATERHOUSECOOPERS, Steuern, 89. Diese Ausnahmeregelung bezieht sich auf *corporations*, die landwirtschaftlich tätig sind, die als *qualified personal service corporation* anzusehen sind oder die drei Jahre lang durchschnittliche jährliche Bruttoeinnahmen von maximal 5 Mio. US-$ erzielt haben, vgl. Sec. 448(b) IRC.Auf weitere Gewinnermittlungsmöglichkeiten wird im Rahmen dieser Arbeit nicht eingegangen.

[336] Vgl. Reg. § 1.441-1T(a).

[337] Vgl. zum gesamten Abschnitt DJANANI/BRÄHLER/LÖSEL, Investitionen, 98.

[338] Vgl. Sec. 11(b) und Sec. 26(b) IRC; AMERICAN CHAMBER OF COMMERCE/PRICE-WATERHOUSECOOPERS, Steuern, 91.

zu versteuerndes Einkommen		Höhe der Steuer	
über US-$	bis zu US-$	Steuer in US-$ auf den erstgenannten Betrag	Prozentsatz auf den übersteigenden Betrag
0	50.000	0	15 %
50.000	75.000	7.500	25 %
75.000	100.000	13.750	34 %
100.000	335.000	22.250	39 %
335.000	10.000.000	113.900	34 %
10.000.000	15.000.000	3.400.000	35 %
15.000.000	18.333.333	5.150.000	38 %
18.333.333	...	6.416.667	35 %

Aus der Anwendung dieser Steuersätze auf das zu versteuernde Einkommen einer *corporation* resultiert eine maximale durchschnittliche Bundeskörperschaftssteuer von 35 %.[339] Ziel der Steuersätze von 39 % bzw. 38 % ist der Abbau der Steuerminderbelastung der Eingangsstufen von 15 % und 25 % bzw. der mit 34 % besteuerten Steuerstufe.[340] Von der sich ergebenden Steuerschuld können noch Absetzbeträge (*tax credits*) abgezogen werden, wozu insbesondere der Absetzbetrag für im Ausland gezahlte Einkommensteuern (*foreign tax credit* (FTC)) zählen, und es ergibt sich die Bundestkörperschaftsteuerschuld (*tax liability*) der *corporation.*[341]

1.3.1.4. Vermeidung von Doppelbesteuerungen

1.3.1.4.1. Unilaterale Maßnahmen zur Vermeidung von Doppelbesteuerungen

1.3.1.4.1.1. Allgemeines

Aufgrund ihrer unbeschränkten Steuerpflicht unterliegt eine US-amerikanische *corporation* nicht nur mit den im Inland erzielten Einkünften, sondern auch mit den ausländischen Einkünften der Körperschaftsteuer (Welteinkommensprin-

---

[339] Sec. 1201(a) IRC schreibt einen gesonderten Steuersatz für den in einem Steuerjahr erzielten *net capital gain* in Höhe von 35 % vor, wenn das übrige zu versteuernde Einkommen der *corporation*, d. h. ihr übriges Betriebseinkommen (*ordinary income*), mit einem für das Steuerjahr relevanten Körperschaftsteuersatz von über 35 % belastet wird. Vor dem Hintergrund, das der maximale durchschnittliche Körperschaftsteuersatz gegenwärtig bei 35 % liegt, hat diese Regelung derzeit praktisch keine Bedeutung, vgl. dazu THIELE, Einführung, 88. Zum Begriff des *net capital gain* vgl. Sec. 1222 IRC.

[340] Vgl. AMERICAN CHAMBER OF COMMERCE/PRICEWATERHOUSECOOPERS, Steuern, 91.

[341] Vgl. BAUEN, Einführung, 25, 105. Es ist zu beachten, dass – unter bestimmten Voraussetzungen – bei einer *corporation* Zusatzsteuern wie die *personal holding company tax* oder die *accumulated earnings tax* anfallen, die dann neben der *regular tax liability* Bestandteil der Steuerschuld (*tax liability*) der *corporation* sind. In diesem Fall sind etwaige Absetzbeträge (*credits*) von dieser erhöhten Steuerschuld abzuziehen.

zip).[342] Zur Vermeidung bzw. Verminderung von Doppelbesteuerungen bei diesen ausländischen Einkünften sieht das nationale US-Steuerrecht als unilaterale Maßnahmen zwei Methoden vor, und zwar die Abzugsmethode und die beschränkte Anrechnungsmethode; von der Freistellungsmethode wird dagegen kein Gebrauch gemacht.[343] Bei der Abzugsmethode zieht der Steuerpflichtige die im Ausland gezahlten bzw. geschuldeten Steuern auf das ausländische Einkommen im Rahmen der Ermittlung seines zu versteuernden Einkommens als *deduction* ab.[344] Bei der beschränkten Anrechnungsmethode bringt der Steuerpflichtige die ausländischen Steuern von seiner regulären Bundeskörperschaftsteuerschuld (*regular tax liability*) unter Beachtung eines Anrechnungshöchstbetrags (*foreign tax credit limitation*) zum Abzug.[345] Der gewährte Absetzbetrag für Steuern, die auf die dem anderen Staat zurechenbaren Einkünfte erhoben worden ist, wird als *foreign tax credit* (FTC) bezeichnet. Ein Steuerpflichtiger hat jedes Jahr das Wahlrecht, welche dieser beiden Methoden zu Anwendung kommen soll; die Wahl muß jedoch einheitlich für das gesamte ausländische Einkommen ausgeübt werden.[346] Anrechnungsfähig sind grundsätzlich alle ausländische Steuern, die in ihrer Art der US-amerikanischen Einkommen- bzw. Körperschaftsteuer entsprechen; die jeweilige Bezeichnung ist unbedeutend.[347]

1.3.1.4.1.2. Einzelheiten der US-amerikanischen Anrechnungsmethode

1.3.1.4.1.2.1. Ausgestaltung als *overall-basket limitation*

Die Anrechnungsmethode ist in den Secs. 901 bis 908 IRC geregelt und ist seit der Steuerreform von 1986 als *overall-basket limitation* ausgestaltet. *Overall limitation* bedeutet, dass ausländische Steuern nur bis zur Höhe des Teils der US-Steuer anrechenbar sind, der auf das ausländische Einkommen entfällt, wobei es unbeachtlich ist, aus welchen Staaten das ausländische Einkommen stammt. Diese Beschränkung (*foreign tax credit limitation*) ergibt sich vom Grundsatz nach folgender Formel:[348]

---

[342] Vgl. Abschnitt B 1.3.1.1.

[343] Vgl. z. B. SCHÄNZLE, Gestaltung, 92 m. w. N.

[344] Vgl. Sec. 164(a) IRC. Der Abzug wird sowohl gewährt für im Ausland gezahlte Einkommen- oder Unternehmenssteuern als auch für Steuern, die mit einer Geschäftstätigkeit lediglich zusammenhängen, vgl. BAUEN, Einführung, 108 m. w. N.

[345] Vgl. DJANANI/BRÄHLER/LÖSEL, Investitionen, 87; die Ausführungen des nachfolgenden Abschnitts.

[346] Vgl. SCHÄNZLE, Gestaltung, 92.

[347] Vgl. SCHÄNZLE, Gestaltung, 92 f. In den Regulations wird ausführlich erläutert, wann sich eine ausländische Steuer als Einkommen- bzw. Körperschaftsteuer im Sinne der Bestimmungen über den FTC qualifiziert, vgl. BAUEN, Einführung, 113 m. w. N. Nicht selten werden diese Regelungen durch Doppelbesteuerungsabkommen abgeändert, vgl. DOERNBERG, Taxation, 186 f.

[348] Vgl. Sec. 904(a) IRC; YODER, Principles, Taxes, Vol. 78 (2000), 198; WOLFF, in: Debatin/Wassermeyer, DBA, Band 6, Art. 23 DBA USA, Rn. 96.

sämtliche ausländische Einkünfte / Summe der positiven weltweiten Einkünfte	x	US-Körperschaftsteuer auf weltweite Einkünfte

Von einer *overall-basket limitation* wird im Fall der USA deshalb gesprochen, weil die *overall limitation* durch zusätzliche, einkunftsquellenbezogene Anrechnungsbegrenzungen eingeschränkt wird: Die gesamten ausländischen Einkünfte und die jeweiligen zugehörigen ausländischen Steuern sind den insgesamt neun Einkunftskategorien (*baskets*) der Sec. 904(d) IRC (bzw. deren zwei Einkunftskategorien ab dem 01.01.2007) zuzuteilen, auf die im nachfolgenden Abschnitt näher eingegangen wird. Für jede dieser Einkunftskategorien ist ein gesonderter Anrechnungshöchstbetrag zu berechnen und im Rahmen der Anrechnung zu beachten. Berechnet wird ein solcher separater Anrechnungshöchstbetrag nach zuvor angegebener Formel, nur dass im Zähler des Bruchs die der jeweiligen Einkunftskategorie zugehörigen ausländischen Einkünfte angesetzt werden. Die Summe der einzelnen Anrechnungshöchstbeträge aller Einkunftskategorien ergibt letztlich den gesamten Anrechnungshöchstbetrag des Steuerpflichtigen für das zugehörige Steuerjahr.[349] Übersteigen in einem Steuerjahr die anrechenbaren Steuern den Anrechnungshöchstbetrag in der jeweiligen Einkunftskategorie, kann ein derartiger Anrechnungsüberhang zwei Jahre rückgetragen oder bis zu fünf Jahre vorgetragen werden. Aufgrund des *American Jobs Creation Act of 2004* können Anrechnungsüberhänge, die in nach dem 22.10.2004 endenden Steuerjahren entstehen, nur noch ein Jahr rückgetragen, aber zehn Jahre vorgetragen werden.[350]

1.3.1.4.1.2.2. Einkunftskategorien nach Sec. 904(d) IRC

1.3.1.4.1.2.2.1. Einkunftskategorien für vor dem 01.01.2007 beginnende Steuerjahre

Bei den neun Einkunftskategorien nach Sec. 904(d) IRC, denen die ausländischen Einkünfte der *corporation* für vor dem 01.01.2007 beginnenden Steuerjahren zuzuordnen sind[351] und für die gesonderte Anrechnungshöchstbeträge zu berechnen sind, handelt es sich um die Folgenden:

basket A: Passive Einkünfte (*passive income*);
basket B: Zinseinkünfte mit hoher Quellensteuerbelastung (*high withholding tax interest*);
basket C: Einkünfte aus Finanzdienstleistungen (*financial services income*);

[349] Vgl. hierzu WOLFF, in: Debatin/Wassermeyer, DBA, Band 6, Art. 23 DBA USA, Rn. 97.
[350] Vgl. Sec. 904(c) IRC; DJANANI/BRÄHLER/LÖSEL, Investitionen, 121.
[351] Zuvor sind die ausländischen Einkünfte der *corporation* von ihren inländischen Einkünften abzugrenzen. Diese Abgrenzung richtet sich nach den in Secs. 861 ff. IRC enthaltenen Zurechnungsregelungen, vgl. dazu BAUEN, Einführung, 89 ff.

basket D: Einkünfte aus Beförderungsleistungen (*shipping income*);
basket E: Dividenden einer nicht US-beherrschten ausländischen Gesellschaft, einer sogenannten *noncontrolled section 902 corporation*;
basket F: Dividenden einer *domestic international sales corporation* (DISC);
basket G: Einkünfte einer *foreign sales corporation* aus dem Außenhandel (*FSC foreign trade income*);
basket H: Gewinnausschüttungen einer *foreign sales corporation* (*FSC distribtions*);
basket I: Einkünfte, die keinem der *baskets A* bis *H* zuzuordnen sind (*general limitation income*).

Die Zuordnung der ausländischen Einkünfte folgt folgenden Grundsätzen: Zunächst sind die ausländischen Einkünfte den *baskets A* bis *H* zuzuordnen. Ist eine Zuordnung nicht möglich, ist ein solcher Betrag dem *basket I* zuzuteilen.[352] Der *basket I* zählt neben dem *basket A* zu den wichtigsten Einkunftskategorien, da sich – wie nachfolgend deutlich wird – in diesen *baskets* vom Grundsatz die ausländischen aktiven und hochbesteuerten passiven Einkünfte (*basket I*) sowie die ausländischen (niedrig besteuerten) passiven Einkünfte (*basket A*) eines US-amerikanischen Steuerpflichtigen sammeln.[353]

Die passiven Einkünfte des *baskets A* (*passive income*) umfassen Zinsen und Zinsäquivalente, Dividenden aus Streubesitz, d. h. aus Beteiligungen von weniger als 10%, bestimmte Dividendensubstitute aufgrund von Wertpapierleihgeschäften, Mieten und Lizenzgebühren, Veräußerungsgewinne, Gewinne aus Rohstoffgeschäften sowie Währungsgewinne.[354] Von dieser grundsätzlich geltenden Zuordnung zu den passiven Einkünften des *baskets A* bestehen allerdings verschiedene Ausnahmen, wobei insbesondere die Folgenden von Bedeutung sind: Nach der sogenannten *high-tax kick-out rule* sind passive Einkünfte grundsätzlich dem *general limitation income* des *baskets I* zuzuordnen, wenn sie im Ausland einem zusammengefaßten Ertragssteuersatz unterlegen haben, der über dem Höchststeuersatz in den USA liegt.[355] Desweiteren gelten Zinsen aus der Exportfinanzierung (*export financing interest*) generell nicht als passive Einkünfte; sie sind ebenfalls in der Regel dem *general limitation income* des

---

[352] Vgl. SCHÄNZLE, Gestaltung, 96. Eine Zurechnung zum *basket I* kann zudem aufgrund verschiedener Sondervorschriften erfolgen, vgl. die nachfolgenden Ausführungen.

[353] Vgl. dazu METZNER, Export, 25 m. w. N.

[354] Vgl. Sec. 904(d)(2)(A) IRC; Reg. § 1.904-4(b); dazu auch BAUEN, Einführung, 120; YODER, Principles, Taxes, Vol. 78 (2000), 198; WOLFF, in: Debatin/Wassermeyer, DBA, Band 6, Art. 23 DBA USA, Rn. 99; SCHÄNZLE, Gestaltung, 97 f.

[355] Vgl. Sec. 904(d)(2)(A)(iii)(III) IRC; SCHÄNZLE, Gestaltung, 99; WOLFF, in: Debatin/Wassermeyer, DBA, Band 6, Art. 23 DBA-USA, Rn. 106. Diese Vorschrift soll einer Verrechnung von hochversteuertem Einkommen mit niedrig versteuertem passivem Einkommen entgegenwirken.

baskets I zuzuweisen.[356] Daneben ist zu beachten, dass die Zuordnung von ausländischen Einkommen zu der Kategorie der passiven Einkünfte gegenüber den übrigen Kategorien grundsätzlich subsidiär ist.[357]

Im *basket I* des *general limitation income* sammelt sich – aufgrund der Zurechnungsvorschriften des ausländischen Einkommens zu dieser Kategorie – im wesentlichen das hoch besteuerte ausländische passive Einkommen[358] und das aktive ausländische Einkommen eines US-amerikanischen Steuerpflichtigen; unter letzterem ist Einkommen aus der Produktion und dem Verkauf von Wirtschaftsgütern bzw. aus der Erbringung von Dienstleistungen aus ausländischen Geschäftstätigkeiten zu verstehen.[359]

Die Einkünfte der übrigen sieben, weniger bedeutsamen Einkunftskategorien lassen sich wie folgt umschreiben: Sofern Zinseinnahmen eine ausländische Quellensteuerbelastung von 5 % oder mehr aufweisen, gelten sie als Zinsen mit hoher Quellensteuerbelastung (*high withholding tax interest*) und sind daher in dem *basket B* zu erfassen.[360] Zu den Einkünften aus Finanzdienstleistungen (*financial services income*) des *baskets C* zählen grundsätzlich alle ausländischen Einkünfte aus dem aktiven Betrieb des Bank- und Versicherungsgeschäfts oder ähnlichen Tätigkeiten sowie aus dem gewöhnlichen, betriebsnotwendigen Anlagegeschäft von Versicherungsunternehmen.[361] Einkünfte aus internationalen Beförderungsleistungen (*shipping income*) des *baskets D* sind insbesondere Einkünfte aus internationalen Beförderungen mit Schiffen und Luftfahrzeugen, aus damit unmittelbar zusammenhängenden Dienstleistungen sowie aus der Vermietung von Luftfahrzeugen zur Nutzung im internationalen Verkehr.[362] Zu den in *basket E* erfaßten Dividenden einer *noncontrolled section 902 corporation* zählen die Dividenden ausländischer Kapitalgesellschaften, an denen eine US-amerikanische *corporation* zu mindestens 10 %, aber nicht mehr als 50 % der

---

[356] Vgl. Sec. 904(d)(2)(A)(iii)(II) IRC. Zinsen aus der Exportfinanzierung sind Zinsen aus der Finanzierung des Verkaufs von Gütern, die vom Steuerpflichtigen oder einer ihm nahestehenden Person in den USA erzeugt oder hergestellt werden und deren Marktwert zu maximal 50 % aus den in die USA importierten Produkten stammt, vgl. Sec. 904(d)(2)(G) IRC.

[357] Vgl. WOLFF, in: Debatin/Wassermeyer, DBA, Band 6, Art. 23 DBA USA, Rn. 99. Dies gilt beispielsweise für vorrangig dem *basket E* zuzuordnenden Dividenden von ausländischen Minderheitsbeteiligungen (10 % bis 50 %), vgl. SCHÄNZLE, Gestaltung, 98.

[358] Vgl. den vorherigen Absatz.

[359] Vgl. BAUEN, Einführung, 118.

[360] Vgl. Sec. 904(d)(2)(B) IRC; dazu auch SCHÄNZLE, Gestaltung, 99 f.; BAUEN, Einführung, 121.

[361] Vgl. Sec. 904(d)(2)(C) IRC; dazu auch SCHÄNZLE, Gestaltung, 97; BAUEN, Einführung, 121 f.

[362] Vgl. Sec. 904(d)(2)(D) IRC; SCHÄNZLE, Gestaltung, 97; WOLFF, in: Debatin/Wassermeyer, DBA, Band 6, Art. 23 DBA USA, Rn. 102.

Stimmrechte beteiligt ist.[363] In die *baskets F* bis *H* werden ausländische Einkünfte von im Außenhandel in Form einer *domestic international sales corporation* bzw. *foreign sales corporation* tätigen Tochterkapitalgesellschaft einbezogen.[364]

1.3.1.4.1.2.2.2. Einkunftskategorien für nach dem 31.12.2006 beginnende Steuerjahre

Durch den *American Jobs Creation Act of 2004* werden für nach dem 31.12.2006 beginnende Steuerjahre die bisherigen neun Kategorien von Auslandseinkünften auf zwei Kategorien reduziert: Passive Auslandseinkünfte (*passive category income*) und allgemeine Auslandseinkünfte (*general category income*).[365] Zu den passiven Auslandseinkünften gehören die Dividenden einer (früheren) *domestic international sales corporation* (*(former) DISC*), die nach Sec. 923(b) IRC als ausländische gewerbliche Einkünfte geltenden ausländischen Einkünfte und Ausschüttungen einer (früheren) *foreign sales corporation* (*(former) FSC*).[366] Ausländische Einkünfte aus Finanzdienstleistungen (*financial services income*) aus der überwiegenden aktiven Geschäftstätigkeit einer US-amerikanischen *corporation* oder einer zu mindestens 80 % in US-Besitz stehenden ausländischen Kapitalgesellschaft des Bank-, Versicherungs-, Finanzierungs- und ähnlichem Gewerbe (*financial services income of a financial services group*) sind ab dem 31.12.2006 zu den allgemeinen Auslandseinkünften zu zählen.[367] Zu den passiven Auslandseinkünften gehören grundsätzlich nicht hochbesteuerte Einkünfte (*high-taxed income*) sowie im Allgemeinen auch nicht die Einkünfte, die zuvor als Einkünfte aus internationalen Beförderungsleistungen (*shipping income*) qualifiziert worden sind.[368]

Die Kategorie der allgemeinen Auslandseinkünfte umfaßt alle ausländischen Einkünfte, die nicht zu den passiven Auslandseinkünften zählen.[369] Damit umfaßt diese Kategorie – wie bereits vor dem 01.01.2007 beginnenden Steuerjahren die Kategorie des *general limitation income* – unter anderem das Einkommen aus der Produktion und dem Verkauf von Wirtschaftsgütern bzw. aus der Erbringung von Dienstleistungen im Zusammenhang mit einer ausländischen Geschäftstätigkeit eines US-amerikanischen Steuerpflichtigen sowie seine sämtlichen hoch besteuerten passiven Einkünfte.

---

363 Vgl. SCHÄNZLE, Gestaltung, 97; BAUEN, Einführung, 122.

364 Vgl. SCHÄNZLE, Gestaltung, 97 m. w. N.; WOLFF, in: Debatin/Wassermeyer, DBA, Band 6, Art. 23 DBA USA, Rn. 104.

365 Vgl. DOERING, Revisions, Taxes, Vol. 83 (2005), 53.

366 Vgl. ZSCHIEGNER, USA, IWB 2005, Fach 8, Gruppe 2, 1334.

367 Vgl. ZSCHIEGNER, USA, IWB 2005, Fach 8, Gruppe 2, 1334; dazu auch DOERING, Revisions, Taxes, Vol. 83 (2005), 54.

368 Vgl. DOERING, Revisions, Taxes, Vol. 83 (2005), 53 f..

369 Vgl. DOERING, Revisions, Taxes, Vol. 83 (2005), 53 m. w. N.

1.3.1.4.2. Vermeidung von Doppelbesteuerungen im US-amerikanischen Abkommensrecht

Die USA unterhalten ein dichtes Netz von Doppelbesteuerungsabkommen mit den wichtigsten Industriestaaten zur Vermeidung der Doppelbesteuerung im bilateralen Verhältnis.[370] Liegt ein Doppelbesteuerungsabkommen vor, wird seitens der USA eine internationale Doppelbesteuerung ausschließlich mit der Anrechnungsmethode vermieden, die den Vorschriften zum *foreign tax credit* des IRC folgt.[371] Insofern gelten die für den Nicht-DBA-Fall im vorherigen Abschnitt B 1.3.1.4.1. dargestellten Grundsätze zur beschränkten Anrechnungsmethode auch im DBA-Fall.

1.3.1.5. Alternative Mindeststeuer

Neben der zuvor dargestellten Ermittlung der Bundeskörperschaftsteuer ist bei einer *corporation* grundsätzlich immer auch die sogenannte Alternative Mindeststeuer (*alternative minimum tax* (AMT)) zu berechnen.[372] Die AMT ist in den Secs. 55 bis 59 IRC geregelt und soll allgemein eine Mindestbesteuerung derjenigen Steuerpflichtigen gewährleisten, die einerseits eine hohe Leistungsfähigkeit aufweisen, aber andererseits ihre reguläre Einkommensteuerschuld infolge verschiedener steuerrechtlicher Gestaltungsmöglichkeiten auf Null bzw. auf ein nach Ansicht des Gesetzgebers unangemessen niedriges Niveau reduzieren.[373]

Ausgangspunkt der Ermittlung der AMT ist das zu versteuernde Einkommen der regulären Bundeskörperschaftsteuer der *corporation*, das zunächst unter Berücksichtigung der Anpassungen *(adjustments)* nach Secs. 56 und 58 IRC und der Erhöhungen um die in Sec. 58 IRC enthaltenen Steuervergünstigungen *(tax preference items)* zum *alternative minimum taxable income* (AMTI) weiterzuentwickeln ist.[374] Zu den wichtigsten Anpassungen gehören unter anderem die Gewährung reduzierter Abschreibungssätze[375] und die eingeschränkte Geltend-

---

[370] Vgl. SCHÄNZLE, Gestaltung, 110.

[371] Vgl. SCHÄNZLE, Gestaltung, 110; BAUEN, Einführung, 126.

[372] Die AMT findet in unterschiedlicher Ausgestaltung auf natürliche und juristische Personen Anwendung, vgl. BAUEN, Einführung, 15. Von der AMT sind allerdings sogenannte *small corporations* befreit. Als *small corporation* wird grundsätzlich eine *corporation* im ersten Jahr ihrer Gründung angesehen, wobei es im zweiten Jahr erforderlich ist, dass ihre Bruttoumsätze im ersten Jahr höchstens bei 5 Mio. US-$ lagen. Ab dem dritten Jahr gilt eine *corporation* als *small corporation*, wenn in allen vorangegangenen Dreijahreszeiträumen die durchschnittlichen Jahresumsätze höchstens 7,5 Mio. US-$ betragen, vgl. Sec. 55(e) IRC; DJANANI/BRÄHLER/LÖSEL, Investitionen, 114 f. Ausführlich wird das System der AMT bei WERNER, Mindestbesteuerung, behandelt.

[373] Vgl. DJANANI/BRÄHLER/LÖSEL, Investitionen, 114.

[374] Vgl. Sec. 55(b)(2) IRC.

[375] Vgl. Sec. 56(a)(1) IRC; dazu auch DJANANI/BRÄHLER/LÖSEL, Investitionen, 115 f.

machung eines Verlustabzugs im Rahmen der *alternative tax net operating loss deduction* (*ATNOL deduction*).[376] Das sich ergebende AMTI ist bei einer *corporation* anschließend um einen Freibetrag von 40.000 US-$ zu kürzen, der jedoch mit ansteigendem AMTI ausläuft, da er maximal bis auf Null um 25 % der positiven Differenz zwischen dem AMTI und 150.000 US-$ zu kürzen ist.[377] Auf das gegebenenfalls gekürzte AMTI ist bei einer *corporation* ein Steuersatz von 20 % anzuwenden,[378] woraus nach der etwaigen Berücksichtigung eines Absetzbetrags für im Ausland gezahlte Einkommenssteuern (*alternative minimum foreign tax credit* (AMT-FTC))[379] die vorläufige AMT (*tentative minimum tax* (TMT)) resultiert.[380] Nur wenn die TMT die reguläre Bundeskörperschaftsteuer (*regular tax*) der *corporation* übersteigt, wird die sich in Höhe dieser Differenz ergebenen AMT zusätzlich zu dieser regulären Bundeskörperschaftsteuer erhoben; ansonsten ist nur die reguläre Bundeskörperschaftsteuer und keine AMT abzuführen.[381] Sofern AMT in einem Steuerjahr zu zahlen ist, kann diese auf die Körperschaftsteuer der nachfolgenden Steuerjahre angerechnet werden, um eine doppelte Steuerbelastung zu vermeiden.[382]

1.3.2. Grundsätze der Verlustverrechnung und Mindestbesteuerungsaspekte

1.3.2.1. Überblick der Verlustverrechnungsvorschriften

Da entsprechend der dualen Struktur des US-amerikanischen Steuerrechts das gewöhnliche Betriebseinkommen (*ordinary income*) und die Erfolge aus Veräußerungsgeschäften (*capital income*) bei einer *corporation* unterschieden werden, ist auch beim Verlustausgleich und -abzug der *corporation* zwischen den Verrechnungsvorschriften für Betriebsverluste (Abschnitt B 1.3.2.2.) und den Verrechnungsvorschriften für Veräußerungsverluste (Abschnitt 1.3.2.3.) zu differenzieren. Betriebsverluste sind grundsätzlich nicht ausgleichsbeschränkt und können im Rahmen des Verlustabzugs in anderen Steuerjahren zeitlich begrenzt

---

[376] Vgl. Sec. 56(a)(4) IRC und der nachfolgende Abschnitt B 1.3.2.2.2. Zu den wichtigsten Anpassungen gehört nach DJANANI/BRÄHLER/LÖSEL, Investitionen, 116 f., auch die auf den *adjusted current earnings* basierende Anpassung. Im Rahmen dieser ACE-Anpassung kommt es zu der Erhöhung des zu versteuernden Einkommens um 75 % der Differenz zwischen den bereinigten Bruttoeinkünften (*adjusted current earnings* (ACE)) und dem AMTI ohne Berücksichtigung der *ATNOL deduction*, vgl. Sec. 56(c)(1), (g)(1) IRC.

[377] Vgl. Sec. 55(b)(1)(B), (d)(2) und (d)(3)(A) IRC.

[378] Vgl. Sec. 55(b)(1)(B) IRC.

[379] Vgl. Sec. 55(b)(1)(B)(ii) IRC.

[380] Vgl. Sec. 55(b)(1)(B) IRC; auch DJANANI/BRÄHLER/LÖSEL, Investitionen, 117 f.

[381] Vgl. Sec. 55(a) IRC; dazu auch DJANANI/BRÄHLER/LÖSEL, Investitionen, 118. Nach Sec. 55(c) IRC ist unter der regulären Bundeskörperschaftsteuer hier im wesentlichen die um den Absetzbetrag für ausländische Steuern i. S. d. Sec. 27(a) IRC gekürzte reguläre Bundeskörperschaftsteuerschuld (*regular tax liability*) i. S. d. Sec. 26(b) IRC zu verstehen, vgl. Abschnitt B 1.3.1.3.

[382] Vgl. HEINSEN, Verlustpolitik, 132; WERNER, Mindestbesteuerung, 111 f.

geltend gemacht werden (Abschnitt B 1.3.2.2.1.), wobei sich betragsmäßige Beschränkungen aus den Vorschriften der Alternativen Mindeststeuer (AMT) (Abschnitt B 1.3.2.2.2.) ergeben können. Beim Ausgleich und Abzug von Veräußerungsverlusten sind einkunftsspezifische, betragsmäßige und zeitliche Verrechnungsbeschränkungen zu beachten (Abschnitt B 1.3.2.3.1.2.). Die Verrechnungsregelungen der sogenannten *section 1231 gains/losses* können zudem einen erhöhten Ausgleich und Abzug von Veräußerungsverlusten bewirken (Abschnitt B 1.3.2.3.1.3.). Unterbrechungen der wirtschaftlichen Identität der *corporation* können den Ausgleich und Abzug von Betriebs- und Veräußerungsverlusten zusätzlich einschränken (Abschnitt B 1.3.2.2.3. bzw. B 1.3.2.3.2.); in diesem Zusammenhang können als *built-in losses* realisierte stille Lasten sowohl den Verlustausgleich als auch den Verlustabzug einschränken (Abschnitt B 1.3.2.2.3.1., B 1.3.2.2.3.4., B 1.3.2.2.3.5., B 1.3.2.3.2.), während als *built-in gains* realisierte stille Reserven zu einem weniger restriktiven Verlustabzug führen (Abschnitt B 1.3.2.2.3.4., B 1.3.2.2.3.5., B 1.3.2.3.2.). Zudem kann die Anti-Mißbrauchsvorschrift der Sec. 269 IRC, die steuerpolitisch motivierte Unternehmenskäufe vermeiden soll, die Geltendmachung von Verlustvorträgen vollständig untersagen, auch wenn dies nach den übrigen Abzugsregelungen möglich wäre (Abschnitt B 1.3.2.2.3.). Verluste ausländischer Betriebsstätten sind im DBA-Fall wie im Nicht-DBA-Fall grundsätzlich Bestandteil des allgemeinen Verlustausgleichs und -abzugs der *corporation*; sofern ein Betriebsstättenerfolg Veräußerungsverluste enthält, sind allerdings die Verrechnungsbeschränkungen, die auch für inländische Veräußerungsverluste gelten, zu beachten (Abschnitt B 1.3.2.4.).

1.3.2.2. Betriebsverluste

1.3.2.2.1. Grundsätze des Ausgleichs und Abzugs von Betriebsverlusten

Da bei der Ermittlung des zu versteuernden Einkommens einer *corporation* sämtliche steuerbare Bruttoeinnahmen um die Abzüge gekürzt werden,[383] kommt es zu einem automatischen Ausgleich ihrer Betriebsverluste und Betriebsgewinne. Wenn in einem Steuerjahr allerdings die Abzüge die Bruttoeinnahmen übersteigen, wird das sich ergebende negative zu versteuernde Einkommen als Nettobetriebsverlust (*net operating loss* (NOL)) bezeichnet.[384] Bei der Feststellung des NOLs eines Steuerjahres bleiben jedoch etwaige NOLs anderer Steuerjahre unberücksichtigt wie auch die *dividends-received deduction*.[385] Der Abzug eines NOLs in anderen Steuerjahren erfolgt nach den Regelungen der Sec. 172 IRC: Ein NOL kann von der *corporation* 2 Jahre rückgetragen oder 20 Jahre vorgetragen werden,[386] wobei keine betragsmäßigen Beschränkungen

---

[383] Vgl. Abschnitt B 1.3.1.2.1.
[384] Vgl. Sec. 172(c) IRC.
[385] Vgl. Sec. 172(c), (d)(1), (d)(5) IRC; KAHN/LEHMANN, Taxation, 984.
[386] Vgl. Sec. 172(b)(1)(A) IRC.

bestehen, mit Ausnahme der Einschränkungen, die sich aus der US-amerikanischen Mantelkaufvorschrift gemäß Sec. 382 IRC ergeben.[387] Nicht innerhalb der genannten Fristen verrechnete NOLs verfallen. Der Abzug eines NOLs in anderen Steuerjahren hat so früh wie möglich zu erfolgen, wobei etwaiges positives zu versteuerndes Einkommen in einem Rück- bzw. Vortragsjahr so weit wie möglich, d. h. bis auf Null, zu mindern ist. Das bedeutet, dass die Verrechnung eines NOLs mit dem zweiten, dem Verlustjahr vorangehenden Steuerjahr zu beginnen hat. Sofern mangels ausreichendem zu versteuerndem Einkommen ein NOL-Restbetrag verbleibt, ist dieser in das erste, dem Verlustjahr vorangehende Steuerjahr rückzutragen und danach gegebenenfalls in die dem Verlustjahr nachfolgenden Steuerjahre vorzutragen.[388] Sofern in einer fristgerecht eingereichten Körperschaftsteuererklärung auf einen NOL-Rücktrag verzichtet wird, besteht keine Rücktragspflicht. Ein derartiger Verzicht betrifft dann jedoch den gesamten rücktragsfähigen NOL; ein teilweiser Rücktrag ist nicht möglich.[389]

Der Abzug eines NOLs in anderen Steuerjahren erfolgt im Rahmen der sogenannten *net operating loss deduction* (*NOL deduction*), d. h. dem Nettobetriebsverlustabzug. Dabei bezeichnet die *NOL deduction* eines Steuerjahres die Summe der in diesem Steuerjahr abzuziehenden Nettobetriebsverlustrückträge und -vorträge (*NOL carrybacks* bzw. *NOL carryovers*).[390] Sofern in mehreren Steuerjahren abzugsfähige NOLs entstanden sind, sind diese in der Reihenfolge ihrer Entstehung in die *NOL deduction* eines Steuerjahres einzubeziehen und damit zu verrechnen; die jeweils ältesten NOLs gelten damit als zuerst verrechnet.[391] Zudem ist bei in mehreren Steuerjahren entstandenen NOLs zu beachten, dass es zur Kontrolle der zeitlich begrenzten Vortragsfrist von 20 Jahren erforderlich ist, den am Ende eines Veranlagungszeitraumes verbleibenden Verlustvortrag nach Entstehungsjahren aufzuspalten.[392]

Inwieweit Einschränkungen des Ausgleichs und Abzugs von Betriebsverlusten bei einer *corporation* aus einer Unterbrechung ihrer wirtschaftlichen Identität gemäß der US-amerikanischen Mantelkaufvorschrift der Sec. 382 IRC bei unveränderter rechtlicher Identität resultieren können, untersucht der nachfolgende Abschnitt B 1.3.2.2.3. Zuvor wird jedoch darauf eingegangen, auf welche Weise sich eine Mindestbesteuerung bei einer *corporation* ergeben kann.

---

[387] Vgl. dazu die nachfolgenden Abschnitte B 1.3.2.2.2. bzw. B 1.3.2.2.3.
[388] Vgl. Sec. 172(b)(2) IRC.
[389] Vgl. Sec. 172(b)(3) IRC; KROSCHEL, Amerika, 216.
[390] Vgl. Sec. 172(a) IRC.
[391] Vgl. WACKE, Mantelkauf, 194.
[392] Vgl. WACKE, Mantelkauf, 194.

1.3.2.2.2. Mindestbesteuerungsaspekte

Auch wenn im System der regulären Bundeskörperschaftsteuer – bei Nichtanwendung der US-amerikanischen Mantelkaufvorschrift gemäß Sec. 382 IRC – rück- und vorgetragene NOLs ohne betragsmäßige Beschränkungen in anderen Steuerjahren abgezogen werden können, kann sich hier eine betragsmäßige Beschränkung und damit eine Mindestbesteuerung der *corporation* aus den Regelungen der Alternativen Mindeststeuer (AMT) wie folgt ergeben:

Im System der AMT ergibt sich als negativer Betriebsverlust eines Steuerjahres statt des NOLs nach Sec. 172(c) IRC der ATNOL (*alternative tax net operating loss*), der dem regulären NOL unter Berücksichtigung der Anpassungen (*adjustments*) im Sinne der Secs. 56, 58 IRC und der Steuervergünstigungen (*tax preference items*) nach Sec. 57 IRC entspricht,[393] womit der NOL und der ATNOL eines Steuerjahres in der Regel nicht übereinstimmen. Der Abzug eines ATNOLs in anderen Steuerjahren folgt denselben Grundsätzen wie der Abzug eines NOLs, so dass ein ATNOL beispielsweise 2 Jahre rückgetragen und 20 Jahre vorgetragen werden kann[394] und der Abzug von ATNOLs im Rahmen der *ATNOL deduction* erfolgt.[395] Gemäß Sec. 56(d)(1)(A) IRC kann jedoch das AMTI eines Steuerjahres vor Berücksichtigung der *ATNOL deduction* durch rück- und vorgetragene ATNOLs maximal um 90 % gemindert werden. Damit wird das Prinzip einer 10 %-igen Untergrenze (*10 %-floor concept*) realisiert, welches ein völliges Aufzehren des Gewinns eines Steuerjahres durch Verlustabzüge verhindern soll.[396] Sofern die AMT also zum Tragen kommt, entspricht sie im Ergebnis einer betragsmäßigen Beschränkung des Abzugs von Betriebsverlusten im System der regulären Bundeskörperschaftsteuer.[397] Zu beachten ist, dass im System der regulären Bundeskörperschaftsteuer und im System der AMT der Abzug der jeweiligen NOLs parallel stattfindet. Aufgrund der Anrechnung gezahlter AMT auf die reguläre Körperschaftsteuer nachfolgender Steuerjahre werden steuerliche Mehrbelastungen, die beispielsweise aus der verminderten Geltendmachung von Verlustvorträgen im System der AMT resultieren, vermieden.[398]

---

[393] Vgl. Sec. 56(d)(1)(B)(i), (d)(2)(A) IRC; auch DJANANI/BRÄHLER/LÖSEL, Investitionen, 116; Abschnitt B 1.3.1.5.

[394] Vgl. RUBIN/DICKERSON, Vereinigte Staaten, CDFI 1998, Band 83a, 848; ähnlich WERNER, Mindestbesteuerung, 105.

[395] Vgl. Sec. 56(a)(4) IRC; zu den Grundsätzen des NOL-Abzugs und zum Begriff der *NOL deduction* vgl. Abschnitt B 1.3.2.2.1.

[396] Vgl. WERNER, Mindestbesteuerung, 105.

[397] So auch HEINSEN, Verlustpolitik, 132.

[398] Da diese Anrechnung erst in späteren Steuerjahren erfolgt, ergeben sich folglich negative Zins- und Liquiditätseffekte für die *corporation*.

1.3.2.2.3. Verrechnungsbeschränkung der Sec. 382 IRC

1.3.2.2.3.1. Vorbemerkung

Gemäß Sec. 382 IRC kann eine *corporation* insbesondere einen NOL nur dann betragsmäßig unbeschränkt vortragen, wenn sie nicht nur rechtlich, sondern auch wirtschaftlich mit derjenigen *corporation* identisch ist, die den Verlust erlitten hat.[399] Im Allgemeinen setzt die Beibe-haltung der wirtschaftlichen Identität nach Sec. 382 IRC voraus, dass zunächst nicht mehr als 50 % der Anteile der *corporation* innerhalb von drei Jahren übertragen werden. Ist dagegen eine derartige schädliche Anteilsübertragung (*ownership change*) gegeben, können vorgetragene NOLs nur im Umfang eines gewissen jährlichen Höchstbetrags (*section 382 limitation*)[400] geltend gemacht werden. Sofern ein *ownership change* am Ende eines Steuerjahres festgestellt wird, ist die *section 382 limitation* nur in allen nachfolgenden Steuerjahren einzuhalten, wobei sie sowohl für einen etwaigen aus dem Steuerjahr des *ownership change* vorgetragenen NOL als auch für aus früheren Steuerjahren vorgetragene NOLs gilt. Sofern ein *ownership change* jedoch nicht mit dem Ende eines Steuerjahres zusammenfällt und in diesem Steuerjahr ein positives zu versteuerndes Einkommen erzielt wird,[401] findet die *section 382 limitation* für aus früheren Steuerjahren vorgetragene NOLs bereits für das Steuerjahr des *ownership change* Anwendung. In einem solchen Fall ist allerdings sowohl das zu versteuernde Einkommen als auch die *section 382 limitation* auf Tagesbasis in eine *pre-change period* und eine *post-change period* aufzuteilen. Die vorgetragenen NOLs können dann das zu versteuernde Einkommen der *pre-change period* ohne Beachtung der (anteiligen) *section 382 limitation* mindern, während beim zu versteuernden Einkommen der *post-change period* die zugehörige anteilige *section 382 limitation* einzuhalten ist.[402] Kommt es innerhalb von zwei Jahren nach der schädlichen Anteilsübertragung (*ownership change*) zusätzlich zu einer wesentlichen Änderung des Geschäftsbetriebs, werden geltendgemachte NOL-Vorträge rückwirkend vollständig ver-

---

[399] In Ausnahmefällen wie bei bestimmten steuerlichen Umwandlungsvorgängen nach Sec. 381(a)(2) IRC i. V. m. Sec. 368(a)(1) IRC ist die rechtliche Identität keine Voraussetzung für die uneingeschränkte Nutzung eines NOL-Vortrags, vgl. KROSCHEL, Amerika, 405 f. Die Regelungen der Sec. 382 IRC bzw. die damit verbundenen Verlustverrechnungsbeschränkungen gelten nach Sec. 382(l)(7) IRC auch im System der AMT, vgl. auch KAHN/LEHMANN, Taxation, 1000.

[400] Vgl. Abschnitt B 1.3.2.2.3.3.

[401] Sofern in einem solchen Steuerjahr ein negatives zu versteuerndes Einkommen im Sinne eines NOLs erzielt wird, unterliegt dieser in späteren Steuerjahren nur mit seinem auf die *pre-change period* entfallenden Anteil der *section 382 limitation*; der auf die *post-change period* entfallende Anteil des NOLs unterliegt dagegen nicht den Beschränkungen der Sec. 382 IRC. Die Aufteilung des NOLs auf die *pre-change* und *post-change period* erfolgt auf Tagesbasis, vgl. dazu nur BITTKER/EUSTICE, Taxation, Chapter 14, 94.

[402] Vgl. Sec. 382(b)(3) IRC; BITTKER/EUSTICE, Taxation, Chapter 14, 94; dazu auch KAHN/LEHMANN, Taxation, 1026 f., 1030 ff. mit Beispiel.

sagt. Sie bleiben allerdings insofern abziehbar, als dass ihr Abzug durch im Sinne der *built-in gain rule* als *built-in gains* realisierte stille Reserven ermöglicht worden ist bzw. wird.[403]

Die US-amerikanische Mantelkaufvorschrift der Sec. 382 IRC kann aber nicht nur den Abzug von NOLs, sondern ebenfalls den Verlustausgleich der *corporation* einschränken. Die zuvor genannten Beschränkungen gelten generell für sämtliche *pre-change losses* einer *corporation*, zu denen neben ihren vorgetragenen NOLs und einem im Steuerjahr des *ownership change* entstandenen NOL[404] auch ihre im Sinne der *built-in loss rule* als *built-in losses* realisierte stille Lasten zählen.[405] Sofern derartige stille Lasten nach einem *ownership change* realisiert werden, vermindern sie in dem zugehörigen Steuerjahr den jährlichen Abzugshöchstbetrag (*section 382 limitation*) für vorgetragene NOLs;[406] übersteigen sie jedoch diese *section 382 limitation*, sind sie vom Verlustausgleich dieses Steuerjahres ausgeschlossen und können dann nur in nachfolgenden Steuerjahren wie ein Verlustvortrag unter Einhaltung der *section 382 limitation* abgezogen werden.[407] Kommt es innerhalb der zwei Jahre nach dem *ownership change* zu einer wesentlichen Änderung des Geschäftsbetriebs, wird die Geltendmachung von sämtlichen als *built-in losses* realisierten stillen Lasten rückwirkend versagt,[408] was mit entsprechenden Korrekturen des Verlustausgleichs der zugehörigen Steuerjahre verbunden ist.

Desweiteren ist zu beachten, dass die Regelungen der Sec. 382 IRC, d. h. die Prüfung der Beibehaltung der wirtschaftlichen Identität, grundsätzlich nur auf eine *loss corporation* anzuwenden sind, wobei es sich um eine *corporation* han-

---

403 Vgl. dazu nachfolgender Abschnitt B 1.3.2.2.3.4. und Abschnitt B 1.3.2.2.3.5.

404 Ein solcher NOL gilt allerdings nur in dem Umfang als *pre-change loss*, in dem er bis zur Feststellung des *ownership change* entstanden ist, vgl. Sec. 382(d)(1)(B) IRC.

405 Vgl. Secs. 382(d)(1), 382(h)(1)(B)(i) IRC. Zu Einzelheiten hinsichtlich realisierter *built-in losses* vgl. den Abschnitt B 1.3.2.2.3.4. Nach Reg. § 1.382-2(a)(2) zählen zu den *pre-change losses* insbesondere auch Nettoveräußerungsverlustvorträge und ein im Steuerjahr des *ownership change* angefallener Nettoveräußerungsverlust wie er bis zur Feststellung des *ownership change* entstanden ist, vgl. dazu auch Abschnitt B 1.3.2.3.1.1., B 1.3.2.3.1.2.

406 Zu Einzelheiten vgl. Abschnitt B 1.3.2.2.3.4. Wenn die *built-in losses* nach einem *ownership change* realisiert werden, der im Laufe eines Steuerjahres stattfindet, dann werden diese realisierten stillen Lasten nicht der *pre-change period*, sondern immer vollumfänglich der *post-change period* dieses Steuerjahres zugeordnet, vgl. dazu Reg. § 1.382-6(c)(1); KAHN/LEHMANN, Taxation, 1026. A. A. wohl BITTKER/EUSTICE, Taxation, Chapter 14, 94.

407 Vgl. Sec. 382(h)(4) IRC; KAHN/LEHMANN, Taxation, 1040. Je nachdem, ob es sich bei den nicht ausgleichsfähigen realisierten *built-in losses* um *built-in ordinary losses* oder *built-in capital losses* handelt, gelten sie in nachfolgenden Steuerjahren als ein vorgetragener NOL bzw. Nettoveräußerungsverlust, vgl. hierzu auch die Ausführungen in Abschnitt B 1.3.2.2.3.4.

408 Vgl. Abschnitt B 1.3.2.2.3.5.

delt, die einen NOL-Vortrag aufweist, die im Jahr des *ownership change* einen NOL erleidet oder die einen *net unrealized built-in loss* (NUBIL) aufweist.[409]

1.3.2.2.3.2. Schädliche Anteilsübertragung

Die Prüfung, ob eine schädliche Anteilsübertragung im Sinne von Sec. 382 IRC, d. h. ein *ownership change*, gegeben ist, erfolgt in zwei Stufen: Auf der ersten Stufe ist zu untersuchen, ob ein *owner shift* vorliegt, wobei als *owner shift* jede Veränderung im prozentualen Anteilsbesitz bei einem 5 %-Anteilseigner gilt.[410] Ein 5 %-Anteilseigner ist eine Person, die Anteile im Marktwert von mindestens 5 % des Marktwertes aller ausgegebenen Anteile der *loss corporation* mittelbar oder unmittelbar besitzt und zwar zu irgend einem Zeitpunkt innerhalb des Testzeitraums nach Sec. 382(i) IRC, d. h. im Allgemeinen innerhalb der drei vorangegangenen Jahre.[411] Grundsätzlich kann ein *owner shift* aus einem Anteilserwerb von bereits beteiligten Anteilseignern oder von der *corporation* selbst, aus einem Sec. 351 Tausch (*a section 351 exchange*), aus einem Anteilsrückkauf (*redemption*), aus der Ausübung von *stock conversion rights* oder aus einer Kombination der genannten Transaktionen resultieren.[412] Kommt es bei einem *equity structure shift* zu einer Veränderung im Anteilsbesitz eines 5 %-Anteilseigners, stellt dieser *equity structure shift* ebenfalls einen *owner shift* dar.[413] Bei einem *equity structure shift* handelt es sich um einen Reorganisationsfall (*reorganization*) nach Sec. 368 IRC mit Ausnahme der *F reorganization* und der aufspaltenden *D* oder *G reorganization.*[414]

---

409 Vgl. Sec. 382(k)(1) IRC. Der Begriff NUBIL wird nachfolgend in Abschnitt B 1.3.2.2.3.4. umfassend erläutert. Vom Grundsatz ist bei einer *corporation* ein NUBIL gegeben, wenn ihre Wirtschaftsgüter netto insgesamt erhebliche stille Lasten aufweisen. Nach Reg. § 1.382-1T(a)(1)(i) handelt es sich bei einer *corporation* insbesondere auch dann um eine *loss corporation*, wenn diese einen Nettoveräußerungsverlustvortrag aufweist oder im Jahr des *ownership change* einen Nettoveräußerungsverlust erleidet, vgl. dazu auch Abschnitt B 1.3.2.3.1.1., B 1.3.2.3.1.2.

410 Vgl. Sec. 382(g)(2) IRC.

411 Vgl. Sec. 382(k)(5), (6)(C), (7) IRC. Bei der Bestimmung eines 5 %-Anteilseigners bestehen diverse Zuordnungsvorschriften. So werden beispielsweise die Anteile bestimmter Familienmitglieder zusammengefaßt, und sämtliche Anteilseigner einer *corporation*, die jeweils weniger als 5 % ihrer Anteile halten, werden als ein einzelner 5 %-Anteilseigner behandelt, vgl. dazu FLICK, in: Widmann/Mayer, UmwStG, Band 7, Anhang 3 zum UmwStG, U 483; KAHN/LEHMANN, Taxation, 1007 f.; WACKE, Mantelkauf, 206 ff.

412 Vgl. Reg. § 1.382-2T(e)(1). Bei der Prüfung eines *ownership shifts* sind Erwerbe durch Erbschaft, wenn sich die Wertermittlung nach Sec. 1014 IRC richtet, Schenkungen und Überführungen in einen Trust unbeachtlich, vgl. WACKE, Mantelkauf, 204 f.

413 Vgl. Reg. § 1.382-2T(e)(1)(i)(E); KAHN/LEHMANN, Taxation, 1005.

414 Vgl. Sec. 382(g)(3)(A) IRC. Zudem handelt es sich bei einem *equity structure shift* um bestimmte steuerbare reorganisationsähnliche Transaktionen, öffentliche Emissionen oder vergleichbare Transaktionen, vgl. Sec. 382(3)(B) IRC.

Ist bei einer *loss corporation* ein *owner shift* gegeben, ist auf einer zweiten Stufe zu prüfen, ob sich der von einem oder mehreren der 5 %-Anteilseignern gehaltene prozentuale Anteilsbesitz unmittelbar nach dem *owner shift* um mehr als 50 %-Punkte innerhalb des Testzeitraums nach Sec. 382(i) IRC, d. h. im Allgemeinen innerhalb der drei vorangegangenen Jahre, erhöht hat. Dabei sind sämtliche Anteilsveränderungen des bzw. der 5 %-Anteilseigner zusammenzurechnen. Als Bezugsbasis gilt immer der niedrigste prozentuale Anteilsbesitz der Anteilseigner.[415] Wird eine derartige schädliche Anteilserhöhung festgestellt, ist ein *ownership change* nach Sec. 382(g) IRC gegeben. Zu beachten ist, dass jeder *owner shift* (*testing date*) mit einem eigenen Testzeitraum (*testing period*) verbunden ist. Auch wenn als Testzeitraum im Allgemeinen der einem *owner shift* vorangehende dreijährige Zeitraum gilt, kann er in verschiedenen Situtationen einen kürzeren Zeitraum darstellen.[416] Ein solcher kann sich ergeben, weil ein Testzeitraum nicht vor dem Steuerjahr beginnt, in dem erstmals ein Verlustvortrag entstanden ist oder ein NUBIL[417] festgestellt wurde.[418] Zum anderen kann sich ein kürzerer Testzeitraum ergeben, wenn ein *owner shift* weniger als drei Jahre nach einem vorangegangenen *ownership change* auftritt, weil ein Testzeitraum grundsätzlich erst nach dem letzten vorangegangenen *ownership change* beginnt.[419]

Bei der Bestimmung von 5 %-Anteilseignern, *owner shifts* oder *ownership changes* bezeich-net der Begriff „Anteile" vom Grundsatz sämtliche ausgegebene Aktien (*stock*) der *loss corporation*, mit der Ausnahme von reinen Vorzugsaktien (*preferred stock*) im Sinne von Sec. 1504(a)(4) IRC, wobei es sich um stimmrechtslose, nicht wandelbare, hinsichtlich Dividendenberechtigung und Liquidationserlös beschränkte Vorzugsaktien handelt, die nicht zu einem überhöhten Abschlag ausgegeben worden sind und auch nicht mit einer überhöhten Prämie rückrufbar sind.[420] Folgendes Beispiel[421] verdeutlicht die Bestimmung eines *ownership change* bei einer *loss corporation*:

> Die *loss corporation* L mit einem kalenderjahrgleichen Steuerjahr hat ausschließlich 200 Anteile an Stammaktien (*common stock*) ausgegeben, die jeweils den gleichen Wert aufweisen. Seit dem 1. Januar 01 hält das Individum A 100 Anteile, das Individuum B 50 Anteile und das Individuum C 50 Anteile. A, B und C sind voneinander unabhängig.

---

[415] Vgl. Sec. 382(g)(1) IRC; Reg. § 1.382-2T(a)(1), (2); KAHN/LEHMANN, Taxation, 1005. Bei einem *equity structure shift* ist ein *ownership change* damit grundsätzlich nur dann zu prüfen, wenn dabei ein *owner shift* gegeben ist, vgl. Reg. § 1.382-2T(a)(2)(i)(B).

[416] Vgl. Sec. 382(i) IRC; Reg. § 1.382-2T(d)(1).

[417] Zum Begriff des NUBILs vgl. nachfolgender Abschnitt B 1.3.2.2.3.4.

[418] Vgl. Sec. 382(i)(3) IRC; Reg. § 1.382-2T(d)(3); KAHN/LEHMANN, Taxation, 1006.

[419] Vgl. Sec. 382(i)(2) IRC; Reg. § 1.382-2T(d)(3).

[420] Vgl. Sec. 382(k)(6)(A) IRC; MOHR/CONSTON, in: Widmann/Mayer, UmwStG, Band 5, Anhang 3 zum UmwStG, EL August 1995, U 451; KAHN/LEHMANN, Taxation, 1004, 1007, 1009; dazu auch Reg. § 1.382-2(a)(3)(i), -2T(f)(18).

[421] Vgl. KAHN/LEHMANN, Taxation, 1012 f.

Am 12. Januar 04 verkauft A 60 L-Anteile an B. Dieser Verkauf erhöht B's prozentualen Anteilsbesitz um 30 %-Punkte (von 25 % auf 55 %) und vermindert A's prozentualen Anteilsbesitz um 30 %-Punkte (von 50 % auf 20 %). Der Verkauf stellt ein *owner shift* dar, da eine Veränderung in dem prozentualen Anteilsbesitz eines 5 %-Anteilseigners stattgefunden hat. Folglich ist der 12. Januar 04 ein Zeitpunkt, an dem zu prüfen ist, ob innerhalb des zugehörigen Testzeitraums (13. Januar 01 bis 12. Januar 04) ein *ownership change* erfolgt ist. Innerhalb dieses Zeitraums ist B der einzige 5 %-Anteilseigner, der seinen prozentualen L-Anteilsbesitz erhöht, wobei diese Erhöhung nicht mehr als 50 %-Punkte beträgt. Folglich ist bei der *L-corporation* am 12. Januar 04 kein *ownership change* gegeben. Am 14. Dezember 05 kauft A von C dessen gesamte 50 L-Anteile. Aufgrund dieses Kaufs hält A nicht mehr 40 Anteile, sondern 90 Anteile, womit er seinen prozentualen L-Anteilsbesitz um 25 %-Punkte (von 20 % auf 45 %) erhöht. Weil dieser Kauf eine Veränderung im prozentualen Anteilsbesitz eines 5 %-Anteilseigners darstellt, gilt er als ein *owner shift*, so dass der 14. Dezember 05 ein Testzeitpunkt ist. Innerhalb des zugehörigen Testzeitraums (15. Dezember 02 bis 14. Dezember 05) erhöhen die beiden 5 %-Anteilseigner A und B ihren prozentualen L-Anteilsbesitz, so dass zu prüfen ist, um wieviel %-Punkte sie dies tun. Entscheidend sind hierbei ihre jeweiligen niedrigsten prozentualen Beteiligungen innerhalb des Testzeitraums und ihre jeweiligen prozentualen Beteiligungen unmittelbar nach dem *owner shift*. Innerhalb des Testzeitraums erhöht A seine Beteiligung daher um 25 %-Punkte (von 20 % auf 45 %), B dagegen um 30 %-Punkte (von 25 % auf 55 %). Da folglich zwei 5 %-Anteilseigner ihren prozentualen L-Anteilsbesitz um insgesamt 55 %-Punkte innerhalb des relevanten Testzeitraums erhöhen, erleidet die *L-coporation* am 14. Dezember 05 einen *ownership change*. Wenn abgewandelt zu dem zuvor dargestellten Fall das Individuum X als alleiniger Anteilseigner der *L-corporation* seine gesamte Beteiligung in einem einzigen Schritt an das Individuum Y veräußert, stellt ein solcher Vorgang vor dem Hintergrund der zuvor erläuterten zweistufigen Prüfungssystematik den wohl einfachsten Fall des *ownership change* dar.

1.3.2.2.3.3. Section 382 limitation

Wird bei einer *loss corporation* ein *ownership change* festgestellt, unterliegen ihre *pre-change losses* wie insbesondere ihre vorgetragenen NOLs in den folgenden Steuerjahren einem jährlichen Abzugshöchstbetrag, der sogenannten *section 382 limitation*.[422] Diese *section 382 limitation* ergibt sich als Produkt aus dem Wert der *loss corporation* und aus dem von dem IRS monatlich veröffentlichten und zur Zeit des *ownership change* gültigen lang-fristigen Zinssatz für steuerfreie Schuldverschreibungen.[423] Vom Grundsatz entspricht der Wert der *corporation* dem Marktwert ihrer Anteile unmittelbar vor dem *ownership change*, wobei sich der Begriff „Anteile“ auf alle von ihr ausgegebenen Aktien *(stock)* bezieht, einschließlich der Vorzugsaktien im Sinne des Sec. 1504(a)(4)

---

[422] Vgl. Sec. 382(a) IRC. Dies kann auch bereits für das Steuerjahr des *ownership change* gelten, wenn der *ownership change* nicht am Endes dieses Steuerjahres gegeben ist und in diesem Steuerjahr ein positives zu versteuerndes Einkommen erwirtschaftet wird, vgl. dazu die Ausführungen in Abschnitt B 1.3.2.2.3.1.

[423] Vgl. Sec. 382(b)(1) IRC; FLICK, in: Widmann/Mayer, UmwStG, Band 7, Anhang 3 zum UmwStG, U 488; KAHN/LEHMANN, Taxation, 1022 f.

IRC.[424] Dieser Marktwert ist unter Umständen um bestimmte Zu- und Abschläge zu korrigieren, sofern dies die Vorschriften nach Sec. 382 IRC bzw. der zugehörigen Regulations erfordern. Beispielsweise sind Kapitaleinlagen, die innerhalb von zwei Jahren vor dem *ownership change* geleistet worden sind, abzuziehen.[425] Zudem sind Abschläge zu berücksichtigen, wenn mindestens ein Drittel des Wertes der *corporation* aus nicht unmittelbar für das Geschäft benötigten Aktiva wie Investmentanlagen oder Barmittel besteht.[426]

Ist die *section 382 limitation* nach obigen Grundsätze berechnet, so ist dieser grundsätzliche jährliche Abzugshöchstbetrag ein für alle Male fixiert; spätere Änderungen des steuerfreien Zinssatzes sind unbeachtlich. Aufgrund dieses jährlichen Abzugshöchstbetrags wird der Abzug eines NOL-Vortrags nicht in vollem Umfang versagt, sondern nur auf einen Maximalbetrag begrenzt, was eine zeitliche Streckung des Vortrags über einen längeren Zeitraum bedeutet. Diese zeitliche Streckung kann allerdings in Verbindung mit dem zulässigen Vortragszeitraum für NOLs von 20 Jahren zu einem teilweisen oder vollständigen Untergang des Verlustvortrags führen.[427] Auch wenn die einmal berechnete *section 382 limitation* vom Grundsatz fixiert ist, können in einem Steuerjahr Anpassungen dieses Betrags erforderlich werden. Wenn beispielsweise die *section 382 limitation* in einem Steuerjahr den Betrag an *pre-change losses*, der in diesem Jahr zu versteuerndes Einkommen gemindert hat, übersteigt, dann ist dieser Überschuß, d. h. die ungenutzte *section 382 limitation* dieses Jahres, in das nächste Steuerjahr zu übertragen und erhöht damit die dortige *section 382 limitation*.[428] Folgendes Beispiel[429] verdeutlicht die obigen Ausführungen:

> Am 31. Dezember 01 erleidet die *L-corporation*, die einen NOL-Vortrag von 1.000.000 US-$ aufweist, einen *ownership change*. Unmittelbar davor beträgt der Wert sämtlicher L-Anteile 2.000.000 US-$ und der relevante steuerfreie langfristige Zinssatz 5 %, womit sich als Produkt die jährliche *section 382 limitation* für L in Höhe von 100.000 US-$ ergibt. In 02 erzielt L ein zu versteuerndes Einkommen von 70.000 US-$, das vollständig durch den NOL-Vortrag auf Null gemindert wird. In 03, dem zweiten Jahr nach dem *ownership change*, kann L zu versteuerndes Einkommen in Höhe von 130.000 US-$ durch einen NOL-Vortrag mindern, weil die *section 382 limitation* für 2002 (100.000 US-$) um die ungenutzte *section 382 limitation* aus 02 (30.000 US-$) zu erhöhen ist. In diesem Zusammenhang wird zudem deutlich, dass die jährliche *section 382 limitation* in Verbindung mit dem 20-jährigen Vortragszeitraum für NOLs zu einem Untergang eines Teils des Verlustvortrags führen kann. Wenn in diesem Beispiel der NOL-Vortrag von L 3.000.000 US-$ betragen würde, dann würde L nicht in der Lage sein, hiervon

424 Vgl. Sec. 382(e)(1) IRC.
425 Vgl. Sec. 382(l)(1) IRC; KAHN/LEHMANN, Taxation, 1024 f.
426 Vgl. Sec. 382(l)(4) IRC; KAHN/LEHMANN, Taxation, 1025.
427 Vgl. dazu nachfolgendes Beispiel.
428 Vgl. Sec. 382(b)(2) IRC; KAHN/LEHMANN, Taxation, 1025 f.; RUBIN/DICKERSON, Vereinigte Staaten, CDFI 1998, Band 83a, 853.
429 Vgl. DOERNBERG/ABRAHMS, Corporations, 513 f.

1.000.000 US-$ nach einem *ownership change* mit zukünftigem zu versteuerndem Einkommen zu verrechnen.

Neben den jährlichen Anpassungen um ungenutzte *section 382 limitations* früherer Perioden ist die *section 382 limitation* eines Steuerjahres auch aufgrund realisierter stiller Reserven bzw. stiller Lasten im Sinne der *built-in gain rule* bzw. *built-in loss rule* anzupassen, womit sich der nachfolgende Abschnitt beschäftigt.[430]

1.3.2.2.3.4. Einfluß der built-in gain rule und der built-in loss rule

Beim Vortrag von NOLs ist die jährliche *section 382 limitation* um realisierte stille Reserven bzw. stille Lasten anzupassen, wenn diese als *built-in gains* bzw. *built-in losses* gemäß der *built-in gain rule* bzw. der *built-in loss rule* realisiert werden. Die *built-in gain rule* kommt bei einer *loss corporation* zur Anwendung, wenn diese einen *net unrealized built-in gain* (NUBIG) aufweist; die *built-in loss rule* ist dagegen bei einem *net unrealized built-in loss* (NUBIL) anzuwenden.[431] Ein NUBIG bzw. NUBIL liegt bei einer *loss corporation* vor, wenn und insoweit der Verkehrswert (*fair market value*) aller ihrer Wirtschaftsgüter unmittelbar vor dem *ownership change* die Summe ihrer jeweiligen Buchwerte (*adjusted basis*) zu diesem Zeitpunkt überschreitet bzw. unterschreitet.[432] Vorausgesetzt wird zudem, dass ein NUBIG bzw. NUBIL mindestens 15 % des Verkehrswerts aller Wirtschaftsgüter der *corporation* oder mindestens 10 Mio. US-$ zu betragen hat (*treshold requirement*);[433] ansonsten wird angenommen, dass bei der *corporation* kein NUBIG bzw. NUBIL vorliegt, womit die *built-in gain rule* bzw. *built-in loss rule* nicht anzuwenden ist.

Wenn eine *loss corporation* einen NUBIG unmittelbar vor einem *ownership change* aufweist und wenn innerhalb von fünf Jahren nach dem *ownership change* ein unmittelbar vor dem *ownership change* vorhandenes Wirtschaftsgut der *corporation* veräußert wird, dann gilt nach der *built-in gain rule* die dabei realisierte stille Reserve, in dem Umfang, in dem sie im Zeitpunkt des *ownership change* festgestellt worden ist, als realisierter *built-in gain*.[434] Ein solcher

---

430 Sofern eine *corporation* Nettoveräußerungsverluste vorträgt, bei denen es sich ebenfalls um *pre-change losses* handelt, wird die *section 382 limitation* eines Steuerjahres dadurch derart beeinflußt, dass bestimmte andere *pre-change losses* wie NOL-Vorträge in geringerem Umfang abgezogen werden können, vgl. dazu Abschnitt B 1.3.2.3.2.

431 Vgl. Sec. 382(h)(1) IRC; KAHN/LEHMANN, Taxation, 1040.

432 Vgl. Sec. 382(h)(3)(A)(i) IRC. Nicht berücksichtigt werden bei der Berechnung des NUBIGs und NUBILs bzw. des *treshold requirements* Barmittel und diesen ähnelnde Positionen *(cash and cash items)* sowie börsengängige Wertpapiere *(marketable securities)*, deren Wert nicht signifikant von ihrem Buchwert abweicht, vgl. Sec. 382(h)(3)(B)(ii) IRC.

433 Vgl. Sec. 382(h)(3)(B)(i) IRC.

434 Vgl. Sec. 382(h)(2)(A) IRC i. V. m. Sec. 382(7)(A) IRC. Zudem gilt nach Sec. 382 (h)(6)(A) IRC jegliches Einkommen, das innerhalb der Fünfjahresperiode nach dem

realisierter *built-in gain* erhöht nach der *built-in gain rule* in dem zugehörigen Steuerjahr die *section 382 limitation,*[435] womit der Umfang abziehbarer Vorträge von *pre-change NOLs* grundsätzlich erweitert wird.[436] Wenn eine *loss corporation* dagegen einen NUBIL unmittelbar vor dem *ownership change* aufweist und wenn innerhalb von 5 Jahren nach dem *ownership change* ein unmittelbar vor dem *ownership change* vorhandenes Wirtschaftsgut der *corporation* veräußert wird, dann gilt nach der *built-in loss rule* umgekehrt die dabei realisierte stille Last, in dem Umfang, in dem sie im Zeitpunkt des *ownership change* festgestellt worden ist, als realisierter *built-in loss.*[437] Ein solcher *built-in loss* ist nach der *built-in loss rule* als *pre-change loss* zu behandeln und unterliegt – vorrangig vor vorgetragenen *pre-change NOLs* – der *section 382 limitation* des zugehörigen Steuerjahres,[438] womit der Umfang abziehbarer Vorträge von *pre-change NOLs* zusätzlich eingeschränkt wird. Sofern in einem Steuerjahr realisierte *built-in losses* die zugehörigen *section 382 limitation* übersteigen, können sie insoweit nicht in diesem diesem Steuerjahr abgezogen werden;[439] der Verlustausgleich der *corporation* wird auf diese Weise eingeschränkt. Derartige nicht ausgleichsfähige realisierte *built-in losses* können nur in folgende Steuerjahre als Verlustvortrag und unter Berücksichtigung der zugehörigen *section 382 limitation* übertragen werden.[440]

---

ownership change realisiert wird und dem Zeit-raum vor dem *ownership change* zuzuordnen ist, als realisierter *built-in gain*, vgl. dazu auch KAHN/LEHMANN, Taxation, 1036 f.

[435] Vgl. Sec. 382(h)(1)(A)(i) IRC. Realisierte *built-in gains* sind jedoch nur bis zu einem Höchstbetrag in der dargestellten Weise zu behandeln, da die Summe aller realisierten *built-in gains* nicht den NUBIG der *loss corporation* übersteigen darf. Insofern können die in einem Steuerjahr realisierten *built-in gains* die zugehörige *section 382 limitation* maximal um den Betrag erhöhen, der sich als Differenz aus dem NUBIG und den in früheren Steuerjahren realisierten *built-in gains* ergibt, vgl. Sec. 382(h)(1)(A)(ii) IRC.

[436] Vgl. aber nachfolgenden Abschnitt B 1.3.2.3.2.

[437] Vgl. Sec. 382(h)(2)(B) IRC i. V. m. Sec. 382(7)(A) IRC. Zudem gilt nach Sec. 382(h)(6) (B) IRC jeglicher Abzug, der innerhalb der Fünfjahresperiode nach dem *ownerhsip change* realisiert wird und dem Zeitraum vor dem *ownership change* zuzuordnen ist, als realisierter *built-in loss.* Zu denken ist beispielsweise an Abschreibungen, die auf den Marktwert übersteigenden Buchwert eines Wirtschaftsgutes im Zeitpunkt des *ownership change* zurückzuführen sind und die nach dem *ownership change* vorgenommen werden, vgl. Sec. 382(h)(2)(B) IRC; dazu auch KAHN/LEHMMAN, Taxation, 1038. Realisierte stille Lasten, die aus nach dem *ownership change* stattgefundenen Wertminderungen resultieren, gelten insofern nicht als *built-in loss* und fallen folglich nicht unter die *section 382 limitation*, vgl. das Beispiel bei YATES, Matters, J. Tax'n, Vol. 75 (1991), 20.

[438] Vgl. Sec. 382(h)(1)(B)(i) IRC; Reg. § 1.383-1(d)(2); KAHN/LEHMANN, Taxation, 1045. Realisierte *built-in losses* sind jedoch nur bis zu einem Höchstbetrag in der dargestellten Weise zu behandeln, da die Summe aller realisierten *built-in losses*, die als *pre-change losses* zu behandeln sind, nicht den NUBIL der *loss corporation* übersteigen kann. Insofern können die in einem Steuerjahr realisierten *built-in losses* maximal in dem Umfang als *pre-change losses* behandelt werden, der sich als Differenz aus dem NUBIL und den in früheren Steuerjahren realisierten *built-in losses* ergibt, vgl. Sec. 382(h)(1)(B)(ii) IRC.

[439] Vgl. auch vorherigen Abschnitt B 1.3.2.2.3.1.

[440] Vgl. Sec. 382(h)(4) IRC.

Aufgrund der dualen Struktur des US-amerikanischen Einkommensteuerrechts wird bei den realisierten *built-in gains* und *built-in losses* generell zwischen *built-in capital gains* bzw. *built-in capital losses* und den „gewöhnlichen“ *built-in ordinary gains* bzw. *built-in ordinary losses* – in Abhängigkeit von der Qualifizierung des veräußerten Wirtschaftsgutes als *capital asset*[441] oder *ordinary income property* – differenziert. Bei realisierten *built-in gains/losses* hat diese Unterscheidung vom Grundsatz keine Bedeutung für die eingeschränkte Verrechenbarkeit von vorgetragenen *pre-change NOLs*, da beide Arten vorrangig die *section 382 limitation* erhöhen bzw. vermindern.[442]

1.3.2.2.3.5. *Business continuity test*

Hat eine *loss corporation* einen *ownership change* erlitten, so ist sie verpflichtet, in den nachfolgenden zwei Jahren den sogenannten *business conituity test* durchzuführen, der für diesen Zeitraum feststellt, ob die *corporation* ihren Geschäftsbetrieb aufrechterhält.[443] Dies ist dann der Fall, wenn sie entweder ihre wesentliche Geschäftstätigkeit bzw. ihren wesentlichen Geschäftszweig fortführt oder einen wesentlichen Teil der Aktiva für ihre Geschäftstätigkeit weiterverwendet.[444] Unschädlich für die Aufrechterhaltung ihres Geschäftsbetriebs ist, ob der Geschäftsbetrieb unter Zuführung neuen Betriebsvermögens wesentlich erweitert wird oder ob der Gesellschaftssitz wechselt, Geschäftszweige aufgegeben werden bzw. leitende Angestellte ausgetauscht werden, solange ein wesentlicher Geschäftszweig fortgeführt wird.[445] Wird der Geschäftsbetrieb aufrechterhalten, fällt der *business continuity test* positiv aus, und es bleibt bei der zuvor dargestellten Verrechnungsbeschränkung für *pre-change losses* durch die *section 382 limitation.* Fällt der Test dagegen negativ aus, hat die *section 382 limitation* für jegliches Steuerjahr nach dem *ownership change* Null zu betragen,[446] was faktisch einem rückwirkenden Abzugsverbot für sämtliche *pre-change losses* wie vorgetragene *pre-change NOLs* und im Sinne der *built-in loss rule* als *built-in loss* realisierte stille Lasten entspricht.[447] Diese rückwirkende Reduzierung der *section 382 limitation* auf Null gilt allerdings nicht für Erhöhungen der *section 382 limitation*, die aus realisierten *built-in gains* resultiert haben bzw.

[441] Zum Begriff des *capital asset* vgl. den nachfolgenden Abschnitt B 1.3.2.3.1.1.

[442] Vgl. dazu Reg. § 1.383-1(d)(2), § 1.383-1(g); KAHN/LEHMANN, Taxation, 1045. Diese Unterscheidung kann allerdings Bedeutung haben, wenn eine *corporation* zudem über Nettoveräußerungsverlustvorträge verfügt, vgl. dazu Abschnitt B 1.3.2.3.2.

[443] Vgl. Sec. 382(c)(1) IRC.

[444] Vgl. Reg. § 1.368-1(d) IRC; WACKE, Mantelkauf, 213 f.

[445] Vgl. hierzu WACKE, Mantelkauf, 235 m. w. N.; BITTKER/EUSTICE, Taxation, Chapter 14, 101.

[446] Vgl. Sec. 382(c)(1) IRC.

[447] Vgl. dazu BITTKER/EUSTICE, Taxation, Chapter 14, 101.

resultieren; insoweit bleiben vorgetragene *pre-change NOLs* abziehbar.[448] Diese Ausnahmeregelung gilt allerdings nicht für realisierte *built-in losses*, da ihre Realisierung einen NUBIL unmittelbar vor dem *ownership change* voraussetzt, wodurch bei der *corporation* kein NUBIG vorgelegen haben kann und damit keine *built-in gains* realisiert werden können.[449]

1.3.2.2.4. Anti-Mißbrauchsvorschrift der Sec. 269 IRC

Die Vorschrift der Sec. 269 IRC ist eine Anti-Mißbrauchsvorschrift, die im Jahr 1943 erlassen worden ist, da es zu dieser Zeit bedingt durch den Zweiten Weltkrieg einen verstärkten Handel mit Mantelgesellschaften gegeben hat.[450] Durch die Kodifizierung der Sec. 382 IRC, der ebenfalls steuerpolitisch motivierte Unternehmenskäufe vermeiden soll,[451] hat Sec. 269 IRC wesentlich an Bedeutung verloren, bleibt aber weiterhin anwendbar.[452] Sec. 269 IRC versagt den Abzug von Betriebsausgaben wie eines Verlustabzugs oder die Geltendmachung von sonstigen Steuervorteilen vollständig,[453] wenn ihre beiden Tatbestandsvoraussetzungen erfüllt sind:

Erstens muß eine der beiden von Sec. 269(a) IRC erfaßten Transaktionen vorliegen (objektive Tatbestandvoraussetzung): Eine solche ist gegeben, wenn eine juristische Person oder eine natürliche Person direkt oder indirekt die Kontrolle über eine andere *corporation* erwirbt. Die zweite mögliche Transaktion bezieht sich auf den direkten oder indirekten Erwerb von Wirtschaftsgütern einer *corporation* durch eine andere *corporation*, wobei es zudem erforderlich ist, dass die Buchwerte dieser Wirtschaftsgüter fortgeführt werden und die übertragende Gesellschaft unmittelbar vor dem Erwerb nicht unter direkter oder indirekter Kontrolle der übernehmenden Gesellschaft bzw. ihrer Anteilseigner gestanden hat. Die Kontrolle im Sinne von Sec. 269 IRC ist gegeben, wenn eine Beteiligung entweder 50 % der Stimmrechte gewährt oder ihr Wert 50 % des Gesamtwerts aller Aktiengattungen beträgt.[454] Zweitens muß die jeweilige Transaktion mit

---

[448] Vgl. Sec. 382(c)(2) IRC und den vorherigen Abschnitt zum Vorliegen realisierter *built-in gains* nach der *built-in gain rule*. Zu dieser Verrechnungsmöglichkeit vgl. auch BITTKER/EUSTICE, Taxation, Chapter 14, 102.

[449] Vgl. die Ausführungen in Abschnitt B 1.3.2.2.3.4.

[450] Vgl. BITTKER/EUSTICE, Taxation, Chapter 14, 43 f.

[451] Vgl. BITTKER/EUSTICE, Taxation, Chapter 14, 14.

[452] Vgl. BITTKER/EUSTICE, Taxation, Chapter 14, 42 f.

[453] Eine teilweise Streichung von Verlustvorträgen ist gemäß Sec. 269(c) IRC zwar möglich, jedoch führt Sec. 269 IRC in der Praxis zumeist zu einem vollständigen Untergang der Vorträge, vgl. FLICK, in: Schaumburg, Steuerrecht, 416.

[454] Vgl. Sec. 269(a) IRC; FLICK, in: Widmann/Mayer, UmwStG, Band 7, Anhang 3 zum UmwStG, U 497; WACKE, Mantelkauf, 218 f.; ausführlich auch BITTKER/EUSTICE, Taxation, Chapter 14, 48 ff. Unter bestimmten Voraussetzungen kann auch eine Liquidation von Gesellschaften nach Anteilsübertragungen eine von Sec. 269 IRC erfaßte objektive

dem Hauptzweck der Steuerumgehung oder -vermeidung erfolgen (subjektive Tatbestandsvoraussetzung).[455] Der Nachweis dieser verbotenen Absicht gestaltet sich in der Praxis problematisch und stellt damit das wesentliche Problem der Vorschrift der Sec. 269 IRC dar.[456] In der Rechtsprechung ist der Hauptzweck der Steuervermeidung unter anderem dann verneint worden, wenn die zu erwerbende Gesellschaft einen funktionsfähigen Geschäftsbetrieb besaß, der nach der Anteilsübertragung aufrechterhalten wurde oder wenn die Transaktion für den Geschäftsbetrieb der erwerbenden *corporation* erforderlich oder nützlich gewesen ist.[457] Grundsätzlich ist die Absicht der Steuerumgehung bzw. -vermeidung anhand objektiver Gesichtspunkte zu beurteilen.[458] Sie ist beispielsweise zu unterstellen, wenn der Kaufpreis im wesentlichen nur für den steuerlichen Vorteil eines Verlustabzugs gezahlt wird.[459] Sie ist insbesondere dann zu verneinen, wenn für die Transaktion in erster Linie wichtige geschäftliche Gründe gesprochen haben.[460]

Grundsätzlich ist Sec. 269 IRC parallel zu der Vorschrift der Sec. 382 IRC anzuwenden,[461] wobei Sec. 269 IRC ein größeres Spektrum an Sachverhalten abdeckt als Sec. 382 IRC. Die Anwendung von Sec. 382 IRC kann darauf hindeuten, dass der Hauptzweck des jeweiligen Vorgangs nicht in der Steuervermeidung bzw. -umgehung liegt, womit Sec. 269 IRC nicht zur Anwendung kommt. Umgekehrt läßt das bewußte Umgehen der Sec. 382 IRC eine derartige schädliche Absicht vermuten.[462]

Tatbestandsvoraussetzung darstellen, vgl. Sec. 269(b) IRC; auch WACKE, Mantelkauf, 219 f.

455 Vgl. Sec. 269(a) IRC; dazu BITTKER/EUSTICE, Taxation, Chapter 14, 53 ff.

456 So BITTKER/EUSTICE, Taxation, Chapter 14, 53; WACKE, Mantelkauf, 220.

457 Vgl. WACKE, Mantelkauf, 220 m. w. N. Nach den Regulations indiziert beispielsweise die Übertragung eines profitablen Geschäftsbetriebs auf eine *corporation* mit hohen Verlustvorträgen den Hauptzweck der Steuervermeidung, wenn der verlustverursachende Geschäftsbetrieb keinen Zusammenhang zu dem profitablen Geschäftsbetrieb aufweist, vgl. Reg. § 1.269-3(b)(1).

458 Verschiedene Kriterien werden aufgezählt bei BITTKER/EUSTICE, Taxation, Chapter 14, 55 f.; FLICK, in: Widmann/Mayer, UmwStG, Band 7, Anhang 3 zum UmwStG, U 498.

459 Vgl. WACKE, Mantelkauf, 220.

460 Vgl. MOHR/CONSTON, UmwStG, Band 5, Anhang 3 zum UmwStG, EL August 1995, U 444.

461 Vgl. dazu BITTKER/EUSTICE, Taxation, Chapter 14, 17 f.

462 Vgl. DOERNBERG/ABRAHMS, Corporations, 523.

1.3.2.3. Veräußerungsverluste

1.3.2.3.1. Allgemeine Verrechnungsgrundsätze

1.3.2.3.1.1. Vorbemerkung

Zwar sind Veräußerungsgewinne und -verluste in den USA grundsätzlich Bestandteil des zu versteuernden Einkommens, jedoch gelten bei ihrer Verrechnung und Besteuerung Besonderheiten.[463] Von zentraler Bedeutung für die Verrechnung von Veräußerungsverlusten im Falle einer *corporation* ist die Vorschrift der Sec. 1211(a) IRC, nach der Veräußerungsverluste aus-schließlich mit Veräußerungsgewinnen verrechnet werden können; eine Verrechnung von Veräußerungsverlusten mit gewöhnlichem Betriebseinkommen ist ausgeschlossen. Diese einkunftsquellenübergreifende Verlustverrechnungsbeschränkung ist sowohl beim Ausgleich als auch beim Abzug von Veräußerungsverlusten zu beachten.

Ein Veräußerungsgewinn (*capital gain*) bzw. Veräußerungsverlust (*capital loss*) ergibt sich bei der Veräußerung eines *capital assets* als positive bzw. negative Differenz aus dem um die Veräußerungskosten reduzierten Veräußerungserlös (*amount realized*) und den fortgeführten Anschaffungs- und Herstellungskosten (*adjusted basis*),[464] wobei letztere dem deutschen steuerlichen Buchwert entsprechen.[465] Nach Sec. 1221(a) IRC stellt jedes beliebige Wirtschaftsgut ein *capital asset* dar, sofern keiner der in den Secs. 1221(1) bis (8) IRC genannten Ausnahmetatbestände erfüllt ist. Keine *capital assets* sind demnach vor allem Wirtschaftsgüter des Vorratsvermögens (Sec. 1221(1) IRC), abschreibbare Wirtschaftsgüter des Anlagevermögens und zum Anlagevermögen zählende Betriebsgrundstücke (Sec. 1221(2) IRC), selbsterstellte Urheberrechte (Sec. 1221(3) IRC) und dem Umlaufvermögen zuzurechnende Forderungen (Sec. 1221(4) IRC).[466]

1.3.2.3.1.2. Ausgleich und Abzug von Veräußerungsverlusten

Bei der Verrechnung von Veräußerungsgewinnen und -verlusten wird zwischen kurzfristigen und langfristigen Veräußerungsgewinnen und -verlusten (*short-term* bzw. *long-term capital gains/capital losses*) unterschieden, je nachdem, ob die Besitzdauer des zugrundeliegenden *capital assets* höchstens ein Jahr oder

---

[463] Vgl. die nachfolgenden Ausführungen.
[464] Vgl. Sec. 1001(a) IRC.
[465] Vgl. JACOBSEN/STANGE, System, IStR 2005, 12, die zudem anmerken, dass die Bestimmung von Veräußerungserlös, Veräußerungskosten sowie der fortgeführten Anschaffungs- und Herstellungskosten im US-amerikanischen Steuerrecht nach ähnlichen Grundsätzen wie im deutschen Steuerrecht erfolgt.
[466] Vgl. dazu auch KROSCHEL, Amerika, 240 f.; PRÜSCHENK, Ertragsbesteuerung, 77 f.

mehr als ein Jahr beträgt.[467] Zunächst sind jeweils die kurzfristigen sowie die langfristigen Veräußerungsgewinne und -verluste eines Steuerjahres zu kurzfristigen und langfristigen Nettoveräußerungsgewinnen bzw. -verlusten zu saldieren. Ein bei diesen Saldierungen verbleibender kurzfristiger Nettoveräußerungsverlust kann mit einem verbleibenden langfristigen Nettoveräußerungsgewinn verrechnet werden; ein verbleibender kurzfristiger Nettoveräußerungsgewinn kann mit einem verbleibenden langfristigen Nettoveräußerungsverlust verrechnet werden.[468]

Ergibt sich nach den Saldierungen insgesamt ein Veräußerungsverlust, kann ein solcher Nettoveräußerungsverlust (*net capital loss*) in dem jeweiligen Steuerjahr nicht weiter, d. h. mit gewöhnlichem Betriebseinkommen, verrechnet werden, da ein derartiger einkunftsquellenübergreifender Verlustausgleich aufgrund von Sec. 1211(a) IRC ausgeschlossen ist. Eine *corporation* kann diesen Nettoveräußerungsverlust jedoch nach Maßgabe von Sec. 1212(a) IRC in anderen Steuerjahren abziehen, wobei folgende Grundsätze gelten: Ein Nettoveräußerungsverlust kann drei Jahre rückgetragen und fünf Jahre vorgetragen werden. Auch wenn dabei eine frühmöglichste Verrechnung geboten ist, darf der Rücktrag eines Nettoveräußerungsverlusts nicht zu einem NOL in dem Rücktragsjahr führen bzw. einen solchen vergrößern. Innerhalb der genannten Fristen nicht verrechnete Nettoveräußerungsverluste verfallen. Außerdem ist zu beachten, dass der Abzug von Nettoveräußerungsverlusten in einem Steuerjahr nur in dem Umfang möglich ist, in dem nach dem Ausgleich der Veräußerungsgewinne und -verluste dieses Steuerjahres insgesamt ein Veräußerungsgewinn verbleibt;[469] eine Verrechnung mit gewöhnlichem Betriebseinkommen ist nicht zulässig (Sec. 1211(a) IRC). Wird unter den genannten Bedingungen ein Nettoveräußerungsverlust in ein Steuerjahr rück- bzw. vorgetragen, gilt er in diesem Steuerjahr als kurzfristiger Veräußerungsverlust (*short-term capital loss*), unabhängig davon, ob er sich im Entstehungsjahr aus einem kurzfristigen oder/und langfristigen Nettoveräußerungsverlust zusammensetzt.[470] Verbleiben in einem Steuerjahr nach den genannten Saldierungen – und damit nach dem Ausgleich und Abzug von Veräußerungsverlusten – insgesamt kurzfristige und/oder langfristige Veräußerungsgewinne, werden diese als *capital gain net income* in das zu versteuernde Einkommen der *corporation* einbezogen und damit wie gewöhnliches Betriebseinkommen ihrer Besteuerung unterworfen.[471]

Inwieweit Einschränkungen des Ausgleichs und Abzugs von Veräußerungsverlusten bei einer *corporation* aus einer Unterbrechung ihrer wirtschaftlichen I-

---

[467] Vgl. Sec. 1222(1) bis (4) IRC; DJANANI/BRÄHLER/LÖSEL, Investitionen, 126 f.
[468] Vgl. DJANANI/BRÄHLER/LÖSEL, Investitionen, 127.
[469] Vgl. CCH, Reports, 55,477.
[470] Vgl. dazu CCH, Guide, 565.
[471] Vgl. Sec. 1222(9) IRC; Reg. § 1.222-1(d)(1); ähnlich DJANANI/BRÄHLER/LÖSEL, Investitionen, 127 f.

dentität gemäß Sec. 383 IRC bei unveränderter rechtlicher Identität resultieren können, untersucht nachfolgend der Abschnitt B 1.3.2.3.2. Zuvor wird jedoch auf die Bedeutung sogenannter *section 1231 gains/losses* eingegangen.

1.3.2.3.1.3. Einfluß von section 1231 gains und section 1231 losses

1.3.2.3.1.3.1. Allgemeine Grundsätze

Die Verrechnung von Veräußerungsgewinnen und -verlusten einer *corporation* wird durch erzielte *section 1231 gains* und *section 1231 losses* beeinflußt, wobei es sich um Gewinne bzw. Verluste aus der Veräußerung von *quasi-capital assets* handelt.[472] *Quasi-capital assets* sind Wirtschaftsgüter, die gemäß Sec. 1221(2) IRC von der Behandlung als *capital assets* ausgeschlossen sind, d. h. abschreibbare Wirtschaftsgüter des Anlagevermögens und zum Anlagevermögen zählende Betriebsgrundstücke, sofern sie dem Betriebsvermögen der *corporation* mehr als ein Jahr angehören.[473] Bei der Veräußerung eines *quasi-capital assets* ergibt sich ein *section 1231 gain* bzw. *section 1231 loss* als Differenz aus dem um die Veräußerungskosten reduzierten Veräußerungserlös (*amount realized*) und den fortgeführten Anschaffungs- und Herstellungskosten (*adjusted basis*).[474]

Um festzustellen, wie eine *corporation* ihre *section 1231 gains* und *section 1231 losses* zu behandeln hat, sind sämtliche *section 1231 gains* und *section 1231 losses* eines Steuerjahres zu saldieren. Ergibt sich dabei als positiver Saldo ein *net section 1231 gain*, sind die einzelnen *section 1231 gains* und *losses* als langfristige Veräußerungsgewinne und -verluste (*long-term capital gains* bzw. *long-term capital losses*) zu behandeln[475] Demzufolge ist im Ergebnis ein *net section 1231 gain* in die im vorherigen Abschnitt B 1.3.2.3.1.2. erläuterten Saldierungen von Veräußerungsgewinnen und -verlusten eines Steuerjahres als ein zusätzlicher langfristiger Veräußerungsgewinn (*long-term capital gain*) einzubeziehen,[476] womit sich in diesem Umfang das Verrechnungsvolumen nach Sec. 1211(a) IRC für in diesem Steuerjahr entstandene Veräußerungsverluste und in dieses Steuerjahr rück- bzw. vorgetragene Nettoveräußerungsverluste erhöht.[477] Ergibt sich dagegen bei der Saldierung der *section 1231 gains* und *losses* als negativer Saldo ein *net section 1231 loss*, dann sind die einzelnen *section 1231 gains* und *section 1231 losses* nicht als Veräußerungsgewinne bzw.

---

[472] Vgl. THIELE, Einführung, 90. *Quasi-capital assets* werden auch als *section 1231 assets* bezeichnet.
[473] Vgl. Sec. 1231(a)(3)(A)(i), (b)(1) IRC; KROSCHEL, Amerika, 242.
[474] Vgl. Sec. 1001(a) IRC.
[475] Vgl. Sec. 1231(a)(1) IRC.
[476] Vgl. THIELE, Einführung, 90; JACOBSEN/STANGE, System, 16 f.; KAHN, Income, 670, 674;
[477] So auch KROSCHEL, Amerika, 246.

-verluste zu behandeln,[478] womit im Ergebnis der *net section 1231 loss* unbeschränkt wie ein gewöhnlicher Betriebsverlust bei der Ermittlung des zu versteuernden Einkommens der *corporation* abgezogen werden kann;[479] die Verrechnung von Veräußerungsgewinnen und -verlusten wird in diesem Fall nicht beeinflußt.

1.3.2.3.1.3.2. Recharakterisierungsvorschriften

Verschiedene Recharakterisierungsvorschriften (*recapture rules*) führen zu einer von den Grundsätzen des vorherigen Abschnitts abweichenden Behandlung eines erzielten *net section 1231 gain* bzw. erzielter *section 1231 gains*, wodurch sich das Verrechnungsvolumen eines Steuerjahres für Veräußerungsverluste nach Sec. 1211(a) IRC in entsprechend geringerem Umfang erhöhen kann.

Nach Sec. 1231(c) IRC ist ein *net section 1231 gain* eines Steuerjahres insoweit als gewöhnliches Betriebseinkommen (*ordinary income*) und nicht als langfristiger Veräußerungsgewinn zu behandeln, als in den vorherigen fünf Jahren *net section 1231 losses* entstanden sind und diese nicht durch die Umqualifizierung von *net section 1231 gains* in Betriebseinkommen ausgeglichen worden sind.[480]

Sofern es sich bei den *quasi-capital assets* um *section 1245 property* oder *section 1250 property* handelt, sind die Recharakterisierungsvorschriften der Sec. 1245 IRC bzw. der Sec. 1250 IRC bei der Verrechnung der aus ihrer Veräußerung resultierenden Gewinne zu beachten. Zum *section 1245 property* zählen insbesondere sämtliche abnutzbaren beweglichen Wirtschaftsgüter, sämtliche abschreibbaren immateriellen Wirtschaftsgüter wie z. B. Patente und Lizenzen, abnutzbare unbewegliche Wirtschaftsgüter, die keine Gebäude oder Gebäudekomponenten sind und die der Produktion von Wirtschaftsgütern, der Ausbeutung natürlicher Ressourcen oder der Bereitstellung von Transport-, Kommunikations- oder bestimmten Versorgungsleistungen dienen.[481] Gehören *quasi-capital assets* zum *section 1245 property*, sind die aus ihrer Veräußerung erzielten Gewinne insoweit als laufende Gewinne (*ordinary gains*) zu behandeln, als sie auf Abschreibungen vergangener Jahre basieren;[482] nur ein verbleibender Gewinn ist als *section 1231 gain* anzusehen.[483] Alle abnutzbaren unbeweglichen

---

[478] Vgl. Sec. 1231(a)(2) IRC.

[479] Vgl. KAHN, Income, 670, 674; DJANANI/BRÄHLER/LÖSEL, Investitionen, 129; DREISSIG, USA, 259.

[480] Vgl. Sec. 1231(c) IRC. Ein Beispiel findet sich bei KAHN, Income, 678. Diese Regelung bezweckt, dass zuvor als Betriebsverluste behandelte *net section 1231 losses* durch die Umqualifizierung von *net section 1231 gains* wieder aufgefangen werden (*recapture of net ordinary losses*), vgl. THIELE, Einführung, 90.

[481] Vgl. Sec. 1245(a)(3) IRC; KROSCHEL, Amerika, 247 f.

[482] Vgl. Sec. 1245(a)(1) IRC; KROSCHEL, Amerika, 247; DREISSIG, USA, 260.

[483] Vgl. KAHN, Income, 674, 683 f., der dies zudem anhand zweier Beispiele (Beispiel 3 und 4) verdeutlicht.

Wirtschaftsgüter, die nicht zum *section 1245 property* gehören, gelten als *section 1250 property*.[484] Gelten veräußerte *quasi-capital assets* als *section 1250 property*, dann sind die dabei erzielten Gewinne insoweit in laufende Gewinne (*ordinary gains*) umzuqualifizieren, als sie auf Abschreibungen zurückzuführen sind, die die lineare Abschreibung überstiegen haben; nur ein verbleibender Gewinn gilt als *section 1231 gain*.[485]

1.3.2.3.2. Verrechnungsbeschränkung nach Sec. 383 IRC

Gemäß Sec. 383 IRC kann eine *corporation* unter anderem einen Nettoveräußerungsverlustvortrag in einem Steuerjahr nur dann betragsmäßig unbeschränkt geltendmachen, wenn sie nicht nur rechtlich, sondern gemäß Sec. 383 IRC auch wirtschaftlich mit derjenigen *corporation* identisch ist, die den Nettoveräußerungsverlust erlitten hat. Auch kann Sec. 383 IRC bei einer Unterbrechung der wirtschaftlichen Identität ihren Ausgleich von Veräußerungsverlusten mit Veräußerungsgewinnen einschränken. Sec. 383 IRC stellt bei der Prüfung der wirtschaftlichen Identität und bei den mit der Unterbrechung der wirtschaftlichen Identität verbundenen Rechtsfolgen auf die Konzepte und Begriffe der Sec. 382 IRC ab,[486] so dass diesbezüglich auf die Ausführungen in Abschnitt B 1.3.2.2.3. verwiesen sei. Vor diesem Hintergrund wird das Geltendmachen eines vorgetragenen *pre-change* Nettoveräußerungsverlusts nach einem *ownership change* mittels der *section 382 limitation* betragsmäßig beschränkt und wird rückwirkend vollständig versagt, sofern der anschließend durchgeführte *business continuity test* nicht erfüllt wird.

Sec. 383 IRC regelt allerdings nicht nur die Geltendmachung von vorgetragenen *pre-change* Nettoveräußerungsverlusten, sondern zu den von Sec. 383 IRC erfaßten Steuerattributen gehören grundsätzlich sämtliche *pre-change capital losses* und *pre-change credits*, wobei diese Attribute neben denjenigen der Sec. 382 IRC ebenfalls zu den *pre-change losses* zählen.[487] Zu den *pre-change capital losses* gehören neben vorgetragenen Nettoveräußerungsverlusten auch ein im

---

[484] Vgl. Sec. 1250(c) IRC; KROSCHEL, Amerika, 248. Zu diesen Wirtschaftsgütern gehören insbesondere Gebäude und Gebäudekomponenten sowie abnutzbare unbewegliche Wirtschaftsgüter, die keine Gebäude und Komponenten sind und die nicht der Produktion von Wirtschaftsgütern, der Ausbeutung natürlicher Ressourcen und der Bereitstellung von Transport-, Kommunikations- oder bestimmter Versorgungsleistungen dienen.

[485] Vgl. Sec. 1250(a)(1) IRC; dazu auch KROSCHEL, Amerika, 248; KAHN, Income, 674 f. Bei der Veräußerung von *section 1250 property* ist bei einer *corporation* nach Sec. 291(a)(1) IRC zudem zu beachten, dass 20 % des Mehrbetrags, der als *ordinary income* zu behandeln wäre, wenn es sich um *section 1245 property* handeln würde, ebenfalls als *ordinary income* zu behandeln ist, vgl. auch DJANANI/BRÄHLER/LÖSEL, Investitionen, 129.

[486] Vgl. KAHN/LEHMANN, Taxation, 1042.

[487] Vgl. Reg. § 1-382-2(a)(2); Abschnitt B 1.3.2.2.3.3.

Steuerjahr des *ownership change* entstandener Nettoveräußerungsverlust[488] und nach dem *ownership change* im Sinne der *built-in loss rule* realisierte *built-in capital losses.*[489] Bei den *pre-change credits* handelt es sich um *foreign tax credits, general business credits* und *minimum tax credits*, d. h. um bestimmte Absetzbeträge der *corporation.*[490] Da eine Vielzahl von *pre-change losses* unter die *section 382 limitation* eines Steuerjahres fallen, ist folgende Reihenfolge vorgeschrieben, in der diese zu verrechnen bzw. geltendzumachen sind:[491]

(1) Zunächst sind die im Sinne der *built-in loss rule* realisierten *built-in capital losses* des Steuerjahres zu berücksichtigen,

(2) dann sind die Nettoveräußerungsverlustvorträge aus den dem *ownership change* vorangehenden Steuerjahren zu berücksichtigen,

(3) dann sind die im Sinne der *built-in loss rule* realisierte *built-in ordinary losses* zu berücksichtigen,

(4) dann sind die NOL-Vorträge aus den dem *ownership change* vorangehenden Steuerjahren zu berücksichtigen,

(5) dann sind die *pre-change credits* zu berücksichtigen.

Folge der Regelungen von Sec. 383 IRC für die Verrechnung von Nettoveräußerungsvorträgen ist, dass diese in einem Steuerjahr nur in dem Umfang geltend gemacht werden dürfen, in dem die jeweilige *section 382 limitation* dies zuläßt,[492] wobei diese wiederum zuvor durch im Sinne der *built-in loss rule* realisierte *built-in capital losses* vermindert bzw. durch im Sinne der *built-in gain rule* realisierte *built-in capital gains* erhöht worden sein kann. Für die Verrechnung von NOL-Vorträgen bedeutet die dargestellte Reihenfolge der Geltendmachung von *pre-change losses*, dass in einem Steuerjahr vorgetragene *pre-change NOLs* nur unter Berücksichtigung der *section 382 limitation* abgezogen werden dürfen, die zuvor bereits durch realisierte *built-in capital losses*, realisierte *built-in ordinary losses* und vorgetragene *pre-change* Nettoveräußerungsverluste gemindert sein kann; Erhöhungen können sich umgekehrt aus realisierten *built-in capital gains* oder *built-in ordinary gains* ergeben haben.[493] Deutlich wird zudem, dass sich die ungenutzte *section 382 limitation* eines Steuerjahres,

---

[488] Ein solcher Nettoveräußerungsverlust gilt nur in dem Umfang als *pre-change loss*, in dem er bis zur Feststellung des *ownership change* entstanden ist, vgl. Reg. § 1.383-1(c)(2).
[489] Vgl. Reg. § 1.383-1(c)(2).
[490] Vgl. dazu KAHN/LEHMANN, Taxation, 1043.
[491] Vgl. Reg. § 1.383-1(d); KAHN/LEHMANN, Taxation, 1045.
[492] Hierbei ist zudem die Verrechnungsbeschränkung der Sec. 1211(a) IRC zu beachten, vgl. Abschnitt B 1.3.2.3.1.1., B 1.3.2.3.1.2.
[493] Vgl. dazu auch Abschnitt B 1.3.2.2.3.4.

die in zukünftigen Steuerjahren zusätzlich genutzt werden kann, erst ergibt, nachdem sämtliche *pre-change losses* und *pre-change credits* unter Berücksichtigung der jeweiligen *section 382 limitation* verrechnet bzw. geltend gemacht worden sind.[494]

Was die Einschränkung des Ausgleichs von Veräußerungsverlusten betrifft, so schließt Sec. 383 IRC bei einem *ownership change* nur diejenigen Veräußerungsverluste vom Verlustausgleich aus, die im Sinne der *built-in loss rule* als *built-in capital losses* realisierte stille Lasten darstellen[495] und die zugleich in dem jeweiligen Steuerjahr die zugehörige *section 382 limitation* übersteigen. Derartige Veräußerungsverluste können nur in nachfolgenden Steuerjahren wie ein Nettoveräußerungsverlustvortrag unter Einhaltung der *section 382 limitation* abgezogen werden.[496] Wird der nach einem *ownership change* durchzuführende *business continuity test* nicht erfüllt, wird der Abzug von sämtlichen realisierten *built-in capital losses* rückwirkend versagt, wodurch der Verlustausgleich der betroffenen Steuerjahre entsprechend eingeschränkt wird.[497]

1.3.2.4. Verluste ausländischer Betriebsstätten

1.3.2.4.1. Begriff und Erfolgsermittlung von Betriebsstätten

Eine *corporation* kann im Ausland auch Einkommen über eine Betriebsstätte erzielen, wobei der IRC nicht den Begriff *permanent establishment*,[498] sondern den Begriff *branch* verwendet. Ein ausländischer *branch* ist definiert als eine Geschäftsentfaltung, dessen Tätigkeiten ausreichend integriert sind, um eine Geschäfteinheit zu bilden, die als unabhängiges Unternehmen im Ausland tätig sein könnte. Er ist im Allgemeinen gekennzeichnet durch eine separate Buchführung, eine Geschäftsstelle oder eine andere Form der festen Geschäftseinrichtung sowie durch Angestellte in dem ausländischen Staat, die gewerbliche Tätigkeiten ausführen.[499] In dem Musterabkommen der USA und den meisten von ihnen mit anderen Staaten abgeschlossenen DBAs wird dagegen der Begriff *permanent establishment* verwendet, wobei er sich auf einen „[...] *fixed place of business through which the business of an enterprise is wholly or partly carried on*“[500] bezieht,[501] d. h. auf eine feste Geschäftseinrichtung, durch die die Tätigkeit eines

---

[494] Vgl. KAHN/LEHMANN, Taxation, 1045, die zudem erläutern, wie die Geltendmachung von *credits* die *section 382 limitation* reduzieren.

[495] Vgl. hierzu Abschnitt B 1.3.2.2.3.4.

[496] Vgl. hierzu die Ausführungen dieses Abschnitts und diejenigen in Abschnitt B 1.3.2.2.3.1. und B 1.3.2.2.3.4.

[497] Vgl. Abschnitt B 1.3.2.2.3.1. und B 1.3.2.2.3.5.

[498] Vgl. METZNER, Export, 19 m. w. N.

[499] Vgl. Reg. §.1.367(a)-6T(g).

[500] Art. 5.1 US-MA.

[501] Vgl. BAUEN, Einführung, 180.

Unternehmens ganz oder teilweise ausgeführt wird. Hierbei gilt als Betriebsstätte insbesondere eine Zweigniederlassung, eine Geschäftsstelle, eine Fabrikationsstätte und eine Werkstätte in dem jeweiligen ausländischen Staat.[502] Neben diesen festen, auf Dauer angelegten Formen einer Geschäftstätigkeit können auch Bauausführungen bzw. Montagen sowie bestimmte Vertretungs- bzw. Agenturverhältnisse als Betriebsstätten qualifiziert werden.[503] Sowohl *branches* als auch *permanent establishments* gelten nicht als selbständiges Rechtssubjekt, sondern als Teil der rechtlichen Einheit der zugehörigen *corporation*.[504] Im Folgenden werden die Begriffe *permanent establishment* und *branch* mit Betriebsstätte übersetzt und in diesem Sinne verwendet, da sie sehr deckungsgleich sind.

Die Erfolgsermittlung bei einer ausländischen Betriebsstätte setzt voraus, dass ihr Bruttoeinnahmen (*gross income*) und Aufwendungen zugeordnet werden. Da der IRC die indirekte Methode nicht kennt und die Zurechung von Bruttoeinnahmen zu einer Betriebsstätte durch Aufteilung des Gesamtergebnisses nach US-Auffassung nicht mit dem grundsätzlich zu beachtenden *„Dealing at arm's length"*-Prinzip vereinbar ist,[505] hat die Zuordnung von Bruttoeinnahmen folglich anhand der direkten Methode mit Hilfe einer gesonderten Betriebsstättenbuchführung zu erfolgen. Auch die Zurechnung von Aufwendungen zu den Bruttoeinkünften hat vorrangig mittels der direkten Methode zu erfolgen; können dagegen Aufwendungen nicht eindeutig bestimmten Bruttoeinnahmen zugeordnet werden, hat eine anteilige Zurechnung zu erfolgen, womit in diesem Bereich die indirekte Methode Anwendung findet.[506] Aufgrund dieser Regelung sind beispielsweise bestimmte Aufwendungen wie Finanzierungszinsen, Forschungs- und Entwicklungskosten, Geschäftsführungs- und allgemeine Verwaltungskosten den Bruttoeinnahmen einer Betriebsstätte nach einem angemessenen Schlüssel zuzuteilen.[507] Abschließend ist anzumerken, dass auch bei dem in der dargestellten Weise ermittelten Erfolg einer ausländischen Betriebsstätte gemäß der dualen Struktur des US-Einkommensteuerrechts grundsätzlich zwischen gewöhnlichem Betriebseinkommen (*ordinary income*) und Erfolgen aus Veräußerungsgeschäften (*capital gains* und *capital losses*) zu unterscheiden ist.[508]

---

[502] Vgl. Art. 5.2 US-MA. Die Existenz einer Betriebsstätte hängt von der Frage der Verfügbarkeit an der Betriebsstätte und nicht von dem Eigentum an derselben ab, vgl. BAUEN, Einführung, 180.

[503] Vgl. Art. 5.3, 5.5, 5.6 US-MA.

[504] Vgl. RUBIN/DICKERSON, USA, CDFI 1998, Band 83a, 855.

[505] Vgl. WOLFF, in: Debatin/Wassermeyer, DBA, Band 6, Art. 7 DBA USA, Rn. 223.

[506] Vgl. WOLFF, in: Debatin/Wassermeyer, DBA, Band 6, Art. 7 DBA USA, Rn. 264.

[507] Vgl. WOLFF, in: Debatin/Wassermeyer, DBA, Band 6, Art. 7 DBA-USA, Rn. 248 ff.

[508] Verdeutlicht wird dies unter anderem an dem Beispiel in Reg. § 1.367(a)-6T(f).

1.3.2.4.2. Behandlung von Verlusten ausländischer Betriebsstätten

Aufgrund ihrer unbeschränkten Steuerpflicht unterliegt eine US-amerikanische *corporation* mit ihren weltweit erzielten Einkünften der US-Körperschaftsteuer, womit auch Erfolge aus einer ausländischen Betriebsstätte grundsätzlich Bestandteil ihres zu versteuernden Einkommens sind. Dieser Grundsatz gilt unabhängig davon, ob die USA mit dem Betriebsstättenstaat ein DBA abgeschlossen haben oder nicht, da die USA in keinem ihrer abgeschlossenen DBAs die Freistellungsmethode zur Vermeidung einer Doppelbesteuerung vereinbart haben und auch ihr nationales Steuerrecht die Freistellungsmethode diesbezüglich nicht vorsieht.[509] Vor diesem Hintergrund gleicht der Verlust einer ausländischen Betriebsstätte andere in den USA zu besteuernde (inländische und ausländische) Einkünfte des jeweiligen Steuerjahres aus; sofern sich dabei ein negatives zu versteuerndes Einkommen im Sinne eines NOL ergibt bzw. sich ein NOL dabei erhöht, ist dieser NOL gemäß Sec. 172 IRC (und Sec. 382 IRC) in anderen Jahren abziehbar.[510] Sofern die Betriebsstätte Veräußerungsverluste (*capital losses*) in einem Steuerjahr erzielt, können diese nur in dem Umfang berücksichtigt werden, in dem Veräußerungsgewinne (*capital gains*) erzielt werden (Sec. 1211(a) IRC). Kann ein Veräußerungsverlust einer Betriebsstätte nicht in dem Verlustentstehungsjahr aufgrund von Sec. 1211(a) IRC berücksichtigt werden, ist dieser im Rahmen des Rücktrags bzw. Vortrags des dabei vorliegenden Nettoveräußerungsverlusts nach Maßgabe von Sec. 1212(a) IRC (und Sec. 383 IRC) in anderen Jahren abziehbar.[511]

1.3.2.4.3. Verluste ausländischer Betriebsstätten und Anrechnung ausländischer Steuern

1.3.2.4.3.1. Inhalt der Verlustverrechnungsregelungen nach Sec. 904(f) IRC

Zur Darstellung der Folgen, die die Verrechnung von Verlusten ausländischer Betriebsstätten auf die Anrechnung ausländischer Steuern hat, ist es zunächst erforderlich, die Verlustverrechnungsregelungen nach Sec. 904(f) IRC zu erläutern, die jeder Steuerpflichtige bei Anwendung des Anrechnungsverfahrens zu beachten hat. Diese Vorschriften schreiben – allerdings nur für Zwecke des Anrechnungsverfahrens – eine bestimmte Reihenfolge bei der Verrechnung von ausländischen Verlusten sowie deren etwaigen Nachversteuerung vor. Erst nach

---

[509] Vgl. Abschnitt B 1.3.1.4.2.

[510] Vgl. dazu Abschnitt B 1.3.2.1., insbesondere Abschnitt B 1.3.2.2.1. zu Sec. 172 IRC und Abschnitt B 1.3.2.2.3. zu Sec. 382 IRC.

[511] Vgl. dazu Abschnitt B 1.3.2.3.1.2. zu Sec. 1212(a) IRC und Abschnitt B 1.3.2.3.2. zu Sec. 383 IRC; siehe auch Beispiel 3 in Reg. § 1.904(b)-1(a)(4). Zu beachten ist, dass auch die Veräußerungsgewinne (*capital gains*) der ausländischen Betriebsstätte einer Verrechnungsbeschränkung gemäß Reg. § 1.904(b)-1(a)(1) unterliegen können, sofern die hierfür erforderlichen Voraussetzungen gegeben sind.

der Anwendung der Verlustverrechnungsregelungen nach Sec. 904(f) IRC sind auf Basis der anschließend verbleibenden Einkünfte in den einzelnen Einkunftskategorien nach Sec. 904(d) IRC die jeweils zugehörigen Anrechnungshöchstbeträge zu bestimmen; an der Zuordnung der ausländischen Steuern zu den einzelnen Kategorien ändert sich nichts.[512]

Nach der Verrechnungssystematik gemäß Sec. 904(f) IRC ist zunächst festzustellen, ob in den jeweiligen Einkunftskategorien nach Sec. 904(d) IRC insgesamt positive oder negative Einkünfte angefallen sind. Wird in einer einzelnen Einkunftskategorie insgesamt ein Nettoverlust (*separate limitation loss* (SLL)) erwirtschaftet, dann ist ein derartiger Verlust zuerst mit Nettogewinnen anderer ausländischer Einkunftskategorien zu verrechnen, bevor eine Verrechnung mit Einkommen aus US-Quellen erfolgen darf.[513] Zur Minderung inländischen Einkommens durch ausländische Verluste kommt es folglich nur dann, wenn die ausländischen Einkünfte aller Einkunftskategorien nach Sec. 904(d) IRC insgesamt negativ sind, wobei ein solcher ausländischer Nettoverlust als *overall foreign loss* (OFL) bezeichnet wird.[514] Wird der Nettoverlust einer Kategorie mit dem Nettogewinn einer oder mehrerer anderer Kategorien verrechnet, ist für Zwecke der Nachversteuerung der jeweilige verrechnete Betrag in einem zugehörigen *SLL account* festzuhalten bzw. diesem hinzuzufügen.[515] Entsprechend ist der Nettoverlust einer Kategorie, der Einkommen aus US-Quellen gemindert hat, in einem *OFL account* festzuhalten.[516] Wird in einem späteren Jahr – nachdem ausländische Verluste gemäß der vorherigen Erläuterungen verrechnet worden sind – ein Nettogewinn in der Kategorie mit einem *OFL account* und/oder einem oder mehreren *SLL accounts* erzielt, ist dieser Nettogewinn vorrangig in Einkommen aus US-Quellen und erst anschließend in ausländische Einkünfte der zugehörigen Kategorien umzuqualifizieren.[517] Die Umqualifizierung erfolgt

---

[512] Vgl. dazu WOLFF, in: Debatin/Wassermeyer, DBA, Band 6, Art. 23 DBA USA, Rn. 110; YODER, Principles, Taxes, Vol. 78 (2000), 201 ff.

[513] Vgl. Sec. 904(f)(5) IRC; SHEIN/MADDEN, Losses, Tax Mgmt. Int'l J., Vol. 28 (1999), 302 f.

[514] Vgl. Sec. 904(f)(2) IRC; SHEIN/MADDEN, Losses, Tax Mgmt. Int'l J., Vol. 28 (1999), 301 ff. Es existiert auch ein *overall foreign net capital loss*: Ein solcher ist dem *OFL account* in dem Umfang hinzuzufügen, in dem der *foreign source capital loss* das *United States source capital gain net income* mindert, entweder in dem jeweiligen Steuerjahr oder in dem Steuerjahr, in das der Verlust rückgetragen worden ist, vgl. Reg. § 1.904(f)-(d)(2); auch Reg. § 1.904(f)-(d)(4) und Reg. § 1.1502-4(j), Beispiel 3.

[515] Vgl. SHEIN/MADDEN, Losses, Tax Mgmt. Int'l J., Vol. 28 (1999), 302 f.

[516] Vgl. Reg. 1.904(f)-1(d)(1); SHEIN/MADDEN, Losses, Tax Mgmt. Int'l J., Vol. 28 (1999), 300, 303 f. Separate *OFL accounts* werden für jeden Einkunftskorb nach Sec. 904(d) IRC eingerichtet, sofern eine Verrechnung mit Einkommen aus US-Quellen erfolgt, vgl. SHEIN/MADDEN, Losses, Tax Mgmt. Int'l J., Vol. 28 (1999), 302.

[517] Vgl. SHEIN/MADDEN, Losses, Tax Mgmt. Int'l J., Vol. 28 (1999), 303 f. Hierbei ist zu beachten, dass generell nur 50 % (oder mehr, wenn der Steuerpflichtige es so festlegt) der gesamten ausländischen Einkünfte eines Jahres in US-Einkommen umqualifiziert werden darf, vgl. Sec. 901(f)(1) IRC; zu weiteren Einzelheiten BAUEN, Einführung, 124;

grundsätzlich in dem Umfang der früheren Verlustverrechnung, was der *OFL account* bzw. der jeweilige *SLL account* angibt; anschließend ist der jeweilige *account* entsprechend zu vermindern.

Beispiel: Die US-amerikanische *corporation* X erzielt im Jahr 01 Einkommen aus US-Quellen von 500 US-$ und aus ausländischen Quellen einen Verlust von 1000 US-$ im *general limitation income basket* und einen Gewinn von 600 US-$ im *passive income basket*. Aufgrund der vorrangigen kategorieübergreifenden Verlustverrechnung reduziert der Nettoverlust von 1000 US-$ zunächst den Nettogewinn des *passive income baskets*, was zu einem *SLL account* von 600 US-$ im *general limitation income basket* hinsichtlich des *passiven income baskets* führt. Die verbleibenden 400 US-$ des *general limitation loss* reduzieren anschließend das Einkommen aus US-Quellen; dies führt zu einem *OFL account* im *general limitation income basket* von 400 US-$. Im Anschluß an die Verrechnung des ausländischen Verlusts weist die *corporation* X lediglich ein Einkommen aus US-Quellen von 100 US-$ für das Jahr 01 auf, so dass eine Anrechnung ausländischer Steuern nicht möglich ist. Im Jahr 02 erzielt die *corporation* ein Einkommen aus US-Quellen von 500 US-$ und aus ausländischen Quellen einen Gewinn von 800 US-$ im *general limitation income basket* und einen Gewinn von 1000 US-$ im *passive income basket*. Für Zwecke der Nachversteuerung ist der Nettogewinn des *general limitation income basket* zunächst in Einkommen aus US-Quellen in Höhe von 400 US-$ umzuqualifizieren; der verbleibende Nettogewinn von 400 US-$ wird dann in *passive income* umqualifiziert. Nach diesen Umqualifizierungen weist die *corporation* X zum Zweck der Berechnung der Anrechnungshöchstbeträge ausländischer Steuern ein Einkommen aus US-Quellen von 900 US-$ und ausländisches *passive income* von 1400 US-$ auf. Der *SLL account* des *general limitation income basket* hinsichtlich des *passive income basket* beträgt nun 200 US-$.

Hat eine *corporation* einen NOL aufgrund ausländischer Verluste erlitten, kann sich ein solcher NOL aus ausländischen Verlusten oder einer Kombination aus ausländischen Verlusten und aus einem inländischen Verlust zusammensetzen. Wird ein solcher NOL gemäß Sec. 172 IRC in andere Steuerjahre rück- oder vorgetragen, bleibt der jeweilige Charakter dieser Verluste erhalten, d. h. sie werden weiterhin als inländische und ausländische Verluste behandelt, wobei letztere weiterhin als der ihrer jeweiligen Kategorien zugehörig betrachtet werden.[518] Folglich mindern ausländische Verluste in einem Abzugsjahr eines derartigen NOLs für Zwecke der Berechnung der *foreign tax credits* grundsätzlich zunächst einen etwaigen ausländischen Nettogewinn ihrer eigenen Einkunftskategorie, dann die Nettogewinne anderer Einkunftskategorien und erst dann etwaiges Einkommen aus US-Quellen.[519]

SHEIN/MADDEN, Losses, Tax Mgmt. Int'l J., Vol. 28 (1999), 302 ff.; YODER, Principles, Taxes, Vol. 78 (2000), 203 ff.

[518] Vgl. YODER, Principles, Taxes, Vol. 78 (2000), 203; RUBIN/DICKERSON, USA, CDFI 1998, Band 83a, 349 m. w. N. Ähnliche Grundsätze gelten beim Abzug von Nettoveräußerungsverlusten, vgl. hierzu YODER, Principles, Taxes, Vol. 78 (2000), 203 m. w. N.

[519] Vgl. RUBIN/DICKERSON, USA, CDFI 1998, Band 83a, 349; ausführlicher und differenzierter SHEIN/MADDEN, Losses, Tax Mgmt. Int'l J., Vol. 28 (1999), 303 f. In dem Umfang, in dem ausländische Verluste im Abzugsjahr US-Einkommen bzw. Nettogewinne

1.3.2.4.3.2. Auswirkungen von verrechneten Verlusten ausländischer Betriebsstätten auf die Anrechnung ausländischer Steuern

Positive und negative Erfolge aus ausländischen Betriebsstätten einer *corporation* zählen im Nicht-DBA-Fall wie im DBA-Fall grundsätzlich zu ihren ausländischen Einkünften[520] und sind demzufolge für Zwecke des Anrechnungsverfahrens je nach ihrem Charakter den in Abschnitt B 1.3.1.4.1.2.2. dargestellten Einkunftskategorien nach Sec. 904(d) IRC zuzuordnen. Da Betriebsstätten üblicherweise aktiv tätig sind, d. h. Wirtschaftsgüter produzieren und verkaufen bzw. Dienstleistungen erbringen, fallen diese aktiven Einkünfte neben den hoch besteuerten passiven Einkünften in die Einkunftskategorie der Allgemeinen Auslandseinkünfte (*basket I: general limitation income* bzw. *general categorie income*);[521] eine von diesem Normalfall abweichende Zuordnung zu anderen Kategorien kann unter den jeweiligen Voraussetzungen geboten sein.[522] Gemäß ihrer jeweiligen Zuordnung zu den ausländischen Einkunftskategorien sind Verluste ausländischer Betriebsstätten Bestandteil der Verrechnungssystematik nach Sec. 904(f) IRC. Hinsichtlich der Folgen, die daraus für die Anrechnung ausländischer Steuern resultieren, ist bedeutend, dass die einzelnen Anrechnungshöchstbeträge der Einkunftskategorien auf den jeweils zugehörigen Einkünften basieren, die sich nach Anwendung von Sec. 904(f) IRC, d. h. nach der Verrechnung ausländischer Verluste sowie der Umqualifizierung ausländischer Einkünfte aufgrund der Nachversteuerungsregelungen ergeben.[523] Vor diesem Hintergrund führt folglich die sofortige Verrechnung des Verlusts einer ausländischen Betriebsstätte bei gleichzeitigem Vorliegen anderer ausländischer positiver Einkünfte dazu, dass diese anderen ausländischen Einkünfte in derselben oder anderen Einkunftskategorien entsprechend vermindert werden, was wiederum aufgrund verminderter Anrechnungshöchstbeträge bewirken kann, dass die anrechenbaren Steuern dieser Kategorien nicht vollständig oder gar nicht mehr angerechnet werden können und insofern Anrechnungsüberhänge entstehen. Zu einer derartigen verminderten Anrechnung ausländischer Steuern kommt es zudem, wenn in nachfolgenden Steuerjahren ein verrechneter Betriebsstättenverlust

---

einzelner Einkunftskategorien mindern, kommt es zur Einrichtung oder Erhöhungen der entsprechenden *OFL accounts* bzw. *SLL accounts*.

[520] Dies beruht auf dem Welteinkommensprinzip und der generellen Anwendung der Anrechnungsmethode, vgl. Abschnitt B 1.3.2.4.2.; auch RUBIN/DICKERSON, USA, CDFI 1998, Band 83a, 855. Die Qualifikation von Erfolgen ausländischer Betriebsstätten als ausländische Einkünfte hängt aber in der Regel nicht von der Existenz der Betriebsstätte ab.

[521] Vgl. YODER, Principles, Taxes, Vol. 78 (2000), 199.

[522] Beispielsweise kann eine Betriebsstätte auch passive Einkünfte (*basket A: passive income* bzw. *passive categorie income*) oder Einkünfte aus internationalen Beförderungsleistungen (*basket D: shipping income*) erzielen, vgl. dazu Abschnitt B 1.3.1.4.1.2.2.1.; auch DOERING, Revisions, Taxes, Vol. 83 (2005), 53.

[523] Vgl. dazu WOLFF, in: Debatin/Wassermeyer, DBA, Band 6, Art. 23 DBA USA, Rn. 110; YODER, Principles, Taxes, Vol. 78 (2000), 201 ff.; der vorherige Abschnitt.

nachzuversteuern ist und dabei ausländische Einkünfte in US-Einkommen bzw. in ausländische Einkünfte einer anderen Kategorie umzuqualifizieren sind.[524]

---

[524] Vgl. dazu YODER, Principles, Taxes, Vol. 78 (2000), 201, 203; RUBIN/DICKERSON, USA, CDFI 1998, Band 83a, 855 f.

1.3.2.5. Zusammenfassende Übersicht zur US-amerikanischen Verlustverrechnung

Verlustverrechnung bei einer US-amerikanischen Kapitalgesellschaft
Verlustausgleich ohne Unterbrechung der wirtschaftlichen Identität
- Grundsätzlich unbeschränkter Ausgleich von Gewinnen und Verlusten unterschiedlicher Einkunftsquellen, vorbehaltlich folgender Sonderregelungen: - Veräußerungsverluste können nur einkunftsquellenbezogen mit Veräußerungsgewinnen ausgeglichen werden, so dass ein Nettoveräußerungsverlust eines Jahres nur in einem anderen Jahr von nach einem solchen Ausgleich verbleibenden Veräußerungsgewinnen abgezogen werden kann, vorrangig des allgemeinen Abzugs von Nettobetriebsverlusten; das Ausgleichs- und Abzugsvolumen für Veräußerungsverluste wird durch als Veräußerungsgewinne zu behandelnde *section 1231 gains* erhöht. - Nicht-DBA-Fall und DBA-Fall: Betriebsstättenverluste sind grundsätzlich in den allgemeinen Verlustausgleich einzubeziehen; sofern eine Betriebsstätte allerdings einen Veräußerungsverlust erwirtschaftet, gelten die Ausführungen des vorherigen Teilstrichs entsprechend.
Verlustabzug ohne Unterbrechung der wirtschaftlichen Identität
- NOLs: Rücktrag: 2 Jahre, Vortrag: 20 Jahre; jeweils ohne betragsmäßige Beschränkungen bei der regulären Bundeskörperschaftsteuer; die Beschränkung des Verlustabzugs im System der Alternativen Mindeststeuer auf 90 % führt aber – sofern sie zum Tragen kommt – zu einer betragsmäßigen Beschränkung des Verlustabzugs bei der regulären Bundeskörperschaftsteuer. - Nettoveräußerungsverluste: Rücktrag: 3 Jahre, Vortrag: 5 Jahre; nur einkunftsquellenbezogener Abzug möglich; Rücktrag darf keinen Nettobetriebsverlust verursachen bzw. vergrößern. - Sec. 269 IRC kann das Geltendmachen von vorgetragenen Verlusten untersagen.
Verlustausgleich/-abzug und Unterbrechungen der wirtschaftlichen Identität
- Untergang der wirtschaftlichen Identität, wenn (1) ein *ownership change* gegeben ist und (2) in den nachfolgenden 2 Jahren eine wesentliche Änderung des Geschäftsbetriebs gegeben ist. - Rechtsfolge (1): Verlustabzug: Beschränkung von Verlustvorträgen durch einen jährlichen Abzugshöchstbetrag (*section 382 limitation*), der durch realisierte stille Reserven/Lasten i. S. v. *built-in gains/losses* vermindert bzw. erhöht wird. Verlustausgleich: Realisierte stille Lasten i. S. v. *built-in losses* sind vom Verlustausgleich ausgeschlossen, sofern sie die *section 382 limitation* übersteigen; sie sind vorzutragen. - Rechtsfolge (1) und (2): Verlustabzug/-ausgleich: Untergang vorgetragener Verluste und sämtlicher realisierter stiller Lasten i. S. v. *built-in losses* ab (1).

1.4. Stärken/Schwächen-Bewertung der Verlustverrechnungsregelungen

1.4.1. Auf das Inland beschränkte Verlustverrechnung

1.4.1.1. Verlustausgleich ohne Unterbrechung der wirtschaftlichen Identität

Um dem Ideal der sofortigen Verlustverrechnung beim Verlustausgleich einer im Inland tätigen Kapitalgesellschaft zu entsprechen, müssen die jeweiligen Verlustverrechnungsvorschriften eine Verrechnung ihrer Gewinne und Verluste aus verschiedenen Einkunftsquellen uneingeschränkt zulassen. Sind dagegen Verluste bestimmter Einkunftsquellen aufgrund einkunftsquellenübergreifender Verlustverrechnungsbeschränkungen vom allgemeinen Verlustausgleich ausgeschlossen und können sie nur auf dem Wege eines Verlustvortrags geltend gemacht werden, resultieren hieraus für die Kapitalgesellschaft die mit einer aufgeschobenen Verlustverrechnung verbundenen Nachteile (Zins- und Liquiditätsnachteile, Risiko des Untergangs des Verlustverrechnungspotentials),[525] wodurch sich der Verlustausgleich vom Ideal der sofortigen Verlustverrechnung entfernt. Derartige negative Folgen würden sich – entsprechendes Verrechnungspotential vorausgesetzt – ohne einkunftsquellenübergreifende Verlustverrechnungsbeschränkungen von vornherein nicht ergeben.

Die deutsche Kapitalgesellschaft kann ihre innerhalb einer Periode erzielten Gewinne und Verluste aus unterschiedlichen Einkunftsquellen grundsätzlich uneingeschränkt ausgleichen,[526] womit diese Verlustverrechnungsregelung dem Ideal der sofortigen Verlustverrechnung entspricht und als Stärke zu werten ist. Allerdings sind Verluste nach §§ 15 Abs. 4, 15a, 15b EStG im Bereich der Körperschaftsteuer von diesem allgemeinen Verlustausgleich ausgeschlossen, da sie nur beteiligungs- bzw. einkunftsquellenbezogen ausgeglichen werden können,[527] womit sich der Verlustausgleich vom Ideal der sofortigen Verlustverrechnung entfernt, was seine grundsätzliche Stärke relativiert.

Auch die österreichische Kapitalgesellschaft kann ihre innerhalb einer Periode erwirtschafteten Gewinne und Verluste aus unterschiedlichen Einkunftsquellen generell uneingeschränkt ausgleichen,[528] was vor dem Ideal der sofortigen Verlustverrechnung ebenfalls als Stärke zu werten ist. Diese Stärke wird allerdings insofern relativiert, als dass Wartetastenverluste nur einkunftsquellenbezogen verrechnet werden dürfen,[529] was sie vom allgemeinen Verlustausgleich ausschließt, womit sich dieser vom Ideal der sofortigen Verlustverrechnung entfernt.

---

[525] Vgl. Abschnitt A 4.2.
[526] Vgl. Abschnitt B 1.1.2.1.
[527] Vgl. Abschnitt B 1.1.2.4.1. bis B 1.1.2.4.4.
[528] Vgl. Abschnitt B 1.2.2.2.
[529] Vgl. Abschnitt B 1.2.2.4.1.

Die US-amerikanische Kapitalgesellschaft hat ebenfalls ihre Gewinne und Verluste aus unterschiedlichen Einkunftsquellen innerhalb einer Periode grundsätzlich unbeschränkt auszugleichen,[530] was ebenfalls als Stärke des Verlustausgleichs gilt. Diese wird allerdings durch die Verrechnungsbeschränkung für Veräußerungsverluste, die nur einkunftsquellenbezogen ausgeglichen werden können und ansonsten vom allgemeinen Verlustausgleich ausgeschlossen sind,[531] relativiert, da sich insoweit der Verlustausgleich vom Ideal der sofortigen Verlustverrechnung entfernt. Eine (erneute) Annäherung erfolgt allerdings insofern, als sogenannte *section 1231 gains* als Veräußerungsgewinne zu behandeln sind, wodurch sich das Ausgleichsvolumen für Veräußerungsgewinne einer bestimmten Periode erhöht.[532]

Vor dem Hintergrund, dass die unter die jeweiligen einkunftsquellenübergreifenden Verlustverrechnungsbeschränkungen fallenden Verluste bei der deutschen Kapitalgesellschaft und bei der österreichischen Kapitalgesellschaft im Normalfall nur einen sehr geringen Anteil am zu versteuernden Einkommen ausmachen dürften, während die verrechnungsbeschränkten Veräußerungsverluste bei der US-amerikanischen Kapitalgesellschaft üblicherweise einen höheren Anteil einnehmen dürften, scheint der Verlustausgleich bei der deutschen und österreichischen Kapitalgesellschaft dem Ideal der sofortigen Verlustverrechnung tendenziell mehr zu entsprechen als der Verlustausgleich bei der US-amerikanischen Kapitalgesellschaft.

1.4.1.2. Verlustausgleich bei Unterbrechung der wirtschaftlichen Identität

Um dem Ideal der sofortigen Verlustverrechnung zu entsprechen, dürfte die Unterbrechung der wirtschaftlichen Identität einer Kapitalgesellschaft keinen Einfluß auf den Ausgleich von Verlusten haben. Allerdings bestehen in allen drei untersuchten Ländern sogenannte Mantelkaufvorschriften, die den Verlustausgleich und/oder den Verlustvortrag einer Kapitalgesellschaft bei Unterbrechungen ihrer wirtschaftlichen Identität betragsmäßig einschränken bzw. sogar vollständig untersagen können. Trotz der im Detail unterschiedlichen Voraussetzungen und Rechtsfolgen der jeweiligen Mantelkaufvorschriften kann sich eine Stärken/Schwächen-Bewertung vor dem Ideal der sofortigen Verlustverrechnung an ihren Gemeinsamkeiten orientieren: In allen drei Länder haben Änderungen des personalen Substrats (Anteile) und des sachlichen Substrats (Geschäftsbetrieb) einer Kapitalgesellschaft einen bedeutsamen Einfluß auf ihre jeweilige wirtschaftliche Identität. Sind aufgrund derartiger Änderungen bestimmte Verluste vom allgemeinen Verlustausgleich ausgeschlossen und können sie nur auf dem Wege des Verlustvortrags geltend gemacht werden, resultieren

---

530 Vgl. Abschnitt B 1.3.2.2.1.

531 Vgl. Abschnitt B 1.3.2.3.1.2.

532 Vgl. Abschnitt B 1.3.2.3.1.3.

hieraus für die Kapitalgesellschaft die mit einer aufgeschobenen Verlustverrechnung verbundenen Nachteile (Zins- und Liquiditätsnachteile, Risiko des Untergangs des Verlustverrechnungspotentials),[533] so dass sich der Verlustausgleich vom Ideal der sofortigen Verlustverrechnung entfernt. Wird die Geltendmachung der vom Verlustausgleich ausgeschlossenen Verluste endgültig versagt, geht das mit ihnen verbundene Steuerminderungspotential verloren,[534] was mit dem Ideal der sofortigen Verlustverrechnung unvereinbar ist. Sondervorschriften, die trotz der Unterbrechung der wirtschaftlichen Identität den Verlustausgleich weiterhin unverändert zulassen, führen insoweit wieder zu einer Annäherung an das Ideal der sofortigen Verlustverrechnung.

Bei der deutschen Kapitalgesellschaft führt eine schädliche Anteilsübertragung allein noch zu keiner Einschränkung des körperschaft- und gewerbesteuerlichen Verlustausgleichs, wodurch sich insofern der Verlustausgleich nicht weiter vom Ideal der sofortigen Verlustverrechnung entfernt, was zunächst als Stärke zu werten ist. Wenn die Kapitalgesellschaft jedoch neben der schädlichen Änderung ihres personalen Substrats zusätzlich ihren Geschäftsbetrieb mit überwiegend neuem Betriebsvermögen wiederaufnimmt oder fortführt, bewirkt diese zusätzliche Änderung des sachlichen Subtrats, dass ein etwaiger vom Beginn des Wirtschaftjahres der schädlichen Anteilsübertragung bis zum Zeitpunkt der Anteilsübertragung entstandener körperschaft- und/oder gewerbesteuerlicher Teilverlust vom Verlustausgleich ausgeschlossen ist und endgültig untergeht; dies ist mit dem Ideal der sofortigen Verlustverrechnung unvereinbar und damit als Schwäche zu werten. Diese Schwäche wird allerdings dadurch relativiert, dass eine Sanierungsklausel besteht, die unter ihren jeweiligen Voraussetzungen trotz der Unterbrechung der wirtschaftlichen Identität aufgrund der schädlichen Änderung des personalen und sachlichen Substrats den Verlustausgleich bei einer deutschen Kapitalgesellschaft weiterhin uneingeschränkt ermöglicht.[535]

Die österreichische Mantelkaufvorschrift führt bei der österreichischen Kapitalgesellschaft dazu, dass eine durch schädliche Substratänderungen verursachte Unterbrechung der wirtschaftlichen Identität zu keiner weiteren Einschränkung des Verlustausgleichs bei der Kapitalgesellschaft führt,[536] wodurch er sich nicht weiter vom Ideal der sofortigen Verlustverrechnung entfernt; dies ist als Stärke zu werten.

Kommt es bei der US-amerikanischen Kapitalgesellschaft zu einer schädlichen Anteilsübertragung, werden etwaige als *built-in losses* realisierte stille Lasten vom Verlustausgleich nur in dem Umfang ausgeschlossen, in dem sie den aus der schädlichen Änderung des personalen Substrats resultierenden jährlichen

533 Vgl. Abschnitt A 4.2.
534 Vgl. Abschnitt A 4.2.
535 Vgl. Abschnitt B 1.1.2.3.1., B 1.1.2.3.3.4.
536 Vgl. Abschnitt B 1.2.2.3.1.

Abzugshöchstbetrag für zuvor entstandene und an-schließend geltendgemachte Verluste übersteigen; da derartige als Betriebs- oder Veräuße-rungsverluste geltende stille Lasten nur auf dem Wege des Verlustvortrags geltend gemacht werden können,[537] entfernt sich der Verlustausgleich auf diese Weise vom Ideal der sofortigen Verlustverrechnung, was als Schwäche zu werten ist. Wenn es nach der schädlichen Änderung des personalen Substrats zusätzlich zu einer wesentlichen Änderung des Geschäftsbetriebs kommt, wird die Geltendmachung von sämtlichen als *built-in losses* realisierten stillen Lasten rückwirkend auf den Zeitpunkt der schädlichen Änderung des personalen Substrats versagt,[538] was insofern den Verlustausgleich der zugehörigen Steuerjahre einschränkt. Da derartige vom Verlustausgleich ausgeschlossenen Betriebs- oder Veräußerungsverluste auf diese Weise endgültig untergehen, ist diese Folge der US-amerikanischen Mantelkaufvorschrift vor dem Ideal der sofortigen Verlustverrechnung als Schwäche zu werten.

Da der Verlustausgleich einer Kapitalgesellschaft bei einer Unterbrechung ihrer wirtschaftlichen Identität nur in Österreich und nicht in Deutschland und den USA mit dem Ideal der sofortigen Verlustverrechnung vereinbar ist, ist der Verlustausgleich unter diesem Aspekt bei der österreichischen Kapitalgesellschaft als vorteilhafter zu bewerten als bei der deutschen und US-amerikanischen Kapitalgesellschaft.

1.4.1.3. Verlustabzug ohne Unterbrechungen der wirtschaftlichen Identität

1.4.1.3.1. Grundsätze

Um dem Ideal der sofortigen Verlustverrechnung beim Verlustabzug einer im Inland tätigen Kapitalgesellschaft unter zeitlichen Aspekten möglichst nahezukommen, müssen die Verlustverrechnungsvorschriften zunächst einen möglichst weitreichenden Verlustrücktrag vorsehen. Ist ein solcher möglich und besteht entsprechendes Verrechnungspotential in früheren Jahren, dann können auf diese Weise entstandene Verluste sofort geltend gemacht werden, was zu einer unmittelbaren Liquiditätsverbesserung bei der Kapitalgesellschaft in einem Verlustjahr führt. Je mehr ein Verlustrücktrag zeitlich beschränkt ist, desto mehr müssen – bei begrenztem Verrechnungspotential in einem einzelnen früheren Jahr – Verluste in spätere Jahre vorgetragen werden, so dass der Kapitalgesellschaft vermehrt die mit einer derartigen aufgeschobenen Verlustverrechnung verbundenen Nachteile (Zins- und Liquiditätsnachteile, Risiko des Untergangs des Verlustverrechnungspotentials) entstehen.[539] Um dem Ideal der sofortigen Verlustverrechnung beim Verlustvortrag möglichst nahezukommen, müssen die

---

[537] Vgl. Abschnitt B 1.3.2.2.3.1., B 1.3.2.2.3.4., B 1.3.2.3.2.
[538] Vgl. Abschnitt B 1.3.2.2.3.1., B 1.3.2.2.3.5., B 1.3.2.3.2.
[539] Vgl. dazu Abschnitt A 4.2.

jeweiligen Verlustverrechnungsvorschriften eines Landes einen zeitlich unbeschränkten bzw. zumindest einen möglichst weitreichenden Verlustvortrag vorsehen. Je mehr ein Verlustvortrag zeitlich begrenzt wird, desto größer ist das Risiko, dass es der Kapitalgesellschaft nicht mehr gelingt, fristgerecht entsprechende Gewinne zu generieren und damit ist auch das Risiko umso größer, dass das mit den vorgetragenen Verlusten verbundene Steuerminderungspotential endgültig verloren geht.[540] Sofern eine Kapitalgesellschaft beim Verlustabzug einkunftsquellenübergreifende Verlustverrechnungsbeschränkungen zu beachten hat, resultieren hieraus für die Kapitalgesellschaft dieselben negativen Folgen, die sich auch aus den zuvor erläuterten zeitlichen Beschränkungen beim Verlustrücktrag bzw. -vortrag ergeben,[541] so dass sich durch derartige einkunftsquellenübergreifende Verlustverrechnungsbeschränkungen der Verlustabzug vom Ideal der sofortigen Verlustverrechnung (weiter) entfernt.

Bei der deutschen Kapitalgesellschaft sind die Verlustrücktragsmöglichkeiten aufgrund der zeitlichen Beschränkung auf ein Jahr im Bereich der Körperschaftsteuer und aufgrund des Fehlens eines Rücktrags im Bereich der Gewerbesteuer als wenig umfangreich zu beurteilen,[542] was damit dem Ideal der sofortigen Verlustverrechnung in eingeschränktem Maße entspricht. Dieser Schwäche steht allerdings die Stärke eines zeitlich unbeschränkten körperschaftsteuerlichen und gewerbesteuerlichen Verlustvortrags[543] gegenüber, da dies dem Ideal der sofortigen Verlustverrechnung nahekommt. Diese grundsätzliche Schwäche des Verlustrücktrags und Stärke des Verlustvortrags wird allerdings durch die für Zwecke der Körperschaftsteuer auch beim Verlustabzug zu beachtenden einkunftsquellenübergreifenden Verrechnungsbeschränkungen für Verluste nach §§ 15 Abs. 4, 15a, 15b EStG[544] weiter verschlechtert bzw. relativiert, da sich insofern der Verlustabzug vom Ideal der sofortigen Verlustverrechnung (weiter) entfernt.

Bei der österreichischen Kapitalgesellschaft ist ein Verlustrücktrag grundsätzlich ausgeschlossen, wobei dieser absoluten Schwäche die Stärke eines zeitlich unbeschränkten Verlustvortrags gegenübersteht.[545] Relativiert wird diese Stärke durch die auch beim Verlustvortrag zu beachtende einkunftsquellenübergreifende Verrechnungsbeschränkung für Wartetastenverluste.[546]

Die US-amerikanische Kapitalgesellschaft kann einen Betriebsverlust zwei Jahre rücktragen, was vergleichsweise umfangreich ist und demnach vor dem Ideal der sofortigen Verlustverrechnung als Stärke zu werten ist. Die zeitliche Be-

---

540 Vgl. dazu Abschnitt A 4.2.
541 Vgl. auch Abschnitt A 4.2.
542 Vgl. Abschnitt B 1.1.2.
543 Vgl. Abschnitt B 1.1.2.
544 Vgl. Abschnitt B 1.1.2.4.1. bis B 1.1.2.4.4.
545 Vgl. Abschnitt B 1.2.2.2.
546 Vgl. Abschnitt B 1.2.2.4.1.

grenzung für vorgetragene Betriebsverluste auf 20 Jahre dürfte in den meisten Fällen zu den gleichen Ergebnissen führen wie ein zeitlich unbeschränkter Verlustvortrag, da unter Einbezug der Rücktragsjahre ein Abzugszeitraum von insgesamt 22 Jahren besteht.[547] Folglich läßt sich die US-amerikanische Vortragsregelung für Betriebsverluste unter zeitlichen Aspekten trotz der hierbei zu beachtenden zeitlichen Beschränkung vor dem Ideal der sofortigen Verlustverrechnung ebenfalls als Stärke bewerten. Diese Stärken des Verlustabzugs sind allerdings insofern zu relativieren, als dass Veräußerungsverluste nur einkunftsquellenbezogen und unter der Beachtung eines insgesamt kürzeren Abzugszeitraums (Rücktragsfrist: Drei Jahre, Vortragsfrist: Fünf Jahre) in anderen Jahren abgezogen werden können[548] und als dass auch die Anti-Mißbrauchsvorschrift der Sec. 269 IRC in Einzelfällen das Geltendmachen von Verlustvorträgen vollständig untersagen kann.[549]

1.4.1.3.2. Mindestbesteuerung

Um dem Ideal der sofortigen Verlustverrechnung beim Verlustabzug einer im Inland tätigen Kapitalgesellschaft unter Mindestbesteuerungsaspekten zu entsprechen bzw. diesem möglichst nahezukommen, dürfen die Verlustverrechnungsvorschriften keine betragsmäßigen Beschränkungen vorsehen. Je restriktiver etwaige betragsmäßige Beschränkungen sind, desto mehr entfernt sich der Verlustabzug vom Ideal der sofortigen Verlustverrechnung: Sofern in früheren Jahren entsprechendes Verrechnungspotential vorhanden ist, bewirken betragsmäßige Beschränkungen im Fall des Verlustrücktrags, dass vermindert Verluste in früheren Jahren geltend gemacht werden können und stattdessen vermehrt in spätere Jahre vorzutragen sind. Dies bedeutet zugleich, dass sich die mit einem Verlustrücktrag verbundenen Liquiditätsentlastungen vermindern und dass es (vermehrt) zu den Nachteilen, die mit einer späteren Geltendmachung von Verlusten verbunden sind (Zins- und Liquiditätsnachteile, Risiko des Untergangs des Verlustverrechnungspotentials),[550] kommt. Betragsmäßige Beschränkungen bewirken im Fall des Verlustvortrags – entsprechendes Verrechnungspotential vorausgesetzt – eine zeitliche Streckung der Geltendmachung von Verlustvorträgen, so dass die vorgetragenen Verluste später verrechnet werden und sich somit die mit einem Verlustvortrag ohnehin verbundenen Nachteile (Zins- und Liquiditätsnachteile, Risiko des Untergangs des Verlustverrechnungspotentials)[551] vergrößern.

---

[547] Vgl. SAATHOFF, Besteuerung, FR 1998, 920. Zu den Abzugszeiträumen vgl. Abschnitt B 1.3.2.2.1.

[548] Vgl. Abschnitt B 1.3.2.3.1.2.

[549] Vgl. Abschnitt B 1.3.2.2.4.

[550] Vgl. Abschnitt A 4.2.

[551] Vgl. Abschnitt A 4.2.

Da bei der deutschen Kapitalgesellschaft der körperschaftsteuerliche Verlustrücktrag auf einen Höchstbetrag von 511.500 Euro beschränkt ist und ein gewerbesteuerlicher Verlustrücktrag ausgeschlossen ist,[552] entsprechen die Rücktragsmöglichkeiten unter Mindestbesteuerungsaspekten dem Ideal der sofortigen Verlustverrechnung nur sehr entfernt, was als Schwäche zu werten ist. Der Verlustvortrag ist dagegen für Zwecke sowohl der Körperschaftsteuer als auch der Gewerbesteuer nur bis zu einem Betrag von einer Million Euro unbeschränkt, darüber hinaus beschränkt bis zu 60 % des eine Million Euro übersteigenden Betrags möglich; in der Höhe der verbleibenden 40 % des Gesamtbetrags der Einkünfte bzw. Gewerbeertrags des jeweiligen Veranlagungszeitraums erfolgt eine Mindestbesteuerung der Kapitalgesellschaft.[553] Diese betragsmäßige Vortragsregelung entspricht unter Mindestbesteuerungsaspekten dem Ideal der sofortigen Verlustverrechnung in nur eingeschränktem Maße, was damit ebenfalls als Schwäche anzusehen ist.

Da bei der österreichischen Kapitalgesellschaft ein Verlustrücktrag gesetzlich nicht vorgesehen ist, ist die fehlende Rücktragsmöglichkeit auch unter Mindestbesteuerungsaspekten mit dem Ideal der sofortigen Verlustverrechnung unvereinbar, was als Schwäche zu werten ist. Vorgetragene Verluste können dagegen nur bis maximal 75 % des Gesamtbetrags der Einkünfte eines Jahres geltend gemacht werden, so dass hieraus eine Mindestbesteuerung von 25 % des jeweiligen Erfolgs resultiert,[554] was wiederum dem Ideal der sofortigen Verlustverrechnung in nur eingeschränktem Maße entspricht und damit als Schwäche zu werten ist. Sofern eine Kapitalgesellschaft in einem Verlustvortragsjahr nur ein geringes Einkommen erwirtschaften kann, kann sich diese Schwäche aufgrund der erfolgsunabhängig erhobenen österreichischen Mindestkörperschaftsteuer verschärfen: Auch bei der Einhaltung der 75 %-Grenze kann ein Verlustvortrag das Einkommen eines Jahres auf ein vom Gesetzgeber als zu gering erachtetes Niveau reduzieren, so dass die Mindestkörperschaftsteuer zum Tragen kommt und dabei im Ergebnis die Mindestbesteuerung auf ein Niveau anhebt, das oberhalb der 75 %-Grenze liegt,[555] wodurch sich wiederum der Verlustvortrag vom Ideal der sofortigen Verlustverrechnung weiter entfernt.

Die US-amerikanische Kapitalgesellschaft unterliegt im System der regulären Bundeskörperschaftsteuer weder beim Rücktrag noch beim Vortrag von Betriebsverlusten einer betragsmäßigen Beschränkung,[556] was vor dem Ideal der sofortigen Verlustverrechnung als Stärke zu werten ist. Da eine US-amerikanische Kapitalgesellschaft allerdings parallel den Vorschriften zur Alternativen Mindeststeuer unterliegt und diese in ihrem System eine Einkommensminde-

---

[552] Vgl. Abschnitt B 1.1.2.2., auch B 1.1.2.1.
[553] Vgl. Abschnitt B 1.1.2.2.
[554] Vgl. Abschnitt B 1.2.2.2.
[555] Vgl. Abschnitt B 1.2.2.2.
[556] Vgl. Abschnitt B 1.3.2.2.1.

rung durch Verlustabzüge um maximal 90 % gestatten, kommt es – sofern die Alternative Mindeststeuer zum Tragen kommt – im Ergebnis zu einer betragsmäßigen Beschränkung des Rücktrags bzw. Vortrags von Betriebsverlusten im System der regulären Bundeskörperschaftsteuer;[557] demzufolge entfernt sich in derartigen Fällen der Verlustabzug unter Mindestbesteuerungsaspekten vom Ideal der sofortigen Verlustverrechnung, was die grundsätzliche Stärke des eigentlich betragsmäßig unbeschränkten Verlustabzugs relativiert.

1.4.1.4. Verlustabzug bei Unterbrechung der wirtschaftlichen Identität

Um dem Ideal der sofortigen Verlustverrechnung zu entsprechen, dürfte die Unterbrechung der wirtschaftlichen Identität einer Kapitalgesellschaft keinen Einfluß auf den Vortrag von Verlusten haben. Die in allen drei untersuchten Ländern bestehenden Mantelkaufvorschriften beschränken jedoch den Verlustvortrag einer Kapitalgesellschaft bei Unterbrechungen ihrer wirtschaftlichen Identität betragsmäßig bzw. untersagen ihn sogar vollständig. Trotz der im Detail unterschiedlichen Voraussetzungen und Rechtsfolgen der jeweiligen Mantelkaufvorschriften kann sich eine Stärken/Schwächen-Bewertung vor dem Ideal der sofortigen Verlustverrechnung – wie bereits beim Verlustausgleich – an ihren Gemeinsamkeiten orientieren: Änderungen des personalen Substrats (Anteile) und des sachlichen Substrats (Geschäftsbetrieb) einer Kapitalgesellschaft haben in allen drei Ländern einen bedeutsamen Einfluß auf ihre jeweilige wirtschaftliche Identität, was jeweils mit unterschiedlichen Rechtsfolgen verbunden ist: Betragsmäßige Beschränkungen führen aufgrund der damit verbundenen zeitlichen Streckung der Geltendmachung von Verlustvorträgen zu größeren Zins- und Liquiditätsnachteilen und dem erhöhten Risiko des Untergangs von Verlustverrechnungspotential,[558] womit sich der Verlustvortrag vom Ideal der sofortigen Verlustverrechnung entfernt. Der Untergang von vorgetragenen Verlusten bedeutet zugleich den Untergang des mit ihnen verbundenen Steuerminderungspotentials,[559] was mit dem Ideal der sofortigen Verlustverrechnung unvereinbar ist. Lassen allerdings Sondervorschriften einen Verlustvortrag trotz Unterbrechungen der wirtschaftlichen Identität in Ausnahmefällen weiterhin in einem erweiterten Umfang bzw. uneingeschränkt zu, kommt es insofern wieder zu einer Annäherung an das Ideal der sofortigen Verlustverrechnung. Sofern die jeweiligen Mantelkaufvorschriften die einkunftsquellenbezogen vorzutragenden Verlusten aus bestimmten Einkunftsquellen nicht in ihre Beschränkungen einbeziehen, kommt es insoweit nicht zu einer weiteren Entfernung vom Ideal der sofortigen Verlustverrechung.

[557] Vgl. Abschnitt B 1.3.2.2.2.
[558] Vgl. Abschnitt A 4.2.
[559] Vgl. Abschnitt A 4.2.

Werden bei der deutschen Kapitalgesellschaft mehr als 50 % ihrer Anteile übertragen, ergeben sich aus einer solchen schädlichen Änderung des personalen Substrats allein noch keine Einschränkungen bei der Geltendmachung von vorgetragenen körperschaft- und gewerbesteuerlichen Verlusten,[560] wodurch sich der Verlustvortrag nicht weiter vom Ideal der sofortigen Verlustverrechnung entfernt, was damit wiederum zunächst als Stärke der deutschen Mantelkaufvorschrift zu werten ist. Wenn die Kapitalgesellschaft jedoch zusätzlich ihren Geschäftsbetrieb mit überwiegend neuem Betriebsvermögen wiederaufnimmt oder fortführt, führt das zusätzliche Vorliegen einer solchen schädlichen Änderung des sachlichen Substrats zukünftig zum vollständigen Untergang von körperschaft- und gewerbesteuerlichen Verlustvorträgen,[561] was mit dem Ideal der sofortigen Verlustverrechnung unvereinbar ist und somit als Schwäche der deutschen Mantelkaufvorschrift gewertet werden muß. Diese Schwäche wird allerdings dadurch relativiert, dass eine Sanierungsklausel existiert, nach der unter ihren jeweiligen Voraussetzungen die Unterbrechung der wirtschaftlichen Identität der Kapitalgesellschaft aufgrund der schädlichen Änderung ihres personalen und sachlichen Subtrats die Geltendmachung von Verlustvorträgen nicht einschränkt.[562] Da auch die Verluste, die für Zwecke der Körperschaftsteuer einkunftsquellenbezogen vorzutragen sind (§§ 15 Abs. 4. 15a, 15b EStG), ebenfalls der deutschen Mantelkaufvorschrift unterliegen,[563] kann sich insofern keine Relativierung der genannten Schwäche der deutschen Mantelkaufvorschrift ergeben.

Wenn bei der österreichischen Kapitalgesellschaft mindestens 75 % ihrer Anteile entgeltlich übertragen werden, dann ergibt sich wie bei der deutschen Kapitalgesellschaft aus einer solchen schädlichen Änderung des personalen Substrats allein noch keine Einschränkung bei der Geltendmachung von Verlustvorträgen,[564] wodurch sich der Verlustvortrag nicht weiter vom Ideal der sofortigen Verlustverrechnung entfernt, was damit wiederum zunächst als Stärke der österreichischen Mantelkaufvorschrift zu werten ist. Kommt es anschließend zu einer schädlichen Änderung der wirtschaftlichen Struktur der Kapitalgesellschaft, führt diese schädliche Änderung des sachlichen Subtrats erst in Verbindung mit einer schädlichen Änderung der organisatorischen Struktur nach dem Gesamtbild der Verhältnisse zu einem Untergang der wirtschaftlichen Identität.[565] Der hiermit verbundene zukünftige vollständige Untergang von vorgetragenen Verlusten ist mit dem Ideal der sofortigen Verlustverrechnung unvereinbar und somit als Schwäche der österreichischen Mantelkaufvorschrift zu werten. Diese Schwäche wird jedoch durch verschiedene Ausnahmeregelungen relativiert, die

[560] Vgl. Abschnitt B 1.1.2.3.1., B 1.1.2.3.2.
[561] Vgl. Abschnitt B 1.1.2.3.1., B 1.1.2.3.3.
[562] Vgl. Abschnitt B 1.1.2.3.1., B 1.1.2.3.4.
[563] Vgl. Abschnitt B 1.1.2.3.1., B 1.1.2.4.1. bis B 1.1.2.4.4.
[564] Vgl. Abschnitt B 1.2.2.3.1., B 1.2.2.3.2.
[565] Vgl. Abschnitt B 1.2.2.3.1., B 1.2.2.3.3. bis 1.2.2.3.6.

unter bestimmten Voraussetzungen einen uneingeschränkten Verlustvortrag bei einem ansonsten vorliegenden Mantelkauf zulassen: Ein Mantelkauftatbestand soll beispielsweise dann nicht gegeben sein, wenn die Altgesellschafter zuerst und nachweislich ohne Willensübereinstimmung mit den späteren Neugesellschaftern die wirtschaftliche Struktur der Kapitalgesellschaft verändern und sie sich erst anschließend auf die Suche nach Käufern ihrer Gesellschaftsanteile machen, womit es in einem solchen Fall erst nachfolgend zu einer schädlichen Änderung des personalen Substrats kommt.[566] Desweiteren existiert eine Sanierungsklausel, dessen Anwendung den uneingeschränkten Abzug von vorgetragenen Verlusten trotz des Verlusts der wirtschaftlichen Identität zuläßt.[567] Kommt es trotz dieser Sonderregelungen dennoch zu einem Mantelkauftatbestand und dem damit verbundenen Untergang von Verlustvorträgen, kann ein Verlustabzug zumindest noch insoweit erfolgen, als infolge der Änderung der wirtschaftlichen Struktur bis zum Ende des Wirtschaftsjahres der Änderung stille Reserven steuerwirksam aufgedeckt werden,[568] was ebenfalls die genannte Schwäche relativiert. Eine Relativierung erfolgt desweiteren dadurch, dass etwaige einkunftsquellenbezogen vorzutragende Wartetastenverluste nicht der österreichischen Mantelkaufvorschrift unterliegen,[569] wodurch insofern keine weitere Entfernung vom Ideal der sofortigen Verlustverrechnung stattfinden kann.

Wenn sich bei einer US-amerikanischen Kapitalgesellschaft bei einem oder mehreren 5 %-Anteilseignern die Beteiligungsquote insgesamt um 50 %-Punkte erhöht, dann bewirkt eine derartige schädliche Änderung des personalen Substrats, dass vorgetragene Betriebsverluste nur betragsmäßig beschränkt geltend gemacht werden können,[570] wodurch sich der Verlustvortrag weiter vom Ideal der sofortigen Verlustverrechnung entfernt, was damit als Schwäche der US-amerikanischen Mantelkaufvorschrift zu werten ist. Diese wird jedoch dadurch relativiert, dass die sich ergebende betragsmäßige Beschränkung erst ab einem Einkommen oberhalb dieser Beschränkung zum Tragen kommt und dass sie zudem aufgrund der Berechnungsmethode unter Umständen gar nicht zu berücksichtigen ist, sofern eine Kapitalgesellschaft einen hohen Marktwert aufweist oder nur über geringe Verlustvorträge verfügt; desweiteren können bestimmte realisierte stille Reserven eine solche betragsmäßige Beschränkung erhöhen.[571] Allerdings können auch bestimmte realisierte stille Lasten den jährlichen Abzugshöchstbetrag für vorgetragene Verluste vermindern,[572] was damit eine Verschlechterung bedeutet. Wenn es nach der schädlichen Änderung des personalen

[566] Vgl. Abschnitt B 1.2.2.3.6.
[567] Vgl. Abschnitt B 1.2.2.3.7.
[568] Vgl. Abschnitt B 1.2.2.3.1.
[569] Vgl. Abschnitt B 1.2.2.4.1.
[570] Vgl. Abschnitt B 1.3.2.2.3.1., B 1.3.2.2.3.2.
[571] Vgl. Abschnitt B 1.3.2.2.3.3., B 1.3.2.2.3.4.
[572] Vgl. Abschnitt B 1.3.2.2.3.4.

Substrats zusätzlich zu einer wesentlichen Änderung des Geschäftsbetriebs kommt, wird die Geltendmachung von vorgetragenen Betriebsverlusten rückwirkend versagt,[573] was folglich ebenfalls als Schwäche der US-amerikanischen Mantelkaufvorschrift anzusehen ist. Eine Relativierung dieser Schwäche erfolgt dadurch, dass vorgetragene Verluste insofern abzugsfähig bleiben, als bestimmte stille Reserven realisiert worden sind und dass es relativ selten zu einer schädlichen Änderung des sachlichen Substrats kommt, da eine wesentliche Erweiterung des Geschäftsbetriebs der Kapitalgesellschaft unter Zuführung neuen Betriebsvermögens oder die Aufgabe unwesentlicher Geschäftszweige unschädlich ist.[574] Da vorgetragene Veräußerungsverluste ebenfalls den Beschränkungen der US-amerikanischen Mantelkaufvorschrift unterliegen,[575] entfernt sich insofern der Verlustvortrag einer Kapitalgesellschaft vom Ideal der sofortigen Verlustverrechnung, so dass sich damit keine Relativierung der beiden genannten grundsätzlichen Schwächen ergeben kann.

1.4.2. Grenzüberschreitende Verlustverrechnung aufgrund ausländischer Betriebsstätten

Um dem Ideal der sofortigen Verlustverrechnung bei Verlusten ausländischer gewerblich tätiger Betriebsstätten einer Kapitalgesellschaft zu entsprechen, müssen die Verlustverrechnungsvorschriften eines Staates die sofortige und uneingeschränkte grenzüberschreitende Berücksichtigung eines derartigen Betriebsstättenverlustes bei der Einkommensermittlung im DBA-Fall wie im Nicht-DBA-Fall vorsehen. Sofern grenzüberschreitende Verrechnungsbeschränkungen dazu führen, dass eine Berücksichtigung im Inland generell nicht möglich ist, geht der Kapitalgesellschaft das mit einem Betriebsstättenverlust verbundene Steuerminderungspotential für inländische Besteuerungszwecke definitiv verloren, was mit dem Ideal der sofortigen Verlustverrechnung unvereinbar ist.[576] Wird der Ansatz eines ausländischen Betriebsstättenverlustes durch grenzüberschreitende Verrrechnungsbeschränkungen nicht beeinflußt, können dennoch einkunftsquellenübergreifende Verlustverrechnungsbeschränkungen dazu führen, dass der Betriebsstättenverlust (teilweise) erst in zukünftigen Jahren geltend gemacht werden kann. Da dies für die Kapitalgesellschaft mit Zins- und Liquiditätsnachteilen und dem Risiko des Untergangs von Verlustverrechnungspotential verbunden ist, entfernt sich auf diese Weise die Verrechnung ausländischer Betriebsstättenverluste vom Ideal der sofortigen Verlustverrechnung. [577]

Entsteht einer gewerblich tätigen Betriebsstätte einer deutschen Kapitalgesellschaft in einem DBA-Staat in einem Jahr ein Verlust, so kann ein solcher Ver-

[573] Vgl. Abschnitt B 1.3.2.2.3.1., B 1.3.2.2.3.5.
[574] Vgl. Abschnitt B 1.3.2.2.3.5.
[575] Vgl. Abschnitt B 1.3.2.3.2.
[576] Vgl. Abschnitt A 4.2.
[577] Vgl. Abschnitt A 4.2.

lust weder für körperschaft- noch gewerbesteuerliche Zwecke bei der Ermittlung des Einkommens bzw. Gewerbeertrags der Kapitalgesellschaft angesetzt werden;[578] diese grenzüberschreitende Verlustverrechnungsregelungen sind mit dem Ideal der sofortigen Verlustverrechnung unvereinbar, was folglich als Schwäche zu werten ist. Im Nicht-DBA-Fall kann der Verlust einer gewerblich tätigen Betriebsstätte in vollem Umfang körperschaftsteuerlich im Verlustentstehungsjahr angesetzt werden, während eine gewerbesteuerliche Berücksichtigung ausgeschlossen ist;[579] vor dem Ideal der sofortigen Verlustverrechnung sind diese grenzübergreitenden Verrechnungsvorschriften damit insgesamt weder als Stärke noch als Schwäche zu werten. Auch wenn im Bereich der Körperschaftsteuer der grenzüberschreitend uneingeschränkte Ansatz des Verlustes einer gewerblich tätigen ausländischen Betriebsstätte im Nicht-DBA-Fall dem Ideal der sofortigen Verlustverrechnung entspricht, kann diese Berücksichtigung dazu führen, dass die Kapitalgesellschaft ausländische Steuern, die auf etwaige andere positive ausländische Einkünfte aus dem Betriebsstättenstaat erhoben werden, nicht mehr (vollständig) anrechnen kann,[580] was für die Gesellschaft nachteilig ist.

Erwirtschaftet eine gewerblich tätige Betriebsstätte einer österreichischen Kapitalgesellschaft in einem Jahr einen Verlust, so ist dieser Verlust grundsätzlich im Verlustentstehungjahr bei der Einkommensermittlung anzusetzen, was unabhängig davon gilt, ob sich die Betriebsstätte in einem DBA-Staat oder in einem Nicht-DBA-Staat befindet oder ob hinsichtlich der Betriebsstättenerfolge die Anrechnungs- oder Freistellungsmethode anzuwenden ist.[581] Da diese grenzüberschreitenden Verlustverrechnungsregelungen dem Ideal der sofortigen Verlustverrechnung entsprechen, sind sie als Stärke zu werten. Allerdings schlägt diese grundsätzliche Stärke in Einzelfällen aufgrund der einzelsteuerlichen Vorschrift gegen doppelte Verlustnutzung in eine Schwäche um, und zwar dann, wenn ein Betriebsstättenverlust im Ausland berücksichtigt wird und damit insofern ein Ansatz im Inland unzulässig ist; dies gilt im DBA-Fall wie Nicht-DBA-Fall mit Freistellungsmethode sowie (vermutlich auch) mit Anrechnungsmethode.[582] Auch wenn der grundsätzlich uneingeschränkte grenzüberschreitende Ansatz eines Betriebsstättenverlustes dem Ideal der sofortigen Verlustverrechnung entspricht, kann dieser Ansatz – insbesondere im DBA-Fall und Nicht-DBA-Fall mit Anrechnungsmethode – dazu führen, dass die österreichische Kapitalgesellschaft ausländische Steuern, die auf etwaige andere ausländische positive Einkünfte aus dem Betriebsstättenstaat erhoben werden, nicht mehr (vollständig) anrechnen kann, was für sie von Nachteil ist.[583]

---

578 Vgl. Abschnitt B 1.1.2.4.5.2.1., B 1.1.2.4.5.2.2.
579 Vgl. Abschnitt B 1.1.2.4.5.2.1.
580 Vgl. Abschnitt B 1.1.2.4.5.3.
581 Vgl. Abschnitt B 1.2.2.4.2.2.1., B 1.2.2.4.2.2.2.
582 Vgl. Abschnitt B 1.2.2.4.2.2.2.
583 Vgl. Abschnitt B 1.2.2.4.2.3.

Entsteht einer gewerblich tätigen Betriebsstätte einer US-amerikanischen Kapitalgesellschaft in einem DBA-Staat oder in einem Nicht-DBA-Staat in einem Jahr ein Verlust, so ist dieser Verlust im Verlustentstehungsjahr bei der Einkommensermittlung der Kapitalgesellschaft grundsätzlich vollumfänglich anzusetzen.[584] Da diese grenzüberschreitende Verlustverrechnungsregelung dem Ideal der sofortigen Verlustverrechnung entspricht, ist sie damit als Stärke zu werten. Relativiert wird diese grundsätzliche Stärke allerdings durch die einkunftsquellenübergreifende Verrechnungsbeschränkung für Veräußerungsverluste,[585] wodurch sich die Verrechnung von ausländischen Betriebsstättenverlusten vom Ideal der sofortigen Verlustverrechnung entfernen kann. Auch wenn die Berücksichtigung von ausländischen Betriebsverlusten grundsätzlich grenzüberschreitend unbeschränkt erfolgt und damit dem Ideal der sofortigen Verlustverrechnung entspricht, kann dieser Ansatz aufgrund der von den USA generell im DBA-Fall wie Nicht-DBA-Fall angewendeten Anrechnungsmethode dazu führen, dass die US-amerikanische Kapitalgesellschaft ausländische Steuern, die auf etwaige andere ausländischen positiven Einkünfte – im Jahr der Entstehung des Betriebsstättenverlustes oder in späteren Jahren aufgrund von Nachversteuerungsregelungen – erhoben werden, nicht mehr (vollständig) anrechnen kann,[586] was für sie nachteilig ist.

---

[584] Vgl. Abschnitt B 1.3.2.4.2.
[585] Vgl. Abschnitt B 1.3.2.4.2.
[586] Vgl. Abschnitt B 1.3.2.4.3.

2. Grundlagen der Konzernbesteuerung

2.1. Deutschland

2.1.1. Rechtsgrundlagen der ertragsteuerlichen Organschaft

Die körperschaftsteuerlichen Vorschriften zur Organschaft befinden sich in den §§ 14 bis 19 KStG, während die gewerbesteuerliche Organschaft in § 2 Abs. 2 Satz 2 f. GewStG geregelt ist. Da § 2 Abs. 2 Satz 2 GewStG auf die §§ 14 ff. KStG verweist, folgt die Gewerbesteuer weitestgehend den körperschaftsteuerlichen Vorschriften, wobei insbesondere die Tatbestandsvoraussetzungen der körperschaftsteuerlichen und gewerbesteuerlichen Organschaft deckungsgleich sind. Beim Vorliegen einer körperschaftsteuerlichen Organschaft ist damit zugleich eine gewerbesteuerliche Organschaft gegeben.[587] Die durch die ertragsteuerliche Organschaft gebildete Einheit ist der sogenannte Organkreis, wobei das Mutterunternehmen bzw. die Muttergesellschaft als Organträger und die Untergesellschaft(en) als Organgesellschaft(en) bezeichnet werden. Gemäß § 14 KStG ist es für eine Organschaftsbegründung notwendig, dass eine Organgesellschaft in das Unternehmen des Organträgers finanziell eingegliedert ist und dass ein Gewinnabführungsvertrag im Sinne des § 291 Abs. 1 AktG abgeschlossen worden ist. Desweiteren können nur bestimmte Unternehmensformen als Organträger und Organgesellschaft fungieren.

2.1.2. Voraussetzungen der ertragsteuerlichen Organschaft

2.1.2.1. Einbeziehbare Gesellschaften

Hinsichtlich der einbeziehbaren Unternehmen in die ertragsteuerliche Organschaft ist zu differenzieren: Organgesellschaften können grundsätzlich nur Kapitalgesellschaften mit Geschäftsleitung und Sitz im Inland sein, womit als Organgesellschaften die deutsche AG, KGaA und GmbH in Frage kommen.[588] Lebens- und Krankenversicherungsunternehmen sind grundsätzlich von der Behandlung als Organgesellschaft ausgeschlossen.[589] Organträger kann dagegen jedes unbeschränkt steuerpflichtige, gewerbliche Unternehmen mit Geschäftsleitung im Inland sein, wobei die Rechtsform des Unternehmens unerheblich ist. Der Organträger kann daher eine Kapitalgesellschaft, eine Personengesellschaft oder eine natürliche Person sein, wenn diese ein gewerbliches Unternehmen unterhält.[590] Ein gewerbliches Unternehmen ist gegeben, wenn die Voraussetzun-

---

587 Vgl. HERZIG, in: Herzig, Organschaft, 8.
588 Vgl. § 14 Abs. 1 Satz 1 KStG i. V. m. § 17 Satz 1 KStG; EVERSBERG, in: Herzig, Organschaft, 76.
589 Vgl. § 14 Abs. 2 KStG.
590 Vgl. § 14 Abs. 1 Satz 1 Nr. 2 Satz 1 KStG; KOTHS, in: Herzig, Organschaft, 63.

gen für einen Gewerbebetrieb im Sinne des § 2 GewStG vorliegen.[591] Diese Forderung nach der Gewerblichkeit des Organträgers hat allerdings nur für Personengesellschaften und natürliche Personen Bedeutung, da bei Kapitalgesellschaften eine Gewerblichkeit kraft Rechtsform bereits vorliegt.[592] Organträger kann zudem auch ein ausländisches gewerbliches Unternehmen ohne Sitz oder Geschäftsleitung im Inland mit einer inländischen, im Handelsregister eingetragenen Zweigniederlassung sein.[593]

2.1.2.2. Beteiligungserfordernis

Zur Begründung einer ertragsteuerlichen Organschaft ist es weiterhin erforderlich, dass eine Organgesellschaft in das Unternehmen des Organträgers finanziell eingegliedert ist. Eine derartige finanzielle Eingliederung setzt voraus, dass der Organträger von Beginn des Wirtschaftsjahres an ununterbrochen im Besitz der Stimmrechtsmehrheit an der Organgesellschaft ist.[594] Diese Stimmrechtsmehrheit soll gewährleisten, dass der Organträger im gewöhnlichen Geschäftsverkehr seinen Willen in der Organgesellschaft durchsetzen kann.[595] Bei der Berechnung der notwendigen Beteiligungsquote sind unmittelbare und mittelbare Beteiligungen zusammenzurechnen. Mittelbare Beteiligungen sind allerdings nur dann zu berücksichtigen, wenn bei der zwischengeschalteten Gesellschaft selbst die Voraussetzung der finanziellen Eingliederung erfüllt ist, was bedeutet, dass die Beteiligung an der vermittelnden Gesellschaft wiederum die Mehrheit der Stimmrechte an dieser Gesellschaft gewähren muß.[596] Die mittelbare Beteiligung kann über eine Personen- oder über eine Kapitalgesellschaft gehalten werden, wobei auch ausländische Gesellschaften vermittelnde Gesellschaften sein können.[597] Bei der Ermittlung der Beteiligungsquote ist jede qualifizierende mittelbare Beteiligung in Höhe der rechnerischen Beteiligungsquote zu berück-

---

[591] Vgl. BMF-Schreiben vom 26.08.2003, IV A 2 – S 2770 – 18/03, BStBl. I 2003, 438, Tz. 2.

[592] Vgl. HERZIG, in: Herzig, Organschaft, 8.

[593] Vgl. § 18 KStG; KOTHS, in: Herzig, Organschaft, 70 f.

[594] Vgl. § 14 Abs. 1 Satz 1 Nr. 1 Satz 1 KStG. Für eine derartige ununterbrochene Beteiligung sind weitere Aufstockungen einer bereits ausreichenden Beteiligungsquote während eines Wirtschaftsjahres oder Abschmelzungen bei Einhaltung der kritischen Beteiligungsgrenze unerheblich, vgl. FÖRSTER, in: Herzig, Organschaft, 95.

[595] Vgl. BFH-Urteil vom 24.01.1968, I 95/65, BStBl. II 1968, 317; vom 12.01.1977, I R 204/75, BStBl. II 1977, 358. Wenn das Statut der Organschaft eine höhere qualifizierte Mehrheit erfordert, ist eine einfache Stimmrechtsmehrheit nicht ausreichend, vgl. dazu FROTSCHER, in: Frotscher/Maas, KStG, § 14 KStG, Rn. 91; FÖRSTER, in: Herzig, Organschaft, 89 m. w. N.; KREBÜHL, Organschaft, DStR 2002, 1242.

[596] Vgl. § 14 Abs. 1 Satz 1 Nr. 1 Satz 1 und 2 KStG; R 57 Satz 4 KStR; FROTSCHER, in: Frotscher/Maas, KStG, § 14 KStG, Rn. 98 und 100; dazu auch FÖRSTER, in: Herzig, Organschaft, 89 bis 94.

[597] Vgl. ECKSTEIN, Deutschland, CDFI 2004, Band 89b, 301. Der tatsächliche Einbezug einer vermittelnden Gesellschaft in die Organschaft ist nicht notwendig, vgl. BFH-Urteil vom 02.11.1977, I R 143/75, BStBl. II 1978, 75.

sichtigen.[598] Ist ein ausländisches gewerbliches Unternehmen Organträger, dann muß die finanzielle Eingliederung der Organgesellschaft(en) im Verhältnis zur inländischen Zweigniederlassung erfüllt sein,[599] wobei sich dann die erforderliche Beteiligung im Betriebsvermögen der Zweigniederlassung befindet.

2.1.2.3. Weitere Voraussetzungen

Zur Begründung einer ertragsteuerlichen Organschaft ist es zudem erforderlich, dass sich die Organgesellschaft durch einen Gewinnabführungsvertrag im Sinne des § 291 Abs. 1 AktG zur Abführung ihres gesamten Gewinns verpflichtet,[600] wobei als gesamter Gewinn grundsätzlich ihr jeweiliger Jahresüberschuss gilt. Sofern die Organgesellschaft Verluste bzw. Jahresfehlbeträge erwirtschaftet, verpflichtet der Abschluß eines Gewinnabführungsvertrags im Gegenzug den Organträger zur Übernahme dieser Verluste.[601] Der Gewinnabführungsvertrag muß für eine Mindestlaufzeit von fünf Jahren notariell abgeschlossen werden und während dieses Zeitraums auch tatsächlich durchgeführt werden.[602] Den Vertragsparteien steht es frei, einen längeren Zeitraum zu vereinbaren bzw. nach dem Ablauf der Fünfjahresfrist den Gewinnabführungsvertrag zu verlängern oder zu kündigen, da das Gesetz diesbezüglich keine expliziten Vorschriften enthält.[603] Ist ein ausländisches gewerbliches Unternehmen Organträger, dann ist der Gewinnabführungsvertrag mit der Zweigniederlassung des ausländischen Unternehmens abzuschließen.[604] Zu beachten ist, dass über den Gewinnabführungsvertrag der Einbezug von einzelnen Kapitalgesellschaften in den Organkreis gesteuert werden kann. Die Begründung einer ertragsteuerlichen Organschaft erfordert grundsätzlich keine übereinstimmenden Wirtschaftsjahre der Organschaftsmitglieder bzw. entsprechende Anpassungen.

2.1.3. Beginn, Dauer und Ende der ertragsteuerlichen Organschaft

Die Besteuerung als ertragsteuerliche Organschaft hat steuerrechtlich zwingend erstmals in dem Kalenderjahr zu erfolgen, in dem das Wirtschaftsjahr der Organgesellschaft endet, in dem der Gewinnabführungsvertrag wirksam wird,

---

598 Vgl. Beispiel 1 in R 57 KStR. A. A. ist FÖRSTER, in: Herzig, Organschaft, 90 ff.

599 Vgl. KREBÜHL, Organschaft, DStR 2002,1247; HERZIG, in: Herzig, Organschaft, 21.

600 Vgl. § 14 Abs. 1 Satz 1 KStG. Vgl. ausführlich zur Thematik des Gewinnabführungsvertrags DÖTSCH, in: Herzig, Organschaft, 98 ff. Ist auf Organgesellschaften aufgrund ihrer Rechtsform nicht das AktG anzuwenden, müssen dennoch Gewinnabführungsverträge nach Maßgabe der aktienrechtlichen Normen abgeschlossen werden, vgl. PRÜSCHENK, Ertragsbesteuerung, 52 m. w. N.

601 Vgl. § 302 Abs. 1 AktG.

602 Vgl. § 14 Abs. 1 Satz 1 Nr. 3 KStG; HERZIG, in: Herzig, Organschaft, 11. Zu den Folgen einer Kündigung vor Ablauf der Fünfjahresfrist oder einer Nichtdurchführung vgl. nachfolgender Abschnitt B 2.1.3.

603 Vgl. HERZIG, in: Herzig, Organschaft, 11.

604 Vgl. HERZIG, in: Herzig, Organschaft, 21.

wenn zugleich zu Beginn dieses Wirtschaftsjahres auch alle anderen Voraussetzungen vorliegen.[605] Insofern wird der Zeitpunkt der Organschaftsbegründung wesentlich beeinflußt durch den Gewinnabführungsvertrag, wobei dieser erst mit der Eintragung ins Handelsregister der Organgesellschaft zivilrechtlich wirksam wird.[606] Auch für die Dauer der Organschaftsbesteuerung sowie für den Zeitpunkt der Organschaftsbeendigung ist der Gewinnabführungsvertrag von wesentlicher Bedeutung: Die regelmäßige Mindestdauer der Organschaft beträgt fünf Jahre, da der Gewinnabführungsvertrag für mindestens diesen Zeitraum abzuschließen und durchzuführen ist. Wird ein Gewinnabführungsvertrag nach Ablauf der steuerlich erforderlichen Mindestlaufzeit von fünf Jahren gekündigt, gilt die Organschaft bereits im selben Veranlagungszeitraum als nicht mehr existent;[607] sofern diese Kündigung vor Ablauf der Fünfjahresfrist erfolgt, führt dies zur Nichtanerkennung der Organschaft von Beginn an, vorausgesetzt, dass nicht ein wichtiger Grund die vorzeitige Kündigung rechtfertigt.[608] Eine Beendigung der Organschaft kann desweiteren durch die Nichtdurchführung des Gewinnabführungsvertrags sowie durch den Wegfall der Eingliederungsvoraussetzungen – wie beispielsweise durch der Verlust der finanziellen Eingliederung durch den Verkauf von mehrheitssichernden Organgesellschaftsanteilen – bewirkt werden, wobei hinsichtlich der Rechtsfolgen, wie zuvor dargestellt, zu unterscheiden ist, ob die Organschaft innerhalb der gesetzlichen Mindestlaufzeit oder erst anschließend beendet wird.[609]

---

[605] Vgl. § 14 Abs. 1 Satz 2 KStG; ECKSTEIN, Deutschland, CDFI 2004, Band 89b, 304. Aufgrund dieser zwingenden steuerlichen Rechtsfolge nach § 14 Abs. 1 Satz 2 KStG ist eine Antragstellung zur Besteuerung als Organschaft nicht erforderlich.

[606] Vgl. HERZIG, in: Herzig, Organschaft, 11. Da ein Gewinnabführungsvertrag erst mit seiner Eintragung ins Handelsregister wirksam wird und diese Eintragung durch die Arbeitslage der Registergerichte beeinflußt wird, ist die Möglichkeit der Vertragsparteien, auf den Beginn der Organschaft Einfluß zu nehmen, in gewissem Umfang eingeschränkt, vgl. dazu FÖRSTER, Änderungen, DB 2003, 904; KÖSTER/SCHIFFERS, Änderungen, GmbHR 2002, 1221.

[607] Vgl. § 14 Abs. 1 Satz 1 Nr. 3 Satz 3 KStG; HERZIG, in: Herzig, Organschaft, 11.

[608] Vgl. R 60 Abs. 6 Satz 5 KStR. Nach Ansicht der Finanzverwaltung ein wichtiger Grund insbesondere die Veräußerung oder die Einbringung der Organbeteiligung durch den Organträger, die Verschmelzung, Spaltung oder Liquidation des Organträgers oder der Organgesellschaft, vgl. R 60 Abs. 6 Satz 2 KStR. Rechtfertigt ein wichtiger Grund die vorzeitige Beendigung des Gewinnabführungsvertrags, bleibt die Organschaft für die Vorjahre bestehen, vgl. R 60 Abs. 6 Satz 1 KStR.

[609] Vgl. dazu R 60 Abs. 8 KStR; BOGENSCHÜTZ, in: Herzig, Organschaft, 238 f.

2.1.4. Rechtsfolgen der ertragsteuerlichen Organschaft

2.1.4.1. Körperschaftsteuerliche Rechtsfolgen

2.1.4.1.1. Vorbemerkung

Rechtsfolge der ertragsteuerlichen Organschaft ist grundsätzlich die zusammengefaßte Besteuerung von Organträger und Organgesellschaft(en) bzw. des Organkreises als wirtschaftlicher Einheit. Im Detail unterscheiden sich allerdings die Rechtsfolgen der körperschaftsteuerlichen und gewerbesteuerlichen Organschaft.[610] Rechtsfolge der körperschaftsteuerlichen Organschaft ist, dass das gesamte Einkommen einer Organgesellschaft, soweit sich nicht etwas anderes nach § 16 KStG (Ausgleichszahlungen an außenstehende Aktionäre) ergibt, dem Organträger zwingend zuzurechnen ist (§ 14 Abs. 1 Satz 1 KStG). Diese gesetzliche Regelung geht nach ständiger Rechtsprechung von der Zurechnungstheorie[611] aus, wonach Organträger und Organgesellschaft zivilrechtlich und steuerrechtlich jeweils einzelne Rechtsträger bzw. Steuersubjekte bleiben. Dieser Theorie folgend sind bei der Ermittlung des körperschaftsteuerlichen Einkommens für den Organkreis zunächst das Einkommen der Organgesellschaft(en) und das Einkommen des Organträgers getrennt voneinander zu bestimmen, so als ob keine körperschaftsteuerliche Organschaft bestünde.[612] Erst anschließend ist das Einkommen der Organgesellschaft(en) dem Organträger zuzurechnen. Diese Zurechnung erfolgt ausschließlich für Zwecke der Besteuerung, wobei das dem Organträger zugerechnete Einkommen bei ihm wie originäres eigenes Einkommen behandelt wird.[613] Das eigene Einkommen und das zugerechnete Einkommen der Organgesellschaft(en) bildet also das vom Organträger zu versteuernde Gruppeneinkommen.

2.1.4.1.2. Einkommensermittlung bei der Organgesellschaft

Bei der Einkommensermittlung der Organgesellschaft sind grundsätzlich die allgemeinen körperschaftsteuerlichen Vorschriften und über § 8 Abs. 1 KStG auch die Vorschriften des EStG anzuwenden, womit auf die Ausführungen des Abschnitts B 1.1.1.1.2. zu verweisen ist. Abweichend von diesen Grundsätzen sind verschiedene organschaftsspezifische Besonderheiten zu beachten, welche sich insbesondere aus § 15 KStG ergeben:

---

[610] Vgl. ORTH, Verlustnutzung, WPg-Sonderheft 2003, 16.

[611] Vgl. BFH-Urteil vom 23.01.2002, XI R 95/97, BStBl. II 2003, 9 f.

[612] Vgl. nur das BFH-Urteil vom 26.01.1977, I R 101/75, BStBl. II 1977, 442, und FROTSCHER, in: Frotscher/Maas, KStG, § 14 KStG, Rn. 7 ff. und Rn. 261 ff.

[613] Vgl. dazu BFH-Urteil vom 11.04.1990, I R 167/86, BStBl. II 1990, 774; HERLINGHAUS, in: Herzig, Organschaft, 119 f.

§ 15 Satz 1 Nr. 1 KStG untersagt zunächst den Verlustabzug nach § 10d EStG bei der Organgesellschaft.[614] Daneben ist nach § 15 Satz 1 Nr. 2 Satz 1 KStG insbesonders die Anwendung des § 8b Abs. 1 bis 6 KStG bei der Organgesellschaft ausgeschlossen; nach § 15 Satz 1 Nr. 2 Satz 2 KStG sind dagegen für die jeweils betroffenen Einkommensbestandteile der Organgesellschaft die Vorschriften des § 8b KStG auf der Ebene des Organträgers anzuwenden. Folglich gelten die im Gewinn der Organgesellschaft enthaltenen und von § 8b KStG erfaßten Dividenden und Gewinne aus Beteiligungen an anderen Kapitalgesellschaften nicht als steuerfreie Einnahmen; sie bleiben Bestandteil des dem Organträger zuzurechnenden Einkommens, bei dem sie dann wiederum im Rahmen des § 8b KStG steuerfrei sind, sofern der Organträger eine Kapitalgesellschaft ist.[615] Nach § 15 Satz 2 KStG ist die Vorschrift des § 15 Satz 1 Nr. 2 KStG auch auf die Gewinne aus ausländischen Gesellschaftsbeteiligungen, die durch die DBA-Schachtelprivilegien auszunehmen sind, anzuwenden.

Neben den Regelungen des § 15 KStG ist zu beachten, dass es sich bei der handelsrechtlichen Ergebnisabführung bzw. -übernahme um einen auf dem Ergebnisabführungsvertrag basierenden gesellschaftsrechtlichen Vorgang handelt, der steuerlich das Einkommen der Organgesellschaft nicht mindern bzw. erhöhen darf. Folglich ist bei der Einkommensermittlung der Organgesellschaft eine solche handelsrechtliche Ergebnisabführung oder Ergebnisübernahme an den bzw. durch den Organträger rückgängig zu machen.[616] Vor dem Hintergrund obiger Ausführungen stellt sich das Schema zur Ermittlung des zu versteuernden Einkommens der Organgesellschaft vereinfacht unter Ausblendung von Ausgleichszahlungen wie folgt dar:[617]

---

[614] Diese Vorschrift hat Bedeutung für die Verrechnung von Vorgruppenverlusten einer Organgesellschaft, d. h. von ihren vororganschaftlichen Verlusten, vgl. dazu im Einzelnen Abschnitt C 2.4.1.1.

[615] Vgl. dazu HERLINGHAUS, in: Herzig, Organschaft, 122 f.; 132; RÖDDER, in: Herzig, Organschaft, 143 ff.; ECKSTEIN, Deutschland, CDFI 2004, Band 89b, 306.

[616] Vgl. dazu R 61 Abs. 1 Satz 1 und 2 KStR; FROTSCHER, in: Frotscher/Maas, KStG, § 14 KStG, Rn. 11; HERLINGHAUS, in: Herzig, Organschaft, 121, 132 f. m. w. N. Ist eine Organgesellschaft zu Ausgleichszahlungen an Minderheitsgesellschafter verpflichtet, hat sie nach § 16 KStG ein eigenes Einkommen in Höhe von 4/3 der geleisteten Ausgleichszahlung selbst zu versteuern, womit in diesem Fall dem Organträger ein Organgesellschaft-Einkommen zuzurechnen ist, das um das von der Organgesellschaft selbst zu versteuernde Einkommen vermindert ist, vgl. hierzu ausführlich SCHUMACHER, in: Herzig, Organschaft, 193 ff. Von der Organgesellschaft geleistete Ausgleichszahlungen gelten bei ihrer Einkommensermittlung nach § 4 Abs. 5 Nr. 9 EStG als nicht abzugsfähige Betriebsausgaben.

[617] Vgl. FROTSCHER, in: Frotscher/Maas, KStG, § 14 KStG, Rn. 12 und Rn. 273; HERLINGHAUS, in: Herzig, Organschaft, 122 m. w. N.; ein ausführliches Schema findet sich in FROTSCHER, in: Frotscher/Maas, KStG, § 7 KStG, Rn. 9.

	Handelsbilanzergebnis (= 0)
+ / –	Korrekturen aufgrund abweichender steuerrechtlicher Vorschriften
=	Steuerbilanzergebnis
+	nicht abzugsfähige Betriebsausgaben
–	nicht der KSt unterliegende Vermögensmehrungen (steuerfreie Einnahmen; Ausnahme in § 15 Satz 1 Nr. 2 KStG)
+	an den Organträger abgeführter Jahresüberschuß
–	vom Organträger übernommener Jahresfehlbetrag
+ / –	sonstige Korrekturen
=	Gewinn aus Gewerbebetrieb der Organgesellschaft (ohne Berücksichtigung der Organschaft)
=	eigenes Einkommen der Organgesellschaft ohne Berücksichtigung der Organschaft
–	dem Organträger zuzurechnendes positives Einkommen der Organgesellschaft
+	vom Organträger zu übernehmendes negatives Einkommen der Organgesellschaft
=	zu versteuerndes Einkommen der Organgesellschaft
=	0

2.1.4.1.3. Ermittlung des Gruppeneinkommens bei dem Organträger

Auch bei der Einkommensermittlung des Organträgers gelten die allgemeinen körperschaftsteuerlichen Vorschriften und über § 8 Abs. 1 KStG auch die Vorschriften des EStG, sofern es sich – wie im Folgenden angenommen – beim Organträger um eine Kapitalgesellschaft handelt. Daneben sind verschiedene organschaftsspezifische Sondervorschriften zu beachten: Da das Ergebnis der Organgesellschaft über die handelsrechtliche Ergebnisübernahme und die steuerliche Einkommenszurechnung nach § 14 Abs. 1 Satz 1 KStG bei dem Organträger doppelt erfaßt werden würde und das Einkommen der Organgesellschaft insgesamt aber nur einmal erfaßt werden darf, ist die handelsrechtliche Gewinnabführung oder Verlustübernahme aus dem Ergebnis des Organträgers auszuscheiden.[618] Das steuerlich zuzurechnende positive oder negative Einkommen einer Organgesellschaft ist auf der Ebene der Ermittlung des Gesamtbetrags der Einkünfte zu berücksichtigen.[619] Über § 8 Abs. 1 KStG sind beim Organträger die allgemeinen Regelungen zum Verlustabzug des § 10d EStG anzuwenden.[620] § 14 Abs. 1 Nr. 5 KStG untersagt zudem den Abzug eines negativen Einkommens des Organträgers bei der Einkommensermittlung, sofern es im Ausland in einer der deutschen Besteuerung des Organträgers entsprechender Weise berücksichtigt wird.[621] Desweiteren können auf der Ebene des Organträgers Bestandteile des von der Organgesellschaft zugerechneten Einkommens nach § 15

---

[618] Vgl. R 61 Abs. 1 Satz 2 KStR; FROTSCHER, in: Frotscher/Maas, KStG, § 14 KStG, Rn. 300.

[619] Vgl. R 29 Abs. 1 Satz 2 KStR; FROTSCHER, in: Frotscher/Maas, KStG, § 7 KStG, Rn. 9. Ist ein ausländisches gewerbliches Unternehmen Organträger, dann ist das Einkommen der Organgesellschaft(en) dem beschränkt steuerpflichtigen Einkommen der inländischen Zweigniederlassung hinzuzurechnen, vgl. HERZIG, in: Herzig, Organschaft, 21; KOTHS, in: Herzig, Organschaft, 71.

[620] Vgl. Abschnitt C 2.1.1.; auch Abschnitt B 1.1.2.1., B 1.1.2.2.

[621] Vgl. Abschnitt D 2.2.2.2.

Satz 1 Nr. 2 KStG zu korrigieren sein.[622] Vor dem Hintergrund der obigen Ausführungen und ohne Berücksichtigung von Ausgleichszahlungen stellt sich das Schema zur Ermittlung des zu versteuernden Einkommens des Organträgers und damit des Gruppeneinkommens insgesamt vereinfacht wie folgt dar:[623]

	Handelsbilanzergebnis
–	abgeführter Jahresüberschuß von der Organgesellschaft
+	übernommener Jahresfehlbetrag von der Organgesellschaft
=	eigenes Handelsbilanzergebnis des Organträgers
+ / –	Korrekturen aufgrund abweichender steuerlicher Vorschriften
=	eigenes Steuerbilanzergebnis des Organträgers
+	nicht abzugsfähige Betriebsausgaben
+ / –	sonstige Korrekturen
=	Gewinn aus Gewerbebetrieb des Organträgers
=	eigenes „Einkommen" des Organträgers
+	zuzurechnendes positives Einkommen der Organgesellschaft
–	zuzurechnendes negatives Einkommen der Organgesellschaft
+ / –	Korrekturen nach § 15 Satz 1 Nr. 2 KStG
=	Gesamtbetrag der Einkünfte
–	Verlustabzug nach § 10d EStG
=	zu versteuerndes Einkommen des Organträgers

Zu beachten ist, dass das Einkommen einer Organgesellschaft dem Organträger grundsätzlich für das Kalenderjahr (Veranlagungszeitraum) zuzurechnen ist, in dem die Organgesellschaft das Einkommen bezogen hat und in dem deren Einkommen ohne Organschaft der Besteuerung unterliegen hätte.[624] Das ist bei der Organgesellschaft bei einem kalendergleichen Wirtschaftsjahr das zugehörige Kalenderjahr und bei einem vom Kalenderjahr abweichenden Wirtschaftsjahr das Kalenderjahr, in dem das Wirtschaftsjahr endet.[625]

2.1.4.1.4. Besteuerung des körperschaftsteuerlichen Gruppeneinkommens

Das zu versteuernde Einkommen des Organträgers, d. h. das Gruppeneinkommen des Organkreises, unterliegt der Steuerart und dem Steuertarif, die für den

---

[622] Vgl. die Ausführungen im vorangegangenen Abschnitt; HERZIG, in: Herzig, Organschaft, 13 m. w. N.

[623] Vgl. FROTSCHER, in: Frotscher/Maas, KStG, § 7 KStG, Rn. 9; § 14 KStG, Rn. 12 und Rn. 300; dazu auch HERLINGHAUS, in: Herzig, Organschaft, 134 m. w. N.

[624] Vgl. BFH-Urteil vom 29.10.1974, I R 240/72, BStBl. II 1975, 129.

[625] Vgl. § 4a Abs. 1 und 2 EStG i. V. m. § 7 Abs. 4 KStG; dazu auch FROTSCHER, in: Frotscher/Maas, KStG, § 14 Rn. 349 ff.; HERLINGHAUS, in: Herzig, Organschaft, 140 f. Angenommen, das Wirtschaftsjahr des Organträgers ist das Kalenderjahr und das Wirtschaftsjahr der Organgesellschaft weicht vom Kalenderjahr ab und läuft vom 01.07. eines Jahres bis zum 30.06. des Folgejahres, dann sind beispielsweise für den Verlagungszeitraum 02 das Einkommen des Organträgers vom 01.01.02 bis zum 31.12.02. und das Einkommen der Organgesellschaft vom 01.07.01 bis zum 30.06.02 beim Organträger zusammenzufassen.

Organträger gelten;[626] bei einer Kapitalgesellschaft als Organträger wird demnach das Einkommen des Organkreises der Körperschaftsteuer mit einem Steuertarif von 25 % unterworfen.[627] Auf die sich ergebende Steuerschuld können etwaige ausländische Steuern angerechnet werden.[628]

2.1.4.1.5. Vermeidung von Doppelbesteuerungen

Gehört eine Kapitalgesellschaft einer Organschaft an, hat sie als eigenständiges Steuersubjekt weiterhin ihr eigenes Einkommen zu ermitteln und ist auch selbst abkommensberechtigt.[629] Erzielt folglich eine Organgesellschaft oder eine Organträger-Kapitalgesellschaft ausländische Einkünfte, sind die Methoden zur Vermeidung von Doppelbesteuerungen im Nicht-DBA-Fall und DBA-Fall vom Grundsatz wie bei einer nicht zu einer Organschaft gehörenden Kapitalgesellschaft anzuwenden, wozu auf die Ausführungen des Abschnitt B 1.1.1.1.4. verwiesen sei. Beispielsweise ist bei der Frage, inwiefern ausländische Einkünfte im Sinne der §§ 34c, 34d EStG erzielt und inwiefern in dem zugehörigen Quellenstaat der inländischen Körperschaftsteuer entsprechende ausländische Steuern gezahlt worden sind, auf das zugehörige Organschaftsmitglied selbst abzustellen.[630] Auch wenn bei der Vermeidung von Doppelbesteuerung im Falle der Organschaft einzelne zusätzliche Besonderheiten aufgrund ihrer Besteuerungskonzeption zu beachten sind, ist es für die vorliegende Arbeit ausreichend, lediglich näher auf die Anrechnung ausländischer Steuern einzugehen: Die Ermittlung eines Anrechnungshöchstbetrags im Rahmen der Anrechnungsmethode hat immer auf Ebene des Organträgers zu erfolgen, wobei alle positiven und negativen ausländischen Einkünfte des gesamten Organkreises länderbezogen zusammengefaßt bzw. saldiert werden; dies ändert aber nichts daran, dass die ausländischen Einkünfte der einzelnen Organschaftsmitglieder jeweils getrennt voneinander zu ermitteln sind. Die Berechnung eines länderbezogenen Anrechnungshöchstbetrags eines Organkreises orientiert sich also an der in Abschnitt B 1.1.1.1.4.1. genannten Formel. Auch die auf die ausländischen Einkünfte entfallenden anrechenbaren ausländischen Steuern sind auf Ebene des Organträgers zusammenzufassen.[631]

---

[626] Vgl. SCHMIDT/MÜLLER/STÖCKER, Die Organschaft, Rz. 474.
[627] Vgl. Abschnitt B 1.1.1.1.3.
[628] Vgl. dazu nachfolgender Abschnitt.
[629] Vgl. z. B. die Ausführungen von SCHAUMBURG, in: Herzig, Organschaft, 423 bis 427.
[630] Vgl. dazu R 67 KStR; SCHAUMBURG, in: Herzig, Organschaft, 426.
[631] Vgl. z. B. SCHAUMBURG, in: Herzig, Organschaft, 426 m. w. N.

2.1.4.2. Gewerbesteuerliche Rechtsfolgen

2.1.4.2.1. Ermittlung des Gewerbeertrags des Organkreises

Rechtsfolge der gewerbesteuerlichen Organschaft ist, dass eine Organgesellschaft als Betriebsstätte des Organträgers qualifiziert wird (§ 2 Abs. 2 Satz 2 GewStG). Trotz dieser Betriebsstättenfiktion bilden Organgesellschaften und der Organträger nach der in ständiger Rechtsprechung vertretenen sogenannten eingeschränkten Einheitstheorie kein einheitliches Unternehmen, sondern sie sind vielmehr weiterhin als selbständige Gewerbebetriebe anzusehen, die einzeln für sich bilanzieren und deren Gewerbeerträge getrennt zu ermitteln sind. Die Organschaft bewirkt jedoch, dass die persönliche Steuerpflicht der Organgesellschaften für die Dauer der Organschaft dem Organträger zugerechnet wird.[632]

Zur Ermittlung des Gewerbeertrags der zum Organkreis gehörenden Gewerbebetriebe, d. h. der Gewerbebetriebe des Organträgers und der Organgesellschaft(en), sind die in einem ersten Schritt getrennt ermittelten Gewerbeerträge der Organgesellschaften dem ebenfalls getrennt ermittelten Gewerbeertrag des Organträgers zuzurechnen. Hierbei kommt es zur Zusammenfassung der Gewerbeerträge der Organschaftsmitglieder aus denjenigen Wirtschaftsjahren, die in demselben Erhebungszeitraum (= Kalenderjahr) enden,[633] was Bedeutung hat im Falle von voneinander abweichenden Wirtschaftsjahren. Diese Summe ist in einem zweiten Schritt aufgrund des generellen Verbots von aus der Zusammenfassung der einzelnen Gewerbeerträge resultierenden Doppelerfassungen und -entlastungen im gewerbesteuerlichen Organkreis entsprechend zu korrigieren. Diese Korrekturen sind je nach Rechenposten bei der getrennten Gewerbeertragsermittlung oder nachfolgend durch Hinzurechnungen zu bzw. Abzüge von der Summe der Gewerbeerträge vorzunehmen, wobei die Rechtsgrundlage dieser Korrekturen § 2 Abs. 2 Satz 2 GewStG bildet.[634] Zu nennen sind hier beispielsweise die Hinzurechnungen nach § 8 GewStG, die entfallen, sofern die entsprechenden Beträge bereits Bestandteil des Gewerbeertrags der Organgesellschaft(en) oder des Organträgers sind. Folglich werden die Entgelte für Dauerschulden nicht nach § 8 Nr. 1 GewStG hinzugerechnet, wenn entsprechende Schuldverhältnisse zwischen den Organschaftsmitgliedern bestehen; die Dauer-

---

[632] Vgl. BFH-Urteil vom 30.01.2002, I R 73/01, FR 2002, 784 m. w. N.; dazu auch FROTSCHER, in: Frotscher/Maas, KStG, § 14 KStG, Rn. 419 f.; SARRAZIN, in: Lenski/Steinberg, GewStG, § 2 GewStG, Rn. 3004 ff.

[633] Vgl. § 14 GewStG; R 41 Abs. 4 GewStR; MONTAG, in: Herzig, Organschaft, 302.

[634] Vgl. BFH-Urteil vom 30.01.2002, I R 73/01, FR 2002, 784; SARRAZIN, in: Lenski/Steinberg, GewStG, § 2 GewStG, Rn. 3042; RÖDDER, Verlustverrechnung, DStR 2001, 780; ORTH, Verlustnutzung, WPg-Sonderheft 2003, 18 m. w. N. Ausführlich werden diese Korrekturen behandelt bei MONTAG, in: Herzig, Organschaft, 296 ff. Zur Ermittlung der einzelnen Gewerbeerträge der Organschaftsmitglieder basierend auf ihrem jeweiligen Gewinn aus Gewerbebetrieb vgl. Abschnitt B 2.1.4.2.1.

schuldzinsen wären ansonsten 1,5-mal im Gewerbeertrag des Organkreises enthalten.[635] In einem dritten Schritt können hinsichtlich des Gewerbeertrags des Organträgers Korrekturen erforderlich werden, da die Bruttomethode auch für Zwecke der Gewerbesteuer anzuwenden ist.[636] Anschließend ist die korrigierte Summe der Gewerbeerträge der Organschaftsmitglieder auf Ebene des Organträgers um einen etwaigen Gewerbeverlustvortrag nach § 10a GewStG zu mindern, wobei grundsätzlich nur der Organträger zum Abzug früherer Gewerbeverluste berechtigt ist.[637] § 10a Satz 3 GewStG schließt den Abzug von vor dem rechtswirksamen Abschluss des Gewinnabführungsvertrags entstandenen, d. h. vororganschaftlichen, Gewerbeverlusten von Organgesellschaften während der Organschaft aus.[638]

2.1.4.2.2. Besteuerung des Gewerbeertrags des Organkreises

Durch Anwendung der Steuermeßzahl auf die zusammengefaßten, bereinigten und durch einen etwaigen Verlustvortrag geminderten Gewerbeerträge der Organschaftsmitglieder ergibt sich der Gewerbesteuermeßbetrag des Organkreises,[639] wobei dieser aufgrund der Betriebsstättenfiktion allein gegenüber dem Organträger festgesetzt wird.[640] Bei einer Kapitalgesellschaft als Organträger beträgt die Steuermeßzahl 5 %.[641] Durch Multiplikation des Steuermeßbetrags mit dem Hebesatz der Gemeinde, in der die Gewerbebetriebe des Organträgers und der Organgesellschaft(en) belegen sind, ergibt sich die Gewerbesteuerschuld des Organkreises. Befinden sich die Organschaftsmitglieder in verschiedenen Gemeinden ist der einheitliche Steuermeßbetrag auf diese Gemeinden aufzuteilen, wobei diese Zerlegung im Verhältnis der Lohnsummen zu erfolgen hat.[642] Auf die Steuermeßbetragsanteile wendet jede Gemeinde ihren Hebesatz an, womit sich die Gewerbesteuerschuld für den Organkreis ergibt. Der Schuldner der Gewerbesteuer des Organkreises ist grundsätzlich der Organträger.[643]

---

[635] Vgl. dazu das BFH-Urteil vom 23.10.1974, I R 182/72, BStBl. II 1975, 46; ECKSTEIN, Deutschland, CDFI 2004, Band 89b, 304 f. Allerdings wird beim Organträger nicht auf die Hinzurechnung nach § 8 Nr. 7 GewStG verzichtet, wenn die Organgesellschaft die Kürzung nach § 9 Nr. 4 GewStG in Anspruch nehmen kann, vgl. BFH-Urteil vom 23.01.1992, XI R 47/89, BStBl. II 1992, 631 f.

[636] Vgl. dazu BMF-Schreiben vom 26.08.2003, IV A 2 – S 2770 – 18/03, BStBl. I 2003, 437; MONTAG, in: Herzig, Organschaft, 296, 299 f.

[637] Vgl. FROTSCHER, in: Frotscher/Maas, KStG, § 14 KStG, Rn. 428.

[638] Vgl. Abschnitt C 2.4.1.1.; FROTSCHER, in: Frotscher/Maas, KStG, § 14 KStG, Rn. 430.

[639] Vgl. MONTAG, in: Herzig, Organschaft, 301.

[640] Vgl. ORTH, Identität, DK 2003, 385.

[641] Vgl. § 11 Abs. 2 Nr. 2 GewStG. Aufgrund der Betriebsstättenfiktion ist auf den Organträger abzustellen, vgl. MONTAG, in: Herzig, Organschaft, 301; GOSCH, in: Blümich, EStG/KStG/GewStG, § 11 GewStG, Rn. 42.

[642] Vgl. §§ 28 ff. GewStG; HERZIG, in: Herzig, Organschaft, 18; ECKSTEIN, Deutschland, CDFI 2004, Band 89b, 305.

[643] Vgl. MONTAG, in: Herzig, Organschaft, 295.

2.2. Österreich

2.2.1. Rechtsgrundlagen der österreichischen Gruppenbesteuerung

Die österreichische Gruppenbesteuerung ist in § 9 öKStG geregelt; Sondervorschriften finden sich dagegen in § 24a öKStG.[644] Gemäß dieser Vorschriften können bestimmte finanziell verbundene Körperschaften eine Unternehmensgruppe bilden und sich als Einheit besteuern lassen. Die Körperschaft (oder Beteiligungsgemeinschaft), die an der Spitze einer solchen Unternehmensgruppe steht, wird als Gruppenträger bezeichnet, während alle übrigen der Gruppe zugehörigen Körperschaften als Gruppenmitglieder gelten. Eine Beteiligungsgemeinschaft stellt den Zusammenschluß mehrerer gruppenträgerfähiger Körperschaften zur Bildung einer Mehrmüttergruppe dar. Ein Gruppenmitglied in seiner Funktion als untergeordnetes Gruppenmitglied (Tochterkörperschaft) gilt als eine Beteiligungskörperschaft, während es in seiner Funktion als übergeordnetes Gruppenmitglied (Mutterkörperschaft) als beteiligte Körperschaft bezeichnet wird.[645]

2.2.2. Voraussetzungen der österreichischen Gruppenbesteuerung

2.2.2.1. Einbeziehbare Gesellschaften

Gruppenmitglieder können zunächst unbeschränkt steuerpflichtige Kapitalgesellschaften sein, womit als Gruppenmitglieder die österreichische Gesellschaft mit beschränkter Haftung (GmbH), die österreichische Aktiengesellschaft (AG) sowie als Sonderform der Aktiengesellschaft die Europäische Gesellschaft (SE) in Frage kommen. Daneben kommen als Gruppenmitglieder unbeschränkt steuerpflichtige Erwerbs- und Wirtschaftsgenossenschaften in Betracht. Nicht unbeschränkt steuerpflichtige ausländische Körperschaften können ebenfalls Gruppenmitglied sein, sofern sie mit einer österreichischen Kapitalgesellschaft bzw. Erwerbs- oder Wirtschaftsgenossenschaft vergleichbar sind und sie ausschließlich mit unbeschränkt steuerpflichtigen Gruppenmitgliedern oder dem Gruppenträger in der in nachfolgendem Abschnitt erläuterten Weise finanziell verbunden sind.[646] Eine ausländische Körperschaft ist gegeben, wenn sich der Sitz der Körperschaft nicht in Österreich befindet.[647]

---

[644] Daneben hat das österreichische Bundesfinanzministerium einen umfassenden Gruppenbesteuerungserlass veröffentlicht: öBMF-Erlass vom 23.02.2005, 010216/0031 – IV/6/2005.

[645] Vgl. die Ausführungen bei WIESNER/KIRCHMAYR/MAYR, Gruppenbesteuerung, 357 f.

[646] Vgl. § 9 Abs. 2 öKStG; WIESNER/KIRCHMAYR/MAYR, Gruppenbesteuerung, 25 f. Ob die Körperschaft eines Gruppenmitglieds oder des Gruppenträgers als operativ oder vermögensverwaltend anzusehen ist, ist ohne Bedeutung, vgl. öBMF-Erlass vom 23.02.2005, 010216/0031 – IV/6/2005, Abschnitt 2.3.

[647] Vgl. WIESNER/KIRCHMAYR/MAYR, Gruppenbesteuerung, 31.

Gruppenträger können wie bei den Gruppenmitgliedern zunächst unbeschränkt steuerpflichtige Kapitalgesellschaften wie die österreichische GmbH, AG sowie als Sonderform der AG die SE sein. Als Gruppenträger kommen desweiteren unbeschränkt steuerpflichtige Erwerbs- und Wirtschaftsgenossenschaften, Versicherungsvereine auf Gegenseitigkeit im Sinne des Versicherungsaufsichtsgesetzes (VAG) und Kreditinstitute im Sinne des Bankwesengesetzes (BWG) in Betracht.[648] Gruppenträgerfähig sind außerdem beschränkt steuerpflichtige EU-Kapitalgesellschaften laut Anlage 2 zum EStG 1988[649] und den österreichischen Kapitalgesellschaften vergleichbare Gesellschaften mit Sitz und Geschäftsleitung in einem Staat des Europäischen Wirtschaftsraumes (EWR),[650] sofern diese Gesellschaften mit einer Zweigniederlassung im österreichischem Firmenbuch eingetragen sind und die jeweilige Beteiligung an den Gruppenmitgliedern dem Betriebsvermögen der Zweigniederlassung zuzurechnen ist.[651] Letztere beiden Voraussetzungen hat auch eine in mehreren Staaten unbeschränkt steuerpflichtige („doppelt ansässige") Körperschaft zu erfüllen, damit sie Gruppenträger sein kann.[652] Desweiteren kann eine aus den genannten Steuerpflichtigen gebildete Beteiligungsgemeinschaft Gruppenträger sein.[653]

2.2.2.2. Beteiligungserfordernis

Zur Begründung einer Gruppenbesteuerung ist es weiterhin erforderlich, dass die einzelnen Körperschaften im Sinne von § 9 Abs. 4 öKStG finanziell verbunden sind, wobei sich die in dieser Vorschrift genannten Beteiligungsvoraussetzungen immer sowohl auf das jeweilige Nominalkapital (Grund-, Stamm- oder Genossenschaftskapital) als auch auf die jeweiligen Stimmrechte der Beteiligungskörperschaft beziehen. Nach § 9 Abs. 4 öKStG gelten Körperschaften in folgenden vier grundsätzlichen Fällen als finanziell verbunden:

1.) Der Gruppenträger bzw. eine beteiligte Körperschaft ist unmittelbar zu mehr als 50 % an der Beteiligungskörperschaft beteiligt.

2.) Der Gruppenträger bzw. eine beteiligte Körperschaft ist mittelbar über eine Personengesellschaft oder zusammen mit einer unmittelbar gehaltenen Beteiligung zu mehr als 50 % an der Beteiligungskörperschaft beteiligt. Dabei ist

---

648 Vgl. § 9 Abs. 3 öKStG; WIESNER/KIRCHMAYR/MAYR, Gruppenbesteuerung, 41 f.

649 In der Anlage 2 zum öEStG 1988 sind die EU-Gesellschaften im Sinne der „Mutter/Tochter-Richtlinie" enthalten, vgl. dazu WIESNER/KIRCHMAYR/MAYR, Gruppenbesteuerung, 43.

650 Zum EWR gehören alle EU-Staaten sowie Norwegen, Island und Lichtenstein.

651 Vgl. § 9 Abs. 3 öKStG; WIESNER/KIRCHMAYR/MAYR, Gruppenbesteuerung, 42 ff.

652 Vgl. § 9 Abs. 3 öKStG. Zu derartigen doppelt ansässigen Körperschaften vgl. auch Abschnitt C 2.3.

653 Vgl. § 9 Abs. 3 öKStG; dazu auch WIESNER/KIRCHMAYR/MAYR, Gruppenbesteuerung, 48.

eine mittelbare Beteiligung über eine Personengesellschaft nur dann zu berücksichtigen, wenn an der Personengesellschaft eine Beteiligung von mehr als 50 % besteht. Ist das der Fall, ist die beteiligte Körperschaft in der jeweiligen rechnerischen Beteiligungshöhe mittelbar an der Beteiligungskörperschaft beteiligt.[654]

Beispiel: Die A-GmbH ist zu 80 % an der Z-OHG beteiligt, die ihrerseits an der B-GmbH mit 70 % beteiligt ist. Da die mittelbare Beteiligung von A an B 56 % (= 80 % x 70 %) beträgt, sind A und B finanziell verbunden und können eine Gruppe bilden.

3.) Der Gruppenträger bzw. eine beteiligte Körperschaft ist ausschließlich mittelbar über andere Mitgliedskörperschaften oder unmittelbar und mittelbar über eine oder mehrere Mitgliedskörperschaften zu mehr als 50 % an der Beteiligungskörperschaft beteiligt. Das Vorliegen einer mittelbaren Beteiligung setzt dabei voraus, dass an der vermittelnden Körperschaft eine unmittelbare Beteiligung besteht und sie damit (in- oder ausländisches) Gruppenmitglied ist und dass sie selbst nicht bereits mehr als 50 % des gesellschaftsrechtlichen Kapitals und der Stimmrechte an der Beteiligungskörperschaft besitzt; ansonsten würde eine vorrangig zu berücksichtigende weitere unmittelbare Beteiligung vorliegen. Die Ermittlung der Beteiligungsquote bei (auch) mittelbarer Beteiligung über Mitgliedskörperschaften erfolgt mittels „Durchmultiplizierens“.[655]

Beispiel: Die A-GmbH ist zu 90 % an der B-GmbH beteiligt, die ihrerseits an der C-GmbH mit 35 % beteiligt ist. Zudem ist die A-GmbH an der C-GmbH mit 20 % unmittelbar beteiligt. Zwischen A und B liegt eine unmittelbare Beteiligung von mehr als 50 % vor, so dass beide Gesellschaften finanziell verbunden sind und eine Gruppe bilden können. Zudem ist A mit C finanziell verbunden, da A an C unmittelbar zu 20 % und mittelbar zu 31,5 % (= 90 % x 35 %), insgesamt also zu 51,5 % beteiligt ist, so dass C in die Gruppe einbezogen werden kann. Ist abgewandelt B zu 60 % an C beteiligt, ist A nicht über eine mittelbare Beteiligung mit C finanziell verbunden, sondern es liegen zwei unmittelbare Beteiligungen zwischen A und B sowie B und C und somit eine zweistufige Unternehmensgruppe vor.

4.) Eine Beteiligungsgemeinschaft ist insgesamt unmittelbar oder mittelbar über eine Personengesellschaft zu mehr als 50 % an einer Beteiligungskörperschaft beteiligt, mindestens ein Mitbeteiliger der Gemeinschaft (Kerngesellschafter) eine Beteiligung von mindestens 40 % der Beteiligungskörperschaft besitzt und jeder weitere Mitbeteiligter eine solche von mindestens 15 % hält.

Beispiel: Die A-GmbH ist zu 42 %, die B-GmbH ist zu 30 %, die C-GmbH ist zu 18 % und die D-GmbH ist zu 10 % an der Z-GmbH unmittelbar beteiligt. Sofern A, B

---

[654] Vgl. auch öBMF-Erlass vom 23.02.2005, 010216/0031 – IV/6/2005, Abschnitt 4.3.2.3; WIESNER/KIRCHMAYR/MAYR, Gruppenbesteuerung, 65 ff.

[655] Vgl. dazu öBMF-Erlass vom 23.02.2005, 010216/0031 – IV/6/2005, Abschnitt 4.3.4 und 4.3.5; WIESNER/KIRCHMAYR/MAYR, Gruppenbesteuerung, 73 m. w. N.

und C oder A und B oder A und C gemeinsam eine Beteiligungsgemeinschaft bilden, sind sie mit Z finanziell verbunden.

Gemäß dem Erlass kann die finanzielle Verbindung von mehr als 50 % auch durch eine Kombination der zuvor dargestellten Varianten des § 9 Abs. 4 öKStG hergestellt werden, so dass weitere Möglichkeiten zur Herstellung einer finanziellen Verbindung denkbar sind.[656] Zudem ist zu beachten, dass die finanzielle Verbindung von mehr als 50 % nach § 9 Abs. 5 öKStG während des gesamten Wirtschaftsjahres des jeweils einzubeziehenden Gruppenmitglieds vorliegen muß. Ist diese finanzielle Verbindung an einer Körperschaft an einem Tag des Wirtschaftsjahres nicht gegeben, kann die Körperschaft für das betreffende Wirtschaftsjahr nicht in die Gruppenbesteuerung einbezogen werden.[657]

Die erläuterten Möglichkeiten des Vorliegens einer finanziellen Verbindung gelten sowohl im nationalen als auch im grenzüberschreitenden Fall.[658] Hervorzuheben ist allerdings, dass nicht unbeschränkt steuerpflichtige ausländische Gruppenmitglieder, d. h. ausländische Gruppenmitglieder mit Sitz und Geschäftsleitung im Ausland, nur mit unbeschränkt steuerpflichtigen Gruppenmitgliedern oder dem Gruppenträger finanziell verbunden sein dürfen (§ 9 Abs. 2 TS 2 öKStG). Das bedeutet aber nicht, dass von diesen ausländischen Gesellschaften nur diejenigen der ersten Beteiligungsebene sich als Gruppenmitglieder qualifizieren, denn sofern diese Gesellschaften an anderen ausländischen Gesellschaften nicht zu mehr als 50 % beteiligt sind, können derartige Beteiligungen bei der Herstellung der (mittelbaren) finanziellen Verbindung zwischen einem inländischen Gruppenmitglied oder dem Gruppenträger berücksichtigt werden;[659] auf diese Weise können auch nicht unbeschränkt steuerpflichtige ausländische Gesellschaften tieferer Beteiligungsebenen – bei Vorliegen der zuvor beschriebenen finanziellen Verbindung – ebenfalls Gruppenmitglieder sein.[660]

Beispiel: Die österreichische GT-AG ist zu 100 % an der deutschen A-GmbH beteiligt, die ihrerseits an der deutschen B-GmbH zu 50 % beteiligt ist. Zudem ist die GT-AG an der deutschen B-GmbH mit 20 % unmittelbar beteiligt. Sowohl die A-GmbH als auch die B-GmbH haben ihren Sitz und ihre Geschäftsleitung in Deutschland. Die GT-AG ist

---

[656] Vgl. öBMF-Erlass vom 23.02.2005, 010216/0031 – IV/6/2005, Abschnitt 4.3; WIESNER/KIRCHMAYR/MAYR, Gruppenbesteuerung, 64.

[657] Vermögensübertragungen innerhalb der Gruppe wie beispielsweise Beteiligungsveräußerungen sind für den ununterbrochenen zeitlichen Fortbestand der Gruppe unbedeutend, sofern die finanzielle Verbindung in der Gruppe bestehen bleibt, vgl. § 9 Abs. 5 Satz 4 öKStG; WIESNER/KIRCHMAYR/MAYR, Gruppenbesteuerung, 94.

[658] Vgl. KESSLER/DALLER, Gruppenbesteuerung, IStR 2006, 290.

[659] Vgl. öBMF-Erlass vom 23.02.2005, 010216/0031 – IV/6/2005, Abschnitt 2.8; WIESNER/KIRCHMAYR/MAYR, Gruppenbesteuerung, 37 ff.; KESSLER/DALLER, Gruppenbesteuerung, IStR 2006, 290 m. w. N.

[660] Diesbezüglich wird auch von der Gestaltung einer sogenannten *Cross-Over-Kaskade* gesprochen, vgl. beispielsweise STEFANER/WENIGER, Steuerplanung, IWB 2006, Fach 5, Gruppe 2, 667 f.

sowohl mit der A-GmbH (unmittelbare Beteiligung von mehr als 50 %) als auch mit der B-GmbH (unmittelbare und mittelbare Beteiligung von mehr als 50 % (70 % = 20 % + 50 %)) finanziell verbunden, so dass alle drei Gesellschaften als Gruppe besteuert werden können. Ist abgewandelt die A-GmbH zu 60 % an B-GmbH beteiligt, muß definitionsgemäß diese Beteiligung unberücksichtigt bleiben, so dass die B-GmbH mangels finanziellerVerbindung nicht in die Gruppe aufgenommen werden kann.

2.2.2.3. Weitere Voraussetzungen

Zur Ausübung des Wahlrechts zur Gruppenbesteuerung ist zudem ein schriftlicher Gruppenantrag im Sinne von § 9 Abs. 8 öKStG notwendig, in dem alle Körperschaften, die in die Gruppenbesteuerung einbezogen werden sollen, genannt werden müssen („Nennungspflicht"). Da nicht genannte Körperschaften von der Gruppenbesteuerung ausgeschlossen sind,[661] kann über den Gruppenantrag der Einbezug einzelner Körperschaften in die Gruppenbesteuerung gesteuert werden. Neben der Nennungspflicht haben zudem die gesetzlichen Vertreter des Gruppenträgers und der jeweiligen einzubeziehenden *inländischen* Körperschaften den Gruppenantrag zu unterzeichnen („Unterzeichnungspflicht").[662] In dem Gruppenantrag ist außerdem zu erklären, dass zwischen den finanziell verbundenen Körperschaften eine Regelung über den Steuerausgleich getroffen worden ist, und es sind die Beteiligungs- und Stimmrechtsverhältnisse sowie die Wirtschaftsjahre aller einzubeziehenden Körperschaften anzugeben.[663] Desweiteren ist in dem Gruppenantrag die Dauer festzulegen, für die die jeweilige Gruppenbesteuerung erfolgen soll.[664] Der Gruppenantrag ist dem für die Erhebung der Körperschaftsteuer zuständigen Finanzamt des Gruppenträgers bzw. des Hauptbeteiligten einer Beteiligungsgemeinschaft oder eines von der Beteiligungsgemeinschaft bestimmten Mitglieds zu übermitteln, wobei diese Übermittlung innerhalb eines Kalendermonats nach der Unterzeichnung des letzten gesetzlichen Vertreters zu erfolgen hat.[665] Bei Veränderungen im Umfang der Gruppe durch Hinzutritt oder Austritt von Mitgliedern ist dies dem Finanzamt, bei dem der Gruppenantrag eingereicht worden ist, innerhalb eines Monats mitzuteilen; es ergehen anschließend abgeänderte Bescheide. Grundsätzlich kann jede Mitgliedskörperschaft ihren Austritt aus der Unternehmensgruppe erklären. Handelt es sich dabei allerdings um den Gruppenträger, ist die Unternehmensgruppe beendet. Bei dem nachträglichen Eintritt einer Körperschaft in die Unternehmens-

---

[661] Vgl. öBMF-Erlass vom 23.02.2005, 010216/0031 – IV/6/2005, Abschnitt 8.1; WIESNER/KIRCHMAYR/MAYR, Gruppenbesteuerung, 165.

[662] Vgl. dazu WIESNER/KIRCHMAYR/MAYR, Gruppenbesteuerung, 165. Hierbei muß der Antrag nachweislich vor Ablauf des jeweiligen Wirtschaftsjahres einer einzubeziehenden Körperschaft unterzeichnet werden, für das die steuerliche Ergebniszurechnung erstmalig wirksam sein soll, vgl. § 9 Abs. 8 TS 2 öKStG.

[663] Vgl. § 9 Abs. 8 TS 3 und 4 öKStG.

[664] Vgl. auch SCHMIDT/HEINZ, Gruppenbesteuerung, Stbg 2006, 65.

[665] Vgl. § 9 Abs. 8 TS 5 öKStG.

gruppe ist dies vom Gruppenträger und von der eintretenden Körperschaft dem Finanzamt in einen Antrag mitzuteilen.[666]

Die Begründung der österreichischen Gruppenbesteuerung erfordert grundsätzlich keine übereinstimmenden Wirtschaftsjahre des Gruppenträgers und der Gruppenmitglieder bzw. damit verbundene Anpassungen. Der Abschluß eines handelsrechtlichen Ergebnisabführungsvertrags ist ebensowenig erforderlich.

2.2.3. Beginn, Dauer und Ende der Gruppenbesteuerung

Liegen die erforderlichen finanziellen Beteiligungen am Beginn der jeweiligen Wirtschaftsjahre der vorgesehenen späteren Gruppenmitglieder vor und wird ein fristgerecht unterschriebener Gruppenantrag fristgerecht eingereicht, so kann die Gruppenbesteuerung für die betreffenden Wirtschaftsjahre der Mitgliedskörperschaften angewendet werden, womit die Gruppenbesteuerung beginnt. Entscheidet sich eine Unternehmensgruppe zur Gruppenbesteuerung, so muß gemäß § 9 Abs. 10 öKStG die jeweilige Unternehmensgruppe für einen Zeitraum von mindestens drei Jahren bestehen. Dies ist wiederum nur dann der Fall, wenn das Einkommen der jeweiligen Gruppenmitglieder aus drei vollen, d. h. zwölfmonatigen, Wirtschaftsjahren (letztlich) beim Gruppenträger tatsächlich zu einer Zurechnung geführt hat. Diese dreijährige Mindestzugehörigkeitsdauer ist für jedes Gruppenmitglied separat zu prüfen.[667] Tritt nachträglich eine weitere Körperschaft der bestehenden Unternehmensgruppe bei, so hat auch sie eine dreijährige Mindestzugehörigkeitsdauer zu erfüllen.[668] Tritt ein in- oder ausländisches Gruppenmitglied innerhalb der Mindestdauer aus der Unternehmensgruppe aus, so sind rückwirkend jene steuerlichen Verhältnisse herzustellen, die sich ohne dessen Gruppenzugehörigkeit ergeben hätten.[669] Scheidet dagegen ein in- oder ausländisches Gruppenmitglied nach der Mindestdauer aus, bleiben die steuerlichen Wirkungen und damit insbesondere die Ergebniszurechnung für die Dauer der Zugehörigkeit erhalten. Beim Austritt eines ausländischen Gruppenmitglieds nach Ablauf der Mindestdauer ist allerdings zu beachten, dass seine offenen, d. h. seine zugerechneten, aber nicht nachversteuerten, Verluste nachzuversteuern sind. Durch das Ausscheiden eines Gruppenmitglieds werden grundsätzlich die übrigen, insbesonders die übergeordneten Gruppenmitglieder nicht beeinflußt.[670]

---

[666] Vgl. § 9 Abs. 9 öKStG; dazu auch WIESNER/KIRCHMAYR/MAYR, Gruppenbesteuerung, 177 ff.

[667] Vgl. öBMF-Erlass vom 23.02.2005, 010216/0031 – IV/6/2005, Abschnitt 10; dazu auch WIESNER/KIRCHMAYR/MAYR, Gruppenbesteuerung, 184 f.

[668] Vgl. § 9 Abs. 10 TS 2 öKStG.

[669] Vgl. § 9 Abs. 10 TS 3 öKStG; dazu auch WIESNER/KIRCHMAYR/MAYR, Gruppenbesteuerung, 185 f.

[670] Vgl. öBMF-Erlass vom 23.02.2005, 010216/0031 – IV/6/2005, Abschnitt 10; WIESNER/KIRCHMAYR/MAYR, Gruppenbesteuerung, 187.

Scheidet der Gruppenträger aus der Unternehmensgruppe aus, bedeutet dies automatisch das Ausscheiden aller untergeordneten Gruppenmitglieder und führt damit zur Auflösung der Gruppenbesteuerung insgesamt.[671] Inwieweit dadurch die Gruppenbesteuerung insgesamt rückabgewickelt wird, ist für jedes Gruppenmitglied separat zu beurteilen. Entscheidend ist hierbei, ob das jeweilige Gruppenmitglied innerhalb seiner dreijährigen Mindestzugehörigkeitsdauer aus der Gruppe ausscheidet (Rückabwicklung) oder erst anschließend (keine Rückabwicklung). Neben dem Ausscheiden des Gruppenträgers kann eine Gruppenbesteuerung auch dadurch beendet werden, dass alle Gruppenmitglieder ihren Austritt beantragen, dass durch ein Absinken der Beteiligungsquoten bei allen Gruppenmitgliedern die jeweilige finanziellen Verbindungen entfallen oder dass die im Gruppenantrag vereinbarte Dauer endet.

2.2.4. Rechtsfolgen der Gruppenbesteuerung

2.2.4.1. Allgemeines

Liegen die Voraussetzungen zur Bildung einer Unternehmensgruppe vor, sind als Rechtsfolge die Ergebnisse der einzelnen Gruppenmitglieder dem nächsthöheren ausreichend finanziell beteiligten Gruppenmitglied (bzw. dem Gruppenträger) zuzurechnen, bis beim Gruppenträger alle Ergebnisse der Gruppenmitglieder mit seinem eigenen Ergebnis zusammengefaßt und der Besteuerung unterworfen werden.[672] Bei dieser stufenweise Zurechnung wird das Ergebnis eines Gruppenmitglieds zu der übergeordneten beteiligten Körperschaft in dem Wirtschaftsjahr zugerechnet, in das der Bilanzstichtag seines jeweiligen Wirtschaftsjahres fällt.[673] Da mit der Gruppenbesteuerung nur eine rein steuerliche Ergebniszurechnung verbunden ist, werden die handelsrechtlichen Ergebnisse der Mitglieder hierdurch nicht beeinflußt. Es kann damit in der Unternehmensgruppe zu handelsrechtlichen Gewinnausschüttungen kommen, die dann – entsprechend den allgemeinen Vorschriften – als solche oder als Einlagenrückzahlungen nach § 4 Abs. 12 öEStG zu qualifizieren sind.[674] Bei der Einkommensermittlung und -zurechnung im Rahmen der österreichischen Gruppenbesteuerung ist grundsätzlich zwischen unbeschränkt steuerpflichtigen inländischen und nicht unbeschränkt steuerpflichtigen ausländischen Gruppenmitgliedern zu unterscheiden.

---

671 Vgl. dazu WIESNER/KIRCHMAYR/MAYR, Gruppenbesteuerung, 188.

672 Vgl. § 9 Abs. 6 Nr. 2 öKStG, öBMF-Erlass vom 23.02.2005, 010216/0031 - IV/6/2005, Abschnitt 6.1.

673 Vgl. § 9 Abs. 1 öKStG; öBMF-Erlass vom 23.02.2005, 010216/0031 - IV/6/2005, Abschnitt 1.1, wonach diese Zurechnungsregel auch für Rumpfwirtschaftsjahre gilt; auch WIESNER/KIRCHMAYR/MAYR, Gruppenbesteuerung, 15 f.

674 Vgl. öBMF-Erlass vom 23.02.2005, 010216/0031 - IV/6/2005, Abschnitt 6.1; WIESNER/KIRCHMAYR/MAYR, Gruppenbesteuerung, 99.

2.2.4.2. Einkommensermittlung und -zurechnung bei unbeschränkt steuerpflichtigen inländischen Gruppenmitgliedern

Unter dem zuzurechnenden Ergebnis eines unbeschränkt steuerpflichtigen inländischen Gruppenmitglieds ist sein jeweiliges Einkommen zu verstehen, dass nach den allgemeinen körperschaftsteuerlichen Vorschriften und über § 7 Abs. 2 öKStG auch nach den Vorschriften des öEStG separat und unabhängig von der Unternehmensgruppe zu ermitteln ist;[675] insofern sei auf die Ausführungen des Abschnitts B 1.2.1.2. verwiesen. Abweichend von diesen Grundsätzen sind folgende gruppenspezifische Sonderbestimmungen zu beachten:

Erstens können gemäß § 9 Abs. 6 Nr. 4 öKStG vortragsfähige Verluste eines unbeschränkt steuerpflichtigen Gruppenmitglieds aus der Vorgruppenzeit (Vorgruppenverluste) oder aus einer umgründungsbedingten Übernahme durch ein Gruppenmitglied (Außergruppenverluste) nur bis zur Höhe des eigenen Gewinns abgezogen werden. Hierbei sind etwaige zugerechnete Ergebnisse anderer Gruppenmitglieder ebenso unbeachtlich wie die 75 %-Grenze nach § 2 Abs. 2b öEStG.[676] Zweitens sind gemäß § 9 Abs. 7 Satz 1 öKStG bei der Einkommensermittlung Teilwertabschreibungen nach § 6 Nr. 2 lit. a öEStG und Veräußerungsverluste von Beteiligungen an Gruppenmitgliedern bei der Einkommensermittlung nicht abzugsfähig.[677] Drittens gilt nach § 9 Abs. 7 Satz 2 öKStG Folgendes: Wenn eine Beteiligung an einer betriebsführenden unbeschränkt steuerpflichtigen Körperschaft nach dem 31.12.2004 von einem Gruppenmitglied, dem Gruppenträger oder eine für die Gruppenbildung geeigneten Körperschaft angeschafft wird, dann ist bei dem unmittelbar beteiligten Gruppenmitglied bzw. Gruppenträger zwingend eine Firmenwertabschreibung im Sinne des § 9 Abs. 7 Satz 2 öKStG vorzunehmen.[678] Diese Firmenwertabschreibung bewirkt eine steuerwirksame Beteiligungswertabschreibung an demjenigen Gruppenmitglied, für das die Firmenwertabschreibung vorgenommen wird. Über die Regelung des § 9 Abs. 7 Satz 2 öKStG wird in der Unternehmensgruppe der „*share deal*" einem „*asset deal*" annähernd gleichgestellt.[679] Der Firmenwert des jeweiligen Gruppenmitglieds ist von der unmittelbar beteiligten Mitgliedskörperschaft auf 15 Jahre verteilt gleichmäßig abzuschreiben; im Fall eines negativen Firmenwerts sind entsprechende Zuschreibungen über 15 Jahre vorzunehmen, die den

---

[675] Vgl. öBMF-Erlass vom 23.02.2005, 010216/0031 – IV/6/2005, Abschnitt 6.2.1.1.; WIESNER/KIRCHMAYR/MAYR, Gruppenbesteuerung, 99 ff.

[676] Vgl. auch öBMF-Erlass vom 23.02.2005, 010216/0031 – IV/6/2005, Abschnitt 6.3.1.

[677] Dieses Abzugsverbot gilt unabhängig davon, ob es sich bei der Beteiligung um eine Inlandsbeteiligung, eine Auslandsbeteiligung oder eine internationale Schachtelbeteiligung handelt.

[678] Die Firmenwertabschreibung nach § 9 Abs. 7 Satz 2 öKStG wird ausführlich behandelt bei WIESNER/KIRCHMAYR/MAYR, Gruppenbesteuerung, 140 ff. und öBMF-Erlass vom 23.02.2005, 010216/0031 – IV/6/2005, Abschnitt 7.2.

[679] Vgl. öBMF-Erlass vom 23.02.2005, 010216/0031 – IV/6/2005, Abschnitt 7.2.1.

zugehörigen Beteiligungsbuchwert erhöht. Dabei ist allerdings zu beachten, dass die jeweiligen Firmenwertabschreibungen bzw. -zuschreibungen auf die Zugehörigkeitsdauer der beteiligten Körperschaft und der erworbenen Beteiligungskörperschaft zur Unternehmensgruppe beschränkt sind. Wird die erwerbende oder die erworbene Körperschaft erst nach dem Anschaffungsjahr in eine Unternehmensgruppe aufgenommen, können die auf die vorherigen Jahre entfallenden Fünfzehntel nicht nachgeholt werden. Ebenso können die Fünfzehntel, die auf Jahre nach dem Ausscheiden aus der Gruppe entfallen, nicht mehr angesetzt werden.[680] Viertens erhöht bzw. vermindert sich infolge der Gruppenbesteuerung das separate Einkommen eines Gruppenmitglieds durch etwaiges zugerechnetes positives bzw. negatives Einkommen untergeordneter Gruppenmitglieder (§ 9 Abs. 6 Nr. 2 öKStG).[681]

Das ermittelte Einkommen eines unbeschränkt steuerpflichtigen inländischen Gruppenmitglieds ist unabhängig vom Beteiligungsausmaß dem finanziell verbundenen übergeordneten Gruppenmitglied bzw. Gruppenträger grundsätzlich zu 100 % zuzurechnen. Auch bei mittelbarer Beteiligung einer beteiligten Körperschaft an einer Beteiligungskörperschaft über eine Personengesellschaft erfolgt eine 100 %-ige Zurechnung des Einkommens der Beteiligungskörperschaft an die mittelbar beteiligte Körperschaft.[682]

2.2.4.3. Einkommensermittlung und -zurechnung bei nicht unbeschränkt steuerpflichtigen ausländischen Gruppenmitgliedern

Im Unterschied zur Einkommenszurechnung bei unbeschränkt steuerpflichtigen inländischen Gruppenmitgliedern ist bei einem nicht unbeschränkt steuerpflichtigen ausländischen Gruppenmitglied nur ein nach österreichischem Steuerrecht ermittelter etwaiger Verlust im Ausmaß der unmittelbaren Beteiligungen an diesem Gruppenmitglied zuzurechnen; ein Gewinn ist mangels eines Besteuerungsrechts Österreichs unbeachtlich und damit nicht zuzurechnen.[683] Sofern ein Verlust eines solchen ausländischen Gruppenmitglieds gemäß § 9 Abs. 6 Nr. 6 Satz 1 öKStG im Rahmen der Gruppenbesteuerung in Österreich berücksichtigt wird, sind hinsichtlich dieses Verlustes die Nachversteuerungsregelungen des § 9 Abs. 6 Nr. 6 Satz 2 ff. öKStG zu beachten, die eine Doppelverlustverwertung sowohl in Österreich als auch im Ansässigkeitsstaat des ausländischen Gruppenmitglieds vermeiden sollen.[684] Zu einer Nachversteuerung kommt es, wenn ein im

---

680 Vgl. § 9 Abs. 7 Satz 2 öKStG; öBMF-Erlass vom 23.02.2005, 010216/0031 - IV/6/2005, Abschnitt 7.2; WIESNER/KIRCHMAYR/MAYR, Gruppenbesteuerung, 143 ff.

681 Vgl. auch WIESNER/KIRCHMAYR/MAYR, Gruppenbesteuerung, 100.

682 Vgl. öBMF-Erlass vom 23.02.2005, 010216/0031 - IV/6/2005, Abschnitt 6.2.2 ff.

683 Vgl. § 9 Abs. 6 Nr. 6 öKStG; öBMF-Erlass vom 23.02.2005, 010216/0031 - IV/6/2005, Abschnitt 6.6.1. Zur Einkommensermittlung vgl. die Ausführungen des vorherigen Abschnitts.

684 Vgl. z. B. WIESNER/KIRCHMAYR/MAYR, Gruppenbesteuerung, 116.

Rahmen der Gruppenbesteuerung angesetzter Verlust eines ausländischen Gruppenmitglieds im Ausland verwertet wird bzw. verwertet werden könnte (beispielsweise wenn dieser Verlust auf dem Wege des Verlustvortrags mit späteren Gewinnen des Gruppenmitglieds verrechnet wird) oder wenn das ausländische Gruppenmitglied aus der Gruppe ausscheidet bzw. insolvent oder liquidiert wird.[685] Die Nachversteuerung selbst erfolgt dadurch, dass ein entsprechender Gewinn das Gruppeneinkommen erhöht. Gemäß des Aufbaus der vorliegenden Arbeit wird die Zurechnung des Verlusts eines ausländischen Gruppenmitglieds und die damit verbundene Nachversteuerung erst in dem nachfolgenden Abschnitt D 1.2. ausführlicher erläutert.

2.2.4.4. Ermittlung des Gruppeneinkommens bei dem Gruppenträger

Das Einkommen der Unternehmensgruppe ergibt sich als Einkommen des Gruppenträgers, dessen separate Ermittlung sich – zunächst unabhängig von den anderen Gruppenmitgliedern – nach den allgemeinen körperschaftsteuerlichen Vorschriften und über § 7 Abs. 2 öKStG auch nach den Vorschriften des öEStG zu richten hat;[686] insofern sei auf die Ausführungen des Abschnitts B 1.2.1.2. verwiesen. Bei dieser separaten Einkommensermittlung sind allerdings folgende gruppenspezifische Besonderheiten zu beachten:

Nach § 9 Abs. 7 Satz 1 öKStG sind bei der Einkommensermittlung Teilwertabschreibungen und Veräußerungsverluste von Beteiligungen an Gruppenmitgliedern nicht zulässig; ebenso hat eine steuerwirksame Firmenwertabschreibung bzw. -zuschreibung gemäß § 9 Abs. 7 Satz 2 öKStG zu erfolgen.[687] Nach § 9 Abs. 6 Nr. 6 Satz 2 öKStG sind die Sonderausgaben – wie insbesondere vortragsfähige Verluste – erst nach der Zurechnung der Ergebnisse aller Gruppenmitglieder zu berücksichtigen, die wiederum das Einkommen des Gruppenträgers erhöhen bzw. vermindern. Können Verlustvorträge des Gruppenträgers als Sonderausgabe abgezogen werden, ist der Gruppenträger – im Unterschied zu den Gruppenmitgliedern – an die 75 %-Grenze nach § 2 Abs. 2b öEStG i. V. m. § 7 Abs. 2 öKStG gebunden.[688]

2.2.4.5. Besteuerung des Gruppeneinkommens

Das Einkommen des Gruppenträgers, d. h. das zusammengefaßte Gruppeneinkommen, unterliegt beim Gruppenträger den allgemeinen Grundsätzen des ös-

---

[685] Vgl. § 9 Abs. 6 Nr. 6 öKStG; öBMF-Erlass vom 23.02.2005, 010216/0031 – IV/6/2005, Abschnitt 6.6.4.

[686] Vgl. § 9 Abs. 6 Nr. 2 öKStG, öBMF-Erlass vom 23.02.2005, 010216/0031 – IV/6/2005, Abschnitt 6.7.

[687] Vgl. auch Abschnitt B 2.2.4.2.; C 1.3.2.

[688] Vgl. § 9 Abs. 6 Nr. 2 öKStG; öBMF-Erlass vom 23.02.2005, 010216/0031 – IV/6/2005, Abschnitt 6.7; WIESNER/KIRCHMAYR/MAYR, Gruppenbesteuerung, 138 f.

terreichischen Körperschaftsteuerrechts.[689] Demnach wird das Gruppeneinkommen einem konstanten Steuersatz von 25 % unterworfen. Auf die sich ergebende Steuerschuld können etwaige anrechenbare ausländische Steuern angerechnet werden.[690]

2.2.4.6. Vermeidung von Doppelbesteuerungen

Unbeschränkt steuerpflichtige Kapitalgesellschaften sind auch während ihrer Zugehörigkeit zu der österreichischen Gruppenbesteuerung selbständig abkommensberechtigt.[691] Erzielt daher eine Mitgliedskörperschaft ausländische Einkünfte, sind die Methoden zur Vermeidung von Doppelbesteuerungen im Nicht-DBA-Fall und DBA-Fall grundsätzlich wie bei einer der Gruppenbesteuerung nicht angehörenden Kapitalgesellschaft anzuwenden, wozu auf die Ausführungen des Abschnitts B 1.2.1.4. verwiesen sei. Hinsichtlich der Anrechnung ausländischer Steuern ist gemäß der Besteuerungskonzeption der Gruppenbesteuerung folgendes zu beachten:[692] Sind bei einzelnen Gruppenmitgliedern bzw. dem Gruppenträger anrechenbare ausländische Steuern gegeben, dann sind zunächst die separaten länderbezogenen Anrechnungshöchstbeträge bei den einzelnen Mitgliedskörperschaften gemäß der in Abschnitt B 1.2.1.4.1. dargestellten Formel zu bestimmen. Ihre Ermittlung erfordert damit, dass für die jeweiligen Mitgliedskörperschaften – rechnerisch – eine österreichische Körperschaftsteuerbelastung zu ermitteln ist, wobei auf ihre jeweiligen laufenden Ergebnisse abzustellen ist;[693] zugerechnete Ergebnisse untergeordneter Gruppenmitglieder bleiben unberücksichtigt. Werden anschließend die ermittelten Anrechnungshöchstbeträge bei den Mitgliedskörperschaften den jeweiligen ausländischen Steuern gegenübergestellt, entsprechen die tatsächlichen Anrechnungsbeträge dem niedrigeren dieser beiden Beträge. Die tatsächlichen Anrechnungsbeträge der Gruppenmitglieder sind an den Gruppenträger „weiterzuleiten". Da bei der österreichischen Gruppenbesteuerung die tatsächliche Anrechnung ausländischer Steuern grundsätzlich auf Ebene des Gruppenträgers stattzufinden hat, sind die von den Gruppenmitgliedern an den Gruppenträger „weitergeleiteten" tatsächlichen Anrechnungsbeträge und seine eigenen tatsächlichen Anrechnungsbeträge bis zur Höhe der tatsächlichen Steuerbelastung des Gruppenträgers anzurechnen.

---

689 Vgl. öBMF-Erlass vom 23.02.2005, 010216/0031 – IV/6/2005, Abschnitt 1; WIESNER/KIRCHMAYR/MAYR, Gruppenbesteuerung, 18.

690 Vgl. dazu der nachfolgende Abschnitt.

691 Vgl. dazu öBMF-Erlass vom 23.02.2005, 010216/0031 – IV/6/2005, Abschnitt 6.4; WIESNER/KIRCHMAYR/MAYR, Gruppenbesteuerung, 112.

692 Vgl. öBMF-Erlass vom 23.02.2005, 010216/0031 – IV/6/2005, Abschnitt 6.4, und WIESNER/KIRCHMAYR/MAYR, Gruppenbesteuerung, 111 ff., bis zum Ende des Absatzes, soweit nicht anders angegeben.

693 Verrechnete Vorgruppen- und Außergruppenverluste sind hierbei zu berücksichtigen.

2.2.4.7. Mindestkörperschaftsteuer

In einer Unternehmensgruppe unterliegen alle unbeschränkt steuerpflichtigen Kapitalgesellschaften der Mindestkörperschaftsteuer nach § 24a Abs. 4 öKStG; die Besteuerung als Gruppe ist für ihre Mindestkörperschaftsteuerpflicht unbeachtlich. Doppelt ansässige Kapitalgesellschaften mit Geschäftsleitung im Inland unterliegen aber weder als Gruppenmitglied noch als Gruppenträger der Mindestkörperschaftsteuer, weil sich § 24 Abs. 4 öKStG auf öster-reichische Kapitalgesellschaften bezieht.[694] Zu einer Mindestkörperschaftsteuer im Rahmen der Gruppenbesteuerung kommt es aber nur dann, wenn das Gesamteinkommen der Unternehmensgruppe nicht ausreichend positiv ist.[695] Unter dem Gesamteinkommen ist das beim Gruppenträger jeweils zu veranlagende „Gesamteinkommen" zu verstehen, so dass bei dessen Ermittlung auch die Einkommen der nicht mindestkörperschaftsteuerpflichtigen Mitgliedskapitalgesellschaften (z. B. Genossenschaften) zu berücksichtigen sind.[696] Dieses Gesamteinkommen ist wiederum dann nicht ausreichend positiv, wenn es unterhalb der Summe der „Grenzwert-Einkommen" aller mindestkörperschaftsteuerpflichtigen Mitgliedskörperschaften liegt, die sich aufgrund der Mindestkörperschaftsteuerbeträge gemäß § 24 Abs. 4 Nr. 1 bis 3 öKStG ergeben. Als „Grenzwert-Einkommen" gilt das Jahreseinkommen, ab dem eine Kapitalgesellschaft im Ergebnis keine Mindestkörperschaftsteuer mehr zahlt, sondern eine „Erfolgskörperschaftsteuer".[697] Ist das Gesamteinkommen höher als die Summe der „Grenzwert-Einkommen" ist keine Mindestkörperschaftsteuer abzuführen; ansonsten ist die Mindestkörperschaftsteuer für die mindestkörperschaftsteuerpflichtigen Mitgliedskörperschaften der Unternehmensgruppe zu berechnen, die dann der Gruppenträger – neben der regulären Körperschaftsteuer – zu entrichten hat. Dabei ergibt sich die Mindestkörperschaftsteuer, indem auf den Unterschiedsbetrag zwischen der Summe der „Grenzwert-Einkommen" und dem Gesamteinkommen der Körperschaftsteuertarif von 25 % angewendet wird; im Fall eines negativen Gesamteinkommens ist davon auszugehen, dass ein Einkommen von Null Euro vorliegt.[698] Folgendes Beispiel verdeutlicht die Mindestbesteuerung bei einer Unternehmensgruppe:

> Eine Unternehmensgruppe besteht aus einer unbeschränkt steuerpflichtigen AG, einer unbeschränkt steuerpflichtigen GmbH und einer Genossenschaft; das Gesamteinkommen der Unternehmensgruppe beträgt: a) 30.000 Euro, b) – 30.000 Euro und c) 17.000 Euro. Das „Grenzwert-Einkommen" beträgt bei der AG 14.000 Euro und bei der GmbH

---

694 Vgl. öBMF-Erlass vom 23.02.2005, 010216/0031 – IV/6/2005, Abschnitt 12.2.

695 Vgl. öBMF-Erlass vom 23.02.2005, 010216/0031 – IV/6/2005, Abschnitt 12.2.

696 Vgl. öBMF-Erlass vom 23.02.2005, 010216/0031 – IV/6/2005, Abschnitt 12.2.

697 Vgl. § 24a Nr. 1 öKStG, öBMF-Erlass vom 23.02.2005, 010216/0031 – IV/6/2005, Abschnitt 12.2; WIESNER/KIRCHMAYR/MAYR, Gruppenbesteuerung, 197 ff.; auch Abschnitt B 1.2.1.5.

698 Vgl. § 24a Nr. 1 öKStG; öBMF-Erlass vom 23.02.2005, 010216/0031 – IV/6/2005, Abschnitt 12.2; WIESNER/KIRCHMAYR/MAYR, Gruppenbesteuerung, 198.

7.000 Euro.[699] Die Summe der „Grenzwert-Einkommen" aller mindestkörperschaftsteuerpflichtigen Kapitalgesellschaften (AG und GmbH) der Gruppe beträgt damit 21.000 Euro. Da dieser Betrag im Fall a) unter dem Gesamteinkommen der Gruppe liegt, ist für die AG und GmbH keine Mindestkörperschaftsteuer zu entrichten. Im Fall b) ist das Gesamteinkommen negativ und im Fall c) ist es nicht ausreichend positiv (unter 21.000 Euro), so dass eine Mindestkörperschaftsteuer für die AG und GmbH zu berechnen und zu entrichten ist. Im Fall b) beträgt die Mindestkörperschaftsteuer 21.000 Euro (= (21.000 Euro – 0 Euro) x 25 %) und im Fall c) ergibt sich eine Mindestkörperschaftsteuer in Höhe von 1.000 Euro (= (21.000 Euro – 17.000 Euro) x 25 %), zusätzlich zu einer regulären Körperschaftsteuer von 4.250 Euro (= 17.000 Euro x 25 %).

2.3. USA

2.3.1. Rechtsgrundlagen des *consolidated tax return*

Die US-amerikanische Gruppenbesteuerung, der *consolidated tax return*, ist im Steuerkodex in den Secs. 1501 bis 1505 IRC und in den Regulations in den Regs. §§ 1.1501-1 bis 1.1563-4 geregelt. Diese Vorschriften sind nicht nur sehr detailliert, sondern zählen auch zu den kompliziertesten im gesamten US-Einkommensteuerrecht.[700] Nach diesen Regelungen können bestimmte Kapitalgesellschaftskonzerne eine einzige konsolidierte Steuererklärung, d. h. einen *consolidated tax return*, abgeben, womit dann diese als *consolidated group* bezeichnete Gruppe für steuerliche Zwecke weitgehend als ein einheitliches Unternehmen behandelt wird. Die einzelnen Gesellschaften haben in diesem Fall keine separaten Einzelsteuererklärungen (*separate tax returns*) einzureichen. Damit ein Kapitalgesellschaftskonzern einen *consolidated tax return* abgegeben kann, ist es zunächst erforderlich, dass es sich bei ihm um eine *affiliated group* handelt, wozu zwei Bedingungen erfüllt sein müssen:[701] Zum einen muß es sich bei den verbundenen Kapitalgesellschaften um sogenannte *includible corporations*, d. h. einbeziehbare bzw. konsolidierbare Gesellschaften handeln; zum anderen müssen diese Gesellschaften durch ein bestimmtes Beteiligungsverhältnis miteinander verbunden sein.

2.3.2. Voraussetzungen des *consolidated tax return*

2.3.2.1. Einbeziehbare Gesellschaften

Als *includible corporations* gelten nach Sec. 1504(b) IRC grundsätzlich alle *corporations* bis auf steuerbefreite *corporations* nach Sec. 501 IRC,[702] bestimmte Lebensversicherungsgesellschaften nach Sec. 801 IRC[703], ausländische *corpo-*

[699] Zur Berechnung der „Grenzwert-Einkommen" vgl. Abschnitt B 1.2.1.5.
[700] Vgl. WUDERNITZ, Konzernbesteuerung, 58.
[701] Vgl. Sec. 1504(a)(1)(A) IRC.
[702] Ausnahmen sind möglich, vgl. Sec. 1504(e) IRC.
[703] Ausnahmen sind möglich, vgl. Sec. 1504(c) IRC.

rations (mit Ausnahme bestimmter mexikanischer und kanadischer Kapitalgesellschaften),[704] *corporations* in US-Besitzungsgebieten nach Sec. 936 IRC, China-Handelsgesellschaften (bis 1977), gebundene Investmentfonds *(regulated investment companies)*, Immobilieninvestmentfonds *(real estate investment trusts)*, inländische internationale Absatzgesellschaften *(domestic international sales corporations)* und *S-corporations*.[705] Bei allen diesen nicht einbeziehbaren *corporations* handelt es sich um *corporations*, die bereits aufgrund ihres steuerlichen Sonderstatus begünstigt sind.[706]

2.3.2.2. Beteiligungserfordernis

Damit die *includible corporations* eine *affiliated group* bilden können, müssen sie durch ein bestimmtes Beteiligungsverhältnis gemäß Sec. 1504(a)(2) IRC miteinander verbunden sein: Das Vorliegen einer *affiliated group* setzt zunächst voraus, dass eine Obergesellschaft als Muttergesellschaft unmittelbar mindestens 80 % aller Stimmrechte und zugleich unmittelbar mindestens 80 % des Marktwerts aller ausgegebenen Aktien an einer Tochtergesellschaft an jedem einzelnen Tag ihres Steuerjahres besitzt.[707] Ist diese Voraussetzung erfüllt, umfaßt die *affiliated group* grundsätzlich sämtliche Untergesellschaften, an denen die Muttergesellschaft unmittelbar und/oder mittelbar in der genannten Weise an den Stimmrechten und am Eigenkapital beteiligt ist. Mittelbare Beteiligungen sind dabei in voller Höhe zu berücksichtigen, wenn an der bzw. den vermittelnden Gesellschaft(en) in der genannten Weise eine 80 %-ige oder höhere Beteiligung besteht.[708] Bei der Ermittlung der Beteiligungsverhältnisse sind stimmrechtslose Vorzugsaktien im Sinne von Sec. 1504(a)(4) IRC nicht zu berücksichtigen.[709] In folgender Abbildung stellen alle Gesellschaften *includible corporations* dar und die Prozentzahlen bilden sowohl die Stimmrechtsquote als auch die Anteilswertquote ab; folglich liegt im Beispiel eine *affiliated group* vor, die aus den Gesellschaften P, A, B und C besteht.[710]

---

[704] Vgl. Sec. 1504(d) IRC. Zu weiteren Einzelheiten vgl. die Ausführungen in Abschnitt D 1.3.

[705] Vgl. BITTKER/EUSTICE, Taxation, Chapter 13, 98 f. Insolvente *corporations* sind für Zwecke des *consolidated return* genauso zu behandeln wie jede andere *corporation*. Weder die Insolvenz der Muttergesellschaft noch die einer Tochtergesellschaft führt zum Ausschluß der jeweiligen *corporation* vom Konsolidierungskreis der jeweiligen *affiliated group*, vgl. WUDERNITZ, Konzernbesteuerung, 124.

[706] Vgl. ZSCHIEGNER, Einkommensteuerrecht, IWB 2002, Fach 8, Gruppe 2, 1220. Personengesellschaften oder natürliche Personen können keine Mitglieder einer *affiliated group* sein, vgl. MÜLLER, Reform, 70.

[707] Vgl. Sec. 1504(a)(1) und (2) IRC; FÜLBIER/PFERDEHIRT, Gruppenbesteuerung, DB 2006, 176.

[708] Vgl. Sec. 1504(a)(2) IRC; FÜLBIER/PFERDEHIRT, Gruppenbesteuerung, DB 2006, 176.

[709] Vgl. dazu auch Abschnitt B 1.3.2.2.3.2.; BITTKER/EUSTICE, Taxation, Chapter 13, 102 f.

[710] Vgl. MÜLLER, Reform, 70.

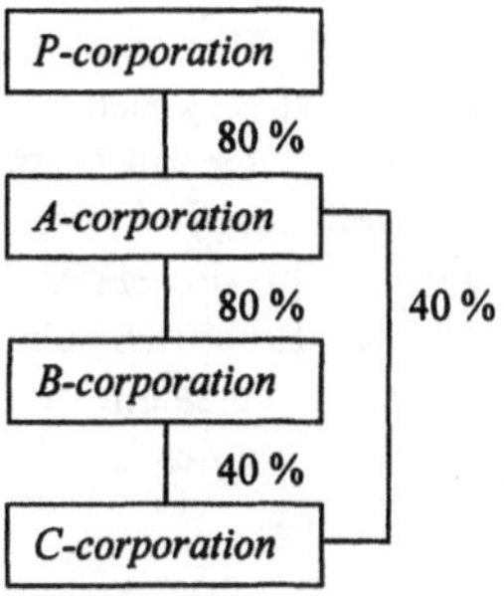

Wenn eine *affiliated group* ihr Wahlrecht zur Abgabe eines *consolidated tax return* ausübt, dann müssen sämtliche, zu irgendeinem Zeitpunkt des Steuerjahres der Muttergesellschaft die zuvor genannten Beteiligungsverhältnisse erfüllende *includible corporations* in den *consolidated tax return* aufgenommen werden;[711] der Konsolidierungskreis ist damit durch die Beteiligungsverhältnisse und die Eigenschaft einer *corporation* als *includible corporation* vorgegeben.[712] Wird eine *affiliated group* dagegen bereits als Gruppe besteuert, ist zu beachten, dass entsprechende Beteiligungsveränderungen bei einzelnen Gesellschaften zu ihrem zwangsweisen Beitritt zum bzw. Austritt von der *consolidated group* führen, was unerwünscht sein kann. Um dies zu vermeiden, sollte insbesondere bei *consolidated groups* mit vielen Gesellschaften und einer unübersichtlichen Beteiligungsstruktur der Gesellschafterbestand kontinuierlich beobachtet werden.[713]

2.3.2.3. Weitere Voraussetzungen

Zur Ausübung des Wahlrechts zur Abgabe eines *consolidated tax return* ist weder eine vertragliche Vereinbarung der beteiligten Gesellschaften noch eine besondere Antragstellung erforderlich.[714] Die Ausübung erfolgt, indem die Muttergesellschaft erstmals eine konsolidierte Steuererklärung (Vordruck 1120) einreicht, der sie eine Darstellung der Konzernstruktur beizufügen hat (Vordruck 851).[715] Zudem müssen sämtliche in den steuerlichen Konsolidierungskreis einzubeziehenden Gesellschaften (bis auf die Muttergesellschaft) ihre Zustimmung zur gemeinsamen Veranlagung und zu den Regulations betreffend konsolidierte Steuererklärungen auf dem Vordruck 1122 erklären, der der erstmaligen konso-

[711] Vgl. Reg. § 1.1502-75(a); WUDERNITZ, Konzernbesteuerung, 134.
[712] Vgl. MÜLLER, Reform, 71.
[713] Vgl. KROSCHEL, Amerika, 451.
[714] Vgl. ZSCHIEGNER, Einkommensteuerrecht, IWB 2002, Fach 8, Gruppe 2, 1221.
[715] Vgl. Reg. § 1.1502-75(a), (h)(1); MÜLLER, Reform, 71; WUDERNITZ, Konzernbesteuerung, 134. Zum Abgabezeitpunkt der konsolidierten Steuererklärung vgl. Reg. § 1.1502-75(a); KESSEL, Konzernbesteuerung, 125.

lidierten Steuererklärung beizulegen ist.[716] Zudem müssen die Steuerjahre sämtlicher in die *consolidated group* einbezogenen *corporations* mit dem Steuerjahr der gemeinsamen Muttergesellschaft übereinstimmen, welches als Steuerjahr der *consolidated group* gilt. Verfügen Gesellschaften über ein davon abweichendes Steuerjahr, so haben sie zum Beginn des ersten Steuerjahres des *consolidated tax return* durch Einfügen eines Rumpfwirtschaftsjahres zum Steuerjahr der Muttergesellschaft überzugehen.[717] Versäumt eine Gesellschaft, ihr Steuerjahr anzupassen, kann dies zur Beendigung des Wahlrechts zur Abgabe des *consolidated tax return* führen.[718]

2.3.3. Beginn, Dauer und Ende des *consolidated tax return*

Indem die Muttergesellschaft erstmals eine konsolidierte Steuererklärung erstellt und einreicht, übt sie ihr Wahlrecht zur Abgabe eines *consolidated tax return* aus und die konsolidierte Besteuerung der *affiliated group* beginnt für das zugehörige Steuerjahr.[719] Die erstmals eingereichte konsolidierte Steuererklärung ist spätestens zu dem Zeitpunkt einzureichen, zu dem die Muttergesellschaft ihre Einzelsteuererklärung erstellt hätte.[720]

Die Option zur Gruppenbesteuerung wird nicht für eine festgelegte Mindestdauer ausgeübt, sondern die Optionsausübung besitzt vom Grundsatz eine unbefristete Bindungswirkung.[721] Das bedeutet, dass eine Gruppe, sofern sie bestehen bleibt, grundsätzlich verpflichtet ist, auch in folgenden Steuerjahren eine konsolidierte Steuererklärung abzugeben; eine vorzeitige Beendigung der Abgabe einer konsolidierten Steuererklärung ist nur mit Erlaubnis der Finanzverwaltung

---

[716] Vgl. Reg. § 1.1502-75(a)(1), (b), (h)(2); WUDERNITZ, Konzernbesteuerung, 134.

[717] Vgl. Reg. § 1.1502-76(a)(1); WUDERNITZ, Konzernbesteuerung, 141.

[718] Vgl. WUDERNITZ, Konzernbesteuerung, 141. Neben der Vereinheitlichung der Steuerjahre erfolgt eine Konzernvereinheitlichung der Gewinnermittlungsmethoden jedoch nicht. Die Konzerngesellschaften sind grundsätzlich verpflichtet, die bei ihrer Einzelveranlagung angewendete Gewinnermittlungsmethode weiterhin anzuwenden, vgl. Reg. § 1.1502-17, so dass einige *corporations* unter Umständen ihr Einkommen nach der *accrual method* und andere nach der *cash method* ermitteln. Zu weiteren Einzelheiten vgl. beispielsweise FÜLBIER/PFERDEHIRT, Gruppenbesteuerung, 176.

[719] Dieser ersten konsolidierten Steuererklärung sind die im vorherigen Abschnitt erwähnten Einverständniserklärungen aller untergeordneten Gesellschaften der *affiliated group* sowie eine Darstellung der Konzernstruktur beizufügen. Wurde bereits im vorangegangenen Steuerjahr eine konsolidierte Steuererklärung erstellt, so wird die erforderliche Einverständniserklärung der Untergesellschaften durch ihre Einbeziehung in den Konsolidierungskreis unterstellt. Dies gilt auch für neu beigetretene Gesellschaften, vgl. Reg. § 1.1502-75(b)(3); KESSEL, Konzernbesteuerung, 126.

[720] Vgl. § 1.1502-75(a)(1).

[721] Vgl. ENDRES, in: HERZIG, Organschaft, 476, 481. Auch wenn Konzernmitglieder Einzelsteuererklärungen einreichen oder es unterlassen, ihre Einkommen in die konsolidierte Steuererklärung einzubeziehen, wird die Steuerschuld auf Basis einer konsolidierten Erklärung ermittelt, vgl. Reg. § 1.1502-75(e).

möglich.[722] Die Erlaubnis, auf separate Einzelsteuererklärungen überzugehen, wird nur bei Nachweis eines „guten Grundes" (*good cause*) gewährt, wie beispielsweise eine Änderung im IRC oder in den Regulations, die im Vergleich zur Einzelbesteuerung zu einer beträchtlichen negativen Auswirkung auf die Steuerschuld der Konzerngruppe führt.[723] Daneben kann das Finanzministerium auch eine Blankovollmacht erteilen, wenn Änderungen im IRC oder in den Regulations wesentliche nachteilige Auswirkungen auf die Konzerngruppe haben können.[724]

Vom Grundsatz bleibt eine *affiliated group* solange bestehen, wie die Muttergesellschaft als solche existiert und mindestens eine Tochtergesellschaft ununterbrochen mit ihr verbunden ist.[725] Vor diesem Hintergrund resultiert eine zwangsweise Auflösung einer *consolidated group* und der damit verbundene Übergang auf die Einzelveranlagung aus der Veräußerung aller Tochtergesellschaften bzw. aus dem Absenken von Beteiligungsquoten, so daß keine unmittelbare Beteiligung von mindestens 80 % an einer Tochtergesellschaft verbleibt.[726] Daneben bestehen verschiedene Transaktionsmöglichkeiten, nach denen eine Gruppe ebenfalls als aufgelöst gilt, wozu beispielsweise die Fusion der gesamten Konzernmitglieder mittels Neubildung (*consolidation*) bzw. Aufnahme (*merger*) zählen.[727]

2.3.4. Rechtsfolgen des *consolidated tax return*

2.3.4.1. Einkommensermittlung und -anpassung bei den verbundenen Kapitalgesellschaften

Rechtsfolge der Abgabe eines *consolidated tax return* ist die Besteuerung der *consolidated group* als wirtschaftliche Einheit, womit ihr konsolidiertes zu versteuerndes Einkommen (*consolidated taxable income*) die Bemessungsgrundlage der Bundeskörperschaftsteuer bildet. Die Ermittlung des konsolidierten zu

[722] Vgl. Reg. § 1.1502-75(a)(2), (c).
[723] Vgl. Reg. § 1.1502-75(c)(1).
[724] Vgl. Reg. § 1.1502-75(c)(2).
[725] Vgl. Reg. § 1.1502-75(d)(1). Dabei ist es unerheblich, ob diese Tochtergesellschaft im vorangegangenen Steuerjahr ein Gruppenmitglied war oder dass andere untergeordnete Gesellschaften im Laufe der Zeit aus der Gruppe ausgeschieden sind. Folgendes Beispiel verdeutlicht die genannten Grundsätze: Die *P-corporation* erwirbt 100 % der Anteile an der *A-corporation* am 1. Januar 2000 und P und A geben einen *consolidated tax return* für das Kalenderjahr 2000 ab. Am 1. Mai 2001 erwirbt P 100 % der Anteile an der *B-corporation.* Am 1. Juli 2001 veräußert P die Anteile an A. Die *affiliated group*, die ursprünglich aus P und A bestand, bleibt in diesem Fall für 2001 bestehen, da P als Muttergesellschaft weiterexistiert und mindestens eine Tochtergesellschaft (jetzt B) mit ihr verbunden geblieben ist, vgl. Reg. § 1.1502-75(d)(1).
[726] Vgl. Abschnitt B 2.3.2.2 zu den Beteiligungsvoraussetzungen.
[727] Vgl. KESSEL, Konzernbesteuerung, 122 f.

versteuernden Einkommens erfolgt in zwei Stufen: Auf der ersten Stufe sind die zu versteuernden Einkommen jedes einzelnen Gruppenmitglieds zu ermitteln und im Sinne des Reg. § 1.1502-12 anzupassen. Ein derart berechnetes zu versteuerndes Einkommen eines Gruppenmitglieds wird als *separate taxable income* bezeichnet.[728]

Die Ermittlung der zu versteuernden Einkommen (*taxable incomes*) der einzelnen Mitglieder hat auf der Basis ihrer jeweiligen Gewinnermittlungsmethode zu erfolgen, als ob die einzelnen Gesellschaften ihre eigene Steuererklärung abgeben würden.[729] Dabei sind zudem folgende Grundsätze zu beachten: Generell muß in eine konsolidierte Steuererklärung das Einkommen der gemeinsamen Muttergesellschaft und jeder einbeziehbaren Untergesellschaft für das gesamte Steuerjahr der *consolidated group* aufgenommen werden. Sofern eine Untergesellschaft nur einen Teil des Steuerjahres Gruppenmitglied ist, ist das Einkommen des Mitglieds nur für den zugehörigen Teil des Steuerjahres zu berücksichtigen.[730] Wird eine *affiliated group* erst nach dem Beginn des Steuerjahres der Muttergesellschaft gebildet, muß die konsolidierte Steuererklärung das Einkommen der Muttergesellschaft für das ganze Steuerjahr[731] und das Einkommen jeder Tochtergesellschaft für den Teil des Jahres, in dem es Gruppenmitglied ist, enthalten.[732] Entsprechendes gilt, wenn eine *consolidated group* während eines Steuerjahres aufgelöst wird bzw. wenn eine Gesellschaft aus der Gruppe ausscheidet.[733] Wenn eine Gesellschaft während des Steuerjahres Gruppenmitglied wird oder aus der Gruppe ausscheidet, dann gilt der verbleibende Teil des Steuerjahres als ein Kurzsteuerjahr, für das grundsätzlich eine Einzelsteuererklärung zu erstellen ist.[734]

Die ermittelten zu versteuernden Einkommen der einzelnen Gruppenmitglieder sind anschließend im Sinne des Reg. § 1.1502-12 anzupassen, womit sich die *separate taxable incomes* der Gruppenmitglieder ergeben. Bei den vorzunehmenden Anpassungen lassen sich zwei Bereiche unterscheiden: Erstens hat eine Abstimmung der zu versteuernden Einkommen untereinander zu erfolgen, wobei (1) Dividendenausschüttungen innerhalb der Gruppe und die nicht abzugs-

---

[728] Vgl. Reg. § 1.1502-12.
[729] Vgl. Reg. § 1.1502-12; MÜLLER, Reform, 73; Abschnitt B 1.3.1.2.
[730] Vgl. Sec. 1501 IRC; Reg. § 1.1502-76(b)(1)(i). Dies ist beispielsweise der Fall, wenn die 80 %-ige Mindestbeteiligungsquote nur während eines Teils des Steuerjahres erfüllt ist.
[731] Ausgenommen ist ein Einkommensteil, der in eine andere konsolidierte Steuererklärung aufzunehmen wäre, vgl. WUDERNITZ, Konzernbesteuerung, 142; KESSEL, Konzernbesteuerung, 133.
[732] Vgl. WUDERNITZ, Konzernbesteuerung, 142.
[733] Vgl. WUDERNITZ, Konzernbesteuerung, 142; KESSEL, Konzernbesteuerung, 133 f.
[734] Dies gilt unter der Voraussetzung, dass das Einkommen für diesen Zeitraum nicht in eine andere konsolidierte Steuererklärung aufzunehmen ist, vgl. WUDERNITZ, Konzernbesteuerung, 143. Zur Anwendbarkeit der sogenannten 30-Tages-Regel vgl. KESSEL, Konzernbesteuerung, 135; WUDERNITZ, Konzernbesteuerung, 143.

fähigen *built-in losses*[735] zu eliminieren sind, (2) einzelne Gewinne und Verluste aus gruppeninternen Transaktionen (*intercompany transactions*) aufzuschieben sind[736] und (3) Berichtigungen des Vorratsvermögens sowie (4) Berichtigungen hinsichtlich eines negativen Beteiligungskontos einer Tochtergesellschaft vorzunehmen sind. Zweitens sind verschiedene Gewinne, Verluste und Abzugsposten aus dem zu versteuernden Einkommen jedes Gruppenmitglieds zu eliminieren, weil sie auf konsolidierter Basis zu ermitteln sind. Dies betrifft (1) NOL-Vorträge und NOL-Rückträge im Rahmen der *NOL deduction,*[737] (2) Veräußerungsgewinne und -verluste,[738] (3) *section 1231 gains* und *section 1231 losses,*[739] (4) Abzugsposten für Spenden an mildtätige Organisationen, (5) Abzugsposten für erhaltene Dividenden und (6) Substanzabschreibungen.[740]

2.3.4.2. Ermittlung des Gruppeneinkommens

Das konsolidierte zu versteuernde Einkommen der *consolidated group* ergibt sich nach Reg. § 1.1502-11, wenn die Summe der *separate taxable incomes* sämtlicher Gruppenmitglieder *(group's combined taxable income)* um im wesentlichen folgende auf konsolidierter Basis zu ermittelnde Positionen korrigiert wird:[741] (1) Abzug von (auch vor Begründung der bzw. vor dem Beitritt zur *consolidated group* entstandenen) NOL-Vorträgen bzw. NOL-Rückträgen im Rahmen der *consolidated net operating loss deduction* (*CNOL deduction*),[742] (2) Hinzurechnung eines von der Gruppe insgesamt erzielten Veräußerungsgewinns als *consolidated capital gain net income,*[743] (3) Abzug des *consolidated section 1231 net losses,*[744] (4) Abzug des konsolidierten Abzugspostens für Spenden an mildtätige Organisationen, (5) Abzug des konsolidierten Abzugspostens für Substanzabschreibungen, (6) Abzug des konsolidierten Abzugspostens für erhaltene Dividenden (*consolidated dividends received deduction*).

---

[735] Vgl. Reg. § 1.1502-12(b) i. V. m. § 1.1502-15. Bei *built-in losses* handelt es sich um bestimmte realisierte stille Lasten, die einer Abzugsbeschränkung unterliegen (können), vgl. dazu Abschnitt B 1.3.2.2.3.4. und C 1.3.3.1.4.; BITTKER/EUSTICE, Taxation, Chapter 13, 197 ff.

[736] Vgl. Abschnitt C 1.2.3.

[737] Vgl. Abschnitt B 1.3.2.2.1.

[738] Vgl. Abschnitt B 1.3.2.3.1.

[739] Vgl. Abschnitt B 1.3.2.3.1.3.

[740] Zu diesen Korrekturen vgl. auch WUDERNITZ, Konzernbesteuerung, 175.

[741] Vgl. Reg. § 1.1502-11(a); WUDERNITZ, Konzernbesteuerung, 176; PRÜSCHENK, Ertragsbesteuerung, 109 ff. Auch bei einer Beteiligungshöhe von weniger als 100 % ist das gesamte Einkommen eines Gruppenmitglieds zu berücksichtigen, vgl. u. a. BEUSCH, Konzerne, in: FS für Werner Flume, 29 f.

[742] Vgl. Abschnitt C 2.1.3.1.

[743] Vgl. Abschnitt C 2.1.3.2.

[744] Vgl. Abschnitt C 1.1.3.2.2.

2.3.4.3. Besteuerung des Gruppeneinkommens

Rechtsfolge der Abgabe eines *consolidated tax return* ist, dass nicht nur bei der Ermittlung des zu versteuernden Einkommens, sondern auch bei der Bestimmung der Steuerschuld auf die Einheit der *consolidated group* abgestellt wird.[745] Daher unterscheidet sich die Ermittlung der Steuerschuld einer *consolidated group* vom Grundsatz nicht von derjenigen einer einzelnen *corporation*,[746] so dass sich ihre Bundeskörperschaftsteuerschuld, d. h. ihre *consolidated regular tax liability*, durch Anwendung der für eine *corporation* geltenden Steuersätze von 15 % bis 35 % auf das konsolidierte zu versteuernde Einkommen ergibt. Auf die damit verbundene Steuerschuld können anschließend verschiedene auf konsolidierter Basis ermittelte Absetzbeträge (*consolidated tax credits*) wie beispielsweise der konsolidierte Absetzbetrag für im Ausland gezahlte Einkommensteuern (*consolidated foreign tax credits*) abgezogen werden.[747]

2.3.4.4. Vermeidung von Doppelbesteuerungen

Ist eine *corporation* Mitglied einer *consolidated group*, hat sie als eigenständiges Steuersubjekt weiterhin ihr eigenes Einkommen zu ermitteln[748] und ist auch selbst abkommensberechtigt. Erzielt eine Mitgliedskapitalgesellschaft demnach ausländische Einkünfte, sind die Methoden zur Vermeidung von Doppelbesteuerungen im Nicht-DBA-Fall und DBA-Fall vom Grundsatz wie bei einer nicht zu der *consolidated group* gehörenden *corporation* anzuwenden, wozu auf die Ausführungen des Abschnitt B 1.3.1.4. verwiesen sei. Die Konzeption des *consolidated tax return* führt allerdings zu folgenden Besonderheiten: Im Fall der *consolidated group* übt die Muttergesellschaft das Wahlrecht hinsichlich der Anwendung der Abzugs- oder Anrechnungsmethode einheitlich für die gesamte Gruppe aus.[749] Bei der Anwendung der Anrechnungsmethode ist im Fall der *consolidated group* grundsätzlich auf ihre Einheit abzustellen:[750] Die von den Mitgliedern im Ausland abgeführten Einkommensteuern können als *consolidated foreign tax credit* von der konsolidierten regulären Bundeskörperschaftsteuer

---

[745] Vgl. Prop. Reg. § 1.1502-2; MÜLLER, Reform, 82.

[746] Vgl. dazu die Ausführungen in Abschnitt B 1.3.1.3. Es ist zu beachten, dass bei der *consolidated group* – wie bei einer einzelnen *corporation* – Zusatzsteuern anfallen können, die dann neben der Bundeskörperschaftsteuer Bestandteil der konsolidierten Steuerschuld der Gruppe (*consolidated tax liability*) sind. Ist dies der Fall, sind die auf konsolidierter Basis ermittelten Absetzbeträge von dieser Steuerschuld abzuziehen, vgl. Prop. Reg. § 1.1502-2; BITTKER/EUSTICE, Taxation, Chapter 13, 112; dazu auch WUDERNITZ, Konzernbesteuerung, 189 f.

[747] Vgl. Prop. Reg. § 1.1502-2; BITTKER/EUSTICE, Taxation, Chapter 13, 112.

[748] Vgl. Abschnitt B 2.3.4.1.

[749] Vgl. Reg. § 1.1502-4(a); zum Wahlrecht auch Abschnitt B 1.3.1.4.1.1.

[750] Vgl. Reg. § 1.1502-4(c); zu weiteren Einzelheiten auch YODER, Principles, Taxes, Vol. 78 (2000), 199.

(*consolidated regular tax liability*) abgezogen werden,[751] wobei als Anrechnungshöchstbetrag die US-Steuer zu beachten ist, die auf den ausländischen Anteil am konsolidierten zu versteuernden Einkommen der *consolidated group* entfällt.[752] Dieser Höchstbetrag setzt sich gemäß der *overall-basket limitation* des US-amerikanischen Steuerrechts aus den Anrechnungshöchstbeträgen zusammen, die sich in den einzelnen ausländischen Einkunftskategorien nach Sec. 904(d) IRC ergeben.[753] Ein derartiger einzelner Anrechnungshöchstbetrag berechnet sich entsprechend der in Abschnitt B 1.3.1.4.1.2.1. genannten Formel, d. h. als Produkt aus dem Verhältnis von dem konsolidierten ausländischen Einkommen der jeweiligen Kategorie zum gesamten konsolidierten zu versteuernden Einkommen und der US-Steuer auf das gesamte konsolidierte zu versteuernde Einkommen.[754] Aufgrund der Einheitsbehandlung bei der Anwendung der Anrechnungsmethode können im Vergleich zur Situation ohne Gruppenbesteuerung Anrechnungsüberhänge eines Mitglieds genutzt werden, um die US-Steuer auf das von einem anderen Mitglied erzielte ausländische Einkommen zu reduzieren.[755]

2.3.4.5. Alternative Mindeststeuer

Auch im System der AMT ist im Falle einer *consolidated group* auf ihre Einheit abzustellen, wobei die Ermittlung der AMT entsprechend der Vorgehensweise wie bei der Ermittlung ihrer regulären Bundeskörperschaftsteuer (*consolidated regular tax liability*) erfolgt,[756] allerdings unter Berücksichtigung der Secs. 55 bis 59 IRC.[757] Vom Grundsatz bestimmt sich daher die *consolidated AMT* der Gruppe wie folgt:[758] Am Anfang steht die Ermittlung der separaten AMTIs der einzelnen Gruppenmitglieder im Sinne des Reg. § 1.1.502-12, wobei die Anpassungen und Steuervergünstigungen nach den Secs. 56 bis 58 IRC zu beachten sind. Diese korregierten AMTIs sind anschließend im Sinne des Reg. § 1.1502-11 unter Einbezug der auf konsolidierter Basis und unter Berücksichtigung der Anpassungen und Steuervergünstigungen nach den Secs. 56 bis 58 IRC ermittelten Positionen wie beispielsweise einer *consolidated alternative tax net operating loss deduction* (*consolidated ATNOL deduction*)[759] zusammenzufassen.[760]

---

[751] Vgl. den vorherigen Abschnitt.
[752] Vgl. Reg. § 1.1502-4(d).
[753] Vgl. Reg. § 1.1502-4(c); dazu auch Abschnitt 1.3.1.4.1.2.1.
[754] Vgl. Reg. § 1.1502-4(d)(1) und -4(d)(2); YODER, Principles, Taxes, Vol. 78 (2000), 199.
[755] Vgl. YODER, Principles, Taxes, Vol. 78 (2000), 199.
[756] Vgl. die drei vorangegangenen Abschnitte.
[757] Vgl. Prop. Reg. § 1.1502-55(a)(2).
[758] Vgl. dazu STARR/YATES, AMT, J. Tax'n, Vol. 79 (1993), 22.
[759] Vgl. Prop. Reg. § 1.1502-55(b)(4). Zu weiteren Einzelheiten vgl. Abschnitt C 2.2.3.
[760] Vgl. Prop. Reg. § 1.1502-55(b). Zu den Vorschriften von Reg. § 1.1502-12 und -11 vgl. Abschnitt B 2.3.4.1. bzw. B 2.3.4.2.; zu den Korrekturen im Sinne der Secs. 56 bis 58 IRC vgl. Abschnitt B 1.3.1.5. Die ACE-Anpassung der Gruppe ist erst vor Berücksichtigung

Durch Anwendung eines Steuersatzes von 20 % auf das derart bestimmte *consolidated AMTI* und durch den Abzug eines Absetzbetrags für im Ausland gezahlte Einkommensteuer (AMT-FTC) von der sich ergebenden Steuerschuld errechnet sich die *consolidated tentative minimum tax (consolidated TMT)* der *consolidated group.*[761] Nur wenn die *consolidated TMT* der *consolidated group* ihre reguläre Bundeskörperschaftsteuer (*consolidated regular tax*)[762] übersteigt, wird die sich in Höhe dieser Differenz ergebende *consolidated AMT* zusätzlich zu ihrer regulären Bundeskörperschaftsteuer erhoben;[763] ansonsten fällt keine *consolidated AMT* an.

---

der *consolidated ATNOL deduction* vorzunehmen, vgl. dazu STARR/YATES, AMT, J. Tax'n, Vol. 79 (1993), 22 ff.

761 Vgl. STARR/YATES, AMT, J. Tax'n, Vol. 79 (1993), 22. Vor Anwendung des Steuersatzes kann der maximale Freibetrag von 40.000 US-$ gemäß Sec. 55(d) IRC zu berücksichtigen sein, der der *consolidated group* nur einmal gewährt wird, vgl. PRÜSCHENK, Ertragsbesteuerung, 85; dazu auch Abschnitt B 1.1.1.4.

762 Die *consolidated regular tax* entspricht im wesentlichen der um einen etwaigen Absetzbetrag für ausländischen Steuern im Sinne von Sec. 27(a) IRC verminderten *consolidated regular tax liability*, deren Berechnung im Sinne von Sec. 26(b) IRC erfolgt.

763 Vgl. STARR/YATES, AMT, J. Tax'n, Vol. 79 (1993), 22.

Kapitel C: Verlustverrechnung bei einer auf das Inland beschränkten unveränderten Gruppenstruktur

1. Verlustausgleich bei einer auf das Inland beschränkten unveränderten Gruppenstruktur

1.1. Grundsätze des Verlustausgleichs

1.1.1. Deutschland

Da als Rechtsfolge der ertragsteuerlichen Organschaft die Einkommen bzw. Gewerbeerträge der Mitglieder des Organkreises auf Ebene des Organträgers zusammenzufassen sind,[764] kommt es zur gesellschaftsübergreifenden Verrechnung aller positiven und negativen Einkommen bzw. Gewerbeerträge der Mitglieder eines Organkreises innerhalb eines Veranlagungszeitraums. Auf diese Weise werden nicht nur die positiven und negativen Einkommen bzw. Gewerbeerträge der Organgesellschaft(en) mit dem positiven oder negativen Einkommen bzw. Gewerbeertrag des Organträgers verrechnet, sondern auch die positiven und negativen Einkommen bzw. Gewerbeerträge der einzelnen Organgesellschaften untereinander.[765] Dieser beim Organträger verwirklichte automatische interpersonelle Verlustausgleich wird von der ständigen Rechtsprechung als ein Hauptzweck der Organschaft angesehen.[766] Da dieser Verlustausgleich betragsmäßig unbeschränkt ist, kann daraus auch ein negatives zu versteuerndes Einkommen bzw. ein negativer Gewerbeertrag des Organkreises insgesamt resultieren, der dann in andere Veranlagungszeiträume übertragen werden kann.[767]

Bei dem beschriebenen automatischen interpersonellen Verlustausgleich spielt es auch eine Rolle, ob die Organschaftsmitglieder einheitliche oder voneinander abweichende Wirtschaftsjahre aufweisen, da aufgrund der körperschaft- bzw. gewerbesteuerlichen Ermittlungsvorschriften des organschaftlichen Einkommens bzw. Gewerbeertrags im Ergebnis immer die Einkommen bzw. Gewerbeerträge derjenigen Wirtschaftsjahre von Organträger und Organgesellschaft(en) zusammenzufassen sind, die in demselben Kalenderjahr (= Veranlagungszeitraum bzw. Erhebungszeitraum) enden.[768] Bei einheitlichen Wirtschaftsjahren führt dies folglich zum Ausgleich von Einkommen bzw. Gewerbeerträgen von Organschaftsmitgliedern eines identischen Zeitraums. Bei voneinander abweichenden Wirtschaftsjahren kommt es aber zu einer Zusammenfassung von Ein-

---

[764] Vgl. Abschnitt B 2.1.4.1.1. bis B 2.1.4.1.3. bzw. Abschnitt B 2.1.4.2.1.

[765] Vgl. dazu RÖDDER, Begründung, Stbg 1998, 292; ORTH, in: Herzig, Organschaft, 167; RÖDDER, Verlustverrechnung, DStR 2001, 780; URBAHNS, Verlustverrechnung, INF 2001, 584.

[766] Vgl. BFH-Urteil vom 14.04.1992, VIII R 149/86, BStBl. II 1992, 819.

[767] Vgl. insbesondere Abschnitt C 2.1.1.

[768] Vgl. Abschnitt B 2.1.4.1.3. und B 2.1.4.2.1.

kommen bzw. Gewerbeerträgen unterschiedlicher Zeiträume, woraus ein verzögerter Ausgleich eines negativen Einkommens bzw. Gewerbeertrags mit positiven Einkommen bzw. Gewerbeerträgen anderer Organschaftsmitglieder resultiert, was wiederum für die Organschaft mit Zins- und Liquiditätsnachteilen verbunden ist.

Sofern Sonderregelungen für Verluste bestimmter Einkunftsquellen (§§ 15 Abs. 4, 15a, 15b EStG) derartige Verluste bei der körperschaftsteuerlichen Einkommensermittlung einer Kapitalgesellschaft von der allgemeinen Verlustverrechnung ausschließen,[769] so gelten diese Vorschriften auch bei der getrennt erfolgenden jeweiligen Einkommensermittlung der Organgesellschaft(en) und einer Organträger-Kapitalgesellschaft. Folglich sind diese Verluste nicht Bestandteil des körperschaftsteuerlichen Verlustausgleichs. Da diese Verrechnungsbeschränkungen vor der Zurechnung eines Organgesellschaftseinkommens zum Einkommen des Organträgers anzuwenden sind und sie zum Teil nur eine beteiligungsbezogene Verlustverrechnung vorschreiben, ist zudem ein gesellschaftsübergreifender Verlustausgleich innerhalb der einzelnen Einkunftsquellen ausgeschlossen.[770] Im Bereich der Gewerbesteuer sind die erläuterten Sonderregelungen nicht anzuwenden,[771] so dass die zugehörigen Verluste Bestandteil der Gewerbeerträge der einzelnen Organschaftsmitglieder sind und damit in den interpersonellen gewerbesteuerlichen Verlustausgleichs einbezogen werden.

1.1.2. Österreich

Da als Rechtsfolge der österreichischen Gruppenbesteuerung die Einkommen der Mitglieder der Unternehmensgruppe letztlich beim Gruppenträger zusammengefaßt werden,[772] kommt es zur gesellschaftsübergreifenden Verrechnung der positiven und negativen Einkommen sämtlicher Mitgliedskörperschaften. Auf diese Weise werden nicht nur die positiven und negativen Einkommen der Gruppenmitglieder mit dem positiven oder negativen Einkommen des Gruppenträgers verrechnet, sondern auch die positiven und negativen Einkommen der einzelnen Gruppenmitglieder untereinander. Da dieser interpersonelle automatische Verlustausgleich betragsmäßig unbeschränkt ist, kann daraus auch ein negatives Einkommen der Unternehmensgruppe insgesamt resultieren, das dann in andere Jahre übertragen werden kann.[773]

Da für steuerliche Zwecke das Einkommen eines Gruppenmitglieds zum Einkommen des unmittelbar übergeordneten Gruppenmitglieds bzw. des Gruppen-

---

[769] Vgl. Abschnitt B 1.1.2.1., B 1.1.2.4.1. bis B 1.1.2.4.4.
[770] Vgl. dazu ORTH, Verlustnutzung, WPg-Sonderheft 2003, 22; ORTH, in: Herzig, Organschaft, 175.
[771] Vgl. Abschnitt B 1.1.2.1.
[772] Vgl. Abschnitt B 2.2.4.1.
[773] Vgl. insbesondere Abschnitt C 2.1.2.

trägers in dem Wirtschaftsjahr zuzurechnen ist, in das der Bilanzstichtag des Gruppenmitglieds fällt,[774] und die steuerliche Berücksichtigung dieses Einkommens auf Ebene des Gruppenträgers erfolgt, führen unterschiedliche Wirtschaftsjahre von Gruppenmitglied und Gruppenträger zu einer verzögerten steuerlichen Berücksichtigung des zugerechneten Einkommens des Gruppenmitglieds. Erzielt das jeweilige Gruppenmitglied ein positives Einkommen, ergeben sich für die Unternehmensgruppe – im Vergleich zur Situation mit einheitlichen Wirtschaftsjahren – zwar Zins- und Stundungsvorteile; ergibt sich dagegen ein negatives Einkommen, kann ein derartiger Verlust umgekehrt erst später mit Gewinnen anderer Gruppenmitglieder bzw. des Gruppenträgers ausgeglichen werden, wodurch sich Zins- und Liquiditätsnachteile ergeben.[775]

Sofern die in Abschnitt B 1.2.2.4.1. erläuterte Sonderregelung für Wartetastenverluste derartige Verluste bei der Einkommensermittlung einer Kapitalgesellschaft von der allgemeinen Verlustverrechnung ausschließt, so gilt diese Vorschrift auch bei der getrennt erfolgenden jeweiligen Einkommensermittlung der Gruppenmitglieder und des Gruppenträgers. Folglich sind diese Verluste nicht Bestandteil des Verlustausgleichs.[776] Da die Verrechnung von Wartetastenverlusten beteiligungsbezogen zu erfolgen hat,[777] ist zudem ein gesellschaftsübergreifender Verlustausgleich innerhalb der einzelnen Einkunftsquellen ausgeschlossen.

1.1.3. USA

1.1.3.1. Betriebsverluste

Da bei der Ermittlung des konsolidierten zu versteuernden Einkommens einer *consolidated group* die Einkommen der einzelnen Gruppenmitglieder zusammenzufassen sind,[778] kommt es aufgrund dieser automatischen Verrechnung der positiven und negativen *separate taxable incomes* der Mitglieder innerhalb eines Steuerjahres zu einem automatischen interpersonellen Ausgleich ihrer Betriebsverluste und Betriebsgewinne.[779] Resultiert aus diesem Verlustausgleich ein negatives konsolidiertes zu versteuerndes Einkommen, kann ein solcher Verlust in andere Steuerjahre übertragen werden.[780] Die aufgrund der dualen Struktur des US-amerikanischen Steuerrechts von den gewöhnlichen Betriebserfolgen grundsätzlich zu trennenden Veräußerungsgewinne und -verluste sind in den Ausgleich von Betriebsverlusten und Betriebsgewinnen einzubeziehen, sofern dem

[774] Vgl. § 9 Abs. 1 öKStG.
[775] Vgl. dazu WIESNER/KIRCHMAYR/MAYR, Gruppenbesteuerung, 16 f.
[776] Vgl. dazu WIESNER/KIRCHMAYR/MAYR, Gruppenbesteuerung, 99, 138.
[777] Vgl. Abschnitt B 1.2.2.4.1.
[778] Vgl. dazu Abschnitt B 2.3.4.1. und B 2.3.4.2.
[779] Vgl. MÜLLER, Reform, 80; WUDERNITZ, Konzernbesteuerung, 179.
[780] Vgl. Abschnitt C 2.1.3.1.

keine Verrechnungsbeschränkung entgegensteht; hiermit beschäftigt sich der nachfolgende Abschnitt.

1.1.3.2. Veräußerungsverluste

1.1.3.2.1. Grundsätze

Um das konsolidierte zu versteuernde Einkommen einer *consolidated group* zu ermitteln, ist es erforderlich, dass die von ihren Mitgliedern realisierten Veräußerungsverluste und Veräußerungsgewinne aus ihren jeweiligen zu versteuernden Einkommen eliminiert werden, um anschließend auf konsolierter Basis in das konsolidierte zu versteuernde Einkommen im Rahmen des *consolidated capital gain net income* einbezogen zu werden, sofern sich für die Gruppe insgesamt ein Veräußerungsgewinn ergibt.[781]

Allgemein geregelt wird die Behandlung der einzelnen Veräußerungserfolge der Mitglieder einer *consolidated group* durch Reg. § 1.1502-22, wonach ihre Veräußerungsgewinne und Veräußerungsverluste vom Grundsatz wie bei einer einzelnen *corporation* zu verrechnen sind; die Ausführungen und Begriffe des Abschnitts B 1.3.2.3. sind insofern auf die Einheit der *consolidated group* zu beziehen:[782] Zur Ermittlung der Veräußerungserfolge auf konsolidierter Basis ist es daher zunächst erforderlich, sämtliche Veräußerungsgewinne und -verluste der einzelnen Gruppenmitglieder eines Steuerjahres zu saldieren, womit ein automatischer inter-personeller Ausgleich ihrer Veräußerungsgewinne und -verluste bewirkt wird. Ergibt sich nach der Saldierung sämtlicher Veräußerungserfolge der Gruppenmitglieder der *consolidated group* insgesamt ein Veräußerungsgewinn, wird dieser als *consolidated capital gain net income* in das konsolidierte zu versteuernde Einkommen einbezogen.[783] Ergibt sich dagegen insgesamt ein Veräußerungsverlust,[784] kann ein derartiger konsolidierter Nettoveräußerungsverlust (*consolidated net capital loss*) in dem jeweiligen Steuerjahr nicht mit weiterem Einkommen, d. h. mit gewöhnlichem Betriebseinkommen der Mitglieder der *consolidated group*, ausgeglichen werden, da nach der einkunftsquellenübergreifenden Verlustverrechnungsbeschränkung gemäß Sec. 1211(a) IRC Veräußerungsverluste grundsätzlich nur mit Veräußerungsgewinnen verrechnet

---

[781] Vgl. Abschnitt B 2.3.4.2. und die nachfolgenden Ausführungen.

[782] Vgl. Reg. § 1.1502-22(a).

[783] Zu dem *consolidated capital gain net income* gehören neben den Gewinnen und Verlusten aus den in dem jeweiligen Steuerjahr veräußerten *capital assets* auch der *consolidated net section 1231 gain* des Steuerjahres sowie in dieses Steuerjahr rück- und vorgetragene Nettoveräußerungsverluste wie beispielsweise konsolidierte Nettoveräußerungsverluste, vgl. Reg. § 1.1502-22(a) und auch die Ausführungen des Abschnitts B 1.3.2.3.1.2. und C 1.1.3.2.2.

[784] In diesen Saldo sind keine Nettoveräußerungsverluste anderer Steuerjahre einzubeziehen, vgl. Reg. § 1.1502-22(e).

werden dürfen. Der konsolidierte Nettoveräußerungsverlust eines Steuerjahres kann damit nur mit Veräußerungsgewinnen anderer Steuerjahre verrechnet werden.[785] Wie bei der einzelnen *corporation* können *section 1231 gains/losses* einen erhöhten Ausgleich und Abzug von Veräußerungsverlusten bewirken, womit sich der nachfolgende Abschnitt beschäftigt.

1.1.3.2.2. Einfluß von *section 1231 gains* und *section 1231 losses*

Section 1231 gains und *section 1231 losses* sind ebenso wie Erfolge aus der Veräußerung von *capital assets* auf konsolidierter Basis zu ermitteln und in das konsolidierte zu versteuernde Einkommen der *consolidated group* einzubeziehen.[786] Allgemein geregelt wird die Behandlung der einzelnen *section 1231 gains* und *section 1231 losses* der Mitglieder einer *consolidated group* durch Reg. § 1.1502-23, wonach derartige Erfolge vom Grundsatz wie bei der einzelnen *corporation* zu verrechnen sind; die Ausführungen und Begriffe des Abschnitts B 1.3.2.3.1.3. sind insofern auf die Einheit der *consolidated group* zu beziehen:[787] Zur Ermittlung des *net section 1231 gain* bzw. *net section 1231 loss* eines Steuerjahres bei einer *consolidated group* sind die in diesem Steuerjahr realisierten *section 1231 gains* und *losses* sämtlicher Gruppenmitglieder zu saldieren.[788] Ergibt sich dabei insgesamt ein Gewinn, sind die einzelnen *section 1231 gains* und *losses* als Veräußerungsgewinne und -verluste zu behandeln; der sich in diesem Fall ergebende *consolidated net section 1231 gain* wird im Ergebnis als langfristiger Veräußerungsgewinn in die Saldierungen der Gewinne und Verluste aus der Veräußerung von *capital assets* bei der Ermittlung des *consolidated capital net gain income* des jeweiligen Steuerjahres einbezogen,[789] so dass Veräußerungsverluste in erhöhtem Umfang ausgeglichen, aber auch abgezogen werden können.[790] Ergibt sich dagegen insgesamt ein Verlust, sind die einzelnen *section 1231 gains* und *section 1231 losses* nicht als Veräußerungsgewinne und -verluste zu behandeln, so dass im Ergebnis der sich ergebende *consolidated net section 1231 loss* unbeschränkt wie ein gewöhnlicher Betriebsverlust in den Ausgleich der Betriebserfolge im Rahmen der Ermittlung des konsolidierten zu versteuernden Einkommens einzubeziehen ist. Zu beachten ist, dass auch bei der Verrechnung der *section 1231 gains* und *losses* einer *consolidated group* die in Abschnitt B 1.3.2.3.1.3.2. erläuterten Recharakterisierungsvorschriften bewirken können, dass ein *consolidated net section 1231 gain* als gewöhnliches Betriebseinkommen bzw. ein *section 1231 gain* als laufender Gewinn zu behandeln ist.

---

[785] Vgl. dazu Abschnitt C 2.1.3.2.
[786] Vgl. Abschnitt B 2.3.4.1., B 2.3.4.2.
[787] Vgl. Reg. § 1.1502-23(a).
[788] Vgl. Reg. § 1.1502-23(a).
[789] Vgl. Reg. § 1.1502-22(a); dazu auch die Abschnitte B 1.3.2.3.1.3.1., B 1.3.2.3.1.2. und C 1.1.3.2.
[790] Vgl. auch Abschnitt B 1.3.2.3.1.3.1.

1.1.4. Stärken/Schwächen-Bewertung

Um das Ideal der sofortigen Verlustverrechnung beim Verlustausgleich einer im Inland tätigen Konzerngruppe zu verwirklichen, müssen die jeweiligen Verlustverrechnungsvorschriften zum einen eine Verrechnung der Gewinne und Verluste aus verschiedenen Einkunftsquellen bei den jeweiligen Mitgliedskapitalgesellschaften uneingeschränkt zulassen und zum anderen muß eine unbeschränkte gesellschaftsübergreifende Einkommensverrechnung möglich sein. Je mehr Verluste aufgrund einkunftsquellenübergreifender und/oder interpersoneller Verrechnungsbeschränkungen vom gruppenweiten Verlustausgleich ausgeschlossen sind und nur auf dem Wege des Verlustvortrags einkunftsquellenbezogen und/oder gesellschaftsbezogen geltend gemacht werden können, desto größer werden die mit einer aufgeschobenen Verlustverrechnung verbundenen Nachteile für die Konzerngruppe,[791] wodurch sich der Verlustausgleich vom Ideal der sofortigen Verlustverrechnung entfernt. Desweiteren können unterschiedliche Wirtschaftsjahre von Mitgliedskapitalgesellschaften zu einem verzögerten interpersonellen Verlustausgleich führen, wodurch sich für die Konzerngruppe Zins- und Liquiditätsnachteile ergeben, so dass sich auch insofern der Verlustausgleich bei der Konzerngruppe vom Ideal der sofortigen Verlustverrechnung entfernen kann.

Bei der deutschen Konzernbesteuerung richtet sich die Ermittlung des Einkommens bzw. Gewerbeertrags einer einzelnen Mitgliedskapitalgesellschaft nach den einzelsteuerlichen Ermittlungsvorschriften, so dass ein grundsätzlicher unbeschränkter gesellschaftsbezogener Verlustausgleich von Gewinnen und Verlusten aus unterschiedlichen Einkunftsquellen einer Periode erfolgt, was – wie bereits bei der einzelnen Kapitalgesellschaft – auch bei der Konzerngruppe als Stärke des Verlustausgleichs zu werten ist.[792] Die konzernsteuerlichen Vorschriften der Erfolgsermittlung ermöglichen desweiteren sowohl für Zwecke der Körperschaftsteuer und Gewerbesteuer einen grundsätzlichen unbeschränkten gesellschaftsübergreifenden Verlustausgleich,[793] was dem Ideal der sofortigen Verlustverrechnung ebenfalls entspricht und somit als Stärke zu werten ist. Diese Stärken werden allerdings durch die einzelsteuerlichen einkunftsquellenübergreifenden Verrechnungsbeschränkungen für Verluste nach §§ 15 Abs. 4, 15a, 15b EStG im Bereich der Körperschaftssteuer relativiert: Diese Verluste sind sowohl vom allgemeinen gesellschaftsbezogenen Verlustausgleich als auch vom allgemeinen gesellschaftsübergreifenden Verlustausgleich ausgeschlossen, da sie nur beteiligungsbezogen verrechnet werden können bzw. vor der Zusammenfassung der Einkommen der Mitgliedskapitalgesellschaften aus einem solchen Einkommen ausgesondert werden;[794] insofern entfernt sich der Verlustaus-

---

[791] Vgl. Abschnitt A 4.2.
[792] Vgl. Abschnitt B 1.4.1.1.
[793] Vgl. Abschnitt C 1.1.1.
[794] Vgl. Abschnitt C 1.1.1.

gleich vom Ideal der sofortigen Verlustverrechnung. Da unterschied-liche Wirtschaftsjahre der Mitgliedskapitalgesellschaften zu einem verzögerten gesellschaftsübergreifenden Verlustausgleich führen,[795] bewirken die dieser Verzögerung zugrundeliegenden konzernsteuerlichen Vorschriften zur Einkommenermittlung eine Entfernung vom Ideal der sofortigen Verlustverrechnung, was die grundsätzliche Stärke des interpersonellen Verlustausgleichs relativiert.

Auch bei der österreichischen Konzernbesteuerung richtet sich die Einkommensermittlung einer Mitgliedskapitalgesellschaft nach ihren einzelsteuerlichen Ermittlungsregelungen, womit ebenfalls ein grundsätzlicher unbeschränkter gesellschaftsbezogener Verlustausgleich von Gewinnen und Verlusten aus unterschiedlichen Einkunftsquellen einer Periode stattfindet, was – wie bereits bei der einzelnen österreichischen Kapitalgesellschaft – auch bei der Konzerngruppe als Stärke des Verlustausgleichs gilt.[796] Die konzernsteuerlichen Vorschriften zur Ermittlung des Gruppeneinkommens führen zudem zu einem grundsätzlich unbeschränkten gesellschaftsübergreifenden Verlustausgleich,[797] was dem Ideal der sofortigen Verlustverrechnung entspricht und damit ebenfalls als Stärke zu werten ist. Diese Stärken sind jedoch durch die einzelsteuerlichen einkunftsquellenübergreifenden Verrechnungsbeschränkungen für Wartetastenverluste zu relativieren, da diese Verluste nur beteiligungsbezogen verrechnet werden können, was sie vom allgemeinen gesellschaftsbezogenen und gesellschaftsübergreifenden Verlustausgleich ausschließt,[798] wodurch sich der Verlustausgleich bei der österreichischen Konzernbesteuerung vom Ideal der sofortigen Verlustverrechnung entfernt. Da unterschiedliche Wirtschaftsjahre der Mitgliedskapitalgesellschaften einen verzögerten gesellschaftsübergreifenden Verlustausgleich bewirken,[799] führen die dieser Verzögerung zugrundeliegenden konzernsteuerlichen Vorschriften zur Einkommensermittlung zu einer Entfernung vom Ideal der sofortigen Verlustverrechnung, was die grundsätzliche Stärke des interpersonellen Verlustausgleichs relativiert.

Bei der US-amerikanischen Konzernbesteuerung richtet sich die Einkommensermittlung einer Mitgliedskapitalgesellschaft ebenfalls nach den jeweiligen einzelsteuerlichen Regelungen, so dass ein grundsätzlich unbeschränkter gesellschaftsbezogener Verlustausgleich von Gewinnen und Verlusten aus unterschiedlichen Einkunftsquellen einer Periode ermöglicht wird, was – wie bei der einzelnen US-amerikanischen Kapitalgesellschaft – auch bei der Konzerngruppe als Stärke ihres Verlustausgleichs zu werten ist.[800] Die konzernsteuerlichen Vorschriften zur Ermittlung des Gruppeneinkommens bewirken zudem einen grund-

[795] Vgl. Abschnitt C 1.1.1.
[796] Vgl. Abschnitt B 1.4.1.1.
[797] Vgl. Abschnitt C 1.1.2.
[798] Vgl. Abschnitt C 1.1.2.
[799] Vgl. Abschnitt C 1.1.2.
[800] Vgl. Abschnitt B 1.4.1.1.

sätzlich unbeschränkten gesellschaftsübergreifenden Ausgleich von Betriebsgewinnen und -verlusten,[801] was dem Ideal der sofortigen Verlustverrechnung entspricht und damit ebenfalls als Stärke zu werten ist. Diese Stärken sind jedoch insofern zu relativieren, als dass auch bei der Konzernbesteuerung Veräußerungsverluste aufgrund der für sie geltenden einzelsteuerlichen einkunftsquellenübergreifenden Verrechnungsbeschränkung vom allgemeinen Verlustausgleich ausgeschlossen sein können; hierbei ermöglichen aber die konzernsteuerlichen Vorschriften zur Ermittlung des Gruppeneinkommens zumindest einen gesellschaftsübergreifenden Verlustausgleich,[802] so dass es weniger leicht zum Vortrag von Veräußerungsverlusten kommt. Da die Wirtschaftsjahre der Mitgliedskapitalgesellschaften nicht voneinander abweichen können,[803] kann sich insofern der Verlustausgleich bei der Konzerngruppe nicht vom Ideal der sofortigen Verlustverrechnung entfernen.

Vor dem Hintergrund, dass etwaige einkunftsquellenbezogen zu verrechnende Verluste im Fall der deutschen und österreichischen Konzernbesteuerung im Normalfall eine geringere Bedeutung haben dürften als diejenigen der US-amerikanischen Konzernbesteuerung und eine Anpassung der Wirtschaftsjahre bei der deutschen und österreichischen Konzernbesteuerung vorgenommen werden kann, erscheinen die grundsätzlichen Verlustverrechnungsvorschriften beim Verlustausgleich bei der deutschen und österreichischen Konzernbesteuerung dem Ideal der sofortigen Verlustverrechnung tendenziell eher zu entsprechen als diejenigen der US-amerikanischen Konzernbesteuerung.

1.2. Behandlung von Erfolgen aus konzerninternen Transaktionen

1.2.1. Deutschland

Resultieren aus Transaktionen zwischen den Mitgliedern der ertragsteuerlichen Organschaft positive oder negative Erfolge, gehen sie in die Einkommen bzw. Gewerbeerträge der jeweiligen Organgesellschaft(en) und des Organträgers ein, da sowohl im Bereich der Körperschaftsteuer als auch im Bereich der Gewerbesteuer keine Zwischenergebniselimierung vorgesehen ist. Folglich sind Gewinne und Verluste aus konzerninternen Transaktionen Bestandteil des in Abschnitt C 1.1.1. erläuterten interpersonellen körperschaftsteuerlichen bzw. gewerbesteuerlichen Verlustausgleichs.[804]

---

[801] Vgl. Abschnitt C 1.1.3.1.
[802] Vgl. Abschnitt C 1.1.3.2.1.
[803] Vgl. Abschnitt B 2.3.2.3.
[804] Vgl. dazu MONTAG, in: Herzig, Organschaft, 296 m. w. N.

1.2.2. Österreich

Resultieren aus Transaktionen zwischen den Mitgliedskapitalgesellschaften der österreichischen Gruppenbesteuerung positive oder negative Erfolge, gehen sie in die Einkommen der jeweiligen Mitgliedskapitalgesellschaften ein, da im Rahmen der Unternehmensgruppe sowohl für handelsrechtliche als auch für steuerliche Zwecke keine Zwischenergebniselimierung vorgesehen ist.[805] Folglich sind Gewinne und Verluste aus konzerninternen Transaktionen Bestandteil des in Abschnitt C 1.1.2. erläuterten interpersonellen Verlustausgleichs.

1.2.3. USA

1.2.3.1. Vorbemerkung

Die steuerliche Behandlung von gruppeninternen Transaktionen (*intercompany transactions*) ist in Reg. § 1.1502-13 geregelt, der im Jahr 1995 erlassen wurde und für Steuerjahre ab 1996 anzuwenden ist.[806] Zu den *intercompany transactions* zählen sowohl gruppeninterne Lieferungs- und Leistungsbeziehungen als auch Zahlungen aufgrund des Beteiligungsverhältnisses wie Gewinnausschüttungen und Kapitalrückzahlungen.[807] Bei der Behandlung von *intercompany transactions* ist in den aktuell gültigen Regulations das Einheitskonzept expressis verbis als Leitlinie für Auslegungsfragen verankert worden,[808] womit sämtliche Transaktionen innerhalb einer *consolidated group* und die mit ihnen verbundenen Erfolge so zu behandeln sind, als ob sie zwischen Abteilungen einer Einheitsunternehmung stattgefunden hätten.[809] Auch die bis 1996 gültigen Regulations, die die gruppeninternen Transaktionen zuvor regelten, basierten bereits auf dem Einheitskonzept, waren allerdings weniger allgemein formuliert. Sie können für die Auslegung der aktuellen Rechtslage neben den derzeit gültigen Regulations weiterhin herangezogen werden.[810]

Die aktuell gültigen Regulations verwenden den Begriff des *intercompany item*, der einen aus einer *intercompany transaction* resultierenden Ertrag, Gewinn, Aufwand oder Verlust des leistenden Gruppenmitglieds bezeichnet.[811] Die ent-

---

[805] Vgl. SCHMIDT/HEINZ, Gruppenbesteuerung, Stbg 2006, 65; WIESNER/KIRCHMAYR/MAYR, Gruppenbesteuerung, 17.

[806] Vgl. PRÜSCHENK, Ertragbesteuerung, 102 f. Reg. § 1.1502-13 hat die zuvor gültigen Regs. § 1.1502-13, § 1.1502-13T, § 1.1502-14, § 1.1502-14T und § 1.1502-31(b) ersetzt, vgl. BITTKER/EUSTICE, Taxation, Chapter 13, 125.

[807] Vgl. Reg. § 1.1502-13(b)(1)(i); PRÜSCHENK, Ertragsbesteuerung, 101.

[808] Vgl. Reg. § 1.1502-13(a): "[…] *to produce the effect of transactions between divisions of a single corporation (single entity treatment)* [Hervorgehoben durch Verfasser]".

[809] Vgl. PRÜSCHENK, Ertragsbesteuerung, 102.

[810] So auch PRÜSCHENK, Ertragsbesteuerung, 101 ff.

[811] Vgl. Reg. § 1.1502-13(b)(2)(i). Veräußert beispielsweise das Gruppenmitglied A ein Wirtschaftsgut (Buchwert: 700 US-$) an das Gruppenmitglied B für 1000 US-$, so liegt ein *in-*

sprechende Größe bei dem empfangenden Gruppenmitglied gilt als *corresponding item.*[812] Die sogenannten *matching rules*[813] legen fest, dass die *intercompany items* und *corresponding items* bei den jeweiligen Gruppenmitgliedern so zu behandeln sind, als ob es sich bei ihnen um Abteilungen einer Einheitsunternehmung handelt. Sie bestimmen damit auch, welche Erfolge aus gruppeninternen Transaktionen aufzuschieben sind und wann derartige aufgeschobenen Erfolge zu realisieren sind.[814] Die sogenannten *acceleration rules*[815] beschreiben dagegen Situationen, in denen die Gruppenmitglieder nicht mehr nach dem Einheitskonzept zu behandeln sind, womit sie zusätzliche Sachverhalte festlegen, bei denen aufgeschobene Erfolge aus gruppeninternen Transaktionen zu realisieren sind.[816]

1.2.3.2. Nicht aufzuschiebende Erfolge aus gruppeninternen Transaktionen

Resultiert aus einer *intercompany transaction* bei dem leistenden Gruppenmitglied ein Ertrag, dem in der gleichen Periode ein entsprechender Aufwand beim empfangenden Gruppenmitglied gegenübersteht, dann sind derartige *intercompany items* bzw. *corresponding items* zu behandeln wie die Erfolge aus gruppeninternen Transaktionen, die in den bis 1996 gültigen Regulations als nicht aufzuschiebenden gruppeninterne Transaktionen (*intercompany transactions other than deferred intercompany transactions*) bezeichnet wurden:[817] Derartige Erfolge sind weder aus dem Einkommen der beteiligten Gruppenmitglieder zu eliminieren noch sind sie aufzuschieben; sie sind im Steuerjahr der Transaktion zu realisieren. Da sich diese Erträge und Aufwendungen bei der Saldierung der *separate taxable incomes* der Gruppenmitglieder bei der Ermittlung des konsolidierten zu versteuernden Einkommens aufheben, wird letzteres entsprechend dem Konzept der wirtschaftlichen Einheit der *consolidated group* nicht beein-

---

tercompany item vor, wobei es sich hier um ein *intercompany gain* in Höhe von 300 US-$ handelt, vgl. PRÜSCHENK, Ertragsbesteuerung, 103.

[812] Vgl. Reg. § 1.1502-13(b)(3)(i). Zahlt zum Beispiel das Gruppenmitglied B Miete an das Gruppenmitglied A, dann handelt es sich bei der Mietzahlung von B um ein *corresponding item*, genauer gesagt, um eine *corresponding deduction*. Veräußert beispielsweise das Gruppenmitglied A ein Wirtschaftsgut (Buchwert: 700 US-$) an das Gruppenmitglied B für 1000 US-$ und verkauft B dasselbe Wirtschaftsgut an einen gruppenfremden Dritten für 900 US-$, dann erleidet B einen *corresponding loss* in Höhe von 100 US-$ (= Veräußerungserlös (900 US-$) – Buchwert bzw. Anschaffungskosten (1000 US-$)), vgl. PRÜSCHENK, Ertragsbesteuerung, 103.

[813] Vgl. Reg. § 1.1502-13(c).

[814] Vgl. dazu FÜLBIER/PFERDEWIRT, Gruppenbesteuerung, DB 2006, 177.

[815] Vgl. Reg. § 1.1502-13(d). Zu diesen Sachverhalten zählen das Ausscheiden von Gruppenmitgliedern aus der *consolidated group* sowie der Verkauf von gruppenintern veräußerten Wirtschaftsgütern an gruppenfremde Dritte.

[816] Vgl. dazu FÜLBIER/PFERDEWIRT, Gruppenbesteuerung, DB 2006, 177.

[817] Vgl. PRÜSCHENK, Ertragsbesteuerung, 102 f.

flußt.[818] Ein typisches Beispiel für eine nicht aufzuschiebende Transaktion ist die Zinszahlung aufgrund eines gruppeninternen Darlehens, da diese bei dem einen Gruppenmitglied zu einem Ertrag und bei dem anderen Gruppenmitglied zu einem entsprechenden Aufwand führt.

1.2.3.3. Aufzuschiebende Erfolge aus gruppeninternen Transaktionen

1.2.3.3.1. Aufzuschiebende Zwischenerfolge und deren Realisierung

Resultiert in einer bestimmten Periode bei dem leistenden Gruppenmitglied ein Erfolg aus einer *intercompany transaction*, dann ist ein derartiger Zwischengewinn bzw. Zwischenverlust (*intercompany item* im Sinne eines *intercompany gain/loss*) vollständig oder teilweise in andere Perioden zu verschieben, sofern sich in der jeweiligen Periode insgesamt nicht der Erfolg ergibt, der sich ergeben hätte, wenn die Gruppenmitglieder Abteilungen einer Einheitsunternehmung wären. Dies betrifft Fälle, in denen ein leistendes Gruppenmitglied einen Ertrag aus einer *intercompany transaction* verbucht, das empfangende Gruppenmitglied jedoch keinen zeitlich korrespondierenden Aufwand, weil es die Ausgaben aktiviert.[819] Derartige Sachverhalte sind folglich gegeben bei dem gruppeninternen Verkauf oder Tausch von Vermögensgegenständen sowie dem Erbringen von Dienstleistungen, sofern das empfangende Gruppenmitglied die jeweiligen Ausgaben aktiviert. Solche Transaktionen und die damit verbundenen Zwischenerfolge sind prinzipiell so zu behandeln wie die Erfolge aus gruppeninternen Transaktionen, die in den bis 1996 gültigen Regulations als aufzuschiebende gruppeninterne Transaktionen (*deferred intercompany transactions*) bezeichnet wurden: Der Zwischenerfolg beim leistenden Gruppenmitglied (= Herstellungs- bzw. Anschaffungskosten abzüglich gruppeninterner Verrechnungspreis) ist aus seinem zu versteuernden Einkommen herauszunehmen, d. h. zu eliminieren, und bis zum Eintreten von Sachverhalten aufzuschieben, die in den bis 1996 gültigen Regulations als *restoration events* bezeichnet werden. Ist ein derartiger Sachver-

---

[818] Vgl. MÜLLER, Reform, 76. Allerdings können unterschiedliche Gewinnermittlungsmethoden bei den Gruppenmitgliedern bewirken, dass Aufwand und Ertrag, die bei gleichen Gewinnermittlungsmethoden in der gleichen Abrechnungsperiode erfaßt werden würden, in unterschiedlichen Abrechnungsperioden wirksam werden. In einem solchen Fall hat eine Korrektur dergestalt zu erfolgen, dass Aufwand und Ertrag grundsätzlich durch entsprechendes Aufschieben oder Vorziehen zeitgleich, d. h. in einer bestimmten Periode, gemeinsam zu erfassen sind, vgl. dazu PRÜSCHENK, Ertragsbesteuerung, 102; FÜLBIER/PFERDEWIRT, Gruppenbesteuerung, 17.

[819] Vgl. MÜLLER, Reform, 76; DREISSIG, USA, 294; PRÜSCHENK, Ertragsbesteuerung, 103 ff. Ein ähnlicher Korrekturbedarf ergibt sich auch, wenn die an einer gruppeninternen Transaktion beteiligten Gruppenmitglieder unterschiedliche Gewinnermittlungsmethoden anwenden oder wenn eine gruppeninterne Transaktion nur einseitig bei einem Gruppenmitglied zu Aufwand oder Ertrag führt wie dies beispielsweise bei Dividendenzahlungen innerhalb der *consolidated group* der Fall ist, vgl. dazu FÜLBIER/PFERDEHIRT, Gruppenbesteuerung, DB 2006, 177.

halt gegeben, sind die jeweiligen aufgeschobenen Zwischengewinne bzw. -verluste bei dem ehemals leistenden Gruppenmitglied, d. h. bei dem Gruppenmitglied, das diese Erfolge tatsächlich erzielt hat, zu realisieren und in ihr jeweiliges steuerliches Einkommen einzubeziehen.[820]

Bei den früher als *restoration events* bezeichneten Sachverhalten ist zwischen den Fällen zu unterscheiden, die zu einer teilweisen und zu einer vollständigen Realisierung der aufgeschobenen Zwischenerfolge führen.[821] Zu der ersten Kategorie zählen vor allem Abschreibungen von gruppenintern erworbenen Wirtschaftsgütern und Veräußerungen solcher Wirtschaftsgüter an gruppenfremde Dritte auf Teilzahlungsbasis.[822] Folgendes Beispiel verdeutlicht die teilweise Realisierung eines Zwischenverlustes:[823]

> Die *P-corporation* und die *S-corporation* werden als *consolidated group* besteuert. Zu Beginn des Steuerjahres veräußert S eine vormals von ihr genutzte Maschine an P für 66.000 US-$. Der Buchwert betrug bei S 76.000 US-$. P aktiviert die Maschine mit Anschaffungskosten von 66.000 US-$ und schreibt aufgrund einer verbleibenden Nutzungsdauer von zehn Jahren die Maschine mit 6.600 US-$ pro Jahr linear ab. Der Verkauf der Maschine ist eine gruppeninterne Transaktion, bei der S einen Zwischenverlust in Höhe von 10.000 US-$ erleidet, der aus ihrem steuerlichen Einkommen zu eliminieren ist. Aufgrund der Abschreibungen von P hat S allerdings in jedem zugehörigen Steuerjahr ihr Einkommen in Höhe von 1.000 US-$ zu vermindern, wobei sich diese jährliche Zwischenerfolgsrealisierung als Produkt aus dem Verhältnis zwischen der Jahresabschreibung (6.600 US-$) und der Abschreibungsbasis (66.000 US-$) und dem Zwischenerfolg (- 10.000 US-$) ergibt.

Zu den zur zweiten Kategorie zählenden Fällen gehören hauptsächlich die Veräußerung eines gruppenintern erworbenen Wirtschaftsgutes an gruppenfremde Dritte (mit Ausnahme der zuvor erwähnten Veräußerungen auf Teilzahlungsbasis), das Ausscheiden des erwerbenden bzw. veräußernden Gruppenmitglieds aus der *consolidated group* und damit auch das Übergehen sämtlicher Mitglieder auf das Erstellen von Einzelsteuererklärungen sowie das Wertloswerden bzw. das Erfüllen von Verpflichtungen (ausgenommen innerhalb der Gruppe), die in einem Gruppenumsatz übertragen worden ist.[824]

---

[820] Vgl. PRÜSCHENK, Ertragsbesteuerung, 103 ff.

[821] Vgl. dazu PRÜSCHENK, Ertragsbesteuerung, 104 f. In den bis 1996 gültigen Regulations werden die *restoration events*, die eine teilweise bzw. vollständige Realisation von Zwischenerfolgen auslösen, als *partial triggers* bzw. *complete triggers* bezeichnet.

[822] Vgl. Reg. (1995) § 1.1502-13(d) und (e); PRÜSCHENK, Ertragsbesteuerung, 104.

[823] Vgl. Reg. (1995) § 1.1502-13(h) Beispiel 6 (i). Ein entsprechendes Beispiel für den Fall eines Zwischengewinns findet sich bei DREISSIG, USA, 298 und bei PRÜSCHENK, Ertragsbesteuerung, 104.

[824] Vgl. Reg. (1995) § 1.1502-13(f); PRÜSCHENK, Ertragsbesteuerung, 105, DREISSIG, USA, 298 f.

1.2.3.3.2. Technik des Aufschiebens von Zwischenerfolgen

Technisch erfolgt die Eliminierung bzw. das Aufschieben von Zwischengewinnen und -verlusten mittels des *deferred accounting systems*. Auf einem speziellen Konto, dem *deferred* oder *suspense account*, werden dabei in einer Nebenbuchhaltung des liefernden bzw. leistenden Gruppenmitglieds außerbilanziell die jeweiligen Zwischengewinne und -verluste eingestellt, die damit bei dieser Gesellschaft steuerlich bis zum Eintreten der zu ihrer Realisierung führenden Sachverhalten neutralisiert werden.[825] Zum Zweck der späteren korrekten Besteuerung der aufgeschobenen Zwischenerfolge und des einwandfreien Funktionierens des *deferred accounting systems* sind die Mitglieder einer *consolidated group* verpflichtet, eine Vielzahl von ständig zu aktualisierenden Informationen aufzuzeichnen,[826] wozu insbesondere die Folgenden zählen: Zum einen muß die Höhe eines aufgeschobenen Zwischenerfolgs festgestellt werden können, in welcher dieser in einem bestimmten Steuerjahr zu realisieren ist.[827] Desweiteren muß die Art eines zu realisierenden Zwischenerfolgs (*ordinary gain/loss* bzw. *capital gain/loss*), identifiziert werden können;[828] insofern sind „gewöhnliche" Zwischenerfolge von den Zwischenveräußerungserfolgen abzugrenzen. Außerdem muß der Ursprung eines realisierten Zwischenerfolgs (Zugehörigkeit zu den inländischen oder ausländischen Einkünften) festgestellt werden können.[829] Auch muß feststellbar sein, ob es sich bei einem realisierten Zwischenerfolg um einen *built-in gain* oder *built-in loss* im Sinne der *built-in gain rule* bzw. *built-in loss rule* handelt.[830]

Die für das *deferred accounting system* notwendigen Aufzeichnungspflichten stellen sich als verhältnismäßig aufwendig und kostenintensiv dar, insbesondere vor dem Hintergrund, dass gruppeninterne Transaktionen häufig über mehrere Konzernstufen erfolgen und mit ganzen Realisierungsketten verbunden sind.[831]

---

825 Vgl. KESSEL, Konzernbesteuerung, 149 ff., DREISSIG, USA, 296 f.; PRÜSCHENK, Ertragsbesteuerung, 104 ff. Eine auf ein Beispiel bezogene graphische Darstellung findet sich bei PRÜSCHENK, Ertragsbesteuerung, 107.

826 Vgl. KESSEL, Konzernbesteuerung, 155; PRÜSCHENK, Ertragsbesteuerung, 105.

827 Wenn beispielsweise ein Gruppenmitglied ein Wirtschaftsgut an ein anderes Gruppenmitglied mit einem dann aufzuschiebenden Zwischenerfolg veräußert und das empfangende Gruppenmitglied dieses Wirtschaftsgut anschließend jährlich abschreibt, dann bedeutet das, dass der Buchhaltung zu entnehmen sein muß, wann diese gruppeninterne Veräußerung stattfand und in welcher Höhe die jährlichen Abschreibungen vorgenommen werden, da diese bei dem veräußernden Gruppenmitglied eine Teilrealisierung des aufgeschobenen Zwischenerfolgs bewirken und dessen Einkommen erhöhen bzw. vermindern (siehe dazu das Beispiel im vorherigen Abschnitt), vgl. auch PRÜSCHENK, Ertragsbesteuerung, 105.

828 Vgl. dazu Reg. § 1.1502-13(a)(2); KAHN/LEHMANN, Taxation, 1078.

829 Vgl. dazu Reg. § 1.1502-13(a)(2). Auch kann ein realisierter aufgeschobener Zwischengewinn zum Teil den inländischen Einkünften und zum Teil den ausländischen Einkünften zuzurechnen sein, vgl. Reg. § 1.1502-13(c)(7)(ii) Beispiel 14.

830 Vgl. dazu Reg. § 1.1502-13(c)(7)(ii) Beispiel 10.

831 Vgl. KESSEL, Konzernbesteuerung, 155; PRÜSCHENK, Ertragsbesteuerung, 105.

Daher hat eine *consolidated group* das Wahlrecht, sich von der Zwischenerfolgseliminierung befreien zu lassen, wobei sich diese Befreiung auf sämtliche gruppeninternen Umsätze oder nur auf bestimmte Transaktionsarten dieser Umsätze, wie z. B. die Veräußerung von abnutzbaren Anlagegegenständen,[832] erstrecken kann.[833] Voraussetzung für die Ausübung dieses Wahlrechts ist grundsätzlich die entsprechende Genehmigung des *Internal Revenue Service.*[834]

1.2.3.3.3. Zusätzliche Beschränkungen durch Sec. 267(f) IRC

Nicht nur nach den zuvor genannten Vorschriften der *intercompany transactions* sind Verluste aus der gruppeninternen Veräußerung von Wirtschaftsgütern aufzuschieben,[835] sondern auch nach Sec. 267(f) IRC, der in diesem Bereich ein paralleles System mit vorrangigen Vorschriften etabliert.[836] Nach Sec. 267(f) IRC sind Verluste aus der Veräußerung von Wirtschaftsgütern, die zwischen Mitgliedern einer *controlled group* erzielt werden, unter anderem solange aufzuschieben, bis diese an außerhalb der *controlled group* stehende Dritte veräußert werden.[837] Bei einer *controlled group* handelt es sich insbesondere um verbundene *corporations*, bei denen eine gemeinsame Muttergesellschaft mehr als 50 % der Stimmrechte oder der ausgegebenen Aktien an untergeordneten Gesellschaften besitzt;[838] damit gelten die Mitglieder einer *consolidated group* zugleich auch als Mitglieder einer *controlled group* im Sinne von Sec. 267(f) IRC.[839] Wesentliche Konsequenz der Vorschrift der Sec. 267(f) IRC für den Verlustausgleich bei einer *consolidated group* ist, dass das Ziel, durch entsprechende Ausübung des im vorherigen Abschnitt erwähnten Wahlrechts auf Befreiung von der Zwischenergebniseliminierung, Verluste aus aufzuschiebenden gruppenintern veräußerten Wirtschaftsgütern bereits im Entstehungsjahr verrechnen zu können, nicht erreicht werden kann.[840]

1.2.4. Stärken/Schwächen-Bewertung

Um dem Ideal der sofortigen Verlustverrechnung bei der Behandlung von Verlusten aus konzerninternen Transaktionen zwischen den Mitgliedern einer Kon-

---

[832] Vgl. DREISSIG, USA, 299.
[833] Vgl. Reg. § 1.1502-13(e)(3)(i).
[834] Vgl. Reg. § 1.1502-13(e)(3)(i).
[835] Somit hat die Regelung der Sec. 267(f) IRC nur für aufzuschiebende Zwischenverluste aus *intercompany transactions* Bedeutung, vgl. BITTKER/EUSTICE, Taxation, Chapter 13, 115 f.; 123 f.
[836] Vgl. BITTKER/EUSTICE, Taxation, Chapter 13, 124.
[837] Ganz allgemein sind die Voraussetzungen, nach denen nach Sec. 267(f) IRC aufgeschobene Verluste zu realisieren sind, restriktiver gefaßt als unter den Vorschriften der *intercompany transactions*, vgl. dazu BITTKER/EUSTICE, Taxation, Chapter 13, 124.
[838] Vgl. Sec. 267(f)(1) i. V. m. Sec. 1563(a) IRC.
[839] So auch KAHN/LEHMANN, Taxation, 1088.
[840] Ähnlich BITTKER/EUSTICE, Taxation, Chapter 13, 124.

zerngruppe zu entsprechen, müssen die Verlustverrechnungsregelungen die Geltendmachung derartiger Verluste im zugehörigen Transaktions- bzw. Verlustentstehungsjahr zulassen. Werden Verluste aus konzerninternen Transaktionen vom allgemeinen Verlustausgleich ausgeschlossen und deren Geltendmachung auf spätere Jahre verschoben, ergeben sich für die Konzerngruppe die mit einer aufgeschobenen Verlustverrechnung verbundenen Nachteile (Zins- und Liquiditätsnachteile, Risiko des Untergangs des Verlustverrechnungspotentials),[841] womit sich der Verlustausgleich bei einer Konzerngruppe vom Ideal der sofortigen Verlustverrechnung entfernt.

Bei der deutschen und österreichischen Konzernbesteuerung sind aufgrund der allgemeinen einzelsteuerlichen Vorschriften zur Ermittlung der individuellen Einkommen bzw. Gewerbeerträge der Mitgliedskapitalgesellschaften Verluste aus konzerninternen Transaktionen dann anzusetzen, wenn sie aus Sicht der einzelnen Mitgliedskapitalgesellschaft als realisiert gelten. Es existieren keine konzernsteuerlichen Sonderregelungen, die eine davon abweichende Behandlung derartiger Verluste beispielsweise in Form einer Zwischenergebniseliminierung vorschreiben.[842] Folglich entspricht die Behandlung von Verlusten aus konzerninternen Transaktionen im Rahmen des Verlustausgleichs bei der deutschen und österreichischen Konzernbesteuerung dem Ideal der sofortigen Verlustverrechnung, was als Stärke zu werten ist.

Bei der US-amerikanischen Konzernbesteuerung sind zwar die Betriebs- und Veräußerungsverluste aus konzerninternen Transaktionen aufgrund der allgemeinen einzelsteuerlichen Einkommensermittlungsvorschriften zunächst Bestandteil der einzelnen Einkommen der jeweiligen Mitgliedskapitalgesellschaften; sie sind anschließend allerdings im Rahmen der Ermittlung des Einkommens der Konzerngruppe aufgrund konzernsteuerlicher Regelungen insofern in späteren Jahren anzusetzen, als sie aus Sicht der Einheit der Konzerngruppe erst in späteren Jahren als realisiert gelten.[843] Je umfangreicher beispielsweise der konzerninterne Warenverkehr ist, desto mehr sind daraus resultierende etwaige Verluste aufzuschieben, bis sie durch den Verkauf an Dritte aus der Sicht der Konzerngruppe als realisiert gelten.[844] Durch diese Behandlung von Verlusten aus konzerninternen Transaktionen entfernt sich der Verlustausgleich bei der US-amerikanischen Konzernbesteuerung von dem Ideal der sofortigen Verlustverrechnung, was folglich als Schwäche zu werten ist. Diese Schwäche wird jedoch dadurch relativiert, dass auch Gewinne aus konzerninternen Transaktionen erst dann anzusetzen sind, wenn sie aus Sicht der Konzerngruppe als realisiert gelten, und ihre Besteuerung insofern unter Umständen erst in späteren Jahren

---

[841] Vgl. Abschnitt A 4.2.
[842] Vgl. Abschnitt C 1.2.1. bzw. C 1.2.2.
[843] Vgl. Abschnitt C 1.2.3.
[844] Vgl. Abschnitt C 1.2.3.3.1.

erfolgt, was mit Zins- und Liquiditätsvorteilen einhergeht.[845] Keine Relativierung dieser Schwäche ergibt sich aufgrund der Existenz des Wahlrechts auf Befreiung der Einheitsbehandlung bei dem Ansatz der Erfolge aus konzerninternen Transaktionen, da aufgrund der konzernsteuerlichen Regelung der Sec. 267(f) IRC das Ziel, alle Verluste aus konzerninternen Transaktionen sofort, d. h. aus einzelgesellschaftlicher Sicht, ansetzen zu können, nicht erreicht werden kann.[846]

Unter dem Aspekt der Behandlung von Verlusten aus konzerninternen Transaktionen beim Verlustausgleich der Konzernbesteuerung stellen sich folglich vor dem Ideal der sofortigen Verlustverrechnung die deutschen und österreichischen Verlustverrechnungsvorschriften vorteilhafter dar als die US-amerikanischen Vorschriften.

1.3. Unterbrechung der wirtschaftlichen Identität von Konzerngesellschaften

1.3.1. Deutschland

1.3.1.1. Behandlung der Organschaft für Zwecke des § 8 Abs. 4 KStG

Da bei einer einzelnen Kapitalgesellschaft die Unterbrechung ihrer wirtschaftlichen Identität gemäß § 8 Abs. 4 KStG sowohl ihren körperschaft- als auch ihren gewerbesteuerlichen Verlustausgleich einschränken kann,[847] stellt sich die Frage, auf welche Weise § 8 Abs. 4 KStG im Fall der Organschaft zu Einschränkungen des körperschaft- und gewerbesteuerlichen Verlustausgleichs führen kann. Um einer Antwort zu dieser Frage näher zu kommen, sind wiederum folgenden Fragen zu klären:

1.) Wie sind die Tatbestandsvoraussetzungen nach § 8 Abs. 4 Satz 2 KStG (schädliche Anteilsübertragung und schädliche Betriebsvermögenszuführung) und die Sanierungsklausel nach § 8 Abs. 4 Satz 3 KStG im Falle einer Organschaft zu prüfen?

2.) Wenn bei einer Organschaft ein Untergang der wirtschaftlichen Identität aufgrund einer schädlichen Anteilsübertragung und einer schädlichen Betriebsvermögenszuführung ohne Eingreifen der Sanierungsklausel festgestellt wird, welche Verluste sind dann gemäß § 8 Abs. 4 Satz 4 KStG ausgleichsbeschränkt bzw. was ist unter dem in § 8 Abs. 4 Satz 4 KStG genannten ausgleichsbeschränkten Teilverlust zu verstehen?

---

[845] Vgl. z. B. DREISSIG, USA, 322.
[846] Vgl. Abschnitt C 1.2.3.3.3.
[847] Vgl. Abschnitt B 1.1.2.3.1.

Bei beiden Fragestellungen ist von Bedeutung, ob hierbei allein auf die Verhältnisse bei der Organträger-Kapitalgesellschaft oder auf die Einheit des gesamten Organkreises abzustellen ist. Das Körperschaftsteuergesetz selbst enthält diesbezüglich keine expliziten Sonderregelungen, so dass eine Einheitsbehandlung des Organkreises fraglich ist. Ob die Finanzverwaltung die Anwendung des § 8 Abs. 4 KStG insgesamt auf die Einheit der Organschaft bezogen sehen will, ist nicht eindeutig, da sie sich nur dahingehend äußert, dass bei der zweiten Tatbestandsvoraussetzung des § 8 Abs. 4 Satz 2 KStG (schädliche Betriebsvermögenszuführung) auf die Einheit Organkreis abzustellen ist.[848] Die Rechtsprechung folgt – allerdings nur im Fall von allgemeinen Konzernsachverhalten – bei der ersten Tatbestandsvoraussetzung des § 8 Abs. 4 Satz 1 KStG (schädliche Anteilsübertragung) generell einer zivilrechtlichen Betrachtungsweise,[849] was im Fall einer Organschaft gegen eine Einheitsbehandlung spräche; zu Organschaftsfällen im speziellen äußert sich die Rechtsprechung nicht.

Im Schrifttum stehen sich zwei unterschiedliche Auffassungen gegenüber: Auf der einen Seite wird eine Einheitsbehandlung für Zwecke des § 8 Abs. 4 KStG abgelehnt bzw. ihr kritisch gegenübergestanden,[850] und auf der anderen Seite wird sie befürwortet.[851] Vertreter der ersten Auffassung führen gegen die Einheitsbehandlung ins Feld, dass es für eine derartige Behandlung keine ausreichende gesetzliche Grundlage gibt,[852] dass einzelne Rechtsfolgen der Organschaft im Widerspruch zu einer derartigen Behandlung stehen[853] und dass der

[848] Vgl. BMF-Schreiben vom 16.04.1999, IV C 6 – S 2745 – 12/99, BStBl. I 1999, 456, Rz. 09. In Rz. 39 auf Seite 459 dieses BMF-Schreibens kommt diese Einheitsbehandlung der Finanzverwaltung ebenfalls zum Ausdruck, da bei einer Organschaft für den Umfang des verlustverursachenden Betriebs oder Betriebsteils auch auf den Betrieb oder Betriebsteil der Organgesellschaft abzustellen ist, vgl. dazu auch ORTH, in: Herzig, Organschaft, 179.

[849] Vgl. BFH-Urteil vom 20.08.2003, I R 81/02, BStBl. II 2004, 614; FG Baden-Württemberg, Urteil vom 26.07.2001, 6 K 358/00, EFG 2002, 863, nicht rechtskräftig; dazu auch FROTSCHER, in: Frotscher/Maas, KStG, § 8 KStG, Rn. 185; LANG, Mantelkauf, IWB 2005, Fach 4, 4934.

[850] Vgl. FROTSCHER, in: Frotscher/Maas, KStG, § 8 KStG, Rn. 187, auch Rn. 189; WIDMANN und GOSCH, in: WPg-Sonderheft 2003, 34; BREUNINGER/FREY, Entwurf, GmbHR 1998, 869; KÜSTER/KÖHLER, Nutzung, BB 1998, 2401 ff.; KRÖNER, Überlegungen, DStR 1998, 1499; wohl auch WITT/KAHL, Mantelkauf, GmbHR 1999, 511, 514.

[851] Vgl. ORTH, in: Herzig, Organschaft, 179 ff.; DÖTSCH, in: Dötsch/Jost/Pung/Witt, KStG n. F., § 8 Abs. 4, Rn. 79, 134; DÖTSCH, Verlustabzug, DB-Beilage 1999, 7; MÜLLER-GATERMANN, in: WPg-Sonderheft 2003, 34 f.; auch LANG, in: Ernst & Young, KStG, § 8 KStG, Rn. 1278 und Rn. 1278.1 hinsichtlich des Tatbestandsmerkmals der schädlichen Betriebsvermögenszuführung.

[852] Vgl. WIDMANN und GOSCH, in: WPg-Sonderheft 2003, 34; BREUNINGER/FREY, Entwurf, GmbHR 1998, 869; KÜSTER/KÖHLER, Nutzung, BB 1998, 2402.

[853] Beispielsweise wird körperschaftsteuerlich nur das „Einkommen“ einer Organgesellschaft dem Organträger zugerechnet, so dass nicht eine Zurechnung ihrer einzelnen Besteuerungsgrundlagen bzw. der Verwirklichung von Tatbestandsmerkmalen unterstellt werden kann; auch gewerbesteuerlich rechtfertigt die eingeschränkte Einheitstheorie nicht die Zu-

„Organkreis" kein existierendes Steuersubjekt ist. Es existiert nur der Organträger, auf dessen Ebene die Ergebnisse des ganzen Organkreises steuerlich angesetzt werden bzw. die Verluste des gesamten Organkreises verrechnet werden; die Organgesellschaften weisen dagegen regelmäßig keine eigenen Erfolge aus.[854] Folglich sei bei der Anwendung von § 8 Abs. 4 KStG in Organschaftsfällen allein auf den Organträger abzustellen. Die Befürworter der Einheitsbehandlung sehen in § 14 KStG und § 2 Abs. 2 Satz 2 GewStG in Verbindung mit der ihnen zugrundeliegenden Zurechnungstheorie und eingeschränkten Einheitstheorie eine ausreichende Rechtsgrundlage für ein derartiges Vorgehen. Zudem sollte die Verlustverrechnung, die im Rahmen der Einkommensermittlung bzw. Gewerbeertragsermittlung einem Einheitskonzept folgt, in sich konsistent auf alle Verlustverrechnungsvorschriften angewendet werden.[855] Die erste Auffassung unterscheidet sich von der zweiten Auffassung darin, dass bei der Verwirklichung der Tatbestandsvoraussetzungen des § 8 Abs. 4 Satz 2 KStG und bei der Anwendung der Sanierungsklausel nach § 8 Abs. 4 Satz 3 KStG nicht nur auf die Verhältnisse der Organträger-Kapitalgesellschaft, sondern auch auf die Verhältnisse der Organgesellschaft(en) abgestellt wird; dies zeigen auch die Ausführungen der nachfolgenden Abschnitte.

Wird – wie meines Erachtens aufgrund zuvor dargestellter Argumente zutreffend – allein auf die Verhältnisse der Organträger-Kapitalgesellschaft hinsichtlich der Tatbestandsvoraussetzungen und der Sanierungsklausel abgestellt, so sollte sich konsequenterweise auch die Vorschrift des § 8 Abs. 4 Satz 4 KStG allein auf die Organträger-Kapitalgesellschaft beziehen, so dass nur ein etwaiger vom Organträger vom Beginn des Wirtschaftjahres der schädlichen Anteilsübertragung bis zum Zeitpunkt der schädlichen Anteilsübertragung erzielter körperschaft- bzw. gewerbesteuerlicher Teilverlust nur einen etwaigen vom Organträger nach der schädlichen Anteilsübertragung erzielten körperschaft- bzw. gewerbesteuerlichen Teilgewinn dieses Wirtschaftsjahres nicht ausgleichen kann.[856] Die von den Organgesellschaften erzielten Einkommen sollten unabhängig von der Anwendbarkeit des § 8 Abs. 4 Satz 4 KStG in den Verlustausgleich des Organkreises dieses Wirtschaftsjahres einbezogen werden können. Wenn allerdings für Zwecke des § 8 Abs. 4 KStG auf die Einheit des Organkreises abgestellt wird (was nicht der hier vertretenen Auffassung entspricht), dann wäre es denkbar, dass § 8 Abs. 4 Satz 4 KStG einen etwaigen von allen Organschaftsmitgliedern erwirtschafteten körperschaft- bzw. gewerbesteuerlichen

---

rechnung einer Tatbestandsverwirklichung, vgl. ORTH, in: Herzig, Organschaft, 180, der letztlich aber dennoch die Einheitsbehandlung befürwortet.

[854] Vgl. FROTSCHER, in: Frotscher/Maas, § 8 KStG, Rn. 187.

[855] Vgl. ORTH, in: Herzig, Organschaft, 189 ff.; ORTH, Verlustnutzung, WPg-Sonderheft 2003, 24 ff., 35.

[856] Vgl. Abschnitt B 1.1.2.3. Sofern die Organträger-Kapitalgesellschaft in dem Wirtschaftsjahr insgesamt einen Verlust erzielt, sollte § 8 Abs. 4 Satz 4 KStG nicht anzuwenden sein, vgl. dazu NEUMANN, Mantelkauf, FR 1999, 691.

Teilverlust bis zur schädlichen Anteilsübertragung vom Ausgleich mit einem etwaigen von ihnen nach der schädlichen Anteilsübertragung erzielten körperschaft- bzw. gewerbesteuerlichen Teilgewinn des jeweiligen Wirtschaftsjahres ausschließt. Hierzu müßten dann die Erfolge sämtlicher Organschaftsmitglieder auf die Zeiträume vor und nach der schädlichen Anteilsübertragung aufgeteilt werden.

1.3.1.2. Schädliche Anteilsübertragung

Bei einer Organträger-Kapitalgesellschaft kommt es im Bereich der Körperschaftsteuer bzw. Gewerbesteuer zu einer schädlichen Anteilsübertragung im Sinne von § 8 Abs. 4 Satz 2 KStG, wenn – wie unter Abschnitt B 1.1.2.3.2. ausführlich erläutert – mehr als 50 % ihrer Anteile übertragen werden.[857] Dies gilt unabhängig, davon, ob bei der Prüfung einer schädlichen Anteilsübertragung nach § 8 Abs. 4 Satz 2 KStG auf die Einheit der Organschaft abgestellt wird oder nicht.[858]

1.3.1.3. Schädliche Betriebsvermögenszuführung

Nach Ansicht der Finanzverwaltung hat bei der Prüfung des Tatbestandsmerkmals (2) des § 8 Abs. 4 Satz 2 KStG, d. h. einer schädlichen übermäßigen Betriebsvermögenszuführung, eine Orientierung an der Einheit des Organkreises zu erfolgen, denn im Rahmen des vorzunehmenden Betriebsvermögensvergleichs ist beim Aktivvermögen des Organträgers die Beteiligung an einer Organgesellschaft durch ihr jeweiliges gesamtes Aktivvermögen zu ersetzen,[859] wodurch sich die für § 8 Abs. 4 KStG maßgebenden Betriebsvermögen grundsätzlich erhöhen. Vor dem Hintergrund, dass die Finanzverwaltung nur Betriebsvermögenszuführungen von außen als schädlich im Sinne des § 8 Abs. 4 KStG beurteilt,[860] führt diese Einheitsbetrachtung des Organkreises dazu, dass nur diejenigen Vermehrungen des Aktivvermöges schädlich sein können, die aus von außerhalb des Organkreises stammenden Einlagen und Fremdmittel resultie-

---

857 Vgl. ähnlich ORTH, in: Herzig, Organschaft, 181.

858 Wird dagegen auf die Einheit der Organschaft abgestellt, könnten auch übertragene Anteile an Organgesellschaften im Sinne von § 8 Abs. 4 Satz 2 KStG schädlich sein. Sofern von einer unveränderten Gruppenstruktur mit gleichbleibenden Beteiligungsquoten im Zeitablauf wie in vorliegender Untersuchung ausgegangen wird, kommt es allerdings von vornherein nicht zu derartigen Anteilsübertragungen bei den Organgesellschaften, so dass sich kein Unterschied bei der Prüfung einer schädlichen Anteilsübertragung gemäß § 8 Abs. 4 Satz 2 KStG allein bei der Organträger-Kapitalgesellschaft oder bei der Einheit des Organkreises ergibt.

859 Vgl. BMF-Schreiben vom 16.04.1999, IV C 6 – S 2745 – 12/99, BStBl. I 1999, 456, Rz. 09.

860 Vgl. dazu Abschnitt B 1.1.2.3.3.3.

ren.[861] Dabei ist es aufgrund der Einheitsbehandlung unerheblich, bei welchem Mitglied eine schädliche Betriebsvermögenszuführung erfolgt und welches Mitglied den vorzutragenden Verlust verursacht hat.[862]

Die Finanzverwaltung beabsichtigt mit einer derartigen Einheitsbehandlung des Organkreises folgende Gestaltung zu verhindern: Um eine schädliche Betriebsvermögenszuführung auf Ebene des Organträgers zu vermeiden, wird zusätzliches Betriebsvermögen nicht dieser Verlustgesellschaft, sondern einer Organgesellschaft zugeführt. Spätere Gewinne der Organgesellschaft könnten anschließend über die mit der Organschaft verbundenen Einkommenszurechnung mit den Verlustvorträgen des Organträgers verrechnet werden.[863] Diese von der Finanzverwaltung angewendete Einheitsbetrachtung ist ambivalent: Von Vorteil ist, dass das zugeführte Betriebsvermögen des Organträgers einem höheren Ausgangsbetriebsvermögen gegenüberzustellen ist. Von Nachteil ist dagegen, dass auch Betriebsvermögenszuführungen bei Organgesellschaften zu berücksichtigen sind, mit denen keine Erhöhung des jeweiligen Beteiligungsbuchwerts verbunden wäre (z. B. durch Fremdkapital finanzierte Anschaffungen einer Organgesellschaft).[864]

Aus bereits genannten Gründen ist es fraglich, ob bei der Prüfung der zweiten Tatbestandsvoraussetzung des § 8 Abs. 4 KStG im Fall der Organschaft auf ihre Einheit abgestellt werden kann. Erfolgt stattdessen eine Orientierung an dem Organträger, ist eine Organgesellschaftsbeteiligung grundsätzlich mit ihrem Teilwert anzusetzen. Da die Verlustnutzung allein auf der Ebene des Organträgers erfolgt, sind ausschließlich die bei ihm stattfindenden Betriebsvermögenszuführungen von Bedeutung; Betriebsvermögenszuführungen bei einer Organgesellschaft sind unerheblich und zwar auch dann, wenn ein beim Organträger vorgetragener Verlust (auch) auf dem Geschäftsbetrieb dieser Organgesellschaft basiert.[865]

1.3.1.4. Sanierung

Nach der Sanierungsklausel des § 8 Abs. 4 Satz 3 KStG ist die Zuführung überwiegend neuen Betriebsvermögens unschädlich, wenn sie allein der Sanierung des verlustverursachenden Geschäftsbetriebs dient und die Körperschaft den Geschäftsbetrieb in einem nach dem Gesamtbild der wirtschaftlichen Verhältnisse vergleichbaren Umfang in den folgenden fünf Jahren fortführt. Hinsichtlich wei-

[861] Vgl. ORTH, in: Herzig, Organschaft, 184 f.; DÖTSCH, in: Dötsch/Jost/Pung/Witt, KStG n. F., § 8, Rn. 75; NEUMANN, Einschränkung, StB 2002, 260.
[862] Vgl. ORTH, in: Herzig, Organschaft, 185.
[863] Vgl. hierzu FUßBROICH, Verlustverrechnung, 83; DÖTSCH, in: Dötsch/Jost/Pung/Witt, KStG n. F., § 8 Abs. 4, Rn. 79.
[864] Vgl. ORTH, in: Herzig, Organschaft, 184.
[865] Vgl. FROTSCHER, in: Frotscher/Maas, § 8 KStG, Rn. 187 und 189.

terer Erläuterungen der Tatbestandsvoraussetzungen der Sanierungsklausel sei auf Abschnitt B 1.1.2.3.4. verwiesen. Weder Finanzverwaltung noch Rechtsprechung äußern sich dahingehend, wie die Sanierungsklausel in Organschaftsfällen anzuwenden ist.

Grundsätzlich wird aber im Falle der Organschaft der Geschäftsbetrieb des Organträgers als verlustverursachender Geschäftsbetrieb anzusehen sein, bei dem die Betriebsvermögenszuführung allein der Sanierung dienen muß. Der Grund hierfür liegt darin, dass eine etwaige (finanzielle) Sanierungsbedürftigkeit aufgrund der mit dem Gewinnabführungsvertrag verbundenen Verlustübernahmepflicht allein beim Organträger entstehen kann, und niemals bei einer Organgesellschaft, deren Geschäftsbetrieb aber unter Umständen den Verlust eines Organkreises letztlich (mit-)verursacht hat.[866] Die Prüfung des Merkmals der Fortführung des verlustverursachenden Geschäftsbetriebs in vergleichbarem Umfang ist solange unproblematisch, als Gruppenverluste tatsächlich auf seinem Geschäftsbetrieb beruhen. Probleme entstehen allerdings bei der Überprüfung dieses Tatbestandsmerkmals, wenn ein Gruppenverlust (vollständig oder zum Teil) auf dem Geschäftsbetrieb einer oder mehrerer Organgesellschaften beruht: Wird in diesem Fall ebenfalls allein auf den Geschäftsbetrieb des Organträgers abgestellt, erscheint es erforderlich, dass der Organträger die konkrete Beteiligung an einer zu einem Gruppenverlust beigetragenen Organgesellschaft mindestens fünf Jahre in vergleichbarem Umfang fortführt, da das Halten dieser Beteiligung zu seinem Geschäftsbetrieb zählt; die Entwicklung des konkreten Geschäftsbetriebs der Organgesellschaft sollte demzufolge unbedeutend sein.[867] Sofern dagegen auf die Einheit des Organkreises abgestellt wird, wäre es meines Erachtens denkbar, dass all die Geschäftsbetriebe derjenigen Organschaftsmitglieder in vergleichbarem Umfang fortzuführen sind, die zu einem Gruppenverlust beigetragen haben.[868]

1.3.2. Österreich

Wie in Abschnitt B 1.2.2.3.1. dargestellt, bewirkt die Unterbrechung der wirtschaftlichen Identität gemäß der österreichischen Mantelkaufvorschrift nach § 8 Abs. 4 Nr. 2 Satz 2 öKStG bei einer einzelnen österreichischen Kapitalgesellschaft keine weitere Einschränkung ihres Verlustausgleichs. Demzufolge kommt es aufgrund einer durch schädliche Substratänderungen verursachte Unterbrechung der wirtschaftlichen Identität bei der österreichischen Gruppenbesteuerung ebenfalls nicht zu einer Einschränkung ihres Verlustausgleichs. Auf die Anwendung der österreichischen Mantelkaufvorschrift des § 8 Abs. 4 Nr. 2 Satz

[866] Vgl. dazu ORTH, Gesetz, DB 1997, 2246; FROTSCHER, in: Frotscher/Maas, KStG, § 8 KStG, Rn. 190b.

[867] So wohl auch FROTSCHER; in: Frotscher/Maas, KStG, § 8 KStG, Rn. 190b; ähnlich ORTH, Gesetz, DB 1997, 2247.

[868] Ähnlich wohl ORTH, in: Herzig, Organschaft, 189.

2 öKStG im Fall der österreichischen Gruppenbesteuerung wird aus diesem Grund erst in dem nachfolgenden Abschnitt C 2.5.2. eingegangen.

1.3.3. USA

1.3.3.1. Anwendung von Sec. 382 IRC auf die *consolidated group*

1.3.3.1.1. Behandlung der *consolidated group* für Zwecke der Sec. 382 IRC

Da die Unterbrechung der wirtschaftlichen Identität bei einer *corporation* gemäß Sec. 382 IRC ihren Verlustausgleich einschränken kann,[869] stellt sich die Frage, wie Sec. 382 IRC zu Einschränkungen des Verlustausgleichs bei einer *consolidated group* führt. Dies ist wiederum mit der Frage verbunden, wie Sec. 382 IRC bei einer *consolidated group* anzuwenden ist, was allerdings in den Regs. §§ 1.1502-91 bis -99 geregelt wird, wobei, soweit nicht anderweitig angegeben, die Begriffe und Terminologien der Sec. 382 IRC und der zugehörigen Regulations – zum Teil bezogen auf die *consolidated group* – weiterhin Gültigkeit haben;[870] insofern sei auf die Ausführungen des Abschnitts B 1.3.2.2.3. verwiesen. Bei der Anwendung von Sec. 382 IRC auf eine *consolidated group* ist die Gruppe grundsätzlich als einzelne Einheit zu behandeln und die rechtliche Selbständigkeit der einzelnen Gruppenmitglieder zu vernachlässigen (*single entity approach*).[871] Diese Einheitsbehandlung gilt bei der Bestimmung einer schädlichen Anteilsübertragung (*ownership change*), bei der Berechnung des jährlichen Abzugshöchstbetrags (*consolidated section 382 limitation*) für *pre-change losses* der *consolidated group* (*pre-change consolidated attributes*), bei der Anwendung der *built-in gain rule* und *built-in loss rule* sowie bei der Durchführung des *business continuity test.* Sie äußert sich unter anderem konkret darin, dass ein *ownership change* grundsätzlich nur aus Anteilsübertragungen bei der Muttergesellschaft resultiert (*parent change method*) und dass die Ermittlung der *consolidated section 382 limitation* auf den Anteilen der Gruppenmitglieder basiert, die von außerhalb dieser Einheit stehenden Dritten gehalten werden.[872]

---

[869] Vgl. Abschnitt B 1.3.2.2.3.1., B 1.3.2.2.3.4., B 1.3.2.2.3.5.

[870] Vgl. Reg. § 1.1502-91(b)(1); dazu auch Abschnitt B 1.3.2.2.3.

[871] Vgl. Reg. § 1.1502-91(a)(1); YATES u. a., Limitation, J. Tax'n, Vol. 91 (1999), 326. Von dieser grundsätzlichen Einheitsbehandlung der *consolidated group* für Zwecke von Sec. 382 IRC wird in den Regulations allerdings in verschiedenen Fällen abgewichen. Diese Abweichungen äußern sich im wesentlichen darin, dass auch Anteilsübertragungen bei Tochtergesellschaften einen *ownership change* bei der *consolidated group* bzw. bei einer einzelnen Tochtergesellschaft auslösen können oder dass bestimmte Verluste für Zwecke von Sec. 382 IRC einzelnen Mitgliedern zugerechnet werden, hier separat zu betrachten sind und nicht als Verluste der Gruppeneinheit gelten (*separate entity approach*), vgl. zu weiteren Einzelheiten SILBERBERG, Regulations, Taxes, Vol. 69 (1991), 397; YATES, Matters, J. Tax'n, Vol. 74 (1991), 364 f.

[872] Vgl. zum ganzen SILBERBERG, Regulations, Taxes, Vol. 69 (1991), 397.

Vor diesem Hintergrund führt Sec. 382 IRC wie bei einer einzelnen *corporation*[873] zu einer Beschränkung des Verlustausgleichs und -abzugs einer *consolidated group*, nur dass dabei grundsätzlich auf ihre Einheit abzustellen ist: Erfolgt bei ihr eine schädliche Anteilsübertragung (*ownership change*), unterliegen sämtliche *pre-change losses* der Gruppe (*pre-change consolidated attributes*) nachfolgend einem jährlichen Abzugshöchstbetrag (*consolidated section 382 limitation*).[874] Zu ihren *pre-change consolidated attributes* zählen nicht nur vorgetragene betriebliche Gruppenverluste (*consolidated net operating losses* (CNOLs))[875] und ein im Steuerjahr des *ownership change* entstandener CNOL,[876] sondern auch ihre im Sinne der *built-in loss rule* als *built-in losses* realisierten stillen Lasten.[877] Sofern derartige stille Lasten nach einem *ownership change* realisiert werden, vermindern sie zwar zunächst den jährlichen Abzugshöchstbetrag für vorgetragene CNOLs (*consolidated section 382 limitation*);[878] übersteigen sie allerdings diese *consolidated section 382 limitation*, sind sie vom Verlustausgleich der *consolidated group* ausgeschlossen und können in einem solchen Fall nur in späteren Steuerjahren wie ein Verlustvortrag unter Berücksichtigung der *consolidated section 382 limitation* abgezogen werden.[879] Wird innerhalb von zwei Jahren nach der schädlichen Anteilsübertragung (*ownership change*) der von der *consolidated group* durchzuführende *business continuity test* nicht erfüllt, werden geltendgemachte CNOL-Vorträge rückwirkend bis zum *ownership change* versagt, sofern ihr Abzug nicht auf im Sinne der *built-in gain rule* als *built-in gains* realisierten stillen Reserven ermöglicht worden ist. Die Geltendmachung von sämtlichen als *built-in losses* realisierten stillen Lasten wird ebenfalls rückwirkend versagt, so dass der Verlustausgleich bei der *consolidated group* in den jeweiligen Gruppenbesteuerungs-jahren entsprechend zu korrigieren ist und dadurch eingeschränkt wird.[880] Die nachfolgenden Abschnitte verdeutlichen ausführlicher die zuvor skizzierten Grundsätze der Wirkungsweise der Sec. 382 IRC bei einer *consolidated group*.

Zuvor ist allerdings noch darauf hinzuweisen, dass die Regelungen der Sec. 382 IRC im Fall einer *consolidated group* nur dann anzuwenden ist, wenn diese als

---

[873] Vgl. Abschnitt B 1.3.2.2.3.

[874] Vgl. auch die Ausführungen der nachfolgenden Abschnitte.

[875] Zu Einzelheiten des Begriffs und des Abzugs eines CNOLs vgl. insbesondere Abschnitt C 2.1.3.1.

[876] Ein solcher CNOL gilt jedoch nur in dem Umfang als *pre-change loss*, in dem er bis zur Feststellung des *ownership change* entstanden ist, vgl. Reg. § 1.1502-91(e)(1)(i). Zur entsprechenden Situation bei einer einzelnen *corporation*, vgl. Abschnitt B 1.3.2.2.3.1.

[877] Vgl. Reg. § 1.1502-91(e)(1)(ii); Abschnitt C 1.3.3.1.4. Es können weitere Verluste als *pre-change consolidated attributes* gelten, vgl. Abschnitt C 1.3.3.2., C 2.5.3.; Reg. § 1.1502-91(c); auch YATES/RAINEY, Rules, J. Tax'n, Vol. 85 (1996), 273; YATES u. a., Limitation, J. Tax'n, Vol. 91 (1999), 326.

[878] Vgl. zu diesem Abzugshöchstbetrag ausführlich Abschnitt C 1.3.3.1.3.

[879] Vgl. Abschnitt C 1.3.3.1.4.

[880] Vgl. Abschnitt C 1.3.3.1.5.

loss group gilt, wozu sie *consolidated attributes* besitzen muß. Dies ist insbesondere der Fall, wenn sie einen CNOL-Vortrag aufweist, im Jahr des *ownership change* einen CNOL erleidet oder einen *net unrealised built-in loss* (NUBIL) unmittelbar vor dem *ownership change* aufweist.[881]

1.3.3.1.2. Schädliche Anteilsübertragung

Eine schädliche Anteilsübertragung gemäß der *parent change method* ist bei einer *loss group* gegeben, wenn sich wie bei einer einzelnen *corporation* bei der Muttergesellschaft ein *ownership change* im Sinne von Sec. 382(g) IRC ergibt;[882] insofern gelten die Ausführungen unter Abschnitt B 1.3.2.2.3.2. Nur eine solche Veränderung in der Anteilseignerstruktur bei der Muttergesellschaft kann einen *ownership change* bei der *loss group* nach der *parent change method* auslösen; Veränderungen in der Anteilseignerstruktur bei Tochergesellschaften sind hier unbeachtlich.[883] Ist ein *ownership change* nach der *parent change method* gegeben, unterliegen sämtliche *pre-change consolidated attributes* der *consolidated section 382 limitation.*[884]

1.3.3.1.3. *Consolidated section 382 limitation*

Infolge eines *ownership change* nach der *parent change method* unterliegen bei der *loss group* ihre *pre-change consolidated attributes* einem jährlichen Abzugshöchstbetrag, der sogenannten *consolidated section 382 limitation.*[885] Der Einheitsvorstellung der *consolidated group* folgend ergibt sich diese *consolidated section 382 limitation* grundsätzlich dadurch, dass der Wert der *loss group* mit dem vom IRS monatlich veröffentlichten und zur Zeit des *ownership change* gültigen langfristigen Zinssatz für steuerfreie Schuldverschreibungen multipliziert wird.[886] Der Wert der *loss group* entspricht grundsätzlich der Summe des Verkehrswerts der ausgegebenen Aktien aller Gruppenmitglieder unmittelbar

---

[881] Vgl. Reg. § 1.1502-91(c).

[882] Vgl. Reg. § 1.1502-92(b)(1).

[883] Auch wenn bei der *parent change method* Transaktionen von Tochtergesellschaftsanteilen keine Rolle spielen, sind diese unter Umständen bei der *modified parent change method* (siehe Reg. § 1.1502-92(c)(2)) oder der *subsidiary special method* (siehe Reg. § 1.1502-96(b)) von Bedeutung, die ebenfalls einen *ownership change* bei der *consolidated group* auslösen können. Auf diese Methoden wird in vorliegender Arbeit nicht weiter eingegangen, da von einer unveränderten Gruppenstruktur mit im Zeitablauf gleichbleibenden Beteiligungsquoten ausgegangen wird.

[884] Vgl. Reg. § 1.1502-92(b)(1)(i); YATES u. a., Limitation, J. Tax´n, Vol. 91 (1999), 326; YATES, Matters, J. Tax´n, Vol. 74 (1991), 365. Unbeachtlich ist, welches Gruppenmitglied für das Vorliegen eines *consolidated attribute* verantwortlich ist und ob es bei diesem Gruppenmitglied selbst zu einem *ownership change* kommt, vgl. YATES, Matters, J. Tax´n, Vol. 74 (1991), 365.

[885] Vgl. Reg. § 1.1502-91(a)(1).

[886] Vgl. Reg. § 1.1502-93(a)(1).

vor dem *ownership change*, sofern sie nicht direkt oder indirekt von einem Gruppenmitglied gehalten werden.[887] Ein Gruppenmitglied hält indirekt eine Beteiligung an einem anderen Gruppenmitglied über ein Nichtmitglied, wenn das Mitglied mindestens eine 5 %-ige Beteiligung an dem Nichtmitglied hält;[888] eine solche Beteiligung des Nichtmitglieds ist dann nicht zu berücksichtigen. Bei der Berechnung der *consolidated section 382 limitation* bezieht sich der Begriff Anteile auf alle von den Gruppenmitgliedern ausgegebenen Aktien (*stock*), einschließlich der Vorzugsaktien im Sinne von Sec. 1504(a)(4) IRC.[889] Der Wert der *loss group* kann entsprechend der Korrekturen bei einer einzelnen *corporation* um verschiedene Zu- und Abschläge anzupassen sein, wenn dies nach den Vorschriften der Sec. 382 IRC bzw. der zugehörigen Regulations erforderlich ist.[890] Folgendes Beispiel verdeutlicht die Bewertung einer *loss group*:[891]

Das Individuum A hält sämtliche ausgegebenen Aktien (Stammaktien) an der *P-corporation*; alle von der *L-corporation* ausgegebenen Aktien (Stammaktien) werden zu 80 % von P und zu 20 % von dem Individuum B gehalten. P und L bilden eine *consolidated group*, die aufgrund eines CNOL-Vortrags eine *loss group* darstellt. A verkauft seine P-Anteile an das Individuum C, wodurch die P-Gruppe einen *ownership change* nach der *parent change method* erleidet. Unmittelbar davor haben alle P-Anteile einen Wert von 1000 US-$ und diejenigen von L einen Wert von 100 US $. Der Wert der *loss group* beträgt daher 1020 US- $, d. h. die Summe der Anteile von P und L, die nicht von Gruppenmitgliedern gehalten werden (= 1000 US $ + 20 % x 100 US-$). Wenn abgewandelt die 20 %-ige Beteiligung an L nicht von B, sondern von einer sich zu 40 % im Besitz von P befindlichen *S-corporation* gehalten wird, dann ergibt sich ein anderer Wert der *loss group*. S ist zwar vor dem Hintergrund der hierzu erforderlichen Beteiligungsquote kein Mitglied der P-Gruppe, jedoch ist P aufgrund seiner 40 %-igen Beteiligung an S (Stammaktien) allerdings indirekt an L beteiligt. Da von den ausgegebenen L-Anteilen (100 US-$) diejenigen nicht berücksichtigt werden dürfen, die direkt (80 US-$) und indirekt (8 US-$) von P gehalten werden, sind bei der Wertermittlung der P-Gruppe neben den P-Anteilen (1000 US-$) nur L-Anteile im Wert von 12 US-$ zu berücksichtigen. Folglich ergibt sich ein Wert der P-Gruppe von 1012 US-$.[892]

Wie bei der einzelnen *corporation* ist die einmal fixierte jährliche *consolidated section 382 limitation* in einem Steuerjahr zum einen um die ungenutzten *consolidated section 382 limitations* früherer Perioden[893] und zum anderen um von der Gruppe realisierte stille Reserven im Sinne der *built-in gain rule* zu erhöhen. Von der Gruppe realisierte stille Lasten im Sinne der *built-in loss rule* fallen wie

---

887 Vgl. Reg. § 1.1502-93(b)(1).
888 Vgl. Reg. § 1.1502-93(b)(1)(ii).
889 Vgl. Reg. § 1.1502-93(b)(1)(iii).
890 Vgl. Reg. § 1.1502-93(b)(2) und Abschnitt B 1.3.2.2.3.3.; SILBERBERG, Regulations, Taxes, Vol. 69 (1991), 403 f.
891 Vgl. SILBERBERG, Regulations, Taxes Vol. 69 (1991), 403.
892 Sofern P keine 40 %-ige Beteiligung an S halten würde, sondern eine Beteiligung von weniger als 5 %, wäre P nicht mehr indirekt an L beteiligt, womit der Wert der P-Gruppe erneut 1020 US-$ betragen würde.
893 Vgl. Reg. § 1.1502-93(a) und -93(e); Abschnitt B 1.3.2.2.3.3.

bei einer einzelnen *corporation* in dem jeweiligen Steuerjahr unter die *consolidated section 382 limitation* und beschränken so den Umfang einer potentiellen Geltendmachung anderer *consolidated attributes* wie eines CNOL-Vortrags.[894]

1.3.3.1.4. Einfluß der *built-in gain rule* und *built-in loss rule*

Die Anwendung der *built-in gain rule* bzw. *built-in loss rule* bei einer *consolidated group* entspricht vom Grundsatz derjenigen bei der einzelnen *corporation*, nur dass jetzt auf die Einheit der *consolidated group* abgestellt wird:[895] Die *built-in gain rule* bzw. *built-in loss rule* kommt bei einer *loss group* zur Anwendung, wenn diese einen NUBIG bzw. einen NUBIL unmittelbar vor dem *ownership change* aufweist. Zu dessen Ermittlung sind zunächst die NUBIGs und NUBILs der einzelnen zu berücksichtigenden Gruppenmitglieder zu berechnen, die anschließend zusammenzufassen sind.[896] Eine *loss group* hat dabei nur einen NUBIG bzw. NUBIL, sofern das *treshold requirement* nach Sec. 382(h)(3)(B) IRC auf konsolidierter Basis erfüllt ist, d. h., sofern die Summe der Wirtschaftsgüter der bei der NUBIG- bzw. NUBIL-Berechnung berücksichtigten Gruppenmitglieder die 15 %- bzw. US-$ 10 Millionen-Schwelle der Sec. 382(h)(3)(B) IRC übersteigt.[897] Realisiert eine *consolidated group* in einem Steuerjahr innerhalb des Fünfjahreszeitraums nach dem *ownership change built-in gains*, ist die *consolidated section 382 limitation* um die realisierten stillen Reserven zu erhöhen, wie sie zum Zeitpunkt des *ownership change* festgestellt worden sind.[898] Realisiert die Gruppe dagegen innerhalb dieses Fünfjahreszeitraums *built-in losses*, unterliegen die hierbei realisierten stillen Lasten als *pre-change consolidated attribute*, in dem Umfang wie sie zum Zeitpunkt des *ownership change* festgestellt worden sind, der *consolidated section 382 limitation*, und dies vorrangig vor ebenfalls dieser Beschränkung unterliegenden vorgetragenen *pre-change CNOLs*. Sofern die realisierten *built-in losses* eines Gruppenbesteuerungsjahres die zugehörige *consolidated section 382 limitation* übersteigen, können sie insoweit nicht in diesem Steuerjahr abgezogen werden, so dass der Verlustausgleich bei der *consolidated group* entsprechend eingeschränkt wird. Derartige nicht aus-gleichsfähige *built-in losses* können nur in folgenden Steuerjahren als

---

[894] Zu etwaigen Einschränkungen des Verlustausgleichs bei der *consolidated group*, die aus derartigen stillen Lasten resultieren können, vgl. Abschnitt C 1.3.3.1.1., C 1.3.3.1.4., C 1.3.3.1.5., C 1.3.3.2.

[895] Vgl. WACKE, Mantelkauf, 226; dazu auch Reg. § 1.1502-91(g)(1), -91(a)(1).

[896] Vgl. Reg. § 1.1502-91(g)(1); dazu auch Abschnitt B 1.3.2.2.3.4.

[897] Vgl. Reg. § 1.1502-91(g)(1); YATES u. a., Limitation, J. Tax'n, Vol. 91 (1999), 328. Demzufolge wird bei der Ermittlung der NUBIGs bzw. NUBILs der einzelnen Mitgliedskapitalgesellschaften nicht angenommen, dass kein NUBIG bzw. NUBIL vorliegt, wenn die Grenzwerte des *treshold requirement* bei der jeweiligen Gesellschaft nicht überschritten werden, vgl. hierzu Abschnitt B 1.3.2.2.3.4.

[898] Vgl. Reg. § 1.1502-93(c)(1).

Verlustvorträge unter Berücksichtigung der zugehörigen *consolidated section 382 limitation* übertragen werden.[899]

Zu beachten ist, dass bei der Ermittlung des *NUBIGs* einer *loss group* die Wirtschaftsgüter sämtlicher Gruppenmitglieder am Tag des *ownership change* zu berücksichtigen sind,[900] während bei der Ermittlung des NUBILs nur die Wirtschaftsgüter der folgenden Gruppenmitglieder von Bedeutung sind:[901] (1) Die Muttergesellschaft und alle anderen Gruppenmitglieder, die während der fünf Jahre vor dem Tag des *ownership change* mit ihr verbunden waren.[902] (2) Jedes andere Gruppenmitglied, das gegenwärtig einen NUBIL hat, sofern es der Gruppe nicht mit einem separaten NUBIL beigetreten ist. (3) Jedes andere Gruppenmitglied, das zwar mit einem NUBIL der Gruppe beigetreten ist, gegenwärtig aber einen NUBIG aufweist. Aufgrund des möglicherweise unterschiedlichen Umfangs von Wirtschaftsgütern, die bei der Berechnung des NUBIGs und des NUBILs der Gruppe zu berücksichtigen sind, kann dieselbe Gruppe sowohl einen NUBIG als auch einen NUBIL aufweisen. Werden in einem solchen Fall *built-in gains* realisiert, untersagen die Regulations jedoch, dass es aufgrund der damit verbundenen erhöhten *consolidated section 382 limitation* zu einer erweiterten Verrechnung von realisierten *built-in losses* kommt; realisierte *built-in gains* erhöhen die *consolidated section 382 limitation* ausschließlich für andere *consolidated attributes* wie CNOL-Vorträge.[903]

1.3.3.1.5. *Business continuity test*

Hat eine *loss group* einen *ownership change* nach der *parent change method* erlitten, ist sie wie eine einzelne *corporation* verpflichtet, in den nachfolgenden zwei Jahren den *business continuity test* nach Sec. 382(c)(1) IRC durchzuführen. Hierbei ist grundsätzlich auf die Einheit der *consolidated group* abzustellen (*single entity treatment*), während die einzelnen Identitäten der Gruppenmitglieder zu vernachlässigen sind.[904] Folglich ist der *business continuity test* erfüllt, wenn irgend ein Gruppenmitglied innerhalb des relevanten Zweijahreszeitraums entweder eine für die *consolidated group* wesentliche und im *ownership change* bestandene Geschäftstätigkeit bzw. einen Geschäftszweig fortführt oder einen auf die Gruppe bezogenen wesentlichen Teil der im Zeitpunkt des *ownership*

---

[899] Vgl. Abschnitt B 1.3.2.2.3.4. zur entsprechenden Situation bei der einzelnen *corporation*.

[900] Vgl. Reg. § 1.1502-91(g)(2)(i).

[901] Vgl. Reg. § 1.1502-91(g)(2)(ii), der zudem Regelungen für Mitglieder einer sogenannten *subgroup* enthält.

[902] Diese fünfjährige Verbindungsvoraussetzung wird als erfüllt angesehen, wenn ein sogenannter *fold-in event* aufgetreten ist, dazu vgl. Abschnitt C 2.5.3.1.; YATES u. a., Limitation, J. Tax'n, Vol. 91 (1999), 327.

[903] Vgl. Reg. § 1.1502-91(g)(v) i. V. m. Reg. § 1.1502-93(c)(2); YATES u. a., Limitation, J. Tax'n, Vol. 91 (1999), 327 f.

[904] Vgl. Reg. § 1.1502-93(d)(1); YATES u. a., Limitation, J. Tax'n, Vol. 91 (1999), 327; WACKE, Mantelkauf, 226.

change vorhandenen Aktiva für seine Geschäftstätigkeit weiterverwendet.[905] In diesem Fall ist weiterhin ausschließlich die bereits zuvor geltende *consolidated section 382 limitation* bei der Verrechnung der *pre-change consolidated attributes* zu beachten. Wenn dagegen der *business continuity test* negativ ausfällt, hat die *consolidated section 382 limitation* für jedes dem *ownership change* nachfolgende Steuerjahr Null zu betragen, so dass vom Grundsatz kein *consolidated attribute* nach dem *ownership change* genutzt werden kann. Diese rückwirkende Reduzierung der *consolidated section 382 limitation* auf Null gilt jedoch nicht für Erhöhungen dieses Betrags, die aus realisierten *built-in gains* resultieren, so dass insoweit vorgetragene *pre-change attributes* wie vorgetragene *pre-change CNOLs* abziehbar bleiben.[906] Dies gilt wiederum nicht für als *built-in losses* realisierte stille Lasten, da es im Allgemeinen nicht zu einem zeitgleichen Vorliegen eines für realisierte *built-in losses* erforderlichen NUBILs und eines für realisierte *built-in gains* notwendigen NUBIGs kommt oder – sofern dies zuweilen doch der Fall ist – die Erhöhungen der *consolidated section 382 limitation* durch *built-in gains* nicht zu einer erweiterten Verrechnung von *built-in losses* führt.[907]

1.3.3.2. Anwendung von Sec. 383 IRC auf die *consolidated group*

Auch im Fall der *consolidated group* kommt Sec. 383 IRC – wie auch Sec. 382 IRC – zur Anwendung, so dass eine Unterbrechung der wirtschaftlichen Identität bei der Konzerngruppe nach einem *ownership change* zu betragsmäßigen Einschränkungen bzw. Versagungen des Ausgleichs von bestimmten Veräußerungsverlusten und des Vortrags von konsolidierten Nettoveräußerungsverlustvorträgen führen kann. Wie Sec. 383 IRC auf eine *consolidated group* anzuwenden ist, wird weder im IRC noch in den Regulations ausführlich erläutert. Reg. § 1.1502-98 gibt lediglich an, dass die Vorschriften, die die Anwendung der Sec. 382 IRC auf *consolidated groups* regeln (Regs. §§ 1.1502-90 bis -99), für Zwecke der Sec. 383 IRC entsprechend anzuwenden sind, wobei zu berücksichtigen ist, dass Sec. 383 IRC für Nettoveräußerungsverluste und Absetzbeträge (*credits*) gilt.[908] Folglich sind die Ausführungen in Abschnitt C 1.3..3.1. auf die Nettoveräußerungsverluste und Steuergutschriften der Gruppenmitglieder zu übertragen, wobei auch die Ausführungen in Abschnitt B 1.3.2.3.2. zu berücksichtigen sind; auf eine nochmalige Erläuterung dieser Grundsätze wird hier

---

[905] Vgl. YATES, Matters, J. Tax'n, Vol. 74 (1991), 370; BLANCHARD, Theory, Taxes, Vol. 69 (1991), 926. Für den Fall, dass nur ein Geschäftszweig eines Gruppenmitglieds fortgeführt wird, deutet Reg. § 1.1502-93(d)(2) an, dass dieser Geschäftszweig „wesentlich" ist, wenn dessen Wert nicht deutlich unterhalb des Wertes des größten eingestellten Geschäftszweigs liegt. Daneben bestehen wenig Anhaltspunkte, was unter einem wesentlichen Geschäftszweig (*significant line of business*) zu verstehen ist, vgl. BLANCHARD, Theory, Taxes, Vol. 69 (1991), 926.

[906] Vgl. Abschnitt B 1.3.2.2.3.5 zur entsprechenden Situation bei einer einzelnen *corporation*.

[907] Vgl. den vorherigen Abschnitt.

[908] Vgl. auch YATES, Matters, J. Tax'n, Vol. 74 (1991), 365.

verzichtet. An dieser Stelle werden nur einige thesenförmige Grundsätze formuliert, die meines Erachtens beim Verlustausgleich der *consolidated group* in dieser Form zu beachten sind:

(1) Sec. 383 IRC schließt bei einer *consolidated group* nur diejenigen Veräußerungsverluste nach einem *ownership change* nach der *parent change method* vom Ausgleich ihrer Veräußerungsverluste und -gewinne aus, die im Sinne der *built-in loss rule* als *built-in capital losses* realisierte stille Lasten darstellen und die zugleich in dem jeweiligen Steuerjahr die zugehörige *section 382 limitation* übersteigen.

(2) Fällt der nach dem *ownership change* durchzuführende *business continuity test* bei der *consolidated group* negativ aus, wird der Abzug von sämtlichen als *built-in capital losses* realisierten stillen Lasten rückwirkend versagt, wodurch der Verlustausgleich der betroffenen Steuerjahre entsprechend eingeschränkt wird.

1.3.4. Stärken/Schwächen-Bewertung

Um dem Ideal der sofortigen Verlustverrechnung zu entsprechen, dürfte die Unterbrechung der wirtschaftlichen Identität bei einer Konzerngruppe keinen Einfluß auf ihren Verlustausgleich haben. Allerdings sind die in allen drei untersuchten Ländern bestehenden Mantelkaufvorschriften auch im Fall der zugehörigen Konzernbesteuerungen anzuwenden, so dass die Vorschriften – wie auch bei einer einzelnen Kapitalgesellschaft – den Verlustausgleich bei einer Konzerngruppe bei einer Unterbrechung der wirtschaftlichen Identität einschränken können. Die Stärken/Schwächen-Bewertung der Auswirkungen dieser nationalen Mantelkaufvorschriften auf den Verlustausgleich einer Konzernbesteuerung kann – wie bereits bei der entsprechenden Bewertung im Falle einer einzelnen Kapitalgesellschaft[909] – an den Gemeinsamkeiten dieser Vorschriften anknüpfen, die in der schädlichen Änderung des personalen und sachlichen Substrats bestehen. Werden aufgrund derartiger Änderungen bestimmte Verluste vom Verlustausgleich der Konzerngruppe ausgeschlossen und können sie nur auf dem Wege des Verlustvortrags geltend gemacht werden, ergeben sich somit für die Konzerngruppe nur die mit einer aufgeschobenen Verlustverrechnung verbundenen Nachteile (Zins- und Liquiditätsnachteile, Risiko des Untergangs des Verlustverrechnungspotentials),[910] womit sich der Verlustausgleich vom Ideal der sofortigen Verlustverrechnung entfernt. Nicht mit dem Ideal der sofortigen Verlustverrechnung vereinbar ist es, wenn die Geltendmachung derartiger nicht ausgleichsfähiger Verluste endgültig versagt wird, da dann das mit ihnen ver-

[909] Vgl. Abschnitt B 1.4.1.2.
[910] Vgl. Abschnitt A 4.2.

bundene Steuerminderungspotential verloren geht.[911] Sondervorschriften, die trotz der Unterbrechung der wirtschaftlichen Identität den Verlustausgleich weiterhin unverändert zulassen, führen insoweit wieder zu einer Annäherung an das Ideal der sofortigen Verlustverrechnung.

Bei der deutschen Konzernbesteuerung führt die einzelsteuerliche deutsche Mantelkaufvorschrift dazu, dass durch eine schädliche Anteilsübertragung auf der Ebene der Muttergesellschaft noch keine Einschränkung des Verlustausgleichs ausgelöst wird,[912] was vor dem Ideal der sofortigen Verlustverrechnung – wie bei der einzelnen Kapitalgesellschaft – zunächst als Stärke zu werten ist.[913] Tritt zu dieser schädlichen Änderung des personalen Substrats allerdings eine schädliche Änderung des sachlichen Substrats hinzu, ist ein etwaiger vom Beginn des Wirtschaftsjahres der schädlichen Anteilsübertragung bis zum Zeitpunkt der schädlichen Anteilsübertragung von der Organträger-Kapitalgesellschaft erzielter körperschaft- und/oder gewerbesteuerlicher Teilverlust vom Verlustausgleich der deutschen Konzernbesteuerung ausgeschlossen, wobei er endgültig verloren geht;[914] dies ist folglich – ebenfalls wie bei der einzelnen Kapitalgesellschaft – vor dem Ideal der sofortigen Verlustverrechnung als Schwäche zu werten.[915] Diese Schwäche wird durch eine existierende Sanierungsklausel wie bei der einzelnen Kapitalgesellschaft relativiert, da sie den Verlustausgleich bei der Konzernbesteuerung unter ihren jeweiligen Voraussetzungen auch bei einer Unterbrechung der wirtschaftlichen Identität unverändert gestattet.[916]

Bei der österreichischen Konzernbesteuerung führt die einzelsteuerliche österreichische Mantelkaufvorschrift dazu, dass eine durch schädliche Substratänderungen verursachte Unterbrechung der wirtschaftlichen Identität zu keiner weiteren Einschränkung des Verlustausgleichs bei der Konzerngruppe führt,[917] was damit vor dem Ideal der sofortigen Verlustverrechnung – wie bereits bei der einzelnen Kapitalgesellschaft – als Stärke zu werten ist.[918]

Bei der US-amerikanischen Konzernbesteuerung bewirkt die einzelsteuerliche US-amerikanische Mantelkaufvorschrift, dass durch eine schädliche Änderung des personalen Substrats etwaige als *built-in losses* realisierte stille Lasten vom Verlustausgleich der Konzerngruppe nur in dem Umfang vom Verlustausgleich der Konzerngruppe ausgeschlossen werden, in dem sie den aus der schädlichen Änderung des personalen Substrats resultierenden jährlichen Abzugshöchstbe-

[911] Vgl. Abschnitt A 4.2.
[912] Vgl. Abschnitt C 1.3.1.1.
[913] Vgl. Abschnitt B 1.4.1.2.
[914] Vgl. Abschnitt C 1.3.1.1.
[915] Vgl. Abschnitt B 1.4.1.2.
[916] Vgl. Abschnitt C 1.3.1.1.; dazu auch Abschnitt B 1.1.2.3.1., B 1.1.2.3.4.
[917] Vgl. Abschnitt C 1.3.2.
[918] Vgl. Abschnitt B 1.4.1.2.

trag für zuvor entstandene und anschließend geltend gemachte Verluste übersteigen; da derartige als Betriebs- oder Veräußerungsverluste geltende stille Lasten nur auf dem Wege des Verlustvortrags geltend gemacht werden können,[919] entfernt sich auf diese Weise der Verlustausgleich vom Ideal der sofortigen Verlustverrechnung, was – wie bei der einzelnen Kapitalgesellschaft – als Schwäche zu werten ist.[920] Kommt es nach der schädlichen Änderung des personalen Substrats zusätzlich zu einer schädlichen Änderung des sachlichen Substrats, wird die Geltendmachung von sämtlichen als *built-in losses* realisierten stillen Lasten rückwirkend auf den Zeitpunkt der schädlichen Änderung des personalen Substrats versagt, was insofern den Verlustausgleich bei der Konzerngruppe in den jeweiligen Steuerjahren einschränkt.[921] Derartige vom Verlustausgleich ausgeschlossene Betriebs- oder Veräußerungsverluste gehen auf diese Weise endgültig unter, so dass diese Folge der US-amerikanischen Mantelkaufvorschrift vor dem Ideal der sofortigen Verlustverrechnung – wie bereits bei der einzelnen Kapitalgesellschaft – als Schwäche zu werten ist.[922] Eine Relativierung der letztgenannten Schwäche ergibt sich aufgrund der bei der Feststellung einer schädlichen Änderung des sachlichen Substrats von der einzelsteuerlichen Mantelkaufvorschrift zugelassenen Flexibilität bei betriebswirtschaftlichen Maßnahmen bzw. der damit verbundenen geringeren Wahrscheinlichkeit des Vorliegens einer schädlichen Änderung des sachlichen Substrats bei der Konzerngruppe.[923] Da desweiteren konzernsteuerliche Vorschriften vorschreiben, dass die US-amerikanische Mantelkaufvorschrift auf die gesamte Einheit der Konzerngruppe zu beziehen ist, kann es dadurch zu weiteren Annäherungen an bzw. Entfernungen von dem Ideal der sofortigen Verlustverrechnung kommen, da neben den Verhältnissen der Muttergesellschaft auch auf die Verhältnisse der Tochtergesellschaften abzustellen ist (Annäherung: Der jährliche Abzugshöchstbetrag kann sich durch die zusätzliche Berücksichtigung von Tochtergesellschaftsanteilen erhöhen.[924] Entfernung: Auch die stillen Lasten der Tochtergesellschaften sind bei der Berechnung eines etwaigen NUBILs zu berücksichtigen[925]). Vor dem Ideal der sofortigen Verlustverrechnung sind die jeweiligen konzernsteuerlichen Vorschriften damit jeweils als Stärke oder Schwäche zu werten.

Da der Verlustausgleich einer Konzernbesteuerung bei einer Unterbrechung der wirtschaftlichen Identität aufgrund der jeweiligen einzelsteuerlichen Mantelkaufvorschrift in Deutschland und in den USA eingeschränkt werden kann, nicht dagegen in Österreich, stellt sich der Verlustausgleich unter diesem Aspekt bei

---

[919] Vgl. Abschnitt C 1.3.3.1.1., C 13314, C 1.3.3.2.
[920] Vgl. Abschnitt B 1.4.1.2.
[921] Vgl. Abschnitt C 1.3.3.1.1., C 1.3.3.1.5., C 1.3.3.2.
[922] Vgl. Abschnitt B 1.4.1.2.
[923] Vgl. Abschnitt C 1.3.3.1.5. i. V. m. Abschnitt C 1.3.3.1.1. und B 1.3.2.2.3.5.
[924] Vgl. Abschnitt C 1.3.3.1.3.
[925] Vgl. Abschnitt C 1.3.3.1.4.

der österreichischen Konzernbesteuerung vorteilhafter dar als bei der deutschen und US-amerikanischen Konzernbesteuerung.

1.4. Verluste und Beteiligungsbuchwert

1.4.1. Deutschland

Im Bereich der Körperschaftsteuer sind Teilwertabschreibungen auf Organgesellschaftsbeteiligungen bei einer Organträger-Kapitalgesellschaft nach § 8b Abs. 3 Satz 3 KStG steuerlich nicht zu berücksichtigen, womit auch die von der Organgesellschaft erzielten Verluste während der Organschaft nicht auf dem Wege einer Minderung des zugehörigen Beteiligungsbuchwerts bei einer Organträger-Kapitalgesellschaft geltend gemacht werden (können).[926] Dies ist auch sachgerecht, weil Verluste einer Organgesellschaft deshalb kein Grund für eine Teilwertabschreibung sein können, weil der Organträger aufgrund des Gewinnabführungsvertrags zum Ausgleich der Verluste der Organgesellschaft verpflichtet ist, womit der für die Bewertung des Vermögens maßgebliche Substanzwert regelmäßig unverändert bleibt.[927] Auf diese Weise wird verhindert, dass sich die Verluste einer Organgesellschaft beim Organträger doppelt auswirken, nämlich über die Zurechnung des steuerlichen Verlusts und über eine Teilwertabschreibung.[928] Auch gewerbesteuerlich sind Teilwertabschreibungen auf eine Organgesellschaftsbeteiligung bei einer Organträger-Kapitalgesellschaft nicht zulässig, so dass sich ein zugerechneter Gewerbeverlust einer Organgesellschaft beim Organträger auf dem Wege einer zusätzlichen Beteiligungsbuchwertminderung nicht doppelt auswirken kann.[929]

1.4.2. Österreich

Nach § 9 Abs. 7 Satz 1 öKStG sind bei der Gewinnermittlung des Gruppenträges Abschreibungen auf den niedrigeren Teilwert einer Beteiligung an einem Gruppenmitglied nicht abzugsfähig und damit steuerneutral. Daher können die dem Gruppenträger zugerechneten und damit in der Unternehmensgruppe steuerlich verwerteten Verluste eines Gruppenmitglieds nicht ein weiteres Mal auf dem Wege einer Beteiligungsbuchwertabschreibung verwertet werden, auch wenn derartige Verluste den Wert der zugehörigen Beteiligung vermindern.

---

[926] Vgl. § 8b Abs. 3 Satz 2 KStG; ORTH, Reformstufe, DB 2002, 813; FROTSCHER, in: Frotscher/Maas, KStG, § 14 KStG, Rn. 291; HERLINGHAUS, in: Herzig, Organschaft 135.

[927] Vgl. BFH-Urteil vom 17.09.1969, I 170/65, BStBl. II 1970, 48 f.; FROTSCHER, in: Frotscher/Maas, KStG, § 14 KStG, Rn. 292.

[928] Vgl. dazu WITT, Organschaft, 165, Rn. 145.

[929] Vgl. § 7 Satz 1 GewStG; SARRAZIN, in: Lenski/Steinberg, GewStG, § 2 GewStG, Rn. 3043; ORTH, Reformstufe, DB 2002, 813; MONTAG, in: Herzig, Organschaft, 298.

Damit dient diese Regelung des § 9 Abs. 7 Satz 1 öKStG der Vermeidung einer steuerlichen Doppelverwertung von Verlusten der Gruppenmitglieder.[930]

1.4.3. USA

1.4.3.1. Grundsätze

Abschreibungen auf einen niedrigeren Teilwert im Sinne des deutschen § 6 Abs. 1 Nr. 1 Satz 2, Nr. 2 Satz 2 EStG sind dem US-amerikanischen Steuerrecht unbekannt. Gemäß Sec. 165(a) IRC können Wertverluste generell erst dann steuerlich angesetzt werden, wenn sie realisiert sind, was wiederum insbesondere dann der Fall ist, wenn das jeweilige Wirtschaftsgut veräußert ist.[931] Vor diesem Hintergrund ist es folglich der Muttergesellschaft einer *consolidated group* nicht möglich, den Verlust einer Tochtergesellschaft mittelbar über eine Teilwertabschreibung der zugehörigen Beteiligung geltend zu machen.

Da der Verlust einer Tochtergesellschaft ihren Substanzwert und damit auch ihren späteren Veräußerungserlös mindert, könnte die Muttergesellschaft aufgrund eines beizubehaltenden Beteiligungsbuchwerts bei der späteren Veräußerung der Beteiligung den früher während der laufenden Besteuerung bereits genutzten Verlust noch einmal verwerten. Zur Vermeidung einer derartigen Situation enthalten die Regulations die sogenannten *investment basis adjustments*-Vorschriften (IBA-Vorschriften),[932] die eine *consolidated group* generell zu beachten hat. Sie sollen allerdings nicht nur die mehrfache Berücksichtigung der von den Tochtergesellschaften erwirtschafteten Verluste, sondern umgekehrt auch die mehrfache Berücksichtigung ihrer Gewinne im Rahmen der Besteuerung der *consolidated group* verhindern.[933]

1.4.3.2. Wertberichtigungen aufgrund der *investment basis adjustments*-Vorschriften

Zur Vermeidung einer solchen mehrfachen Gewinn- und Verlustberücksichtigung legen die IBA-Vorschriften fest, dass die Muttergesellschaft einer *consoli-*

---

[930] Vgl. WIESNER/KIRCHMAYR/MAYR, Gruppenbesteuerung, 11, 141 f. Die Vorschrift des § 9 Abs. 7 Satz 1 öKStG gilt nicht nur für Beteiligungen an Gruppenmitgliedern bei dem Gruppenträger, sondern auch für Beteiligungen von beteiligten Körperschaften an Beteiligungskörperschaften.

[931] Vgl. KROSCHEL, Amerika, 203 ff., der auch auf einige wenige Ausnahmen von der grundsätzlich nicht vorgesehenen Möglichkeit von Teilwertabschreibungen im US-amerikanischen Steuerrecht eingeht.

[932] Vgl. Reg. § 1.1502-32. Auf eine ausführliche Darstellung der IBA- und ELA-Regelungen wird an dieser Stelle verzichtet. Ausführlichere Erläuterungen finden sich u. a. bei BITTKER/EUSTICE, Taxation, Chapter 13, 154 bis 159, 182 f.; WUDERNITZ, Konzernbesteuerung, 171-173; Beispiele finden sich u. a. bei KROSCHEL, Unterschiede, 461.

[933] Vgl. BITTKER/EUSTICE, Taxation, Chapter 13, 149.

dated group flexible Buchwerte ihrer jeweiligen Tochtergesellschaftsbeteiligungen (*floating adjusted basis*) führt, wobei sie grundsätzlich am Ende eines jeden Steuerjahres während der konsolidierten Besteuerung Buchwertberichtigungen vorzunehmen hat. Diese berichtigten Beteiligungsbuchwerte beeinflus-sen das Einkommen der Muttergesellschaft und damit auch die Steuerschuld der *consolidated group* allerdings solange nicht, bis es nicht zu einer Veräußerung zugehöriger Anteile kommt.[934] Die *IBA*-Vorschriften unterscheiden positive und negative Anpassungen, wie das folgende vereinfachte Schema zur Berechnung der Buchwertanpassung verdeutlicht:[935]

	Buchwert (*adjusted basis*) zu Beginn des Steuerjahres
+ / –	*taxable income* bzw. *taxable loss* der Tochtergesellschaft, das anteilig auf die Beteiligung der Muttergesellschaft entfällt[936]
+	anteilige steuerfreie Einkommensteile,[937] wie z. B. steuerfreie Zinsen auf Anleihen der Einzelstaaten und Gemeinden oder Dividenden von anderen Mitgliedern der *affiliated group*[938]
–	anteilige nichtabzugsfähige Ausgaben, die keine Kapitalzuschüsse sind,[939] wie z. B. Ausgaben im Zusammenhang mit steuerfreien Einnahmen
–	Gewinnausschüttungen an die Muttergesellschaft[940]
=	Buchwert (*adjusted basis*) zum Ende des Steuerjahres[941]

Bei dem *taxable income* bzw. *taxable loss* der Tochtergesellschaft handelt es sich um den Beitrag der Gesellschaft zum konsolidierten zu versteuernden Einkommen der Gruppe in dem jeweiligen Steuerjahr, wobei Verluste grundsätzlich insoweit zu berücksichtigen sind, als sie von der Gesellschaft selbst oder von anderen Mitgliedern in dem jeweiligen Steuerjahr oder in einem früheren Steuerjahr mittels Rücktrag verrechnet werden. Im Gegensatz zu rückgetragenen

934 Vgl. KESSEL, Konzernbesteuerung, 190. Eine Berücksichtigung bei der Einkommensermittlung kann sich auch ergeben aufgrund des Ausscheidens der jeweiligen Tochter- oder der Muttergesellschaft aus der *consolidated group*, aufgrund des Wertloswerdens der Anteile oder der Beendigung der Konzernbesteuerung insgesamt, vgl. auch KESSEL, Konzernbesteuerung, 190.

935 Vgl. auch KROSCHEL, Amerika, 460; WUDERNITZ, Konzernbesteuerung, 169 f.

936 Vgl. Reg. § 1.1502-32(b)(2)(i), -32(b)(3)(i).

937 Vgl. Reg. § 1.1502-32(b)(2)(ii), -32(b)(3)(ii).

938 Vgl. Reg. § 1.1502-14(a)(1).

939 Vgl. Reg. § 1.1502-32(b)(2)(iii), -32(b)(3)(iii).

940 Vgl. Reg. § 1.1502-32(b)(2)(iv).

941 Wie im Berechnungsschema dargestellt, haben die jeweiligen Buchwertanpassungen entsprechend des jeweiligen Beteiligungsumfangs zu erfolgen, vgl. dazu im einzelnen Reg. § 1.1502-32(a)(3)(i), -32(c), wonach bei der Buchwertberichtigung zudem zwischen *common stock* und *preferred stock* zu differenzieren ist. Eine wesentliche Konsequenz dieser anteiligen Buchwertanpassungen ist die Folgende: Ist die Muttergesellschaft nur zu 80 % an der Tochtergesellschaft beteiligt, dann werden zwar 100 % des positiven oder negativen Einkommens der Tochtergesellschaft konsolidiert, wohingegen allerdings die positiven und negativen Korrekturen des Beteiligungswertes an dieser Stelle nur 80 % betragen. Dies wirkt sich positiv bei Verlustgesellschaften und negativ bei Gewinngesellschaften aus, wie schon BEUSCH, Konzerne, in: FS für Werner Flume, 29 f., feststellte.

Verlusten sind vorgetragene Verluste nicht im Entstehungsjahr, sondern im späteren Verrechnungsjahr zu berücksichtigen.[942] Für die Verrechnung von Nettoverlusten einer Tochtergesellschaft bedeutet dies konkret folgendes: Entstehen einer Tochtergesellschaft in einem Steuerjahr Nettoverluste wie ein NOL oder Nettoveräußerungsverlust und wird ein solcher Nettoverlust mit anderem Gruppeneinkommen ausgeglichen, ist der Buchwert entsprechend zu mindern.[943] Ist kein (vollständiger) Ausgleich möglich und entsteht beim Verlustausgleich der Gruppe insgesamt ein NOL (*consolidated net operating loss* (CNOL)) oder Nettoveräußerungsverlust (*consolidated net capital loss*),[944] dann ist bei der Verrechnung des anteiligen Nettoverlustes der Tochtergesellschaft wie folgt zu unterscheiden: In dem Umfang, in dem dieser rückgetragen wird, mindert er den Beteiligungsbuchwert in dem jeweiligen Entstehungsjahr; in dem Umfang, in dem er vorgetragen wird, ergeben sich in dem jeweiligen Steuerjahr keine Auswirkungen auf den Beteiligungsbuchwert.[945] Werden frühere (anteilige) Nettoverluste der Tochtergesellschaft in das betrachtete Steuerjahr vorgetragen, ist der Beteiligungsbuchwert ebenfalls entsprechend zu vermindern.

1.4.3.3. Besonderheit des *excess loss accounts*

Nach den IBA-Vorschriften können erforderliche negative Buchwertanpassungen, wie zum Beispiel aufgrund verrechneter Verluste, dazu führen, dass ein Beteiligungsbuchwert nicht nur bis Null zu mindern ist, sondern dass dieser darüber hinaus auch auf einen negativen Wert absinken kann. In Höhe des entstehenden negativen Wertansatzes der Tochtergesellschaftsbeteiligung bei der Muttergesellschaft ist dann ein sogenannter *excess loss account* (ELA) zu bilden,[946] dessen Zweck in der Herstellung der korrekten Einmalbesteuerung von Gewinnen innerhalb der *consolidated group* besteht.[947] Der *excess loss account* stellt einen potentiellen Einkommensbestandteil der Muttergesellschaft dar, wobei dieser Gewinn im Falle der Veräußerung der zugehörigen Anteile zu realisieren ist.[948]

---

[942] Vgl. Reg. § 1.1502-32(b)(3)(i); auch BITTKER/EUSTICE, Taxation, Chapter 13, 179 f. Zu beachten ist, dass der Verfall von Verlustvorträgen (NOL- und Nettoveräußerungsverlustvorträgen) eine entsprechende negative Anpassung des Buchwertes bewirkt, vgl. Reg. § 1.1502-32(b)(3)(iii)(A); BITTKER/EUSTICE, Taxation, Chapter 13, 180.

[943] Vgl. dazu das Beispiel bei KROSCHEL, Amerika, 461.

[944] Zum Begriff des CNOL und des konsolidierten Nettoveräußerungsverlusts bzw. der Verlustaufteilung auf einzelne Gruppenmitglieder vgl. die Abschnitte C 2.1.3., C 2.3.3.

[945] Vgl. das Beispiel 2 in Reg. § 1.1502-32(b)(5)(ii) für den Abzug eines anteiligen CNOLs und das Beispiel bei BITTKER/EUSTICE, Taxation, Chaper 13, 188, für den Abzug eines Nettoveräußerungsverlusts.

[946] Vgl. Reg. § 1.1502-32(a)(3)(ii), -19(a)(2).

[947] Vgl. KROSCHEL, Amerika, 461.

[948] Eine Realisation kann sich auch ergeben durch eine Liquidation, das Wertloswerden der Anteile, die Beendigung der konsolidierten Besteuerung und den Austritt der jeweiligen Tochtergesellschaft aus der *consolidated group*, vgl. Reg. § 1.1502-19(c); WUDERNITZ,

1.4.4. Stärken/Schwächen-Bewertung

Beteiligungsbuchwertabschreibungen stellen eine Möglichkeit dar, indirekt die Verluste einer Tochterkapitalgesellschaft bei einer Mutterkapitalgesellschaft interpersonell zu verwerten.[949] Um dem Ideal der sofortigen Verlustverrechnung hinsichtlich derartiger Abschreibungen im Rahmen einer Konzernbesteuerung zu entsprechen, muß der Verlust einer Tochterkapitalgesellschaft im Verlustentstehungsjahr über eine entsprechende steuerliche Abschreibung ihres Beteiligungsbuchwerts bei der Mutterkapitalgesellschaft möglich sein, da andernfalls das mit dem Verlust verbundene Steuerminderungspotential nicht auf dem Wege der Abschreibung indirekt genutzt werden kann. In keinem der drei untersuchten Länder ist es im Rahmen der Konzernbesteuerung möglich, dass die Mutterkapitalgesellschaft einen von einer Tochterkapitalgesellschaft erlittenen Verlust auf dem Wege der Teilwertabschreibung indirekt verwerten kann; dies beruht teilweise auf allgemeinen Vorschriften (Deutschland, USA),[950] aber teilweise auch auf konzernsteuerlichen Vorschriften (Österreich).[951] Da in diesem Bereich die Verlustverrechnungsvorschriften in allen drei Ländern folglich nicht dem Ideal der sofortigen Verlustverrechnung entsprechen, sind sie in allen drei Ländern als Schwäche zu werten.

2. Verlustabzug bei einer auf das Inland beschränkten unveränderten Gruppenstruktur

2.1. Grundsätze des Verlustabzugs

2.1.1. Deutschland

Körperschaftsteuerlich bzw. gewerbesteuerlich erleidet ein Organkreis einen Gruppenverlust, wenn sich nach der Zusammenfassung der Einkommen bzw. Gewerbeerträge der Organschaftsmitglieder beim Organträger in einem Veranlagungszeitraum ein negativer Gesamtbetrag der Einkünfte bzw. ein negativer Gewerbeertrag ergibt.[952] Unabhängig davon, ob dieser Gruppenverlust auf dem negativen Einkommen bzw. Gewerbeertrag einer oder mehrerer Organgesellschaften oder/und des Organträgers basiert, kann er ausschließlich vom Organträger gemäß § 10d EStG bzw. § 10a GewStG in anderen Veranlagungszeiträumen abgezogen werden, weil die von den Organgesellschaften dem Organträger unwiderruflich zugerechneten Verluste als Bestandteile seines Einkommens

---

Konzernbesteuerung, 172; BITTKER/EUSTICE, Taxation, Chapter 13, 154. Auf die Darstellung weiterer Einzelheiten wird an dieser Stelle verzichtet.

[949] Vgl. z. B. HEINSEN, Verlustpolitik, 132.

[950] Vgl. Abschnitt C 1.3.1. bzw. C 1.3.3.

[951] Vgl. Abschnitt C 1.3.2.

[952] Vgl. Abschnitt B 2.1.4.1.3., B 2.1.4.2.1.

bzw. Gewerbeertrags angesehen werden.[953] Erzielt demzufolge eine Organgesellschaft während des Bestehens der Organschaft in einem Veranlagungszeitraum ein negatives Einkommen bzw. einen negativen Gewerbeertrag, ist der Abzug eines solchen Verlusts bei der jeweiligen Organgesellschaft selbst in anderen Steuerjahren unzulässig; derartige dem Organträger zugerechnete Verluste können nur auf seiner Ebene als Gruppenverlust nach § 10d EStG bzw. § 10a GewStG abgezogen werden.[954]

Gemäß § 10d EStG kann ein körperschaftsteuerlicher Gruppenverlust vom Organträger zeitlich beschränkt ein Jahr rückgetragen bzw. zeitlich unbeschränkt vorgetragen werden. Dagegen kann gemäß § 10a GewStG ein gewerbesteuerlicher Gruppenverlust vom Organträger zwar nicht rückgetragen, aber ebenfalls zeitlich unbeschränkt vorgetragen werden.[955] Da aus den ebenfalls beim Abzug der Gruppenverluste zu beachtenden betragsmäßigen Beschränkungen des § 10d EStG bzw. § 10a GewStG Mindestbesteuerungen der Organschaft resultieren, werden diese gemäß der Systematik des Abzugskapitels C 2. erst im nachfolgenden Abschnitt C 2.2. behandelt.

Sofern eine Organträger-Kapitalgesellschaft während der Organschaft Verluste nach §§ 15 Abs. 4, 15a, 15b EStG erwirtschaftet, die im körperschaftsteuerlichen Bereich den in Ab-schnitt B 1.1.2.4. erläuterten einkunftsquellenbezogenen Sonderregelungen unterliegen, und derartige Verluste nach Maßgabe der jeweiligen einzelsteuerlichen Regelung in anderen Organschaftsjahren beteiligungs- bzw. einkunftsquellenbezogen abzuziehen sind, kann ein derartiger Abzug – wie bei einer einzeln besteuerten Kapitalgesellschaft – im Rahmen der Ermittlung ihres Gesamtbetrags der Einkünfte (und damit vorrangig vor der Zurechnung von Einkommen der Organgesellschaft(en) und dem allgemeinen Verlustabzug nach § 10d EStG) erfolgen.[956] Inwiefern derartige Verluste bei der Organgesellschaft abzuziehen sind, ist nicht eindeutig: § 15 Nr. 1 KStG, nach der bei einer Organgesellschaft ein Verlustabzug im Sinne des § 10d EStG nicht zulässig ist, könnte eine solche Verlustberücksichtigung untersagen. Da sich diese Vorschrift nach Ansicht des Schrifttums jedoch ausschließlich auf Verluste bezieht, die in Zeiten vor und nach der Organschaft entstanden sind und während der Organ-

---

[953] Vgl. hierzu HERLINGHAUS, in: Herzig, Organschaft, 133; SCHMIDT/MÜLLER/ STÖCKER, Organschaft, Rz. 515; ECKSTEIN, Deutschland, CDFI 2004, Band 89b, 305 f.; ORTH, in: Herzig, Organschaft, 174; RÖDDER, Begründung, Stbg 1998, 293; WITT, Organschaft, 363, Rn. 22; STÄUBER/SARRAZIN, in: Lenski/Steinberg, GewStG, § 10a GewStG, Rn. 105.

[954] Vgl. hierzu SCHMDT/MÜLLER/STÖCKER, Organschaft, Rz. 515; FROTSCHER, in: Frotscher/Maas, KStG, § 14 KStG, Rn. 274; dazu auch RÖDDER, Begründung, Stbg 1998, 293.

[955] Vgl. Abschnitt B 1.1.2.1.

[956] Vgl. zur Stufe der Berücksichtigung solcher Verluste FROTSCHER, in: Frotscher/Maas, KStG, § 7 KStG, Rn. 9.

schaft abgezogen werden könnten,[957] und da sich zudem die Finanzverwaltung in den Richtlinien nur auf derartige vororganschaftliche Verluste bezieht,[958] kann meines Erachtens davon ausgegangen werden, dass § 15 Nr. 1 KStG den zuvor geschilderten einkunfts- bzw. beteiligungsbezogenen Verlustabzug während des Bestehens der Organschaft bei einer Organgesellschaft nicht begrenzt.[959] Allerdings ist hier ein einkunftsquellenbezogener Rücktrag bereits aufgrund der Ermittlungssystematik des Organschaftseinkommens ausgeschlossen, da frühere Einkommen einer Organgesellschaft dem Organträger unwiederbringlich zugerechnet worden sind,[960] so dass keine verrechenbaren beteiligungs- bzw. einkunftsquellenbezogenen Einkünfte bei einer Organgesellschaft in früheren Organschaftsjahren mehr vorliegen können.

2.1.2. Österreich

Eine österreichische Unternehmensgruppe erleidet einen Gruppenverlust, wenn sich nach der Zusammenfassung der Einkommen aller Mitgliedskörperschaften beim Gruppenträger in einem Veranlagungszeitraum ein negatives (Gesamt-) Einkommen ergibt.[961] Unabhängig davon, ob dieser Gruppenverlust auf dem negativen Einkommen einer oder mehrerer Gruppenmitglieder oder/und des Gruppenträgers basiert, kann er ausschließlich vom Gruppenträger im Sinne des § 18 Abs. 6 öEStG in andere Veranlagungszeiträume vorgetragen werden, weil etwaige Verluste einzelner Gruppenmitglieder dem Gruppenträger unwiderruflich zugerechnet werden.[962] Erzielt demzufolge ein Gruppenmitglied während des Bestehens der Unternehmensgruppe in einem Veranlagungszeitraum ein negatives Einkommen, ist der Vortrag eines solchen Verlusts bei dem jeweiligen Gruppenmitglied selbst unzulässig.[963] Gemäß § 8 Abs. 4 Satz 1 öKStG i. V. m. § 18 Abs. 6 öEStG kann ein Gruppenverlust vom Gruppenträger zwar nicht rückgetragen, jedoch zeitlich unbeschränkt vorgetragen werden. Die Verrechnung eines vorgetragenen Gruppenverlusts in einem späteren Veranlagungszeitraum ist nur insoweit möglich, als dass ein positives Gesamtergebnis aus der Zusammenfassung der Einkommen der Gruppenmitglieder und des Einkommens des Gruppenträgers (vor Abzug der Sonderausgaben) resultiert.[964]

---

[957] Vgl. FROTSCHER, in: Frotscher/Maas, KStG, § 15 KStG, Rn. 3, 7, 10.

[958] R 64 Satz 1 KStR.

[959] Ein Verlustabzug „im Sinne des" § 10d EStG könnte meines Erachtens zudem eine Minderung des Gesamtbetrags der Einkünfte voraussetzen, was bei dem Abzug der hier betrachteten Verluste nicht der Fall wäre, so dass auch aus diesem Grund die Vorschrift des § 15 Nr. 1 KStG nicht anwendbar wäre.

[960] Vgl. den ersten Absatz dieses Abschnitts.

[961] Vgl. Abschnitt B 2.2.4.4.

[962] Vgl. öBMF-Erlass vom 23.02.2005, 010216/0031 – IV/6/2005, Abschnitt 6.2.1.3.

[963] Vgl. WIESNER/KIRCHMAYR/MAYR, Gruppenbesteuerung, 101.

[964] Vgl. öBMF-Erlass vom 23.02.2005, 010216/0031 – IV/6/2005, Abschnitt 6.7; WIESNER/KIRCHMAYR/MAYR, Gruppenbesteuerung, 138 f.

Sofern Wartetastenverluste nach § 2 Abs. 2a TS 1 öEStG, für deren Abzug eine einkunftsquellenbezogene Sonderregelung gilt, bei einer Mitgliedskapitalgesellschaft im Rahmen der separaten Einkommenermittlung abzugsfähig sind, hat ein derartiger Abzug in dieser Weise zu erfolgen und damit vorrangig vor der Zusammenfassung aller Einkommen auf Ebene des Gruppenträgers und auch etwaiger vorgetragener Gruppenverluste.[965]

2.1.3. USA

2.1.3.1. Konsolidierte Nettobetriebsverluste

Eine *consolidated group* erleidet einen Gruppenverlust im Sinne eines konsolidierten Nettobetriebsverlusts (*consolidated net operating loss* (CNOL)), wenn ihr in einem Steuerjahr ein negatives konsolidiertes zu versteuerndes Einkommen im Sinne von Reg. § 1.1502-11(a) entsteht, wobei jedoch NOLs der Gruppenmitglieder aus anderen Steuerjahren unberücksichtigt bleiben.[966] Ein *CNOL* beruht damit auf der Summe der einzelnen nach Reg. § 1.1502-12 korrigierten positiven und negativen zu versteuernden Einkommen (*separate taxable incomes*) der Gruppenmitglieder, die um die auf konsolidierter Basis zu ermittelnden Beträge (bis auf die *CNOL deduction*) zu ergänzen ist.[967] Die *CNOL deduction* beschreibt die in einem bestimmten Gruppenbesteuerungsjahr abzugsfähige Summe der Nettobetriebsverlustrückträge und -vorträge (*NOL carrybacks* bzw. *NOL carryovers*), wozu sowohl aus Gruppenbesteuerungsjahren rück- und vorgetragene CNOLs als auch rück- und vorgetragene NOLs der Gruppenmitglieder aus Einzelsteuerjahren, d. h. Jahren vor der Gruppenbesteuerungsbegründung bzw. ihrem Gruppenbeitritt sowie Jahren nach der Gruppenbesteuerungsauflösung bzw. ihrem Gruppenaustritt, zählen.[968]

Der Abzug eines CNOLs bei einer *consolidated group* erfolgt vom Grundsatz entsprechend dem Abzug eines NOLs bei der einzelnen *corporation* nach Sec. 172 IRC:[969] Ein CNOL kann prinzipiell betragsmäßig unbeschränkt 2 Jahre rück- und 20 Jahre vorgetragen werden und mindert im Rahmen der *CNOL deduction* das konsolidierte zu versteuernde Einkommen anderer Gruppenbesteuerungsjahre, sofern er in diese übertragen wird. Ein CNOL ist dabei grundsätzlich

---

[965] Vgl. öBMF-Erlass vom 23.02.2005, 010216/0031 – IV/6/2005, Abschnitt 6.2.1.1 und 6.7; WIESNER/KIRCHMAYR/MAYR, Gruppenbesteuerung, 99 f. und 138.

[966] Vgl. Reg. § 1.1502-21(e) i. V. m. Reg. § 1.1502-21(a).

[967] Vgl. die Abschnitte B 2.3.4.1. und B 2.3.4.2.

[968] Vgl. Reg. § 1.1502-21(a). Zur Nutzung von NOLs aus Einzelsteuerjahren in Gruppenbesteuerungsjahren vgl. Abschnitt C 2.4.3.

[969] Vgl. Reg. § 1.1502-21(b)(1); KAHN/LEHMANN, Taxation, 1113; COLLINS/GARRETT/TUCKER, Returns, J. Corp. Tax'n, Vol. 81 (1996), 83; dazu auch die Ausführungen in Abschnitt B 1.3.2.2.1.

frühmöglichst zu verrechnen.[970] Auf den Rücktrag eines CNOLs kann in einer von der Muttergesellschaft unterzeichneten Erklärung vollumfänglich verzichtet werden.[971] CNOLs aus mehreren Steuerjahren sind in der Reihenfolge ihrer Entstehung zu berücksichtigen;[972] die ältesten CNOLs gelten dabei als zuerst verrechnet. Erwirtschaftet ein Mitglied einer *consolidated group* in einem Gruppenbesteuerungsjahr einen separaten NOL, kann dieser nicht einzeln von diesem Mitglied in anderen Steuerjahren abgezogen werden.[973]

2.1.3.2. Konsolidierte Nettoveräußerungsverluste

Neben einem konsolidierten Nettobetriebsverlust kann eine *consolidated group* einen konsolidierten Nettoveräußerungsverlust (*consolidated net capital loss*) in einem Gruppenbesteuerungsjahr erwirtschaften, und zwar dann, wenn und insofern aus den Saldierungen der Veräußerungsgewinne und -verluste ihrer Gruppenmitglieder insgesamt ein Veräußerungsverlust resultiert;[974] bei diesen Saldierungen bleiben rück- und vorgetragene Nettoveräußerungsverluste aus Einzelsteuerjahren und Gruppenbesteuerungsjahren generell unberücksichtigt.[975] Der Abzug eines konsolidierten Nettoveräußerungsverlusts bei einer *consolidated group* erfolgt vom Grundsatz entsprechend dem Abzug eines Nettoveräußerungsverlusts bei der einzelnen *corporation* im Sinne von Sec. 1212 IRC:[976] Ein konsolidierter Nettoveräußerungsverlust kann daher – unter Berücksichtigung der einkunftsquellenübergreifenden Verlustverrechnungsbeschränkung nach Sec. 1211(a) IRC[977] – drei Jahre rückgetragen und fünf Jahre vorgetragen werden, wobei eine frühmöglichste Verrechnung geboten ist, ein Rücktrag aber nicht zu einem CNOL führen bzw. einen solchen vergrößern darf. Innerhalb der genannten Fristen nicht verrechnete konsolidierte Nettoveräußerungsverluste verfallen. Beim Abzug in einem Gruppenbesteuerungsjahr wird ein rück- oder vorgetragener konsolidierter Nettoveräußerungsverlust als kurzfristiger Veräußerungsverlust in die Saldierungen der Veräußerungsgewinne und -verluste dieses Jahres einbezogen, wobei das *consolidated capital gain net income* dieses Jahres entsprechend gemindert wird.

---

[970] So auch COLLINS/GARRETT/TUCKER, Returns, J. Corp. Tax'n, Vol. 81 (1996), 83.

[971] Vgl. Reg. § 1.1502-21(b)(3)(i).

[972] Vgl. Reg. § 1.1502-21(b)(1).

[973] Ähnlich WUDERNITZ, Konzernbesteuerung, 179. Das Mitglied kann allerdings unter bestimmten Voraussetzungen seinen Anteil an einem CNOL in Einzelsteuerjahre rück- bzw. vortragen, vgl. Abschnitt C 2.3.3.1.

[974] Vgl. Reg. § 1.1502-22(a) und -22(e); dazu auch Abschnitt C 1.1.2.1. Auch ist ein etwaiger *consolidated net section 1231 gain* als langfristiger Veräußerungsgewinn grundsätzlich Bestandteil dieser Saldierung, vgl. Reg. § 1.1502-22(a); Abschnitt C 1.1.3.2. Recharakterisierungsvorschriften können jedoch zu einer davon abweichenden Behandlung führen.

[975] Vgl. Reg. § 1.1502-22(e). Zur Berücksichtigung von Nettoveräußerungsverlusten aus Einzelsteuerjahren vgl. Abschnitt C 2.4.3.

[976] Vgl. Reg. § 1.1502-22(b)(1) und -22(b)(2); dazu auch Abschnitt B 1.3.2.3.1.2.

[977] Vgl. Abschnitt B 1.3.2.3.1.1.

2.1.4. Stärken/Schwächen-Bewertung

Um dem Ideal der sofortigen Verlustverrechnung beim Abzug von Gruppenverlusten einer im Inland tätigen Konzerngruppe in anderen Gruppenbesteuerungsjahren möglichst nahezukommen, müssen die jeweiligen Verlustverrechnungsvorschriften grundsätzlich einen möglichst weitreichenden Verlustrücktrag und einen zeitlich unbeschränkten Verlustvortrag vorsehen. Je mehr ein Verlustrücktrag zeitlich eingeschränkt ist, desto weniger können – bei begrenztem Verrechnungspotential in einzelnen früheren Jahren – rückgetragene Verluste ver-rechnet werden und zu unmittelbaren Liquiditätsentlastungen führen, so dass es umso mehr aufgrund vermehrt vorgetragener Verluste zu Zins- und Liquiditätsnachteilen sowie dem Risiko des Untergangs von Verlustverrechnungspotential kommt. Je mehr ein Verlustvortrag zeitlich begrenzt ist, desto größer ist das Risiko, dass es der Konzerngruppe nicht mehr gelingt, fristgerecht entsprechende Gewinne zu generieren, womit auch das Risiko des Untergangs von Verlustverrechnungspotential ansteigt. Sofern die Mitglieder einer Konzerngruppe zusätzlich einkunftsquellenübergreifende Verlustverrechnungsbeschränkungen zu beachten haben, resultieren hieraus für die Konzerngruppe grundsätzlich dieselben negativen Folgen für den Abzug derartiger Verluste wie aus zeitlichen Beschränkungen beim Abzug von Gruppenverlusten.[978] Auf diese Weise können zeitliche und einkunftsquellenübergreifende Verlustverrechnungsbeschränkungen bei dem Rücktrag und Vortrag von (Gruppen-)Verlusten dazu führen, dass sich der Verlustabzug bei einer Konzerngruppe vom Ideal der sofortigen Verlustverrechnung (weiter) entfernt. Wird im Zusammenhang mit einem einkunftsquellenbezogenen Verlustabzug zumindest ein einkunftsquellenbezogener gesellschaftsübergreifender Verlustabzug ermöglicht, kann über die zusätzliche Verrechnung mit qualifizierten Gewinnen der übrigen Mitgliedskapitalgesellschaften ein schnellerer Abbau von einkunftsquellenbezogen rück- und vorgetragenen Verlusten verwirklicht werden, wodurch eine (erneute) Annäherung an das Ideal der sofortigen Verlustverrechnung realisiert wird.

Bei der deutschen Konzernbesteuerung wird basierend auf den jeweiligen einzelsteuerlichen Vorschriften ein Rücktrag eines Gruppenverlustes in frühere Gruppenbesteuerungsjahre für Zwecke der Körperschaftsteuer beschränkt auf ein Jahr ermöglicht, während ein Rücktrag für Zwecke der Gewerbesteuer ausgeschlossen ist; der Vortrag eines Gruppenverlustes ist hingegen sowohl im Bereich der Körperschaft- als auch der Gewerbesteuer zeitlich unbeschränkt möglich.[979] Die wenig umfangreichen Rücktragsmöglichkeiten sind vor dem Ideal der sofortigen Verlustverrechnung – wie bereits bei der einzelnen Kapitalgesellschaft – als Schwäche zu werten; die Vortragsmöglichkeiten dagegen als Stär-

---

[978] Vgl. dazu auch Abschnitt B 1.4.1.3.1.
[979] Vgl. Abschnitt C 2.1.1.

ke.[980] Diese grundsätzliche Schwäche bzw. Stärke des Abzugs von Gruppenverlusten wird allerdings im Bereich der Körperschaftsteuer durch die einkunftsquellenbezogen abzuziehenden Verluste nach §§ 15 Abs. 4, 15a, 15b EStG weiter verschlechtert bzw. relativiert, da sich hierdurch der Verlustabzug bei der deutschen Konzernbesteuerung vom Ideal der sofortigen Verlustverrechnung (weiter) entfernt: Die hierzu führenden einzelsteuerlichen beteiligungs- bzw. einkunftsquellenübergreifenden Verrechnungsbeschränkungen sind auch im Fall der Konzernbesteuerung beim Verlustabzug zu beachten, wobei zudem eine gesellschaftsübergreifende Verlustverrechnung nicht möglich ist. Die konzernsteuerlichen Regelungen zur Ermittlung des Gruppeneinkommens verhindern zudem einen einkunftsquellenbezogenen Rücktrag derartiger Verluste bei einer Organgesellschaft.[981]

Wie bei der deutschen Konzernbesteuerung basiert auch bei der österreichischen Konzernbesteuerung der Abzug von Gruppenverlusten in anderen Gruppenbesteuerungsjahren auf den einzelsteuerlichen Verlustabzugsvorschriften:[982] Ein Rücktrag von Gruppenverlusten ist ausgeschlossen, während der Vortrag zeitlich unbeschränkt möglich ist. Vor dem Ideal der sofortigen Verlustverrechnung ist die nicht vorhandene Rücktragsmöglichkeit – wie bereits bei der einzelnen österreichischen Kapitalgesellschaft – als absolute Schwäche, die Vortragsmöglichkeit dagegen als Stärke zu werten.[983] Die grundsätzliche Stärke ist allerdings insofern zu relativieren, als dass bei den Mitgliedern der österreichischen Konzerngruppe die einzelsteuerliche einkunftsquellenübergreifende Verrechnungsbeschränkung für Wartetastenverluste auch im Rahmen des Verlustvortrags einzuhalten ist, wobei zudem eine gesellschaftsübergreifende einkunftsquellenbezogene Verlustverrechnung nicht möglich ist,[984] wodurch sich wiederum der Verlustabzug bei der österreichischen Konzernbesteuerung weiter vom Ideal der sofortigen Verlustverrechnung entfernt.

Auch bei der US-amerikanischen Konzernbesteuerung richtet sich der Abzug von betrieblichen Gruppenverlusten in anderen Gruppenbesteuerungsjahren nach den allgemeinen einzelsteuerlichen Verlustabzugsvorschriften:[985] Die US-amerikanische Konzerngruppe kann einen betrieblichen Gruppenverlust zwei Jahre rücktragen oder 20 Jahre vortragen, womit sowohl der vergleichsweise weitreichende Verlustrücktrag als auch der im Ergebnis wie ein zeitlich unbeschränkt wirkender Verlustvortrag vor dem Ideal der sofortigen Verlustverrechnung – wie bereits bei der einzelnen Kapitalgesellschaft – als Stärke zu werten

[980] Vgl. Abschnitt B 1.4.1.3.1.
[981] Vgl. Abschnitt C 2.1.1.
[982] Vgl. Abschnitt C 2.1.2.
[983] Vgl. Abschnitt B 1.4.1.3.1.
[984] Vgl. Abschnitt C 2.1.2.
[985] Vgl. Abschnitt C 2.1.3.1.

sind.[986] Diese Stärken sind allerdings aufgrund der auch beim Verlustabzug zu beachtenden einzelsteuerlichen einkunftsquellenübergreifenden Verrechnungsbeschränkung für Veräußerungsverluste zu relativieren, da sich insofern der Verlustabzug bei der US-amerikanischen Konzerngruppe vom Ideal der sofortigen Verlustverrechnung entfernt; diese Relativierung wird wiederum durch die konzernsteuerlichen Regelungen der konsolidierten Einkommensermittlung insofern abgeschwächt, als dass ein solcher einkunftsquellenbezogen abzuziehender Nettoveräußerungsverlust schneller durch die Zusammenfassung der einzelnen Veräußerungsgewinne aller Mitgliedskapitalgesellschaften einzelner Wirtschaftsjahre verrechnet werden kann (entsprechende Veräußerungsgewinne bei den einzelnen Mitgliedern vorausgesetzt).[987]

2.2. Mindestbesteuerung

2.2.1. Deutschland

Eine Mindestbesteuerung kann sich für die deutsche Organschaft sowohl im Bereich der Körperschaftsteuer als auch der Gewerbesteuer aus den betragsmäßigen Beschränkungen des § 10d EStG bzw. § 10a GewStG ergeben: Wird ein körperschaftsteuerlicher Gruppenverlust vom Organträger in den vorangehenden Veranlagungszeitraum rückgetragen, kann der Gesamtbetrag der Einkünfte der Organträger-Kapitalgesellschaft, d. h. die Summe der Einkommen aller Mitglieder der Organkreises, in diesem Veranlagungszeitraum höchstens um 511.500 Euro gemindert werden.[988] Wird dagegen ein körperschaftsteuerlicher bzw. gewerbesteuerlicher Gruppenverlust vom Organträger vorgetragen, kann die Summe der Einkommen bzw. Gewerbeerträge aller Organschaftsmitglieder eines Veranlagungszeitraums durch derartige vorgetragene Gruppenverluste nur bis zu 1 Million Euro unbeschränkt und darüber hinaus nur in Höhe von 60 % des 1 Million übersteigenden Betrags gemindert werden.

2.2.2. Österreich

Für die österreichische Gruppenbesteuerung kann sich eine Mindestbesteuerung zum einen aus der betragsmäßigen Beschränkung des § 2 Abs. 2b öEStG ergeben: Werden Gruppenverluste vom Gruppenträger in nachfolgende Veranlagungszeiträume vorgetragen, so können diese in einem Jahr nur bis maximal 75 % eines positives Gesamtergebnisses der Gruppe, d. h. der Summe der Einkommen der Gruppenmitglieder und des Einkommens des Gruppenträgers (vor

---

[986] Vgl. Abschnitt B 1.4.1.3.1.
[987] Vgl. Abschnitt C 2.1.3.2.
[988] Vgl. dazu R 10d Abs. 2 Satz 6 f. EStR; R 29 Abs. 1 Satz 2 KStR; ORTH, in: Herzig, Organschaft, 178.

Sonderausgaben), ausgeglichen werden.[989] Durch diese allgemeine Regelung kann ein positives Gruppenergebnis folglich durch vorgetragene Verluste maximal bis auf 25 % gemindert werden.

Zum anderen kann eine Mindestbesteuerung für eine österreichische Unternehmensgruppe auch aus der expliziten Mindestkörperschaftsteuerregelung des § 24a Abs. 4 öKStG resultieren: Wie in Abschnitt B 2.2.4.7. ausführlich erläutert, fällt für eine Unternehmensgruppe eine Mindestkörperschaftsteuer in einem Veranlagungszeitraum an, sofern das beim Gruppenträger zu veranlagende „Gesamteinkommen" nicht ausreichend positiv ist.[990] Dies ist beispielsweise dann der Fall, wenn die Unternehmensgruppe in einem Veranlagungszeitraum ein negatives Gesamteinkommen erwirtschaftet oder wenn sie ein zu geringes positives Gesamteinkommen erzielt, dass sich wiederum auch infolge der Geltendmachung von Verlustvorträgen ergeben kann. Das Eintreten des letzten Falles setzt wiederum voraus, dass das laufende Gruppeneinkommen eines Veranlagungszeitraums nicht übermäßig hoch ausfällt, da ansonsten Verlustvorträge aufgrund der Verlustverrechnungsbeschränkung nach § 2 Abs. 2b Nr. 2 öEStG dieses Gruppeneinkommen nicht auf ein Niveau reduzieren könnten, das unterhalb der Summe der „Grenzwert-Einkommen" aller Mitgliedskapitalgesellschaften liegt und damit nicht (mehr) ausreichend positiv ist. Kommt aufgrund von Verlustvorträgen die Mindestkörperschaftsteuer zum Tragen, führt dies im Ergebnis dazu, dass insgesamt eine Körperschaftsteuer zu zahlen ist, die sich in Verbindung mit einer prozentualen Beschränkung für Verlustvorträge ergibt, die restriktiver als die 75 %-Grenze des § 2 Abs. 2b öEStG ist.

Beispiel: Die österreichische Konzerngruppe besteht aus einer AG als Muttergesellschaft und einer GmbH als Tochtergesellschaft. Es wird ein Gruppenverlust von 100.000 Euro vorgetragen. Die Summe der „Grenzwert-Einkommen" beträgt 21.000 Euro (= 14.000 Euro (AG) + 7.000 Euro (GmbH)). Erst bei einem Gesamteinkommen eines Jahres von weniger als 84.000 Euro (= 21.000 Euro : (1 – 75 %)) kann sich hier vom Grundsatz aufgrund der beschränkten Geltendmachung von Verlustvorträgen auf maximal 75 % eines Einkommens (§ 2 Abs. 2b öEStG) eine Minderung des Einkommens auf einen Wert ergeben, der unterhalb von 21.000 Euro liegt, womit ein nicht ausreichend positives Gesamteinkommen verbunden ist und damit (zusätzlich zur regulären Körperschaftsteuer) eine Mindestkörperschaftsteuer anfällt. Liegt das Gesamteinkommen beispielsweise in einem Jahr bei nur 40.000 Euro, hat die Unternehmensgruppe ei-

---

[989] Vgl. öBMF-Erlass vom 23.02.2005, 010216/0031 – IV/6/2005, Abschnitt 6.7; WIESNER/KIRCHMAYR/MAYR, Gruppenbesteuerung, 138 f.

[990] In diesem Zusammenhang ist anzumerken, dass aufgrund der Einheitsbehandlung der Unternehmensgruppe bei der Berechnung der Mindestkörperschaftsteuer nach § 24a Abs. 4 öKStG beispielsweise auch für eine verlustbringende Mitgliedskapitalgesellschaft keine Mindeststeuer anfällt, wenn das Gesamteinkommen der Unternehmensgruppe insgesamt ausreichend positiv ist. Umgekehrt fällt allerdings auch eine Mindeststeuer an, wenn das Gesamteinkommen nicht ausreichend positiv ist, auch wenn die Mitgliedskapitalgesellschaft hohe Gewinne erzielt, vgl. hierzu WIESNER/KIRCHMAYR/MAYR, Gruppenbesteuerung, 198.

ne reguläre Körperschaftsteuer von 2.500 Euro (= 10.000 Euro x 25 %) auf das durch Verlustvorträge auf 10.000 Euro geminderte Einkommen und zuzüglich eine Mindestkörperschaftsteuer von 2.750 Euro (= (21.000 Euro – 10.000 Euro) x 25 %)[991] zu zahlen. Im Ergebnis wird hier das Einkommen der Unternehmensgruppe durch den vorgetragenen Gruppenverlust auf 52,5 % (= (2.500 Euro + 2.750 Euro) x 4 : 40.000 Euro) gemindert und nicht auf 25 %, wie es ohne die Mindestkörperschaftsteuer der Fall wäre.

2.2.3. USA

Während im System der regulären Bundeskörperschaftsteuer ein CNOL in anderen Gruppenbesteuerungsjahren betragsmäßig unbeschränkt abgezogen werden kann, ist dies im System der Alternativen Mindeststeuer (AMT) nicht der Fall: Im System der AMT kann – entsprechend des Abzugs eines CNOLs im System der regulären Bundeskörperschaftsteuer – ein *consolidated ATNOL* abgezogen werden, wobei dieser aus dem CNOL dieses Jahres unter Berücksichtigung der Anpassungen und Steuervergünstigungen gemäß den Secs. 56 bis 58 IRC abgeleitet wird.[992] Sein Abzug in anderen Steuerjahren folgt denselben Grundsätzen wie der Abzug eines CNOLs,[993] so dass er 2 Jahre rück- und 20 Jahre vorgetragen werden kann und der Abzug in Gruppenbesteuerungsjahren im Rahmen der *consolidated ATNOL deduction* erfolgt.[994] Allerdings kann das *consolidated AMTI* eines Steuerjahres vor Berücksichtigung der *consolidated ATNOL deduction* durch rück- bzw. vorgetragene *consolidated ATNOLs* maximal um 90 % gemindert werden, womit – wie bei einer einzelnen *corporation* – auch bei einer *consolidated group* das Prinzip einer 10 %-igen Untergrenze (*10 %-floor concept*) realisiert wird.[995] Sofern die AMT also bei einer *consolidated group* zum Tragen kommt, führt sie folglich im Ergebnis im System der regulären Bundeskörperschaftsteuer zu einer betragsmäßigen Beschränkung des Abzugs von während der Gruppenbesteuerung entstandenen betrieblichen Gruppenverlusten in anderen Gruppenbesteuerungsjahren.[996]

2.2.4. Stärken/Schwächen-Bewertung

Um dem Ideal der sofortigen Verlustverrechnung beim Abzug von Gruppenverlusten einer im Inland tätigen Konzerngruppe unter Mindestbesteuerungsaspekten zu entsprechen bzw. diesem möglichst nahezukommen, dürfen die Verlustabzugsvorschriften keine betragsmäßigen Beschränkungen vorsehen. Je restriktiver etwaige betragsmäßige Beschränkungen sind, desto mehr entfernt sich der

---

[991] Vgl. zur Berechnungstechnik der Mindestkörperschaftsteuer bei einer Unternehmensgruppe Abschnitt B 2.2.4.7.

[992] Vgl. Prop. Reg. § 1.1502-55(b)(4).

[993] Vgl. Prop. Reg. § 1.1502-55(a)(2).

[994] Vgl. Prop. Reg. § 1.1502-55(b)(4).

[995] Vgl. STARR/YATES, AMT, J. Tax´n, Vol. 79 (1993), 24.

[996] Vgl. Abschnitt B 1.3.2.2.2. zu der entsprechenden Situation bei einer einzelnen Kapitalgesellschaft.

Abzug von Gruppenverlusten vom Ideal der sofortigen Verlustverrech-nung: Sofern in früheren Jahren entsprechendes Verrechnungspotential vorhanden ist, führen betragsmäßige Beschränkungen im Fall des Verlustrücktrags zu einer verminderten Geltendmachung von rückgetragenen Gruppenverlusten, die damit vermehrt in spätere Jahre vorzutragen sind. Dies bedeutet zugleich, dass sich die mit einem Verlustrücktrag verbundenen Liquiditätsentlastungen vermindern und dass es (vermehrt) zu den Nachteilen, die mit einer späteren Geltendmachung von Verlusten verbunden sind (Zins- und Liquiditätsnachteile, Risiko des Untergangs des Verlustverrechnungspotentials), kommt. Im Fall des Verlustvortrags bewirken betragsmäßige Beschränkungen bei entsprechendem Verrechnungspotential, dass die Geltendmachung von vorgetragenen Gruppenverlusten zeitlich gestreckt wird, womit sich die ohnehin mit einem Verlustvortrag verbundenen Nachteile (Zins- und Liquiditätsnachteile, Risiko des Untergangs des Verlustverrechnungspotentials) vergrößern.[997]

Da bei der deutschen Konzernbesteuerung der Abzug von Gruppenverlusten auf den einzelsteuerlichen Vorschriften basiert, ist auch der Rücktrag von Gruppenverlusten für Zwecke der Körperschaftsteuer auf einen Höchstbetrag von 511.500 Euro begrenzt und für Zwecke der Gewerbesteuer ausgeschlossen; der Vortrag von Gruppenverlusten ist sowohl körperschaft- als auch gewerbesteuerlich nur bis zu einem Betrag von 1 Million Euro unbeschränkt, darüber hinaus beschränkt bis zu 60 % des eine Million Euro übersteigenden Betrags möglich, woraus eine Mindestbesteuerung von 40 % des organschaftlichen Einkommens bzw. Gewerbeertrags resultiert.[998] Die Rücktrags- und Vortragsmöglichkeiten entsprechen somit dem Ideal der sofortigen Verlustverrechnung unter Mindestbesteuerungsaspekten nur sehr entfernt bzw. in nur eingeschränktem Maße, so dass sie – wie bereits bei der einzelnen Kapitalgesellschaft – als Schwäche zu werten sind.[999]

Auch bei der österreichischen Konzernbesteuerung basiert der Abzug von Gruppenverlusten auf den einzelsteuerlichen Vorschriften, so dass ein Rücktrag von Gruppenverlusten gesetzlich nicht vorgesehen ist und ein Vortrag nur bis maximal 75 % des Gruppeneinkommens eines Jahres möglich ist, was im letzten Fall wiederum eine Mindestbesteuerung von 25 % eines solchen Gruppeneinkommens bedeutet.[1000] Da die ausgeschlossene Rücktragsmöglichkeit für Gruppenverluste unter Mindestbesteuerungsaspekten mit dem Ideal der sofortigen Verlustverrechnung unvereinbar ist und die Vortragsmöglichkeit diesem Ideal in nur eingeschränktem Maße entspricht, sind sie – wie bereits bei der einzelnen Kapitalgesellschaft – als Schwächen zu werten.[1001] Sofern die österreichische Kon-

---

[997] Vgl. Abschnitt A 4.2.; B 1.4.1.3.2.
[998] Vgl. Abschnitt C 2.2.1.
[999] Vgl. Abschnitt B 1.4.1.3.2.
[1000] Vgl. Abschnitt C 2.2.2.
[1001] Vgl. Abschnitt B 1.4.1.3.2.

zerngruppe in einem Vortragsjahr ein nur geringes Einkommen erwirtschaften kann, kann sich die Schwäche des Verlustvortrags aufgrund der erfolgsunabhängig erhobenen Mindestkörperschaftsteuer verschärfen: Auch bei Einhaltung der 75 %-Grenze können vorgetragene Gruppenverluste das Gruppeneinkommen eines Jahres auf ein vom Gesetzgeber als zu gering erachtetes Niveau reduzieren, so dass die Mindestbesteuerung infolge der (zusätzlichen) Erhebung einer Mindestkörperschaftsteuer im Ergebnis auf ein Niveau angehoben wird, das oberhalb der 25 %-Grenze liegt,[1002] wodurch sich wiederum – wie bei der einzelnen Kapitalgesellschaft – der Vortrag von Gruppenverlusten vom Ideal der sofortigen Verlustverrechnung weiter entfernt.[1003]

Bei der US-amerikanischen Konzernbesteuerung basiert der Abzug von betrieblichen Grup-penverlusten ebenfalls auf den einzelsteuerlichen Vorschriften, so dass beim Rück- und Vortrag dieser Gruppenverluste im Rahmen der regulären Bundeskörperschaftsteuer keinerlei betragsmäßige Beschränkungen zu beachten sind;[1004] damit entsprechen die Abzugsvorschriften für betriebliche Gruppenverluste unter Mindestbesteuerungsaspekten dem Ideal der sofortigen Verlustverrechnung, was – wie bereits bei der einzelnen Kapitalgesellschaft – als Stärke zu werten ist.[1005] Da eine US-amerikanische Konzerngruppe (als Einheit) allerdings parallel den einzelsteuerlichen Vorschriften zur Alternativen Mindeststeuer unterliegt und diese in ihrem System eine Einkommensminderung durch den Abzug von betrieblichen Gruppenverlusten um maximal 90 % gestattet, kommt es – sofern die Alternative Mindeststeuer zum Tragen kommt – im Ergebnis zu einer betragsmäßigen Beschränkung des Rück- bzw. Vortrags von betrieblichen Gruppenverlusten im System der regulären Bundeskörperschaftsteuer.[1006] Demzufolge entfernt sich in derartigen Fällen der Abzug von Gruppenverlusten unter Mindestbesteuerungsaspekten vom Ideal der sofortigen Verlustverrechnung, was – wie bereits bei der einzelnen Kapitalgesellschaft – die grundsätzliche Stärke des eigentlich betragsmäßig unbeschränkten Verlustabzugs relativiert.[1007]

2.3. Rücktrag von Verlusten aus der Konzernbesteuerung in Zeiten vor Beginn der Konzernbesteuerung/Vortrag von Verlusten aus der Konzernbesteuerung in Zeiten nach Ende der Konzernbesteuerung

2.3.1. Deutschland

Ein im Erstjahr der Organschaft entstandener körperschaftsteuerlicher Gruppenverlust kann nur vom Organträger in den Veranlagungszeitraum vor dem Beginn

---

[1002] Vgl. Abschnitt C 2.2.2.
[1003] Vgl. Abschnitt B 1.4.1.3.2.
[1004] Vgl. Abschnitt C 2.2.3.
[1005] Vgl. Abschnitt B 1.4.1.3.2.
[1006] Vgl. Abschnitt C 2.2.3.
[1007] Vgl. Abschnitt B 1.4.1.3.2.

der Organschaft – unter Beachtung des Höchstbetrags von 511.500 Euro – gemäß § 10d Abs. 1 EStG rückgetragen werden.[1008] Gewerbesteuerliche Gruppenverluste sind dagegen grundsätzlich nicht rücktragbar.[1009] Nach Beendigung der Organschaft können körperschaftsteuerliche bzw. gewerbesteuerliche Gruppenverluste ebenfalls nur vom Organträger im Wege des Verlustvortrags gemäß § 10d Abs. 2 Satz 1 EStG bzw. § 10a Satz 1 und 2 GewStG und damit auch unter Beachtung der hiermit verbundenen Mindestbesteuerungsvorschrift geltend gemacht werden.[1010] Aufgrund der unwiederbringlichen Zurechnung des Einkommens bzw. Gewerbeertrags einer Organgesellschaft zum Organträger ist der Rücktrag eines eigenen negativen Einkommens einer Organgesellschaft aus Zeiten der Organschaftsbesteuerung in Zeiten vor der Organschaftsbegründung ebenso unzulässig wie der Vortrag eines eigenen negativen Einkommens bzw. Gewerbeertrags aus der Zeit der Organschaftsbesteuerung in Zeiten nach Beendigung der Organschaftsbesteuerung.[1011] Mangels Aufteilung eines körperschaft- bzw. gewerbesteuerlichen Gruppenverlusts auf die zu seiner Entstehung beigetragenen Organschaftsmitglieder ist auch der Rücktrag oder Vortrag eines derartigen anteiligen Gruppenverlusts bei einer Organgesellschaft in Zeiten vor bzw. nach der Organschaftsbesteuerung ausgeschlossen.[1012]

Sofern ein Organschaftsmitglied während der Organschaft Verluste nach §§ 15 Abs. 4. 15a, 15b EStG erleidet, für die die in Abschnitt B 1.1.2.4. erläuterten Sonderregelungen für Zwecke der Körperschaftsteuer gelten, und derartige Verluste nach Maßgabe der jeweiligen einzelsteuerlichen Regelungen in anderen Jahren beteiligungs- bzw. einkunftsquellenbezogen im Rahmen der jeweiligen Einkommensermittlung des Organschaftsmitglieds abzugsfähig sind, dann hat ein derartiger gesellschaftsbezogener Abzug unabhängig davon zu erfolgen, ob es sich bei einem derartigen Abzugsjahr um ein Organschaftsjahr oder um ein Einzelsteuerjahr handelt.[1013] Die Vorschrift des § 15 Nr. 1 KStG, nach der bei

---

[1008] Vgl. SCHMIDT/MÜLLER/STÖCKER, Organschaft, Rz. 515.

[1009] Vgl. § 10a GewStG.

[1010] Vgl. dazu SCHMIDT/MÜLLER/STÖCKER, Organschaft, Rz. 515; WITT, Organschaft, 363, Rn. 22; BFH-Urteil vom 27.06.1990, I R 183/85, BStBl. II 1990, 918 f.; STÄUBER/SARRAZIN, in: Lenski/Steinberg, GewStG, § 10a GewStG, Rn. 106.

[1011] Vgl. dazu RÖDDER, Begründung, Stbg 1998, 293; ECKSTEIN, Deutschland, CDFI 2004, Band 89b, 305 f.

[1012] Vgl. ECKSTEIN, Deutschland, CDFI 2004, Band 89b, 305 ff.; BFH-Urteil vom 27.06.1990, I R 183/85, BStBl. II 1990, 919; FUßBROICH, Verlustverrechnung, 118.

[1013] Es existieren keine Vorschriften, die einem derartigen einkunftsquellenbezogenen Verlustabzug entgegenstehen. Vor dem Hintergrund der Ausführungen in Abschnitt B 1.1.2.4.1 ff. sind im Erstjahr der Organschaft entstandende nicht ausgleichsfähige Verluste aus stillen Gesellschaften und Innengesellschaften sowie Verluste aus gewerblicher Tierhaltung und Tierzucht und Differenzgeschäften im vorangehenden Einzelsteuerjahr der jeweiligen Gesellschaft abziehbar; sie können jedoch auch in Jahren nach der Organschaft wie auch Verluste aus der Beteiligung an einer Personengesellschaft auf dem Wege des Vortrags abgezogen werden.

einer Organgesellschaft ein Verlustabzug im Sinne des § 10d EStG nicht zulässig ist, kann meines Erachtens hierbei schon deshalb nicht zu einer abweichenden Verlustbehandlung führen, weil in einem Abzugsjahr vor bzw. nach der Organschaftbesteuerung die jeweilige Gesellschaft nicht mehr als Organgesellschaft fungiert.

2.3.2. Österreich

In Zeiten der Gruppenbesteuerung entstandene Gruppenverluste können in Zeiten vor der Gruppenbesteuerung nicht rückgetragen werden, da dem österreichischen Steuerrecht ein Verlustrücktrag grundsätzlich unbekannt ist.[1014] Der Vortrag eines Gruppenverlusts in Zeiten nach Ende der Gruppenbesteuerung ist allerdings möglich: Wird eine Gruppenbesteuerung nach Ablauf der dreijährigen Bindungsdauer beendet, können zuvor entstandene Gruppenverluste ausschließlich vom Gruppenträger vorgetragen werden und unter Berücksichtigung von § 2 Abs. 2b öEStG und § 8 Abs. 4 Nr. 2 öKStG in folgenden Wirtschaftsjahren als Sonderausgabe im Rahmen der Einkommensermittlung abgezogen werden.[1015] Aufgrund der unwiederbringlichen Zurechnung des Einkommens eines Gruppenmitglieds zum Gruppenträger ist der Vortrag eines eigenen Verlusts aus der Zeit der Gruppenbesteuerung in Zeiten nach Ende der Gruppenbesteuerung unzulässig. Mangels Aufteilung eines Gruppenverlusts auf die zu seiner Entstehung beigetragenen Gruppenmitglieder ist auch der Vortrag eines derartigen anteiligen Gruppenverlusts bei einem Gruppenmitglied in Zeiten nach Ende der Gruppenbesteuerung ausgeschlossen.

Sofern eine Mitgliedskapitalgesellschaft während eines Gruppenbesteuerungsjahres einen nicht ausgleichsfähigen Wartetastenverlust erwirtschaftet, kann sie diesen – nach Maßgabe der für diese Verluste geltenden Verlustverrechnungsregelung[1016] – zwar nicht in Jahren vor der Gruppenbesteuerung, jedoch in Jahren nach der Gruppenbesteuerung im Rahmen ihrer jeweiligen Einkommensermittlung beteiligungsbezogen abziehen.[1017]

2.3.3. USA

2.3.3.1. Konsolidierte Nettobetriebsverluste

Wird ein in den ersten beiden Steuerjahren nach Begründung der *consolidated group* entstehender CNOL in Zeiten vor der Gruppenbesteuerung rückgetragen,

---

[1014] Vgl. Abschnitt B 1.2.2.1.

[1015] Vgl. TRENKWALDER, in: Mühlehner/Zöchling, Gruppenbesteuerung, 21 f., dazu auch Abschnitt C 2.1.2., B 1.2.2.1., B 1.2.2.2., B 1.2.2.3.

[1016] Vgl. Abschnitt B 1.2.2.4.1.

[1017] Es existieren keine Vorschriften, die einem derartigen einkunftsquellenbezogenen Verlustabzug entgegenstehen.

ist ein solcher CNOL von denjenigen Mitgliedern in ihre jeweiligen Einzelsteuerjahre anteilig zu übertragen, die zu diesem CNOL beigetragen haben.[1018] Hierzu ist es erforderlich, den CNOL auf die einzelnen Gruppenmitglieder, die in dem jeweiligen Steuerjahr einen separaten NOL erwirtschaftet haben, aufzuteilen, wobei sich der CNOL-Anteil eines solchen Gruppenmitglieds als Produkt aus dem CNOL dieses Steuerjahres und dem Verhältnis des separaten NOLs des Mitglieds dieses Steuerjahres zu der Summe der separaten NOLs aller Mitglieder dieses Steuerjahres ergibt;[1019] dies läßt sich als Formel wie folgt darstellen:

$$\frac{\text{separater NOL des Mitglieds}}{\text{Summe der separaten NOLs aller Mitglieder, die einen separaten NOL aufwiesen}} \times \text{CNOL} = \text{Anteil des Mitglieds am CNOL}$$

Wenn ein Mitglied seinen anteiligen CNOL rückträgt, dann kann dieser insoweit nicht in ein entprechendes bzw. früheres Gruppenbesteuerungsjahr rückgetragen werden.[1020]

Für Gesellschaften, die unmittelbar seit ihrer Errichtung Mitglied einer *consolidated group* sind, ist hinsichtlich des Rücktrags ihres anteiligen CNOLs in frühere Nichtgruppenbesteuerungsjahre, eine Sonderbestimmung zu beachten, da in einem solchen Fall der Rücktrag eigentlich in Einzelsteuerjahre zu erfolgen hat, in denen diese Gesellschaft noch nicht existierte. Die hier anzuwendende *offspring rule* besagt, dass in einer solchen Situation der anteilige CNOL einer derartigen Gesellschaft in das äquivalente Einzelsteuerjahr der Muttergesellschaft rückzutragen ist.[1021]

Beispiel: Während des Jahres 01 werden die *P-corporation* und die *T-corporation* gegründet, die jeweils Einzelsteuererklärungen abgeben. Am 18. März des Jahres 02 gründet P die *S-corporation*, und P und S werden anschließend als *consolidated group* besteuert. Am Anfang des Jahres 03 wird die *T-corporation* infolge einer nicht unter Sec. 382 IRC fallenden Transaktion von P erworben und damit Mitglied der P-Gruppe.

[1018] Vgl. Reg. § 1.1502-21(b)(2).
[1019] Vgl. Reg. § 1.1502-21(b)(2)(i), -21(b)(2)(iv).
[1020] Vgl. Reg. § 1.1502-21(b)(2)(i); WUDERNITZ, Konzernbesteuerung, 180. Wird ein anteiliger CNOL eines Gruppenmitglieds in eines dessen Einzelsteuerjahre rückgetragen, macht dies anschließend grundsätzlich eine Neuberechnung der Anteile an dem verbleibenden CNOL bei allen Mitgliedern erforderlich, vgl. Reg. § 1.1502-21(b)(2)(iv)(B)(2)(i); dazu auch REQUENEZ, Lifestyle, J. Tax'n, Vol. 100 (2004), 198 f.
[1021] Vgl. Reg. § 1.1502-21(b)(2)(ii)(B). Ein derartiger Rücktrag in Einzelsteuerjahre der Muttergesellschaft ist allerdings dann nicht möglich, wenn die Muttergesellschaft Mitglied einer anderen *consolidated group* oder einer *affiliated group*, die Einzelsteuererklärungen abgegeben hat, war. Wenn die Gesellschaft mit dem anteiligen CNOL nicht unmittelbar nach ihrer Errichtung Mitglied der *consolidated group* wird, kann ihr anteiliger CNOL nur auf vorangegangene Einzelbesteuerungsjahre rückgetragen werden, vgl. auch WUDERNITZ, Konzernbesteuerung, 181.

In 03 erleidet die P-Gruppe einen CNOL von 1.200 US-$, wobei 200 US-$ auf P, 300 US-$ auf S und 700 US-$ auf T entfallen. Im Rahmen des Rücktrags des CNOLs kann P aufgrund der *offspring rule* nicht nur seinen anteiligen CNOL in das Jahr 01 rücktragen, sondern auch den anteiligen CNOL von S; insgesamt kann P also einen Verlust von 500 US-$ in sein Einzelsteuerjahr 01 rücktragen. T kann dagegen nur seinen eigenen anteiligen CNOL in Höhe von 700 US-$ in sein Einzelsteuerjahr 01 rücktragen.

Wenn nach dem Entstehen eines CNOLs in den nachfolgenden 20 Jahren die *consolidated group* beendet wird, dann ist ein solcher CNOL den einzelnen Mitgliedern in der zuvor dargestellten Weise zuzuteilen.[1022] Sie können ihren anteiligen CNOL somit nutzen, um ihr eigenes zu versteuerndes Einkommen in späteren Einzelsteuerjahren zu mindern. Sofern ein CNOL in Gruppenbesteuerungsjahren vor der Beendigung der *consolidated group* bereits konsolidiertes zu versteuerndes Einkommen gemindert hat, ist der verbliebene CNOL den einzelnen Mitgliedern in dem Verhältnis zuzuteilen, wie ihnen der ursprüngliche CNOL im CNOL-Entstehungsjahr zugeteilt worden wäre. Folglich erfolgt die Zuteilung, in dem Verhältnis des separaten NOLs des Mitglieds im CNOL-Entstehungsjahr zu der Summe der separaten NOLs aller Mitglieder dieses CNOL-Entstehungsjahres.[1023]

Da im System der Alternativen Mindeststeuer ein in einem Gruppenbesteuerungsjahr entstandener *consolidated ATNOL* – wie im System der regulären Bundeskörperschaftsteuer – zwei Jahre rück- bzw. 20 Jahre vorgetragen werden kann,[1024] ist unter Beachtung der jeweiligen Fristen der Rücktrag in Zeiten vor Begründung bzw. der Vortrag in Zeiten nach Beendigung der *consolidated group* möglich. Hierzu ist es allerdings erforderlich, dass der jeweilige *consolidated ATNOL* entsprechend der zuvor erläuterten Weise auf die Gruppenmitglieder aufgeteilt wird, die in dem jeweiligen Verlustentstehungsjahr einen separaten *ATNOL* aufweisen,[1025] damit diese Gruppenmitglieder anschließend ihren anteiligen *consolidated ATNOL* in ihre jeweiligen Einzelsteuerjahre rück- bzw. vortragen können. Es ist zu beachten, dass in dem jeweiligen Einzelsteuerjahr das Einkommen der jeweiligen Gesellschaft durch vor- bzw. rückgetragene ATNOLs maximal um 90 % gemindert werden kann,[1026] so dass es im Ergebnis zu einer betragsmäßigen Beschränkung des Abzugs eines anteiligen Gruppenbe-

[1022] Vgl. Reg. § 1.1502-21(b)(2)(i).

[1023] Vgl. REQUENEZ, Lifestyle, J. Tax'n, Vol. 100 (2004), 199. Findet die Gruppenauflösung im laufenden Steuerjahr statt, so ist ein CNOL zunächst mit dem bis zu diesem Zeitpunkt erzielten konsolidierten zu versteuernden Einkommen zu verrechnen, bevor die Zuteilung eines etwaigen verbleibenden CNOLs auf die jeweiligen Gruppenmitglieder erfolgen kann, vgl. dazu BITTKER/EUSTICE, Taxation, Chapter 13, 209, bezogen auf das Ausscheiden eines einzelnen Mitglieds.

[1024] Vgl. Abschnitt C 2.2.3.

[1025] Vgl. Prop. Regs. § 1.1502-55(e)(1).

[1026] Vgl. dazu Abschnitt B 1.3.2.2.2.

triebsverlusts in Zeiten vor Begründung bzw. nach Beendigung der *consolidated group* kommt.

2.3.3.2. Konsolidierte Nettoveräußerungsverluste

Auch der konsolidierte Nettoveräußerungsverlust einer *consolidated group* kann in Einzelsteuerjahre ihrer Mitglieder anteilig rückgetragen werden, sofern dieser Verlust in den ersten drei Jahren nach Begründung der *consolidated group* entsteht.[1027] Der von einem Mitglied rücktragbare Anteil am konsolidierten Nettoveräußerungsverlust ergibt sich dabei – entsprechend der Aufteilung eines CNOLs – als Produkt aus dem konsolidierten Nettoveräußerungsverlust und dem Verhältnis aus dem separaten Nettoveräußerungsverlust des Mitglieds zu der Summe der separaten Nettoveräußerungsverluste aller Mitglieder in dem betrachteten Steuerjahr.[1028] Auch bei dem Rücktrag eines anteiligen Nettoveräußerungsverlusts in Einzelsteuerjahre sind die allgemeinen Grundsätze der Sec. 1212 IRC zu beachten,[1029] so dass beispielsweise ein solcher Rücktrag nicht zu einem NOL in dem Einzelsteuerjahr bei dem jeweiligen Mitglied führen bzw. einen solchen vergrößern darf. Außerdem ist die im vorherigen Abschnitt dargestellte *offspring rule* unter ihren jeweiligen Voraussetzungen auch beim Rücktrag eines anteiligen konsolidierten Nettoveräußerungsverlusts entsprechend anzuwenden.[1030] Wenn nach dem Entstehen eines konsolidierten Nettoveräußerungsverlusts in den nachfolgenden fünf Jahren die *consolidated group* beendet wird, dann erfolgt die Zuteilung eines solchen Verlusts auf die einzelnen Mitglieder entsprechend der zuvor dargestellten Grundsätze zur Zuteilung eines CNOLs.[1031] Die ehemaligen Gruppenmitglieder können ihren anteiligen konsolidierten Nettoveräußerungsverlust somit unter Berücksichtigung von Sec. 1212 IRC nutzen, um ihr eigenes *capital gain net income* in späteren Einzelsteuerjahren zu mindern.

2.3.4. Stärken/Schwächen-Bewertung

Um dem Ideal der sofortigen Verlustverrechnung beim Abzug von Gruppenverlusten in Einzelsteuerjahren vor dem Beginn bzw. nach Beendigung der Konzernbesteuerung zu entsprechen bzw. diesem möglichst nahezukommen, müssen

---

[1027] Vgl. Reg. § 1.1502-22(b)(3).

[1028] Vgl. Reg. § 1.1502-22(b)(3) i. V. m. § 1.1502-21(b)(2)(i) und -21(b)(2)(iv); dazu auch der vorhergehende Abschnitt. Auch der Rücktrag eines anteiligen konsolidierten Nettoveräußerungsverlusts in ein Einzelsteuerjahr eines Gruppenmitglieds macht anschließend grundsätzlich eine Neuberechnung der Anteile an dem verbleibenden konsolidierten Nettoveräußerungsverlust bei allen Mitgliedern erforderlich, vgl. Reg. § 1.1502-22(b)(3) i. V. m. § 1.1502-21(b)(2)(iv); dazu auch REQUENEZ, Lifestyle, J. Tax'n, Vol. 100 (2004), 198 f.

[1029] Vgl. Reg. § 1.1502-22(b)(2); Abschnitt B 1.3.2.3.1.2.

[1030] Vgl. Reg. § 1.1502-22(b)(3) i. V. m. § 1.1502-21(b)(2)(ii)(B).

[1031] Vgl. Reg. § 1.1502-22(b)(3) i. V. m. § 1.1502-21(b)(2)(i).

die jeweiligen Verlustabzugsvorschriften einen möglichst weitreichenden Verlustrücktrag sowie einen zeitlich unbeschränkten Verlustvortrag – jeweils ohne betragsmäßige Beschränkungen – vorsehen. Ist ein solcher Rücktrag möglich, kann ein entstandener Gruppenverlust sofort geltend gemacht werden, was mit einer unmittelbaren Liquiditätsverbesserung für die Konzerngruppe verbunden ist. Sofern entsprechendes Verrechnungspotential vorhanden ist, ist es dabei unbedeutend, ob die Muttergesellschaft oder/und die Tochtergesellschaft(en) einen Gruppenverlust (anteilig) rücktragen, da in allen diesen Fällen die mit dem Verlustrücktrag verbundene Steuererstattung der Konzerngruppe insgesamt zugute kommt. Ist ein Rücktrag von Gruppenverlusten in Zeiten vor Beginn der Konzernbesteuerung aufgrund zeitlicher und/oder betragsmäßiger Beschränkungen (teilweise) nicht möglich, muß ein Gruppenverlust insoweit vorgetragen werden, wodurch sich aufgrund der hiermit verbundenen Nachteile (Zins- und Liquiditätsnachteile, Risiko des Untergangs des Verlustsverrechnungspotentials) der Rücktrag von Verlusten aus der Konzernbesteuerung in Zeiten vor der Konzernbesteuerung vom Ideal der sofortigen Verlustverrechnung entfernt.[1032] Aufgrund dieser Beschränkungen entfernt sich auch der Vortrag von Gruppenverlusten vom Ideal der sofortigen Verlustverrechnung, da sich durch betragsmäßige Beschränkungen die Zins- und Liquiditätsnachteile sowie das Risiko des Untergangs von Verrechnungspotential vergrößern und sich durch zeitliche Restriktionen ebenfalls das Risiko des Untergangs des Verlustverrechnungspotentials erhöht.[1033] Sofern entsprechendes Verrechnungspotential vorhanden ist, die Gruppenstruktur weiterbesteht und die genannten Beschränkungen nicht zu einer (noch) restriktiveren Verlustverrechnung führen, ist es dabei unbedeutend, ob die Muttergesellschaft oder/und die Tochtergesellschaft(en) einen Gruppenverlust (anteilig) vortragen, da in allen diesen Fällen die mit dem Verlustvortrag verbundene Steuererstattung dem Konzern insgesamt zugute kommt. Sofern einkunftsquellenübergreifende Verlustverrechnungsbeschränkungen beim Abzug von Verlusten aus der Konzernbesteuerung in Zeiten vor bzw. nach der Konzernbesteuerung zu beachten sind, führt dies für die Konzerngruppe ebenfalls zu den zuvor geschilderten Nachteilen aus Beschränkungen des Abzugs von Gruppenverlusten,[1034] womit sich auch in dieser Hinsicht der Abzug von Verlusten aus der Konzernbesteuerung in Zeiten vor- oder nach der Konzernbesteuerung (weiter) entfernen kann.

Bei der deutschen Konzernbesteuerung basiert der Abzug von Gruppenverlusten auf den einzelsteuerlichen Verlustabzugsregelungen, so dass sich der Rücktrag von Gruppenverlusten aus der Konzernbesteuerung in Zeiten vor der Konzernbesteuerung zum einen im körperschaftsteuerlichen Bereich aufgrund des wenig umfangreichen Rücktragszeitraums von einem Jahr und des betragsmäßig einge-

---

[1032] Vgl. dazu Abschnitt A 4.2.

[1033] Vgl. dazu Abschnitt C 2.1.4., C 2.2.4.

[1034] Vgl. dazu Abschnitt B 1.4.1.3.1., C 2.1.4.

schränkten Rücktragsvolumens von 511.500 Euro vom Ideal der sofortigen Verlustverrechnung insoweit entfernt und er zum anderen im gewerbesteuer-lichen Bereich aufgrund der hier nicht existierenden Rücktragsmöglichkeit diesem Ideal widerspricht;[1035] dies ist – wie bereits bei der einzelnen Kapitalgesellschaft – als Schwäche zu werten.[1036] Der Vortrag von Gruppenverlusten aus der Konzernbesteuerung in Zeiten nach der Konzernbesteuerung entspricht zwar im körperschaft- und gewerbesteuerlichen Bereich dem Ideal der sofortigen Verlustverrechnung aufgrund eines zeitlich unbeschränkten Verlustvortrags, er entfernt sich von diesem aber aufgrund der betragsmäßigen Beschränkung auf 60 % des eine Million übersteigenden Betrags des jeweiligen Gesamtbetrags der Einkünfte bzw. Gewerbeertrags eines Einzelsteuerjahres;[1037] damit ist der Vortrag von Gruppenverlusten aus der Konzernbesteuerung in Zeiten nach der Konzernbesteuerung insgesamt weder als Stärke noch als Schwäche zu werten.[1038] Eine Verschlechterung der Bewertung erfolgt im Verlustrücktrags- wie Verlustvortragsfall dadurch, dass im körperschaftsteuerlichen Bereich die einzelsteuerlichen einkunftsquellenübergreifenden Verlustverrechnungsbeschränkungen einzuhalten sind,[1039] was zu einer weiteren Entfernung des Verlustabzugs vom Ideal der sofortigen Verlustverrechnung führt.

Da sich bei der österreichischen Konzernbesteuerung der Abzug von Gruppenverlusten ebenfalls nach den einzelsteuerlichen Verlustabzugsregelungen richtet, ist der Rücktrag eines Gruppenverlustes in Zeiten vor Beginn der Konzernbesteuerung nicht zulässig,[1040] was vor dem Hintergrund der sofortigen Verlustverrechnung – wie bereits bei einzelnen Kapitalgesellschaften[1041] – als Schwäche zu werten ist. Der Vortrag eines Gruppenverlustes in Zeiten nach der Konzernbesteuerung ist dagegen zeitlich unbeschränkt möglich,[1042] was dem Ideal der sofortigen Verlustverrechnung entspricht und zunächst als Stärke zu werten ist; da dieser aber nur beschränkt auf maximal 75 % des Gesamtbetrags der Einkünfte eines späteren Einzelsteuerjahres geltend gemacht werden kann,[1043] entfernt sich insofern der Verlustvortrag vom Ideal der sofortigen Verlustverrechnung, was als Schwäche gewertet werden muß, so dass der Vortrag von Gruppenverlusten in Zeiten nach der Konzernbesteuerung wiederum insgesamt weder als Schwäche noch als Stärke einzuordnen ist. Zu einer gewissen Verschlechterung dieser Bewertung kommt es dadurch, dass die einzelsteuerliche einkunftsquellenübergreifende Verrechnungsbeschränkung für Wartetastenverluste auch für in Grup-

---

[1035] Vgl. Abschnitt C 2.3.1.
[1036] Vgl. Abschnitt B 1.4.1.3.1., B 1.4.1.3.2.
[1037] Vgl. Abschnitt C 2.3.1.
[1038] Vgl. auch Abschnitt B 1.4.1.3.1., B 1.4.1.3.2.
[1039] Vgl. Abschnitt C 2.3.1.
[1040] Vgl. Abschnitt C 2.3.2.
[1041] Vgl. Abschnitt B 1.4.1.3.1., B 1.4.1.3.2.
[1042] Vgl. Abschnitt C 2.3.2.
[1043] Vgl. Abschnitt C 2.3.2.

penbesteuerungsjahren angefallene und in spätere Einzelsteuerjahre vorgetragene Wartetastenverluste gilt,[1044] womit sich insofern der Vortrag von Verlusten aus Konzernsteuerjahren in Zeiten nach der Konzernbesteuerung vom Ideal der sofortigen Verlustverrechnung entfernt.

Wie bei der deutschen und österreichischen Konzernbesteuerung basiert auch bei der US-amerikanischen Konzernbesteuerung der Abzug von betrieblichen Gruppenverlusten auf den einzelsteuerlichen Verlustabzugsregelungen, so dass der Rücktrag eines solchen Gruppenverlusts in Zeiten vor der Konzernbesteuerung unter Beachtung der vergleichsweise weitreichenden zeitlichen Beschränkung von zwei Jahren und ohne betragsmäßige Beschränkungen möglich ist,[1045] was vor dem Hintergrund des Ideals der sofortigen Verlustverrechnung als Stärke zu werten ist. Ebenfalls ist der Vortrag eines derartigen Gruppenverlusts in Zeiten nach der Konzernbesteuerung als Stärke zu werten, da dieser Vortrag wie ein zeitlich unbeschränkter Vortrag wirkt und er zudem mit keinen betragsmäßigen Beschränkungen verbunden ist.[1046] Relativiert werden diese grundsätzlichen Stärken allerdings durch die Alternative Mindeststeuer, da in diesem System das Einkommen eines früheren bzw. späteren Einzelsteuerjahres bei einer ehemaligen Mitgliedskapitalgesellschaft durch Verlustabzüge nur bis maximal 10 % gemindert werden kann, was – sofern die Alternative Mindeststeuer zum Tragen kommt – im System der regulären Bundeskörperschaftsteuer im Ergebnis zu einer betragsmäßigen Beschränkung des Rücktrags bzw. Vortrags eines (anteiligen) betrieblichen Gruppenverlusts führt.[1047] Eine weitere Relativierung erfolgt dadurch, dass ein etwaiger Nettoveräußerungsverlust der US-amerikanischen Konzerngruppe aufgrund der für Veräußerungsverluste geltenden einzelsteuerlichen einkunftsquellenübergreifenden Verrechnungsbeschränkung in Zeiten vor bzw. nach der Konzernbesteuerung nur zeitlich befristet und einkunftsquellenbezogen abgezogen werden kann,[1048] wodurch eine Entfernung vom Ideal der sofortigen Verlustverrechnung stattfindet.

[1044] Vgl. Abschnitt C 2.3.2.
[1045] Vgl. Abschnitt C 2.3.3.1.
[1046] Vgl. Abschnitt C 2.3.3.1., B 1.4.1.3.1.
[1047] Vgl. Abschnitt C 2.3.3.1.
[1048] Vgl. Abschnitt C 2.3.3.2.

2.4. Vortrag von Verlusten aus Zeiten vor Beginn der Konzernbesteuerung in die Konzernbesteuerung/Rücktrag von Verlusten aus der Zeit nach Ende der Konzernbesteuerung in Zeiten der Konzernbesteuerung

2.4.1. Deutschland

2.4.1.1. Verluste von Organgesellschaften

Sind einer späteren Organgesellschaft in Einzelsteuerjahren vor Begründung der Organschaft körperschaftsteuerliche bzw. gewerbesteuerliche Verluste entstanden, können diese Verluste in nachfolgende Organschaftsjahre nicht vorgetragen werden und damit während des Bestehens der Organschaft nicht mit dem dem Organträger zuzurechnenden Einkommen bzw. Gewerbeertrag der Organgesellschaft verrechnet werden;[1049] dies folgt unmittelbar aus § 15 Nr. 1 KStG bzw. § 10a Satz 3 GewStG, wonach ein Verlustabzug nach § 10d EStG bzw. nach § 10a Satz 1 f. GewStG bei einer Organgesellschaft während der Organschaft nicht zulässig ist. Auch wenn diese vororganschaftlichen körperschaftsteuerlichen und gewerbesteuerlichen Verluste während des Bestehens der Organschaft ungenutzt bleiben, gehen sie nicht unter, sondern sie werden für die Dauer der Organschaft „eingefroren" und können nach Organschaftsbeendigung das Einkommen bzw. den Gewerbeertrag der jeweiligen ehemaligen Organgesellschaft in zukünftigen Einzelsteuerjahren auf dem Wege des Verlustvortrags mindern.[1050] Ein körperschaftsteuerlicher Verlust, der einer ehemaligen Organgesellschaft nach der Beendigung der Organschaft in ihrem nachfolgenden Einzelsteuerjahr entsteht, kann gemäß § 15 Nr. 1 KStG nicht auf dem Wege des Verlustrücktrags in frühere Organschaftsjahre übertragen werden.[1051] Er kann zudem nicht mit etwaigem Einkommen des Organträgers verrechnet werden; nur eine Verrechnung mit zukünftigem Einkommen der ehemaligen Organgesellschaft auf dem Wege des Verlustvortrags ist möglich.[1052] Die Übertragung von nachorganschaftlich entstehenden gewerbesteuerlichen Verlusten einer ehemali-

[1049] Dieses Abzugsverbot gilt auch für ein von der Organgesellschaft aufgrund von Ausgleichszahlungen selbst zu versteuerndes Einkommen.

[1050] Vgl. dazu NEUMANN, in: Gosch, KStG, § 15 KStG, Rn. 5; FROTSCHER, in: Frotscher/Maas, KStG, § 8 KStG, Rn. 3 und 10 und § 14 KStG, Rn. 429 f.; VON TWICKEL, in: Blümich, EStG/KStG/GewStG, § 10a GewStG, Rn. 97; ORTH, in: Herzig, Organschaft, 172; ORTH, Deutschland, CDFI 1998, Band 83a, 495 f.; ECKSTEIN, Deutschland, CDFI 2004, Band 89b, 306. Auch läßt sich argumentieren, dass die Organgesellschaft aufgrund der Zurechnung ihres im Regelfall gesamten Einkommens zum Organträger kein eigenes Einkommen mehr erzielt, mit dem ein vororganschaftlicher bzw. nachorganschaftlicher körperschaftsteuerlicher Verlust verrechnet werden könnte.

[1051] Vgl. FROTSCHER, in: Frotscher/Maas, § 15 KStG, Rn. 7; ORTH, in: Herzig, Organschaft, 175.

[1052] Vgl. ORTH, in: Herzig, Organschaft, 175.

gen Organgesellschaft in frühere Organschaftsjahre ist bereits aufgrund fehlender gesetzlicher Rücktragsmöglichkeiten unzulässig.[1053]

Entstehen einer Organgesellschaft vor Begründung bzw. nach Beendigung der Organschaft Verluste, die für Zwecke der Körperschaftsteuer nur beteiligungs- bzw. einkunftsquellenbezogen verrechnet werden können (Verluste nach §§ 15 Abs. 4, 15a, 15b EStG),[1054] und wären diese Verluste in Zeiten der Organschaftsbesteuerung abzugsfähig, dann untersagt § 15 Nr. 1 KStG einen derartigen Abzug, da hiernach der Abzug sämtlicher vor- und nachorganschaftlicher Verluste während der Organschaftsbesteuerung unzulässig ist.[1055]

2.4.1.2. Verluste des Organträgers

Sind dem späteren Organträger in Einzelsteuerjahren vor Begründung der Organschaft körperschaftsteuerliche bzw. gewerbesteuerliche Verluste entstanden, können diese im Rahmen seines Verlustvortrags während des Bestehens der Organschaft genutzt werden, d. h. mit positiven Einkommen bzw. Gewerbeerträgen des Organkreises unter Berücksichtigung der Mindestbesteuerungsregelung des § 10d Abs. 2 Satz 1 EStG bzw. des § 10a Satz 3 GewStG verrechnet werden. Auf diese Weise können die vororganschaftlichen Verluste des Organträgers nicht nur vom eigenen positiven Einkommen bzw. Gewerbeertrag, sondern auch von etwaigen ihm zugerechneten positiven Einkommen bzw. Gewerbeerträgen der Organgesellschaft(en) abgezogen werden.[1056] Ein körperschaftsteuerlicher Verlust, der einem ehemaligen Organträger nach der Beendigung der Organschaft in seinem nachfolgenden Einzelsteuerjahr entsteht, kann mit seinem Einkommen (d. h. mit dem Einkommens des Organkreises) des vorangegangenen Organschaftsjahres auf dem Wege des Verlustrücktrags bis zu einem Höchstbetrag von 511.500 Euro verrechnet werden.[1057] Der Rücktrag von entsprechenden nachorganschaftlichen gewerbesteuerlichen Verlusten des ehemaligen Organträgers in frühere Organschaftsjahre ist aufgrund fehlender gesetzlicher Rücktragsmöglichkeiten unzulässig.[1058]

[1053] Vgl. § 10a GewStG.

[1054] Vgl. Abschnitt B 1.1.2.4.

[1055] Vgl. FROTSCHER, in: Frotscher/Maas, KStG, § 15 KStG, Rn. 3, 7, 10.

[1056] Vgl. hierzu FROTSCHER, in: Frotscher/Maas, KStG, § 14 KStG, Rn. 431, § 15 KStG, Rn. 3; VON TWICKEL, in: Blümich, EStG/KStG/GewStG, § 10a GewStG, Rn. 97; ORTH, in: Herzig, Organschaft, 173 f.; ORTH, Deutschland, CDFI 1998, Band 83a, 495; ECKSTEIN, Deutschland, CDFI 2004, Band 89b, 305 f.

[1057] Zum Verlustrücktrag vgl. auch Abschnitt C 2.1.1. Zudem kann der ehemalige Organträger körperschaftsteuerliche Nachgruppenverluste mit zukünftigem eigenem Einkommen auf dem Wege des Verlustvortrags verrechnen, vgl. ORTH, in: Herzig, Organschaft, 175. Zum Verlustvortrag vgl. Abschnitt B 1.1.2.1., B 1.1.2.2.

[1058] Vgl. § 10a GewStG.

Entstehen dem Organträger vor Begründung bzw. nach Beendigung der Organschaft Verluste, die für Zwecke der Körperschaftsteuer nur beteiligungs- bzw. einkunftsquellenbezogen verrechnet werden können (Verluste nach §§ 15 Abs. 4, 15a, 15b EStG),[1059] und wären diese Verluste in Organschaftsjahren im Rahmen der Ermittlung des eigenen Einkommens abzugsfähig, dann ist ein derartiger einkunftsquellenbezogener Verlustabzug mangels entgegenstehender Vorschriften zulässig.

2.4.2. Österreich

2.4.2.1. Verluste von Gruppenmitgliedern

Vortragsfähige Verluste eines unbeschränkt steuerpflichtigen Gruppenmitglieds aus Zeiten vor Begründung der Gruppenbesteuerung können in Zeiten der Gruppenbesteuerung vorgetragen werden, wobei sie jedoch gemäß § 9 Abs. 6 Nr. 4 öKStG nur vom eigenen laufenden positiven Ergebnis des jeweiligen Gruppenmitglieds abgezogen werden können.[1060] Die Berücksichtigung derartiger Vorgruppenverluste eines Gruppenmitglieds erfolgt demnach grundsätzlich nach der Verrechnung etwaiger eigener betriebsbezogener Wartetastenverluste nach § 2 Abs. 2a öEStG (die ebenfalls aus Zeiten vor der Gruppenbesteuerung in spätere Gruppenbesteuerungsjahre einkunftsquellenbezogen vorgetragen werden können), aber vor der Zurechnung etwaiger positiver bzw. negativer Ergebnisse anderer untergeordneter Gruppenmitglieder;[1061] ein nach der Verrechnung von Vorgruppenverlustvorträgen verbleibendes Einkommen eines Gruppenmitglieds wird (letztlich) dem Gruppenträger zugerechnet.[1062] Unbeachtlich für die Verrechnung von Vorgruppenverlusten bei einzelnen Mitgliedern ist, ob die Unternehmensgruppe insgesamt ein positives Einkommen erzielt.[1063] Außerdem ist hierbei die 75 %-Grenze gemäß § 2 Abs. 2b öEStG nicht zu beachten.[1064] Die Frage eines Rücktrags von Verlusten aus Zeiten nach der Gruppenbesteuerung in Zeiten der Gruppenbesteuerung stellt sich aufgrund des gesetzlich nicht vorhandenen Verlustrücktrags nicht.

Zu beachten ist, dass Vorgruppenverluste eines Gruppenmitglieds in zuvor dargestellter Weise jedoch nur verrechnet werden können, sofern dies gemäß der Mantelkaufvorschrift nach § 8 Abs. 4 Nr. 2 Satz 2 ff. öKStG zulässig ist:[1065] Erwirbt eine Kapitalgesellschaft An-teile an einer anderen Kapitalgesellschaft, die

---

[1059] Vgl. Abschnitt B 1.1.2.4.1. bis B 1.1.2.4.4.
[1060] Vgl. auch öBMF-Erlass vom 23.02.2005, 010216/0031 – IV/6/2005, Abschnitt 6.3.1.
[1061] Vgl. WIESNER/KIRCHMAYR/MAYR, Gruppenbesteuerung, 108 f. Zur Verrechnung dieser Wartetastenverluste vgl. Abschnitt B 1.2.2.4.1.
[1062] Vgl. WIESNER/KIRCHMAYR/MAYR, Gruppenbesteuerung, 109.
[1063] Vgl. WIESNER/KIRCHMAYR/MAYR, Gruppenbesteuerung, 108.
[1064] Vgl. öBMF-Erlass vom 23.02.2005, 010216/0031 – IV/6/2005, Abschnitt 6.3.1.
[1065] Vgl. WIESNER/KIRCHMAYR/MAYR, Gruppenbesteuerung, 108 m. w. N.

Verlustvorträge im Sinne des § 8 Abs. 4 Nr. 2 öKStG aufweist und die damit in einer anschließend eingegangenen Gruppenbesteuerung als Vorgruppenverluste gelten, so kann ein derartiger Beteiligungserwerb bereits mit einer schädlichen Anteilsübertragung nach § 8 Abs. 4 Nr. 2 Satz 2 öKStG verbunden sein bzw. eine solche darstellen. Dies kann wiederum erfordern, dass bei der jeweiligen Gesellschaft das Vorliegen eines Mantelkaufs zu prüfen ist, wobei hinsichtlich der jeweiligen Tatbestandsvoraussetzungen und möglicher Ausnahmetatbestände auf die Ausführungen in Abschnitt B 1.2.2.3. verwiesen sei. Vorgetragene Wartetastenverluste werden allerdings von der Mantelkaufvorschrift nach § 8 Abs. 4 Nr. 2 Satz 2 ff. öKStG nicht erfasst.[1066]

2.4.2.2. Verluste des Gruppenträgers

Auf Basis der einzelsteuerlichen allgemeinen Verlustvortragsregelungen nach § 18 Abs. 6 öEStG, § 8 Abs. 4 öKStG und der Vorschriften zur Einkommensermittlung sind beim Gruppenträger Sonderausgaben wie seine vortragsfähigen Verluste von dem positiven Gesamtergebnis aller Mitgliedskörperschaften abzuziehen.[1067] Zu diesen vortragsfähigen Verlusten des Gruppenträgers zählen neben den Verlusten aus Zeiten der Gruppenbesteuerung auch seine in Zeiten vor der Gruppenbesteuerung entstandenen Verluste.[1068] Da der Gruppenträger bei dem Verlustabzug an die 75 %-Grenze nach § 2 Abs. 2b öEStG gebunden ist, findet diese Grenze – im Unterschied zur Verrechnung von Vorgruppenverlusten bei den Gruppenmitgliedern – bei der Verrechnung von Vorgruppenverlusten des Gruppenträgers Anwendung.[1069] Ein Rücktrag von Verlusten aus Zeiten nach der Gruppenbesteuerung in Zeiten der Gruppenbesteuerung kommt aufgrund einer fehlender gesetzlichen Rücktragsmöglichkeit nicht in Frage.[1070] Wartetastenverluste, die der Gruppenträger vor Begründung der Gruppenbesteuerung erlitten hat, können im Rahmen der Ermittlung seines eigenen Einkommens auch während der Gruppenbesteuerung einkunftsquellenbezogen abgezogen werden, und damit vorrangig vor etwaigen vorgetragenen allgemeinen (Gruppen-)Verlusten.[1071]

[1066] Vgl. Abschnitt B 1.2.2.4.1.

[1067] Vgl. § 9 Abs. 6 Nr. 2 Satz 2 öKStG; dazu auch Abschnitt B 1.2.2.1., B 1.2.2.2., B 1.2.2.3., B 2.2.4.4.

[1068] Vgl. öBMF-Erlass vom 23.02.2005, 010216/0031 – IV/6/2005, Abschnitt 6.7.

[1069] Vgl. öBMF-Erlass vom 23.02.2005, 010216/0031 – IV/6/2005, Abschnitt 6.7; auch WIESNER/KIRCHMAYR/MAYR, Gruppenbesteuerung, 138 f.

[1070] Vgl. Abschnitt B 1.2.2.1.

[1071] Vgl. WIESNER/KIRCHMAYR/MAYR, Gruppenbesteuerung, 138 f. Zur Verrechnung dieser Wartetastenverluste vgl. Abschnitt B 1.2.2.4.1.

2.4.3. USA

2.4.3.1. Überblick

Wird eine *consolidated group* begründet oder beendet, können die aus Einzelsteuerjahren vor und nach der Konzernbesteuerung stammenden NOLs bzw. Nettoveräußerungsverluste einzelner Mitgliedskapitalgesellschaften unter Berücksichtigung diverser Verrechnungsvorschriften auch in Gruppenbesteuerungsjahren geltend gemacht werden. Ein derartiger Abzug richtet sich dabei in erster Linie nach den für eine *corporation* allgemein geltenden einzelsteuerlichen Abzugsregelungen (Secs. 55 ff., 172, 269, 382, 383, 1211(a), 1212(a) IRC) und den hiermit verbundenen betragsmäßigen, zeitlichen und einkunftsspezifischen Verrechnungsbeschränkungen.[1072] So verfallen beispielsweise nicht innerhalb der jeweiligen Fristen abgezogene NOLs bzw. Nettoveräußerungsverluste oder so sind Verluste in chronologischer Reihenfolge zu verrechnen. Neben diesen allgemeinen Abzugsregelungen gelten für Mitglieder einer *consolidated group* zusätzliche konzernsteuerliche Verrechnungsbeschränkungen für Verluste, die sie aus Einzelsteuerjahren in Gruppenbesteuerungsjahre übertragen: Nach Begründung der *consolidated group* kann Sec. 384 IRC die Verrechnung von vorgetragenen Verlusten einer Gesellschaft mit bestimmten realisierten stillen Reserven (*built-in gains*) einer anderen Gesellschaft untersagen.[1073] Die SRLY-Vorschriften beschränken dagegen den Abzug der von einem Gruppenmitglied in Gruppenbesteuerungsjahre vor- bzw. rückgetragene NOLs bzw. Nettoveräußerungsverluste auf den Beitrag, den die jeweilige Gesellschaft während ihrer Gruppenzugehörigkeit zum konsolidierten zu versteuernden Einkommen bzw. zum *consolidated capital net income* leistet. Diese betragsmäßige Abzugsbeschränkung gilt dabei grundsätzlich nur für die vor- und rückgetragenen Verluste, die in sogenannten *separate return limitation years* (SRLYs) entstanden sind.[1074]

Alle genannten Vorschriften sind bei dem Abzug von Verlusten aus Einzelsteuerjahren von Mitgliedern einer *consolidated group* in Gruppenbesteuerungsjahren parallel zu berücksichtigen, was die Verrechnung dieser Verluste sehr komplex werden läßt. Eine Vereinfachung ist in diesem Bereich durch die sogenannte *overlap rule* hergestellt worden, die in vielen Fällen entweder die Verrechnungsbeschränkungen nach den SRLY-Vorschriften oder diejenigen nach den Secs. 382, 383 IRC zur Anwendung kommen läßt.[1075]

[1072] Vgl. Reg. § 1.502-21(a), -21(b)(1), -22(a), -22(b)(1) und (2); dazu auch Abschnitt B 1.3.2.
[1073] Vgl. den nachfolgenden Abschnitt C 2.4.3.2.1.
[1074] Vgl. den nachfolgenden Abschnitt C 2.4.3.2.3.2.1.
[1075] Vgl. den nachfolgenden Abschnitt C 2.4.3.2.3.2.2.

2.4.3.2. Verluste von Tochtergesellschaften

2.4.3.2.1. Verlustvortrag und die Verrechnungsbeschränkung nach Sec. 384 IRC

Der Sinn und Zweck der Verrechnungsbeschränkung der Sec. 384 IRC ist es, zu verhindern, dass erhebliche realisierte stille Reserven einer Kapitalgesellschaft der Besteuerung entzogen werden, indem ein solcher Gewinn durch Verluste einer anderen Kapitalgesellschaft aufgezehrt wird, zu der mittlerweile ein Beherrschungsverhältnis hergestellt worden ist. Folglich soll Sec. 384 IRC entsprechenden steuerpolitisch motivierten Gestaltungen, die allein auf das Ziel der zeitnahen steuerfreien Realisierung stiller Reserven gerichtet sind, entgegenwirken.[1076]

Die Anwendung der Sec. 384 IRC setzt zunächst voraus, dass ihre beiden Tatbestandsvoraussetzungen erfüllt sind: Die erste Voraussetzung ist gegeben, wenn eine *corporation* durch Anteilserwerb die Kontrollmehrheit an einer anderen *corporation* im Sinne einer 80 %-igen Stimmrechts- und Anteilswertmehrheit erreicht, d. h. der nach Sec. 1504(a)(2) IRC notwendigen Mindestbeteiligung zur Bildung einer *affiliated group*, oder wenn sie ihre Wirtschaftsgüter in einer A-, C- oder D-Reorganisation erwirbt. Die zweite Voraussetzung liegt vor, wenn im Erwerbszeitpunkt die eine *corporation* Vorerwerbsverluste (*preacquisition losses*) aufweist und die andere *corporation* als Gewinngesellschaft anzusehen ist. Eine Gesellschaft mit Vorerwerbsverlusten ist wiederum dann gegeben, wenn diese Gesellschaft im Steuerjahr des Erwerbs NOLs bzw. Nettoveräußerungsverluste vorträgt, wenn ihr in diesem Steuerjahr selbst bis zum Erwerbszeitpunkt derartige Verluste entstanden sind oder wenn sie erhebliche stille Reserven in Form eines *net unrealized built-in loss* (NUBIL) gemäß Sec. 382(h)(3) IRC aufweist.[1077] Eine Gewinngesellschaft ist dagegen jede *corporation*, die im Erwerbszeitpunkt insgesamt stille Reserven im Sinne eines *net unrealized built-in gain* (NUBIG) gemäß Sec. 382(h)(3) IRC aufweist.[1078]

Sind die beiden genannten Tatbestandsvoraussetzungen erfüllt, so untersagt Sec. 384(a) i. V. m. Sec. 384(c)(3), (d) IRC für einen Zeitraum von fünf Jahren

---

[1076] Vgl. WACKE, Mantelkauf, 216.

[1077] Vgl. zu den Tatbestandsvoraussetzungen Sec. 384(a), (c), (d) IRC.

[1078] Vgl. Sec. 384(c)(4) und Sec. 384 (c)(8) IRC. Zum Begriff des NUBIGs, seines Vorliegens bei einer *corporation* und des Erfordernisses des *treshold requirements* vgl. Sec. 382(h)(3) IRC und Abschnitt B 1.3.2.2.3.4. sowie die dort zitierten Quellen. Statt auf den Zeitpunkt des *ownership change* ist auf den Erwerbszeitpunkt abzustellen. Grundsätzlich gilt jeder Gewinn der Gewinngesellschaft, der aus innerhalb des Fünfjahreszeitraums realisierten stillen Reserven (*built-in gains*) resultiert, als von der Verrechnungsbeschränkung der Sec. 384 IRC erfaßt, es sei denn, dass das zugehörige Wirtschaftsgut vor dem Erwerbszeitpunkt nicht zu den Aktiva der Gewinngesellschaft zählte oder dass sich die realisierte stille Reserve aus Wertsteigerungen nach dem Erwerbszeitpunkt ergeben hat, vgl. Sec. 384(c)(1) IRC.

nach dem Erwerbszeitpunkt die Verrechnung von als *built-in gains* realisierten stillen Reserven der Gewinngesellschaft mit Vorerwerbsverlusten der anderen Gesellschaft, d. h. ihren vorgetragenen NOLs bzw. Nettoveräußerungsverlusten und ihren als *built-in losses* realisierten stillen Lasten.[1079] Diese Verrechnungsbeschränkung ist allerdings gemäß Sec. 384(b) IRC nicht anzuwenden, wenn die jeweiligen Gesellschaften in den dem Erwerbszeitpunkt vorangehenden fünf Jahren Mitglieder derselben *controlled group* waren, wozu eine Beteiligung oberhalb der 50 %-Grenze (Stimmrechts- und Anteilswertquote) erforderlich ist.[1080] Desweiteren ist zu beachten, dass die Verrechnungsbeschränkung der Sec. 384(a) IRC im Fall des Erreichens der 80 %-igen Kontrollmehrheit im Ergebnis nur dann zur Anwendung kommt, wenn die jeweiligen Gesellschaften innerhalb der folgenden fünf Jahren auch tatsächlich als *consolidated group* besteuert werden.[1081]

Wird eine *consolidated group* neu begründet und trägt eine Tochtergesellschaft in Einzelsteuerjahren entstandene NOLs bzw. Nettoveräußerungsverluste in Gruppenbesteuerungsjahre vor, können derartige Verlustvorträge nicht mit realisierten stillen Reserven der Muttergesellschaft nach Maßgabe der Sec. 384 IRC verrechnet werden, sofern die Tatbestandsvoraussetzungen von Sec. 384 IRC hinsichtlich dieser Verluste und stiller Reserven innerhalb der vorangehenden fünf Jahre vorgelegen haben und die Ausnahmevorschrift nach Sec. 384(b) IRC nicht eingreift. Insofern erfordert die Anwendung von Sec. 384 IRC im hier betrachteten Sachverhalt unter anderem, dass die Verluste der Tochtergesellschaft bereits im Zeitpunkt des Erwerbs der 80 %-igen Kontrollmehrheit durch die Muttergesellschaft vorhanden gewesen sein müssen und sie damit als Vorerwerbsverluste gelten, dass die Muttergesellschaft zu diesem Zeitpunkt eine Gewinngesellschaft war und dass die *consolidated group* innerhalb der nachfolgenden fünf Jahren begründet worden ist.

[1079] Die Verrechnungsbeschränkung der Sec. 384(a) IRC wirkt in beide Richtungen, so dass sie beispielsweise sowohl bei dem Erwerb der Kontrollmehrheit nach Sec. 1504(a)(2) IRC an einer Gewinngesellschaft durch eine Gesellschaft mit Vorerwerbsverlusten zur Anwendung kommt als auch im umgekehrten Fall, vgl. FLICK, in: Schaumburg, Steuerrecht, 419; DOERNBERG/ABRAHMS, Corporations, 516.

[1080] Vgl. dazu FLICK, in: Widmann/Mayer, UmwStG, Band 7, Anhang 3 zum UmwStG, U 496; auch BITTKER/EUSTICE, Taxation, Chapter 14, 118. Wenn eine der beiden Gesellschaften noch nicht fünf Jahre lang existiert, muß sie seit ihrem Bestehen Mitglied der *controlled group* sein, vgl. Sec. 384(b)(3) IRC.

[1081] Vgl. dazu MOHR/CONSTON, in: Widmann/Mayer, UmwStG, Band 5, Anhang 3 zum UmwStG, EL August 1995, U 468. Dies bedeutet logischerweise, dass die *consolidated group* innerhalb dieses Zeitraums entweder begründet werden oder bereits zuvor bestanden haben muß.

2.4.3.2.2. Verlustvortrag und die Anti-Mißbrauchsvorschrift der Sec. 269 IRC

Wird eine *consolidated group* neu begründet und trägt eine Tochtergesellschaft in früheren Einzelsteuerjahren entstandene NOLs bzw. Nettoveräußerungsverluste in Gruppenbesteuerungsjahre vor, wird der Abzug dieser Verluste in diesen Jahren gemäß Sec. 269 IRC vollständig untersagt, sofern die Muttergesellschaft die Kontrollmehrheit an der späteren Tochtergesellschaft mit dem Zweck der Steuerumgehung oder -vermeidung erworben hat.[1082] Zu beachten ist, dass nur die Verluste nicht abgezogen werden dürfen, die bereits im Zeitpunkt des schädlichen Erwerbs der Kontrollmehrheit vorhanden waren; spätere, aber noch vor Begründung der *consolidated group* entstandene Verluste werden von Sec. 269 IRC nicht erfaßt.

2.4.3.2.3. Verlustvortrag und die Verrechnungsbeschränkungen nach Secs. 382, 383 IRC sowie den SRLY-Vorschriften

2.4.3.2.3.1. Vortrag aus Nicht-SRLYs

Als *separate return limitation year* (SRLY) gilt jedes Einzelsteuerjahr, für das ein Mitglied einer *consolidated group* zuvor bzw. nachfolgend eine Einzelsteuererklärung abgegeben hat, sofern keine der beiden folgenden Ausnahmen vorliegt:[1083] Zum einen gelten die Einzelsteuerjahre der Muttergesellschaft der *consolidated group* grundsätzlich nicht als SRLYs; ist allerdings der Sonderfall der *reverse acquisition* gegeben, dann gelten die vorherigen Einzelsteuerjahre der Muttergesellschaft ebenfalls als SRLYs.[1084] Zum zweiten gilt das Einzelsteuerjahr einer Tochtergesellschaft nicht als SRLY, wenn sie an jedem Tag dieses Steuerjahres Mitglied einer bereits zuvor bestehenden *affiliated group* gewesen ist bzw. Mitglied einer nachfolgend weiterbestehenden *affiliated group* bleibt;[1085] dies ist wiederum der Fall, wenn in einem Einzelsteuerjahr die Muttergesellschaft zu mindestens 80 % an der jeweiligen Tochtergesellschaft beteiligt ist und keine konsolidierte Steuererklärung abgegeben wird.

Eine Tochtergesellschaft kann aus einem Nicht-SRLY einen NOL bzw. Nettoveräußerungsverlust grundsätzlich nach den allgemeinen Abzugsvorschriften in nachfolgende Gruppenbesteuerungsjahre vortragen,[1086] wobei damit auch die mit

---

[1082] Zu weiteren Einzelheiten der Tatbestandsvoraussetzungen von Sec. 269 IRC vgl. Abschnitt B 1.3.2.2.4.

[1083] Vgl. Reg. § 1.1502-1(f)(1).

[1084] Vgl. Reg. § 1.1502-1(f)(2)(i), -1(f)(3), -75(d)(2)(ii). Zu ausführlicheren Erläuterungen vgl. auch Abschnitt C 2.4.3.3.2.

[1085] Vgl. Reg. § 1.1502-1(f)(2)(ii). Nach Reg. § 1.1502-1(f)(2)(iii) gilt dies entsprechend auch für einen Vorgänger eines solchen Gruppenmitglieds.

[1086] Vgl. Reg. § 1.1.502-21(b)(1), -22(b)(1), -22(b)(2). Zu diesen allgemeinen Grundsätzen vgl. Abschnitt B 1.3.2. i. V. m. Abschnitt C 2.1.3. und C 2.2.3.

ihnen verbundenen zeitlichen Fristen und die einkunftsquellenübergreifende Verrechnungsbeschränkung für Veräußerungsverluste einzuhalten sind. Die Berücksichtigung vorgetragener NOLs erfolgt im Rahmen der *CNOL deduction*, so dass eine Verrechnung mit dem gesamten laufenden konsolidierten zu versteuernden Einkommen erfolgt;[1087] vorgetragene Nettoveräußerungsverluste können entsprechend das laufende *consolidated capital gain net income* der *consolidated group* eines Jahres mindern.[1088] Da diese Verluste aus Nicht-SRLYs stammen, unterliegen sie in Gruppenbesteuerungsjahren nicht der sich aus den SRLY Vorschriften ergebenen *SRLY limitation*, die im nachfolgenden Abschnitt ausführlich erläutert wird.[1089] Die Verrechnungsbeschränkungen nach den Secs. 269 und 384 IRC sind ebenfalls nicht zu beachten, da derartige vorgetragene Nicht-SRLY-Verluste in Steuerjahren entstanden sind, in denen die Muttergesellschaft bereits eine 80 %-ige Kontrollmehrheit an der jeweiligen Tochtergesellschaft aufgewiesen hat.[1090] Ein Nicht-SRLY-Verlust kann in nachfolgenden Gruppenbesteuerungsjahren jedoch den Beschränkungen der Sec. 382 IRC bzw. Sec. 383 IRC unterliegen, wenn (weitere) Anteilserhöhungen der Muttergesellschaft einen *ownership change* nach Sec. 382 IRC bei der Verlusttochtergesellschaft in einem Nicht-SRLY bewirken. Dies erfordert definitionsgemäß, dass die Muttergesellschaft innerhalb von drei Jahren ihre Beteiligung an der Tochtergesellschaft insgesamt um mehr als 50 %-Punkte erhöht.[1091]

2.4.3.2.3.2. Vortrag aus SRLYs

2.4.3.2.3.2.1. Konzernbesteuerungsbegründung ohne *ownership change* bei der Tochtergesellschaft

2.4.3.2.3.2.1.1. SRLY-Nettobetriebsverluste

Ein Einzelsteuerjahr einer Tochtergesellschaft vor Gruppenbesteuerungsbegründung gilt definitionsgemäß als SRLY, wenn die Tochtergesellschaft in dem jeweiligen Steuerjahr nicht ununterbrochen zu einer *affiliated group* gehörte, was wiederum der Fall ist, wenn die Muttergesellschaft während eines solchen Steuerjahres zu weniger als 80 % oder nicht an jedem Tag dieses Jahres zu mindestens 80 % an der Tochtergesellschaft beteiligt ist.[1092] Werden aus einem solchen Einzelsteuerjahr Verluste von der Tochtergesellschaft in Gruppenbesteuerungsjahre vorgetragen, unterliegen diese SRLY-NOLs bzw. SRLY-Nettoveräußerungsverluste in diesen Steuerjahren grundsätzlich der sogenannten *SRLY limita-*

[1087] Vgl. hierzu Abschnitt C 2.1.3.1.

[1088] Vgl. hierzu Abschnitt C 2.1.3.2.

[1089] Vgl. Reg. 1.1502-21(c), -22(c).

[1090] Vgl. zu den Voraussetzungen der Anwendung der Secs. 269 und 384 IRC die Abschnitte C 2.4.3.2.1., C 2.4.3.2.2., B 1.3.2.2.4.

[1091] Vgl. Abschnitt B 1.3.2.2.3.2.

[1092] Vgl. den vorangegangenen Abschnitt.

tion. Abweichungen von diesem Grundsatz ergeben sich – wie nachfolgender Abschnitt C 2.4.3.2.3.2.2. erläutert – allerdings dann, wenn bei der Verlusttochtergesellschaft ein *ownership change* nach Sec. 382 IRC im Zusammenhang mit der Begründung der *consolidated group* gegeben ist; hiervon soll in diesem Abschnitt zunächst nicht ausgegangen werden. Gemäß der dualen Struktur des US-amerikanischen Einkommensteuerrechts ist zwischen einer *SRLY limitation* für SRLY-NOLs und einer *SRLY limitation* für SRLY-Nettoveräußerungsverluste zu differenzieren.[1093] In beiden Fällen wird die *SRLY limitation* für einzelne Gruppenbesteuerungsjahre berechnet. Sie gibt dabei die maximale Höhe an, in der SRLY-NOLs bzw. SRLY-Nettoveräußerungsverluste einer *corporation* mit dem konsolidierten zu versteuernden Einkommen verrechnet bzw. in das jeweilige *consolidated capital net income* des jeweiligen Gruppenbesteuerungsjahres einbezogen werden können.[1094]

Die *SRLY limitation* für die SRLY-NOLs einer *corporation* für ein bestimmtes Gruppenbesteuerungsjahr entspricht dem Betrag, der sich aus der Zusammenfassung aller positiven und negativen bisherigen Beiträge dieses Mitglieds zum *consolidated taxable income* ergibt.[1095] Im Falle des Vortrags von SRLY-NOLs werden die Beiträge ab der Begründung der *consolidated group* bis zum Ende des Gruppenbesteuerungsjahres, in das der Vortrag erfolgen soll, berücksichtigt.[1096] Bei der Beitragsberechnung sind die allgemeinen Vorschriften zur Berechnung des konsolidierten zu versteuernden Einkommens zu beachten.[1097] Zudem werden etwaige *CNOL deductions* grundsätzlich nicht bei der Berechnung der *SRLY limitation* eines SRLY-Mitglieds berücksichtigt; allerdings sind die bereits verrechneten SRLY-Verluste des Mitglieds einzubeziehen.[1098] Nur wenn es sich bei der *SRLY limitation* eines bestimmten Gruppenbesteuerungsjahres um einen positiven Betrag handelt, ist eine Verrechnung von SRLY-NOLs mög-

---

[1093] Vgl. Reg. § 1.1502-21(c)(i), -22(c) und -21(c)(1)(iii) Beispiel 4. Realisierte *SRLY-built-in losses* fallen unter die jeweils zugehörige *SRLY limitation*, was davon abhängt, ob es sich bei dem veräußerten Wirtschaftsgut um *ordinary income property* oder um ein *capital asset* handelt, vgl. Abschnitt B 1.3.2.2.3.4.

[1094] Vgl. Reg. § 1.1502-21(c)(1)(i), -22(c).

[1095] Vgl. Reg. § 1.1502-21(c)(1)(i).

[1096] Vgl. Reg. § 1.1502-21(c)(1)(i)(C). Zu den negativen Beiträgen sind sämtliche Verluste und Abzüge (einschließlich Veräußerungsverluste) des SRLY-Mitglieds zu zählen, die von der *consolidated group* verrechnet worden sind, vgl. Reg. § 1.1502-21(c)(1)(i)(B); sind diese (noch) nicht verrechnet worden, sind sie folglich nicht zu berücksichtigen. Zu denken ist beispielsweise an einen in Gruppenbesteuerungsjahren realisierten Veräußerungsverlust des Mitglieds, der im Rahmen eines konsolidierten Nettoveräußerungsverlusts vorgetragen wird, vgl. Reg. § 1.1502-21(c)(1)(iii) Beispiel 5.

[1097] Vgl. YATES u. a., Limitation, J. Tax'n, Vol. 91 (1999), 333. Das bedeutet unter anderem, dass aufgeschobene *intercompany gains* und *intercompany losses* und *intercompany dividends* unberücksichtigt bleiben.

[1098] Vgl. Reg. § 1.1502-21(c)(1)(i)(A); YATES, Matters, J. Tax'n, Vol. 75 (1991), 18; YATES u. a., Limitation, J. Tax'n, Vol. 91 (1999), 333.

lich.[1099] Diese ist in der Höhe der *SRLY limitation* vorzunehmen, sofern entsprechendes positives konsolidiertes zu versteuerndes Einkommen vorhanden ist.[1100] Ansonsten ist ein entsprechend geringerer Betrag des SRLY-NOLs (oder gar keiner) zu verrechnen. Der letztlich verrechenbare Betrag eines SRLY-NOLs wird bei der konkreten Verrechnung in die *CNOL deduction* der *consolidated group* des jeweiligen Steuerjahres einbezogen.[1101] Folgendes Beispiel verdeutlicht die Berechnung der *SRLY limitation* bei einem SRLY-NOL einer Tochtergesellschaft in Zeiten einer *consolidated group* und den damit verbundenen Verlustabzug:

Im Jahr 01 bilden die *S-corporation* und die *P-corporation* weder eine *consolidated group* noch eine *affiliated group* und reichen jeweils Einzelsteuererklärungen ein. S erleidet in diesem Jahr einen NOL in Höhe von 55 US-$, der vorgetragen wird. Ab dem Jahr 02 geben S und P eine konsolidierte Steuererklärung ab und werden fortan als *consolidated group* besteuert. S erleidet im Zusammenhang mit der Begründung der *consolidated group* keinen *ownership change* nach Sec. 382 IRC. Der vorgetragene SRLY-NOL von S aus 01 unterliegt während ihrer Gruppenzugehörigkeit einer *SRLY limitation*. P und S tragen zum konsolidierten zu versteuernden Einkommen (CTI) der Jahre 02, 03 und 04 die in der nachfolgenden Übersicht enthaltenen Beiträge bei, die in US-$ angegeben werden:

	Jahr 02 (konsolidiert)	**Jahr 03** (konsolidiert)	**Jahr 04** (konsolidiert)
P (Erfolg, ohne S)	(75)	75	75
S (Erfolg, ohne P)	50	(15)	20
CTI (ohne berücksichtigten SRLY-NOL)	(25)	50	95
Zu berücksichtigender SRLY-NOL	--	(35)	(20)
CTI (mit berücksichtigtem SRLY-NOL)	(25)	15	75

[1099] Vgl. Reg. § 1.1502-21(c)(1)(i); dazu auch das Beispiel 1 in Reg. § 1.1502-21(c)(1)(iii).

[1100] Vgl. COLLINS/GARRETT/TUCKER, Returns, J. Corp. Tax´n, Vol. 81 (1996), 86 f. Bei der Verrechnung eines *built-in losses* gilt eine Sonderregelung: Ein *built-in loss* kann bis zur Höhe der *SRLY limitation* in dem jeweiligen Steuerjahr verrechnet werden, auch wenn sich hierbei ein CNOL ergibt, vgl. Reg. § 1.1502-15(d) Beispiel 5 (iv).

[1101] Anzumerken ist, dass neben den der *SRLY limitation* unterliegenden SRLY-NOLs einer beigetretenen Gesellschaft gegebenenfalls weitere Verlustvorträge in die *CNOL deduction* der Gruppe des jeweiligen Steuerjahres einzubeziehen sind. Zu denken ist hier beispielsweise an vorgetragene CNOLs früherer Steuerjahre oder an vorgetragene SRLY-NOLs anderer beigetretenen Gesellschaften. Die Reihenfolge, in der diese Verluste bei der *CNOL deduction* zu berücksichtigen sind, richtet sich generell nach den Grundsätzen der Sec. 172 IRC und von Reg. § 1.1502-21: Demnach sind Verluste in chronologischer Reihenfolge in die *CNOL deduction* einzubeziehen und Verluste, die aus gleichen Steuerjahren stammen und nur anteilig verrechnet werden können, sind pro rata zu berücksichtigen. Unterliegen im letzten Fall einige dieser Verluste einer *section 382 limitation* und andere nicht, dann sind die von der *section 382 limitation* beschränkten Verluste vorrangig zu berücksichtigen, vgl. Reg. § 1.1502-21(b)(1); dazu auch COLLINS/GARRETT/TUCKER, Returns, J. Corp. Tax´n, Vol. 81 (1996), 85, die SRLY-Vorgruppen-NOLs verschiedener Gesellschaften aus gleichen Steuerjahren betrachten.

In 02 beträgt die *SRLY limitation* aufgrund des Erfolgsbeitrags von S 50 US-$; ein Abzug des SRLY-NOLs von S kann jedoch mangels positivem konsolidierten zu versteuernden Einkommen nicht erfolgen. In 03 beträgt die *SRLY limitation* aufgrund der kumulierten Erfolgsbeiträge von S 35 US-$ (= 50 US-$ – 15 US-$), so dass in Verbindung mit ausreichendem konsolidierten zu versteuerndem Einkommen 35 US-$ des SRLY-NOLs von S zu verrechnen sind. Da in 04 die kumulierten Erfolgsbeiträge von S, unter der Berücksichtigung des zuvor verrechneten anteiligen SRLY-NOLs, 20 US-$ (= 50 US-$ – 15 US-$ – 35 US-$ + 20 US-$) betragen, ergibt sich eine *SRLY limitation* von 20 US-$, womit das konsolidierte zu versteuernde Einkommen um den restlichen SRLY-NOL von S in Höhe von 20 US-$ zu mindern ist.

Sofern neben den der *SRLY limitation* unterliegenden vorgetragenen SRLY-NOLs einer Tochtergesellschaft in einem Gruppenbesteuerungsjahr auch vorgetragene Verluste anderer Tochtergesellschaften oder der Muttergesellschaft abgezogen werden können, sind die ältesten NOLs grundsätzlich vorrangig und in gleichen Steuerjahren entstandenen NOLs pro rata zu berücksichtigen. Diese Grundsätze gelten unabhängig davon, ob diese Verluste einer *SRLY limitation* unterliegen oder nicht.[1102]

2.4.3.2.3.2.1.2. SRLY-Nettoveräußerungsverluste

Werden SRLY-Nettoveräußerungsverluste einer Tochtergesellschaft in Zeiten der Konzernbesteuerung vorgetragen und ist dabei eine *SRLY limitation* einzuhalten, dann sind die im vorherigen Abschnitt dargestellten Grundsätze zum Abzug von vorgetragenen SRLY-NOLS unter einer *SRLY limitation* entsprechend anzuwenden, wobei allerdings ihrer Eigenschaft als Veräußerungsverlust Rechnung zu tragen ist:[1103] Die *SRLY limitation* für die SRLY-Nettoveräußerungsverluste einer *corporation* für ein bestimmtes Gruppenbesteuerungsjahr entspricht der Summe der Veräußerungsgewinne und -verluste der *corporation*, soweit sie in das *consolidated capital net income* der *consolidated group* einbezogen worden sind.[1104] Nur wenn es sich bei der *SRLY limitation* eines bestimmten Gruppenbesteuerungsjahres um einen positiven Betrag handelt, ist eine Verrechnung von SRLY-Nettoveräußerungsverlusten möglich. Diese ist in der Höhe der *SRLY limitation* vorzunehmen, sofern in dem jeweiligen Gruppenbesteuerungsjahr insgesamt ein ausgleichsfähiger Veräußerungsgewinn vorhanden ist.[1105] Ansons-

---

[1102] Vgl. das Beispiel in Abschnitt C 2.4.3.3.1.

[1103] Vgl. Reg. § 1.1502-22(c) i. V. m. Reg. § 1.1502-21(c).

[1104] Vgl. Reg. § 1.1502-22(c). Zu diesen Veräußerungsgewinnen und -verlusten können neben den Erfolgen aus der Veräußerung von *capital assets* auch die Erfolge aus der Veräußerung von *quasi-capital assets* zählen, vgl. Abschnitt B 1.3.2.3.1.3. Zu beachten ist zudem, dass ein Veräußerungsverlust eines beigetretenen Mitglieds aus einem Gruppenbesteuerungsjahr solange nicht in die *SRLY limitation* einzubeziehen ist, als er im Rahmen eines konsolidierten Nettoveräußerungsverlustes vorgetragen wird und damit (noch) nicht als Beitrag zum *consolidated capital net income* zählen kann, vgl. Reg. § 1.1502-21(c)(1) (i-ii), Beispiel 5.

[1105] Vgl. Sec. 1211(a) IRC.

ten ist ein entsprechend geringerer Betrag des SRLY-Nettoveräußerungsverlusts (oder gar keiner) zu verrechnen. Zu beachten ist, dass im Falle des Beitritts einer Gesellschaft mit SRLY-NOLs und SRLY-Nettoveräußerungsverlusten bei deren Vortrag immer simultan zwei *SRLY limitations* zu berechnen und einzuhalten sind. Die Verrechnung von SRLY-Nettoveräußerungsverlusten hat dabei – soweit möglich – grundsätzlich vorrangig vor der Verrechnung von SRLY-NOLs zu erfolgen.[1106]

2.4.3.2.3.2.1.3. Einfluß von *built-in losses*

Der zuvor dargestellte Vortrag von SRLY-NOLs bzw. SRLY-Nettoveräußerungsverlusten einer Tochtergesellschaft in Zeiten der Konzernbesteuerung unter Einhaltung einer *SRLY limitation* kann durch realisierte stille Lasten wie folgt beeinflußt werden: Wenn die jeweilige Verlusttochtergesellschaft Mitglied einer *affiliated* oder *consolidated group* wird, dabei einen *net unrealized built-in loss* (NUBIL) aufweist[1107] und innerhalb der nachfolgenden fünf Jahre die zuvor festgestellten stillen Lasten realisiert werden, dann unterliegen diese in Gruppenbesteuerungsjahren als *SRLY-built-in loss* der *SRLY limitation.*[1108] Je nach der Klassifikation des Wirtschaftsgutes als *capital asset* oder *ordinary income property*, kann hier zwischen der *SRLY limitation* für SRLY-Nettoveräußerungsverluste und SRLY-NOLs zu unterscheiden sein. Sofern es die jeweilige *SRLY limitation* eines Steuerjahres erlaubt, sind die realisierten *SRLY-built-in losses* vorrangig vor etwaigen vorgetragenen SRLY-NOLs bzw. SRLY-Nettoveräußerungsverlusten zu verrechnen, womit die Verrechnung dieser Verlustvorträge unter der jeweiligen *SRLY limitation* entsprechend eingeschränkt wird.[1109] Realisierte *SRLY-built-in losses*, die die jeweilige *SRLY limitation* des Steuerjahres ihrer Realisation übersteigen und damit von einer Verrechnung in diesem Steuerjahr ausgeschlossen sind, gelten fortan als SRLY-NOLs bzw. SRLY-Nettoveräußerungsverluste dieses Steuerjahres beim jeweiligen Gruppenmitglied und sind dementsprechend in anderen Steuerjahren abzuziehen.

[1106] Vgl. Reg. § 1.1502-21(c)(1)(iii), Beispiel 5.

[1107] Zu den hierzu erforderlichen Voraussetzungen vgl. Abschnitt B 1.3.2.2.3.4., wobei allerdings auf den Zeitpunkt des Mitgliedwerdens an der *affiliated group* abzustellen ist. Unbedeutend ist hierbei, ob diese Gruppe bereits als *consolidated group* besteuert wird oder nicht, vgl. Reg. § 1.1502-15(b)(1).

[1108] Vgl. Reg. § 1.1502-15(a) und -15(b). Zum Begriff eines realisierten *built-in loss* vgl. auch Abschnitt B 1.3.2.2.3.4. und die jeweiligen zitierten Quellen. Abweichend von den Ausführungen in Fn. 438 ist die Höchstbetragsregelung der Sec. 382(h)(1)(B)(ii) IRC für Zwecke der *SRLY limitation* allerdings nicht anzuwenden, vgl. Reg. § 1.1502-15(b)(iii); COLLINS/GARRETT/TUCKER, Returns, J. Corp. Tax'n, Vol. 81 (1996), 92.

[1109] Vgl. Reg. § 1.1502-15(a) und das Beispiel 4 in Reg. § 1.1502-15(d). Zu beachten ist, dass realisierte *built-in ordinary losses* grundsätzlich bis zur jeweiligen *SRLY limitation* zu verrechnen sind, wobei dadurch auch ein CNOL begründet werden kann, vgl. Reg. § 1.1502-15(d) Beispiel 5.

2.4.3.2.3.2.2. Konzernbesteuerungsbegründung mit *ownership change* bei der Tochtergesellschaft

Wenn eine *corporation* als 5 %-Anteilseigner die Beteiligung an einer anderen *corporation* innerhalb von drei Jahren um mehr als 50 %-Punkte erhöht, dann ist bei Letzterer ein *ownership change* nach Sec. 382 IRC gegeben.[1110] Zu einer derartigen schädlichen Beteiligungsaufstockung kann es in Verbindung mit der Begründung einer *consolidated group* kommen, wenn die spätere Muttergesellschaft die hierzu notwendige 80 %-ige oder eine höhere Beteiligungsquote erst erreichen muß bzw. eine höhere Beteiligungsquote erreichen möchte und die angestrebte *consolidated group* anschließend gebildet wird. Sofern derartige Situationen auftreten, dürfte es im Regelfall so sein, dass die Muttergesellschaft zuvor zu weniger als 80 % an der Tochtergesellschaft beteiligt gewesen ist, so dass die Jahre, aus denen die Tochtergesellschaft NOLs bzw. Nettoveräußerungsverluste vorträgt, als *separate return limitation years* (SRLYs) gelten. Ein solcher Sachverhalt ist beispielsweise gegeben, wenn die spätere Muttergesellschaft an einer anderen Gesellschaft zuvor nicht beteiligt ist und in einem einzigen Schritt die zur Bildung der *consolidated group* notwendige 80 %-ige Beteiligung von Dritten neu erwirbt, und die beiden Gesellschaften anschließend als *consolidated group* besteuert werden.

Ist die Begründung der *consolidated group* mit einem *ownership change* bei der Verlusttochtergesellschaft verbunden, ist für den Vortrag ihrer SRLY-Verluste in Gruppenbesteuerungsjahre die sogenannte *overlap rule* von Bedeutung. Die *overlap rule* wurde vom Finanzministerium und dem *Internal Revenue Service* eingeführt, um einer *consolidated group* den Aufwand der gleichzeitigen Berücksichtigung einer *SRLY limitation* und einer *section 382 limitation* bei dem Vortrag von SRLY-Verlusten eines neuen Mitglieds in Gruppenbesteuerungsjahre zu ersparen.[1111] Sie kommt im wesentlichen immer dann zur Anwendung, wenn eine *corporation*[1112] mit SRLY-NOL-Vorträgen oder SRLY-Nettoveräußerungsverlustvorträgen Mitglied einer *consolidated group* wird (*SRLY event*) und dabei simultan bzw. innerhalb von sechs Monate davor oder danach einen *ownership change* nach Sec. 382 IRC erleidet (*section 382 event*).[1113] Da bei der Begründung einer *consolidated group* eine *corporation* Mitglied einer neu gebildeten *consolidated group* wird, kommt die *overlap rule* auch in solchen Fällen zur Anwendung.

Ist die *overlap rule* aufgrund des zeitnahen Vorliegens des *section 382 events* und des *SRLY events* bei der Begründung einer *consolidated group* oder bei dem

---

[1110] Vgl. Abschnitt B 1.3.2.2.3.2.

[1111] Vgl. YATES u. a., Limitation, J. Tax'n, Vol. 91 (1999), 338.

[1112] Dies gilt grundsätzlich für jede *loss corporation*, vgl. zu der zugehörigen Definition Sec. 382(k)(1) IRC, Abschnitt B 1.3.2.2.3.1.

[1113] Vgl. Reg. § 1.1502-21(g)(2)(ii)(A), -22(g)(2)(ii)(A) und -15(g)(2)(ii)(A).

Beitritt zu einer bereits bestehenden *consolidated group* anwendbar, unterliegen fortan die SRLY-Verluste der Tochtergesellschaft, d. h. sowohl ihre SRLY-NOL-Vorträge und SRLY-Nettoveräußerungsverlustvorträge als auch ihre realisierten *SRLY-built-in losses*, nicht der sogenannten *SRLY limitation*, sondern nur den Einschränkungen, die sich aus den Secs. 382, 383 IRC ergeben.[1114] Bei ihrer Anwendung ist ausschließlich auf die Verhältnisse des neuen Mitglieds der *consolidated group* abzustellen. Dies bedeutet unter anderem, dass die für die vorgetragenen SRLY-Verluste geltende *section 382 limitation* auf dem Wert der jeweiligen Tochtergesellschaft basiert und dass der *business continuity test* sowie die *built-in gain rule* bzw. die *built-in loss rule* auf diese Tochtergesellschaft zu beziehen sind.[1115] Auch wenn die vorgetragenen SRLY-NOLs und SRLY-Nettoveräußerungsverluste der Tochtergesellschaft einer separaten *section 382 limitation* in den Steuerjahren nach dem *ownership change* unterliegen, können sie aber ansonsten das gesamte konsolidierte zu versteuernde Einkommen bzw. das *consolidated capital net income* der *consolidated group* mindern.[1116]

Erleidet eine *corporation* mit SRLY-NOL-Vorträgen bzw. SRLY-Nettoveräußerungsverlustvorträgen einen *ownership change* gemäß Sec. 382 IRC sechs Monate bevor oder nachdem sie Mitglied einer neu begründeten *consolidated group* wird bzw. geworden ist, ist die *overlap rule* nicht anzuwenden. In derartigen Fällen unterliegen die vorgetragenen SRLY-Verluste in Zeiten der Gruppenbesteuerung sowohl den Beschränkungen der Sec. 382 IRC bzw. Sec. 383 IRC, d. h. vor allem einer *section 382 limitation*, als auch einer *SRLY limitation*, wobei grundsätzlich die restriktivere Beschränkung zu beachten ist.[1117]

2.4.3.2.4. Verlustrücktrag

Wenn in einem Einzelsteuerjahr einer Tochtergesellschaft nach Beendigung der *consolidated group* ein NOL bzw. Nettoveräußerungsverlust entsteht, dann kann dieser grundsätzlich in Jahre der Gruppenbesteuerung unter Berücksichtigung

---

[1114] Vgl. Reg. § 1.1502-21(g)(1), -21(g)(3)(i), -22(g)(1), -22(g)(3)(i) und -15(g)(2)(1), -15(g)-(3)(i). Dies gilt auch, wenn eine *corporation* einen *ownership change* innerhalb der sechs Monate erleidet, nachdem sie Mitglied einer *consolidated group* geworden ist, allerdings ist im Steuerjahr des *ownership change* noch die *SRLY limitation*, aber in den nachfolgenden Steuerjahren sind dann ausschließlich die Beschränkungen nach den Secs. 382, 383 IRC anzuwenden, vgl. Reg. § 1.1502-21(g)(3)(ii), -21(g)(5) Beispiel 4; JOY/ROBINSON, Members, Taxes, Vol. 81 (2003), 29.

[1115] Vgl. YATES u. a., Limitation, J. Tax'n, Vol. 91 (1999), 328; Abschnitt B 1.3.2.2.3.3. bis B 1.3.2.2.3.5.

[1116] Vgl. YATES u. a., Limitation, J. Tax'n, Vol. 91 (1999), 337, der hier jedoch nur auf SRLY-NOLs Bezug nimmt. Seine Ausführungen gelten meines Erachtens aufgrund von Reg. § 1.1502-98 entsprechend auch für SRLY-Nettoveräußerungsverluste.

[1117] Vgl. JOY/ROBINSON, Members, Taxes, Vol. 81 (2003), 29; dazu auch das Beispiel bei YATES/RAINEY, Rules, J. Tax'n, Vol. 85 (1996), 270 ff.

der allgemeinen Abzugsregelungen in Gruppenbesteuerungsjahre rückgetragen werden.[1118] Dabei unterliegen derartige rückgetragene Verluste nach den SRLY-Vorschriften zusätzlich einer *SRLY limitation*, sofern sie in einem SRLY entstanden sind.[1119] Vor dem Hintergrund der Definition eines SRLYs unterliegen rückgetragene Verluste einer Tochtergesellschaft dann keiner *SRLY limitation*, wenn sie in einem Einzelsteuerjahr entstehen, in dem die jeweilige Tochtergesellschaft an jedem Tag Mitglied einer weiterbestehenden *affiliated group* ist, was wiederum der Fall ist, wenn die Muttergesellschaft während dieses gesamten Steuerjahres zu mindestens 80 % an der Tochtergesellschaft beteiligt bleibt. Umgekehrt unterliegen rückgetragene Verluste einer Tochtergesellschaft der *SRLY limitation*, wenn infolge eines Beteiligungsabbaus die Muttergesellschaft in dem nachfolgenden Verlustentstehungsjahr nicht an jedem Tag zu 80 % oder zu weniger als 80 % an der Tochtergesellschaft beteiligt ist.[1120] Der Rücktrag von SRLY-NOLs bzw. SRLY-Nettoveräußerungsverlusten ist nur insoweit möglich, als die *SRLY limitation* einen positiven Betrag aufweist und entsprechendes konsolidiertes zu versteuerndes Einkommen bzw. *consolidated capital net income* in einem Gruppenbesteuerungsjahr vorhanden ist.[1121] Bei der Berechnung der *SRLY limitation* sind sämtliche früheren Beiträge der jeweiligen Tochtergesellschaft zum konsolidierten zu versteuernden Einkommen bzw. zum *consolidated capital net income* zu berücksichtigen.[1122]

2.4.3.3. Verluste der Muttergesellschaft

2.4.3.3.1. Verlustvortrag und Verlustrücktrag

Die spätere Muttergesellschaft einer *consolidated group* kann eigene NOLs bzw. Nettoveräußerungsverluste aus Zeiten vor der Konzernbesteuerung nach den allgemeinen Abzugsvorschriften in nachfolgende Gruppenbesteuerungsjahre vortragen,[1123] wobei damit auch die mit ihnen verbundenen zeitlichen Fristen und die einkunftsquellenübergreifende Verrechnungsbeschränkung für Veräußerungsverluste einzuhalten sind; auch können die allgemeinen Verrechnungsbeschränkungen der Secs. 269, 382 und 383 IRC sowie die konzernsteuerliche Verrechnungsbeschränkung nach Sec. 384 IRC in Einzelfällen zu berücksichtigen sein.[1124] Die Berücksichtigung vorgetragener NOLs der Muttergesellschaft

---

[1118] Vgl. Reg. § 1.1502-21(b)(1); -22(b)(1), -22(b)(2).

[1119] Vgl. Reg. § 1.1502-22(c).

[1120] Vgl. Abschnitt C 2.4.3.2.3.1. zur Definition eines SRLYs.

[1121] Vgl. dazu Abschnitt C 2.4.3.2.3.2.1.1., C 2.4.3.2.3.2.1.2.; dazu auch das Beispiel 3 in Reg. § 1.1502-21(c)(1)(iii).

[1122] Vgl. Reg. § 1.1502-21(c)(1)(i) und Reg. § 1.1502-22(c).

[1123] Vgl. Reg. § 1.1.502-21(b)(1), -22(b)(1), -22(b)(2). Zu diesen allgemeinen Grundsätzen vgl. Abschnitt C 2.1.3., C 2.2.3.

[1124] Vgl. auch BITTKER/EUSTICE, Taxation, Chapter 14, 16 ff. Zu den jeweiligen Voraussetzungen und Rechtsfolgen vgl. Abschnitt B 1.3.2.2.3., B 1.3.2.3.2., B 1.3.2.2.4., C 2.4.3.2.1. f.

aus früheren Einzelsteuerjahren in Gruppenbesteuerungsjahren erfolgt im Rahmen der *CNOL deduction*, so dass eine Verrechnung mit dem gesamten konsolidierten zu versteuernden Einkommen stattfindet;[1125] vorgetragene Nettoveräußerungsverluste werden entsprechend mit den gesamten Nettoveräußerungsgewinnen der *consolidated group* eines Jahres verrechnet.[1126] Da definitionsgemäß die Einzelsteuerjahre einer Muttergesellschaft vor Begründung einer *consolidated group* grundsätzlich nicht als SRLYs gelten,[1127] finden folglich die SRLY Vorschriften auf ihre Verluste dieser Jahre keine Anwendung.[1128] Diese Ausnahmeregelung für die Muttergesellschaft, auch bezeichnet als *lonely parent rule*, ist allerdings nicht anzuwenden, wenn eine *reverse acquisition* oder eine ähnliche Verschmelzung vorliegt,[1129] wobei auf diesen Sonderfall im nachfolgenden Abschnitt näher eingegangen wird. Folgendes Beispiel verdeutlicht den Vortrag von Nicht-SRLY-Verlusten der Muttergesellschaft aus Zeiten vor Beginn der Konzernbesteuerung in nachfolgende Gruppenbesteuerungsjahre, wobei zusätzlich von vorgetragenen SRLY-Verlusten einer Tochtergesellschaft und der Nicht-Anwendung der Secs. 269, 382, 383 sowie 384 IRC bei der Muttergesellschaft ausgegangen wird:

Die *P-corporation* und die *T-corporation* geben für die Jahre 01, 02 und 03 Einzelsteuererklärungen ab. In 01 erleidet P einen NOL von 40 US-$, in 02 erleidet T einen NOL von 50 US-$ und in 03 erleiden beide *corporations* einen NOL in Höhe von 120 US-$ bzw. 60 US-$. Während des Jahres 03 erwirbt P alle T-Anteile in einer nicht einen *ownership change* nach Sec. 382(g) IRC auslösenden Transaktion, wobei die beiden Gesellschaften nicht an sämtlichen Tagen dieses Jahres eine *affiliated group* bilden. Ab dem Jahr 04 geben P und T konsolidierte Steuererklärungen ab. In 04 erzielt die P-Gruppe ein konsolidiertes zu versteuerndes Einkommen von 160 US-$, ohne Berücksichtigung der *CNOL deduction*. Der Beitrag von P beträgt hierbei 90 US-$ und der von T 70 US-$. Alle NOLs werden vorgetragen. Der Sachverhalt läßt sich folgendermaßen zusammenfassen, wobei alle Beträge in US-$ angegeben sind:

	Einzelsteuer-jahr 01	**Einzelsteuer-jahr 02**	**Einzelsteuer-jahr 03**	**Gruppenbesteuerungs-jahr 04**
P	(40)	0	(120)	90
T	0	(50)	(60)	70
CTI	–	--	--	160

[1125] Vgl. Abschnitt C 2.1.3.1.

[1126] Vgl. Abschnitt C 2.1.3.2.

[1127] Vgl. Reg. § 1.1502-1(f)(2)(i); Abschnitt C 2.4.3.2.3.1.

[1128] Vgl. auch PRÜSCHENK, Ertragsbesteuerung, 117; WUDERNITZ, Konzernbesteuerung, 182. Zudem gilt die *lonely parent rule* auch für etwaige realisierte *built-in losses* der Muttergesellschaft, vgl. Reg. § 1.1502-15(f).

[1129] Vgl. Reg. § 1.1502-1(f)(2)(i) i. V. m. Reg. § 1.1502-1(f)(3), -75(d)(2)(ii) und -75(d)(3); PRÜSCHENK, Ertragsbesteuerung, 117, 121 f.; WUDERNITZ, Konzernbesteuerung, 182, 184 bis 187.

Da bei P die Jahre 01, 02 und 03 bezogen auf die P-Gruppe keine SRLYs sind,[1130] unterliegen die in diesen Jahren entstandenen Verluste keiner *SRLY limitation*. Da nach den Grundsätzen der Sec. 172 IRC die ältesten Verluste vorrangig zu verrechnen sind, ist P's Verlust aus 01 der Verlust, der zuerst mit dem konsolidierten zu versteuernden Einkommen der P-Gruppe des Jahres 04 zu verrechnen ist und damit den ersten Bestandteil der *CNOL deduction* der P-Gruppe für 04 darstellt. Nach diesem Verlustabzug verbleibt ein konsolidiertes zu versteuerndes Einkommen von 120 US-$, das von anderen Verlusten gemindert werden kann. Da bei T die Jahre 02 und 03 bezogen auf die P-Gruppe SRLYs sind[1131] und der Erwerb von T keinen *ownership change* nach Sec. 382(g) IRC darstellt, unterliegen T's Verluste dieser Jahre der *SRLY limitation*. Die *SRLY limitation* für 04 entspricht T's positivem Beitrag zum konsolidierten zu versteuernden Einkommen im Jahr 04 (70 US-$), so dass zunächst der zweitälteste Verlust von 50 US-$ des Jahres 02 in die *CNOL deduction* der P-Gruppe einbezogen werden muß. Das verbleibende konsolidierte zu versteuernde Einkommen von 70 US-$ kann von anderen Verlusten gemindert werden.

Die Verluste von P und T aus 03 stammen aus Jahren, die am gleichen Tag enden, und betragen zusammen 180 US-$. Sie sind pro rata mit dem konsolidierten zu versteuernden Einkommen des Jahres 04 zu verrechnen, unabhängig davon, dass der eine Verlust in einem SRLY entstanden ist und der andere nicht. Von T's Verlust in Höhe von 60 US-$ können allerdings nur 20 US-$ in 04 verrechnet werden, da die *SRLY limitation* für 04 von 70 US-$ bereits durch die Verrechnung von T's SRLY-NOL von 50 US-$ aus 02 auf 20 US-$ reduziert worden ist. Folglich ergeben sich folgende Abzugsbeträge der Verluste aus 03:

Abzugsbetrag von P's NOL aus 03 = 120 US-$: (120 US-$ + 20 US-$) = 60 US-$.

Abzugsbetrag von T's NOL aus 03 = 20 US-$: (120 US-$ + 20 US-$) = 10 US-$.

Die unverrechneten NOLs von P und T aus 03 (60 US-$ bzw. 50 US-$) werden ins Jahr 05 vorgetragen. Die gesamte *CNOL deduction* der P-Gruppe für 03 beträgt 160 US-$ und setzt sich zusammen aus P's NOL von 40 US-$ aus 01, T's SRLY-NOL von 50 US-$ aus 02, P's anteiligem NOL von 60 US-$ aus 03 und T's anteiligem SRLY-NOL von 10 US-$ aus 03.

Wenn nach der Beendigung einer *consolidated group* der Muttergesellschaft in ihren nachfolgenden Einzelsteuerjahren NOLs oder Nettoveräußerungsverluste entstehen, können derartige Verluste unter Berücksichtigung der jeweiligen allgemeinen Abzugsregelungen[1132] und ohne Beachtung einer *SRLY limitation* in frühere Gruppenbesteuerungsjahren rückgetragen werden, da ihre Einzelsteuerjahre nach Beendigung der *consolidated group* definitionsgemäß nicht als SRLYs gelten (*lonely parent rule*).[1133]

[1130] Vgl. die Ausführungen dieses Abschnitts C 2.4.3.3.1.
[1131] Vgl. Abschnitt C 2.4.3.2.3.1.
[1132] Vgl. Reg. § 1.1.502-21(b)(1), -22(b)(1), -22(b)(2).
[1133] Vgl. Reg. § 1.1502-1(f)(2)(i), -21(c); Abschnitt C 2.4.3.2.3.1.

2.4.3.3.2. Verlustvortrag und der Sonderfall der *reverse acquisition*

Das Konzept der *reverse acqusition* (umgekehrte Akquisition bzw. umgekehrter Erwerb) ist im Jahr 1965 eingeführt worden, um *consolidated groups* am Handel mit Verlustgesellschaften zu hindern.[1134] Die mit einer *reverse acquisition* verbundene Verlustverrechnungsbeschränkung hat aber auch Bedeutung für die Geltendmachung zuvor entstandener Verluste einer Muttergesellschaft, wenn eine *consolidated group* nach einer *reverse acquisition* erstmalig begründet wird. Eine *reverse acquisition* ist immer dann gegeben, wenn folgende zwei Tatbestandsvoraussetzungen kumulativ vorliegen:[1135]

1. Eine *corporation* (erste Gesellschaft) bzw. ein Mitglied einer *affiliated group* mit der ersten Gesellschaft als Muttergesellschaft erwirbt entweder mindestens 80 % der Anteile an einer anderen *corporation* (zweite Gesellschaft) im Sinne von Sec. 1504(a)(2) IRC,[1136] wobei die zweite Gesellschaft auch Mitglied einer anderen *affiliated group* sein kann, oder im wesentlichen das gesamte Vermögen der zweiten Gesellschaft. Zu beachten ist, dass im erstgenannten Fall der Erwerbsvorgang mit der erstmaligen Begründung einer *affiliated group* oder mit dem Beitritt zu einer bereits bestehenden *affiliated group* verbunden ist,[1137] so dass dabei die Möglichkeit zur Besteuerung als *consolidated group* entsteht bzw. der Beitritt zu einer *consolidated group* bewirkt wird, sofern die Gruppe bereits derart besteuert wird.

2. Im Austausch für die Anteile an der zweiten Gesellschaft bzw. ihres Vermögens erhalten die Anteilseigner der zweiten Gesellschaft (zumindest teilweise) Aktien an der ersten Gesellschaft im Wert von mehr als 50 % des Marktwertes aller ihrer ausgegebenen Aktien.

Diese Tatbestandsvoraussetzungen erklären auch die Bezeichnung der zuvor beschriebenen Transaktionen mit dem Begriff der *reverse acquisition*: Technisch ist zwar die erste Gesellschaft (bzw. die zugehörige Gruppe) die übernehmende Gesellschaft (bzw. Gruppe), im Ergebnis wird jedoch die erste Gesellschaft (bzw. die zugehörige Gruppe) von der zweiten Gesellschaft übernommen, weil ihre Gesellschafter die erste Gesellschaft nach dem Erwerbsvorgang beherrschen.[1138]

[1134] Vgl. WUDERNITZ, Konzernbesteuerung, 184, und die nachfolgenden Ausführungen.

[1135] Vgl. Reg. § 1.1502-75(d)(3)(i).

[1136] Jede Transaktion wird zwar grundsätzlich einzeln betrachtet, jedoch werden Transaktionen miteinander verbunden, wenn sie Teil eines integrierten Übernahmeplans sind, vgl. WUDERNITZ, Konzernbesteuerung, 185; Reg. § 1.1502-75(d)(3)(i).

[1137] Vgl. Abschnitt B 2.3.2.2.

[1138] Ähnlich WUDERNITZ, Konzernbesteuerung, 184; KESSEL, Konzernbesteuerung, 235.

Ist eine *reverse acquisition* gegeben, sind die im oder vor dem Erwerbszeitpunkt endenden Steuerjahre der ersten Gesellschaft (und aller ihrer etwaigen Gruppenmitglieder) als *separate return limitation years* (SRLYs) anzusehen, während die jeweiligen etwaigen Einzelsteuerjahre der zweiten Gesellschaft und aller ihrer etwaigen Gruppenmitglieder nicht als SRLYs gelten.[1139] In Gruppenbesteuerungsjahren unterliegen die Verluste aus SRLYs der ersten Gesellschaft (bzw. der zugehörigen Gruppe) dann grundsätzlich der *SRLY limitation* und können demnach nicht mit dem Einkommen der zweiten Gesellschaft bzw. der mit ihr verbundenen Gruppenmitglieder verrechnet werden.[1140] Wenn beispielsweise eine *corporation* mit Verlustvorträgen (erste Gesellschaft) eine andere profitable *corporation* (zweite Gesellschaft) erwirbt und stellt dieser Erwerb eine *reverse acquisition* dar, unterliegen die zuvor entstandenen Verluste der ersten Gesellschaft, die fortan die Muttergesellschaft einer mit der erworbenen Gesellschaft neu begründeten *consolidated group* sein soll, bei ihr in den Gruppenbesteuerungsjahren grundsätzlich der *SRLY limitation.*[1141] Dieses Beispiel verdeutlicht, dass aufgrund des Konzepts der *reverse acquisition* profitable *corporations* bzw. *consolidated groups* nicht (mehr) Gesellschaften mit Verlustvorträgen mittels Gestaltungen in der Form der *reverse acquisition* erwerben und anschließend unter Ausnutzung der *lonely parent rule*[1142] diese Verluste gruppenweit verrechnen können, womit dieses Konzept dem Handel mit Verlustgesellschaften entgegenwirkt.

Abschließend ist anzumerken, dass auch in den Fällen der *reverse acquisition* die *overlap rule* zur Anwendung kommen kann, so dass die *SRLY limitation* nicht mehr in Gruppenbesteuerungsjahren zu beachten wäre: Wenn die *reverse acquisition* mit einem *ownership change* bei der ersten Gesellschaft gemäß Sec. 382(g) IRC verbunden ist, unterliegen in diesem Fall die Vorgruppenverluste der ersten Gesellschaft zwar keiner *SRLY limitation*, aber einer *section 382 limitation* in der neuen *consolidated group.*[1143]

2.4.4. Stärken/Schwächen-Bewertung

Um dem Ideal der sofortigen Verlustverrechnung beim Vortrag von Verlusten aus Zeiten vor Beginn der Konzernbesteuerung in Zeiten der Konzernbesteue-

---

[1139] Vgl. Reg. § 1.1502-1(f)(3).

[1140] Vgl. dazu BITTKER/EUSTICE, Taxation, Chapter 13, 196. Zur *SRLY limitation* vgl. Abschnitt C 2.4.3.2.3.2.1. In diesem Zusammenhang ist zu beachten, dass eventuell eine *affiliated group* der ersten Gesellschaft für Zwecke der *SRLY limitation* als Untergruppe und damit als einzelne Einheit innerhalb der neu entstandenen *affiliated group* zu behandeln ist, vgl. dazu YATES u. a., Limitation, J. Tax'n, Vol. 91 (1999), 333 f.

[1141] Vgl. das Beispiel 3 bei BITTKER/EUSTICE, Taxation, Chapter 13, 201; DREISSIG, USA, 311.

[1142] Vgl. Abschnitt C 2.4.3.3.1.

[1143] Vgl. das Beispiel 3 bei BITTKER/EUSTICE, Taxation, Chapter 13, 201. Zur *overlap rule* vgl. Abschnitt C 2.4.3.2.3.2.2.

rung möglichst nahezukommen, dürfen die jeweiligen Verlustverrechnungsvorschriften hierbei keine zeitlichen, betragsmäßigen, einkunftsquellenübergreifenden und gesellschaftsübergreifenden Verrechnungsbeschränkungen vorsehen. Je eingeschränkter die Verrechnung von vorgetragenen Verlusten aufgrund derartiger Vorschriften ist, desto mehr entfernt sich der Verlustvortrag vom Ideal der sofortigen Verlustverrechnung, da die Verlustverrechnung umso mehr in die Zukunft verschoben wird und die damit verbundenen Zins- und Liquiditätsnachteile ansteigen bzw. da die Verlustverrechung umso unwahrscheinlicher wird:[1144] Zeitliche Beschränkungen erhöhen das Risiko, dass nicht mehr fristgerecht entsprechende Gewinne generiert werden können;[1145] betragsmäßige Beschränkungen bewirken eine zeitliche Streckung der Geltendmachung von vorgetragenen Verlusten, so dass sie später zu verrechnen sind;[1146] gesellschaftsübergreifende Beschränkungen führen zu einem verlangsamten Abbau vorgetragener Verluste, da die Verluste einer Gesellschaft nur mit zukünftigen eigenen Gewinnen, nicht aber mit Gewinnen anderer Gesellschaften verrechnet werden können;[1147] einkunftsquellenübergreifende Beschränkungen führen ebenfalls zu einer aufgeschobenen Geltendmachung von Verlusten bei ansonsten vorhandenem Verrechnungspotential.[1148] Um dem Ideal der sofortigen Verlustverrechnung beim Rücktrag von Verlusten aus Zeiten nach der Konzernbesteuerung in Zeiten der Konzernbesteuerung zu entsprechen, müssen die jeweiligen Verlustabzugsvorschriften einen derartigen Verlustrücktrag möglichst weitreichend und ohne betragsmäßige, einkunftsquellenübergreifende sowie gesellschaftsübergreifende Verrechnungsbeschränkungen zulassen. Je mehr Verluste aus späteren Einzelsteuerjahren in Gruppenbesteuerungsjahre rückgetragen werden können, desto größer sind die Liquiditätsentlastungen für eine nach Beendigung der Konzernbesteuerung weiterbestehende Unternehmensgruppe, wovon in dieser Stärken/Schwächen-Bewertung ausgegangen wird. Je mehr Verluste der ehemaligen Mitgliedskapitalgesellschaften aufgrund von Beschränkungen oder aufgrund fehlender gesetzlicher Rücktragsmöglichkeiten in spätere Einzelsteuerjahre vorgetragen werden müssen, desto größer sind die damit verbundenen Zins- und Liquiditätsnachteile sowie das Risiko des Untergangs von Verrechnungspotential für eine nicht als Gruppe weiterbesteuerte, aber weiterbestehende Unternehmensgruppe,[1149] wovon hier ausgegangen wird.

Bei der deutschen Konzernbesteuerung ist es aufgrund von konzernsteuerlichen Vorschriften für Tochtergesellschaften grundsätzlich nicht möglich, körperschaftsteuerliche wie gewerbesteuerliche Verluste aus Einzelsteuerjahren in

---

[1144] Vgl. allgemein Abschnitt A 4.2.
[1145] Vgl. Abschnitt B 1.4.1.3.1., C 2.1.4.
[1146] Vgl. Abschnitt B 1.4.1.3.2., C 2.2.4.
[1147] Vgl. FÖRSTER, Verlustverrechnung, WPg 2004, 1259, 1270.
[1148] Vgl. nur Abschnitt A 4.2.
[1149] Vgl. auch Abschnitt B 1.4.1.3.1., B 1.4.1.3.2.

nachfolgende Gruppenbesteuerungsjahre vorzutragen,[1150] was mit dem Ideal der sofortigen Verlustverrechnung unvereinbar ist und damit eine Schwäche darstellt. Im Gegensatz hierzu kann die Muttergesellschaft ihre vor der Konzernbesteuerung entstandenen körperschaft- und gewerbesteuerlichen Verluste aus Einzelsteuerjahren in Gruppenbesteuerungsjahre nach Maßgabe der einzelsteuerlichen Vortragsregelungen geltend machen:[1151] Dem Ideal der sofortigen Verlustverrechnung entspricht damit der zeitlich unbeschränkte Verlustvortragszeitraum, wobei allerdings durch die einzuhaltenden betragsmäßigen Beschränkungen sowie die einkunftsquellenübergreifenden Beschränkungen (§§ 15 Abs. 4, 15a, 15b EStG) eine Entfernung von diesem Ideal erfolgt; insgesamt ist damit ein derartiger Verlustvortrag bei der Muttergesellschaft aufgrund dieser einzelsteuerlichen Regelung weder als Stärke noch als Schwäche zu werten. Hierbei erfolgt allerdings eine Annäherung an das Ideal der sofortigen Verlustverrechnung durch konzernsteuerliche Regelungen, und zwar insofern, als dass vorgetragene körperschaft- wie gewerbesteuerliche Verluste zumindest mit dem gesamten Einkommen bzw. Gewerbeertrag der Konzerngruppe verrechnet werden können (was jedoch nicht für die einkunftsquellenbezogen vorzutragenden Verluste nach §§ 15 Abs. 4, 15a, 15b EStG gilt) und auch die betragsmäßige Vortragsbeschränkung auf das gesamte Konzerneinkommen bzw. den gesamten Konzerngewerbeertrag zu beziehen ist,[1152] was als Stärke der konzernsteuerlichen Vorschriften zu werten ist.

Bei der deutschen Konzernbesteuerung können Tochtergesellschaften desweiteren körperschaft- und gewerbesteuerliche Verluste, die in Zeiten nach Beendigung der Konzernbesteuerung entstanden sind, nicht in Zeiten der Konzernbesteuerung rücktragen.[1153] Dies ergibt sich aufgrund der konzernsteuerlichen körperschaftsteuerlichen bzw. der allgemeinen gewerbesteuerlichen Verlustabzugsvorschriften und ist mit dem Ideal der sofortigen Verlustverrechnung unvereinbar und damit als Schwäche zu werten. Die Muttergesellschaft kann dagegen gemäß der einzelsteuerlichen Verlustrücktragsvorschriften derartige körperschaftsteuerliche Verluste unter Beachtung der dabei zu beachtenden zeitlichen und betragsmäßigen Beschränkungen rücktragen, während derartige gewerbesteuerliche Verluste nicht rückgetragen werden können.[1154] Diese restriktiven Rücktragsmöglichkeiten sind vor dem Ideal der sofortigen Verlustverrechnung als Schwäche zu werten. Eine Annäherung an das Ideal der sofortigen Verlustverrechnung erfolgt hierbei allerdings dadurch, dass rückgetragene Verluste der Muttergesellschaft mit dem gesamten Einkommen der Konzerngruppe (bei

---

[1150] Vgl. Abschnitt C 2.4.1.1.
[1151] Vgl. Abschnitt C 2.4.1.2.
[1152] Vgl. Abschnitt C 2.4.1.2.
[1153] Vgl. Abschnitt C 2.4.1.1.
[1154] Vgl. Abschnitt C 2.4.2.2.

unveränderter betragsmäßiger Beschränkung) zu verrechnen sind,[1155] was als Stärke der konzernsteuerlichen Vorschriften zu werten ist.

Bei der österreichischen Konzernbesteuerung können Tochtergesellschaften gemäß einer konzernsteuerlichen Vorschrift Verluste aus Einzelsteuerjahren vor der Konzernbesteuerung in spätere Gruppenbesteuerungsjahre vortragen:[1156] Dem Ideal der sofortigen Verlustverrechnung entspricht dabei die zeitlich unbeschränkte Vortragsmöglichkeit, während eine Entfernung von dem Ideal dadurch erfolgt, dass der Verlustvortrag auf das eigene Einkommen eines Gruppenbesteuerungsjahres betragsmäßig beschränkt ist; folglich sind die Vortragsmöglichkeiten dieser konzernsteuerlichen Vorschrift weder als Stärke noch als Schwäche zu werten. Daneben findet eine weitere Entfernung vom Ideal der sofortigen Verlustverrechnung durch die Schwächen folgender Verlustverrechnungsvorschriften statt:[1157] Nach der einzelsteuerlichen einkunftsquellenübergreifenden Verrechnungsbeschränkung für Wartetastenverluste, können derartige Verluste nur einkunftsquellen- und gesellschaftsbezogen in Gruppenbesteuerungsjahre vorgetragen werden. Die einzelsteuerliche österreichische Mantelkaufvorschrift kann desweiteren unter ihren jeweiligen Voraussetzungen die Geltendmachung aus Einzelsteuerjahren vorgetragener Verluste (allerdings nicht vorgetragener Wartetastenverluste) vollständig untersagen. Demgegenüber kann die Muttergesellschaft ihre in früheren Einzelsteuerjahren entstandenen Verluste gemäß einzelsteuerlicher Vorschriften in Gruppenbesteuerungsjahre vortragen:[1158] Dem Ideal der sofortigen Verlustverrechnung entspricht dabei der zeitlich unbeschränkte Vortragszeitraum, während jedoch eine Entfernung von dem Ideal durch die dabei zu beachtende betragsmäßige Beschränkung sowie die einkunftsquellenübergreifende Beschränkung für Wartetastenverluste erfolgt; insgesamt ist damit ein derartiger Verlustvortrag bei der Muttergesellschaft aufgrund einzelsteuerlicher Regelungen weder als Stärke noch als Schwäche zu werten. Hierbei erfolgt allerdings eine Annäherung an das Ideal der sofortigen Verlustverrechnung durch konzernsteuerliche Regelungen, und zwar insofern, als dass vorgetragene Verluste zumindest mit dem gesamten Einkommen bzw. Gewerbeertrag der Konzerngruppe verrechnet werden können (was jedoch nicht für einkunftsquellenbezogen vorzutragene Wartetastenverluste gilt) und auch die betragsmäßige Vortragsbeschränkung auf das gesamte Konzerneinkommen zu beziehen ist,[1159] was als Stärke dieser konzernsteuerlichen Regelungen zu werten ist.

Bei der österreichischen Konzernbesteuerung können desweiteren weder Tochtergesellschaften noch die Muttergesellschaft aufgrund der einzelsteuerlichen

[1155] Vgl. Abschnitt C 2.4.2.2.
[1156] Vgl. Abschnitt C 2.4.2.1.
[1157] Vgl. Abschnitt C 2.4.2.1.
[1158] Vgl. Abschnitt C 2.4.2.2.
[1159] Vgl. Abschnitt C 2.4.2.2.

Verlustabzugsregelungen Verluste aus Einzelsteuerjahren nach Beendigung der Konzernbesteuerung in frühere Gruppenbesteuerungsjahre rücktragen,[1160] was mit dem Ideal der sofortigen Verlustverrechnung unvereinbar ist und damit als Schwäche gelten muß.

Bei der US-amerikanischen Konzernbesteuerung kann hinsichtlich des Vortrags von Verlusten von Tochtergesellschaften aus Zeiten vor der Konzernbesteuerung in Zeiten der Konzernbesteuerung generell wie folgt unterschieden werden: Wenn eine Tochtergesellschaft sich mit der Muttergesellschaft in einem Jahr vor Begründung der Konzernbesteuerung aufgrund einer entsprechenden Beteiligungshöhe als Konzerngruppe hätte besteuern lassen können, die Tochtergesellschaft in einem solchen Jahr einen Betriebsverlust erleidet und die Mutter- und Tochtergesellschaft sich anschließend als Konzerngruppe besteuern lassen, so kann sie einen solchen Verlust nach Maßgabe der allgemeinen einzelsteuerlichen Vortragsregelungen in Gruppenbesteuerungsjahre vortragen:[1161] Dem Ideal der sofortigen Verlustverrechnung entspricht der weitreichende Vortragszeitraum ohne betragsmäßige Beschränkungen, während eine Entfernung vom Ideal durch eine aus der Alternativen Mindeststeuer resultierende betragsmäßige Beschränkung sowie durch die einkunftsquellenübergreifende Beschränkung für vorgetragene Veräußerungsverluste (die zudem verbunden ist mit einer wenig umfangreichen Vortragsfrist) erfolgen kann; insgesamt ist ein derartiger Verlustvortrag aufgrund dieser einzelsteuerlichen Vorschriften eher als Stärke zu werten. Durch konzernsteuerliche Vorschriften ergibt sich zudem eine weitere Annäherung an das Ideal der sofortigen Verlustverrechnung, und zwar insofern, als dass vorgetragene Betriebsverluste mit dem gesamten Einkommen der Konzerngruppe verrechnet werden können (was zudem entsprechend auch für vorgetragene Veräußerungsverluste gilt) und als dass die Vorschriften der Alternativen Mindeststeuer auf das Einkommen der gesamten Konzerngruppe zu beziehen sind,[1162] was als Stärken dieser konzernsteuerlichen Vorschriften zu werten ist. Sofern eine Tochtergesellschaft einen Verlust aus einem früheren Einzelsteuerjahr in die Konzernbesteuerung vorträgt, in dem sie sich mit der Muttergesellschaft noch nicht als Konzerngruppe hätte besteuern lassen können, die Beteiligungshöhe aber anschließend entsprechend aufgestockt wird und eine Konzernbesteuerung erfolgt, kann eine weitere Entfernung vom Ideal der sofortigen Verlustverrechnung aufgrund von Beschränkungen weiterer einzuhaltender einzel- und/oder konzernsteuerlicher Verrechnungsvorschriften erfolgen: Hierzu zählt die betragsmäßige Beschränkung auf den positiven Beitrag zum Konzerneinkommen der jeweiligen Tochtergesellschaft aufgrund der konzernsteuerlichen SRLY-Vorschriften und/oder der jährliche Abzugshöchstbetrag bzw. die vollständige Untersagung der Geltendmachung dieser Verlustvorträge aufgrund

---

[1160] Vgl. Abschnitt C 2.4.2.1., C 2.4.2.2.
[1161] Vgl. Abschnitt C 2.4.3.2., insbesondere aber die Abschnitte C 2.4.3.1. und C 2.4.3.2.3.1.
[1162] Vgl. Abschnitt C 2.4.3.2.1. i. V. m. Abschnitt B 2.3.4.5., C 2.2.3.

der einzelsteuerlichen US-amerikanischen Mantelkaufvorschriften.[1163] Zudem kann die konzernsteuerliche Vorschrift der Sec. 384 IRC die Verrechnung mit derartigen vorgetragenen Verlusten mit bestimmten realisierten stillen Reserven der Muttergesellschaften versagen und die allgemeine Anti-Mißbrauchsvorschrift der Sec. 269 IRC die Geltendmachung der Verlustvorträge vollständig untersagen.[1164] Aufgrund dieser zusätzlichen Beschränkungen läßt sich im zweitgenannten Fall der Vortrag von Verlusten einer Tochtergesellschaft aus Zeiten vor der Konzernbesteuerung in die Konzernbesteuerung insgesamt weder als Stärke noch als Schwäche werten. Im Gegensatz zu einer Tochtergesellschaft kann die Muttergesellschaft der US-amerikanischen Konzernbesteuerung im Normalfall ihre Verluste aus früheren Einzelsteuerjahren gemäß der allgemeinen einzelsteuerlichen Vortragsvorschriften in Gruppenbesteuerungsjahre vortragen, wobei konzernsteuerliche Regelungen zu einer erweiterten Verlustverrechnung führen:[1165] Dieser Vortragsfall entspricht generell dem erstgenannten Fall des Vortrags von Verlusten einer Tochtergesellschaft aus früheren Einzelsteuerjahren in Gruppenbesteuerungsjahre, so dass die dortigen Ausführungen an dieser Stelle entsprechend gelten und die Vortragsmöglichkeiten auch hier als Stärke einzuschätzen sind.

Sofern die Unternehmensgruppe bei der US-amerikanischen Konzernbesteuerung nach der Beendigung in der alten Struktur weiterbestehen bleibt, was hier unterstellt wird, kann eine Tochtergesellschaft wie auch die Muttergesellschaft die in den sich anschließenden Einzelsteuerjahren entstehenden Verluste nach den allgemeinen einzelsteuerlichen Rücktragsvorschriften in vorangegangene Gruppenbesteuerungsjahre rücktragen:[1166] Dem Ideal der sofortigen Verlustverrechnung entspricht der umfassende Rücktragszeitraum für Betriebsverluste ohne betragsmäßige Beschränkungen, wobei eine Entfernung vom Ideal allerdings durch eine aus der Alternativen Mindeststeuer resultierende betragsmäßige Beschränkung sowie durch die einkunftsquellenübergreifende Beschränkung für rückgetragene Veräußerungsverluste erfolgen kann; insgesamt ist ein derartiger Verlustrücktrag aufgrund dieser einzelsteuerlichen Vorschriften als Stärke zu werten. Durch konzernsteuerliche Vorschriften ergibt sich zudem eine weitere Annäherung an das Ideal der sofortigen Verlustverrechnung, und zwar insofern, als dass rückgetragene Betriebsverluste mit dem gesamten Einkommen der Konzerngruppe verrechnet werden können (was zudem entsprechend auch für rückgetragene Veräußerungsverluste gilt) und als dass die Vorschriften der Alternativen Mindeststeuer auf das Einkommen der gesamten Konzerngruppe zu beziehen sind,[1167] was als Stärken dieser konzernsteuerlichen Vorschriften zu werten ist.

[1163] Vgl. Abschnitt C 2.4.3.1., C 2.4.3.2.3.2.
[1164] Vgl. Abschnitt C 2.4.3.1., C 2.4.3.2.1., C 2.4.3.2.2.
[1165] Vgl. Abschnitt C 2.4.3.3.
[1166] Vgl. Abschnitt C 2.4.3.2.4. bzw. C 2.4.3.3.1.
[1167] Vgl. Abschnitt C 2.4.3.2.4. bzw. C 2.4.3.3.1. i. V. m. Abschnitt B 2.3.4.5., C 2.2.3.

2.5. Unterbrechung der wirtschaftlichen Identität von Konzerngesellschaften

2.5.1 Deutschland

Wie bei einer einzelnen Kapitalgesellschaft kann die Unterbrechung der wirtschaftlichen Identität gemäß § 8 Abs. 4 KStG auch bei einer Organschaft zum Untergang von vorgetragenen körperschaft- und gewerbesteuerlichen Verlusten führen. Auf welche Weise die Tatbestandsvoraussetzungen nach § 8 Abs. 4 Satz 2 KStG (schädliche Anteilsübertragung und schädliche Betriebsvermögenszuführung) und die Sanierungsklausel nach § 8 Abs. 4 Satz 3 KStG im Fall der Organschaft anzuwenden sind und welche beiden unterschiedlichen Auffassungen diesbezüglich bestehen, wird in vorherigem Abschnitt C 1.3.1. dargestellt; auf eine nochmalige Erläuterung wird hier verzichtet. An dieser Stelle wird nur auf die Rechtsfolgen des § 8 Abs. 4 KStG für den Verlustabzug bei der Organschaft eingegangen: Wenn bei der Organschaft ein Untergang der wirtschaftlichen Identität aufgrund einer schädlichen Anteilsübertragung und einer schädlichen Betriebsvermögenszuführung ohne Eingreifen der Sanierungsklausel verwirklicht wird, ist der Verlustabzug bei der Organträger-Kapitalgesellschaft nicht mehr zulässig. Folglich verfallen sämtliche Verluste, die der Organträger zum Zeitpunkt des Untergangs der wirtschaftlichen Identität vorträgt,[1168] wozu neben den vorgetragenen körperschaft- und gewerbesteuerlichen Gruppenverlusten auch seine vorgetragenen vororganschaftlich entstandenen körperschaft- und gewerbesteuerlichen Verluste zählen.

Sofern ein Organschaftsmitglied im Bereich der Körperschaftsteuer Verluste aus Einkunftsquellen nach §§ 15 Abs. 4, 15a, 15b EStG erwirtschaftet und diese einkunftsquellenbezogen und damit auch gesellschaftsbezogen in andere Organschaftsjahre vorträgt, kann meines Erachtens aufgrund dieses gesellschaftsbezogenen Verlustvortrags die deutsche Mantelkaufvorschrift des § 8 Abs. 4 KStG nur dann zum Untergang dieser Verluste führen, wenn ihre jeweiligen Tatbestandsvoraussetzungen bei der verlustvortragenden Gesellschaft selbst gegeben sind.[1169]

2.5.2. Österreich

Auch im Fall der österreichischen Gruppenbesteuerung ist wie bei einer einzelnen österreichischen Kapitalgesellschaft § 8 Abs. 4 Nr. 2 Satz 2 ff. öKStG anzuwenden, so dass eine Unterbrechung der wirtschaftlichen Identität bei der zu-

---

[1168] Vgl. Abschnitt B 1.1.2.3.1. zur entsprechenden Situation bei einer einzelnen Kapitalgesellschaft.

[1169] Vgl. Abschnitt B 1.1.2.3.1., B 1.1.2.4.1. bis B 1.1.2.4.4.; auch FROTSCHER, in: Frotscher/Maas, KStG, § 8 KStG, Rn. 193, dazu, dass die deutsche Mantelkaufvorschrift des § 8 Abs. 4 Satz 2 f. KStG zum Untergang derartiger Verluste bei einer einzelnen Kapitalgesellschaft unter ihren jeweiligen Voraussetzungen führt.

gehörigen Konzerngruppe zum Untergang von vorgetragenen Gruppenverlusten führen kann. Wie § 8 Abs. 4 Nr. 2 Satz 2 ff. öKStG in diesem Fall konkret anzuwenden ist, ist nicht eindeutig, da diesbezüglich das österreichische Körperschaftsteuergesetz selbst keine Sonderregelungen enthält, entsprechende Äußerungen der Rechtssprechung bisher nicht vorliegen und auch die Finanzverwaltung bisher keine Sonderregelungen – abgesehen von der Regelung, die die Behandlung von Vorgruppenverlusten und Außergruppenverlusten eines Gruppenmitglieds für Zwecke des § 8 Abs. 4 Nr. 2 ff. öKStG betrifft[1170] – erlassen hat. Da sich die Mantelkaufvorschrift des § 8 Abs. 4 Nr. 2 öKStG dem Wortlaut nach auf ein einzelnes Steuersubjekt mit abzugsfähigen Verlusten bezieht, sollte sie daher im Fall der österreichischen Gruppenbesteuerung wie folgt zur Anwendung kommen: Ein vortragsfähiger Verlust im Sinne des § 8 Abs. 4 Nr. 2 öKStG kann während des Bestehens der Gruppenbesteuerung nur auf Ebene des Gruppenträgers – in Form eines Gruppenverlustes – entstehen, und nicht bei den einzelnen Gruppenmitgliedern, da hier etwaige Jahresverluste (letztlich) dem Gruppenträger endgültig zugerechnet werden;[1171] dies ist auch die Auffassung der Finanzverwaltung.[1172] Da solche Gruppenverluste – ebenso wie eigene Verluste des Gruppenträgers aus Zeiten vor der Gruppenbesteuerung – nur von ihm verwertet werden, ist folglich auch bei der Anwendung der Mantelkaufvorschrift grundsätzlich allein auf seine Verhältnisse abzustellen: Vom Gruppenträger vorgetragene Verluste gehen unter, sofern bei ihm – wie bei einer einzelnen Kapitalgesellschaft – kumulativ nach dem Gesamtbild der Verhältnisse eine wesentliche Änderung der organisatorischen und wirtschaftlichen Struktur sowie eine wesentliche Änderung der Gesellschafterstruktur auf entgeltlicher Grundlage vorliegen.[1173] Nach der Sanierungsklausel kommt es dazu allerdings nicht, wenn die schädlichen Strukturänderungen zum Zwecke der Sanierung des Gruppenträgers mit dem Ziel der Erhaltung eines wesentlichen Teils betrieblicher Arbeitsplätze erfolgen.[1174] Es gelten die entsprechenden Ausführungen des Abschnitts B 1.2.2.3. Vor diesem Hintergrund ist das weitere Schicksal eines Gruppenmitglieds nach der Zurechnung eines etwaigen Jahresverlustes zum Gruppenträger für die Anwendung der Mantelkaufvorschrift des § 8 Abs. 4 Nr. 2 öKStG auf einen daraus resultierenden Gruppenverlust unbedeutend, so dass auch von „Schicksalstrennung" gesprochen werden kann.[1175]

[1170] Vgl. öBMF-Erlass vom 23.02.2005, 010216/0031 – IV/6/2005, Abschnitt 6.2.1.3.

[1171] Vgl. § 9 Abs. 6 Nr. 1 und 2 öKStG; WIESNER/KIRCHMAYR/MAYR, Gruppenbesteuerung, 101; auch Abschnitt B 2.2.4.2.

[1172] Vgl. öBMF-Erlass vom 23.02.2005, 010216/0031 – IV/6/2005, Abschnitt 6.2.1.3.

[1173] Vgl. § 8 Abs. 4 Nr. 2 Satz 2 öKStG.

[1174] Vgl. § 8 Abs. 4 Nr. 2 Satz 3 öKStG.

[1175] Unbedeutend sollten folgende mögliche Schicksale eines Gruppenmitglieds sein: Austritt aus der Gruppenbesteuerung (nach Ablauf der gesetzlichen Frist von drei Jahren gemäß § 9 Abs. 10 öKStG) oder Konkurs bzw. Liquidation.

Sofern eine Mitgliedskapitalgesellschaft Wartetastenverluste erleidet und diese einkunftsquellenbezogen und damit auch gesellschaftsbezogen in andere Gruppenbesteuerungsjahre vorträgt, wird ein derartiger Vortrag durch die österreichische Mantelkaufvorschrift nicht beeinträchtigt, da sie auf derartige Verluste nicht anzuwenden ist.[1176]

2.5.3. USA

2.5.3.1. Beschränkungen aufgrund Sec. 382 IRC

Bei einer Unterbrechung der wirtschaftlichen Identität kann Sec. 382 IRC im Fall einer *consolidated group* wie bei einer einzelnen *corporation* den Vortrag von betrieblichen Verlusten einschränken bzw. (teilweise) untersagen. Die Wirkungsweise der Sec. 382 IRC bei einer *consolidated group* wird im vorangehenden Abschnitt C 1.3.3.1. ausführlich dargestellt, so dass an dieser Stelle auf eine nochmalige Erläuterung verzichtet wird. Dieser Abschnitt beschränkt sich auf die Einschränkungen, die für von einer *consolidated group* vorgetragene betriebliche (Gruppen-)Verluste aus Sec. 382 IRC resultieren.

Erleidet die *consolidated group* einen *ownership change* nach der *parent change method*, können sämtliche *pre-change consolidated attributes* in nachfolgenden Steuerjahren[1177] nur unter Berücksichtigung eines jährlichen Abzugshöchstbetrags (*consolidated section 382 limitation*) abgezogen werden. Zu den *pre-change consolidated attributes* gehören zunächst von der Gruppe vorgetragene CNOLs, ein im Steuerjahr des *ownership change* entstandener CNOL, in dem Umfang wie er bis zum *ownership change* festgestellt wird und die aus einem NUBIL der Gruppe resultierenden und als *built-in losses* realisierten stillen Lasten.[1178] Auch betriebliche Verluste, die aus Zeiten vor der Konzernbesteuerung vorgetragen werden, können jedoch als *pre-change consolidated attributes* gelten. Die Behandlung von aus *separate return limitation years* (SRLYs) stammenden NOLs als *consolidated attributes* oder *separate company attributes* richtet sich nach den sogenannten *fold-in rules*. Diese besagen, dass SRLY-Verluste wie *SRLY-NOLs* von Gruppenmitgliedern solange separat für Zwecke der Sec. 382 IRC innerhalb der *consolidated group* zu betrachten und dabei als *separate company attributes* zu behandeln sind (*separate tracking*), bis bei dem jeweiligen Gruppenmitglied ein *fold-in event* vorliegt (d. h. bis zu diesem Zeitpunkt ist Sec. 382 IRC separat bei dem jeweiligen Gruppenmitglied anzuwenden

[1176] Vgl. R 1179 öKStR; auch Abschnitt B 1.2.2.4.1.

[1177] Dies kann auch bereits für das Steuerjahr des *ownership change* gelten, wenn der *ownership change* nicht am Ende dieses Steuerjahres vorliegt und in diesem Steuerjahr ein positives konsolidiertes zu versteuerndes Einkommen erzielt wird, vgl. Abschnitt B 1.3.2.2.3.1., B 1.3.2.2.3.3. zur entsprechenden Situation bei einer einzelnen *corporation*.

[1178] Vgl. Reg. § 1.1502-91(e)(1).

(*separate entity treatment*)).[1179] Ist bei einem Gruppenmitglied ein *fold-in event* gegeben, sind ab diesem Zeitpunkt die SRLY-Verluste einer Mitgliedskapitalgesellschaft als *consolidated attributes* zu behandeln.[1180] Ein *fold-in event* ist durch eine der beiden folgenden Situationen gegeben:[1181] (1) Das Gruppenmitglied erfährt einen separaten *ownership change* innerhalb der sechs Monate vor seinem Beitritt zur *consolidated group*, im Zeitpunkt seines Beitritts oder innerhalb von fünf Jahren danach. (2) Das Gruppenmitglied gehört der *consolidated group* fünf Jahre lang an, ohne einen separaten *ownership change* zu erleiden. Sofern NOLs aus Nicht-SRLYs vorgetragen werden, gelten sie dagegen generell als *pre-change consolidated attribute*.[1182] Wie bei einer einzelnen *corporation* erhöhen im Sinne der *built-in gain rule* als *built-in gains* realisierte stille Reserven die jährliche *consolidated section 382 limitation*. Dagegen unterliegen im Sinne der *built-in loss rule* als *built-in losses* realisierte stille Lasten vorrangig vor anderen *pre-change losses* wie CNOL-Vorträgen der *consolidated section 382 limitation* und schränken so deren Geltendmachung ein.[1183]

Fällt der nach einem *ownership change* in den folgenden zwei Jahren von der *consolidated group* durchzuführende *business continuity test* positiv aus, bleibt es bei den Einschränkungen bei der Geltendmachung von vorgetragenen betrieblichen (Gruppen-)Verlusten, wie sie im vorherigen Absatz dargestellt werden. Fällt der *business continuity test* dagegen negativ aus, hat die *consolidated section 382 limitation* für jedes dem *ownership change* nachfolgende Steuerjahr Null zu betragen, so dass grundsätzlich kein *pre-change consolidated attribute* rückwirkend genutzt werden kann. Diese rückwirkende Reduzierung der *consolidated section 382 limitation* auf Null gilt jedoch nicht für Erhöhungen, die aus realisierten *built-in gains* resultieren; insoweit bleiben vorgetragene betriebliche (Gruppen-)Verluste, die als *pre-change consolidated attributes* gelten, abziehbar.[1184]

[1179] Vgl. Reg. § 1.1502-96(a); YATES, Matters, J. Tax'n, Vol. 74 (1991), 365 f.; YATES/RAINEY, Rules, J. Tax'n, Vol. 85 (1996), 274; YATES u. a., Limitation, J. Tax'n, Vol. 91 (1999), 328.

[1180] Vgl. YATES u. a., Limitation, J. Tax'n, Vol. 91 (1999), 326, 328.

[1181] Vgl. Reg. § 1.1502-96(a); YATES u. a., Limitation, J. Tax'n, Vol. 91 (1999), 328; auch WACKE, Mantelkauf, 227.

[1182] Vgl. Reg. § 1.1502-91(e)(1)(i), - 91(c)(1)(i).

[1183] Vgl. hierzu bereits Abschnitt C 1.3.3.1.4.

[1184] Vgl. hierzu bereits die Ausführungen in Abschnitt C 1.3.3.1.5. Zu beachten ist, dass nach einem *ownership change* in Verbindung mit einem nichterfüllten *business continuity test* sämtliche als *built-in losses* realisierte stille Lasten generell rückwirkend nicht zum Abzug zugelassen werden, selbst wenn etwaige als *built-in gains* realisierte stille Reserven zu Erhöhungen der *consolidated section 382 limitation* geführt haben.

2.5.3.2. Beschränkungen aufgrund Sec. 383 IRC

Eine Unterbrechung der wirtschaftlichen Identität kann gemäß Sec. 383 IRC wie bei einer einzelnen *corporation* auch bei einer *consolidated group* zu betragsmäßigen Beschränkungen bzw. der vollständigen Versagung von vorgetragenen (konsolidierten) Nettoveräußerungsverlusten führen. Hinsichtlich der Anwendung von Sec. 383 IRC bei einer *consolidated group* sei insbesondere auf die Ausführungen der Abschnitte C 1.3.3.2., C 1.3.3.1. und C 2.5.3.1. verwiesen; auf eine nochmalige Darstellung der hier erläuterten Grundsätze wird in diesem Abschnitt verzichtet. An dieser Stelle werden thesenförmig nur die Einschränkungen formuliert, die sich meines Erachtens bei einer *consolidated group* aufgrund einer Unterbrechung der wirtschaftlichen Identität nach Sec. 383 IRC für die von ihr vorgetragenen konsolidierten Nettoveräußerungsverluste ergeben:

(1) Vorgetragene konsolidierte Nettoveräußerungsverluste einer *consolidated group* zählen generell zu den *consolidated attributes*. Ein *ownership change* nach der *parent change method* beschränkt ihre Geltendmachung mittels der *consolidated section 382 limitation* in Steuerjahren nach dem *ownership change*. Sie sind hierbei vorrangig vor vorgetragenen *CNOLs* unter der *consolidated section 382 limitation* zu berücksichtigen, aber nachrangig gegenüber im Sinne der *built-in loss rule* realisierten *built-in capital losses*.

(2) Fällt der nach dem *ownership change* durchzuführende *business continuity test* negativ aus, ist die Geltendmachung von vorgetragenen konsolidierten Nettoveräußerungsverlusten in Steuerjahren nach dem *ownership change* vom Grundsatz rückwirkend unzulässig.

2.5.4. Stärken/Schwächen-Bewertung

Um dem Ideal der sofortigen Verlustverrechnung zu entsprechen, dürfte die Unterbrechung der wirtschaftlichen Identität der Konzerngruppe keinen Einfluß auf den Vortrag von Verlusten haben. Allerdings sind die in allen drei untersuchten Ländern existierenden allgemeinen Mantelkaufvorschriften auch im Fall der jeweiligen Konzernbesteuerungen anzuwenden und können damit zu einer betragsmäßigen Beschränkung der Verrechnung vorgetragener (Gruppen-)Verluste und den damit verbundenen Zins- und Liquiditätsnachteilen und dem erhöhten Risiko des Verlustuntergangs sowie unmittelbar zu dem Untergang von vorgetragenen (Gruppen-)Verlusten führen.[1185] Die Stärken/Schwächen-Bewertung der nationalen Mantelkaufvorschriften bei Anwendung auf die jeweilige Konzernbesteuerung knüpft hier – wie bereits bei deren Bewertung im Falle einer einzelnen Kapitalgesellschaft – an ihre jeweiligen Gemeinsamkeiten an, die in

---

[1185] Vgl. Abschnitt A 4.2.

der schädlichen Änderung des personalen und sachlichen Substrats bestehen.[1186] Je weniger derartige Änderungen den Verlustvortrag in zuvor skizzierter Weise beeinflussen, desto weniger entfernt sich die Verrechnung vorgetragener Verluste aufgrund einer Mantelkaufvorschrift vom Ideal der sofortigen Verlustverrechnung.

Die einzelsteuerliche deutsche Mantelkaufvorschrift bewirkt bei der deutschen Konzernbesteuerung, dass der Vortrag von Gruppenverlusten durch eine schädliche Änderung des personalen Substrats auf Ebene der Muttergesellschaft noch mit keiner weiteren Einschränkung verbunden ist, während eine anschließende schädliche Änderung des sachlichen Substrats der Organschaft zu einer Versagung der Geltendmachung von vorgetragenen Gruppenverlusten kommt;[1187] dies ist – wie bei der einzelnen Kapitalgesellschaft – vor dem Ideal der sofortigen Verlustverrechnung anfangs als Stärke, dann als Schwäche der Mantelkaufvorschrift zu werten.[1188] Diese Schwäche wird – wie bei der einzelnen Kapitalgesellschaft durch eine Sanierungsklausel relativiert.[1189] Da Verluste, die für Zwecke der Köperschaftsteuer einkunftsquellenbezogen vorzutragen sind (§§ 15 Abs. 4, 15a, 15b EStG), auch im Fall der deutschen Konzernbesteuerung der deutschen Mantelkaufvorschrift – bezogen auf die jeweilige Gesellschaft – unterliegen,[1190] kann sich eine Relativierung der grundsätzlichen Schwäche nur insofern ergeben, als dass bei einer Unterbrechung der wirtschaftlichen Identität auf Ebene der Muttergesellschaft, zumindest derartige Verluste bei den jeweiligen Tochtergesellschaften weiter vorgetragen werden können. Das explizite Abstellen bei der Prüfung einer schädlichen Änderung des sachlichen Substrats bei einem Organkreis auf seine Einheit nach einer konzernsteuerlichen Regelung der Finanzverwaltung kann für das Eintreten dieser Tatbestandsvoraussetzung vorteilhaft oder auch nachteilig sein.[1191]

Auch bei der österreichischen Konzernbesteuerung bewirkt die einzelsteuerliche österreichische Mantelkaufvorschrift, dass der Vortrag von Gruppenverlusten durch eine schädliche Änderung des personalen Substrats auf Ebene der Muttergesellschaft noch mit keiner weiteren Einschränkung verbunden ist, während eine anschließende schädliche Änderung des sachlichen Substrats bei der Muttergesellschaft in Verbindung mit einer schädlichen Änderung der organisatorischen Struktur nach dem Gesamtbild der Verhältnisse zu einer Versagung der Geltendmachung von vorgetragenen Gruppenverlusten kommt;[1192] dies ist – wie bei der einzelnen Kapitalgesellschaft – vor dem Ideal der sofortigen Verlustver-

[1186] Vgl. Abschnitt B 1.4.1.4.
[1187] Vgl. Abschnitt C 2.5.1. i. V. m. Abschnitt C 1.3.1.
[1188] Vgl. Abschnitt B 1.4.1.4.
[1189] Vgl. Abschnitt C 2.5.1., C 1.3.1.4. i. V. m. Abschnitt B 1.1.2.3.4.
[1190] Vgl. Abschnitt C 2.5.1.
[1191] Vgl. Abschnitt C 2.5.1., C 1.3.1.3.
[1192] Vgl. Abschnitt C 2.5.2.

rechnung anfangs als Stärke, dann als Schwäche der Mantelkaufvorschrift zu werten.[1193] Diese Schwäche ist – wie bei der einzelnen Kapitalgesellschaft – unter anderem zu relativieren aufgrund einer existierenden Sanierungsklausel, aufgrund der Möglichkeit der Verrechnung vorgetragener Gruppenverluste mit bestimmten realisierten stillen Reserven der Muttergesellschaft und aufgrund der Möglichkeit, Wartetastenverluste der Mitgliedskapitalgesellschaften einkunftsquellenbezogen auch bei dem Vorliegen eines Mantelkaufs weiterhin geltend machen zu können.[1194]

Bei der US-amerikanischen Konzernbesteuerung bewirkt ebenfalls die einzelsteuerliche US-amerikanische Mantelkaufvorschrift, dass der Vortrag von betrieblichen Gruppenverlusten durch eine schädliche Änderung des personalen Substrats auf einen jährlichen Abzugshöchstbetrag beschränkt und dass eine sich anschließende schädliche Änderung des sachlichen Subtrats die Geltendmachung von vorgetragenen betrieblichen Gruppenverlusten rückwirkend versagt wird,[1195] was jeweils – wie bei der einzelnen Kapitalgesellschaft – vor dem Ideal der sofortigen Verlustverrechung als Schwäche gilt.[1196] Auch die mit der einzelsteuerlichen Mantelkaufvorschrift verbundenen weiteren Entfernungen vom bzw. Annäherungen an das Ideal der sofortigen Verlustverrechnung (Annäherungen: Erhöhung des jährlichen Abzugshöchstbetrags durch realisierte stille Reserven; in dieser Höhe bleiben vorgetragene Verluste abziehbar auch bei einem vollständigen Verlust der wirtschaftlichen Identität; geringere Wahrscheinlichkeit einer schädlichen Änderung des sachlichen Substrats aufgrund Flexibilität bei betriebswirtschaftlichen Maßnahmen.[1197] Entfernung: Verminderung des jährlichen Abzugshöchstbetrags für vorgetragene Verluste durch realisierte stille Lasten; auch Veräußerungsverluste unterliegen den genannten Beschränkungen[1198]) erfolgen entsprechend bei einer US-amerikanischen Konzernbesteuerung. Da konzernsteuerliche Vorschriften vorschreiben, dass die Mantelkaufvorschrift auf die gesamte Einheit der Konzerngruppe zu beziehen ist, kann dies zu weiteren Annäherungen an oder auch zu weiteren Entfernungen von dem Ideal der sofortigen Verlustverrechnung führen, da neben den Verhältnissen der Muttergesellschaft auch auf die Verhältnisse von Tochtergesellschaften abzustellen ist (Annäherung: Der jährliche Abzugshöchstbetrag kann sich durch die zusätzliche Berücksichtigung von Tochtergesellschaftsanteilen erhöhen;[1199] auch realisierte stille Reserven bei Tochtergesellschaften können den jährlichen Abzugs-

---

[1193] Vgl. Abschnitt B 1.4.1.4.

[1194] Vgl. Abschnitt C 2.5.2. i. V. m. Abschnitt B 1.2.2.3.1., B 1.2.2.3.7., B 1.2.2.4.1.

[1195] Vgl. Abschnitt C 2.5.3.1.

[1196] Vgl. Abschnitt B 1.4.1.4.

[1197] Vgl. Abschnitt C 2.5.3.1., C 1.3.3.1.4., C 1.3.3.1.5. i. V. m. Abschnitt B 1.3.2.2.3.4., B 1.3.2.2.3.5.

[1198] Vgl. Abschnitt C 2.5.3.1., C 1.3.3.1.4., C 1.3.3.2., C 2.5.2.3. i. V. m. Abschnitt B 1.3.2.2.3.4., B 1.3.2.3.2.

[1199] Vgl. Abschnitt C 2.5.3.1., C 1.3.3.1.3.

höchstbetrag erhöhen.[1200] Entfernung: Auch realisierte stille Lasten bei Tochtergesellschaften können den jährlichen Abzugshöchstbetrag für vorgetragene Verluste mindern.[1201]) Vor dem Ideal der sofortigen Verlustverrechnung sind die jeweiligen konzernsteuerlichen Vorschriften damit jeweils als Stärke oder Schwäche zu werten.

[1200] Vgl. Abschnitt C 2.5.3.1., C 1.3.3.1.4.
[1201] Vgl. Abschnitt C 2.5.3.1., C 1.3.3.1.4.

Kapitel D: Verlustverrechnung bei „grenzüberschreitender“ Konzernbesteuerung

1. „Grenzüberschreitende“ Konzernbesteuerung aufgrund ausländischer Tochterkapitalgesellschaften

1.1. Deutschland

1.1.1. Einbezug von Verlusten ausländischer Tochterkapitalgesellschaften in die Ermittlung des Organschaftseinkommens?

Da aufgrund § 14 Abs. 1 Satz 1 KStG nur Kapitalgesellschaften mit Sitz und Geschäftsleitung in Deutschland Organgesellschaft sein können, bleibt ausländischen Tochterkapitalgesellschaften das Recht verwehrt, als Organgesellschaft im Rahmen der deutschen Organschaft zu fungieren.[1202] Folglich ist auch die Zurechnung etwaiger Verluste ausländischer Tochterkapitalgesellschaften zum Organträger im Rahmen der Ermittlung des Organschaftseinkommens grundsätzlich nicht möglich.[1203] Vor dem Hintergrund der Entscheidung des EuGH in der Rechtssache *Marks & Spencer*[1204] ist es allerdings denkbar, dass zukünftig auch Verluste EU-ausländischer Tochterkapitalgesellschaften im Rahmen der deutschen Organschaft beim inländischen Organträger anzusetzen sind. In den nachfolgenden Abschnitten wird deshalb zunächst das EuGH-Urteil in der Rechtssache *Marks & Spencer* in Kürze dargestellt und anschließend etwaige damit verbundene Auswirkungen auf die deutsche Organschaft erläutert.

1.1.2. Einfluß der EuGH-Entscheidung in der Rechtssache *Marks & Spencer*

1.1.2.1. Die EuGH-Entscheidung in der Rechtssache *Marks & Spencer* in Kürze

Das britische Einzelhandelsunternehmen *Marks & Spencer* betrieb unter anderem Tochtergesellschaften in Deutschland, Frankreich und Belgien, die in den Geschäftsjahren 1998 bis 2001 insgesamt rund 150 Mio. Euro Verluste erwirtschafteten. Während Ende 2001 die französische Tochtergesellschaft verkauft wurde, stellten die deutsche und belgische Tochtergesellschaft ihre Handelstätigkeit ein. *Marks & Spencer* beantragte, die entstandenen Verluste entsprechend der britschen Konzernbesteuerung *(group relief)* bei der britischen obersten Konzerngesellschaft *Marks & Spencer plc* zur Verrechnung zuzulassen. Der britische *group relief* erlaubt die konzerninterne Übertragung von Verlusten einer

---

1202 Vgl. auch REICHL/WITTKOWSKI, Verlustverrechnung, Stbg 2006, 209 f.

1203 Auch die Möglichkeit, Verluste einer ausländischen Tochterkapitalgesellschaft über Teilwertabschreibungen bei der inländischen Organträger-Kapitalgesellschaft geltend zu machen, ist nicht möglich, vgl. § 8b Abs. 3 Satz 3 KStG; Abschnitt C 1.3.1.; REICHL/ WITTKOWSKI, Verlustverrechnung, Stbg 2006, 209.

1204 Vgl. EuGH-Urteil vom 13.12.2005, C-446/03, BB 2006, 23 ff.

Konzerngesellschaft auf eine andere Konzerngesellschaft; die Berücksichtigung von Verlusten ausländischer Tochtergesellschaften ist dabei allerdings nicht möglich.[1205] Die britische Finanzverwaltung lehnte die von *Marks & Spencer* beantragte Berücksichtigung der Verluste bei der obersten Konzerngesellschaft *Marks & Spencer plc* ab. Daraufhin klagte der Konzern vor dem *High Court of Justice* (England und Wales) und stützte sich dabei auf die Verletzung der in den Grundfesten des EG-Vertrags manifestierten Niederlassungsfreiheit. Dieser entschied, die Sache dem EuGH zur Vorabentscheidung vorzulegen, der am 13.12. 2005 schließlich sein Urteil in der Rechtssache *Marks & Spencer* fällte.

Der EuGH urteilte, dass die Niederlassungsfreiheit im Sinne des Art. 43 und 48 des EG-Vertrags durch den britischen *group relief* eingeschränkt wird, da im Rahmen dieses Konzernbesteuerungssystems nur die Verluste inländischer Konzerngesellschaften, nicht aber (EU-)ausländischer Tochtergesellschaften mit Gewinnen anderer Konzerngesellschaften verrechnet werden können.[1206] Eine derartige Beschränkung des Verlustabzugs über die Grenze ist allerdings in einem nationalen Steuerrecht zulässig, wenn mit ihr ein berechtigtes und mit dem EG-Vertrag vereinbares Ziel verfolgt wird und sie durch zwingende Gründe des Allgemeininteresses gerechtfertigt ist.[1207] Zu diesen Gründen gehört die Wahrung der Aufteilung der Besteuerungsbefugnis zwischen den Mitgliedsstaaten, die Verhinderung einer doppelten Verlustnutzung und die Verhinderung einer sogenannten Steuerfluchtgefahr,[1208] welche in der Rechtssache *Marks & Spencer* gegeben waren. Die Zulässigkeit einer derartigen Beschränkung erfordert jedoch zudem, dass die jeweiligen Maßnahmen nicht nur geeignet sein müssen, um die mit ihnen verfolgten Ziele zu erreichen, sondern sie müssen auch verhältnismäßig sein. Als unverhältnismäßig gelten sie grundsätzlich dann, wenn im Ansässigkeitsstaat der Tochtergesellschaft eine Berücksichtigung des Verlustes nicht oder nicht mehr in Frage kommt und sämtliche Möglichkeiten der Verlustnutzung ausgeschöpft wurden.[1209] Diese Unverhältnismäßigkeit war in vorliegender Rechtssache gegeben, so dass der EuGH der britischen Konzernobergesellschaft *Marks & Spencer plc* zugestand, die Verluste seiner drei EU-ausländischen Tochtergesellschaften in Großbritannien zu nutzen.[1210]

Im Ergebnis lassen sich folgende allgemeine Folgerungen aus dem EuGH-Urteil in der Rechtssache *Marks & Spencer* festhalten: Eine Verlustverrechnung muß

[1205] Zum Sachverhalt der Rechtssache *Marks & Spencer* vgl. auch REICHL/WITTKOWSKI, Auswirkungen, StB 2006, 51; SCHEUNEMANN, Konzern, IStR 2005, 303 f.
[1206] Vgl. EuGH-Urteil vom 13.12.2005, C-446/03, Tz. 34, EWS 2006, 32.
[1207] Vgl. EuGH-Urteil vom 13.12.2005, C-446/03, Tz. 35, EWS 2006, 32.
[1208] Vgl. EuGH-Urteil vom 13.12.2005, C-446/03, Tz. 43 ff., EWS 2006, 33.
[1209] Vgl. EuGH-Urteil vom 13.12.2005, C-446/03, Tz. 55, EWS 2006, 34.
[1210] Vgl. EuGH-Urteil vom 13.12.2005, C-446/03, Tz. 56, 59, EWS 2006, 34; dazu auch REICHL/WITTKOWSKI, Auswirkungen, StB 2006, 50; ENDRES u. a., Verlustberücksichtigung, 21.

im Rahmen einer Konzernbesteuerung auch grenzüberschreitend gewährt werden, sofern für die Verluste einer ausländischen Tochtergesellschaft folgende Voraussetzungen erfüllt sind: Zunächst darf weder der Verlustvortrag noch die des Verlustrücktrags im Ansässigkeitsstaat der Tochtergesellschaft möglich sein. Außerdem darf zu keinem Zeitpunkt die Möglichkeit bestehen oder bestanden haben, die Verluste im Rahmen des Konzernbesteuerungssystems des Ansässigkeitsstaats der Tochtergesellschaft übertragen zu können, vorausgesetzt, dass das Steuersystem dieses Staates ein Konzernbesteuerungskonzept kennt. Im Falle des Übergangs der Tochtergesellschaft auf einen Dritten ist eine grenzüberschreitende Verlustberücksichtigung desweiteren nur dann möglich, wenn die Verlustnutzung nach der Veräußerung der Tochtergesellschaft nicht mehr möglich ist, wozu es aufgrund etwaiger Mantelkaufvorschriften im Ansässigkeitsstaat der Tochtergesellschaft kommen kann.[1211]

1.1.2.2. Auswirkungen des *Marks & Spencer*-Urteils auf die deutsche Organschaft

Da das *Marks & Spencer*-Urteil zur englischen Konzernbesteuerung ergangen ist, hat es keine unmittelbare Rechtswirkung für das deutsche Konzernbesteuerungskonzept der Organschaft. Allerdings sind wie bei dem englischen *group relief* auch bei der deutschen Organschaft ausländische Gesellschaften von einer Einbeziehung in den Organkreis ausgeschlossen, so dass es einem deutschen Organträger ebenfalls verwehrt ist, Verluste ausländischer Tochtergesellschaften zu verrechnen. Auch wenn sich die beiden Konzernbesteuerungskonzepte insofern gleichen, läßt sich das *Marks & Spencer*-Urteil nicht eins zu eins auf die deutsche Organschaft übertragen, da in Deutschland neben dem doppelten Inlandsbezug die finanzielle Eingliederung sowie – basierend auf dem Abschluss eines Gewinnabführungsvertrags im Sinne des § 291 Abs. 1 AktG – eine Verlustübernahme durch den Organträger erforderlich ist.[1212]

Da jede Verletzung der Niederlassungsfreiheit darauf basiert, dass vergleichbare Situationen unterschiedlich behandelt werden, ist es für einen Verstoß gegen die Niederlassungsfreiheit im Rahmen der deutschen Organschaft erforderlich, dass die Situation einer deutschen Muttergesellschaft mit einer EU-ausländischen Tochtergesellschaft mit der Situation eines deutschen Organträgers mit einer deutschen Organgesellschaft vergleichbar ist. An einer Vergleichbarkeit wird es regelmäßig im Hinblick auf den Gewinnabführungsvertrag fehlen, weil ein solcher Vertrag mit einer ausländischen Tochtergesellschaft aus tatsächlichen oder rechtlichen Gründen nicht abgeschlossen worden ist bzw. abgeschlossen werden

---

[1211] Vgl. REICHL/WITTKOSWKI, Verlustverrechnung, Stbg 2006, 211. Ausführlichere Ausführungen finden sich bei LINN/REICHL/WITTKOSWKI, Möglichkeiten, BB 2006, 632 ff.

[1212] Vgl. dazu REICHL/WITTKOWSKI, Verlustverrechnung, Stbg 2006, 211; Abschnitt B 2.1.2.

kann.[1213] Ob der EuGH bereits das Erfordernis eines Gewinnabführungsvertrags als faktische Beschränkung der Niederlassungsfreiheit interpretiert, bleibt bis zu einem konkreten Urteil abzuwarten; nach herrschender Meinung des Schrifttums soll es dadurch bereits zu einer derartigen Beschränkung kommen.[1214] Denkbar ist auch, dass es bei der Vergleichbarkeit der Situationen weniger auf den konkreten Abschluß eines Gewinnabführungsvertrags ankommt, sondern dass es vielmehr ausreicht, dass ein solcher zwischen der inländischen Muttergesellschaft und der ausländischen Tochtergesellschaft gelebt wird, [1215] so dass die Muttergesellschaft die Verluste der ausländischen Tochtergesellschaft auch wirtschaftlich zu tragen hat, beispielsweise durch entsprechende geleistete Einlagen. Ansonsten könnte argumentiert werden, dass keine steuerliche Diskriminierung vorliegt, da die Verluste inländischer Tochtergesellschaften wirtschaftlich durch die Muttergesellschaft getragen werden, die Verluste ausländischer Tochtergesellschaften hingegen nicht. Folglich erscheint die steuerliche Berücksichtigung des Verlustes einer ausländischen Tochtergesellschaft im Rahmen der deutschen Organschaft nur bei wirtschaftlichem Ausgleich des ausländischen Verlusts durch die inländische Muttergesellschaft möglich.[1216] Eine Berücksichtigung eines Verlustes einer EU-ausländischen Tochterkapitalgesellschaft dürfte ferner nur dann in Betracht kommen, wenn im Staat der Tochterkapitalgesellschaft eine Verlustverrechnung nicht mehr in Betracht kommt.[1217] Endgültige Klarheit wird in diesem Bereich allerdings erst eine Folgeentscheidung des EuGH zu den Regelungen der deutschen Organschaft schaffen.

1213 Vgl. dazu REICHL/WITTKOWSKI, Auswirkungen, StB 2006, 52; REICHL/WITTKOWSKI, Verlustverrechnung, Stbg 2006, 211; ENDRES u. a., Verlustberücksichtigung, 26.

1214 Vgl. BALMES/BRÜCK/RIBBROCK, Rückschlüsse, BB 2005, 969; HERZIG/WAGNER, Zukunft, DB 2005, 5; SCHEUNEMANN, Konzern, IStR 2005, 310. A. A. THIEL, Einfluss, DB 2004, 2603 ff.

1215 Vgl. HEY, Organschaft, GmbHR 2006, 119; NAGLER/KLEINERT, Konsequenzen, DB 2005, 856; KLEINERT/NAGLER/REHM, Organschaft, DB 2005, 1869 ff.; HERZIG/WAGNER, Folgen, DB 2005, 2379.

1216 Vgl. BALMES/BRÜCK/RIBBROCK, Verlustnutzung, BB 2006, 189.

1217 Vgl. HEY, Organschaft, GmbHR 2006, 120; auch REICHL/WITTKOWSKI, Auswirkungen, StB 2006, 53; WERNSMANN/NIPPERT, Vorgaben, FR 2006, 161; REICHL/WITTKOSWKI, Verlustverrechnung, Stbg 2006, 217. Siehe hierzu auch die im vorherigen Abschnitt dargestellten allgemeinen Folgerungen aus dem *Marks & Spencer*-EuGH-Urteil. Nach Ansicht von BALMES/BRÜCK/RIBBROCK, Verlustnutzung, BB 2006, 189, ist es für die Berücksichtigung des Verlustes einer EU-ausländischen Tochterkapitalgesellschaft unbedeutend, ob der ausländische Verlust definitiv nicht mehr im Ausland genutzt werden kann, wie es das *Marks & Spencer*-EuGHUrteil vorsieht. Maßgeblich sollen hier allein Inhalt und Durchführung des Gewinnabführungsvertrags sein.

1.2. Österreich

1.2.1. Ausländische Tochterkapitalgesellschaften als Gruppenmitglieder

Im österreichischen Steuerrecht unterscheidet sich eine ausländische von einer inländischen Kapitalgesellschaft dadurch, dass die ausländische Kapitalgesellschaft ihren Sitz im Ausland und die inländische Kapitalgesellschaft ihren Sitz im Inland hat.[1218] Wenn eine ausländische Tochterkapitalgesellschaft mit einer inländischen österreichischen Kapitalgesellschaft vergleichbar ist und sie das in Abschnitt B 2.2.2.2. erläuterte Beteiligungserfordernis erfüllt, kann sie als nicht unbeschränkt steuerpflichtige Körperschaft Gruppenmitglied einer österreichischen Unternehmensgruppe sein (§ 9 Abs. 2 TS 2 öKStG).[1219] Eine ausländische Kapitalgesellschaft ist mit einer inländischen Kapitalgesellschaft vergleichbar, wenn sie ihr in ihren Wesensmerkmalen entspricht (sogenannter Typenvergleich).[1220]

1.2.2. Verlustzurechnung ausländischer Gruppenmitglieder

Im Unterschied zur Einkommenszurechnung inländischer Gruppenmitglieder ist bei einem nicht unbeschränkt steuerpflichtigen ausländischen Gruppenmitglied nur ein etwaiger anteiliger Verlust zuzurechnen; ein Gewinn ist mangels eines Besteuerungsrechts Österreichs unbeachtlich und damit nicht zuzurechnen.[1221] Die Zurechnung eines Verlusts setzt das Vorliegen eines solchen bei dem ausländischen Gruppenmitglied in einem Wirtschaftsjahr voraus, wobei ein solches negatives Ergebnis nach § 5 Abs. 1 öEStG und den übrigen Vorschriften des öEStG sowie nach den Vorschriften des öKStG zu ermitteln ist.[1222] Damit können bei einer ausländischen Tochterkapitalgesellschaft auch Wartetastenverluste nach § 2 Abs. 2a TS 1 öEStG auftreten,[1223] die – wie in Abschnitt B 1.2.2.4.1. erläutert – ausschließlich beteiligungsbezogen vorgetragen werden können. Erwirtschaftet die ausländische Tochtergesellschaft in einem Wirtschaftsjahr insgesamt einen Verlust, ist dieser im Rahmen der Gruppenbesteuerung in der Wei-

---

[1218] Vgl. öBMF-Erlass vom 23.02.2005, 010216/0031 – IV/6/2005, Abschnitt 2.6.1.

[1219] Vgl. öBMF-Erlass vom 23.02.2005, 010216/0031 – IV/6/2005, Abschnitt 2.6.1.; Abschnitt B 2.2.2.1.

[1220] Vgl. öBMF-Erlass vom 23.02.2005, 010216/0031 – IV/6/2005, Abschnitt 2.6.1. Folgende Kriterien sind für die Vergleichbarkeit mit einer inländischen Kapitalgesellschaft heranzuziehen: Eigene Rechtspersönlichkeit nach ausländischem Recht; starres, ergebnisunabhängiges, im Eigentum der Gesellschaft stehendes Gesellschaftskapital; Beteiligung einer oder mehrerer Personen am Gesellschaftskapital; Haftung für Gesamtschulden beschränkt auf das Gesellschaftsvermögen; Willensbildung unter Gesellschaftermitwirkung, vgl. dazu R 551 öKStR.

[1221] Vgl. öBMF-Erlass vom 23.02.2005, 010216/0031 – IV/6/2005, Abschnitt 6.6.1.

[1222] Vgl. § 9 Abs. 6 Nr. 6 Satz 1 öKStG; öBMF-Erlass vom 23.02.2005, 010216/0031 – IV/6/2005, Abschnitt 6.6.2; dazu auch Abschnitt B 1.2.1.2.

[1223] Vgl. WIESNER/KIRCHMAYR/MAYR, Gruppenbesteuerung, 131.

se nach § 9 Abs. 6 Nr. 6 Satz 1 öKStG zu berücksichtigen, dass der Verlust dem unmittelbar beteiligten inländischen Gruppenmitglied bzw. Gruppenträger anteilig zuzurechnen ist, und zwar im Ausmaß aller direkten Beteiligungen der inländischen Gruppenmitglieder und des Gruppenträgers am ausländischen Gruppenmitglied;[1224] letztlich ist dieser ausländische Verlust aber immer Bestandteil des Gruppeneinkommens auf Ebene des Gruppenträgers. Folgendes Beispiel verdeutlicht die anteilige Zurechnung eines Verlustes eines ausländischen nicht unbeschränkt steuerpflichtigen Gruppenmitglieds:

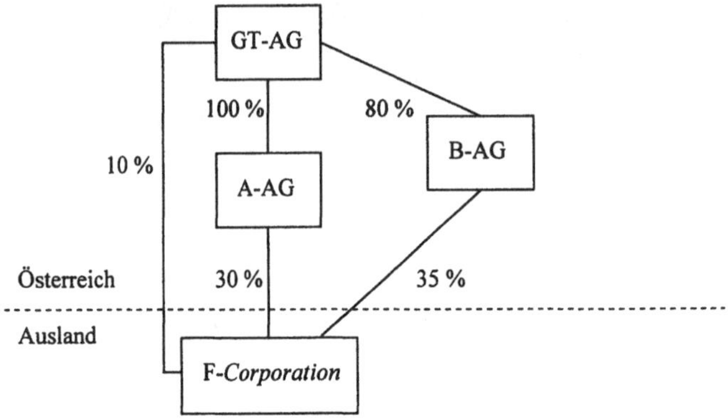

Die als Gruppe besteuerte GT-Gruppe besteht aus einem inländischen Gruppenträger (GT-AG), zwei inländischen Gruppenmitgliedern (A-AG und B-AG) sowie einem ausländischen Gruppenmitglied (*F-Corporation*); die angegebenen Prozentzahlen bilden sowohl die Stimmrechtsquote als auch die Anteilswertquote ab. Da die inländischen Mitglieder der GT-Gruppe zu insgesamt 75 % (= 10 % + 30 % + 35 %) an dem ausländischen Gruppenmitglied der *F-Corporation* beteiligt sind, sind dem unmittelbar beteiligten Gruppenträger GT 75 % eines etwaigen Verlustes von F zuzurechnen.

Kann der laufende Verlust eines ausländischen nicht unbeschränkt steuerpflichtigen Gruppenmitglieds nicht durch Gewinne der anderen Gruppenmitglieder (vollständig) ausgeglichen werden, ist er insofern im Rahmen des allgemeinen Verlustvortrags nach § 18 Abs. 6 öEStG, § 8 Abs. 4 öKStG in spätere Jahre vorzutragen.[1225] Vorgruppenverluste können bei einem derartigen ausländischen Gruppenmitglied – im Gegensatz zu inländischen Gruppenmitgliedern – nicht im Rahmen der Gruppenbesteuerung in Österreich verrechnet werden.[1226]

[1224] Vgl. öBMF-Erlass vom 23.02.2005, 010216/0031 – IV/6/2005, Abschnitt 6.6.1. Diese Zurechnung hat unabhängig davon zu erfolgen, ob sich nach ausländischen Vorschriften ein Gewinn oder Verlust ergibt.

[1225] Vgl. dazu Abschnitt C 2.1.2., C 2.2.2., C 2.5.2.

[1226] Vgl. z. B. HIRSCHLER/SCHINDLER, Gruppenbesteuerung, IStR 2004, 511. Weist allerdings ein ausländisches Gruppenmitglied Verlustvorträge sowohl aus Vorgruppenzeit als auch aus der Gruppenzeit auf, sind die Verlustvorträge im Rahmen der im nachfolgen-

1.2.3. Nachversteuerung zugerechneter ausländischer Verluste

Sofern ein ausländischer Verlust eines ausländischen Gruppenmitglieds gemäß § 9 Abs. 6 Nr. 6 Satz 1 öKStG im Rahmen der Gruppenbesteuerung in Österreich berücksichtigt wird, sind hinsichtlich dieses Verlustes die dem § 2 Abs. 8 öEStG nachgebildeten Nachversteuerungsregelung des § 9 Abs. 6 Nr. 6 Satz 2 ff. öKStG zu beachten, die eine Doppelverlustverwertung in Österreich vermeiden soll. Hiernach ist bei dem finanziell verbundenen inländischen Gruppenmitglied oder Gruppenträger, dem der Verlust zugerechnet worden ist, in dem Jahr, in dem der zugerechnete ausländische Verlust durch das ausländische Gruppenmitglied im Ausland mit einem ausländischen Gewinn verrechnet wird (bzw. verrechnet werden könnte), ein Gewinn als Nachversteuerungsbetrag zuzurechnen.[1227] Bei der Feststellung einer (möglichen) ausländischen Verlustverwertung ist auf den nach ausländischem Steuerrecht zulässigen Verlustvortrag sowie auf den nach ausländischem Steuerrecht ermittelten Gewinn abzustellen.[1228] Der Nachversteuerungsbetrag eines Jahres ist neben der Verlustverwertung bzw. Verlustverwertungsmöglichkeit im Ausland des betreffenden Jahres auf den in Österreich berücksichtigten ausländischen Verlust (ermittelt nach österreichischem Steuerrecht) begrenzt, wobei der niedrigere dieser beiden Beträge maßgebend ist.[1229] Folgende Beispiele verdeutlichen dies:

Der inländische Gruppenträger GT ist an dem ausländischen Gruppenmitglied GM zu 100 % beteiligt. Die jeweiligen Gesellschaften erzielen in den Jahren 01 und 02 die in den Tabellen angegebenen Ergebnisse, womit die angegebene Berücksichtigung ausländischer Verluste und ihre Nachversteuerung gemäß § 9 Abs. 6 Nr. 6 öKStG verbunden ist. Alle Beträge sind in Euro angegeben.

Fall 1:

	Jahr 01	Jahr 02
GM-Ergebnis nach ausländischem Steuerrecht (vor Verlustvortrag)	- 30	50
GM-Ergebnis nach inländischem Steuerrecht (vor Verlustvortrag)	- 30	50
Nach § 9 Abs. 6 Nr. 6 öKStG zu berücksichtigendes GM-Ergebnis	- 30	30
GT-Ergebnis	100	100
Bemessungsgrundlage beim Gruppenträger GT	70	130

den Abschnitt erläuterten Nachversteuerung im Sinne eines „*first in – first out*" Verfahrens zu berücksichtigen. Eine Nachverrechnung in Österreich berücksichtigter ausländischer Verluste aus Gruppenzeit erfolgt daher erst dann, wenn die Verlustvorträge aus der Vorgruppenzeit aufgebraucht sind und die Verluste aus Gruppenzeit verrechnet werden, vgl. öBMF-Erlass vom 23.02.2005, 010216/0031 – IV/6/2005, Abschnitt 6.6.4.1.

[1227] Vgl. hierzu öBMF-Erlass vom 23.02.2005, 010216/0031 – IV/6/2005, Abschnitt 6.6.4.1. Da wie bei der Verlustverrechnung auch bei der Nachversteuerung der jeweilige Beteiligungsumfang zu berücksichtigen ist, ist der Nachversteuerungsbetrag eines Jahres beispielsweise bei einer 75 %-igen Beteiligung auf 75 % der im Ausland verwerteten (verwertungsfähigen) Verluste begrenzt, vgl. öBMF-Erlass vom 23.02.2005, 010216/0031 – IV/6/2005, Abschnitt 662.

[1228] Vgl. WALTER, in: Mühlehner/Zöchling, Gruppenbesteuerung, 52.

[1229] Vgl. WALTER, in: Mühlehner/Zöchling, Gruppenbesteuerung, 53.

Fall 2:

	Jahr 01	Jahr 02
GM-Ergebnis nach ausländischem Steuerrecht (vor Verlustvortrag)	- 10	50
GM-Ergebnis nach inländischem Steuerrecht (vor Verlustvortrag)	- 30	50
Nach § 9 Abs. 6 Nr. 6 öKStG zu berücksichtigendes GM-Ergebnis	- 30	10
GT-Ergebnis	100	100
Bemessungsgrundlage beim Gruppenträger GT	70	110

Da in Österreich eine Nachversteuerung bereits durch die Möglichkeit der Verlustverwertung im Ausland bewirkt wird, kann im Fall eines (möglichen) Verlustrücktrags im Ausland – auch bei Nichtinanspruchnahme eines optionalen Verlustrücktrags – der ausländische Verlust in Österreich zwar berücksichtigt werden, jedoch kommt es durch die bloße Rücktragsmöglichkeit gleichzeitig zu einer Nachversteuerung. Damit bleibt in einem solchen Fall der ausländische Verlust in Österreich im Ergebnis unberücksichtigt.[1230] Eine entsprechende Situation ergibt sich, wenn das ausländische Gruppenmitglied der österreichischen Gruppenbesteuerung zusätzlich Mitglied einer ausländischen Konzernbesteuerung ist und es seinen individuellen Verlust im Rahmen der ausländischen Konzerngruppe verwerten kann, was dann ebenfalls einen (u. U. zeitgleichen) Nachversteuerungstatbestand darstellt.[1231]

Scheidet das ausländische Gruppenmitglied aus der Unternehmensgruppe aus, beispielsweise durch Kündigung des Gruppenvertrags oder die Veräußerung der jeweiligen Beteiligung, sind im Wirtschaftsjahr des Ausscheidens alle noch nicht nachversteuerten Verluste beim finanziell verbundenen inländischen Gruppenmitglied bzw. beim Gruppenträger gewinnerhöhend anzusetzen.[1232] Insofern unterscheidet sich diese Nachversteuerungsregelung nach § 9 Abs. 6 Nr. 6 Satz 3 öKStG von der Nachversteuerung ausländischer Betriebsstättenverluste nach § 2 Abs. 8 öEStG, wo dieser Nachversteuerungszwang bei Veräußerungen nicht vorgesehen ist.[1233] Sollte das ausländische Gruppenmitglied aus der Unternehmensgruppe ausscheiden, weil sie liquidiert wird oder insolvent ist, so löst die-

[1230] Vgl. öBMF-Erlass vom 23.02.2005, 010216/0031 – IV/6/2005, Abschnitt 6.6.4.1.; WIESNER/KIRCHMAYR/MAYR, Gruppenbesteuerung, 132 f.

[1231] Vgl. öBMF-Erlass vom 23.02.2005, 010216/0031 – IV/6/2005, Abschnitt 6.6.4.1.; WIESNER/KIRCHMAYR/MAYR, Gruppenbesteuerung, 135.

[1232] Vgl. § 9 Abs. 6 Nr. 6 Satz 3 öKStG; öBMF-Erlass vom 23.02.2005, 010216/0031 – IV/6/2005, Abschnitt 6.6.4.2. Dabei ist es unbedeutend, ob diese offenen Verluste im Rahmen der Gruppenbesteuerung im Inland tatsächlich verwertet worden sind. Sie können auch in den Verlustvortrag des Gruppenträgers eingegangen sein. Führen Anteilsveräußerungen nicht zu einem Ausscheiden des ausländischen Gruppenmitglieds aus der Unternehmensgruppe, jedoch zu einer verminderten Beteiligungsquote gegenüber derjenigen Quote, die bei der Zurechnung des noch offenen ausländischen Verlusts bestand, ist dieser Vorgang als teilweises Ausscheiden des ausländischen Gruppenmitglieds anzusehen. Dieses teilweise Ausscheiden ist mit einer entsprechenden teilweisen Nachversteuerung verbunden, vgl. öBMF-Erlass vom 23.02.2005, 010216/0031 – IV/6/2005, Abschnitt 6.6.4.2.

[1233] Vgl. HIRSCHLER/SCHINDLER, Gruppenbesteuerung, IStR 2004, 511.

ser Vorgang ebenfalls grundsätzlich die Nachversteuerung der zugerechneten ausländischen Verluste aus; der zuzurechnende Betrag ist allerdings um die während der Gruppenzugehörigkeit nicht steuerwirksamen Teilwertabschreibungen zu kürzen.[1234]

1.3. USA

Definitionsgemäß ist eine ausländische (Tochter-)Kapitalgesellschaft vom Konsolidierungskreis des *consolidated tax return* ausgeschlossen,[1235] so dass folglich auch ein von ihr erwirtschafteter Verlust in einem Wirtschaftsjahr bei der Zusammenfassung der Einkommen aller Mitgliedskapitalgesellschaften im Rahmen der Ermittlung des Gruppeneinkommens nicht berücksichtigt werden kann. Eine Ausnahme vom grundsätzlichen Ausschluß ausländischer Kapitalgesellschaften aus dem steuerlichen Konsolidierungskreis findet sich in Sec. 1504(d) IRC: Hiernach besteht ein Wahlrecht, bestimmte mexikanische und kanadische Tochterkapitalgesellschaften, an denen eine inländische Mitgliedskapitalgesellschaft zu 100 % (Kapital und Stimmrechte) beteiligt sein muß, als inländische *corporations* mit ausländischer Zweigniederlassung behandeln zu lassen, wenn diese zudem ausschließlich im Hinblick auf nationale Bestimmungen über das Eigentum oder die Verwaltung von Vermögen dort gegründet worden sind.[1236] Wird dieses Wahlrecht zu diesem Zweck ausgeübt, kann eine derartige mexikanische bzw. kanadische Tochterkapitalgesellschaft Mitglied des *consolidated tax return* sein, womit auch ihr Einkommen grundsätzlich wie bei einer inländischen Mitgliedskapitalgesellschaft zu ermitteln und im Rahmen der Ermittlung des Gruppeneinkommens anzusetzen ist.[1237] Folglich ist ein etwaiger in einem Steuerjahr erwirtschafteter Betriebsverlust einer solchen ausländischen Gesellschaft generell vollumfänglich anzusetzen, während Veräußerungsverluste der für die geltenden einkunftsquellenübergreifenden Verrechnungsbeschränkung (Sec. 1211(a), Sec. 1212 IRC) unterliegen.[1238] Die Annahme, dass das Einkommen über eine ausländische Zweigniederlassung erwirtschaftet wird, ist für die Verlustberücksichtigung bei der Ermittlung des (Gruppen-)Einkommens von nachrangiger Bedeutung, da die USA zur Vermeidung von Doppelbesteuerun-

[1234] Vgl. § 9 Abs. 6 Nr. 6 Satz 4 öKStG; öBMF-Erlass vom 23.02.2005, 010216/0031 – IV/6/2005, Abschnitt 6.6.4.2.

[1235] Vgl. Abschnitt B 2.3.2.1.

[1236] Vgl. auch ZSCHIEGNER, Einkommensteuerrecht, IWB 2002, Fach 8, Gruppe 2, 1221; WUDERNITZ, Konzernbesteuerung, 119 f.; MICHELSEN, Generalbericht, CDFI 1998, Band 83a, 170. Die USA lassen diese Wahlmöglichkeit zu, um nachteilige Folgen für amerikanische Unternehmen zu vermeiden, die aus lokalen politischen oder wirtschaftlichen Gründen gezwungen sind, in einem dieser beiden Länder als Kapitalgesellschaft aufzutreten, vgl. MICHELSEN, Generalbericht, CDFI 1998, Band 83a, 170.

[1237] Vgl. dazu Abschnitt B 2.3.4.1., B 2.3.4.2.

[1238] Vgl. hierzu und zu weiteren Einzelheiten insbesondere die Abschnitte C 1.1.3., C 1.2.3., C 2.1.3. und C 2.2.3. sowie die jeweiligen Abschnitte des Kapitels B, auf die hier verwiesen wird.

gen sowohl im DBA-Fall als auch im Nicht-DBA-Fall die Anrechnungsmethode anwenden.[1239]

1.4. Stärken/Schwächen-Bewertung

Auch ausländische Tochterkapitalgesellschaften ohne Sitz und Geschäftsleitung im Inland können neben inländischen Tochterkapitalgesellschaften zur wirtschaftlichen Einheit der jeweiligen Konzerngruppe zählen. Damit die jeweiligen nationalen Verlustverrechnungsvorschriften dem Ideal der sofortigen Verlustverrechnung bei der Verrechnung von Verlusten derartiger ausländischer Tochterkapitalgesellschaften entsprechen, muß ein Ausgleich solcher Verluste mit den Einkommen der inländischen Konzernmitgliedern grenzüberschreitend ohne interpersonelle und einkunftsquellenübergreifende Beschränkungen möglich sein. Auf diese Weise kann die Konzerngruppe die mit den ausländischen Verlusten verbundene Liquiditätsentlastungen bzw. Steuerminderungspotentiale unmittelbar im Inland realisieren, sofern bei den inländischen Gruppenmitgliedern entsprechendes Verrechnungspotential gegeben ist. Ist eine grenzüberschreitende und gesellschaftsübergreifende Verlustverrechnung nicht möglich, gehen die mit diesen Verlusten verbundenen Steuerminderungspotentiale für inländische Besteuerungszwecke definitiv verloren, was mit dem Ideal der sofortigen Verlustverrechnung unvereinbar ist. Sofern der grenzüberschreitende Ansatz des Verlusts einer ausländischen Tochterkapitalgesellschaft im Rahmen der Ermittlung des Gruppeneinkommens und damit auch gesellschaftsüberschreitend möglich ist, können einkunftsquellenübergreifende Verrechnungsbeschränkungen dennoch zu einer aufgeschobenen Verlustverrechnung und den hiermit verbundenen Nachteilen führen (Zins- und Liquiditätsnachteile sowie das Risiko des Untergangs von Verlustverrechnungspotential, welches zudem durch etwaige zeitliche Vortragsfristen erhöht ist),[1240] wodurch wiederum eine Entfernung vom Ideal der sofortigen Verlustverrechnung erfolgt. Anzumerken ist, dass die Verwertung eines Verlustes einer ausländischen Tochterkapitalgesellschaft für die Bewertung der Verlustverrechnung in einem Land nur insofern von Bedeutung sein kann, als dass auf diese Weise eine Verwertung im Inland beeinträchtigt wird, wie z. B. aufgrund von Vorschriften gegen mehrfache Verlustnutzung.

Bei der deutschen körperschaftsteuerlichen und gewerbesteuerlichen Konzernbesteuerung können ausländische Tochterkapitalgesellschaften mit Sitz und Geschäftsleitung im Ausland grundsätzlich nicht Gruppenmitglied sein, so dass aufgrund dieser konzernsteuerlichen Regelung eine grenzüberschreitende und gesellschaftsübergreifende Berücksichtigung der Verluste einer solchen Tochtergesellschaft im Rahmen der Ermittlung des jeweiligen Gruppenerfolgs aus-

---

[1239] Vgl. hierzu die Abschnitte B 1.3.1.4.1., B 2.3.4.4., D 3.3.

[1240] Vgl. Abschnitt B 1.4.1.1., B 1.4.1.3.1., auch C 1.1.4.

schließt;[1241] dies ist mit dem Ideal der sofortigen Verlustverrechnung unvereinbar und damit als Schwäche zu werten. Allerdings deutet das EuGH-Urteil in der Rechtssache *Marks & Spencer* darauf hin, dass unter bestimmten Umständen der Verlust einer ausländischen Tochterkapitalgesellschaft des EU-Auslands im Rahmen der inländischen deutschen Organschaftsbesteuerung berücksichtigt werden muß. Welche Bedingungen hierfür konkret erforderlich sind, bleibt abzuwarten und hängen hierbei insbesondere von Folgeentscheidungen des EuGH zu den Regelungen der deutschen Organschaft ab.[1242]

Bei der österreichischen Konzernbesteuerung können auch ausländische Tochterkapitalgesellschaften mit Sitz und Geschäftsleitung im Ausland Gruppenmitglieder sein; aufgrund dieser konzernsteuerlichen Regelung können folglich etwaige Verluste derartiger ausländischer Tochtergesellschaften beim interpersonellen Verlustausgleich im Rahmen der Ermittlung des Gruppeneinkommens grenzüberschreitend berücksichtigt werden,[1243] womit die Verlustberücksichtigung in diesem Bereich dem Ideal der sofortigen Verlustverrechnung entspricht, was grundsätzlich als Stärke zu werten ist. Diese Stärke wird allerdings insoweit relativiert, als dass es sich aufgrund von Nachversteuerungsregelungen zur Verhinderung einer mehrfachen Verlustberücksichtigung nur um eine temporäre Verlustberücksichtigung in Österreich handelt.[1244] Diese konzernsteuerlichen Regelungen bewirken auch, dass bei einer möglichen Verlustverwertung im Ausland im Verlustentstehungsjahr ein Ansatz im Rahmen der österreichischen Konzernbesteuerung insoweit von vornherein unzulässig ist;[1245] in einer derartigen Situation ist die Verrechnung des Verlustes einer ausländischen Tochterkapitalgesellschaft mit dem Ideal der sofortigen Verlustverrechnung unvereinbar und damit als Schwäche zu werten. Eine weitere Relativierung der grundsätzlichen Stärke findet statt durch die einzelsteuerliche einkunftsquellenübergreifende Verrechnungsbeschränkung für Wartetastenverluste, die nur mittels beteiligungsbezogenen Vortrags geltend gemacht werden können.[1246]

Bei der US-amerikanischen Konzernbesteuerung kann eine ausländische Tochterkapitalgesellschaft generell nicht Mitgliedskapitalgesellschaft sein, so dass ein etwaiger Verluste aufgrund dieser konzernsteuerlichen Vorschrift auch bei dem gesellschaftsübergreifenden Verlustausgleich im Rahmen der Ermittlung des Gruppeneinkommen nicht grenzüberschreitend berücksichtigt werden kann;[1247] da dies mit dem Ideal der sofortigen Verlustverrechnung nicht vereinbar ist, ist die Verlustverrechnung in diesem Bereich als Schwäche zu werten.

[1241] Vgl. Abschnitt D 1.1.1.
[1242] Vgl. Abschnitt D 1.1.2.
[1243] Vgl. Abschnitt D 1.2.1 und D 1.2.2.
[1244] Vgl. Abschnitt D 1.2.3.
[1245] Vgl. Abschnitt D 1.2.3.
[1246] Vgl. Abschnitt D 1.2.2.
[1247] Vgl. Abschnitt D 1.3.

Diese Schwäche ist jedoch in den Fällen nicht gegeben, in denen aufgrund einer konzernsteuerlichen Vorschrift 100 %-ige mexikanische oder kanadische Tochterkapitalgesellschaften unter bestimmten restriktiven Bedingungen als inländische Kapitalgesellschaften mit ausländischer Zweigniederlassung behandelt werden können und sie dadurch Mitgliedskapitalgesellschaft einer US-amerikanischen Konzerngruppe werden, womit wiederum ihre Betriebsverluste und Veräußerungsverluste grenzüberschreitend mit den Einkommen anderer Mitgliedskapitalgesellschaften im Rahmen der Ermittlung des Gruppeneinkommens ausgeglichen werden können.[1248] Da diese Fälle dem Ideal der sofortigen Verlustverrechnung entsprechen, ist die ihnen zugrundeliegende konzernsteuerliche Vorschrift als Stärke zu werten. Relativiert wird diese Stärke allerdings durch die einzelsteuerliche einkunftsquellenübergreifenden Verrechnungsbeschränkungen für Veräußerungsverluste mit zeitlichen Abzugsfristen, wobei allerdings durch die konzernsteuerlichen Vorschriften zur Ermittlung des Gruppeneinkommens zumindest eine einkunftsquellenbezogene gesellschaftsübergreifende Verlustverrechnung ermöglicht wird.[1249]

2. „Grenzüberschreitende" Konzernbesteuerung aufgrund doppelt ansässiger Kapitalgesellschaften

2.1. Doppelt ansässige Kapitalgesellschaften und doppelte Verlustnutzung (*double dip*)

Bei einer doppelt ansässigen Kapitalgesellschaft handelt es sich um eine Kapitalgesellschaft, die in zwei Staaten insbesondere deshalb unbeschränkt steuerpflichtig ist, weil sich in dem einen Staat ihr Sitz und in dem anderen Staat der Ort der Geschäftsleitung befindet.[1250] Zu einem derartigen Auseinanderfallen von Sitz und Geschäftsleitung kommt es im Regelfall dann, wenn eine Kapitalgesellschaft nach dem Recht eines Staates gegründet wird und die Geschäftsleitung anschließend in einen anderen Staat verlegt wird; nur in Ausnahmefällen befindet sich die Geschäftsleitung von Anfang an in dem anderen Staat.[1251] Die Praxis zeigt, dass doppelt ansässige Kapitalgesellschaften verstärkt innerhalb von grenzüberschreitenden Konzernverbünden international tätiger Unternehmen auftreten, was zu einer zunehmenden praktischen Bedeutung von den mit ihnen verbundenen Rechtsfragen – wie auch der Nutzung ihrer Verluste – führt.[1252]

[1248] Vgl. Abschnitt D 1.3.
[1249] Vgl. Abschnitt D 1.3.
[1250] Vgl. FROTSCHER, in: Frotscher/Maas, KStG, § 14 KStG, Rn. 237; MEILICKE, Organschaft, DB 2002, 913.
[1251] Vgl. ORTH, Schritte, IStR 2000, Beihefter zu Heft 9, 3.
[1252] Vgl. STARINGER, Besteuerung, 341.

Aufgrund der unbeschränkten Steuerpflicht einer doppelt ansässigen Kapitalgesellschaft in zwei Staaten unterliegen nicht nur ihre in- und ausländischen Gewinne, sondern auch ihre in- und ausländischen Verluste grundsätzlich sowohl im In- als auch im Ausland der jeweiligen Besteuerung.[1253] Sofern in einem Jahr insgesamt ein Verlust entsteht,[1254] kann dieser generell in den jeweiligen Ländern auf dem Wege des Rück- oder Vortrags verrechnet werden. Wenn in beiden Ländern nur ein Verlustvortrag möglich ist, kann der vorgetragene Verlust zwar in beiden Ländern genutzt werden; es kommt aber in beiden Ländern auch zu den mit der aufgeschobenen Verlustverrechnung verbundenen Nachteilen (Zins- und Liquiditätsnachteile, Risiko des Untergangs des Verlustverrechnungspotentials). Vor diesem Hintergrund stellt die hierbei erfolgende doppelte Verlustnutzung (*double dip*) keinen besonderen Steuervorteil dar.[1255] Durch einen *double dip* läßt sich allerdings dann ein Steuervorteil realisieren, wenn die doppelt ansässige Kapitalgesellschaft sowohl im In- als auch im Ausland in eine Konzernbesteuerung einbezogen wird. Auf diese Weise kann ihr in einem Wirtschaftsjahr erzielter Verlust zeitgleich mit positiven Einkünften ausländischer wie inländischer anderer Steuersubjekte, d. h. der Mitgliedskapitalgesellschaften der jeweiligen Konzernbesteuerungen, verrechnet werden, so dass die mit einer aufgeschobenen Verlustverrechnung verbundenen Nachteile vermieden werden.[1256] Eine derartige Situation ist beispielsweise bei der in der nachfolgenden Abbildung dargestellten Struktur gegeben, bei der eine doppelt ansässige Kapitalgesellschaft in dem einen Land als Tochtergesellschaft und in dem anderen Land als Muttergesellschaft im Rahmen der jeweiligen Konzernbesteuerungen fungiert; eine solche Struktur ist auch in der Praxis häufig anzutreffen.

[1253] Für die jeweiligen ausländischen Einkünfte gilt dies nur, wenn diesbezüglich keine Freistellungsmethode eingreift, vgl. z. B. FROTSCHER, in: Frotscher/Maas, KStG, § 14 KStG, Rn. 237.

[1254] Da sich die Erfolgsermittlung in unterschiedlichen Staaten nach unterschiedlichen Gewinnermittlungsvorschriften richtet, muß nicht notwenigerweise in einem Jahr zeitgleich in beiden Staaten ein Verlust bzw. ein Verlust in gleicher Höhe entstehen.

[1255] Vgl. dazu auch PRINZ/SIMON, Ausschluss, DK 2003, 107.

[1256] So vermutlich auch LÜDICKE, in: Herzig, Organschaft, 438. PRINZ/SIMON, Ausschluss, DK 2003, 107, sprechen in diesem Zusammenhang von einem „materiellen *double dip*“.

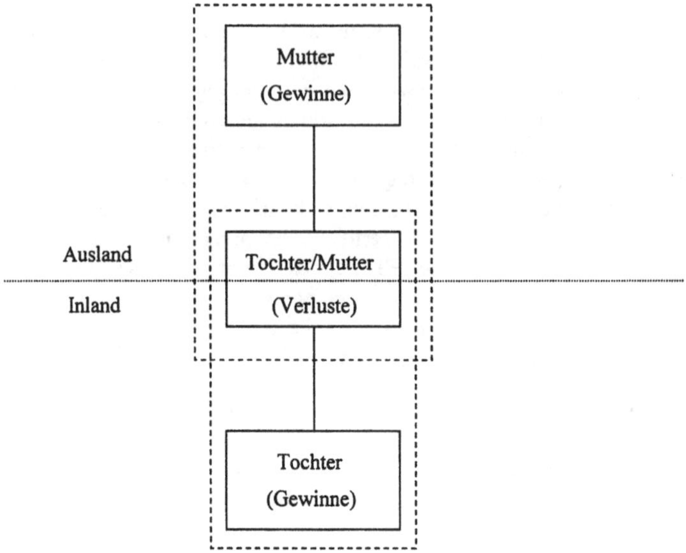

Sofern es sich bei den beiden Staaten, in denen eine Gesellschaft doppelt ansässig ist, um Staaten handelt, zwischen denen ein DBA besteht, wird ihre Besteuerung und damit auch die zuvor erläuterten Grundzüge der doppelten Verlustnutzung (*double dip*) wesentlich durch DBA-rechtliche Regelungen beeinflußt. Dabei geht es insbesondere um die Frage der persönlichen Abkommensberechtigung der doppelt ansässigen Kapitalgesellschaft und deren Ansässigkeitsfiktion nach der sogenannten *tie breaker rule*:[1257] Eine in einem DBA enthaltene *tie breaker rule* sorgt dafür, dass bei einer doppelt ansässigen Gesellschaft nur ein Staat als Ansässigkeitsstaat und der jeweils andere Staat damit als Quellenstaat angesehen wird.[1258] Daraus folgt unter anderem, dass die unbeschränkte Steuerpflicht nur in dem Ansässigkeitsstaat ausgeübt werden kann und der Quellenstaat aufgrund des durch das jeweiligen DBA begrenzte Quellenbesteuerungsrechts im Ergebnis nur eine der beschränkten Steuerpflicht entsprechende Besteuerung durchführen darf.[1259] Im internationalen Steuerrecht ist es üblich, dass als Ansässigkeitsstaat der Staat der tatsächlichen Geschäftsleitung gilt (Art. 4 Abs. 3 OECD-MA);[1260] Abweichungen hiervon sind in den konkreten DBAs

[1257] Desweiteren geht es um die Frage der DBA-rechtlichen Qualifikation der Einkünfte der doppelt ansässigen Kapitalgesellschaft und der Qualifikation der ihr im Rahmen der konsolidierten Besteuerung zugerechneten Einkünfte, vgl. PRINZ/SIMON, Ausschluss, DK 2003, 108; STARINGER, Besteuerung, 359 ff.

[1258] Vgl. dazu STARINGER, Besteuerung, 358.

[1259] Vgl. z. B. FROTSCHER, in: Frotscher/Maas, KStG, § 14 KStG, Rn. 27.

[1260] Vgl. GROßMANN, Kapitalgesellschaften, 77.

aber möglich, so dass beispielsweise der Ansässigkeitsstaat auch in einem Verständigungsverfahren festgelegt werden kann.[1261] Kann nicht ein einzelner Staat als Ansässigkeitsstaat bestimmt werden, weil z. B. ein DBA keine *tie breaker rule* enthält oder weil Verständigungsverfahren ohne Ergebnis bleiben, wird die unbeschränkte Steuerpflicht einer doppelt ansässigen Kapitalgesellschaft in beiden beteiligten Staaten aufrechterhalten.[1262] Da die Beeinflussung der Verlustverrechnung durch DBA-rechtliche Regelungen in diesem Abschnitt D 2. nicht im Vordergrund stehen soll, wird hierauf nur am Rande eingegangen; von vorrangigem Interesse soll hier sein, inwieweit Vorschriften gegen doppelte Verlustnutzung die Verrechnung von Verlusten einer doppelt ansässigen Mitgliedskapitalgesellschaft einer Konzerngruppe beeinflussen (können).

2.2. Deutschland

2.2.1. Doppelt ansässige Kapitalgesellschaften als Organschaftsmitglieder

Hat eine nach in- oder ausländischem Recht gegründete Kapitalgesellschaft nur die Geschäftsleitung oder ihren Sitz im Inland, kommt eine solche doppelt ansässige Gesellschaft als Organgesellschaft der körperschaftsteuerlichen Organschaft nicht in Frage, da hierzu sowohl der Sitz als auch die Geschäftsleitung im Inland erforderlich ist (doppelter Inlandsbezug nach § 14 Abs. 1 Satz 1 KStG).[1263] Organträger der körperschaftsteuerlichen Organschaft kann dagegen ein unbeschränkt steuerpflichtiges gewerbliches Unternehmen mit Geschäftsleitung im Inland sein (§ 14 Abs. 1 Satz 1 i. V. m. § 14 Abs. 1 Satz 1 Nr. 2 Satz 1 KStG), so dass eine doppelt ansässige Kapitalgesellschaft, die nach ausländischem Recht gegründet worden ist und ihre Geschäftsleitung in Deutschland hat, Organträger sein kann; im umgekehrten Fall (Sitz im Inland und Geschäftsleitung im Ausland) ist dies demzufolge nicht möglich.[1264] Eine derartige ausländische doppelt ansässige Kapitalgesellschaft ist in Deutschland allerdings nur dann unbeschränkt körperschaftsteuerpflichtig, wenn sie nach einem Vergleich der Gesellschaftsstruktur (sogenannter Typenvergleich) den deutschen Kapitalgesellschaften im Sinne des § 1 KStG entsprechen.[1265] Wenn eine doppelt ansäs-

---

[1261] Vgl. GROßMANN, Kapitalgesellschaften, 81.

[1262] Vgl. z. B. FROSCHER, in: Frotscher/Maas, KStG, § 14 KStG, Rn. 27.

[1263] Vgl. hierzu auch RÖHRBEIN/EICKER, Grenze, BB 2005, 472 ff.

[1264] Vgl. auch FROTSCHER, in: Frotscher/Maas, KStG, § 14 KStG, Rn. 27; ORTH, Schritte, IStR 2002, Beihefter zu Heft 9, 2 ff.

[1265] Vgl. ORTH, Schritte, IStR 2002, Beihefter zu Heft 9, 3; auch R 2 Abs. 1 Satz 7 KStR 1995, EL Juli 2001. Zum Typenvergleich und den mit deutschen Kapitalgesellschaften vergleichbaren ausländischen Körperschaften vgl. FROTSCHER, in: Frotscher/Maas, KStG, § 1 KStG, Rn. 42 f.; BMF-Schreiben vom 24.12.1999, IV B 4 – S 1300 – 111/99, BStBl. I 1999, 1114 ff. Die unbeschränkte Körperschaftsteuerpflicht einer solchen ausländischen Kapitalgesellschaft ergibt sich nach § 1 Abs. 1 Nr. 5, § 3 Abs. 1 KStG, vgl. BFH-Urteil vom 23.06.1992, IX R 182/87, BStBl. II 1992, 972; R 2 Abs. 1 Satz 9 KStR 1995, EL Juli 2001.

sige Kapitalgesellschaft Organträger ist, müssen zur Begründung einer körperschaftsteuerlichen Organschaft auch die weiteren Tatbestandsvoraussetzungen (finanzielle Eingliederung, Gewinnabführungsvertrag) entsprechend vorliegen.[1266] Sofern eine doppelt ansässige Kapitalgesellschaft – d. h. eine nach ausländischem Recht gegründete Kapitalgesellschaft mit Geschäftsleitung im Inland – Organträger einer körperschaftsteuerlichen Organschaft ist, ist sie zugleich auch Organträger einer gewerbesteuerlichen Organschaft, da sich die jeweiligen Tatbestandsvoraussetzungen entsprechen (§ 2 Abs. 2 Satz 2 GewStG); als Organgesellschaft einer gewerbesteuerlichen Organschaft kommen aus diesem Grund doppelt ansässige Kapitalgesellschaften nicht in Betracht.[1267]

2.2.2. Behandlung eines Verlustes eines doppelt ansässigen Organträgers

2.2.2.1. Allgemeine Grundsätze

Sofern eine unbeschränkt körperschaftsteuerpflichtige ausländische Kapitalgesellschaft in Deutschland ein Gewerbe betreibt, ist sie nach den Vorschriften des HGB zur Führung von Büchern verpflichtet;[1268] folglich richtet sich die Ermittlung des zu versteuernden Einkommens einer derartigen ausländischen Kapitalgesellschaft nach denselben Grundsätzen, die auch für eine deutsche Kapitalgesellschaft gelten.[1269] Beispielsweise erzielt eine solche Kapitalgesellschaft ebenfalls ausschließlich Einkünfte aus Gewerbebetrieb,[1270] hat die beteiligungs- und einkunftsquellenübergreifenden Verrechnungsbeschränkungen für Verluste nach §§ 15 Abs. 4, 15a, 15b EStG zu beachten[1271] und kann ausländische (Betriebsstätten-)Verluste nur vorbehaltlich einer DBA-Freistellung und der Verrechnungsregelung des § 2a Abs. 1 EStG bei ihrer Einkommensermittlung ansetzen.[1272] Wenn eine derartige ausländische Kapitalgesellschaft (mit Sitz im Ausland und Geschäftsleitung im Inland) als Organträger fungiert, sollten diese Grundsätze weiterhin gelten, nur dass zusätzlich die für einen Organträger spezifischen Sonderregelungen zu beachten sind.[1273] Sofern ein DBA zu beachten ist und eine darin enthaltene *tie breaker rule* entsprechend Art. 4 Abs. 3 OECD-MA, nach der der Geschäftsleitungsstaat als Ansässigkeitsstaat anzusehen ist, zur Anwendung kommt, ergeben sich dadurch keine Abweichungen, da der

---

[1266] Vgl. hierzu auch ORTH, Schritte, IStR 2002, Beihefter zu Heft 9, 4 ff.; Abschnitt B 2.1.2.2. bzw. B 2.12.3.

[1267] Vgl. hierzu nur FROTSCHER, in: Frotscher/Maas, KStG, § 14 KStG, Rn. 412 ff.; ORTH, Schritte, IStR 2002, Beihefter zu Heft 9, 2 ff.

[1268] Vgl. hierzu FROTSCHER, in: Frotscher/Maas, KStG, § 8 KStG, Rn. 28 ff.

[1269] Vgl. Abschnitt B 1.1.1.1.2.

[1270] Vgl. FROTSCHER, in: Frotscher/Maas, KStG, § 8 KStG, Rn. 28, 30; Abschnitt B 1.1.1.1.2.

[1271] Vgl. Abschnitt B 1.1.2.4.1. bis B 1.1.2.4.4.

[1272] Ähnlich wohl ORTH, Schritte, IStR, Beihefter zu Heft 9, 4. Vgl. hierzu auch Abschnitt B 1.1.2.4.5.

[1273] Vgl. Abschnitt C 2.1.4.1.3.

doppelt ansässige ausländische Organträger seine Geschäftsleitung im Inland hat (§ 14 Abs. 1 Nr. 2 KStG).[1274] Was die Weiterentwicklung des Gewinns oder Verlustes aus Gewerbebetrieb der doppelt ansässigen Organträger-Kapitalgesellschaft zu seinem Gewerbeertrag anbetrifft, so folgt diese denselben Grundsätzen, die bei einer „gewöhnlichen" nicht doppelt ansässigen Organträger-Kapitalgesellschaft anzuwenden sind.[1275]

Das ermittelte Einkommen bzw. der ermittelte Gewerbeertrag einer doppelt ansässigen Organträger-Kapitalgesellschaft eines Jahres ist im Rahmen der Ermittlung des organschaftlichen Einkommens bzw. Gewerbeertrags grundsätzlich vollumfänglich anzusetzen, sofern sich keine Einschränkungen aus § 14 Abs. 1 Nr. 5 KStG ergeben.[1276]

2.2.2.2. Vorschriften gegen doppelte Verlustnutzung

2.2.2.2.1. Einleitende Worte zu § 14 Abs. 1 Nr. 5 KStG

Die Vorschrift des § 14 Abs. 1 Nr. 5 KStG ist durch das Unternehmenssteuerfortentwicklungsgesetz[1277] vom 20.12.2001 mit Wirkung ab dem Veranlagungszeitraum 2001 eingeführt worden, wonach das negative Einkommen des Organträgers bei der inländischen Besteuerung unberücksichtigt bleibt, soweit es in einem ausländischen Staat im Rahmen einer der deutschen Besteuerung des Organträgers entsprechenden Besteuerung berücksichtigt wird. Nach der amtlichen Gesetzesbegründung[1278] soll diese Regelung vermeiden, dass bei doppelt ansässigen Gesellschaften Verluste im In- und Ausland doppelt oder aufgrund entsprechender nationaler Regelungen ausländischer Staaten, beispielsweise in den USA, stets zu Lasten der Bundesrepublik Deutschland berücksichtigt werden. Schwierigkeiten bereitet die Auslegung der Vorschrift des § 14 Abs. 1 Nr. 5 KStG insbesondere deshalb, weil der Wortlaut des § 14 Abs. 1 Nr. 5 KStG die unterschiedlichsten Interpretationen zuläßt und in ihm weder die in der Gesetzesbegründung enthaltene Beschränkung auf doppelt ansässige Gesellschaften noch der zweitgenannte Regelungsweck Niederschlag gefunden hat;[1279] solange eine Gesetzesbegründung im Gesetz keinen Niederschlag findet, ist sie für die Gesetzesauslegung nicht verbindlich.[1280] Desweiteren hat sich die Finanzverwaltung bislang nicht dazu geäußert, in welcher Weise sie die Vorschrift des § 14

[1274] Vgl. die Ausführungen in Abschnitt D 2.1.

[1275] Vgl. Abschnitt B 1.1.1.2. und B 2.1.4.2.1.

[1276] Vgl. dazu ORTH, Schritte, IStR 2002, Beihefter zu Heft 9, 4.

[1277] UNTERNEHMENSSTEUERFORTENTWICKLUNGSGESETZ vom 20.12.2001, BStBl. I 2002, 35.

[1278] BT-Drs. 14/6882, 37; BR-Drs. 638/01, 59.

[1279] Vgl. TÖBEN/SCHULTE-RUMMEL, Verlustberücksichtigung, FR 2002, 426; FÜGER, Auslegung, PISt 2003, 136.

[1280] Vgl. BFH-Urteil vom 14.05.1991, VIII R 31/88, BStBl. II 1992, 172.

Abs. 1 Nr. 5 KStG angewendet sehen möchte. Vor diesem Hintergrund haben sich folglich entsprechend vielfältige Meinungen im Schrifttum hinsichtlich der Anwendung von § 14 Abs. 1 Nr. 5 KStG herausgebildet.[1281] Unstrittig ist zumindest, dass die Verlustverrechnungsvorschrift des § 14 Abs. 1 Nr. 5 KStG auf doppelt ansässige Kapitalgesellschaften anzuwenden ist, die im Rahmen der deutschen Organschaft als Organträger fungieren. Da im Gesetzeswortlaut aber keine Beschränkung auf diesen Sachverhalt enthalten ist, ist es zur Zeit eine offene Frage, ob diese Vorschrift auch auf nicht doppelt ansässige Organträger Anwendung findet wie beispielsweise auf unbeschränkt steuerpflichtige Organträger mit Sitz und Geschäftsleitung im Inland oder beschränkt steuerpflichtige Organträger nach § 18 KStG.[1282]

Die Vorschrift des § 14 Abs. 1 Nr. 5 KStG ist desweiteren nur für Zwecke der Körperschaftsteuer anzuwenden, nicht für Zwecke der Gewerbesteuer, da zum einen aufgrund der Beschränkung der Gewerbesteuer auf das Inland die Gefahr eines *double dips* nicht besteht und da zum anderen im Ausland in der Regel keine der deutschen Gewerbesteuer entsprechende Besteuerung gegeben sein dürfte.[1283]

[1281] Vgl. die Beiträge von TÖBEN/SCHULTE-RUMMEL, Verlustberücksichtigung, FR 2002, 425 ff.; FÜGER, Auslegung, PISt 2003, 136 ff.; FROTSCHER, in: Frotscher/Maas, KStG, § 14 KStG, Rn. 233 ff.; LÜDICKE, in: Herzig, Organschaft, 436 ff.; ORTH, Schritte, IStR 2002, Beihefter zu Heft 9, 1 ff.; SCHREIBER/MEIISEL, Auswirkungen, IStR 2002, 581 ff.; LÖWENSTEIN/MAIER, Organschaft, IStR 2002, 185; MEILICKE, Organschaft, DB 2002, 911 ff.; PRINZ/SIMON, Ausschluss, DK 2003, 104 ff.; HEY, Verlustberücksichtigung, BB 2002, 915 f.; ENDRES/THIES, Bekämpfung, RIW 2002, 277.

[1282] Für eine Anwendung ausschließlich auf doppelt ansässige Organträger sind HEY, Verlustberücksichtigung, BB 2002, 916; LÖWENSTEIN/MAIER, Organschaft, IStR 2002, 190; PRINZ/SIMON, Ausschluss, DK 2003, 109; TÖBEN/SCHULTE-RUMMEL, Verlustberücksichtigung, FR 2002, 426 f.; ENDRES/THIES, Bekämpfung, RIW 2002, 277; wohl auch ORTH, Schritte, IStR 2002, Beihefter zu Heft 9, 16. Für die nicht ausschließliche Anwendung auf doppelt ansässige Organträger sind z. B. FROTSCHER, in: Frotscher/Maas, KStG, § 14 KStG, Rn. 239 und 257; LÜDICKE, in: Herzig, Organschaft, 454 f. Nach ECKSTEIN, Deutschland, CDFI 2004, Band 89b, 318, ist die Vorschrift des § 14 Abs. 1 Nr. 5 KStG auch auf deutsche Organträger in der Rechtsform der Kapitalgesellschaft anzuwenden, die nach ausländischem Steuerrecht als Personengesellschaft oder Betriebsstätte angesehen werden, vgl. hierzu die sogenannten *check-the-box-rules* der USA.

[1283] Vgl. hierzu LÖWENSTEIN/MAIER, Organschaft, IStR 2002, 185; ORTH, Schritte, IStR 2002, Beihefter zu Heft 9, 18; ORTH, in: Herzig, Organschaft, 176; PRINZ/SIMON, Ausschluss, DK 2003, 111 f.; FROTSCHER, in: Frotscher/Maas, KStG, § 14 KStG, Rn. 236; zweifelnd SCHREIBER/MEIISEL, Auswirkungen, IStR 2002, 585. ENDRES/ THIES, Bekämpfung, RIW 2002, 278.

2.2.2.2.2. Negatives Einkommen des Organträgers

Eine der umstrittensten Fragen bei der Anwendung des § 14 Abs. 1 Nr. 5 KStG ist, was unter dem negativen Einkommen des Organträgers zu verstehen ist. Im Schrifttum werden hierzu im wesentlichen zwei Meinungen[1284] vertreten: Nach der ersten Auffassung[1285] soll es sich dabei um die negative Summe des eigenen Einkommens des Organträgers und den übernommenen Einkommen der Organgesellschaften, d. h. um das negative Gesamteinkommen eines Organkreises, handeln.[1286] Dafür mag sprechen, dass der Organträger aufgrund von § 8 Abs. 1 KStG i. V. m. § 2 Abs. 5 EStG nur ein einheitliches (zu versteuerndes) Einkommen haben kann, das sich aus den einzelnen Einkommen der Organschaftsmitglieder zusammensetzt. Auch die von der Finanzverwaltung angewendete Methodik der Ermittlung des Einkommens beim Organträger deutet auf eine derartige Auslegung hin (R 24 Abs. 1 KStR).[1287]

Allerdings meinen die Vertreter der zweiten im Schrifttum vorherrschenden Auffassung,[1288] dass die besseren Gründe dafür sprechen, dass es sich bei dem auslegungsbedürftigen Ausdruck „negatives Einkommen des Organträgers" um sein „eigenes" isoliertes Einkommen handeln müsse. Hierzu wird angeführt, dass sich die Auslegung dieses Begriffs in erster Linie daran zu orientieren hat, welches Ziel die Regelung des § 14 Abs. 1 Nr. 5 KStG verfolgt. Da nach der Gesetzesbegründung „bei doppelt ansässigen Gesellschaften" verhindert werden soll, dass „Verluste im In- und Ausland doppelt ... berücksichtigt werden",[1289] kann mit dem negativen Einkommen des Organträgers nur sein eigener Verlust gemeint sein. Nur dieser eigene Verlust ist aufgrund der Doppelansässigkeit auch im Ausland Gegenstand der Besteuerung, weil die Einkommen der Organgesellschaften dem Organträger im Ausland regelmäßig nicht zugerechnet werden. Desweiteren spricht für ein ausschließliches Abstellen auf das eigene negative Einkommen des Organträgers, dass die Vorschrift des § 14 Abs. 1 Nr. 5 KStG ansonsten keinen sinnvollen Anwendungsbereich hätte: Würde unter dem

---

[1284] Bei FÜGER, Auslegung, PISt 2003, 137 f., findet sich eine kurze Übersicht von vier vertretenen Meinungen.

[1285] Vgl. ENDRES/THIES, Bekämpfung, RIW 2002, 277; LÖWENSTEIN/MAIER, Organschaft, IStR 2002, 191; MEILICKE, Organschaft, DB 2002, 914; FROTSCHER, in Frotscher/Maas, KStG, § 14 KStG, Rn. 241; SCHREIBER/MEIISEL, Auswirkungen, IStR 2002, 582 f.

[1286] Unbedeutend wäre damit, welche Gesellschaft innerhalb des Organkreises für einen Gruppenverlust verantwortlich wäre.

[1287] Vgl. FÜGER, Auslegung, PISt 2003, 138; FROTSCHER, in: Frotscher/Maas, KStG, § 14 KStG, Rn. 241; SCHREIBER/MEIISEL, Auswirkungen, IStR 2002, 582; auch das Ermittlungsschema in Abschnitt B 2.1.4.1.3.

[1288] Vgl. ORTH, in: Herzig, Organschaft, 176; TÖBEN/SCHULTE-RUMMEL, Verlustberücksichtigung, FR 2002, 435; PRINZ/SIMON, Ausschluss, DK 2003, 110; FÜGER, Auslegung, PISt 2003, 138; LÜDICKE, in: Herzig, Organschaft, 446.

[1289] Vgl. BT-Drs. 14/6882, 37; BR-Drs. 638/01, 59.

negativen Einkommen des Organträgers das negative Gesamteinkommen des Organkreises verstanden werden, könnte ein derartiger Gruppenverlust bei dem körperschaftsteuerlichen Organträger aufgrund fehlender anderer Einkünfte im Inland im Entstehungsjahr ohnehin nicht genutzt werden, sondern nur rück- oder vorgetragen werden. Ein vollständiger Ausschluss des Rück- und Vortrags würde aber einen Verstoß gegen den in Art. 3 des Grundgesetzes verankerten Gleichheitssatz und gegen den Grundsatz der Besteuerung nach der wirtschaftlichen Leistungsfähigkeit verstoßen, was verfassungswidrig wäre und folglich sinnvollerweise nicht das Ergebnis der Auslegung des § 14 Abs. 1 Nr. 5 KStG sein kann.[1290] Aus diesen m. E. überzeugenderen Gründen ist unter dem negativen Einkommen des Organträgers folglich sein „eigenes" negatives Einkommen zu verstehen. Die Herkunft dieses Verlustes des Organträgers ist unbeachtlich: § 14 Abs. 1 Nr. 5 KStG differenziert nicht zwischen in- und ausländischen Quellen des negativen Einkommens des Organträgers. Eine Beschränkung auf ausländische Quellen kann dem Wortlaut der Vorschrift nicht entnommen werden.[1291]

2.2.2.2.3. Berücksichtigung in einem ausländischen Staat im Rahmen einer der deutschen Besteuerung des Organträgers entsprechenden Besteuerung

Ein negatives Einkommen des Organträgers ist bei der inländischen Besteuerung nur dann nicht zu berücksichtigen, wenn und soweit es „in einem ausländischen Staat ... berücksichtigt wird". Diese Tatbestandsvoraussetzung des § 14 Abs. 1 Nr. 5 KStG erfordert nach Auffassung des Schrifttums, dass das negative Einkommen des Organträgers im Ausland steuerlich abgezogen werden muss, d. h. dass dieser Verlust die ausländische Bemessungsgrundlage tatsächlich gemindert haben muss; die bloße Möglichkeit der Berücksichtigung ist hierbei nicht ausreichend.[1292] Da das Gesetz nicht voraussetzt, dass das negative Einkommen im Ausland im gleichen Jahr (Veranlagungszeitraum) wie im Inland zu berücksichtigen ist, ist eine zeitgleiche Verlustberücksichtigung nicht erforderlich; vielmehr kann eine solche auch in früheren oder späteren Jahren auf dem Weg

---

[1290] Vgl. hierzu LÜDICKE, in: Herzig, Organschaft, 446.

[1291] Vgl. FROTSCHER, in: Frotscher/Maas, KStG, § 14 KStG, Rn. 244; LÜDICKE, in: Herzig, Organschaft, 446 f.; a. A. sind TÖBEN/SCHULTE-RUMMEL, Verlustberücksichtigung, FR 2002, 425; PRINZ/SIMON, Ausschluss, DK 2003, 109.

[1292] Vgl. LÖWENSTEIN/MAIER, Organschaft, IStR 2002, 192; FROTSCHER, in: Frotscher/Maas, KStG, § 14 KStG, Rn. 248; PRINZ/SIMON, Ausschluss, DK 2003, 110; SCHREIBER/MEISEL, Auswirkungen, IStR 2002, 584. Die Berücksichtigung im Rahmen eines Progressionsvorbehalts dürfte nicht als „Berücksichtigung" im Sinne des § 14 Abs. 1 Nr. 5 KStG anzusehen sein, vgl. z. B. MEILICKE, Organschaft, DB 2002, 911. Nach LÜDICKE, in: Herzig, Organschaft, 450, liegt keine Berücksichtigung im Ausland vor, wenn der Verlust im Ausland aufgrund der Existenz einer dem deutschen § 14 Abs. 1 Nr. 5 KStG entsprechenden ausländischen Regelung – etwa der US-amerikanischen *mirror rule* – nicht geltend gemacht werden kann.

des Verlustrücktrags bzw. -vortrags erfolgen.[1293] Die Formulierung „soweit" bedeutet, dass die Verlustbeschränkung im Inland auf die Höhe der tatsächlichen Verlustnutzung im Ausland beschränkt ist, was wiederum voraussetzt, dass in einem bestimmten Jahr sowohl im Ausland (nach ausländischem Recht) als auch im Inland ein Verlust entsteht;[1294] die Verlustnutzung selbst kann aber in unterschiedlichen Jahren erfolgen.

Die Berücksichtigung des negativen Einkommens muss in einem ausländischen Staat „im Rahmen einer der deutschen Besteuerung des Organträgers entsprechenden Besteuerung" stattfinden. Nach der vorherrschenden Auffassung des Schrifttums[1295] ist es für das Vorliegen dieser Tatbestandsvoraussetzung nicht ausreichend, dass der Organträger im Ausland einer Ertragsbesteuerung unterliegt, die mit der deutschen vergleichbar ist, und im Rahmen derer der Verlust berücksichtigt werden kann. Ein wesentliches Merkmal der deutschen Besteuerung des Organträgers besteht darin, dass bei ihm nicht nur sein eigenes Einkommen, sondern auch das von den Organgesellschaften zugerechnete Einkommen besteuert wird.[1296] Eine der deutschen Besteuerung des Organträgers entsprechende Besteuerung setzt deshalb eine Art Konzernbesteuerung im Ausland, bei der positive und negative Besteuerungsgrundlagen mehrerer Gesellschaften zusammengefasst werden, voraus. Folglich ist es für die Anwendung des § 14 Abs. 1 Nr. 5 KStG erforderlich, dass das negative Einkommen des Organträgers sowohl im Rahmen des deutschen Organkreises als auch im Rahmen einer ausländischen Konzernbesteuerung verrechnet wird.[1297]

[1293] Vgl. FROTSCHER, in: Frotscher/Maas, KStG, § 14 KStG, Rn. 248; ORTH, in: Herzig, Organschaft, 176; ORTH, Schritte, IStR 2002, Beiheft zu Heft 9, 14. Nach LÜDICKE, in: Herzig, Organschaft, 448 f., hat eine zeitgleiche Berücksichtigung im In- und Ausland stattzufinden.

[1294] Vgl. hierzu FROTSCHER, in: Frotscher/Maas, KStG, § 14 KStG, Rn. 250; LÜDICKE, in: Herzig, Organschaft, 448; ORTH, Schritte, IStR 2002, Beihefter zu Heft 9, 14 f.

[1295] Vgl. ENDRES/THIES, Bekämpfung, RIW 2002, 277; KESTLER/WEGNER, Verlustnutzung, GmbHR 2003, 160; ORTH, Schritte, IStR 2002, Beihefter zu Heft 9, 9, 15; STADLER/ELSER, Änderungen, DB 2002, Beilage 1 zu Heft 7, 43; WISCHMANN, in: Herrmann/Heuer/Raupach, § 14 KStG n. F., Rz. J 01-17 (K 22); FROTSCHER, in: Frotscher/Maas, KStG, § 14 KStG, Rn. 253; LÜDICKE, in: Herzig, Organschaft, 450; a. A. PRINZ/SIMON, Ausschluss, DK 2003, 111.

[1296] Vgl. Abschnitt B 2.1.4.1.3.

[1297] Fraglich ist hierbei allerdings, ob der doppelt ansässige Organträger im Rahmen der ausländischen Konzernbesteuerung ebenfalls als Organträger fungieren muß (so LÜDICKE, in: Herzig, Organschaft, 451, und MEILICKE, Organschaft, DB 2002, 915) oder ob er auch „einfaches" Mitglied der Konzerngruppe – entsprechend einer Organgesellschaft – sein kann (so SCHREIBER/MEIISEL, Auswirkungen, IStR 2002, 585). Fraglich ist zudem, ob ein weltweites Anrechnungssystem wie beispielsweise in den USA in Verbindung mit der Möglichkeit, Körperschaften gemäß den *check-the-box-rules* als transparent behandeln zu können, eine „entsprechende Besteuerung" ist (verneinend FROTSCHER, in: Frotscher/Maas, KStG, § 14 KStG, Rn. 253).

2.2.2.2.4. Rechtsfolge: Nichtabziehbarkeit des negativen Einkommens des Organträgers

Rechtsfolge des § 14 Abs. 1 Nr. 5 KStG ist, dass das negative Einkommen des Organträgers (d. h. nach der hier vertretenen Auffassung das „eigene" negative Einkommen des Organträgers vor Zurechnung des Einkommens der Organgesellschaften) „bei der inländischen Besteuerung unberücksichtigt bleibt". Das bedeutet, dass der jeweilige Verlust des Organträgers nicht im Rahmen der Ermittlung des Organschaftseinkommens berücksichtigt werden kann, weder im Verlustentstehungsjahr noch in früheren bzw. späteren Jahren. Zunächst ist er damit im Verlustentstehungsjahr vom gruppenweiten Verlustausgleich ausgeschlossen und kann nicht mit positivem zugerechnetem Einkommen der Organgesellschaft(en) verrechnet werden. Desweiteren kann er auch nicht mit dem eigenen positiven Einkommen des Organträgers bzw. den positiven zugerechneten Einkommen der Organgesellschaften in früheren oder späteren Jahren auf dem Wege des Verlustrücktrags bzw. -vortrags genutzt werden.[1298] Dieser Ausschluß einer Verlustrücktrags- bzw. Verlustvortragsmöglichkeit in § 14 Abs. 1 Nr. 5 KStG stellt vor dem Hintergrund der Rechtsprechung des BVerfG einen Verstoß gegen den Gleichbehandlungsgrundsatz des Art. 3 Abs. 1 GG dar[1299] und ist damit verfassungswidrig; zudem liegt hierbei ein Verstoß gegen den Grundsatz der Besteuerung nach der wirtschaftlichen Leistungsfähigkeit vor.[1300]

[1298] Vgl. LÜDICKE, in: Herzig, Organschaft, 453; ORTH, Schritte, IStR 2002, Beihefter zu Heft 9, 17. Wird die Ansicht vertreten, dass es sich bei dem negativen Einkommen des Organträgers um ein negatives Gesamteinkommen des Organkreises handelt, dann ergibt sich insofern eine andere Nichtberücksichtigung, als dass ein Verlustausgleich aufgrund des insgesamt negativen Gruppeneinkommens von vornherein nicht in Frage kommen kann – nur der Rücktrag bzw. Vortrag des Gruppenverlusts wird insofern nicht gewährt, als eine Berücksichtigung im Ausland erfolgt, vgl. FROTSCHER, in: Frotscher/Maas, KStG, § 14 KStG, Rn. 256.

[1299] Das Fehlen eines intertemporären Verlustabzugs hat das BVerfG in seinem Urteil vom 30.09.1998, 2 BvR 1818/91, BVerfGE 99, 88, DB 1988, 2247 zu § 23 Abs. 3 a. F. EStG für verfassungswidrig erklärt, vgl. auch BFH-Urteil vom 15.12.2000, IX B 128/99, BStBl. II 2001, 411. LÜDICKE, in: Herzig, Organschaft, 454, ist daher der Ansicht, dass § 14 Abs. 1 Nr. 5 KStG aufgrund seiner Verfassungswidrigkeit bis zu einer gesetzlichen Neuregelung für nichtig zu erklären ist.

[1300] Vgl. dazu z. B. FROTSCHER, in: Frotscher/Maas, KStG, § 14 KStG, Rn. 257; ORTH, Schritte, IStR 2002, Beihefter zu Heft 9, 17; SCHREIBER/MEIISEL, Auswirkungen, IStR 2002. 585.

2.3. Österreich

2.3.1. Doppelt ansässige Kapitalgesellschaften als Mitgliedskapitalgesellschaften

Gemäß § 9 Abs. 2 bzw. Abs. 3 öKStG kann ein Gruppenmitglied bzw. der Gruppenträger unter anderem eine unbeschränkt steuerpflichtige Kapitalgesellschaft sein, worunter auch eine doppelt ansässige in- oder ausländische Kapitalgesellschaft zu subsumieren ist.[1301] Als doppelt ansässige inländische Kapitalgesellschaft gilt eine österreichische Kapitalgesellschaft mit Sitz in Österreich und Geschäftsleitung im Ausland, während für eine doppelt ansässige ausländische Kapitalgesellschaft entsprechend das Umgekehrte gilt. Wie für jede ausländische Kapitalgesellschaft, die Mitglied einer Unternehmensgruppe sein soll, ist es auch für eine doppelt ansässige ausländische Kapitalgesellschaft erforderlich, dass sie mit einer österreichischen Kapitalgesellschaft in ihren Wesensmerkmalen vergleichbar ist.[1302] Desweiteren ist es für eine als Gruppenträger vorgesehene doppelt ansässige Gesellschaft generell erforderlich, dass eine solche Gesellschaft zusätzlich im Inland mit einer Zweigniederlassung im Firmenbuch eingetragen und die Beteiligung an den Gruppenmitgliedern der Zweigniederlassung zuzurechnen ist (§ 9 Abs. 3 Satz 2 öKStG). Da eine inländische Kapitalgesellschaft ohnehin ihren Sitz in Österreich hat und auch ohne Zweigniederlassung ins Firmenbuch einzutragen ist, bezieht sich § 9 Abs. 3 Satz 2 öKStG in erster Linie auf doppelt ansässige ausländische Kapitalgesellschaften. Nach dem Gesetzeszweck haben aber auch bei doppelt ansässigen inländischen Kapitalgesellschaften die Beteiligungen an den jeweiligen Gruppenmitgliedern zum inländischen Betriebsvermögen zu gehören.[1303] Wenn doppelt ansässige Kapitalgesellschaften Mitgliedskapitalgesellschaften der Gruppenbesteuerung sein sollen, müssen auch die hierzu weiteren erforderlichen Tatbestandsvoraussetzungen (finanzielle Verbindung, Angaben in dem Gruppenantrag) entsprechend vorliegen.[1304]

1301 Vgl. öBMF-Erlass vom 23.02.2005, 010216/0031 – IV/6/2005, Abschnitt 2.5.; WIESNER/KIRCHMAYR/MAYR, Gruppenbesteuerung, 29 f. Zum Vorliegen einer ausländischen Kapitalgesellschaft vgl. auch Ab-schnitt B 2.2.2.1.

1302 Vgl. WIESNER/KIRCHMAYR/MAYR, Gruppenbesteuerung, 30, 47 m. w. N.

1303 Vgl. WIESNER/KIRCHMAYR/MAYR, Gruppenbesteuerung, 47 f. Im Unterschied zum doppelt ansässigen Gruppenträger ist für ein doppelt ansässiges Gruppenmitglied kein inländischer Betrieb oder eine inländische Betriebsstätte erforderlich, vgl. öBMF-Erlass vom 23.02.2005, 010216/0031 – IV/6/2005, Abschnitt 2.5.

1304 Vgl. Abschnitt B 2.2.2.2., B 2.2.2.3

2.3.2. Behandlung eines Verlustes einer doppelt ansässigen Mitgliedskapitalgesellschaft

Die Einkommensermittlung bei einer doppelt ansässigen unbeschränkt steuerpflichtigen ausländischen Gruppenmitglieds- bzw. Gruppenträgerkapitalgesellschaft hat nach den gleichen Grundsätzen wie bei „gewöhnlichen" Mitgliedskapitalgesellschaften – d. h. dem Konsolidierungskreis angehörenden unbeschränkt steuerpflichtigen Kapitalgesellschaften mit Sitz und Geschäftsleitung im Inland – zu erfolgen;[1305] beispielsweise erzielen sie ebenfalls ausschließlich Einkünfte aus Gewerbebetrieb, haben eine umfassende Gewinnermittlung nach § 5 öEStG durchzuführen[1306] und haben die beteiligungsbezogene Verrechnungsbeschränkung für Wartetastenverluste nach § 2 Abs. 2a TS 1 öEStG[1307] sowie die Verrechnungsvorschrift für ausländische (Betriebsstätten-)Verluste des § 2 Abs. 8 Nr. 3 öEStG zu beachten.[1308] Diese Ausführungen gelten ebenfalls für eine inländische unbeschränkt steuerpflichtige Mitgliedskapitalgesellschaft, die ihre Geschäftsleitung in einen ausländischen Gründungstheorie-Staat[1309] verlegt und damit doppelt ansässig wird. Erfolgt die Verlegung der Geschäftsleitung allerdings in einen ausländischen Sitztheorie-Staat, kommt eine Gewinnermittlung nach § 5 öEStG nur dann und insoweit in Betracht, als die Gesellschaft Einkünfte aus Gewerbebetrieb im Sinne von § 23 öEStG erzielt.[1310] Unabhängig davon sind aber die Verrechnungsvorschriften für Wartetastenverluste nach § 2 Abs. 2a TS 1 öEStG und für ausländische (Betriebsstätten-)Verluste nach § 2 Abs. 8 Nr. 3 öEStG auch von einer solchen doppelt ansässigen Kapitalgesellschaft zu beachten. Desweiteren kann im DBA-Fall eine *tie breaker rule* dazu führen, dass das Besteuerungsrecht für die doppelt ansässige Kapitalgesellschaft dem ausländischen Staat zugewiesen wird und Österreich als Quellenstaat nur ein begrenztes Quellenbesteuerungsrecht verbleibt; ist die *tie*

1305 Vgl. Abschnitt C 2.2.4.2. bzw. C 2.2.4.4.

1306 Vgl. § 7 Abs. 3 öKStG; öBMF-Erlass vom 23.02.2005, 010216/0031 – IV/6/2005, Abschnitt 6.6.5.; WIESNER/KIRCHMAYR/MAYR, Gruppenbesteuerung, 30. Zu weiteren Einzelheiten vgl. Abschnitt B 1.2.1.2., B 2.2.4.2., B 2.2.4.4. verwiesen.

1307 Vgl. Abschnitt B 1.2.2.4.1.

1308 Vgl. öBMF-Erlass vom 23.02.2005, 010216/0031 – IV/6/2005, Abschnitt 6.6.5.

1309 Gründungs- und Sitztheorie sind Begriffe des Internationalen Privatrechts: Folgt ein Staat der Gründungstheorie (Gründungstheorie-Staat), bestimmt sich die Rechtsfähigkeit einer Gesellschaft nach dem Recht des Staates, in dem die Gesellschaft gegründet worden ist. Die Gründungstheorie herrscht im angloamerikanischen Rechtskreis, aber auch in den Niederlanden, Spanien, der Schweiz und Liechtenstein. Folgt ein Staat der Sitztheorie (Sitztheorie-Staat), bestimmt sich die Rechtsfähigkeit dagegen nach dem Sitz der Gesellschaft. Die Sitztheorie herrscht in den übrigen Staaten Westeuropas, so auch in Deutschland, vgl. hierzu z. B. FROTSCHER, in Frotscher/Maas, KStG, § 1 KStG, Rn. 44.

1310 Eine umfassende Einkünftetransformation in Einkünfte aus Gewerbebetrieb im Sinne von § 7 Abs. 3 öKStG erfolgt bei einer derartigen Gesellschaft nicht; sie kann Einkommen aus sämtlichen Einkunftsarten im Sinne von § 2 Abs. 3 öEStG beziehen, wobei die für die jeweilige Einkunftsart maßgebenden Ermittlungsvorschriften zur Anwendung kommen, vgl. hierzu STARINGER, Besteuerung, 305 f., 314 ff.

breaker rule gemäß Abs. 4 Abs. 3 OECD-MA ausgestaltet, kommt es hierzu, sofern sich bei einer doppelt ansässigen inländischen Kapitalgesellschaft ihre Geschäftsleitung im Ausland befindet, da der ausländische Staat dann als Ansässigkeitsstaat zu betrachten ist.[1311]

Das ermittelte (positive oder negative) Einkommen eines doppelt ansässigen unbeschränkten Gruppenmitglieds ist zu 100 % der übergeordneten Mitgliedskapitalgesellschaft zuzurechnen,[1312] womit ein etwaiger Verlust in vollem Umfang bei der Ermittlung des Gruppeneinkommens zu berücksichtigen ist; entsprechend ist auch ein positives oder negatives Einkommen einer doppelt ansässigen Organträger-Kapitalgesellschaft zu 100 % bei der Ermittlung des Gruppeneinkommens anzusetzen. Es existieren keine Vorschriften, die den Einbezug eines in einem Jahr erwirtschafteten negativen Einkommens einer doppelt ansässigen Mitgliedskapitalgesellschaft einschränken, sofern eine Nutzung dieses Verlustes im Ausland, beispielsweise im Rahmen einer ausländischen Konzernbesteuerung, erfolgt. Allerdings ist die Vorschrift des § 2 Abs. 8 Nr. 3 öEStG bereits bei der Einkommensermittlung zu beachten, so dass ausländische (Betriebsstätten-) Verluste, die bereits im Ausland berücksichtigt worden sind, im Inland nicht ein zweites Mal angesetzt werden können.[1313]

2.4. USA

2.4.1. Doppelt ansässige Kapitalgesellschaften als Mitglieder der *consolidated group*

Mitglied einer *consolidated group* sowohl in der Funktion einer Mutter- oder Tochtergesellschaft können nur inländische, d. h. nach dem Recht der USA gegründete Kapitalgesellschaften (*domestic corporations*) sein.[1314] Ist eine derartige Gesellschaft aufgrund ihres Sitzes in einem anderen ausländischen Staat steuerpflichtig oder unterliegt sie dort aus anderen Gründen der unbeschränkten Steuerpflicht mit ihrem weltweit erzielten Einkommen, handelt es sich dabei um eine *dual resident corporation* (DRC).[1315] Eine *dual resident corporation* ist also beispielsweise gegeben, wenn eine *corporation* ihre Geschäftsleitung in ein Land verlegt, in dem seinerseits die unbeschränkte Steuerpflicht (auch) von dem Ort der Geschäftsleitung bestimmt wird. An der Zugehörigkeit zu der *consolida-*

[1311] Vgl. hierzu STARINGER, Besteuerung, 356 ff.

[1312] Vgl. dazu öBMF-Erlass vom 23.02.2005, 010216/0031 – IV/6/2005, Abschnitt 6.6.5.

[1313] Vgl. hierzu insbesondere die Ausführungen in Abschnitt B 1.2.2.4.2.2.2. Die Vorschrift des § 9 Abs. 6 Nr. 6 Satz 2 ff. öKStG gegen doppelte Verlustnutzung (siehe Abschnitt D 1.2.3.) ist nicht bei ausländischen doppelt ansässigen Gruppenmitgliedern aufgrund ihrer unbeschränkten Steuerpflicht anzuwenden, da sie sich dem Gesetzeswortlaut nur auf *nicht unbeschränkt steuerpflichtige* ausländische Gruppenmitglieder bezieht.

[1314] Vgl. Abschnitt B 2.3.2.1.

[1315] Vgl. LÜDICKE, in: Herzig, Organschaft, 439 f.; Reg. § 1.1503-2(c)(1), -2(c)(2).

ted group ändert sich aufgrund dieser Doppelansässigkeit nichts. Nach ausländischem Recht gegründete Kapitalgesellschaften stellen definitionsgemäß grundsätzlich keine einbeziehbaren Gesellschaften des *consolidated tax return* dar,[1316] so dass sich die Frage ihres Einbezugs bei einer etwaigen Doppelansässigkeit einer solchen Gesellschaft nicht stellt.

2.4.2. Behandlung eines Verlustes einer doppelt ansässigen Mitgliedskapitalgesellschaft

2.4.2.1. Allgemeine Grundsätze

Die Einkommensermittlung und -berücksichtigung bei einer doppelt ansässigen unbeschränkt steuerpflichtigen Mitgliedskapitalgesellschaft im Rahmen des *consolidated tax return* richtet sich nach denselben Grundsätzen, die auch für jede andere „gewöhnliche", d. h. nicht doppelt ansässige, unbeschränkt steuerpflichtige Mitgliedskapitalgesellschaft gelten.[1317] Vor diesem Hintergrund wird ein positives wie negatives (Betriebs-)Einkommen einer zur *consolidated group* gehörenden *dual resident corporation* bei der Ermittlung des Gruppeneinkommens mit den Einkommen der übrigen Mitgliedskapitalgesellschaften grundsätzlich zusammengefaßt bzw. ausgeglichen;[1318] dieser Grundsatz des Einbezugs eines auch negativen Einkommens im Sinne eines NOLs nach Sec. 172(c) IRC gilt allerdings nur, sofern die US-amerikanischen Regelungen gegen eine mehrfache Verlustnutzung, d. h. der sogenannten *dual consolidated loss rules*, keine hiervon abweichende Behandlung vorschreiben, was im nachfolgenden Abschnitt ausführlicher erläutert wird. Hinsichlich Veräußerungsverluste der *dual resident corporation* ist die für derartige Verluste geltende einkunftsquellenübergreifende Verrechnungsbeschränkung einzuhalten.[1319] Erzielt eine *dual resident corporation* in einem Jahr einen Nettoveräußerungsverlust, wird seine Verrechnung von den *dual consolidated loss rules* nicht eingeschränkt.[1320] Es sei noch darauf hingewiesen, dass es auch im DBA-Fall regelmäßig nicht zu wesentlichen Änderungen an den zuvor genannten Grundsätzen der Einkommensermittlung kommt, da die DBAs der USA entweder keine *tie breaker rule* enthalten (was meistens der Fall ist), eine etwaige *tie breaker rule* den Ort der Errichtung der doppelt ansässigen Kapitalgesellschaft, d. h. die USA, als Ansässigkeitsstaat festlegt oder dieses Ergebnis im Rahmen eines Konsultationsverfahrens – soweit möglich – verwirklicht wird.[1321]

1316 Vgl. Abschnitt B 2.3.2.1.
1317 Vgl. Abschnitt B 2.3.4.1.
1318 Vgl. Abschnitt B 2.3.4.2., C 1.1.3.
1319 Vgl. Abschnitt B 1.3.3.2.3.1., C 1.1.3.2.
1320 Vgl. BLESSING, Rules, DK 2003, 119 m. w. N.
1321 Vgl. GROßMANN, Kapitalgesellschaften, 125 m. w. N.

2.4.2.2. Vorschriften gegen doppelte Verlustnutzung

2.4.2.2.1. Grundsätze der *dual consolidated loss rules*

Die *dual consolidated loss rules* sind in Sec. 1503(d) IRC und Reg. § 1.1503-2 enthalten und regeln die Verrechnung sogenannter *dual consolidated losses*, wobei ein *dual consolidated loss* (DCL) als der in einem Steuerjahr von einer DRC erzielte NOL gemäß Sec. 172(c) IRC definiert ist.[1322] Ist die *dual resident corporation* Mitglied einer *consolidated group*, sind bei der Ermittlung eines etwaigen NOLs die für die Berechnung des konsolidierten zu versteuernden Einkommens geltenden Regulations[1323] zu beachten und es ist allein auf den Beitrag der jeweiligen *dual resident corporation* zum konsolidierten zu versteuernden Einkommen abzustellen, wobei ein etwaiger Nettoveräußerungsverlust der *dual resident corporation* sowie jegliche Verlustrückträge und -vorträge unberücksichtigt bleiben.[1324] Wenn der NOL einer *dual resident corporation* nach dem Steuerrecht des anderen Staates nicht mit Gewinnen anderer Steuersubjekte, namentlich innerhalb einer Konzernbesteuerung, in demselben oder in anderen Jahren verrechnet werden kann, gilt er nicht als DCL.[1325] Sofern der andere Staat ein Wahlrecht hinsichtlich der Verrechnung des NOLs mit Gewinnen anderer ausländischer Steuersubjekte gewährt, ist der NOL nur dann als DCL zu behandeln, wenn die Wahlrechtsausübung zu einer derartigen Verlustverrechnung führt;[1326] dies gilt jedoch wiederum nur dann, wenn die im nachfolgenden Abschnitt erläuterte *mirror rule* nicht zur Anwendung kommt.[1327]

Wenn es sich bei einem Mitglied einer *consolidated group* um eine *dual resident corporation* handelt und wenn sich bei dieser *dual resident corporation* in einem Steuerjahr ein DCL ergibt, dann darf dieser Verlust im Rahmen der Ermittlung des konsolidierten zu versteuernden Einkommens grundsätzlich nicht mit Einkommen anderer Gruppenmitglieder verrechnet werden. Diese als *loss limitation rule* bezeichnete Verlustverrechnungsbeschränkung gilt nicht nur für das Verlustentstehungsjahr, sondern auch für sämtliche anderen Steuerjahre.[1328] Verrechenbar ist ein DCL jedoch mit dem Einkommen der *dual resident corporation* im Sinne des SRLY-Regime mittels Verlustrücktrag oder Verlustvortrag;

[1322] Vgl. Sec. 1503(d)(2)(A) IRC; Reg. § 1.1503-2(c)(5)(i).
[1323] Das sind die zu Sec. 1502 IRC gehörenden Regulations.
[1324] Vgl. Reg. § 1.1503-2(d)(1)(i); BLESSING, Rules, DK 2003, 119.
[1325] Vgl. Sec. 1503(d)(2)(B) IRC; Reg. § 1.1503-2(c)(5)(ii); LÜDICKE, in: Herzig, Organschaft, 440.
[1326] Vgl. ORTH, Schritte, IStR 2002, Beihefter zu Heft 9, 11; Reg. § 1.1503-2(c)(15)(ii).
[1327] Vgl. BLESSING, Rules, DK 2003, 204.
[1328] Vgl. Sec. 1503(d)(1) IRC; Reg. § 1.1503-2(b)(1), -2(d)(2)(i).

hierbei ist der DCL als separater SRLY-NOL der *dual resident corporation* zu behandeln.[1329]

2.4.2.2.2. *Mirror rule*

Die sogenannte *mirror rule* dient der Absicherung der zuvor dargestellten Verlustverrechnungsregelungen[1330] und besagt Folgendes: Eine *dual consolidated corporation* ist für Zwecke des US-Steuerrechts so zu behandeln, als ob sie ihren *dual consolidated loss* mit dem Einkommen eines anderen Steuersubjektes in einem ausländischen Staat verrechnet hätte, sofern das jeweilige ausländische Steuerrecht seinerseits die Verrechnung von Verlusten der *dual consolidated corporation* mit dem Einkommen anderer Steuersubjekte für den Fall untersagt, in dem die *dual consolidated corporation* auch in einem anderen Staat unbeschränkt körperschaftsteuerpflichtig ist.[1331] Damit bewirkt die bloße Existenz von mit den US-amerikanischen *dual consolidated loss rule* vergleichbaren Regelungen im jeweiligen ausländischen Staat, dass der Verlust der *dual resident corporation* weder im ausländischen Staat mit dem Einkommen anderer Steuersubjekte noch in den USA mit dem Einkommen anderer Mitglieder der *consolidated group* verrechenbar ist.[1332] Dieser Verlust kann in den USA lediglich mit dem Einkommen der *dual resident corporation* entsprechend der *loss limitation rule* in anderen Steuerjahren verrechnet werden.[1333]

2.4.2.2.3. *Elective relief provision*

Sofern die *mirror rule* mangels Vorliegen ihrer Tatbestandsvoraussetzungen nicht anzuwenden ist, kann die *consolidated group* von ihrem Wahlrecht nach Reg. § 1.1503-2(g)(2) Gebrauch machen, sich von der Verrechnungsbeschränkung der *loss limitation rule* befreien zu lassen (*elective relief provision*).[1334] Die

---

1329 Vgl. Reg. § 1.1503-2(d)(2)(i). Es besteht hierbei ein Rücktragszeitraum von 2 Jahren und ein Vortragszeitraum von 20 Jahren. Zur Funktionsweise des SRLY-Regimes vgl. Abschnitt C 2.4.3.2.3.2.1.1.

1330 Vgl. LÜDICKE, in: Herzig, Organschaft, 440.

1331 Vgl. Reg. § 1.1503-2(c)(15)(iv).

1332 Vgl. ORTH, Schritte, IStR 2002, Beihefter zu Heft 9, 12; dazu auch SCHREIBER/MEISEL, Auswirkungen, IStR 2002, 583; FROTSCHER, in: Frotscher/Maas, KStG, § 14 KStG, Rn. 234. Die *mirror rule* ist lediglich in dem Ausnahmefall nicht anzuwenden, in dem ein Abkommen zwischen den USA und einem ausländischen Staat der *dual resident corporation* ein Wahlrecht gewährt, den Verlust (zumindest) in einem der Vertragsstaaten verrechnen zu dürfen, vgl. Reg. § 1.1503-2(g)(1). Die USA haben bislang allerdings ein derartiges Abkommen noch nicht abgeschlossen, vgl. ORTH, Schritte, IStR 2002, Beihefter zu Heft 9, 12.

1333 Vgl. ORTH, Schritte, IStR 2002, Beihefter zu Heft 9, 12; SIEVERT, Konzernbesteuerung, 86; dazu auch der vorherige Abschnitt.

1334 Vgl. Reg. § 1.1503-2(c)(16)(iv), Beispiel 5; auch BLESSING, Rules, DK 2003, 207.

hierzu erforderlichen Voraussetzungen sind detailliert in Reg. § 1.1503-2(g)(2) geregelt,[1335] zu denen insbesondere die folgenden zählen:

- Die *consolidated group* verpflichtet sich gegenüber den US-Steuerbehörden verbindlich, den *dual consolidated loss* nicht genutzt zu haben und nicht nutzen zu werden, um das Einkommen eines anderen Steuersubjekts nach dem Steuerrecht eines anderen ausländischen Staates zu mindern.[1336]

- Die *consolidated group* verpflichtet sich zur Nachversteuerung des *dual consolidated loss* beim Auftreten bestimmter späterer Ereignisse.[1337] Ein solches Ereignis ist beispielsweise gegeben, wenn im Verlustentstehungsjahr oder in einem der nachfolgenden 15 Jahre der *dual consolidated loss* oder ein Teilbetrag davon mit dem Einkommen eines anderen Steuersubjekts in dem ausländischen Staat verrechnet wird oder wenn die *dual resident corporation* aus der *consolidated group* ausscheidet.[1338]

- Die *consolidated group* verpflichtet sich, in den Steuererklärungen des Verlustentstehungsjahres und in denjenigen der nachfolgenden 15 Jahre Angaben dazu zu machen, ob eine Verrechnung des *dual consolidated loss* mit dem Einkommen eines anderen Steuersubjektes in dem ausländischen Staat unterblieben ist.[1339]

2.5. Stärken/Schwächen-Bewertung

Auch doppelt ansässige Kapitalgesellschaften können zur wirtschaftlichen Einheit einer Konzerngruppe gehören. Damit die jeweilige nationale Verlustverrechnung dem Ideal der sofortigen Verlustverrechnung bei der Verrechnung von Verlusten derartiger doppelt ansässigen Kapitalgesellschaften entspricht, muß ein Ausgleich solcher Verluste mit dem Einkommen der übrigen „gewöhnlichen“ Konzernmitglieder gesellschaftsübergreifend möglich sein, wobei zudem keine grenzüberschreitenden und einkunftsquellenübergreifenden Verrechnungs-

---

[1335] Vgl. dazu ORTH, Schritte, IStR 2002, Beihefter zu Heft 9, 12 f.; SIEVERT, Konzernbesteuerung, 86 f.

[1336] Vgl. Reg. § 1.1503-2(g)(2)(i)(E); SCHREIBER/MEIISEL, Auswirkungen, IStR 2002, 582. Dies gilt m.E. für das Verlustentstehungsjahr und die nachfolgenden 15 Jahre.

[1337] Vgl. Reg. § 1.1503-2(g)(2)(iii). Die Nachversteuerung ist in dem Jahr vorzunehmen, in dem das zugehörige Ereignis eintritt. Dabei werden Zinsen auf die Nachsteuer ab dem Jahr erhoben, ab dem der *dual consolidated loss* in der *consolidated group* Steuerentlastungen bewirkt hat, vgl. Reg. § 1.1503-2(g)(2)(vii).

[1338] Vgl. Reg. § 1.1503-2(g)(2)(iii)(A)(1) bzw. (2). Bei einer ausscheidenden Gesellschaft kommt es jedoch dann nicht zu einer Nachversteuerung, wenn ihr noch nicht verrechneter Verlust nach ihrem Ausscheiden nachweisbar nicht mehr von einem anderen Steuersubjekt in dem ausländischen Staat verrechnet werden kann, vgl. ORTH, Schritte, IStR 2002, Beihefter zu Heft 9, 12.

[1339] Vgl. Reg. § 1.1503-2(g)(2)(vi).

beschränkungen bestehen dürfen. Je mehr derartige Beschränkungen Verluste einer doppelt ansässigen Kapitalgesellschaft vom allgemeinen Verlustausgleich ausschließen, diese dann vorgetragen werden und erst in späteren Jahren geltend gemacht werden können, desto größer sind die daraus resultierenden Nachteile (Zins- und Liquiditätsnachteile, Risiko des Untergangs von Verlustverrechnungspotential),[1340] womit zunehmend eine Entfernung vom Ideal der sofortigen Verlustverrechnung erfolgt. Mit dem Ideal der sofortigen Verlustverrechnung unvereinbar ist es, wenn Verluste einer zur wirtschaftlichen Einheit der Konzerngruppe gehörenden doppelt ansässigen Kapitalgesellschaft von der Verrechnung im Konsolidierungskreis vollständig ausgeschlossen sind, da die mit ihnen verbundenen Steuerminderungspotentiale damit endgültig verloren gehen.[1341] Von besonderem Interesse ist bei der Verrechnung von Verlusten doppelt ansässiger Kapitalgesellschaften, inwieweit etwaige insbesondere für sie Bedeutung habende Vorschriften gegen doppelte Verlustnutzung zu den genannten negativen Folgen führen können. Ist eine Konzernbesteuerung deswegen ausgeschlossen, weil die Muttergesellschaft der Konzerngruppe aufgrund ihrer Doppelansässigkeit nicht die Voraussetzungen als Obergesellschaft der jeweiligen nationalen Konzernbesteuerung erfüllt, wird dieser Sachverhalt bei der Bewertung der Verrechnung eines Verlustes dieser doppelt ansässigen Gesellschaft außer Acht gelassen, weil es in einem solchen Fall gar nicht erst zur Besteuerung der wirtschaftlichen Einheit der Konzerngruppe kommt.

Bei der deutschen körperschaft- und gewerbesteuerlichen Konzernbesteuerung kann eine doppelt ansässige Tochterkapitalgesellschaft grundsätzlich nicht Organgesellschaft sein, so dass aufgrund dieser konzernsteuerlichen Regelung auch die Berücksichtigung ihrer etwaigen Verluste im Rahmen der Ermittlung des Einkommens bzw. Gewerbeertrags der Konzerngruppe ausgeschlossen ist,[1342] was wiederum vor dem Ideal der sofortigen Verlustverrechnung als Schwäche zu werten ist. Demgegenüber kann eine doppelt ansässige Kapitalgesellschaft allerdings Organträger einer körperschaft- und gewerbesteuerlichen Organschaft sein, womit auch ein etwaiger in einem Jahr erwirtschafteter körperschaft- bzw. gewerbesteuerlicher Verlust dieser Gesellschaft grundsätzlich beim interpersonellen Verlustausgleich im Rahmen der Ermittlung des organschaftlichen körperschaftsteuerlichen Einkommens bzw. Gewerbeertrags zu berücksichtigen ist,[1343] was vor dem Ideal der sofortigen Verlustverrechnung als Stärke gilt. Aufgrund der deutschen konzernsteuerlichen Vorschrift gegen doppelte Verlustnutzung (§ 14 Abs. 1 Nr. 5 KStG) ist diese grundsätzliche Stärke jedoch im körperschaftsteuerlichen Bereich insoweit zu relativieren, als dass der Verlust der doppelt ansässigen Organträger-Kapitalgesellschaft in dem Umfang, in dem er in einem ausländischen Staat im Rahmen einer ausländischen Kon-

---

[1340] Vgl. Abschnitt A 4.2., auch C 1.1.4., C 2.1.4., C 2.2.4.
[1341] Vgl. Abschnitt A 4.2.
[1342] Vgl. Abschnitt D 2.2.1.
[1343] Vgl. Abschnitt D 2.2.1., D 2.2.2.1.

zernbesteuerung tatsächlich berücksichtigt wird, gänzlich von einer Berücksichtigung bei der inländischen Besteuerung ausgeschlossen ist, was mit dem Ideal der sofortigen Verlustverrechnung unvereinbar ist.[1344] Eine weitere Relativierung der genannten grundsätzlichen Stärke erfolgt infolge einzelsteuerlicher einkunftsquellenübergreifender und grenzüberschreitender Verlustverrechnungsbeschränkungen, die einen Ausschluß vom gesellschaftsbezogenen Verlustausgleich und eine aufgeschobene bzw. unzulässige Geltendmachung einzelner Verluste bewirken können,[1345] wodurch sich wiederum die Verlustverrechnung bei einer doppelt ansässigen Organträger-Kapitalgesellschaft vom Ideal der sofortigen Verlustverrechnung entfernt.

Bei der österreichischen Konzernbesteuerung kann eine doppelt ansässige Kapitalgesellschaft sowohl die Funktion eines Gruppenmitglieds als auch des Gruppenträgers ausüben.[1346] Erwirtschaftet eine derartige Mitgliedskapitalgesellschaft in einem Jahr insgesamt einen Verlust, ist dieser bei dem interpersonellen Verlustausgleich im Rahmen der Ermittlung des Gruppeneinkommens anzusetzen,[1347] so dass die Verlustverrechnung hier aufgrund der konzernsteuerlichen Einkommensermittlungsvorschriften dem Ideal der sofortigen Verlustverrechnung entspricht, was als Stärke zu werten ist. Diese grundsätzliche Stärke ist allerdings aufgrund einzelsteuerlicher einkunftsquellenübergreifender und grenzüberschreitender Verlustverrechnungsbeschränkungen – wie beispielsweise der einzelsteuerlichen Vorschrift gegen doppelte Verlustnutzung des § 2 Abs. 8 Nr. 3 öEStG – zu relativieren, da diese Vorschriften einzelne Verluste vom gesellschaftsbezogenen Verlustausgleich ausschließen und ihre Geltendmachung aufschieben bzw. untersagen können,[1348] was zu einer Entfernung vom Ideal der sofortigen Verlustverrechnung führt.

Bei der US-amerikanischen Konzernbesteuerung kann eine inländische doppelt ansässige Kapitalgesellschaft Mitgliedskapitalgesellschaft sein und dabei sowohl als Muttergesellschaft als auch als Tochtergesellschaft fungieren.[1349] Erzielt ein derartiges Mitglied in einem Jahr insgesamt einen Betriebsverlust, ist dieser Verlust somit generell bei dem interpersonellen Verlustausgleich im Rahmen der Ermittlung des Gruppeneinkommes zu berücksichtigen,[1350] was vor dem Ideal der sofortigen Verlustverrechnung als Stärke zu werten ist. Diese grundsätzliche Stärke ist jedoch aufgrund der konzernsteuerlichen Vorschriften gegen doppelte Verlustnutzung (*dual consolidated loss rules*) insofern zu relativieren, als dass diese Vorschriften bewirken können, dass der Betriebsverlust im Ver-

---

[1344] Vgl. Abschnitt D 2.2.2.2.
[1345] Vgl. Abschnitt D 2.2.2.1.
[1346] Vgl. Abschnitt D 2.3.1.
[1347] Vgl. Abschnitt D 2.3.2.
[1348] Vgl. Abschnitt D 2.3.2.
[1349] Vgl. Abschnitt D 2.4.1.
[1350] Vgl. Abschnitt D 2.4.2.1.

lustentstehungsjahr bei der Ermittlung des Gruppeneinkommens nicht berücksichtigt werden darf und stattdessen nur mit dem Einkommen der doppelt ansässigen Mitgliedskapitalgesellschaft in späteren Jahren verrechnet werden kann,[1351] wodurch eine Entfernung vom Ideal der sofortigen Verlustverrechnung erfolgt. Eine weitere Relativierung der genannten grundsätzlichen Stärke erfolgt infolge der einzelsteuerlichen einkunftsquellenübergreifenden Verrechnungsbeschränkung für Veräußerungsverluste,[1352] die aufgrund der konzernsteuerlichen Ermittlungsvorschrift des Gruppeneinkommens zumindest gesellschaftsübergreifend angewendet werden kann.[1353]

3. „Grenzüberschreitende" Konzernbesteuerung aufgrund ausländischer Betriebsstätten

3.1. Deutschland

3.1.1. Behandlung von Verlusten ausländischer Betriebsstätten bei der Organschaft

Erzielt eine Organgesellschaft bzw. die Organträger-Kapitalgesellschaft Einkünfte aus ausländischen Betriebsstätten, so sind für Zwecke der Körperschaftsteuer diese Einkünfte im Nicht-DBA-Fall wie im DBA-Fall wie bei einer einzelnen Kapitalgesellschaft zu behandeln;[1354] die Organschaftsmitglieder sind selbst abkommensberechtigt und haben als eigenständiges unbeschränkt steuerpflichtiges Steuersubjekt zunächst ihr Einkommen getrennt voneinander zu ermitteln, bevor eine Zusammenfassung auf Ebene des Organträgers erfolgt.[1355] Vor diesem Hintergrund sind Verluste ausländischer Betriebsstätten im Falle einer Organschaft wie folgt zu berücksichtigen:

Da im Nicht-DBA-Fall die Anrechnungsmethode auf die Einkünfte einer ausländischen Betriebsstätte anzuwenden ist, wird die Behandlung eines Verlustes dieser Betriebsstätte von der Verrechnungsbeschränkung nach § 2a Abs. 1 und 2 EStG (Verrechnung von Verlusten aus passiven Betriebsstätten eines Staates nur mit Gewinnen aus passiven Betriebsstätten dieses Staates) beeinflußt,[1356] die im Fall der Organschaft bereits bei der separaten Einkommensermittlung bei der bzw. den Organgesellschaft(en) und dem Organträger, d. h. vor der Zurechnung der Einkommen der Organschaft(en) zum Organträger, zu berücksichtigen ist;[1357] dies hat folgende Konsequenzen:[1358] Verluste aus im Sinne von § 2a Abs.

[1351] Vgl. Abschnitt D 2.4.2.2
[1352] Vgl. Abschnitt D 2.4.2.1.
[1353] Vgl. Abschnitt C 1.1.3.2.1.
[1354] Vgl. dazu Abschnitt B 1.1.2.4.5.2.
[1355] Vgl. Abschnitt B 2.1.4.1.5., B 2.1.4.1.2., B 2.1.4.1.3.
[1356] Vgl. Abschnitt B 1.1.2.4.5.2.1.
[1357] Vgl. dazu GRÜTZNER, Ergebnisse, GmbHR 1995, 504 m. w. N.

2 EStG aktiven Betriebsstätten einer Organgesellschaft bzw. der Organträger-Kapitalgesellschaft gehen uneingeschränkt in das jeweilige Einkommen des Organschaftsmitglieds des zugehörigen Jahres ein und sind infolge der Einkommenszurechnungen im Rahmen der organschaftlichen Einkommensermittlung Bestandteil des dabei erfolgenden gesellschaftsübergreifenden Verlustausgleichs innerhalb des Organkreises. Sofern dabei ein Gruppenverlust entsteht, werden derartige Betriebsstättenverluste auf Ebene des Organträgers im Rahmen des allgemeinen Verlustabzugs nach § 10d EStG und § 8 Abs. 4 KStG in anderen Veranlagungszeiträumen abgezogen. Da Verluste aus im Sinne von § 2a Abs. 2 EStG passiven Betriebsstätten einer Organgesellschaft bzw. der Organträger-Kapitalgesellschaft – sofern sie bei dem jeweiligen Organschaftsmitglied nicht mit Gewinnen aus passiven Betriebsstätten desselben Staates ausgeglichen werden können – kein Bestandteil des zugerechneten Einkommens einer Organgesellschaft bzw. des Einkommens des Organträgers sind, ist eine Verrechnung mit etwaigen Gewinnen aus passiven Betriebsstätten desselben Staates anderer Organschaftsmitglieder infolge der organschaftlichen Einkommenszurechnung auf Ebene des Organträgers nicht möglich. Derartige nach § 2a Abs. 1 und 2 EStG verrechnungsbeschränkte Betriebsstättenverluste können nur bei dem zugehörigen Organschaftsmitglied in späteren Jahren mit Gewinnen aus passiven Betriebsstätten desselben Staates verrechnet werden, wobei diese Verrechnung dann allerdings vorrangig vor der Zurechnung zum Einkommen des Organträgers bzw. der Verrechnung mit den Einkommen der Organgesellschaft(en) erfolgt.

Ist im DBA-Fall auf die Einkünfte einer ausländischen Betriebsstätte die Freistellungsmethode anzuwenden, ist ein etwaiger Verlust dieser ausländischen Betriebsstätte kein Bestandteil des Einkommens des zugehörigen Organschaftsmitglieds, so dass insofern weder sein eigenes übriges Einkommen noch die Einkommen anderer Organschaftsmitglieder infolge der organschaftlichen Einkommenszurechnung auf Ebene des Organträgers gemindert werden (können).[1359] Ob und unter welchen Umständen die Nichtberücksichtigung eines Betriebsstättenverlustes im DBA-Freistellungsfall vor dem Hintergrund der Grundfreiheiten des EG-Vertrags zulässig ist, bleibt auch hier abzuwarten.[1360] Ist im

---

[1358] Vgl. dazu auch GRÜTZNER, Ergebnisse, GmbHR 1995, 504 f.; ORTH, Organschaft, GmbHR 1996, 39.

[1359] Vgl. dazu GRÜTZNER, Ergebnisse, GmbHR 1995, 505; Abschnitt B 1.1.2.4.5.2.2.

[1360] In diesem Zusammenhang sind zwei Finanzgerichtsentscheidungen (FG Baden-Württemberg, vom 30.06. 2004, I K 312/03, DStRE 2004, 958, und FG Düsseldorf vom 14.09. 2004, 6 K 3796/01, EFG 2005, 538 ff.) ergangen, die in der Abschaffung des § 2a Abs. 3 EStG a. F. unter anderem keinen Verstoß gegen die europarechtlichen Grundfreiheiten gesehen wird, vgl. dazu REICHL/WITTKOWSKI, Verlustverrechnung, Stbg 2006, 216 f. Gegen diese Entscheidungen ist allerdings beim BFH Revision eingelegt worden. Da der BFH es für nicht zweifelsfrei hält, dass die unterschiedliche Behandlung von negativen in- und ausländischen Einkünften mit den europäischen Grundfreiheiten (hier: Niederlassungs- und Kapitalverkehrsfreiheit) vereinbar ist (vgl. die BFH-Beschlüsse vom 28.06.

DBA-Fall die Anrechnungsmethode anzuwenden, weil die jeweilige Betriebsstätte nicht aktiv im Sinne einer Aktivitätsklausel tätig ist und daher eine Freistellung nicht gewährt wird, ist ein Ansatz nur nach Maßgabe des § 2a Abs. 1 und 2 EStG möglich, was im vorherigen Absatz dargestellt ist.[1361]

Ist der Verlust einer ausländischen Betriebsstätte eines Organschaftsmitglieds im Rahmen ihrer körperschaftsteuerlichen Einkommensermittlung anzusetzen und entstehen demselben oder anderen Organschaftsmitgliedern im jeweiligen Betriebsstättenstaat noch anderweitige positive Einkünfte, deren Doppelbesteuerung mittels der Anrechnungsmethode vermieden wird, vermindert sich durch diesen angesetzten Betriebsstättenverlust der jeweilige länderbezogene Anrechnungshöchstbetrag, so dass die auf die positiven Einkünfte entfallenden anrechenbaren ausländischen Steuern nicht vollständig oder gar nicht angerechnet werden können. Dass es hierbei unbedeutend ist, ob die ausländischen positiven Einkünfte von demselben oder anderen Organschaftsmitgliedern erzielt werden, ist darin begründet, dass der länderbezogene Anrechnungshöchstbetrag für einen Organkreis insgesamt ermittelt wird, wobei die positiven und negativen ausländischen Einkünfte eines Staates aller Organschaftsmitglieder zusammengefaßt werden.[1362] Zu der beschriebenen Situation kann es insbesondere dann kommen, wenn es sich bei dem Betriebsstättenstaat um einen Nicht-DBA-Staat handelt und die Betriebsstätte aktiv tätig ist (siehe Abschnitt B 1.1.2.4.5.3.).

Die Gewinne und Verluste ausländischer Betriebsstätten unterliegen grundsätzlich nicht der Gewerbesteuer, da sich die Gewerbesteuer gemäß dem Territorialprinzip nach § 2 Abs. 1 GewStG nur auf Gewerbebetriebe im Inland bezieht.[1363] Damit sind derartige Erfolge bei der Ermittlung des Gewerbeertrags aus dem körperschaftsteuerlichen Gewinn eines Organschaftsmitglieds zu eliminieren, sofern sie zuvor zu berücksichtigen waren.[1364]

2006, I R 84/04, und vom 22.08.2006, I R 116/04), hat er die jeweiligen Revisionsverfahren ausgesetzt und den EuGH zur Vorabentscheidung angerufen. Das EuGH-Urteil vom 21.02.2006, C-152/03, DStR 2006, 362 ff., in der Rechtssache *Ritter-Coulais* ist nach Ansicht von REICHL/WITTKOWSKI, Verlustverrechnung, Stbg 2006, 215, zu speziell gelagert, um eine Grundsatzentscheidung zur grenzüberschreitenden Verrechnung von ausländischen Betriebsstättenverlusten darzustellen; sie heben zudem hervor, dass das *Ritter-Coulais*-Urteil für ausländische Betriebsstätten inländischer Kapitalgesellschaften keine Anwendung finden dürfte. Zu den im Schrifttum vertretenen Ansichten hinsichtlich der Auswirkungen des EuGH-Urteils vom 13122005, C-446/03, EWS 2006, 30 ff., in der Rechtssache *Marks & Spencer* auf die Berücksichtigung von ausländischen Betriebsstättenverlusten im DBA-Freistellungsfall vgl. Fn. 218 und den zugehörigen Haupttext.

[1361] Vgl. die Ausführungen in Abschnitt B 1.1.2.4.5.2.2., B 1.1.2.4.5.2.1.

[1362] Vgl. Abschnitt B 2.1.4.1.5.

[1363] Vgl. HEINSEN, Verlustpolitik, 76; auch Abschnitt B 1.1.2.4.5.2.1.

[1364] Vgl. § 9 Nr. 3 Satz 1 GewStG.

3.1.2. Mögliches Eingreifen von § 14 Abs. 1 Nr. 5 KStG

Wie bereits in Abschnitt D 2.2.2.2.1. erwähnt, ist es zur Zeit unklar, ob die Verrechnungsregelung des § 14 Abs. 1 Nr. 5 KStG, nach der ein negatives Einkommen des Organträgers bei der inländischen Besteuerung nicht zu berücksichtigen ist, soweit es in einem ausländischen Staat im Rahmen einer der deutschen Besteuerung des Organträgers entsprechenden Besteuerung berücksichtigt wird, auch auf eine „gewöhnliche" deutsche Organträger-Kapitalgesellschaft mit Sitz und Geschäftsleitung im Inland anwendbar ist. Sollte dies der Fall sein, ist es denkbar, dass § 14 Abs. 1 Nr. 5 KStG den Ansatz des Verlustes einer ausländischen Betriebsstätte unter folgenden Bedingungen von einer Berücksichtigung bei der Ermittlung des eigenen Einkommens und damit des Gruppeneinkommens ausschließt:[1365] Zunächst muß ein negatives eigenes Einkommen des Organträgers gegeben sein wie auch ein Verlust seiner ausländischen Betriebsstätte.[1366] Der Betriebsstättenverlust muß ohne Anwendung des § 14 Abs. 1 Nr. 5 KStG im Inland ansetzbar sein, was der Fall ist, wenn mit dem Betriebsstättenstaat kein DBA besteht oder im DBA-Fall die Freistellungsmethode nicht anwendbar ist.[1367] Desweiteren muß die Betriebsstätte im Ausland „Organträger"-Funktion (oder „Organgesellschafts"-Funktion) haben.[1368] Außerdem muß der Betriebsstättenverlust mit Gewinnen der Mitglieder der ausländischen Konzernbesteuerung tatsächlich verrechnet werden, die in Deutschland zudem nicht steuerpflichtig sein dürfen.[1369] Vor dem Hintergrund dieser Voraussetzungen dürfte es allenfalls in Einzelfällen zu einer Nichtberücksichtigung eines Betriebsstättenverlustes nach § 14 Abs. 1 Nr. 5 KStG für körperschaftsteuerliche Zwecke kommen.

3.2. Österreich

Wenn ein Gruppenmitglied bzw. der Gruppenträger Einkünfte aus ausländischen Betriebsstätten erwirtschaftet, so sind diese Betriebsstätteneinkünfte im Nicht-DBA-Fall wie im DBA-Fall wie bei einer einzelnen österreichischen Kapitalgesellschaft zu behandeln;[1370] die Mitgliedskapitalgesellschaften sind selbst abkommensberechtigt und haben als eigenständiges unbeschränkt körperschaftssteuerpflichtiges Steuersubjekt zunächst ihre Einkommen getrennt voneinander

---

[1365] Vgl. hierzu LÜDICKE, in: Herzig, Organschaft, 454, und auch die Ausführungen in Abschnitt D 2.2.2.2.2.

[1366] Von vornherein wäre – dem Gesetzeswortlaut folgend – die Anwendung von § 14 Abs. 1 Nr. 5 KStG ausgeschlossen, wenn zwar ein ausländischer Betriebsstättenverlust gegeben wäre, aber kein negatives (eigenes) Einkommen des Organträgers. Dazu auch FROTSCHER, in: Frotscher/Maas, KStG, § 14 KStG, Rn. 246.

[1367] Wäre der Betriebsstättenverlust im Inland „freigestellt", würde § 14 Abs. 1 Nr. 5 KStG keinen Sinn ergeben.

[1368] Vgl. LÜDICKE, in: Herzig, Organschaft, 454.

[1369] Vgl. LÜDICKE, in: Herzig, Organschaft, 454.

[1370] Vgl. dazu Abschnitt B 1.2.2.4.2.2.

zu ermitteln, bevor eine Zusammenfassung auf Ebene des Gruppenträgers erfolgt.[1371] Vor diesem Hintergrund sind Verluste ausländischer Betriebsstätten im Falle der österreichischen Gruppenbesteuerung wie folgt zu berücksichtigen: Sowohl im Nicht-DBA-Fall wie im DBA-Fall – unabhängig von der Anwendung der Anrechnungs- oder der Freistellungsmethode auf Erfolge einer ausländischen Betriebsstätte – ist der Verlust einer ausländischen Betriebsstätte grundsätzlich Bestandteil des Einkommens der zugehörigen Mitgliedskapitalgesellschaft und infolge der Zusammenfassung aller Einkommen aller Mitgliedskörperschaften im Rahmen der Ermittlung des Gruppeneinkommens auch Bestandteil des hierbei erfolgenden gesellschaftsübergreifenden Verlustausgleichs innerhalb der Unternehmensgruppe. Sofern dabei ein Gruppenverlust entsteht, wird ein Betriebsstättenverlust auf Ebene des Gruppenträgers im Rahmen des allgemeinen Verlustvortrags nach § 18 Abs. 6 öEStG, § 8 Abs. 4 öKStG in spätere Jahre vorgetragen. Abweichend der vorherigen Ausführungen ist ein Betriebsstättenverlust dann nicht Bestandteil des Einkommens der zugehörigen Mitgliedskörperschaft, wenn er im Ausland berücksichtigt wird, beispielsweise im Rahmen einer ausländischen Konzernbesteuerung (§ 2 Abs. 8 Nr. 3 Satz 1 öEStG). Diese Regelung gilt im DBA-Fall und Nicht-DBA-Fall mit Freistellungsmethode sowie (vermutlich) im DBA-Fall und Nicht-DBA-Fall mit Anrechnungsmethode.[1372] Eine Nachversteuerung angesetzter Betriebsstättenverluste erfolgt aufgrund § 2 Abs. 8 Nr. 3 Satz 2 öEStG auch im DBA- und Nicht-DBA-Freistellungsfall; bei der Anrechnungsmethode findet diese aufgrund der mit ihr verbundenen Systematik zur Vermeidung einer Doppelbesteuerung automatisch statt.[1373]

Vor dem Hintergrund der in Abschnitt B 2.2.4.6. dargestellten Systematik der Anwendung der Anrechnungsmethode im Fall der Gruppenbesteuerung, die zum Anfang eine gesellschaftsbezogene Ermittlung von länderbezogenen Anrechnungshöchstbeträgen vorschreibt, führt der Ansatz eines Verlustes einer ausländischen Betriebsstätte einer Mitgliedskapitalgesellschaft im Regelfall nur zu einem verminderten länderbezogenen Anrechnungshöchstbetrag bei der jeweiligen Gesellschaft, sofern diese im jeweiligen Betriebsstättenstaat noch anderweitige positive Einkünfte erzielt, deren Doppelbesteuerung mittels der Anrechnungsmethode (im DBA-Fall oder Nicht-DBA-Fall) vermieden wird; die Berechnung von länderbezogenen Anrechnungshöchstbeträgen bei anderen Mitgliedskapitalgesellschaften wird auf diese Weise insofern folglich nicht beeinflußt. Dies kann wiederum dazu führen, dass die anrechenbaren Steuern der Mitgliedskapitalgesellschaft, deren Betriebsstättenverlust angesetzt wird, aufgrund eines verminderten Anrechnungshöchstbetrags nicht mehr (vollständig)

[1371] Vgl. Abschnitt B 2.2.4.6., B 2.2.4.2., B 2.2.4.4.
[1372] Vgl. Abschnitt B 1.2.2.4.2.2.2.
[1373] Vgl. auch Abschnitt B 1.2.2.4.2.2.2.

angerechnet werden können,[1374] wohingegen die Anrechnung anrechenbarer ausländischer Steuern anderer Mitgliedskapitalgesellschaften durch den Ansatz des Betriebsstättenverlustes insofern nicht beeinträchtigt wird.[1375]

3.3. USA

3.3.1. Behandlung von Verlusten ausländischer Betriebsstätten bei der *consolidated group*

Im Rahmen der Ermittlung des Einkommens einer *consolidated group* hat das zunächst zu bestimmende zu versteuernde Einkommen eines jeden einzelnen Mitglieds aufgrund seiner weiterbestehenden unbeschränkten Steuerpflicht grundsätzlich auch die Gewinne und Verluste aus seinen ausländischen Betriebsstätten zu enthalten; dies gilt unabhängig davon, ob sich die ausländischen Betriebsstätten in Nicht-DBA-Staaten oder DBA-Staaten befinden, da die USA diesbezüglich ausschließlich die Anrechnungsmethode anwenden.[1376] Folglich kann in Verbindung mit der anschließend erfolgenden Zusammenfassung der Einkommen aller Mitglieder der *consolidated group* der Verlust einer ausländischen Betriebsstätte eines Mitglieds mit eigenen in- und ausländischen Einkünften eines Jahres sowie mit denjenigen der anderen Mitglieder ausgeglichen werden. Sofern sich dabei in einem Jahr ein Gruppenverlust (CNOL) ergibt bzw. sich ein solcher erhöht, kann ein Verlustabzug in anderen Jahren nach Maßgabe von Sec. 172 IRC und Sec. 382 IRC erfolgen.[1377] Hinsichtlich Veräußerungsverlusten der ausländischen Betriebsstätte ist die für derartige Verluste geltende einkunftsquellenübergreifende Verlustverrechnungsbeschränkung nach Sec. 1211(a) IRC einzuhalten, die allerdings im Rahmen der Ermittlung des Gruppeneinkommens gruppenweit anzuwenden ist.[1378] Können Veräußerungsverluste von Betriebsstätten aufgrund von Sec. 1211(a) IRC nicht in dem Verlustentstehungsjahr berücksichtigt werden, sind sie im Rahmen des Rücktrags bzw. Vortrags des dabei vorliegenden konsolidierten Nettoveräußerungsverlusts nach Maßgabe von Sec. 1212(a) IRC und Sec. 383 IRC in anderen Jahren abzuziehen.[1379]

[1374] Vgl. auch die entsprechende Situation bei einer einzeln besteuerten Kapitalgesellschaft in Abschnitt B 1.2.2.4.2.3.

[1375] Etwas anderes würde allerdings dann gelten, wenn ein angesetzter Betriebsstättenverlust das Gesamteinkommen der Gruppe bis auf Null vermindern würde, da dann eine Anrechnung ausländischer Steuern ohnehin nicht möglich wäre.

[1376] Vgl. Abschnitt B 1.3.2.4.2., B 2.3.4.4.

[1377] Vgl. Abschnitt B 1.3.2.4.2., C 2.1.3.1., C 1.3.3.1., C 2.5.3.1.

[1378] Vgl. Abschnitt B 1.3.2.4.2., C 1.1.3.2.1.

[1379] Vgl. Abschnitt B 1.3.2.4.2., C 2.1.3.2., C 1.3.3.2., C 2.5.3.2.

3.3.2. Verluste ausländischer Betriebsstätten und Anrechnung ausländischer Steuern

Auch im Falle der *consolidated group* sind die in für eine einzelne *corporation* zu beachtenden und in Abschnitt B 1.3.2.4.3.1. näher erläuterten Verlustverrechnungsregelungen nach Sec. 904(f) IRC einzuhalten, die ausschließlich für Zwecke des Anrechnungsverfahrens eine bestimmte Reihenfolge der Verrechnung ausländischer Verluste in und zwischen den ausländischen Einkunftskategorien nach Sec. 904(d) IRC und dem inländischen Einkommen sowie deren Nachversteuerung vorschreiben. Diese Verrechnungsregelungen beeinflussen aber weiterhin nicht die Zuordnung anrechenbarer ausländischer Steuern zu den einzelnen ausländischen Einkunftskategorien. Verluste ausländischer Betriebsstätten einzelner Mitglieder einer *consolidated group* werden im Rahmen der nachfolgend erläuterten Verrechnungsregelungen der Sec. 904(f) IRC entsprechend ihrer Zugehörigkeit zu den Einkunftskategorien nach Sec. 904(d) IRC berücksichtigt.[1380] Die Anwendung der Verlustverrechnungsvorschriften nach Sec. 904(f) IRC auf eine *consolidated group* erfolgt prinzipiell wie bei einer einzeln besteuerten *corporation*, nur dass stattdessen auf ihre Einheit abzustellen ist,[1381] was zu folgender Verlustverrechnungsreihenfolge führt: Zunächst sind die positiven und negativen Einkünfte aller Mitglieder *der consolidated group* in der jeweils zugehörigen Einkunftskategorie nach Sec. 904(d) IRC zusammenzufassen. Ergibt sich in einer Einkunftskategorie ein konsolidierter Nettoverlust, dann mindert ein solcher Nettoverlust zunächst konsolidierte Nettogewinne anderer ausländischer Kategorien, bevor eine Verrechnung mit konsolidiertem Einkommen aus US-Quellen erfolgen kann. Eine derartige Verrechnung mit anderen ausländischen konsolidierten Nettogewinnen bzw. mit konsolidiertem US-Einkommen ist in einem *consolidated separate limitation loss account* (*CSLL account*) hinsichlich der verrechneten Kategorien bzw. in einem *consolidated overall foreign loss account* (*COFL account*) festzuhalten. Sofern zukünftig erzielte ausländische Einkünfte im Rahmen einer Nachversteuerung umqualifiziert werden, ist der *COFL account* bzw. der zugehörige *CSLL account* in entsprechendem Umfang zu vermindern.[1382]

Wie bei einer einzeln besteuerten *corporation* kann bei einer *consolidated group* ein unmittelbar anzusetzender Verlust einer ausländischen Betriebsstätte bei gleichzeitigem Vorliegen anderer ausländischer positiver Einkünfte aufgrund der von den USA im DBA-Fall und Nicht-DBA-Fall angewendeten Anrechnungsmethode und der hierbei zu beachtenden Verlustverrechnungsregelungen nach Sec. 904(f) IRC dazu führen, dass die auf die ausländischen Einkünfte ent-

---

[1380] Vgl. dazu Abschnitt B 1.3.2.4.3.2.

[1381] Vgl. YODER, Principles, Taxes, Vol. 78 (2000), 206; SHEIN/MADDEN, Losses, Tax Mgmt. Int'l J., Vol. 28 (1999), 306.

[1382] Vgl. YODER, Principles, Taxes, Vol. 78 (2000), 206 ff. m. w. N., SHEIN/MADDEN, Losses, Tax Mgmt. Int'l J., Vol. 28 (1999), 307 f.; auch Abschnitt B 1.3.2.4.3.1.

fallenden ausländischen Steuern aufgrund verminderter Anrechnungshöchstbeträge nicht mehr (vollständig) angerechnet werden können. Hierzu kann es ebenfalls kommen, wenn in nachfolgenden Jahren ein verrechneter Betriebsstättenverlust nachzuversteuern ist und dabei ausländische Einkünfte in US-Einkommen oder in ausländische Einkünfte einer anderen Kategorie umzuqualifizieren ist.[1383] Aufgrund der Einheitsbehandlung und der grundsätzlich angewendeten Anrechnungsmethode ist es hierbei unbedeutend, von welcher Mitgliedskapitalgesellschaft die anderen positiven Einkünfte erzielt werden und ob diese in einem Nicht-DBA-Staat oder DBA-Staat erwirtschaftet werden.

3.3.3. Mögliches Eingreifen der *dual consolidated loss rules*

Die in Abschnitt D 2.4.2.2. dargestellten *dual consolidated loss rules* sind nicht nur auf Mitglieder der *consolidated group* anzuwenden, die doppelt ansässig sind, sondern auch auf diejenigen Mitglieder, die durch eine ausländische *separate unit* – wie beispielsweise einer ausländischen Betriebsstätte – Einkünfte erzielen.[1384] Für diese Zwecke ist die *separate unit* eines Gruppenmitglieds generell wie eine *dual resident corporation* zu behandeln, an der das jeweilige Gruppenmitglied zu 100 % beteiligt ist.[1385] Die Ausführungen im Abschnitt D 2.4.2.2. gelten damit entsprechend auch für eine *separate unit*, was zu folgenden Kernaussagen führt: Kann der Verlust (im Sinne eines NOLs) einer *separate unit* nach dem Steuerrecht des ausländischen Staates nicht mit dem Einkommen anderer Steuersubjekte verrechnet werden, gilt er nicht als *dual consolidated loss* (DCL), so dass er keiner weiteren Beschränkung unterliegt. Ansonsten gilt er als DCL und kann damit weder im Verlustentstehungsjahr noch in einem anderen Steuerjahr mit dem Einkommen des zugehörigen Gruppenmitglieds noch mit dem Einkommen der anderen Gruppenmitglieder verrechnet werden; er kann lediglich im Sinne des SRLY-Regimes mittels Verlustrücktrag oder -vortrag in anderen Steuerjahren geltend gemacht werden, so als ob es sich bei dem DCL der *separate unit* um einen SRLY-NOL einer Mitgliedskapitalgesellschaft handeln würde (*loss limitation rule*).[1386] Existieren in dem ausländischen Staat Regelungen, die mit diesen US-amerikanischen Regelungen vergleichbar sind, kommt es automatisch zu einer derartigen Verrechnungsbeschränkung eines DCL einer *separate unit* (*mirror rule*).[1387] Dann ist auch die Ausübung des Wahlrechtes ausgeschlossen, durch das ansonsten ein solcher DCL von der Verrechnungsbeschränkung der *loss limitation rule* befreit werden kann, sofern die

[1383] Vgl. die Ausführungen zur entsprechenden Situation bei einer einzelnen *corporation* in Abschnitt B 1.3.2.4.3.2.

[1384] Vgl. Sec. 1503(d)(3) IRC; Reg. § 1.1503-2(c)(3); LÜDICKE, in: Herzig, Organschaft, 440. Der Begriff der Betriebsstätte bezieht sich hier auf eine Betriebsstätte im Sinne eines *foreign branch* gemäß Reg. § 1.367(a)-6T(g), vgl. Reg. § 1.1503-2(c)(3) und Fn. 499.

[1385] Vgl. Sec. 1503(d)(3) IRC; Reg. § 1.1503-2(c)(2).

[1386] Vgl. Reg. § 1.1503-2(b)(1), -2(d)(2)(ii); Abschnitt D 2.4.2.2.1.

[1387] Vgl. Abschnitt D 2.4.2.2.2.

hierzu erforderlichen Voraussetzungen gegeben sind und eingehalten werden (*elective relief provision*).[1388]

3.4. Stärken/Schwächen-Bewertung

Um dem Ideal der sofortigen Verlustverrechnung bei Verlusten ausländischer gewerblich tätiger Betriebsstätten von Mitgliedern einer Konzerngruppe zu entsprechen, müssen die Verrechnungsvorschriften eines Staates die sofortige grenzüberschreitende Berücksichtigung eines derartigen Betriebsstättenverlustes ohne einkunftsquellenübergreifende und gesellschaftsübergreifende Verrechnungsbeschränkungen bei der Ermittlung des Gruppeneinkommens im DBA-Fall wie im Nicht-DBA-Fall zulassen. Je mehr grenzüberschreitende, einkunftsquellenübergreifende und/oder gesellschaftsübergreifende Verrechnungsbeschränkungen den Verlust einer ausländischen gewerblich tätigen Betriebsstätte vom allgemeinen Verlustausleich der Konzerngruppe ausschließen, dieser – bei ansonsten vorhandenem Verrechnungspotential – insofern vorgetragen werden muß und erst in späteren Jahren geltend gemacht werden kann, umso größer werden die damit verbundenen Nachteile für die Konzerngruppe (Zins- und Liquiditätsnachteile, Risiko des Untergangs von Verlustverrechnungspotential),[1389] womit auch eine zunehmende Entfernung vom Ideal der sofortigen Verlustverrechnung erfolgt. Unvereinbar ist es mit diesem Ideal, wenn zuvor genannte Verrechnungsbeschränkungen eine Verrechnung von ausländischen Betriebsstättenverlusten vollständig untersagen und damit die mit diesen Verlusten verbundene Steuerminderungspotentiale für inländische Besteuerungszwecke endgültig verloren gehen.[1390]

Bei der deutschen Konzernbesteuerung kann der Verlust einer ausländischen gewerblich tätigen Betriebsstätte einer Mitgliedskapitalgesellschaft entsprechend der einzelsteuerlichen Vorschriften im DBA-Fall weder für körperschaft- noch für gewerbesteuerliche Zwecke bzw. im Nicht-DBA-Fall nur für körperschaftsteuerliche, nicht aber für gewerbesteuerliche Zwecke im Rahmen der Ermittlung des Einkommens der zugehörigen Mitgliedskapitalgesellschaft im Verlustentstehungsjahr angesetzt werden,[1391] was vor dem Ideal der sofortigen Verlustverrechnung – wie bei der einzelnen Kapitalgesellschaft – als Schwäche bzw. weder als Stärke noch als Schwäche zu werten ist.[1392] Aufgrund der konzernsteuerlichen Vorschriften der Ermittlung des körperschaftsteuerlichen Gruppeneinkommens ist zumindest im Nicht-DBA-Fall ein gesellschaftsübergreifender Ausgleich eines solchen Betriebsstättenverlustes auch mit den Ein-

---

[1388] Vgl. Abschnitt D 2.4.2.2.3.
[1389] Vgl. Abschnitt A 4.2.
[1390] Vgl. Abschnitt A 4.2.
[1391] Vgl. Abschnitt D 3.1.1.
[1392] Vgl. Abschnitt B 1.4.2.

kommen der übrigen Mitgliedskapitalgesellschaften möglich,[1393] was als Stärke zu werten ist. Da es denkbar ist, dass die konzernsteuerliche Vorschrift gegen doppelte Verlustnutzung des § 14 Abs. 1 Nr. 5 KStG den Ansatz eines ausländischen Betriebsstättenverlustes endgültig untersagen kann,[1394] ist sie als Schwäche zu werten. Auch wenn im Bereich der Köperschaftsteuer der grenzüberschreitend uneingeschränkte Ansatz des Verlustes einer gewerblichen ausländischen Betriebsstätte im Nicht-DBA-Fall dem Ideal der sofortigen Verlustverrechnung entspricht, kann diese Berücksichtigung dazu führen, dass die Konzerngruppe ausländische Steuern, die auf etwaige andere ausländische positive Einkünfte von Mitgliedskapitalgesellschaften aus dem Betriebsstättenstaat erhoben werden, nicht mehr (vollständig) anrechnen kann,[1395] was nachteilig ist.

Verluste ausländischer gewerblich tätiger Betriebsstätten einer Mitgliedskapitalgesellschaft der österreichischen Konzernbesteuerung sind ebenfalls nach Maßgabe der einzelsteuerlichen Vorschriften zu behandeln, so dass sie im Verlustentstehungsjahr sowohl im Nicht-DBA-Fall als auch im DBA-Fall – unabhängig von der Anwendung der Freistellungs- oder Anrechnungsmethode – bei der Ermittlung des eigenen Einkommens grundsätzlich anzusetzen sind,[1396] was vor dem Ideal der sofortigen Verlustverrechnung – wie bei der einzelnen Kapitalgesellschaft – als Stärke zu werten ist; diese schlägt – wie bei einer einzelnen Kapitalgesellschaft – dann in eine Schwäche um, wenn der Betriebsstättenverlust aufgrund der einzelsteuerlichen Vorschrift gegen doppelte Verlustnutzung (§ 2 Abs. 8 Nr. 3 öKStG) im Ausland im DBA-Fall und Nicht-DBA-Fall mit Freistellungsmethode sowie (vermutlich auch) mit Anrechnungsmethode berücksichtigt wird, da insofern ein Ansatz in Österreich unzulässig wird.[1397] Aufgrund der konzernsteuerlichen Vorschriften der Ermittlung des Gruppeneinkommens wird zudem ein gesellschaftsübergreifender Ausgleich eines solchen Betriebsstättenverlustes mit den Einkommen der übrigen Mitgliedskapitalgesellschaften hergestellt,[1398] was als Stärke zu werten ist. Auch wenn der grundsätzlich grenzüberschreitend uneingeschränkte Ansatz des Verlustes einer gewerblichen ausländischen Betriebsstätte dem Ideal der sofortigen Verlustverrechnung entspricht, kann diese Berücksichtigung – insbesondere im DBA-Fall und Nicht-DBA-Fall mit Anrechnungsmethode – dazu führen, dass die jeweilige Mitgliedskapitalgesellschaft ausländische Steuern, die auf etwaige andere ausländische positive Einkünfte aus dem Betriebsstättenstaat erhoben werden, nicht mehr (vollständig) anrechnen kann, was nachteilig ist; die Anrechnung ausländi-

1393 Vgl. Abschnitt D 3.1.1.
1394 Vgl. Abschnitt D 3.1.2.
1395 Vgl. Abschnitt D 3.1.1.
1396 Vgl. Abschnitt D 3.2.
1397 Vgl. Abschnitt B 1.4.2., D 3.2.
1398 Vgl. Abschnitt D 3.2.

scher Steuern bei anderen Mitgliedskapitalgesellschaften wird dabei in der Regel nicht durch einen solchen Betriebsstättenverlust beeinträchtigt.[1399]

Bei der US-amerikanischen Konzernbesteuerung ist der Betriebsverlust einer ausländischen gewerblich tätigen Betriebsstätte einer Mitgliedskapitalgesellschaft entsprechend der einzelsteuerlichen Vorschriften sowohl im DBA-Fall als auch im Nicht-DBA-Fall im Rahmen der Ermittlung des Einkommens der zugehörigen Mitgliedskapitalgesellschaft im Verlustentstehungsjahr anzusetzen,[1400] was dem Ideal der sofortigen Verlustverrechnung entspricht und damit – wie bei der einzelnen Kapitalgesellschaft – als Stärke zu werten ist.[1401] Relativiert wird diese grundsätzliche Stärke – wie bei der einzelnen Kapitalgesellschaft – allerdings durch die einkunftsquellenübergreifende Verrechnungsbeschränkung für Veräußerungsverluste.[1402] Aufgrund der konzernsteuerlichen Vorschriften der Ermittlung des Gruppeneinkommens wird zudem ein gesellschaftsübergreifender Ausgleich eines Betriebsstättenverlustes mit den Einkommen der übrigen Mitgliedskapitalgesellschaften (was einkunftsquellenbezogen auch für Veräußerungsverluste gilt) ermöglicht,[1403] was als Stärke der konzernsteuerlichen Vorschriften zu werten ist. Als Schwäche ist hingegen die konzernsteuerliche Vorschrift gegen doppelte Verlustnutzung (*dual consolidated loss rules*) zu bewerten, da sie bewirken kann, dass der Betriebsstättenverlust im Verlustentstehungsjahr bei der Einkommensermittlung der zugehörigen Mitgliedskapitalgesellschaft nicht berücksichtigt werden darf und stattdessen nur mit Gewinnen der jeweiligen Betriebsstätte in späteren Jahren verrechnet werden kann.[1404] Auch wenn der grenzüberschreitend uneingeschränkte Ansatz von Verlusten einer gewerblichen ausländischen Betriebsstätte im DBA-Fall und Nicht-DBA-Fall dem Ideal der sofortigen Verlustverrechnung entspricht, kann diese Berücksichtigung dazu führen, dass die Konzerngruppe ausländische Steuern, die auf etwaige andere ausländische positive Einkünfte von Mitgliedskapitalgesellschaften – im Jahr der Entstehung des Betriebsverlustes oder in späteren Jahren aufgrund von Nachversteuerungsregelungen – erhoben werden, nicht mehr (vollständig) anrechnen kann,[1405] was nachteilig sein kann. Dieser Nachteil ist bei der US-amerikanischen Konzernbesteuerung eine größere Bedeutung beizumessen als bei der deutschen und österreichischen Konzernbesteuerung, weil bei der deutschen Konzernbesteuerung Verluste ausländischer gewerblich tätiger Betriebsstätten in geringerem Umfang ansetzbar und Anrechnungshöchstbeträge nur länderbezogen zu bestimmen sind,[1406] weil bei der österreichischen Konzernbe-

[1399] Vgl. Abschnitt D 3.2.
[1400] Vgl. Abschnitt D 3.3.1.
[1401] Vgl. Abschnitt B 1.4.2.
[1402] Vgl. Abschnitt D 3.3.1.
[1403] Vgl. Abschnitt D 3.3.1.
[1404] Vgl. Abschnitt D 3.3.3.
[1405] Vgl. Abschnitt D 3.3.2.
[1406] Vgl. Abschnitt D 3.1.1.

steuerung Anrechnungshöchstbeträge ebenfalls länderbezogen und zunächst gesellschaftsbezogen zu ermitteln sind[1407] und weil zudem in beiden Ländern eine Doppelbesteuerung positiver Einkünfte häufig mit der Freistellungsmethode (Deutschland: in der Regel im DBA-Fall; Österreich: in der Regel im DBA-Fall und Nicht-DBA-Fall) statt wie in den USA generell mit der Anrechnungsmethode vermieden wird.[1408]

[1407] Vgl. Abschnitt D 3.2.
[1408] Vgl. Abschnitt B 1.1.1.1.4.2., B 1.2.1.4.1., B 1.2.1.4.2., B 1.3.1.4

Kapitel E: Zusammenfassung

Sowohl aus einzelwirtschaftlicher als auch aus gesamtwirtschaftlicher Sicht ist es für eine Unternehmung ideal, Verluste sofort zu verrechnen, da ein zunehmendes Aufschieben der Verlustverrechnung zu immer größeren Zins- und Liquiditätsnachteilen führt und unter Umständen sogar ein Untergang von vorgetragenen Verlusten und des mit ihnen verbundenen Steuerminderungspotentials bewirkt wird. Daher kann es als Stärke der Verlustverrechnung gewertet werden, wenn sie dem Ideal der sofortigen Verlustverrechnung entspricht bzw. diesem möglichst nahe kommt. Umgekehrt kann es als Schwäche gewertet werden, wenn Verlustverrechnungsbeschränkungen zu beachten sind, die trotz vorhandenen Verrechnungspotentials eine aufgeschobene Verlustverrechnung bewirken oder diese verstärken bzw. die Verrechnung von Verlusten vollständig untersagen, da sich auf diese Weise die Verlustverrechnung vom Ideal der sofortigen Verlustverrechnung (zunehmend) entfernt bzw. sie mit diesem Ideal unvereinbar ist. Hierbei sind einkunftsquellenübergreifende, interperiodische, interpersonelle und grenzüberschreitende Verrechnungsbeschränkungen zu unterscheiden.

Gegenstand der vorliegenden Untersuchung war die Frage, inwieweit die einzelnen Verlustverrechnungsregelungen bei der Konzernbesteuerung im deutschen, österreichischen und US-amerikanischen Steuerrecht als Stärken und Schwächen zu beurteilen sind. Zudem ist analysiert worden, welche Stärken und Schwächen sich aus konzernsteuerlichen Vorschriften ergeben und welche bereits aus den allgemeinen einzelsteuerlichen Regelungen resultieren.

Die Betrachtung der Verlustverrechnung bei einer auf das Inland beschränkten Gruppenstruktur in Kapitel C führte zu folgenden Ergebnissen:

(1) Die Vorschriften des Verlustausgleichs bei der deutschen, österreichischen und US-amerikanischen Konzernbesteuerung sind grundsätzlich als Stärke zu bewerten, da die in einer Periode erzielten Gewinne und Verluste aus unterschiedlichen Einkunftsquellen aufgrund einzelsteuerlicher Vorschriften bei den einzelnen Mitgliedern gesellschaftsbezogen zunächst generell unbeschränkt auszugleichen sind und anschließend aufgrund konzernsteuerlicher Vorschriften ein unbeschränkter gesellschaftsübergreifender Verlustausgleich erfolgt. In allen drei Ländern ist diese Stärke allerdings aufgrund einzelsteuerlicher einkunftsquellenübergreifender Verlustverrechnungsbeschränkungen zu relativieren, die Verluste bestimmter Einkunftsquellen vom allgemeinen Verlustausgleich ausschließen, womit eine Entfernung vom Ideal der sofortigen Verlustverrechnung stattfindet; im Fall der US-amerikanischen Konzernbesteuerung bewirken jedoch konzernsteuerliche Vorschriften eine verminderte Entfernung, da sie zumindest einen gesellschaftsübergreifenden Ausgleich dieser Verluste vorsehen. Zudem erfolgt

eine weitere Relativierung bei der deutschen und österreichischen Konzernbesteuerung aufgrund konzernsteuerlicher Vorschriften dadurch, dass unterschiedliche Wirtschaftsjahre zu einem verzögerten gesellschaftsübergreifenden Verlustausgleich führen. Vor dem Hintergrund, dass etwaige einkunftsquellenbezogen zu verrechnende Verluste im Fall der deutschen und österreichischen Konzernbesteuerung im Normalfall eine geringere Bedeutung haben dürften als diejenigen der US-amerikanischen Konzernbesteuerung und eine Anpassung der Wirtschaftsjahre bei der deutschen und österreichischen Konzernbesteuerung vorgenommen werden kann, erscheinen die grundsätzlichen Verlustverrechnungsvorschriften beim Verlustausgleich bei der deutschen und österreichischen Konzernbesteuerung dem Ideal der sofortigen Verlustverrechnung tendenziell eher zu entsprechen als diejenigen der US-amerikanischen Konzernbesteuerung.

(2) Sofern aus konzerninternen Transaktionen zwischen den Mitgliedern einer Konzernbesteuerung Verluste resultieren, sind diese in allen drei Ländern aufgrund der einzelsteuerlichen Vorschriften der gesellschaftsbezogenen Erfolgsermittlung zunächst Bestandteil des Erfolgs einer einzelnen Mitgliedskapitalgesellschaft. Da diese im Fall der deutschen und österreichischen Konzernbesteuerung im Rahmen der Ermittlung des Einkommens bzw. Gewerbeertrags der Konzerngruppe Bestandteil dieser einzelnen Erfolge bleiben, entspricht der Verlustausgleich in diesem Bereich dem Ideal der sofortigen Verlustverrechnung, was als Stärke zu werten ist. Bei der US-amerikanischen Konzernbesteuerung hingegen sind derartige Verluste aufgrund der konzernsteuerlichen Vorschriften zur Ermittlung des Gruppeneinkommens solange zu neutralisieren und aufzuschieben, bis sie aus Sicht der Einheit der Konzerngruppe als realisiert gelten, womit eine Entfernung vom Ideal der sofortigen Verlustverrechnung erfolgt, was damit als Schwäche gelten muß. Im direkten Vergleich sind hier folglich die deutschen und österreichischen Verlustverrechnungsvorschriften vorteilhafter als die US-amerikanischen Vorschriften.

(3) Unterbrechungen der wirtschaftlichen Identität führen in allen drei Ländern aufgrund der jeweiligen einzelsteuerlichen Mantelkaufvorschriften auch im Fall der Konzernbesteuerung zu Einschränkungen der Verlustverrechnung, so dass sich entsprechende Stärken und Schwächen bei dem Verlustausgleich einer Konzerngruppe wie beim Verlustausgleich einer einzelnen Kapitalgesellschaft ergeben: Schädliche Änderungen des personalen Substrats bei der deutschen Konzernbesteuerung führen zu keiner weiteren Einschränkung des Verlustausgleichs während bei der US-amerikanischen Konzernbesteuerung bestimmte stille Reserven, die einen bestimmten jährlichen Abzugshöchstbetrag übersteigen, vom Verlustausgleich ausgeschlossen sind und vorgetragen werden müssen; dies ist als Stärke bzw. Schwäche

zu werten. Zusätzliche schädliche Änderungen des sachlichen Substrats bewirken bei der Konzernbesteuerung in Deutschland, dass ein etwaiger bis zur schädlichen Änderung des personalen Substrats vom Organträger erwirtschafteter körperschaft- oder gewerbesteuerlicher Teilverlust eines Wirtschaftsjahres vom Verlustausgleich der Konzerngruppe ausgeschlossen ist und bei der US-amerikanischen Konzernbesteuerung die rückwirkende Nicht-Abzugsfähigkeit und damit deren Untergang bestimmter zuvor ausgeglichener stiller Lasten, was in beiden Ländern vor dem Ideal der sofortigen Verlustverrechnung als Schwäche zu werten ist. Verschiedene einzelsteuerliche Regelungen – wie beispielsweise die deutsche Sanierungsklausel – führen allerdings auch im Fall der deutschen und US-amerikanischen Konzernbesteuerung zu Relativierungen der zuvor genannten Schwächen. Die Anwendung der einzelsteuerlichen Mantelkaufvorschrift orientiert sich im Fall der Konzernbesteuerung in Deutschland zum Teil an den Verhältnissen der Muttergesellschaft (personales Substrat) und zum Teil auch an den Verhältnissen der Tochtergesellschaften (sachliches Substrat), während in den USA generell auf die Einheit der Konzerngruppe abzustellen ist; dies kann für das Eintreten und den Umfang der Einschränkungen des Verlustausgleichs positive oder negative Auswirkungen haben. In Österreich führt dagegen eine Unterbrechung der wirtschaftlichen Identität vor dem Hintergrund der einzelsteuerlichen österreichischen Mantelkaufvorschrift zu keinerlei Einschränkungen des Verlustausgleichs bei der österreichischen Konzernbesteuerung, was vor dem Ideal der sofortigen Verlustverrechnung als Stärke zu werten ist. Dies bedeutet zugleich, dass der Verlustausgleich bei den jeweiligen Konzernbesteuerungen unter dem Aspekt von Einschränkungen aufgrund der Unterbrechung der wirtschaftlichen Identität sich in Österreich vorteilhafter darstellt als in Deutschland und den USA.

(4) In keinem der drei untersuchten Länder ist es im Rahmen der Konzernbesteuerung möglich, dass eine Mutterkapitalgesellschaft einen von ihrer Tochterkapitalgesellschaft in einer Periode erlittenen Verlust auf dem Wege einer Beteiligungsbuchwertberichtigung indirekt verwerten kann, was auf einzelsteuerlichen Vorschriften (Deutschland, USA), aber teilweise auch auf konzernsteuerlichen Vorschriften (Österreich) beruht. Da in diesem Bereich die Verlustverrechnungsvorschriften in allen drei Ländern nicht dem Ideal der sofortigen Verlustverrechnung entsprechen, sind sie in allen drei Ländern als Schwäche zu werten.

(5) Bei den Konzernbesteuerungen in allen drei untersuchten Ländern richtet sich der Abzug von in Gruppenbesteuerungsjahren entstandenen Verlusten in anderen Gruppenbesteuerungsjahren generell nach den einzelsteuerlichen Abzugsvorschriften, so dass die damit verbundenen Stärken und Schwächen entsprechend auch bei dem Verlustabzug einer Konzernbesteuerung gelten. Bei der deutschen Konzernbesteuerung entspricht die zeitliche Be-

schränkung des Rücktrags von Gruppenverlusten auf ein Jahr im Bereich der Körperschaftsteuer und aufgrund des Fehlens eines Rücktrags im Bereich der Gewerbesteuer dem Ideal der sofortigen Verlustverrechnung in nur eingeschränktem Maße, was als Schwäche zu werten ist; der zeitlich unbeschränkte Vortrag von körperschaft- und gewerbesteuerlichen Gruppenverlusten entspricht dagegen dem Ideal der sofortigen Verlustverrechnung, was als Stärke gilt. Bei der österreichischen Konzernbesteuerung ist ein Rücktrag von Gruppenverlusten ausgeschlossen, während ein Vortrag zeitlich unbeschränkt möglich ist; vor dem Ideal der sofortigen Verlustverrechnung ist dies folglich als Schwäche bzw. Stärke zu werten. Bei der US-amerikanischen Konzernbesteuerung besteht für betriebliche Gruppenverluste ein vergleichsweise umfangreicher Rücktragszeitraum von zwei Jahren und ein im Ergebnis wie ein unbeschränkter Verlustvortrag wirkender Vortragszeitraum von 20 Jahren, was dem Ideal der sofortigen Verlustverrechnung nahekommt und demnach als Stärke zu werten ist. Diese grundsätzlichen Stärken und Schwächen werden jedoch in allen drei Ländern relativiert bzw. verschlechtert durch die einzelsteuerlichen einkunftsquellenübergreifenden Verrechnungsbeschränkungen für Verluste bestimmter Einkunftsquellen, wodurch sich der Verlustabzug bei einer Konzernbesteuerung vom Ideal der sofortigen Verlustverrechnung (weiter) entfernt; nur bei der US-amerikanischen Konzernbesteuerung wird diese Relativierung insofern abgeschwächt, als dass aufgrund der konzernsteuerlichen Vorschriften der Einkommensermittlung ein einkunftsquellenbezogen abzuziehender Nettoveräußerungsverlust in anderen Jahren auch mit den Veräußerungsgewinnen anderer Mitgliedskapitalgesellschaften verrechnet werden kann, was für die einkunftsquellenbezogen abzuziehenden Verluste bei der deutschen und österreichischen Konzernbesteuerung nicht möglich ist.

(6) Da sich der Abzug von Gruppenverlusten bei den Konzernbesteuerungen in den drei untersuchten Ländern generell nach den jeweiligen einzelsteuerlichen Abzugsvorschriften richtet, ergeben sich die mit ihnen unter dem Aspekt der Mindestbesteuerung verbundenen Stärken und Schwächen entsprechend auch im Fall der Konzernbesteuerung: Bei der deutschen Konzernbesteuerung entsprechen die Rücktrags- und Vortragsmöglichkeiten für Gruppenverluste (auf 511.500 Euro betragsmäßig beschränkter Rücktrag für körperschaftsteuerliche Zwecke, fehlender Rücktrag für gewerbesteuerliche Zwecke; betragsmäßig unbeschränkter Vortrag bis eine Million Euro, darüber hinaus bis zu 60 % des eine Million Euro übersteigenden Betrags für körperschaft- und gewerbesteuerliche Zwecke) dem Ideal der sofortigen Verlustverrechnung unter Mindestbesteuerungsaspekten nur sehr entfernt, was als Schwäche zu werten ist. Bei der österreichischen Konzernbesteuerung sind ebenfalls die Rücktrags- und Vortragsmöglichkeiten für Gruppenverluste unter Mindestbesteuerungsaspekten als Schwächen zu werten, da ein Rücktrag nicht zulässig ist und der Vortrag auf maximal 75 % des

Gruppenergebnisses eines späteren Gruppenbesteuerungsjahres beschränkt ist. Eine Verschärfung der Vortragsschwäche kann in einzelnen Fällen durch die in Österreich erfolgsunabhängig erhobene Mindestkörperschaftsteuer eintreten, wodurch sich der Verlustabzug weiter vom Ideal der sofortigen Verlustverrechnung entfernt. Bei der US-amerikanischen Konzernbesteuerung entsprechen die betragsmäßig unbeschränkten Rücktrags- und Vortragsmöglichkeiten für betriebliche Gruppenverlusten dem Ideal der sofortigen Verlustverrechnung, was als Stärke gilt. Diese grundsätzliche Stärke ist allerdings in den Fällen zu relativieren, in denen die Alternative Mindeststeuer infolge eines betragsmäßig beschränkten Verlustabzug in ihrem System zum Tragen kommt, da dies im Ergebnis zu einer betragsmäßigen Beschränkung des Rück- und Vortrags von betrieblichen Gruppenverluste im System der regulären Bundeskörperschaftsteuer führt.

(7) Auch der Rücktrag und Vortrag von Gruppenverlusten in Zeiten vor Beginn bzw. nach Ende der Konzernbesteuerung basiert in allen drei Ländern grundsätzlich auf den einzelsteuerlichen Abzugsvorschriften, so dass hierbei die Ausführungen hinsichtlich der zeitlichen und betragsmäßigen Beschränkungen bei dem Abzug von Gruppenverlusten in Konzernbesteuerungsjahre der beiden vorangegangenen Absätze und die jeweiligen Stärken/Schwächen-Bewertungen entsprechend Geltung haben. Sofern entsprechendes Verrechnungspotential bei den jeweiligen Gesellschaften vor bzw. nach der Konzernbesteuerung vorhanden ist und die Konzerngruppe auch nach Beendigung der Konzernbesteuerung weiterbesteht, ist es unbedeutend, ob allein die Muttergesellschaft Gruppenverluste in Einzelsteuerjahren abzieht (Deutschland und Österreich) oder ob auch Tochtergesellschaften Gruppenverluste (anteilig) in Einzelsteuerjahren abziehen können (U-SA). Bei der deutschen Konzernbesteuerung ist der zeitlich und betragsmäßig eingeschränkte Rücktrag von Gruppenverlusten in Zeiten vor Beginn der Konzernbesteuerung folglich als Schwäche und der betragsmäßig eingeschränkte und zeitlich unbeschränkte Vortrag in Zeiten nach der Konzernbesteuerung weder als Stärke noch als Schwäche zu werten. Bei der österreichischen Konzernbesteuerung ist der nicht mögliche Verlustrücktrag als Schwäche und der betragsmäßig eingeschränkte und zeitlich unbeschränkte Vortrag weder als eine Stärke noch als eine Schwäche einzuordnen. Bei der US-amerikanischen Konzernbesteuerung ist aufgrund der zeitlich umfassenden Abzugszeiträume und aufgrund der nur aus der Alternativen Mindeststeuer resultierenden betragsmäßigen Abzugsbeschränkungen sowohl der Rücktrag als auch der Vortrag von Gruppenverlusten in Zeiten vor bzw. nach der Konzernbesteuerung als Stärke zu werten. Verschlechterungen bzw. Relativierungen dieser Schwächen bzw. Stärken können sich bei den Konzernbesteuerungen aller drei untersuchten Ländern aus einkunftsquellenübergreifenden Verlustverrechnungsbeschränkungen ergeben, sofern derartige Verluste in Gruppenbesteuerungsjahren entstehen und in

frühere und/oder spätere Einzelsteuerjahre der zugehörigen Gesellschaften jeweils beteiligungs- bzw. einkunftsquellenbezogen rück- bzw. vorgetragen werden, da hierbei eine Entfernung vom Ideal der sofortigen Verlustverrechnung erfolgen kann.

(8) Der Vortrag von Verlusten aus Zeiten vor Beginn der Konzernbesteuerung in die Konzernbesteuerung basiert in allen drei untersuchten Ländern bei der Muttergesellschaft einer Konzerngruppe auf den jeweiligen einzelsteuerlichen Vortragsvorschriften, womit sich folgende Stärken und Schwächen ergeben: Bei einer Muttergesellschaft der deutschen und österreichischen Konzernbesteuerung ist der betragsmäßig beschränkte und zeitlich unbeschränkte Vortrag weder als Stärke noch als Schwäche zu werten, während der Vortrag eines Betriebsverlustes bei einer Muttergesellschaft der US-amerikanischen Konzernbesteuerung aufgrund einer etwaigen nur aus der Alternativen Mindeststeuer resultierenden betragsmäßigen Beschränkung und aufgrund eines umfassenden Vortragszeitraums als Stärke zu werten ist. Verschlechterungen bzw. Relativierungen dieser Schwächen bzw. Stärken können sich in allen drei Ländern aufgrund der einzelsteuerlichen einkunftsquellenübergreifenden Verrechnungsbeschränkungen ergeben; hierbei ist nur in den USA ein einkunftsquellenbezogener gesellschaftsübergreifender Verlustvortrag möglich, wobei diese Stärke aus den konzernsteuerlichen Ermittlungsvorschriften des Gruppenerfolgs resultiert. Außerdem führen die konzernsteuerlichen Ermittlungsvorschriften des Gruppenerfolgs in allen drei Ländern dazu, dass zum einen der Abzug von vorgetragenen (Betriebs-)Verlusten der Muttergesellschaft vom Gesamterfolg der Konzerngruppe einer Periode möglich ist und dass zum anderen die betragsmäßigen Vortragsbeschränkungen auf den Gesamterfolg der Konzerngruppe zu beziehen sind, was als Stärke zu werten ist. Der Vortrag von Verlusten aus Zeiten vor der Konzernbesteuerung in die Konzernbesteuerung bei einer Tochtergesellschaft richtet sich in den drei untersuchten Ländern nach einzelsteuerlichen und/oder konzernsteuerlichen Vorschriften: Bei einer Tochtergesellschaft der deutschen Konzernbesteuerung ist aufgrund einer konzernsteuerlichen Vorschrift ein derartiger durch eine konzernsteuerliche Vorschrift untersagter Verlustvortrag als Schwäche zu werten. Bei der österreichischen Konzernbesteuerung kann eine Tochtergesellschaft aufgrund einer konzernsteuerlichen Vorschrift einen Verlust zeitlich unbeschränkt und beschränkt auf das eigene Einkommen einer Periode in Zeiten der Konzernbesteuerung vortragen, was weder als Stärke noch als Schwäche zu werten ist; eine Verschlechterung kann sich aufgrund einzelsteuerlicher Vorschriften (einkunftsquellenübergreifende Verrechnungsbeschränkung, Mantelkaufvorschrift) ergeben. Sofern eine US-amerikanische Tochtergesellschaft einen Verlust aus einem Einzelsteuerjahr in die Konzernbesteuerung vorträgt, in dem sie sich mit der Muttergesellschaft bereits als Konzerngruppe hätte besteuern lassen können und keine weiteren Beteili-

gungsbewegungen stattfinden, erfolgt der Vortrag entsprechend des zuvor geschilderten Vortrags der US-amerikanischen Muttergesellschaft, was mit den entsprechenden Stärken und einzelnen Relativierungen verbunden ist. Sofern allerdings die Tochtergesellschaft Verluste aus einem Einzelsteuerjahr in die Konzernbesteuerung vorträgt, in dem sie sich mit der Muttergesellschaft noch nicht als Konzerngruppe hätte besteuern lassen können, diese aber anschließend in Verbindung mit einer Beteiligungsaufstockung erfolgt, dann sind beim Verlustvortrag zusätzlich betragsmäßige Beschränkungen aufgrund einzel- und/oder konzernsteuerlicher Vorschriften (SRLY-Vorschriften, Mantelkaufvorschrift (Secs. 382, 383 IRC), Sec. 384 IRC, Sec. 269 IRC) zu beachten, womit der Verlustvortrag weder als Stärke noch als Schwäche zu werten ist.

(9) Der Rücktrag von Verlusten aus Zeiten nach Ende der Konzernbesteuerung in die Konzernbesteuerung basiert in allen drei Ländern bei der Muttergesellschaft einer Konzerngruppe auf den jeweiligen einzelsteuerlichen Rücktragsvorschriften, womit sich folgende Stärken und Schwächen ergeben: Bei einer Muttergesellschaft der deutschen Konzernbesteuerung ist der zeitlich und betragsmäßig eingeschränkte Rücktrag ebenfalls wie der ausgeschlossene Rücktrag bei einer Muttergesellschaft der österreichischen Konzernbesteuerung als Schwäche zu werten; der Rücktrag eines Betriebsverlustes bei einer Muttergesellschaft der US-amerikanischen Konzernbesteuerung ist dagegen aufgrund einer etwaigen nur aus der Alternativen Mindeststeuer resultierenden betragsmäßigen Beschränkung und aufgrund eines vergleichsweise umfassenden Rücktragszeitraums als Stärke zu werten. Eine Verschlechterung bzw. Relativierung dieser Schwächen bzw. Stärken kann sich in Deutschland und den USA aufgrund der jeweiligen einzelsteuerlichen einkunftsquellenübergreifenden Verrechnungsbeschränkungen ergeben, wobei nur in den USA aufgrund der konzernsteuerlichen Ermittlungsvorschriften des Gruppenerfolgs ein einkunftsquellenbezogener gesellschaftsübergreifender Rücktrag möglich ist, was wiederum als Stärke zu werten ist. Desweiteren sind in Deutschland und den USA beim Verlustrücktrag aus Einzelsteuerjahren in Gruppenbesteuerungsjahre die konzernsteuerlichen Ermittlungsvorschriften des Gruppenerfolgs dafür verantwortlich, dass rückgetragene (Betriebs-)Verluste mit dem gesamten Gruppenerfolg verrechnet werden können, wobei allerdings in Deutschland der Rücktragshöchstbetrag im körperschaftsteuerlichen Bereich unverändert gilt, in den USA dagegen eine etwaige betragsmäßige Rücktragsbeschränkung aus einer auf die gesamte Einheit der Konzerngruppe zu beziehenden Alternativen Mindeststeuer resultiert. Beim Rücktrag von Verlusten aus Zeiten nach Ende der Konzernbesteuerung in die Konzernbesteuerung von Tochtergesellschaften ist wie folgt zu differenzieren: Ein derartiger Rücktrag ist in Deutschland aufgrund konzernsteuerlicher und einzelsteuerlicher Regelungen und in Österreich aufgrund der fehlenden gesetzlichen Rück-

tragsmöglichkeit ausgeschlossen, was als Schwäche zu werten ist. In den USA ist dagegen ein derartiger Rücktrag – sofern die Unternehmensgruppe nach der Beendigung der Konzernbesteuerung in ihrer alten Struktur weiterbesteht – entsprechend des Rücktrags bei der Muttergesellschaft möglich, womit die dortigen Stärken mit den jeweiligen Relativierungen auch hier gelten.

(10) Unterbrechungen der wirtschaftlichen Identität führen in allen drei Ländern aufgrund der jeweiligen einzelsteuerlichen Mantelkaufvorschriften auch im Fall der Konzernbesteuerung zu einer Beschränkung der Verrechnung von vorgetragenen Gruppenverlusten, so dass sich entsprechende Stärken und Schwächen wie bei ihrer Anwendung auf eine einzelne Kapitalgesellschaft ergeben: Schädliche Änderungen des personalen Substrats bei der deutschen und österreichischen Konzernbesteuerung führen zu keiner weiteren Verrechnungsbeschränkung für vorgetragene Gruppenverluste, während bei der US-amerikanischen Konzernbesteuerung ein jährlicher Abzugshöchstbetrag zu beachten ist, was als Stärke bzw. Schwäche zu werten ist. Zusätzliche schädliche Änderungen des sachlichen Substrats führen bei den Konzernbesteuerungen in Deutschland und den USA sowie in Österreich in Verbindung mit einer schädlichen Änderung der organisatorischen Struktur nach dem Gesamtbild der Verhältnisse zu der vollständigen Versagung des Abzugs vorgetragener Gruppenverluste, was vor dem Ideal der sofortigen Verlustverrechnung als Schwäche zu werten ist. Verschiedene einzelsteuerliche Regelungen – wie beispielsweise Sanierungsklauseln – führen allerdings auch im Fall der Konzernbesteuerung in allen drei Ländern zu Relativierungen der zuvor genannten Schwächen. Da sich die Anwendung der einzelsteuerlichen Mantelkaufvorschrift im Fall der Konzernbesteuerung in Deutschland zum Teil an den Verhältnissen bei der Muttergesellschaft (personales Substrat) und zum Teil auch an den Verhältnissen bei den Tochtergesellschaften (sachliches Substrat) orientiert, während in Österreich (wohl) ausschließlich auf die Verhältnisse der Muttergesellschaft und in den USA grundsätzlich auf die Einheit der Konzerngruppe abzustellen ist, kann dies für die Geltendmachung von vorgetragenen Verlusten positive oder negative Auswirkungen hinsichtlich des Eintretens und der Bemessung von Beschränkungen haben.

Die Betrachtung der Verlustverrechnung bei „grenzüberschreitenden" Konzernbesteuerungen in Kapitel D führte desweiteren zu folgenden Ergebnissen:

(11) Bei der Verrechnung von Verlusten von zur wirtschaftlichen Einheit der Konzerngruppe gehörenden ausländischen Tochterkapitalgesellschaften muß differenziert werden. In Deutschland und den USA kann eine derartige ausländische Kapitalgesellschaft aufgrund der konzernsteuerrechtlichen Voraussetzungen nicht Mitgliedskapitalgesellschaft der jeweiligen Kon-

zernbesteuerung sein, so dass der Ansatz ihrer Verlusten im Rahmen der Ermittlung des Gruppeneinkommens von vornherein ausgeschlossen ist, was vor dem Ideal der sofortigen Verlustverrechnung als Schwäche gelten muß. Nicht zu einer solchen Schwäche, sondern zu einer Stärke kommt es bei der US-amerikanischen Konzernbesteuerung nur dann, wenn unter bestimmten Voraussetzungen eine kanadische oder mexikanische Tochterkapitalgesellschaft als inländische Mitgliedskapitalgesellschaft zu betrachten ist, womit ihre Verluste grenzüberschreitend und gesellschaftsübergreifend im Rahmen der Ermittlung des Gruppeneinkommens ausgeglichen werden können; eine Relativierung erfolgt hier durch die einzelsteuerliche einkunftsquellenübergreifende Verrechnungsbeschränkung für Veräußerungsverluste, die jedoch zumindest aufgrund der konzernsteuerlichen Vorschriften der Ermittlung des Gruppeneinkommens gesellschaftsübergreifend verrechnet werden können. Bei der österreichischen Konzernbesteuerung kann dagegen eine ausländische Tochterkapitalgesellschaft Mitgliedskapitalgesellschaft sein, wobei auch ein etwaiger Verlust im Rahmen der Ermittlung des Gruppeneinkommens generell mit den Einkommen anderer Mitgliedskapitalgesellschaften gesellschaftsübergreifend und grenzüberschreitend ausgeglichen werden kann. Da diese konzernsteuerlichen Regelungen dem Ideal der sofortigen Verlustverrechnung entsprechen, sind sie als Stärke zu werten. Eine Relativierung erfolgt allerdings aufgrund der konzernsteuerlichen Vorschrift gegen doppelte Verlustnutzung in Form einer Nachversteuerungsregelung, die dazu führt, dass die Verlustnutzung nur temporär ist bzw. von vornherein unzulässig ist. Eine weitere Entfernung vom Ideal der sofortigen Verlustverrechnung erfolgt durch die einzelsteuerliche einkunftsquellenübergreifende Verrechnungsbeschränkung für Wartetastenverluste der ausländischen Mitgliedskapitalgesellschaft, was ebenfalls die genannte grundsätzliche Stärke relativiert.

(12) Bei der Verrechnung von Verlusten zur wirtschaftlichen Einheit der Konzerngruppe gehörenden doppelt ansässigen Kapitalgesellschaften muß ebenfalls differenziert werden. Da in die deutsche Konzernbesteuerung eine doppelt ansässige Tochterkapitalgesellschaft nicht als Organgesellschaft einbezogen werden kann, ist die damit ausgeschlossene Berücksichtigung ihrer Verluste bei der Zusammenfassung der Einkommen bzw. Gewerbeerträge aller Mitgliedskapitalgesellschaften als Schwäche zu werten. Dagegen kann eine doppelt ansässige ausländische Kapitalgesellschaft als Organträger fungieren, so dass ein etwaiger Verlust eines Jahres beim interpersonellen Verlustausgleich im Rahmen der Ermittlung des körperschaft- und gewerbesteuerlichen Gruppenerfolgs generell einzubeziehen ist, was als Stärke zu werten ist. Eine Relativierung dieser grundsätzlichen Stärke ergibt sich im körperschaftsteuerlichen Bereich aufgrund der konzernsteuerlichen Vorschrift gegen doppelte Verlustnutzung (§ 14 Abs. 1 Nr. 5 KStG), die zu einer (teilweisen) endgültigen Nichtberücksichtigung des Verlustes der

doppelt ansässigen Organträger-Kapitalgesellschaft führen kann. Weitere Relativierungen resultieren aus den bei der gesellschaftsbezogenen Erfolgsermittlung zu beachtenden einzelsteuerlichen einkunftsquellenübergreifenden und grenzüberschreitenden Verlustverrechnungsbeschränkungen. Bei der österreichischen Konzernbesteuerung können dagegen doppelt ansässige ausländische und inländische Kapitalgesellschaften als Gruppenmitglied oder als Gruppenträger fungieren, so dass ein in einem Jahr erwirtschafteter Verlust bei dem interpersonellen Verlustausgleich im Rahmen der Ermittlung des Gruppeneinkommens zu berücksichtigen ist, was als Stärke zu werten ist. Sie wird nur insofern relativiert, als dass einzelsteuerliche einkunftsquellenübergreifende und grenzüberschreitende Verrechnungsbeschränkungen – wie die Vorschrift gegen doppelte Verlustnutzung (§ 2 Abs. 8 Nr. 3 öEStG) – einzelne Verluste von der gesellschaftsbezogenen Einkommensermittlung ausschließen und ihre Geltendmachung aufschieben bzw. untersagen können. Bei der US-amerikanischen Konzernbesteuerung kann eine doppelt ansässige inländische Kapitalgesellschaft Mitgliedskapitalgesellschaft sein, so dass ein etwaiger Betriebsverlust eines Jahres bei dem interpersonellen Verlustausgleich im Rahmen der Ermittlung des Gruppeneinkommens grundsätzlich anzusetzen ist, was als Stärke zu werten ist. Relativiert wird dieser Stärke durch konzernsteuerliche Vorschriften gegen doppelte Verlustnutzung (*dual consolidated loss rules*), die eine aufgeschobene Verrechnung des Betriebsverlusts nur mit zukünftigem Einkommen der doppelt ansässigen Gesellschaft bewirken können. Desweiteren kann eine weitere Entfernung vom Ideal der sofortigen Verlustverrechnung durch die einzelsteuerliche einkunftsquellenübergreifende Verrechnungsbeschränkung für Veräußerungsverluste erfolgen, die zumindest gruppenweit angewendet werden kann, was die genannte grundsätzliche Schwäche ebenfalls relativiert.

(13) Die Berücksichtigung von Verlusten ausländischer gewerblicher Betriebsstätten von Mitgliedskapitalgesellschaften einer Konzerngruppe richtet sich in allen drei untersuchten Ländern grundsätzlich nach den jeweiligen einzelsteuerlichen Vorschriften. Damit ist eine derartige Verlustberücksichtigung vor dem Ideal der sofortigen Verlustverrechnung in Deutschland im Nicht-DBA-Fall weder als Stärke noch als Schwäche (grenzüberschreitender Ansatz für körperschaftsteuerliche Zwecke im Verlustentstehungsjahr, kein Ansatz für gewerbesteuerliche Zwecke) und im DBA-Fall als Schwäche (kein Ansatz für körperschaft- und gewerbesteuerliche Zwecke) und in Österreich sowohl im Nicht-DBA-Fall als auch im DBA-Fall mit Anrechnungs- bzw. Freistellungsmethode als Stärke (grenzüberschreitender Ansatz im Verlustentstehungsjahr) zu werten. In den USA ist die Berücksichtigung von Betriebsverlusten einer ausländischen Betriebsstätte ebenfalls sowohl im Nicht-DBA-Fall als auch im DBA-Fall als Stärke zu werten (grenzüberschreitender Ansatz im Verlustentstehungsjahr), was als Stärke gilt, die

allerdings wiederum aufgrund der einkunftsquellenübergreifenden Verrechnungsbeschränkung für Veräußerungsverluste relativiert wird. In allen drei Ländern ist zudem ein angesetzter ausländischer Betriebsstättenverlust aufgrund der konzernsteuerlichen Ermittlungsvorschriften des Gruppeneinkommens mit den Einkommen der übrigen Mitgliedskapitalgesellschaften im Verlustentstehungsjahr gesellschaftsübergreifend auszugleichen, was als Stärke zu bewerten ist. Als Schwäche ist hingegen zu werten, dass die in allen drei Ländern existierenden einzel- bzw. konzernsteuerlichen Vorschriften gegen doppelte Verlustnutzung ansonsten anzusetzende ausländische Betriebsstättenverluste vom allgemeinen Verlustausgleich ausschließen und ihre Geltendmachung in die Zukunft verschieben (USA) bzw. endgültig versagen können (Deutschland, Österreich). Sofern ein Ansatz von ausländischen gewerblich tätigen Betriebsstätten im Rahmen der jeweiligen Konzernbesteuerungen im Verlustentstehungsjahr erfolgt, kann dies in allen drei Ländern dazu führen, dass die Anrechnung von ausländischen Steuern, die auf andere ausländische Einkünfte entfallen, nicht mehr (vollständig) möglich ist. Diese nachteilige Folge hat insbesondere für die US-amerikanische Konzernbesteuerung Bedeutung, da hier – im Gegensatz zur vergleichbaren deutschen und österreichischen Situation – ausländische Betriebsstättenverluste grundsätzlich angesetzt werden, Doppelbesteuerungen ausländischer positiver Einkünfte generell mit der Anrechnungsmethode vermieden werden und Betriebsstättenverluste Anrechnungshöchstbeträge nicht nur länder- bzw. gesellschaftsbezogen mindern.

Vor dem Hintergrund dieser Untersuchungsergebnisse läßt sich Folgendes festhalten: Der Verlustausgleich bei einer auf das Inland beschränkten Gruppenstruktur ist bei der deutschen, österreichischen und – mit Einschränkungen – auch bei der US-amerikanischen Konzernbesteuerung sehr umfangreich. Dagegen fällt der Verlustabzug bei der deutschen Konzernbesteuerung restriktiver aus als bei der US-amerikanischen Konzernbesteuerung und oftmals auch als bei der österreichischen Konzernbesteuerung; dies gilt sowohl für den Abzug von in Gruppenbesteuerungsjahren entstandenen Verlusten in anderen Gruppenbesteuerungsjahren oder früheren bzw. späteren Einzelsteuerjahren als auch für den Abzug von in früheren bzw. späteren Einzelsteuerjahren entstandenen Verlusten in Gruppenbesteuerungsjahren. Was grenzüberschreitende Sachverhalte anbelangt, stellt sich die Verlustverrechnung bei der österreichischen Konzernbesteuerung tendenziell am vorteilhaftesten und bei der deutschen Konzernbesteuerung am nachteiligsten dar.

Literaturverzeichnis

ACHATZ, MARKUS, (Österreich) Nationalbericht Österreich, in: CDFI 1998, Band 83a, 293-318.

AMERICAN CHAMBER OF COMMERCE/PRICEWATERHOUSE-COOPERS (Hrsg.), (Steuern) Steuern in den USA: ein Leitfaden für deutsche Investoren; unter Berücksichtigung der deutschen Unternehmenssteuerreform, Frankfurt am Main 2001.

BALMES, FRANK/BRÜCK, MICHAEL/RIBBROCK, MARTIN, (Rückschlüsse) Der EuGH-Fall Marks & Spencer: Rückschlüsse für die deutsche Organschaftsbesteuerung, in: BB 2005, 966-970.

BALMES, FRANK/BRÜCK, MICHAEL J./RIBBROCK, MARTIN, (Verlustnutzung) Das EuGH-Urteil Marks & Spencer: Grenzüberschreitende Verlustnutzung kommt voran!, in: BB 2006, 186-189.

BALMES, FRANK/GRAMMEL, RALF/SEDEMUND, JAN, (Freistellungsmethode) Berücksichtigung von Betriebsstättenverlusten trotz Freistellungsmethode, in: BB 2006, 1474-1480.

BAUEN, MARC, (Einführung) Das internationale Steuerrecht der USA – Eine Einführung, Zürich 2002.

BAUER/QUANTSCHNIGG, (Körperschaftsteuer) Die Körperschaftsteuer, KStG 1988, Kommentar, Wien (Loseblatt, Stand: März 2006).

BAUMHOFF, HUBERTUS/LEITNER, REINHARD/DIGERONIMO, ANGELO, (Vergleich) Betriebsstättengewinnermittlung im internationalen Vergleich – Deutschland, Österreich, Schweiz, in: IWB 2000, Fach 10, Gruppe 2, 1433-1466.

BEISER, REINHOLD, (Steuern) Steuern – Ein systematischer Grundriss, 4. Auflage, Wien 2006.

BEUSCH, KARL, (Konzerne) Die Besteuerung der Konzerne als wirtschaftliche Einheit in internationaler Sicht, in: FS für Werner Flume, hrsg. von Horst Heinrich Jakobs, Band 2, Köln 1978, 21-42.

BITTKER, BORIS I./EUSTICE, JAMES S., (Taxation) Federal Income Taxation Of Corporations And Shareholders, 7. Auflage, Warren Gorham & Lamont (Loseblatt, Stand: September 2006).

BITTKER, BORIS I./LOKKEN, LAWRENCE, (Fundamentals) Fundamentals Of International Taxation, Warren Gorham & Lamont 2001.

BLANCHARD, JERRED G., (Theory) The Single Entity Theory Of The Consolidated Section 382 Regulations: A Study In Complexity, in: Taxes, Vol. 69 (Dezember 1991), 915-938.

BLESSING, PETER H., (Rules) The U.S. Dual Consolidated Loss Rules: An Analysis And Reappraisel, Teil I, in: DK 2003, 113-126.

BLESSING, PETER H., (Rules) The U.S. Dual Consolidated Loss Rules: An Analysis And Reappraisel, Teil II, in: DK 2003, 203-219.

BLÜMICH, (EStG/KStG/GewStG) Einkommensteuergesetz, Körperschaftsteuergesetz, Gewerbesteuergesetz, Kommentar, München (Loseblatt, Stand: Mai 2006).

BRANDTNER, URS BERND/RAFFEL, MICHAEL, (Regelung) § 15b EStG: Die neue Regelung der Verlustverrechnung bei Steuerstundungsmodellen, in: BB 2006, 639-645.

BREUNINGER, GOTTFRIED E./FREY, JOHANNES, (Entwurf) Erste Anmerkungen zum Entwurf des BMF-Schreibens zur Anwendung von § 8 Abs. 4 KStG n.F. und § 12 Abs. 3 Satz 2 UmwStG n.F., in: GmbHR 1998, 866-875.

CCH, (Guide) U.S. Master Tax Guide 2006, CCH Inc. 2005.

COLLINS, BRYAN P./GARRET, LAWRENCE M./TUCKER, HOWARD J., (Returns) Consolidated Returns, in: J. Corp. Tax'n, Vol. 81 (1996), 81-100.

DANNECKER, ACHIM, (Unternehmensbesteuerung) Wesentliche Ertragssteueränderungen 2004 – Schwerpunkt Unternehmensbesteuerung, in: DStZ 2004, 67-73.

DEBATIN, HERMUT/WASSERMEYER, FRANZ, (DBA) Doppelbesteuerung: Kommentar zu allen deutschen Doppelbesteuerungsabkommen, München (Loseblatt, Stand: Juni 2006).

DJANANI, CHRISTIANA, (Steuerrecht) Internationales Steuerrecht: österreichisches Außensteuerrecht, OECD-Musterabkommen, österreichische Doppelbesteuerungsabkommen, 2. Auflage, Wien 1998.

DJANANI, CHRISTIANA/BRÄHLER, GERNOT/LÖSEL, CHRISTIAN, (Konzepte) Konzepte der Mindestbesteuerung – eine vergleichende Darstellung für Deutschland, Österreich und die USA, in: IWB 2002, Fach 10, Gruppe 2, 1603-1618.

DJANANI, CHRISTINA/BRÄHLER, GERNOT/LÖSEL, CHRISTIAN, (Investitionen) Investitionen und Steuern in den USA, Berlin 2005.

DOERING, JAMES A., (Foreign Tax Credit) Foreign Tax Credit Revisions Make U.S. Businesses More Competitive, in: Taxes, Vol. 83 (Mai 2005), 49-64.

DOERNBERG, RICHARD L., (Taxation) International Taxation In A Nutshell, 5. Auflage, West Group 2001.

DOERNBERT, RICHARD L./ABRAHMS, HOWARD E., (Corporations) Federal Income Taxation Of Corporations And Partnerships, Aspen Publishers Inc. 2000.

DORALT, WERNER, (EStG) Einkommensteuergesetz, Kommentar, 4. Auflage, Wien (Loseblatt, Stand: Juli 2006).

DORALT, WERNER/RUPPE, HANS GEORG, (Grundriss) Grundriss des österreichischen Steuerrechts, Band 1, 8. Auflage, Wien 2003.

DÖTSCH, EWALD, (Entwicklungen) Aktuelle Entwicklungen bei der ertragsteuerlichen Organschaft: inbs. Gesetzesänderungen, Rechtsprechung, BMF-Einführungsschreiben, in: DK 2003, 21-38.

DÖTSCH, EWALD, (Verlustabzug) Köperschaftsteuerlicher Verlustabzug – Anwendung von § 8 Abs. 4 KStG und § 12 Abs. 3 Satz 2 UmwStG, in: DB-Beilage 8/1999, 1-23.

DÖTSCH, EWALD/JOST, WERNER F./PUNG, ALEXANDRA/WITT, GEORG, (KSt) Die Körperschaftsteuer, Kommentar zum Körperschaftsteuergesetz, Umwandlungssteuergesetz und zu den einkommensteuerlichen Vorschriften der Anteilseignerbesteuerung, Stuttgart (Loseblatt, Stand: Juli 2006).

DREISSIG, HILDEGARD, (USA) Unternehmenserwerb und Besteuerung in den USA, 2. Auflage, Berlin 1984.

DREISSIG, HILDEGARD, (Tax Allocation) Tax Allocation im US-Konzern – eine handels- und steuerrechtliche Analyse, in: RIW 1984, 115-127.

DRUKARCZYK, JOCHEN, (Finanzierung) Theorie und Politik der Finanzierung, 2. Auflage, München 1993.

ECKSTEIN, HANS-MARTIN, (Deutschland) Nationalbericht Deutschland, in: CDFI 2004, Band 89b, 293-323.

EICKER, KLAUS/DROSCHA, ANATOL, (Einführung) Österreich: Gesetzesentwurf zur Einführung einer grenzüberschreitenden Gruppenbesteuerung ab 2005, in: IStR-Länderbericht 7/2004, 1-3.

ENDRES, DIETER, (Group Taxation) The Concept of Group Taxation: A Global Overview, in: Intertax 2003, 349-352.

ENDRES, DIETER, (Vergleich) Internationaler Vergleich von Konsolidierungs- und Organschaftsvorschriften, in: WPg-Sonderheft 2003: Holding und Organschaft, 35-40.

ENDRES, DIETER/THIES, ANGELIKA, (Bekämpfung) Bekämpfung doppelter Verlustnutzung im UntStFG – Oder: Wer danebenschießt, muß eine Strafrunde laufen, in: RIW 2002, 275-280.

ENDRES, DIETER u. a., (Verlustberücksichtigung) Verlustberücksichtigung über Grenzen hinweg: vergleichende Gegenüberstellung der Verlustverrechnungsmöglichkeiten in 33 Ländern, Frankfurt am Main 2006.

ERNST & YOUNG (Hrsg.), (KStG) Körperschaftsteuergesetz: Kommentar (Stand: Dezember 2003).

FÖRSTER, GUIDO, (Änderungen) Die Änderungen durch das StVergAbG bei der Einkommensteuer und der Körperschaftsteuer, in: DB 2003, 899-905.

FÖRSTER, GUIDO, (Verlustverrechnung) Verlustverrechnung im Beteiligungskonzern, in: WPg 2004, 1258-1270.

FREY, JOHANNES/WEIẞGERBER, ARND, (Verlustnutzung) Die neue Gegenständlichkeit des BFH bei der Verlustnutzung, in: GmbHR 2002, 135-143.

FROTSCHER, GERRIT/MAAS, ERNST (KStG), Körperschaftsteuergesetz – Umwandlungssteuergesetz, Kommentar, Freiburg im Breisgau (Loseblatt, Stand: Juni 2006).

FÜGER, ROLF, (Auslegung) Organschaftsfälle: Die Auslegung des § 14 Abs. 1 Nr. 5 KStG, in: PIStB 2003, 136-143.

FÜHLBIER, UWE/PFERDEHIRT, HENDRIK, (Gruppenbesteuerung) US-Consolidated Tax Return als Vorbild für eine Gruppenbesteuerung in der EU?, in: DB 2006, 175-181.

FUßBROICH, PINKAS (Verlustverwertung), Verlustverrechnung und Verlustverwertung im nationalen Kapitalgesellschaftskonzern, in: DStR 2002, 697-705.

FUßBROICH, PINKAS, (Verlustverrechnung) Verlustverrechnung und Verlustverwertung in der Konzernunternehmung, Köln 2001.

GASSNER, WOLFGANG, (Organschaftsbesteuerung) Europarechtswidrigkeit der Organschaftsbesteuerung – Österreich ersetzt Organschaft durch eine neue Gruppenbesteuerung, in: DB 2004, 841-843.

GASSNER, WOLFGANG, (Reform) Reform der Konzernbesteuerung in Deutschland und Europa – Österreich ersetzt Organschaft durch Gruppenbesteuerung, in: FR 2004, 517-520.

GLANEGGER, PETER/GÜROFF, GEORG, (GewStG) Gewerbesteuergesetz, Kommentar, 6. Auflage, München 2006.

GOSCH, DIETMAR (Hrsg.), (KStG) Körperschaftsteuergesetz: Kommentar, München 2004.

GRÖHS, BERNHARD, (USA) Die konsolidierte Besteuerung in den USA, in: SWI 1991, 19-24.

GROßMANN, KLAUS, (Kapitalgesellschaften) Doppelt ansässige Kapitalgesellschaften im Internationalen Steuerrecht, in: MSIStR, Heft 20, München 1995.

GRUBE, FRANK/ALTRICHTER-HERZBERG, TORSTEN, (Aktuelles) Aktuelles im Bereich von steuerlichen Verlustvorträgen bei Körperschaften im Zusammenhang mit § 8 Abs. 4 KSTG, in: GmbHR 2005, 284-287.

GRÜTZNER, DIETER, (Ergebnisse) Berücksichtigung der Ergebnisse ausländischer Betriebsstätten in Organschaftsfällen i.S. der §§ 14, 17 KStG, in: GmbHR 1995, 502-506.

HALLER, AXEL, (Rechnungslegung) Das Verhältnis von steuerrechtlicher und „handelsrechtlicher" Rechnungslegung in den USA, in: DBW 1988, 723-731.

HEINSEN, OLIVER, (Verlustpolitik) Steuerliche Verlustpolitik bei grenzüberschreitenden Unternehmen, Berlin 2001.

HERZIG, NORBERT (Hrsg.), (Organschaft) Organschaft, Stuttgart 2003.

HERZIG, NORBERT/BRIESEMEISTER, SIMONE, (Einschränkung) Systematische und grundsätzliche Anmerkungen zur Einschränkung der steuerlichen Verlustnutzung, in: DStR 1999, 1377-1383.

HERZIG, NORBERT/WAGNER, THOMAS, (Begrenzung) Mindestbesteuerung durch die Begrenzung der Verrechnung von Verlustvorträgen, in: WPg 2004, 53-64.

HERZIG, NORBERT/WAGNER, THOMAS, (Zukunft) Zukunft der Organschaft im EG-Binnenmarkt, in: DB 2005, 1-9.

HERZIG, NORBERT/WAGNER, THOMAS, (Folgen) Finnische Gruppenbesteuerung vor dem EuGH – Mögliche Folgen für die Organschaft, in: DB 2005, 2374-2381.

HERZIG, NORBERT/WAGNER, THOMAS, (Verlustberücksichtigung) Einschränkung der Verlustberücksichtigung bei Kapitalgesellschaften, in: DStR 2003, 225-233.

HEURUNG, RAINER, (Sicherung) Sicherung des steuerlichen Verlustabzugs beim verlustverursachenden Rechtsträger – Gestaltungsüberlegungen zur Verlustnutzung bei Kapitalgesellschaften unter Vermeidung von Mantelkauftatbeständen, in: StuB 2000, 660-662.

HEY, FRIEDRICH E. F., (Organschaft) Organschaft und Verlustberücksichtigung im Ausland – Adressatenkreis von § 14 Abs. 1 Nr. 5 KStG n. F., in: BB 2002, 915-916.

HEY, JOHANNA, (Organschaft) Die EuGH-Entscheidung in der Rechtssache Marks & Spencer und die Zukunft der der deutschen Organschaft, in: GmbHR 2006, 113-123.

HIRSCHLER, KLAUS/SCHINDLER, CLEMENS PHILIPP, (Gruppenbesteuerung) Die österreichische Gruppenbesteuerung als Vorbild für Europa?, in: IStR 505-512.

HÖRGER, HELMUT/ENDRES, NORBERT, (Verlustabzug) Körperschaftsteuerlicher Verlustabzug, in: GmbHR 1999, 569-582.

HÖRGER, HELMUT/ENDRES, NORBERT, (Mantelkauf) Verlustnutzung beim Mantelkauf, in: DB 1998, 335-339.

HÖRGER, HELMUT/KEMPER, NICOLAS, (Mantelkauf) Mantelkauf bei Kapitalgesellschaften, in: DStR 1989, 15-22.

JACOBS, OTTO H., (Unternehmensbesteuerung) Internationale Unternehmensbesteuerung, 5. Auflage, München 2002.

JACOBSEN, HENDRIK/STANGE, ARNOLD, (System) Das System der US-amerikanischen Besteuerung von Veräußerungsgewinnen – Teil I, in: IStR 2005, 11-18.

JIROUSEK, HEINZ, (Verordnung) Verordnung zur Durchführung von § 48 BAO, ÖStZ 2003, 29-32.

JOY, DAVID/ROBINSON, JEFFREY, A., (Members) Use Of Net Operating Loss Carryforwards Of New Members Of A Consolidated Group, in: Taxes, Vol. 81 (Dezember 2003), 25-32.

KADDEL, JÜRGEN, (Einführung) Eine Einführung in die US-amerikanische Steuerrechtsliteratur, in: IStR 583-589.

KAHLE, HOLGER, (US-GAAP) Zur Bedeutung der US-GAAP für die steuerliche Gewinnermittlung in den USA, in: StuB 1999, 1145-1151.

KAHN, DOUGLAS A., (Income) Federal Income Taxation, Foundation Press 1999.

KAHN, DOUGLAS A./LEHMANN, JEFFREY S., (Taxation) Corporate Income Taxation, West Group 2001.

KESSEL, JUSTIN VON, (Konzernbesteuerung) Die konsolidierte Konzernbesteuerung im Körperschaftsteuerrecht der U.S.A., München 1974.

KESSLER, WOLFGANG/DALLER, RICO, (Gruppenbesteuerung) Die österreichische Gruppenbesteuerung aus der Sicht ausländischer Gruppenmitglieder – investitionsbeeinflussende Faktoren, in: IStR 2006, 289-296.

KESSLER, WOLFGANG/KRÖNER, MICHAEL/KÖHLER, STEFAN, (Konzernsteuerrecht) Konzernsteuerrecht, München 2004.

KLEINER, JENS/NAGLER, JÜRGEN/REHM, HELMUT, (Organschaft) Gewinnbesteuerung nach „Art des Hauses" mittels grenzüberschreitender Organschaft, in: DB 2005, 1869-1875.

KOMAREK, HERIBERT, (Verlustberücksichtigung) Verlustberücksichtigung im nationalen und internationalen Konzern, Frankfurt am Main 1998.

KÖNIG, ROLF/WOSNITZA, MICHAEL, (Steuerwirkungslehre) Betriebswirtschaftliche Steuerplanungs- und Steuerwirkungslehre, Heidelberg 2004.

KÖSTER, THOMAS/SCHIFFERS, JOACHIM, (Änderungen) „Steuervergünstigungsabbaugesetz" – Geplante Änderungen und mögliche Konsequenzen für die GmbH, in: GmbHR 2002, 1218-1226.

KRAMER, JÖRG-DIETRICH (Hrsg.), (Grundzüge) Grundzüge des US-amerikanischen Steuerrechts, Stuttgart 1990.

KRAWITZ, NORBERT/HICK, CHRISTIAN, (Betriebsstätte) Wahl zwischen ausländischer Betriebsstätte oder Kapitalgesellschaft: Einfluss der Reformen des Unternehmenssteuerrechts, in: RIW 2001, 743-756.

KREBS, HANS-JOACHIM, (Organschaft) Die ertragsteuerliche Organschaft, in: BB 2001, 2029-2036.

KREBÜHL, HANS-HERBERT, (Organschaft) Besteuerung der Organschaft im neuen Unternehmenssteuerrecht, in: DStR 2002, 1241-1250.

KREBÜHL, HANS-HERBERT, (Reform) Zur Reform und Reformnotwendigkeit der deutschen Konzernbesteuerung, in: DStR 2001, 1730-1741.

KRÖNER, MICHAEL, (Überlegungen) Überlegungen zur Verlustnutzung vor dem Hintergrund des Erlaßentwurfs zu §§ 8 Abs. 4 KStG und 12 Abs. 3 Satz 2 UmwStG, in: DStR 1998, 1495-1503.

KROSCHEL, JÖRG, (Federal Income Tax) Die Federal Income Tax der Vereinigten Staaten von Amerika, Düsseldorf 2000.

KROSCHEL, JÖRG/WELLISCH, DIETMAR, (Umverteilung) Der Taxpayer Relief Act von 1997 – Die USA können sich Umverteilung wieder leisten, in: IStR 1998, 494-501.

KÜSTER, UTZ/KÖHLER, HANSJOACHIM, (Nutzung) Zur Nutzung körperschaftsteuerlicher Verlustvorträge in Organschaftsfällen, in: BB 1998, 2401-2404.

LANG, BIANCA, (Mantelkauf) Aktuelle Entwicklungen beim Mantelkauf, NWB 2005, Fach 4, 4931-4940.

LEE, PATRICK T./KOWALLIK, ANDREAS, (USA) Steuerliche Rahmenbedingungen des Unternehmenskaufs in den USA, in: IWB 2001, Fach 8, Gruppe 2, 1085-1100.

LEHNER, MORIS (Hrsg.), (Verluste) Verluste im nationalen und Internationalen Steuerrecht, in: MSIStR Band 24, München 2004.

LENSKI, EDGAR/STEINBERG, WILHELM, (GewStG), Kommentar zum Gewerbesteuergesetz, Köln (Loseblatt, Stand: November 2005).

LINN, ALEXANDER/REICHL, ALEXANDER/WITTKOWSKI, ANSAS, (Möglichkeiten) Grenzüberschreitende Verlustverrechnung: Möglichkeiten und Grenzen, in: BB 2006, 630-638.

LOUKOTA, HELMUT, (Neuerung) Sensationelle Neuerung bei DBA-Auslandsverlusten, in: SWI 2001, 466-472.

LÖWENSTEIN, ULRICH/MAIR, JOCHEN, (Organschaft) Organschaft und eingeschränkte Verlustnutzung bei doppelt ansässigen Organträgern, in: IStR 2002, 185-193.

LÜDICKE, JÜRGEN/NAUJOK, JAN-PIETER, (Beschränkung) Beschränkung der Verlustverrechnung im Zusammenhang mit Steuerstundungsmodellen, in: DB 2006, 744-748.

LÜDICKE, JÜRGEN/RÖDEL, SABINE, (Gruppenbesteuerung) Generalthema II: Gruppenbesteuerung, in: IStR 2004, 549-554.

MEILICKE, WIENAND, (Neuerungen) Die Neuregelung der ertragsteuerlichen Organschaft über die Grenze, in: DB 2002, 911-917.

METZNER, BERND, (Export) Der US-amerikanische Export als Gegenstand der internationalen Steuerplanung eines deutschen internationalen Konzerns, Siegen 1999.

MICHELSEN, AAGE, (Generalbericht) Generalbericht, in: CDFI 1998, Band 83a, 127-182.

MOUSSALLEM, STEFFEN, (US-Corporation) Die Besteuerung der US-Corporation: eine ökonomische Analyse, Frankfurt am Main 2001.

MÜHLEHNER, JOHANN/ZÖCHLING, HANS (Hrsg.), (Gruppenbesteuerung) Die neue Gruppenbesteuerung, SWK-Sonderheft, Wien 2004.

MÜHLSCHLEGEL, GUSTAV, (Konzerne) Konsolidierte Steuererklärung der Konzerne in den USA, in: DB 1972, 1349-1353.

MÜHLSCHLEGEL, GUSTAV, (Konzerne) Die steuerliche Gewinnermittlung für Konzerne: Die Organschaftsbesteuerung in Deutschland. Die konsolidierten Steuererklärungen in den USA. Gewinnermittlung mit Konzernsteuerbilanzen, München 1971.

MÜLLER, MICHAEL, (Reform) Reform der Konzernbesteuerung in Österreich: eine zusammengefaßte Besteuerung von Unternehmensgruppen, Wien 1991.

MÜLLER-DOTT, JOHANNES PETER, (Unitary Tax Concept) Californian Franchise Tax und Unitary Tax Concept, in: RIW 1980, 109-116.

NAGLER, JÜRGEN/KLEINERT, JENS, (Konsequenzen) Das EuGH-Verfahren Marks & Spencer – Konsequenzen des Schlussantrags des Generalanwalts, in: DB 2005, 855-857.

NEUMANN, RALF, (Mantelkauf) Verlustabzugsbeschränkungen beim Mantelkauf, in: FR 1999, 682-693.

NEUMANN, RALF, (Einschränkung) Einschränkung des Verlustabzugs bei Kapitalgesellschaften nach § 8 Abs. 4 KStG, § 12 Abs. 3 UmwStG und § 15 Abs. 4 UmwStG (Teil 1), StB 2002, 246-261.

ORTH, MANFRED, (Elemente) Elemente einer grenzüberschreitenden Organschaft im deutschen Steuerrecht, in: GmbHR 1996, 33-40.

ORTH, MANFRED, (Gesetz) Gesetz zur Fortsetzung der Unternehmenssteuerreform: Zu den Einschränkungen der Verlustabzugsberechtigung von Kapitalgesellschaften durch § 8 Abs. 4 KStG n.F. und § 12 Abs. 3 Satz 2 UmwStG n.F., in: DB 1997, 2242-2249.

ORTH, MANFRED, (Deutschland) Nationalbericht Deutschland, in: CDFI 1998, Band 83a, 475-500.

ORTH, MANFRED, (Reformstufe) Die Organschaftsbesteuerung nach der 2. Reformstufe, in: DB 2002, 811-814.

ORTH, MANFRED, (Schritte) Schritte in Richtung einer „Grenzüberschreitenden Organschaft", in: IStR-Beilage 9/2002, 1-19.

ORTH, MANFRED, (Identität) § 8 Abs. 4 KStG: Verlust der wirtschaftlichen Identität verbundener Unternehmen, Teil I, in: DK 2003, 378-393.

ORTH, MANFRED, (Identität) § 8 Abs. 4 KStG: Verlust der wirtschaftlichen Identität verbundener Unternehmen, Teil 2, in: DK 2003, 441-457.

ORTH, MANFRED, (Verlustnutzung) Verlustnutzung bei Organschaft, in: WPg-Sonderheft 2003: Holding und Organschaft, 13-35.

PETRITZ, MICHAEL/RESSLER, GERNOT, (Handel) Der Handel mit Verlustgesellschaften, in: ÖStZ 2006, 192-198.

PILTZ, DETLEV J./SCHAUMBURG, HARALD (Hrsg.), (Verluste) Aufwand und Verluste bei internationalen Steuersachverhalten, Köln 1999.

PRECHTL, BABETTE, (Verlustausgleichsbeschränkungen) Verlustausgleichsbeschränkungen im Einkommensteuerrecht, Wien 2005.

PRINZ, ULRICH/SIMON, STEFAN, (Verlustnutzung) Ausschluss der doppelten Verlustnutzung in Organschaftsfällen nach § 14 Abs. 1 Nr. 5 KStG, in: DK 104-112.

PRÜSCHENK, FABIAN, (Ertragsbesteuerung) Ertragsbesteuerung von Konzernen, Aachen 2004.

QUANTSCHNIGG, PETER, (Verlustabzug) Der Verlustabzug im KStG 1988, in: ÖStZ 1988, 40-44.

QUASSOWSKI, FRANK/MAACK, THORSTEN-UWE, (Investitionsmodelle) Investitionsmodelle in US-Grundbesitz über Kapitalgesellschaften im Vergleich, in: PIStB 2002, 49-68.

REICHL, ALEXANDER/WITTKOWSKI, ANSAS, (Verlustverrechnung) Grenzüberschreitende Verlustverrechnung im Lichte aktueller Rechtsprechung, in: Stbg 2006, 209-217.

REICHL, ALEXANDER/WITTKOWSKI, ANSAS, (Auswirkungen), Das Urteil im Fall Marks & Spencer: Mögliche Auswirkungen für deutsche Konzerne, in: StB 2006, 50-55.

REIS, MONIQUE, (Checkliste) Die Checkliste zum Betriebsstättenbegriff, in: PIStB 2000, 112-115.

REQUENEZ, ART, (Lifestyle) The Consolidated Group Diet – Attribute Reduction And Other Lifestyle Changes, in: J. Tax'n, Vol. 100 (April 2004), 198-204.

RÖDDER, THOMAS, (Änderungen) § 8 Abs. 4 KStG ist gescheitert – grundlegende Änderungen sind unabdingbar, in: StbJb 2002/2003, 307-331,

RÖDDER, THOMAS, (Verlustverrechnung) Verlustverrechnung im gewerbesteuerlichen Organkreis, in: DStR 2001, 780-782.

RÖDDER, THOMAS, (Begründung) Wann ist die Begründung eines Organschaftsverhältnisses sinnvoll?, in: Stbg 1998, 291-297.

RÖDDER, THOMAS/SCHUMACHER, ANDREAS, (Änderungen) Ertragsteuerliche Änderungen für Unternehmen zum Jahreswechsel 2003/2004, in: DStR 2004, 207-210.

RÖHRBEIN, JENS/EICKER, KLAUS, (Verlustberücksichtigung) Verlustberücksichtigung über die Grenze – Aktuelle Rechtslage, in: BB 2005, 465-478.

ROSER, FRANK/TESCH, BEATE, (Vergleich) Verlustnutzung im internationalen Vergleich, in: IStR 1999, 385-392.

RUBIN, JEFFREY M./DICKERSON, MARY ANN, (Vereinigte Staaten) Nationalbericht Vereinigte Staaten, in: CDFI 1998 Band 83a, 845-868.

SAATHOFF, JAN, (Besteuerung) Steueroase Deutschland? Verlustberücksichtigung und Besteuerung von Vermögenszuwächsen im internationalen Vergleich, in: FR 1998, 917-934.

SCHAUMBURG, HARALD (Hrsg.), (Steuerrecht) Unternehmenskauf im Steuerrecht, 2. Auflage, Stuttgart 2000.

SCHÄNZLE, THOMAS, (Gestaltung) Steuerorientierte Gestaltung internationaler Konzernstrukturen, Köln 2000.

SCHEUNEMANN, MARC, (Konzern) Europaweite Verlustberücksichtigung im Konzern: Steine statt Brot durch die Schlussanträge des Generalanwalts Maduro vom 7. 4. 2005 im Fall Marks & Spencer?, in: IStR 2005, 303-311.

SCHMIDT, LUDWIG (Hrsg.), (EStG) Einkommensteuergesetz, Kommentar, 25. Auflage, München 2006.

SCHMIDT, LUTZ/HEINZ, CARSTEN, (Gruppenbesteuerung) Gruppenbesteuerung im internationalen Vergleich – Darstellung verschiedener Gruppenbesteuerungsmodelle in Europa, Stbg 2006, 60-66.

SCHMIDT, LUDWIG/MÜLLER, THOMAS/STÖCKER, ERNST E., (Organschaft) Die Organschaft im Körperschaftsteuer-, Gewerbesteuer- und Umsatzsteuerrecht, 6. Auflage, Berlin 2003.

SCHNEIDER, DIETER, (Steuerlast) Steuerlast und Steuerwirkung, München/Wien 2002.

SCHNEIDER, WOLFGANG, (Fusionstatbestand) Der Fusionstatbestand des Umgründungssteuergesetzes, in: SWK 1992, 257-272.

SCHREIBER, CHRISTOPH/MEIISEL, PATRICK, (Auswirkungen) Auswirkungen des § 14 Abs. 1 Nr. 5 KStG auf die Nutzung von Organträgerverlusten, IStR 2002, 581-586.

SCHREIBER, ULRICH, (Besteuerung) Besteuerung der Unternehmen, Heidelberg 2005.

SCHUHMANN, HELMUT, (Organschaft) Die Organschaft: Körperschaftsteuer, Gewerbesteuer, Einzelne Steuern, 3. Auflage, Bielefeld 2001.

SEDEMUND, JAN/STERNER, INGO, (Folgen) Welche Folgen hat das Urteil „Marks & Spencer“ für das deutsche internationale Steuerrecht?, in: DStZ 2006, 29-35.

SHEIN, CAREN/MADDEN, DAVID, (Losses) A Fresh View Of Overall Foreign Losses And Consolidated Returns, in: Tax Mgmt. Int'l J., Vol. 28 (1999), 300-316.

SIEVERT, ELKE, (Konzernbesteuerung) Konzernbesteuerung in Deutschland und Europa, Düsseldorf 2006.

SILBERBERG, MARC L., (Regulations) Consolidated Section 382: The Proposed Regulations, in: Taxes, Vol. 69 (Juli 1991), 395-414.

STAHLSCHMIDT, MICHAEL, (Identität) Die wirtschaftliche Identität beim Verlustabzug der Kapitalgesellschaft nach § 8 Abs. 4 KStG, in: BB 2006, 913-917.

STARINGER, CLAUS, (Besteuerung) Besteuerung doppelt ansässiger Kapitalgesellschaften, Wien 1999.

STARR, SAMUEL P./YATES, RICHARD F., (AMT) Consolidated AMT Proposed Regulations Adopt Separate System Approach, in: J. Tax'n, Vol. 79 (1993), 22-28.

STEFANER, MARKUS C./WENIGER, PATRICK J., (Steuerplanung) Österreichische Gruppenbesteuerung und Steuerplanung deutscher Konzerne, in: IWB 2006, Fach 5, Gruppe 2, 663-672.

STRECK, MICHAEL/SCHWEDHELM, ROLF, (Mantelkauf) Verlustabzug und Mantelkauf nach der Steuerreform, in: FR 1989, 153.

STRUNK, GÜNTHER/KAMINSKI, BERT, (Jahresbeginn) Steuerrechtsänderungen zum Jahresbeginn 2004, in: Stbg 2004, 2-5.

THEISEN, MANUEL RENÉ, (Der Konzern) Der Konzern, 2. Auflage, Stuttgart 2000.

THIEL, JOCHEN, (Einfluss) Der fortschreitende Einfluss des EuGH auf die Ertragsbesteuerung des Unternehmen – Aktuelle Urteile und anhängige Verfahren, in: DB 2004, 2603-2609.

THIELE, CLEMENS, (Einführung) Einführung in das US-amerikanische Steuerrecht, Wien 1997.

TÖBEN, THOMAS/SCHULTE-RUMMEL, BJÖRN, (Verlustberücksichtigung) Doppelte Verlustberücksichtigung in Organschaftsfällen mit Auslandsberührung, in: FR 2002, 425-437.

URBAHNS, RÜDIGER, (Verlustverrechnung) Die gewerbesteuerliche Organschaft unter besonderer Berücksichtigung der Verlustverrechnung, in: INF 2001, 581-586.

VOGEL, KLAUS/LEHNER, MORIS, (DBA) Doppelbesteuerungsabkommen der Bundesrepublik Deutschland auf dem Gebiet der Steuern vom Einkommen und Vermögen: Kommentar auf der Grundlage des Musterabkommens, 4. Auflage, München 2003

WACKE, OLIVER, (Mantelkauf) Verlustabzug beim Mantelkauf, München 2004.

WAGNER, FRANZ/DIRRIGL, HANS, (Steuerplanung) Die Steuerplanung der Unternehmung, Stuttgart 1980.

WATRIN, CHRISTOPH/SIEVERT, ELKE/STROHM, CHRISTIANE, (Reform) Reform der Konzernbesteuerung in Deutschland und Europa, in: FR 2004, 1-11.

WEBER, ALFRED, (USA) Die konsolidierte Besteuerung von Konzernen in den USA, DStZ 1979, 146-151.

WENSMANN, RAINER/NIPPERT, ALLIT, (Vorgaben) Gemeinschaftsrechtliche Vorgaben für die grenzüberschreitende Verlustberücksichtigung im Konzern, in: FR 2006, 153-167.

WERNER, INGO, (Mindestbesteuerung) Die Mindestbesteuerung im deutschen und US-amerikanischen Einkommensteuerrecht, Baden-Baden 2000.

WIDMANN, SIEGFRIED/MAYER, ROBERT (Hrgs.), (UmwStG) Umwandlungsrecht: Umwandlungsgesetz; Umwandlungssteuergesetz, Kommentar, Bonn (Loseblatt, Stand: August 2006).

WIESNER, WERNER/KIRCHMAYR, SABINE/MAYR, GUNTHER, (Gruppenbesteuerung) Gruppenbesteuerung, Praxiskommentar, Wien 2005.

WIESNER/SCHNEIDER/SPANBAUER/KOHLER, (KStG) KStG 1988, Wien 1996.

WITT, GEORG, (Ertragsteuerrecht) Die Organschaft im Ertragsteuerrecht, Stuttgart 1999.

WITT, UTE/KAHL, ILONA, (Mantelkauf) Verschärfte Regelungen zur Verlustnutzung beim Mantelkauf (§ 8 Abs. 4 KStG), in: GmbHR 1999, 511-515.

WÖHE, GÜNTHER/BIEG, HARTMUT, (Grundzüge) Grundzüge der Betriebswirtschaftlichen Steuerlehre, 4. Auflage, München 1995.

WOLF, ERICH, (Mantelkauf) Der Mantelkauf im Österreichischen Abgabenrecht, in: ÖZW 2002, 38-43.

WOLF, ERICH, (Strategien) Steuerliche Strategien gegen den Mantelkauftatbestand, in: SWK 2003, 256-259.

WOLLSEIFFEN, GUIDO FRANZ, (Steuerplanung) Steuerplanung bei Verlusten: Verlustausgleich und Verlustabzug im Rahmen der betrieblichen Steuerpolitik, Köln 1998.

WÖRNDL, CHRISTOF/KORNBERGER, MATTHIAS, (Österreich) Seminar F: Österreich als Holdingsstandort, in: IStR 2004, 577-580.

WUDERNITZ, BRIGITTE, (Konzernbesteuerung) Entwicklung der Konzernbesteuerung in den USA, Wien 1996.

YATES, RICHARD F., (Matters) Prop. Regs. On Consolidated 382 And Related Matters Balanced But Complex: Part I, in: J. Tax´n, Vol. 74 (1991), 364-372.

YATES, RICHARD F., (Matters) Prop. Regs. On Consolidated 382 And Related Matters Balanced But Complex: Part II, in: J. Tax´n, Vol. 75 (1991), 18-24.

YATES, RICHARD F. u. a., (Limitation) Final SRLY/Consolidated Section 382 Regs. Remove SRLY Limitation For Most Groups As Of 1999, in: J. Tax´n, Vol. 91 (1999), 325-340.

YATES, RICHARD F./RAINEY, STEVEN K., (Rules) Temp. Regs. On SRLY, Consolidated 382, And Related Items Generally Continue Proposed Rules, in: J. Tax´n, Vol. 85 (1996), 267-277.

YODER, LOWELL D., (Principles) New Consolidated Return OFL Regulations Sacrifice Principles To Maximize Revenue, in: Taxes, Vol. 78 (März 2000), 196-230.

ZSCHIEGNER, HANS, (USA) Das Einkommensteuerrecht der USA im Lichte des American Jobs Creation Act of 2004, in: IWB 2005, Fach 8, Gruppe 2, 1329-1340.

ZSCHIEGNER, HANS, (Einkommensteuerrecht) Das Einkommensteuerrecht der USA (III), in: IWB 2002, Fach 8, Gruppe 2, 1195-1224.

ZSCHIEGNER, HANS, (Einkommensteuerrecht) Das Einkommensteuerrecht der USA (IV), in: IWB 2003, Fach 8, Gruppe 2, 1225-1242.

Rechtsprechungsverzeichnis

A. Bundesverfassungsgericht

BVerfG-Urteil vom 30.09.1998, 2 BvR 1818/91, BVerfGE 99, 88, DB 1988, 2247.

B. Finanzrechtsprechung

1. Bundesfinanzhof

BFH-Urteil vom 24.01.1968, I 95/65, BStBl. II 1968, 315-317.
BFH-Urteil vom 17.09.1969, I 170/65, BStBl. II 1970, 48-49.
BFH-Urteil vom 12.03.1970, IV R 39/69, BStBl. II 1970, 518-519.
BFH-Urteil vom 23.10.1974, I R 182/72, BStBl. II 1975, 46-48.
BFH-Urteil vom 29.10.1974, I R 240/72, BStBl. II 1975, 126-129.
BFH-Urteil vom 12.01.1977, I R 204/75, BStBl. II 1977, 357-359.
BFH-Urteil vom 26.01.1977, I R 101/75, BStBl. II 1977, 441-442.
BFH-Urteil vom 02.11.1977, I R 143/75, BStBl. II 1978, 74-75.
BFH-Urteil vom 22.11.1983, VIII R 14/81, BStBl. II 1984, 472-474.
BFH-Urteil vom 22.01.1985, VIII R 37/84, BStBl. II 1985, 501-504.
BFH-Urteil vom 07.02.1985, IV R 177/83, BStBl. II 1985, 504-506.
BFH-Urteil vom 28.03.1985, IV R 80/82, BStBl. II 1985, 405-408.
BFH-Urteil vom 06.11.1985, I R 56/82, BStBl. II 1986, 73-76.
BFH-Urteil vom 25.06.1986, II R 213/83, BStBl. II 1986, 785-787.
BFH-Urteil vom 14.03.1990, I R 129/85, BStBl. II 1990, 955-958.
BFH-Urteil vom 11.04.1990, I R 167/86, BStBl. II 1990, 772-775.
BFH-Urteil vom 27.06.1990, I R 183/85, BStBl. II 1990, 916-919.
BFH-Urteil vom 17.10.1990, I R 182/87, BStBl. II 1991, 136-140.
BFH-Urteil vom 14.05.1991, VIII R 31/88, BStBl. II 1992, 167-172.
BFH-Urteil vom 23.01.1992, XI R 47/89, BStBl. II 1992, 630-632.
BFH-Urteil vom 14.04.1992, VIII R 149/86, BStBl. II 1992, 817-819.
BFH-Urteil vom 23.06.1992, IX R 182/87, BStBl. II 1992, 972-975.
BFH-Urteil vom 29.07.1992, I R 39/89, BStBl. II 1993, 63-65
BFH-Urteil vom 27.10.1994, I R 60/94, BStBl. II 1995, 326-328.
BFH-Urteil vom 27.03.1996, I R 112/95, BStBl. II 1996, 480-482.
BFH-Urteil vom 13.08.1997, I R 89/96, BStBl. II 1997, 829-832.
BFH-Urteil vom 15.12.2000, IX B 128/99, BStBl. II 2001, 411-413.
BFH-Urteil vom 08.08.2001, I R 29/00, BStBl. II 2002, 329-395.
BFH-Urteil vom 19.12.2001, I R 58/01, BStBl. II 2002, 395-398.
BFH-Urteil vom 23.01.2002, XI R 95/97, BStBl. II 2003, 9-13.
BFH-Urteil vom 30.01.2002, I R 73/01, FR 2002, 783-785.

BFH-Urteil vom 30.01.2002, I R 73/01, BStBl. II 2003, 354-355.
BFH-Beschluss vom 13.11.2002, I R 13/02, BStBl. II 2003, 795-798.
BFH-Urteil vom 20.08.2003, I R 81/02, BStBl. II 2004, 614-616.
BFH-Urteil vom 20.08.2003, I R 61/01, BStBl. II 2004, 616-620.
BFH-Urteil vom 26.05.2004, I R 112/03, BStBl. II 2004, 1085-1087.
BFH-Beschluss vom 15.12.2004, I B 115/04, DStR 2005, 517 = BB 2005, 700.
BFH-Urteil vom 14.03.2006, I R 8/05, GmbHR 2006, 770-771.
BFH-Beschluss vom 28.06.2006, I R 84/04, in: Internet: http://www.bundesfinanzhof.de/www/entscheidungen/2006.10.18/1R11604.html
BFH-Beschluss vom 22.08.2006, I R 116/04, in: Internet: http://www.bundesfinanzhof.de/www/entscheidungen/2006/2006.10.18/1R8404.html

2. Finanzgerichte

FG Baden-Württemberg vom 30.06.2004, I K 312/03, Revision eingelegt, DStRE 2004, 958.
FG Baden-Württemberg vom 26.07.2001, 6 K 358/00, nicht rechtskräftig, EFG 2002, 863,
FG Düsseldorf vom 14.09.2004, 6 K 3796/01, Revision eingelegt, EFG 2005, 538 ff.

C. Europäischer Gerichtshof

EuGH-Urteil vom 21.02.2006, C-152/03, DStR 2006, 362.
EuGH-Urteil vom 13.12.2005, C-446/03, EWS 2006.

D. Sonstige Gerichte

öVwGH vom 04.06.1986, 84/13/0251.
öVwGH vom 25.09.2001, 99/14/0217.
öVwGH vom 22.12.2005, 2002/15/0079.
öVwGH vom 26.07.2005, 2001/14/0135.

Verzeichnis der Verwaltungsanweisungen

A. BMF-Schreiben

BMF-Schreiben vom 10.04.1984, IV C 6 – S 2293 – 11/84, BStBl. I 1984, 252.
BMF-Schreiben vom 16.04.1999, IV C 6 – S 2745 – 12/99, BStBl. I 1999, 455.
BMF-Schreiben vom 24.12.1999, IV B 4 – S 1300 – 111/99, BStBl. I 1999, 1076.
BMF-Schreiben vom 17.06.2002, IV A 2 – S 2745 – 8/02, BStBl. I 2002, 629.
BMF-Schreiben vom 26.08.2003, IV A 2 – S 2770 – 18/03, BStBl. I 2003, 437.
BMF-Schreiben vom 11.01.2006, IV B 5 – S 1301 – 1/06, BStBl. I 2006, 85.

B. Richtlinien

EINKOMMENSTEUER-RICHTLINIEN 2005 (EStR) Allgemeine Verwaltungsvorschrift zur Anwendung des Einkommensteuerrechts, vom 16.12. 2005, BStBl. I 2005, Sondernummer 2.

GEWERBESTEUER-RICHTLINIEN 1998 (GewStR) Allgemeine Verwaltungsvorschrift zur Anwendung des Gewerbesteuerrechts, vom 21.12. 1998, BStBl. I 1998, Sondernummer 2.

KÖRPERSCHAFTSTEUER-RICHTLINIEN 2004 (KStR) Allgemeine Verwaltungsvorschrift zur Anwendung des Körperschaftsteuerrechts, vom 13.12. 2004, BStBl. I 2004, Sondernummer 2.

KÖRPERSCHAFTSTEUER-RICHTLINIEN 1995 (KStR 1995) Allgemeine Verwaltungsvorschrift zur Körperschaftsteuer, vom 15.12.1995, BStBl. I Sondernummer 1.

C. Ländererlasse, Verfügungen

OFD Frankfurt am Main, vom 05.10.2004 – S 2745 A – 22 – St II 1.10, GmbHR 2004, 1488.

D. Sonstige Verwaltungsanweisungen

DOPPELBESTEUERUNGSVERORDNUNG, öBGBl. II Nr. 474/2002, 3969-3970.

öBMF-Erlass vom 23.02.2005, 010216/0031 – IV/6/2005.

Rechtsquellenverzeichnis

A. Nationale Gesetze

ABGABENORDNUNG (AO) in der Fassung der Bekanntmachung vom 10.10. 2002 (BGBl. I 2002, 3866, berichtigt: BGBl. I 2003, 61), zuletzt geändert durch das Gesetz vom 28.04.2006, BGBl. I 2006, 1095.

EINKOMMENSTEUERGESETZ (EStG) in der Fassung der Bekanntmachung vom 19.10.2002 (BGBl. I 2002, 4210, berichtigt: BGBl. I 2003, 179), zuletzt geändert durch das Gesetz vom 28.04.2006, BGBl. I 2006, 1095.

GESETZ ZUR ÄNDERUNG DES GEWERBESTEUERGESETZES UND ANDERER GESETZE (GewStÄndG) vom 23.12.2003, BGBl. I 2003, 2922.

GESETZ ZUR UMSETZUNG DER PROTOKOLLERKLÄRUNG DER BUNDESREGIERUNG ZUR VERMITTLUNGSEMPFEHLUNG ZUM STEUERVERGÜNSTIGUNGSABBAUGESETZ (ProtErklG) vom 22.12.2003, BGBl. I 2003, 2840.

GEWERBESTEUERGESETZ (GewStG) in der Fassung der Bekanntmachung vom 15.10.2002 (BGBl. I 2002, 4167), zuletzt geändert durch das Gesetz vom 15.12.2005, BGBl. I 2004, 1653.

KÖRPERSCHAFTSTEUERGESETZ (KStG) in der Fassung der Bekanntmachung vom 15.10.2002 (BGBl. I 2002, 4144), zuletzt geändert durch Gesetze vom 15.12.2004, BGBl. I 2004, 3416.

STEUERENTLASTUNGSGESETZ (StEntlG) 1999/2000/2002 vom 24.03.1999, BGBl. I 1999, 402.

STEUERSENKUNGSGESETZ (StSenkG) vom 23.10.2000, BGBl. I 2000, 1453.

UNTERNEHMENSSTEUERFORTENTWICKLUNGSGESETZ (UntStFG) vom 20.12.2001, BGBl. I 2001, 3873.

B. Doppelbesteuerungsabkommen

OECD-MA 2005 zur Vermeidung der Doppelbesteuerung auf dem Gebiet der Steuern vom Einkommen und vom Vermögen (OECD-MA 2005), Stand: 15. April 2006.

US-Musterabkommen (US-MA), United States Model Conventions, Income and Capital 1996 Model Convention, United States Treasury Department, 1996.

C. Sonstige Rechtsquellen

1. Bundestags-/Bundesratsdrucksachen

GESETZESENTWURF DER BUNDESREGIERUNG vom 10.09.2001, Entwurf eines Gesetzes zur Fortentwicklung des Unternehmensteuerrechts (UntStFG), BT-Drs. 14/6882, 37; BR-Drs. 638/01, 59.

2. Österreichische Gesetze

BUNDESABGABENORDNUNG (öBAO) in der Fassung der Bekanntmachung vom 28. Juni 1961 (öBGBl. Nr. 194/1961), zuletzt geändert durch das Bundesgesetz öBGBl. I Nr. 161/2005.

EINKOMMENSTEUERGESETZ 1988 (öEStG) in der Fassung der Bekanntmachung vom 7. Juli 1988 (öBGBl. Nr. 400/1988), zuletzt geändert durch das Bundesgesetz öBGBl. I Nr. 161/2005.

KÖRPERSCHAFTSTEUERGESETZ 1988 (öKStG) in der Fassung der Bekanntmachung vom 7. Juli 1988 (öBGBl. Nr. 401/1988), zuletzt geändert durch das Bundesgesetz öBGBl. I Nr. 161/2005).

STEUERREFORMGESETZ 2005 (StReformG 2005), öBGBl. I Nr. 57/2004.

3. US-amerikanische Gesetze

INTERNAL REVENUE CODE (IRC), Bundessteuerrecht der USA, Title 26 des United States Code.

REGULATIONS (Regulations), in: Standard Federal Tax Reports, CCH Incorporated (Loseblatt, Stand: August 2006).

FSC
www.fsc.org
MIX
Papier | Fördert gute Waldnutzung
FSC® C083411

Kolibri 360 GmbH
Ferdinand-Jühlke-Straße 7
99095 Erfurt, Deutschland
produktsicherheit@kolibri360.de

Druck:
CPI Druckdienstleistungen GmbH
im Auftrag der
Kolibri 360 GmbH
Ferdinand-Jühlke-Str. 7
99095 Erfurt